汽车维修速查手册丛书

新款日韩进口轿车正时速查手册

夏雪松　张雅成　主编

電子工業出版社
Publishing House of Electronics Industry
北京·BEIJING

内 容 提 要

本书根据近年来我国日韩进口轿车的保有量，有针对性地搜集整理了50多种新款畅销车型（2010—2014年款）的正时皮带和正时链条的拆装步骤与正时校准方法。本书内容新颖、插图丰富、编排合理、查找方便，是汽车维修工作中极具参考价值的维修资料，可供维修人员在实际工作中参考使用。

图书在版编目（CIP）数据

新款日韩进口轿车正时速查手册/夏雪松，张雅成主编. —北京：电子工业出版社，2016.6
（汽车维修速查手册丛书）

ISBN 978-7-121-29092-3

Ⅰ. ①新… Ⅱ. ①夏… ②张… Ⅲ. ①汽车-发动机-车辆修理-技术手册
Ⅳ. ①U472.43-62

中国版本图书馆CIP数据核字（2016）第134159号

责任编辑：夏平飞
印　　刷：三河市鑫金马印装有限公司
装　　订：三河市鑫金马印装有限公司
出版发行：电子工业出版社
　　　　　北京市海淀区万寿路173信箱　邮编 100036
开　　本：787×980　1/16　印张：22　字数：494千字
版　　次：2016年6月第1版
印　　次：2016年6月第1次印刷
定　　价：65.00元

前　言

近年来，我国的汽车保有量和车型急剧增多，面对层出不穷和极具高科技含量的新款车型，作为售后服务的汽车维修技术，高技能、高水平的维修质量是客户永恒的要求，汽车维修行业必将引发越来越激烈的竞争。维修企业只有首先增强自己的技术实力，才能使整个行业的服务水平得以提高。对于各维修企业来说，企业的人员素质、管理水平、设备以及信息等因素决定企业的核心竞争力。过去凭着“一技之长”的修车经验已很难适应当前汽车维修技术发展的需要，而详实的汽车维修资料作为最重要的技术信息，起着不可替代的作用。

汽车在使用过程中要根据行驶里程间隔对发动机的正时皮带或正时链条进行检查、更换和正时校准操作。由于我国日韩进口轿车的种类繁多，造成正时皮带和正时链条的拆装方法和校准方法各不相同，因此本书根据近年来我国进口日韩轿车的保有量，有针对性地搜集整理了50多种畅销车型（2010—2014年款）的正时皮带和正时链条的拆装步骤与正时校准方法，汇编成书，并配有近千幅插图加以辅助说明。可供汽车维修人员在维修中查阅参考。

本书由夏雪松、张雅成主编。其他参加编写的人员有徐志军、李洁清、曲文龙、王剑峰、刘玲、崔秀平、田建宇、李文惠、贾瑞敏、陈雅林、张国华、李刚、王斌、赵彩英、任征宇、常丽娟、李云娟、耿福利、尚秀娟、白健豪、陈豪、胡铭、马培宾、陈少杰、安亚娟、李多多、刘刚、李建明。在此向他们表示衷心的感谢。

编　者

E-mail：auto605@126. com

目 录

第一章 ACURA（讴歌）车系 ………… 1

第一节 MDX 3.7L 轿车 ………… 1

一、ACURA MDX 轿车 3.7L V6 发动机正时皮带拆卸步骤 …… 1

二、ACURA MDX 轿车 3.7L V6 发动机正时皮带安装步骤 …… 4

第二节 RDX 2.3T 轿车 ………… 8

一、ACURA RDX 轿车 2.3T 发动机正时链条拆卸步骤 ………… 8

二、ACURA RDX 轿车 2.3 T 发动机正时链条安装步骤 ………… 11

第三节 RL 3.7L 轿车 ………… 17

一、RL 3.7L 轿车正时皮带拆卸步骤 ………… 17

二、RL 3.7L 轿车正时皮带安装步骤 ………… 20

第四节 ZDX 3.7L 轿车 ………… 23

一、ACURA ZDX 轿车 3.7L V6 发动机正时皮带拆卸步骤 …… 23

二、ACURA ZDX 轿车 3.7L V6 发动机正时皮带安装步骤 …… 26

第五节 TLX（2.4L）轿车 ………… 30

一、讴歌 TLX 轿车 2.4L 发动机正时链条拆卸步骤 ………… 30

二、讴歌 TLX 轿车 2.4L 发动机正时链条安装步骤 ………… 32

第二章 HONDA（本田）车系 ………… 38

第一节 CRZ 轿车 ………… 38

一、1.5L 混合动力发动机正时链条拆卸步骤 ………… 38

二、1.5L 混合动力发动机正时链条安装步骤 ………… 40

第二节 INSIGHT（1.3L 混合动力发动机）轿车 ………… 46

一、1.3L 混合动力发动机正时链条拆卸步骤 ………… 46

二、1.3L 混合动力发动机正时链条安装步骤 ………… 48

第三节 CROSSTOUR（歌诗图）轿车 ………… 53

一、歌诗图轿车 3.5L 发动机正时皮带拆卸步骤 ………… 53

二、歌诗图轿车 3.5L 发动机正时皮带安装步骤 ………… 55

第三章 HYUNDAI（现代）车系 …… 59

第一节 AZERA（雅尊）轿车 …… 59

一、雅尊轿车 3.3L 发动机正时链条部件识别 ………… 59

二、雅尊 3.3L 发动机正时链条拆卸步骤 ………… 60

三、雅尊 3.3L 发动机正时链条安装步骤 ………… 67

第二节 EQUUS（雅科仕）轿车 ………… 76

一、雅科仕轿车 5.0L 发动机正时链条部件识别 ………… 76

二、雅科仕轿车 5.0L 发动机正时链条拆卸步骤 ………… 76

三、雅科仕轿车 5.0L 发动机正时链条安装步骤 ………… 80

第四章 INFINITI（英菲尼迪）车系 ………… 86

第一节 G 系轿车 ………… 86

一、G37 轿车 3.7L 发动机正时

链条拆卸步骤 …………………… 86
二、G37 轿车 3.7L 发动机正时链条安装步骤 …………………… 91
三、G35 轿车 3.5L 发动机正时校对 ………………………… 97
第二节 M 系轿车 …………………… 97
一、M35 轿车 3.5L 发动机正时校对 ………………………… 97
二、M37 轿车 3.7L 发动机正时校对 ………………………… 97
第三节 EX 系轿车 …………………… 97
第四节 FX 系轿车 …………………… 97
第五章 KIA（起亚）车系 ………… 98
第一节 SOUL（秀尔）轿车 ……… 98
一、SOUL 轿车 1.6L（G4FC）发动机正时系统部件识别 …… 98
二、SOUL 轿车 1.6L（G4FC）发动机正时系统拆卸步骤 …… 98
三、SOUL 轿车 1.6L（G4FC）发动机正时系统安装步骤 …… 104
第二节 CARENS（佳乐）轿车…… 110
一、CARENS 轿车 2.0L（G4KA）发动机正时链条部件识别 … 110
二、CARENS 轿车 2.0L（G4KA）发动机正时校准操作要点 … 111
第三节 CARNIVAL（嘉华）轿车 …………………… 111
一、CARNIVAL 轿车 3.5L（G6CU）发动机正时皮带拆装 ……………………… 111
二、CARNIVAL（嘉华）轿车 2.7L（G6BA）发动机正时皮带校对 ………………… 114
第四节 K5 轿车 …………………… 121
一、K5 轿车 2.0L 和 2.4L 发动机正时系统部件识别 ………… 121
二、K5 轿车 2.0L 和 2.4L 发动机正时链条拆卸步骤 ………… 122
三、K5 轿车 2.0L 和 2.4L 发动机正时链条安装步骤 …………… 129
第五节 K2 轿车 …………………… 137
一、K2 轿车 1.4L（G4FA）和 1.6L（G4FC）发动机正时系统部件识别 ………………… 137
二、K2 轿车 1.4L（G4FA）和 1.6L（G4FC）发动机正时系统拆卸步骤 ………………… 138
三、K2 轿车 1.4L（G4FA）和 1.6L（G4FC）发动机正时系统安装步骤 ………………… 144
第六节 BORREGO（霸锐）轿车 …………………… 149
一、霸锐 3.8L 轿车正时部件识别 ………………………… 149
二、霸锐 3.8L 轿车正时链条拆卸步骤 ………………………… 150
三、正时链条部件拆卸后的检查 ………………………… 160
四、正时链条部件安装 ………… 160
第六章 LEXUS（雷克萨斯）车系 … 170
第一节 CT200h（2ZR-FXE 混合动力发动机）轿车 ………… 170
一、正时链条拆卸步骤 ………… 170
二、正时链条安装步骤 ………… 173
第二节 GS 系列轿车 ……………… 177
一、GS300 轿车 3.0L（3GR-FSE）发动机正时校对 …………… 177
二、GS350 轿车 3.5L（2GR-FSE）发动机正时校对 …………… 179
三、GS430 轿车 4.3L（3UZ-FE）发动机正时皮带拆装 ……… 179
四、GS460 轿车 4.6L（1UR-FSE）发动机正时链条拆装 ……… 182
第三节 LS 系列轿车 ……………… 182

一、LS 460 轿车 4.6L（1UR-FSE）发动机正时校对 …………… 182
二、LS430 轿车 4.3L 发动机正时校对 ………………………… 192
第四节 IS 系列轿车 ………………… 195
第五节 RX 系列轿车………………… 195
第六节 ES 系列轿车………………… 195
一、ES 330 轿车 3.3L（3MZ-FE）发动机正时皮带部件识别 … 195
二、ES 330 轿车 3.3L（3MZ-FE）发动机正时皮带拆卸步骤 … 196
三、ES 330 轿车 3.3L（3MZ-FE）发动机正时皮带安装步骤 … 199
第七章 MAZDA（马自达）车系…… 201
第一节 MX-5 轿车………………… 201
一、MX-5 轿车 2.0L 发动机正时链条部件识别 ………………… 201
二、MX-5 轿车 2.0L 发动机正时链条拆卸与安装步骤 ……… 202
三、正时链条部件拆装要点 …… 203
第二节 CX-7 轿车 ……………… 206
一、CX-7 轿车 2.3T 发动机正时链条拆卸操作要点 ………… 206
二、CX-7 轿车 2.3T 发动机正时链条安装要点 ………………… 208
第三节 MAZDA 5 轿车 ………… 213
一、MAZDA 5 轿车 2.3L 发动机正时链条拆卸要点 ………… 213
二、MAZDA 5 轿车 2.3L 发动机正时链条安装要点 ………… 215
第四节 CX-9 轿车 ………………… 219
一、CX-9 轿车发动机正时链条拆卸步骤 ………………………… 219
二、CX-9 轿车发动机正时链条安装步骤 ………………………… 220
第五节 MAZDA 8 轿车 ………… 221
一、MAZDA 8 轿车 L3 发动机（2.3L）正时链条拆卸步骤 ………………………… 221
二、MAZDA 8 轿车 L3 发动机（2.3L）正时链条安装要点 ………………………… 224
第八章 MITSUBISHI（三菱）车系 ……………………… 227
第一节 OUTLANDER（欧蓝德）轿车 …………………… 227
一、欧蓝德轿车 2.0L（4B11）和 2.4L（4B12）发动机正时链条部件识别 ……………… 227
二、欧蓝德轿车 2.0L（4B11）和 2.4L（4B12）发动机正时链拆卸步骤 ………………… 227
三、欧蓝德轿车 2.0L（4B11）和 2.4L（4B12）发动机正时链安装步骤 ………………… 228
四、欧蓝德轿车 3.0L（6B31）发动机正时皮带部件识别 …… 230
五、欧蓝德轿车 3.0L（6B31）发动机正时皮带拆卸步骤 …… 230
六、欧蓝德轿车 3.0L（6B31）发动机正时皮带安装步骤 …… 231
第二节 GALANT（戈蓝）轿车 …………………… 234
一、戈蓝轿车 2.4L（4G69）发动机正时系统部件识别及拆卸顺序 ……………………… 234
二、戈蓝轿车 2.4L（4G69）发动机正时系统部件拆卸要点 … 234
三、戈蓝轿车 2.4L（4G69）发动机正时系统部件安装要点 … 236
第三节 GRANDIS（格蓝迪）轿车 ………………… 241
第四节 ASX 劲炫轿车 ………… 241
第五节 翼神轿车 ……………… 241

第六节 PAJERO（帕杰罗）轿车 …………………… 242
一、帕杰罗轿车 3.0L（6G72）发动机正时皮带拆卸步骤 …… 242
二、帕杰罗轿车 3.0L（6G72）发动机正时皮带安装步骤 …… 243
第七节 ECLIPSE（伊柯丽斯）轿车 …………………… 244
第九章 NISSAN（日产）车系 ……… 252
第一节 350Z 轿车 ………………… 252
一、350Z 轿车 3.5L 发动机正时链条部件识别 ………………… 252
二、350Z 轿车 3.5L 发动机正时链条拆卸步骤 ………………… 253
三、350Z 轿车 3.5L 发动机正时链条安装步骤 ………………… 258
第二节 QUEST（贵士）轿车 …… 265
一、贵士轿车 3.5L 发动机正时系统部件识别 ………………… 265
二、贵士轿车 3.5L 发动机正时链条拆卸步骤 ………………… 265
三、贵士轿车 3.5L 发动机正时链条安装步骤 ………………… 272
第三节 MURANO（楼兰）轿车 … 280
一、楼兰轿车 3.5L 发动机正时图 ……………………… 280
二、楼兰轿车 3.5L 发动机正时校对操作要点 ………………… 281
第四节 PALADIN（帕拉丁）轿车正时校对 ……………… 281
一、帕拉丁轿车 2.4L 发动机正时图 ……………………… 281
二、正时校准操作步骤 ………… 281
第五节 370Z 轿车 ………………… 282
第十章 SSANGYONG（双龙）车系 ………………………… 283
第一节 RODIUS（路帝）轿车 … 283
一、RODIUS（路帝）轿车 2.7L（D27DT）发动机正时链条部件识别 ………………… 283
二、RODIUS 轿车 2.7L（D27DT）发动机正时校准操作要点 … 284
第二节 REXTON（雷斯特）轿车 ……………………… 284
第三节 KYRON（享御）轿车 … 284
一、KYRON 轿车 2.0L（D20DT）发动机正时链条部件识别 … 284
二、KYRON 轿车 2.0L（D20DT）发动机正时链条校准操作要点 ………………………… 284
第十一章 SUBARU（斯巴鲁）车系 ……………………… 286
第一节 TRIBECA（驰鹏）轿车 ……………………… 286
一、驰鹏轿车 EZ30R（3.0L）发动机正时链条部件识别 … 286
二、驰鹏轿车 EZ30R（3.0L）发动机正时链条拆卸步骤 …… 287
三、驰鹏轿车 EZ30R（3.0L）发动机正时链条安装步骤 …… 289
第二节 FORESTER（森林人）轿车 ……………………… 293
一、森林人轿车 2.0L（EJ20）和 2.5T（EJ25）发动机正时图 ………………………… 293
二、森林人轿车 2.0L（EJ20）和 2.5T（EJ25）发动机正时皮带拆卸步骤 ………………… 293
三、森林人轿车 2.0L（EJ20）和 2.5T（EJ25）发动机正时皮带安装步骤 ………………… 293
第三节 OUTBACK（傲虎）轿车 ……………………… 296
一、傲虎轿车 2.5L 发动机正时皮带

部件识别 …………………… 296
二、傲虎轿车 2.5L 发动机正时皮带拆卸步骤 …………………… 297
三、傲虎轿车 2.5L 发动机正时皮带安装步骤 …………………… 298
第四节 LEGACY（力狮）轿车 …………………… 301
一、力狮轿车 2.5L 发动机正时图 …………………… 301
二、力狮轿车 2.5L 发动机正时皮带拆卸步骤 …………………… 302
三、力狮轿车 2.5L 发动机正时皮带安装步骤 …………………… 302
第五节 IMPREZA（翼豹）轿车 …………………… 303
一、翼豹轿车 2.5T 发动机正时图 …………………… 303
二、翼豹轿车 2.5T 发动机正时皮带拆卸步骤 …………………… 303
三、翼豹轿车 2.5T 发动机正时皮带安装步骤 …………………… 304
第十二章 SUZUKI（铃木）车系 …… 306
第一节 JIMNY（吉姆尼）轿车 …………………… 306
一、吉姆尼轿车 1.3L 发动机正时链条部件识别 …………………… 306
二、吉姆尼轿车 1.3L 发动机正时校对操作步骤 …………………… 307
第二节 GRAND VITARA（超级维特拉）轿车 …………………… 307
一、超级维特拉轿车 1.6L 发动机正时校对操作步骤 …………………… 307
二、超级维特拉轿车 2.0L 发动机正时校对拆装步骤 …………………… 307
第三节 SWIFT（雨燕）轿车 …… 309
一、雨燕轿车 1.3L 发动机正时皮带拆卸步骤 …………………… 309
二、雨燕轿车 1.3L 发动机正时皮带安装步骤 …………………… 310
第十三章 TOYOTA（丰田）车系 … 311
第一节 SEQUOIA（红杉）轿车正时校对 …………………… 311
一、红杉 4.7L（2UZ-FE）发动机正时皮带部件识别 …………………… 311
二、红杉轿车 2UZ-FE 发动机正时皮带拆卸 …………………… 315
三、轿车 2UZ-FE 发动机正时皮带安装 …………………… 319
第二节 PREVIA（普瑞维亚）轿车 …………………… 325
一、PREVIA 轿车发动机正时图 …………………… 325
二、PREVIA 轿车发动机正时校对步骤 …………………… 326
第三节 LAND CRUISER（陆地巡洋舰）轿车 …………………… 326
一、陆地巡洋舰轿车 4.7L 发动机正时皮带拆卸步骤 …………………… 326
二、陆地巡洋舰轿车 4.7L 发动机正时皮带安装步骤 …………………… 328
第四节 FJ CRUISER（FJ 酷路泽）轿车 …………………… 329
一、FJ 酷路泽轿车 1GR-FE 发动机正时链条部件识别 …………………… 329
二、FJ 酷路泽轿车 1GR-FE 发动机正时链条拆卸步骤 …………………… 329
三、FJ 酷路泽轿车 1GR-FE 发动机正时链条安装步骤 …………………… 337

第一章 ACURA（讴歌）车系

第一节 MDX 3.7L 轿车

一、ACURA MDX 轿车 3.7L V6 发动机正时皮带拆卸步骤

1. 转动曲轴，使白色标记 A 与指针 B 对齐（图 1-1-1）。

2. 检查凸轮轴皮带轮上的 1 缸上止点标记 A 是否与正时皮带前罩上的指针 B 对齐（图 1-1-2）。

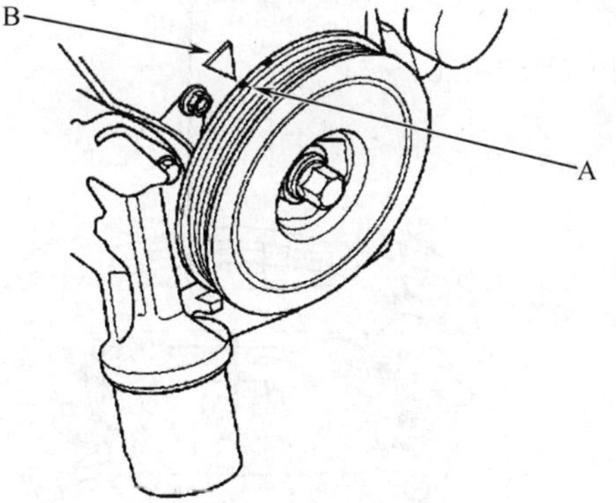

图 1-1-1 白色标记 A 与指针 B 对齐

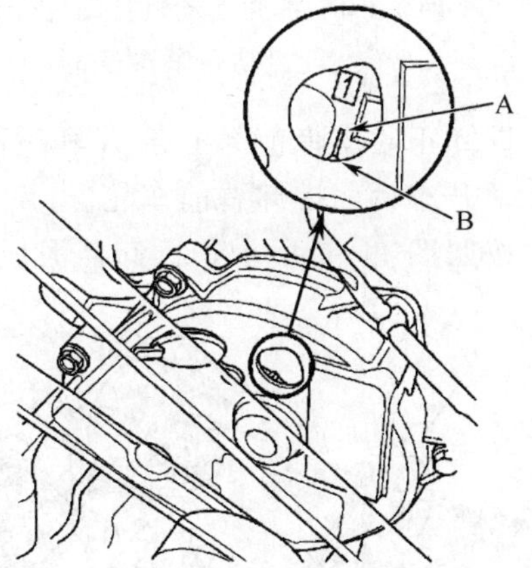

图 1-1-2 上止点标记 A 与指针 B 对齐

3. 按照图 1-1-3 所示，记清发动机传动皮带的盘绕路径，以便重新安装。

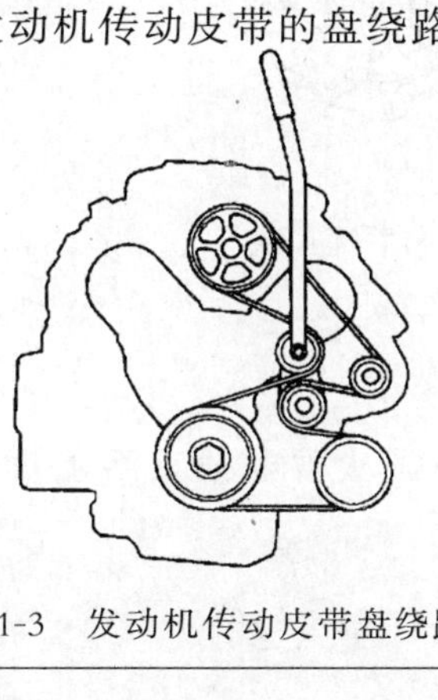

图 1-1-3 发动机传动皮带盘绕路径

4. 按照图 1-1-4 所示，拆卸发动机传动皮带和传动皮带自动张紧器。

5. 为便于拆卸发动机侧支架，可在油底壳处垫上木块，然后用千斤顶把发动机撑起。

6. 把接地线 A 从发动机侧安装支架 B 上拆下（图 1-1-5），然后再拆下发动机侧安装支架的上半部分。

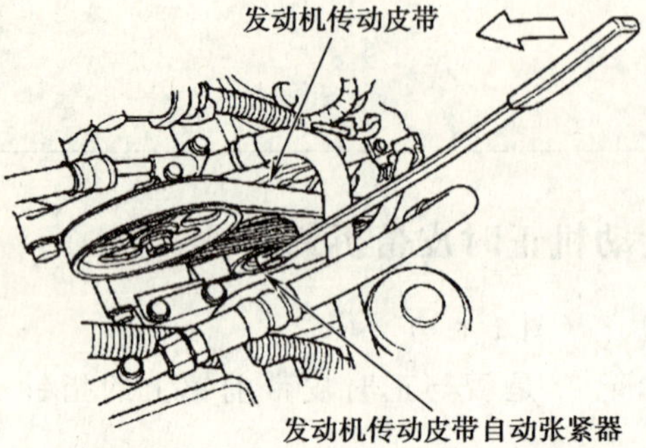

图 1-1-4 拆卸发动机传动皮带和自动张紧器

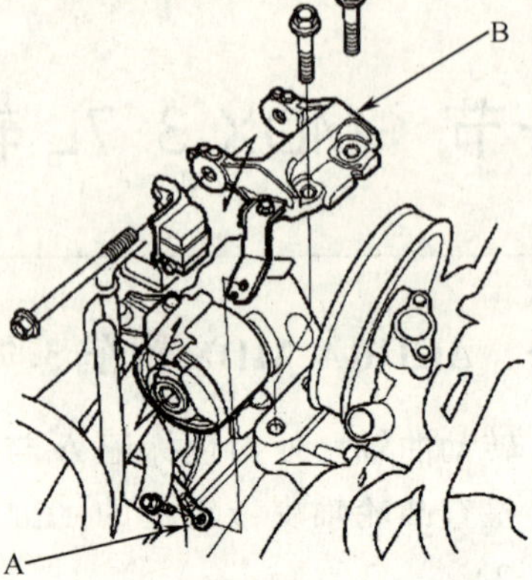

图 1-1-5 拆下接地线和发动机侧安装支架的上半部分

7. 拆卸正时皮带前部上盖 A 和后部上盖 B（图 1-1-6）。

8. 举升车辆，拆卸右前车轮。

9. 按照图 1-1-7 所示，拆卸挡泥板。

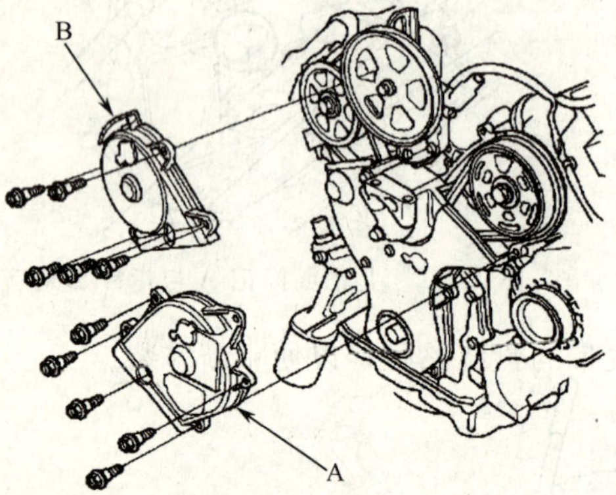

图 1-1-6 正时皮带前部上盖 A 和后部上盖 B

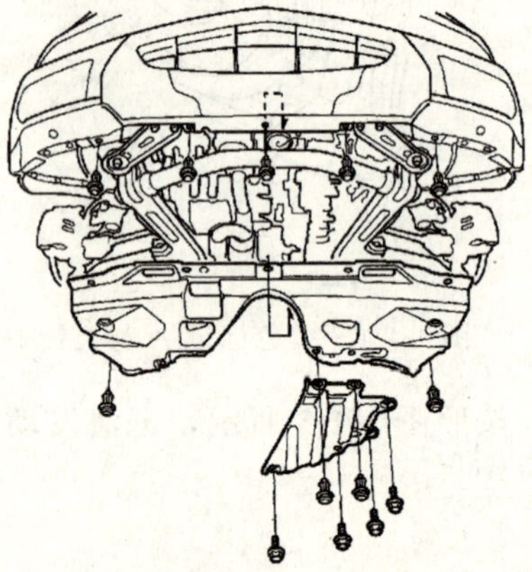

图 1-1-7 拆卸挡泥板

10. 拆卸曲轴皮带轮。

11. 拆卸下盖（图 1-1-8）。

12. 按照图 1-1-9 所示，找一只从蓄电池支架上拆下的螺栓，把螺栓的一端打磨成尖头。

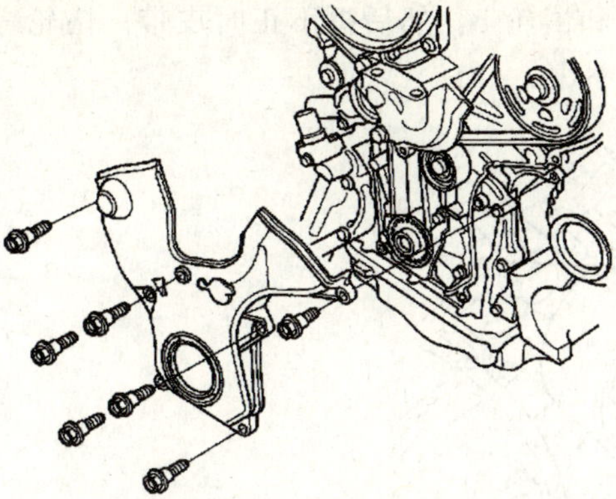

图 1-1-8 拆卸下盖

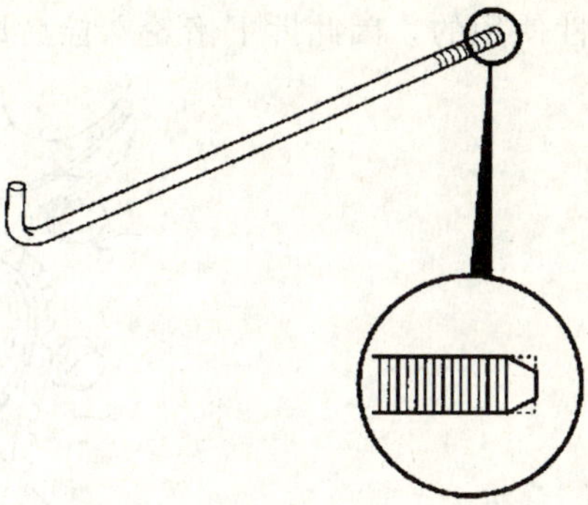

图 1-1-9 将螺栓打磨成尖头

13. 按照图 1-1-10 所示，用打磨好的螺栓把正时皮带调节器固定好，并用手把螺栓拧紧。

14. 按照图 1-1-11 所示，拆卸正时皮带导板。

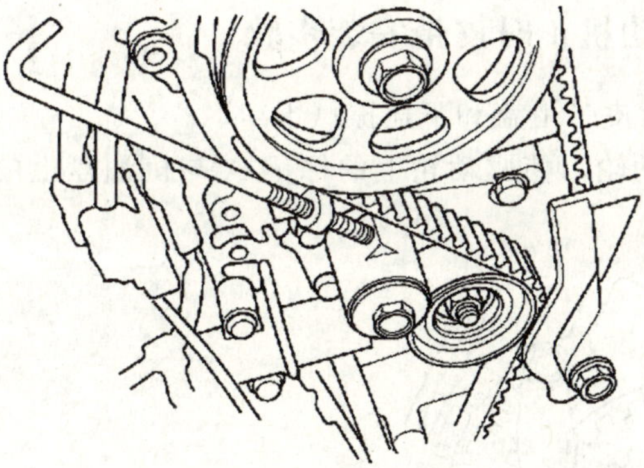

图 1-1-10 用螺栓固定正时皮带调节器

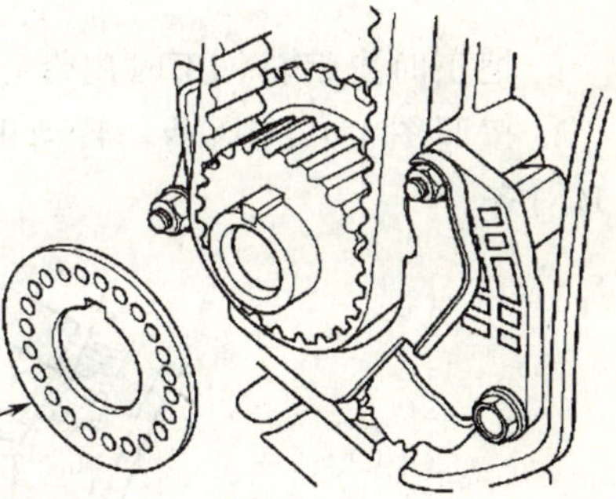

图 1-1-11 拆卸正时皮带导板

15. 按照图 1-1-12 所示，拆卸发动机侧面安装支架的下半部分。

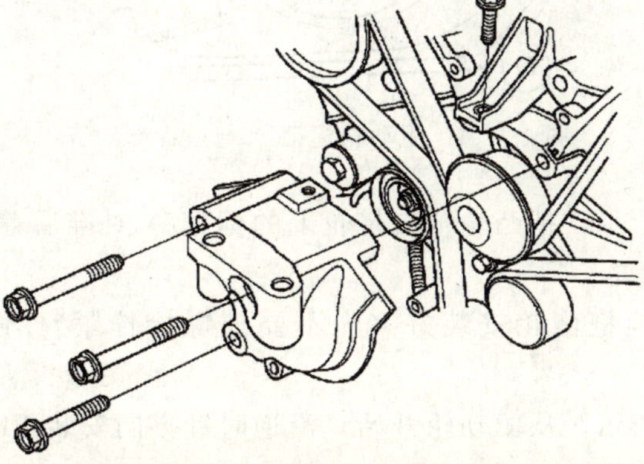

图 1-1-12 拆卸发动机侧面安装支架的下半部分

16. 按照图 1-1-13 所示，拆卸惰轮螺栓 A 和惰轮 B，然后拆下正时皮带。惰轮螺栓是一次性使用的，因此拆下惰轮螺栓后即应废弃不用。

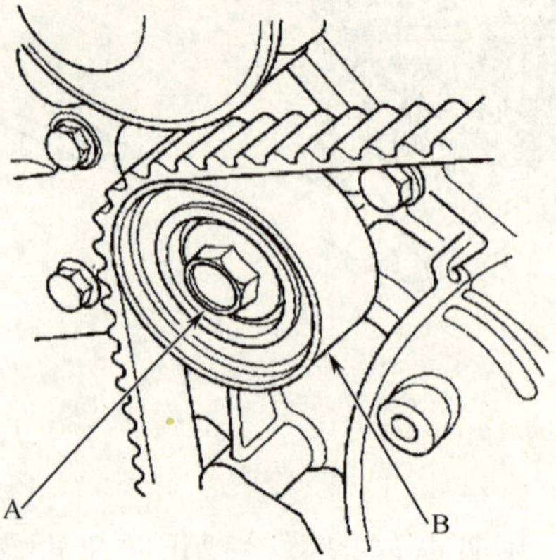

图 1-1-13　拆卸惰轮螺栓 A 和惰轮 B

二、ACURA MDX 轿车 3.7L V6 发动机正时皮带安装步骤

1. 把正时皮带轮、正时皮带导板以及正时皮带上盖和下盖擦拭干净。

2. 按照图 1-1-14 所示，转动正时皮带驱动轮，使驱动轮上的标记 A 与机油盘上的指针 B 对齐。

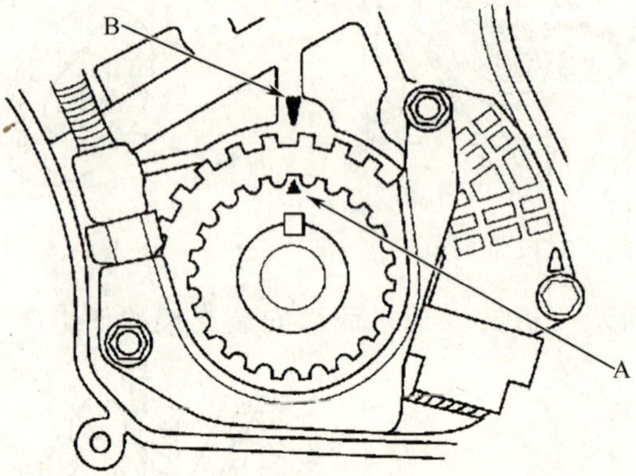

图 1-1-14　驱动轮标记 A 与指针 B 对齐

3. 按照图 1-1-15 所示，把凸轮轴皮带轮上的标记 A 对准后盖上的指针 B，使凸轮轴皮带轮设置到上止点位置。

4. 用新的惰轮螺栓把惰轮安装好（先不要把螺栓拧紧），使惰轮能够移动但不会脱落。

5. 按照图 1-1-16 所示，从驱动轮开始，沿逆时针方向安装正时皮带。

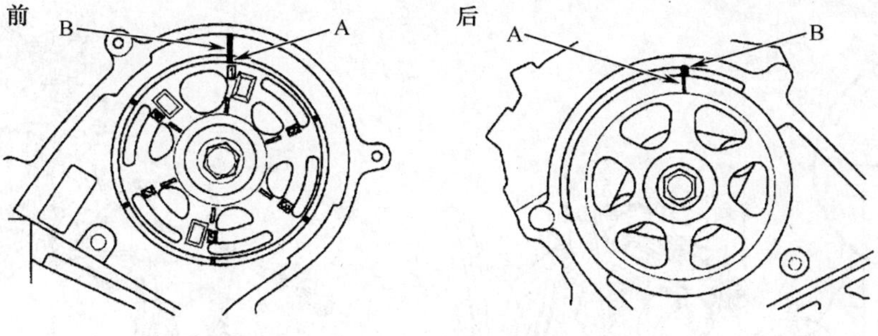

图 1-1-15　凸轮轴皮带轮标记 A 对准后盖指针 B

6. 按照图 1-1-17 所示，把惰轮螺栓紧固至 45N · m。

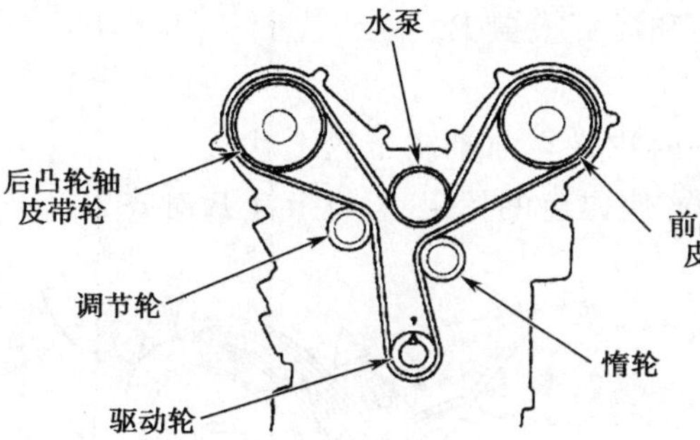

图 1-1-16　安装正时皮带

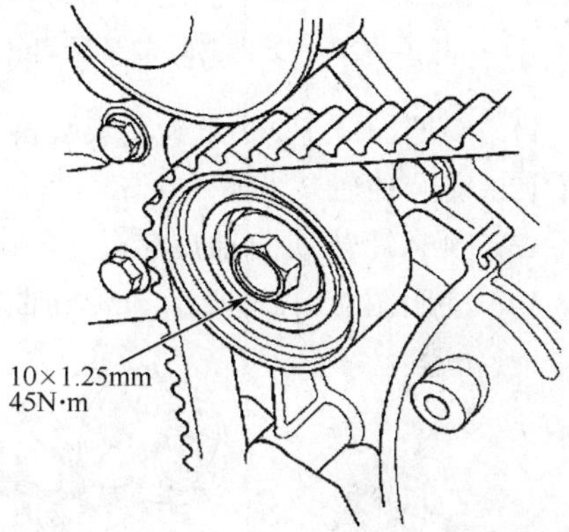

图 1-1-17　紧固惰轮螺栓

7. 按照图 1-1-18 所示，从后盖上把固定正时皮带调节器的螺栓取下。

8. 按照图 1-1-19 所示，安装发动机侧支架下半部分。

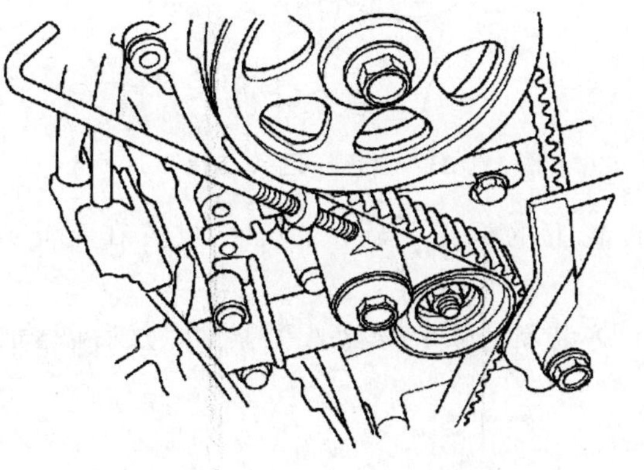

图 1-1-18　取下螺栓

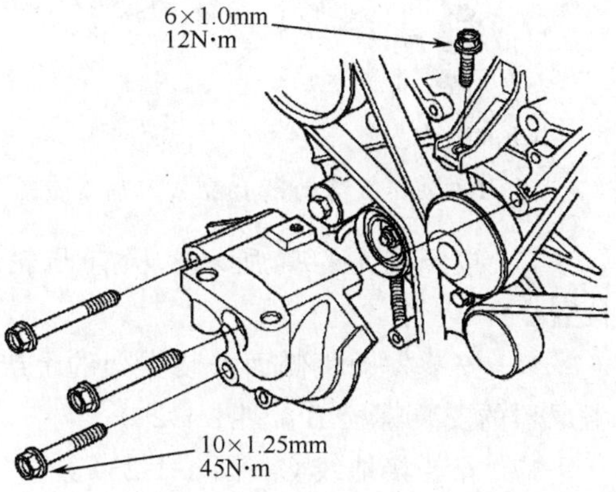

图 1-1-19　安装发动机侧支架下半部分

9. 按照图 1-1-20 所示，安装正时皮带导盘。

10. 按照图 1-1-21 所示，安装下盖。

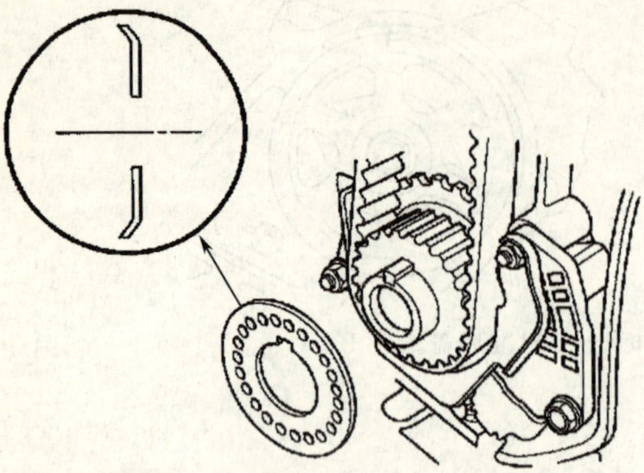

图 1-1-20　安装正时皮带导盘

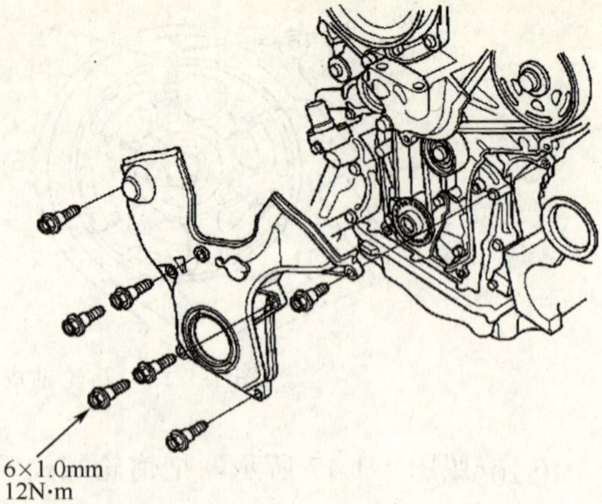

图 1-1-21　安装下盖

11. 按照图 1-1-22 所示，安装前部上盖 A 和后部上盖 B。

12. 安装曲轴皮带轮。

13. 顺时针转动曲轴皮带轮 5～6 圈，使正时皮带在曲轴皮带轮上就位。

14. 按照图 1-1-23 所示，转动曲轴皮带轮，使白色的标记 A 与指针 B 对齐。

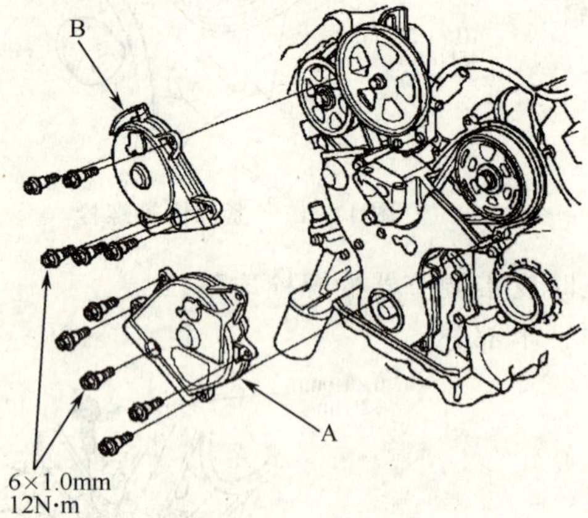

图 1-1-22　安装前部上盖 A 和后部上盖 B

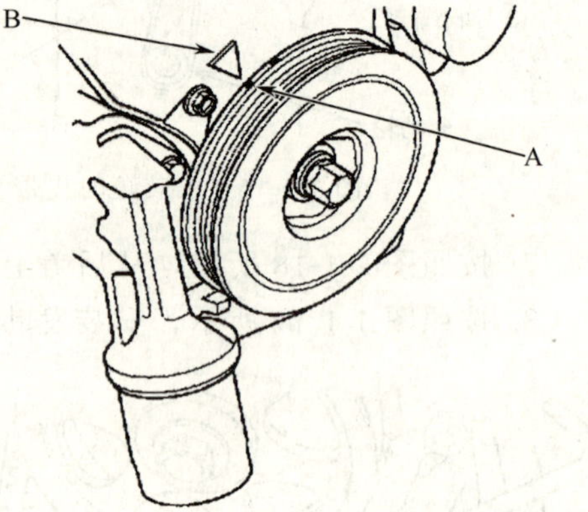

图 1-1-23　白色标记 A 与指针 B 对齐

15. 按照图 1-1-24 所示，检查凸轮轴皮带轮上的标记，确认标记已设置在上止点位置。

16. 安装发动机侧面安装支架的上半部分，换装新的安装螺栓 A 并紧固，然后再紧固阻尼器的安装螺栓 B（图 1-1-25）。

17. 安装接地线 C（图 1-1-25）。

18. 安装发动机传动皮带自动张紧器。

19. 安装发动机传动皮带。

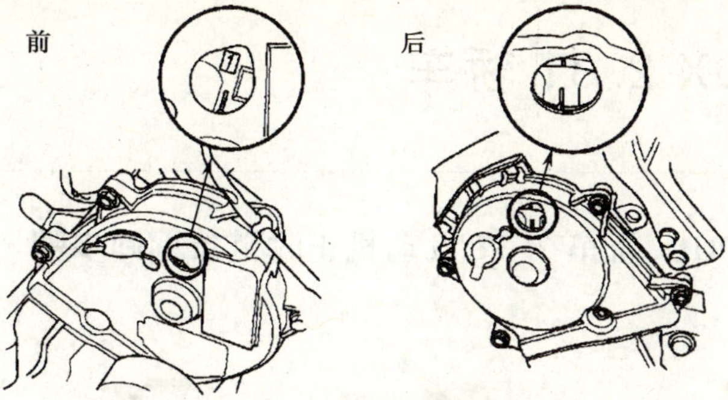

图 1-1-24　检查凸轮轴带轮标记

20. 如图 1-1-26 所示，安装挡泥板。

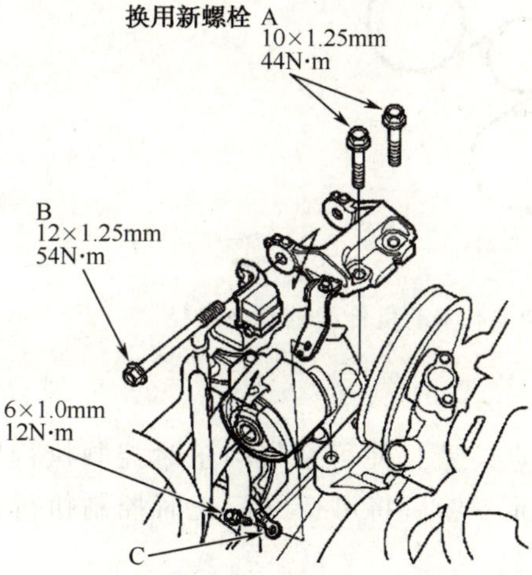

图 1-1-25　安装发动机侧面安装支架，紧固螺栓并安装接地线 C

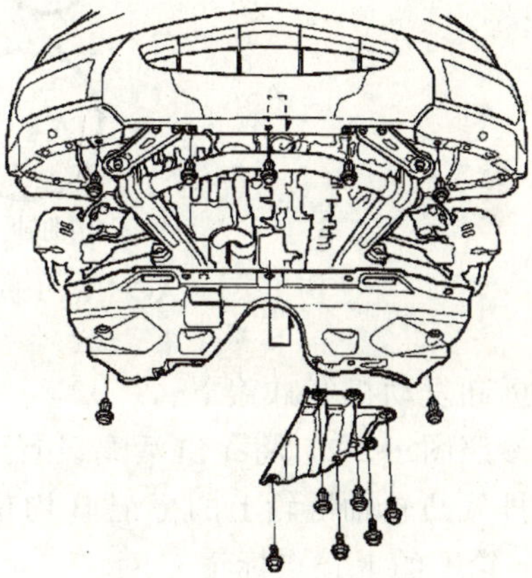

图 1-1-26　安装挡泥板

21. 安装右前车轮。

22. 按照图 1-1-27 所示，在故障诊断连接器上连接故障诊断仪，操作诊断仪执行曲轴位置学习程序。

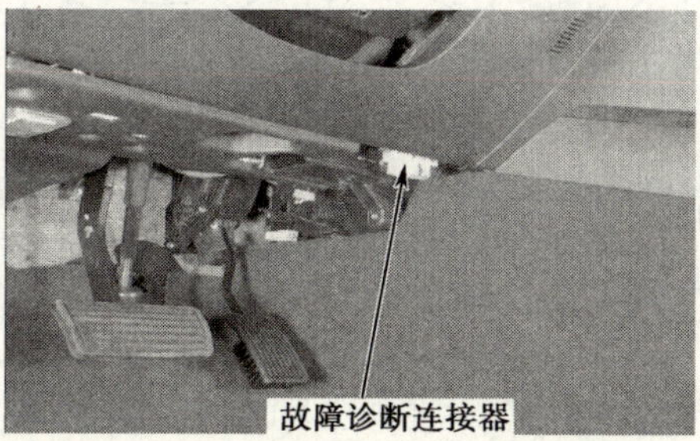

图 1-1-27　故障诊断连接器位置识别

第二节 RDX 2.3T 轿车

一、ACURA RDX 轿车 2.3T 发动机正时链条拆卸步骤

1. 拆卸前车轮。

2. 拆卸挡泥板。

3. 拆卸发动机传动皮带并记下传动链盘绕路径（图 1-2-1）。

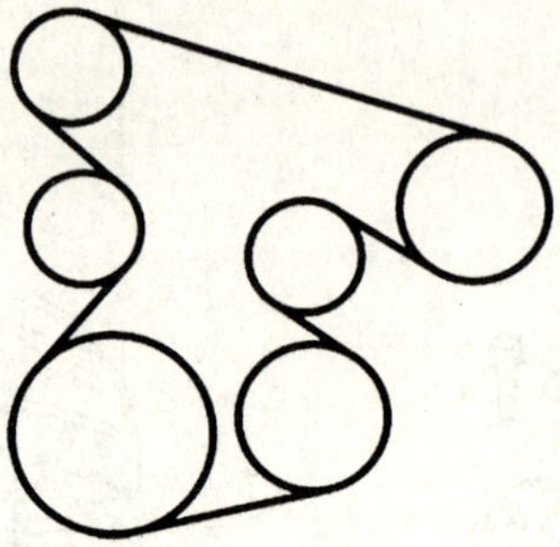

图 1-2-1 ACURA RDX 轿车 2.3T 发动机传动链盘绕路径

4. 拆卸发动机气缸盖罩。

5. 参照图 1-2-2，将 1 缸活塞设置到上止点位置：使可变气门正时控制执行器上的标记 A 和排气凸轮轴链轮上的标记 B 均位于顶部，然后将可变气门正时控制执行器和排气凸轮轴链轮上的上止点标记 C 对齐。

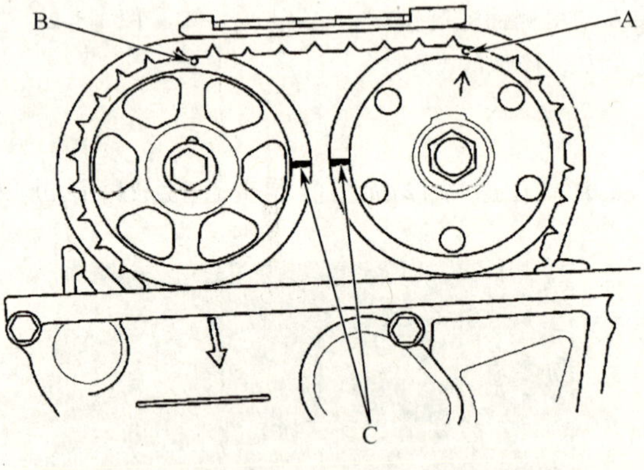

图 1-2-2 对齐标记

6. 拆卸可变气门正时控制阀。

7. 拆卸曲轴带轮。

8. 在油底壳下方垫好木块，用千斤顶支撑起发动机。

9. 按照图 1-2-3 所示，拆卸扭矩杆加强件 A 和上部扭矩杆 B。

10. 按照图 1-2-4 所示，拆卸接地电缆 A 和发动机侧面固定支架 B。

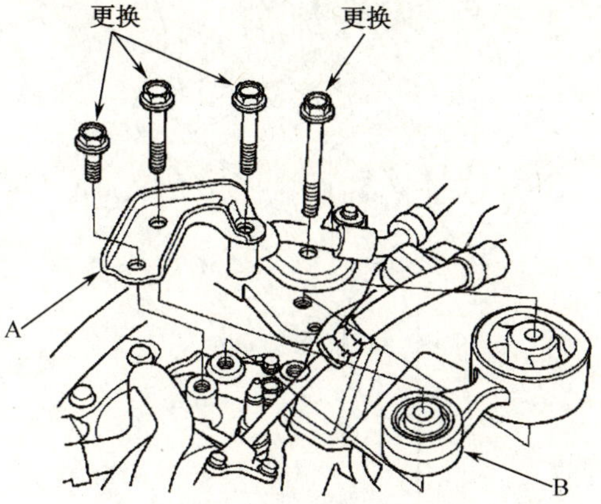

图 1-2-3 扭矩杆加强件和上部扭矩杆

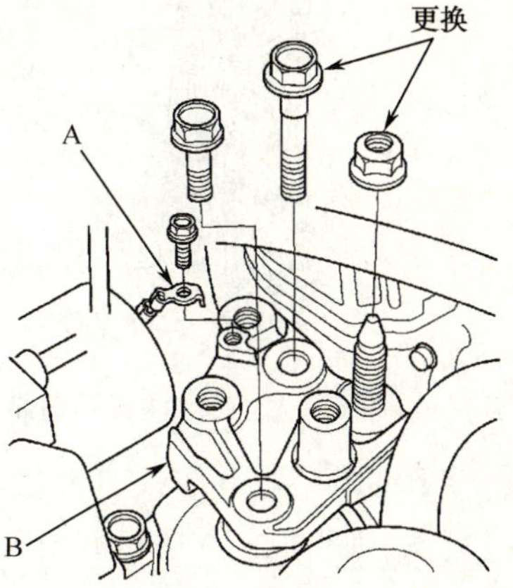

图 1-2-4 拆卸接地电缆 A 和发动机侧面固定支架 B

11. 按照图 1-2-5 所示，拆卸发动机冷却液旁通管路固定螺栓 A，然后拆卸发动机侧面固定支架 B。

12. 按照图 1-2-6 所示，拆卸正时链条外壳。

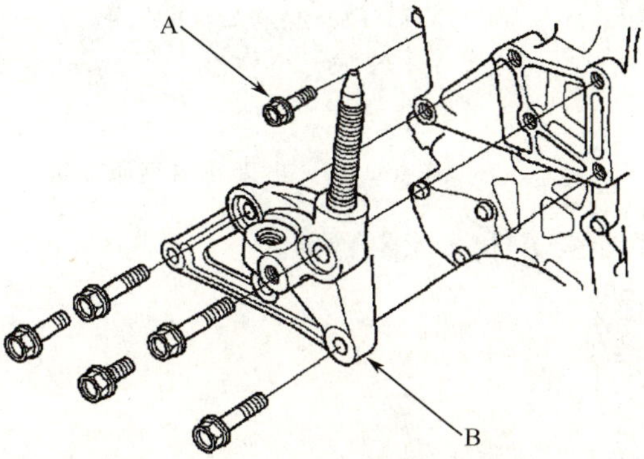

图 1-2-5 拆卸发动机冷却液旁通管路固定螺栓 A 和发动机侧面固定支架 B

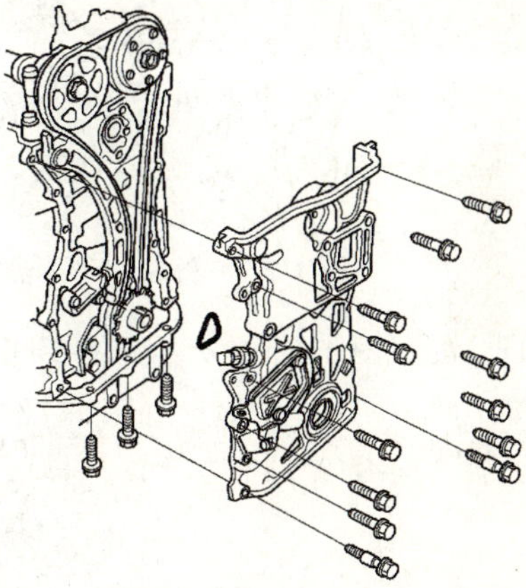

图 1-2-6 拆卸正时链条外壳

13. 安装上曲轴带轮，但不要拧紧。

14. 按照图 1-2-7 所示，逆时针转动曲轴，使自动张紧器压缩。

15. 按照图 1-2-8 所示，将锁止装置 A 和自动张紧器 B 上的小孔对齐，然后将直径为 1.5mm 的锁止销 C 插入孔中。

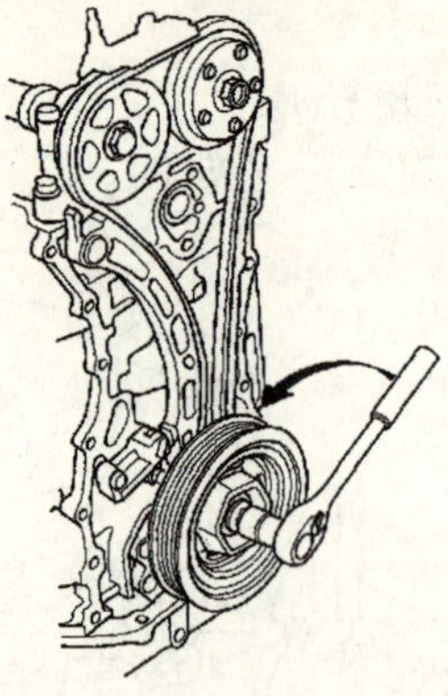

图 1-2-7 逆时针转动曲轴

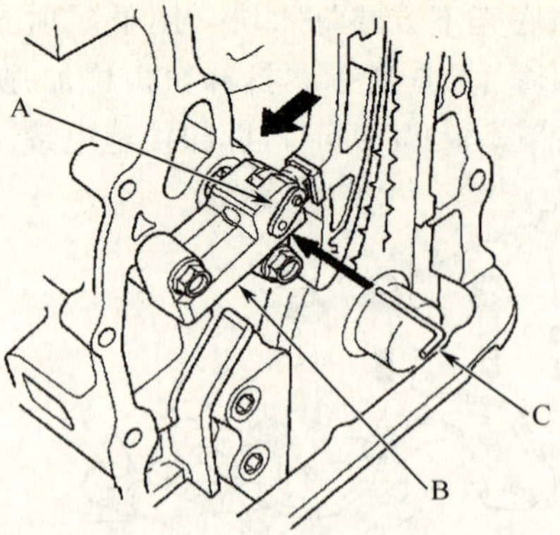

图 1-2-8 插入锁止销

16. 按照图 1-2-9 所示，拆卸自动张紧器。

17. 按照图 1-2-10 所示，拆卸正时链条导板。

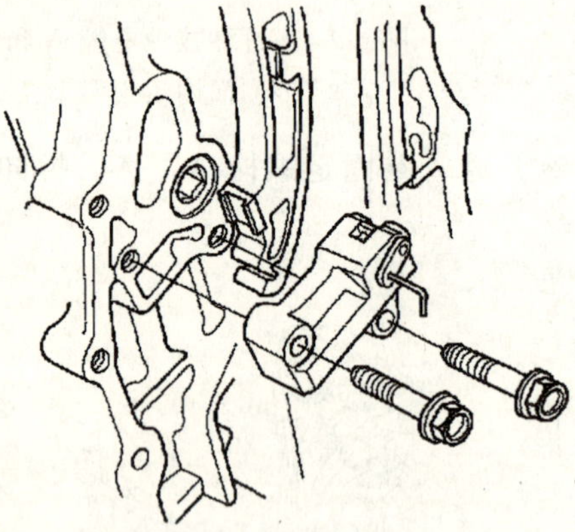

图 1-2-9 拆卸自动张紧器

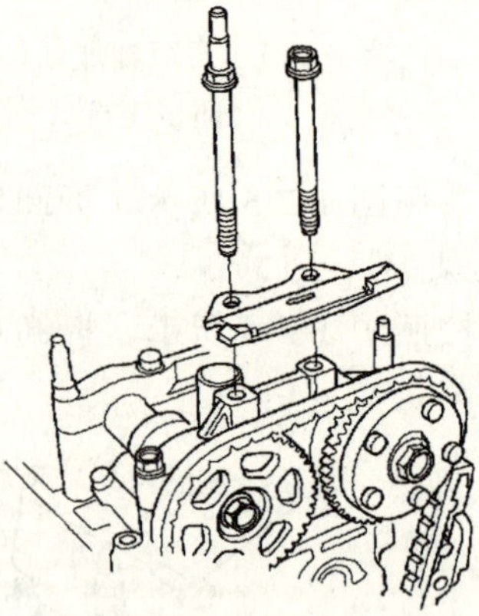

图 1-2-10 拆卸正时链条导板

18. 按照图 1-2-11 所示，拆卸正时链条导板 A 和张紧器臂 B。

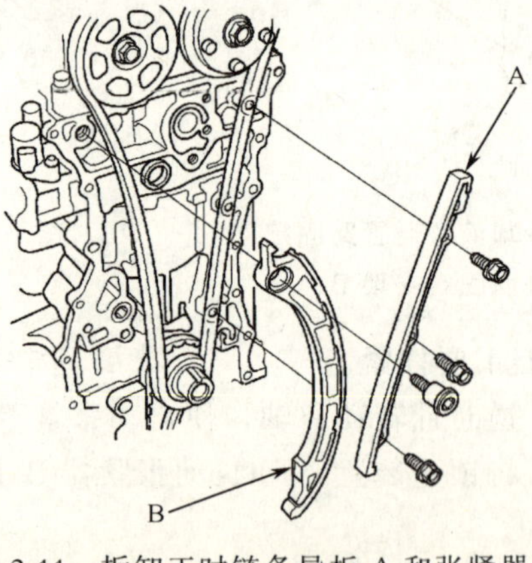

图 1-2-11 拆卸正时链条导板 A 和张紧器臂 B

19. 拆卸正时链条。

二、ACURA RDX 轿车 2.3 T 发动机正时链条安装步骤

1. 将曲轴设置到上止点位置：按照图 1-2-12 所示，使曲轴链轮上的上止点标记 A 与发动机气缸体上的指针 B 对齐。

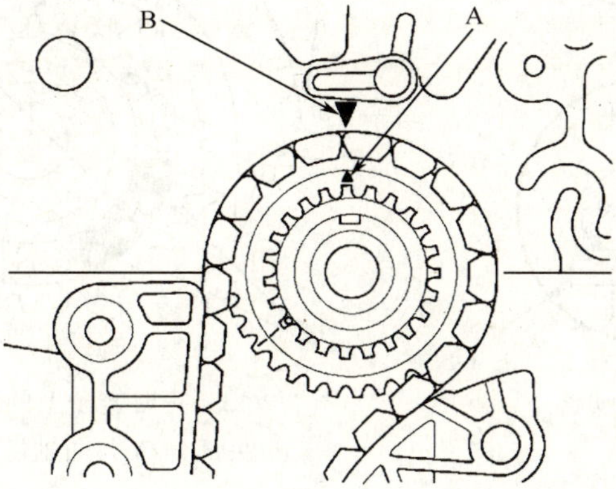

图 1-2-12　曲轴链轮上的上止点标记 A 与发动机气缸体上的指针 B 对齐

2. 把凸轮轴设置到上止点位置：按照图 1-2-13 所示，可变气门正时控制执行器上的标记 A 和排气凸轮轴链轮上的标记 B 均应位于顶部位置，可变气门正时控制执行器上的上止点标记和排气凸轮轴链轮上的上止点标记 C 应对齐。

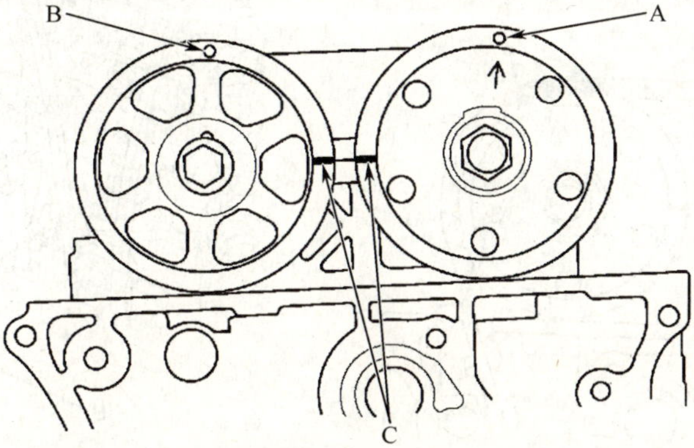

图 1-2-13　对齐标记

3. 按照图 1-2-14 所示，固定住进气凸轮轴，把止动器 A（工具号：24635-P6H-003）插入凸轮轴位置脉冲板 B 中的检修孔中并穿过 5 号摇臂固定器 C。

4. 按照图 1-2-14 所示，固定住排气凸轮轴，把止动器 A（工具号：24635-P6H-003）插入凸轮轴位置脉冲板 D 中的检修孔中并穿过 5 号摇臂固定器 C。

5. 按照图 1-2-15 所示，把正时链条安装到曲轴链轮上，使正时链条上的两个标有颜色的链节的中央部分 A 与曲轴链轮上的标记 B 对齐。

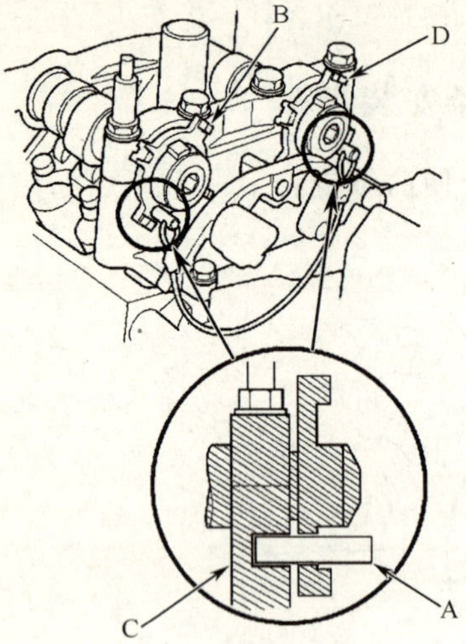

图 1-2-14　插入止动器

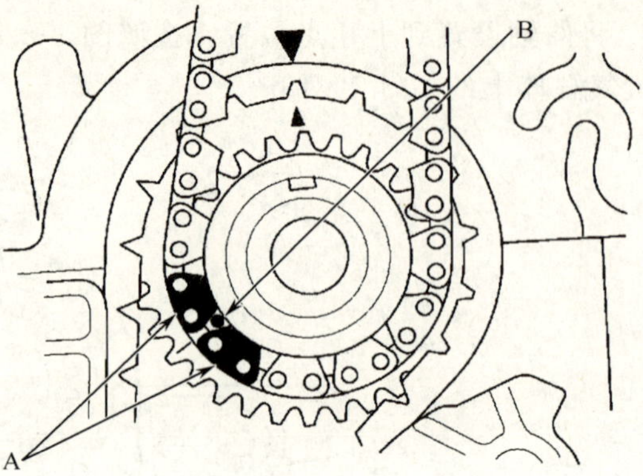

图 1-2-15　正时链条上的两个标有颜色的链节的中央部分 A 与曲轴链轮上的标记 B 对齐

6. 把正时链条安装到气门正时控制执行器和排气凸轮轴链轮上，并按照图 1-2-16 所示，使标记 A 与 3 个标有颜色的链节的中央部分对齐。

7. 按照图 1-2-17 所示，安装正时链条导板 A 和张紧器臂 B。

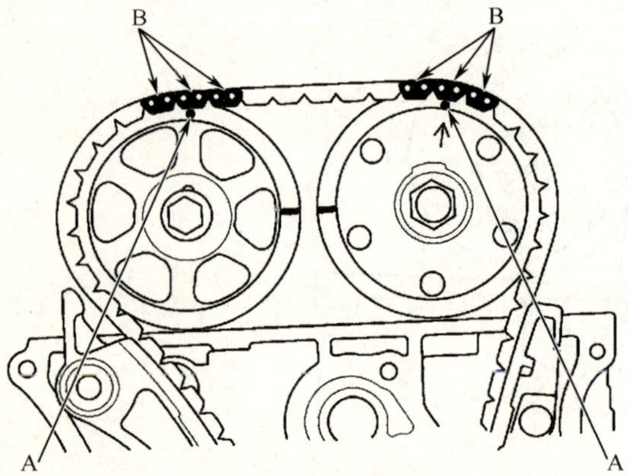

图 1-2-16　标记 A 与 3 个标有颜色的链节的中央部分对齐

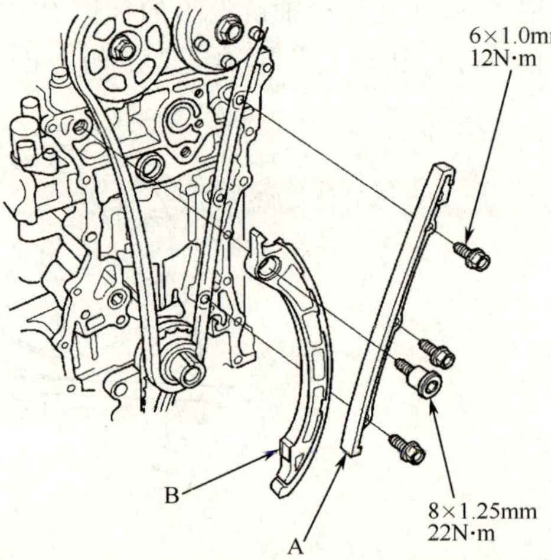

图 1-2-17　安装正时链条导板 A 和张紧器臂 B

8. 按照图 1-2-18 所示，安装自动张紧器。

9. 按照图 1-2-19 所示，安装正时链条导板 B。

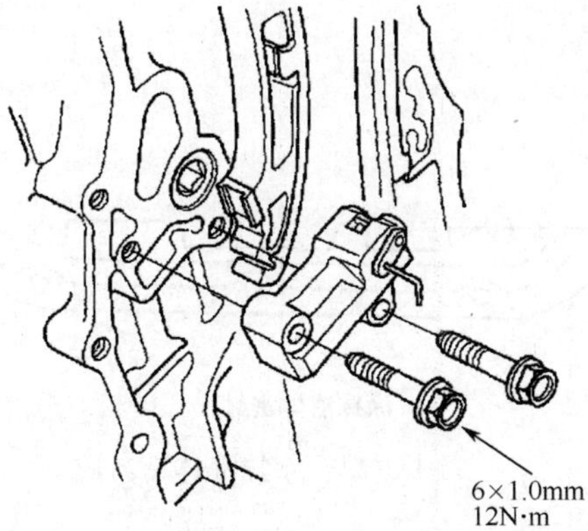

图 1-2-18　安装自动张紧器

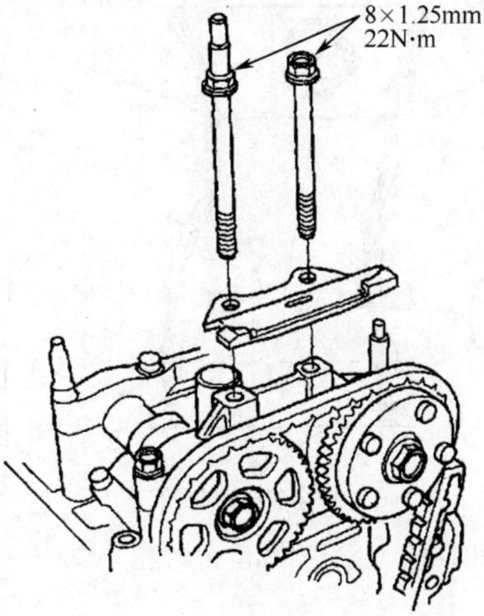

图 1-2-19　安装正时链条导板 B

10. 按照图 1-2-20 所示，从自动张紧器中拔出锁止销。

11. 按照图 1-2-21 所示，拔出止动器（工具号：24635-P6H-003）。

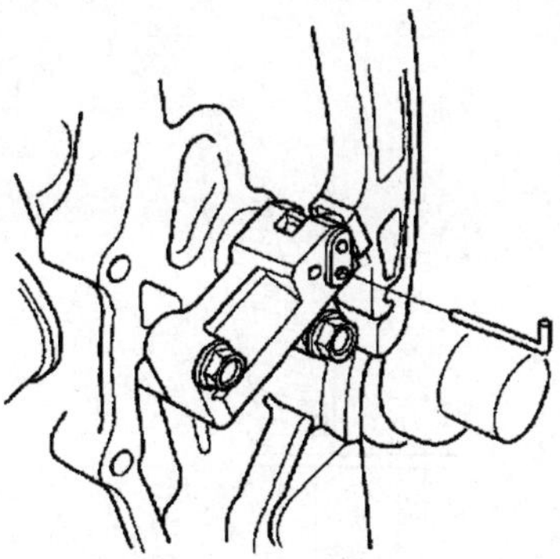

图 1-2-20　从自动张紧器中拔出锁止销

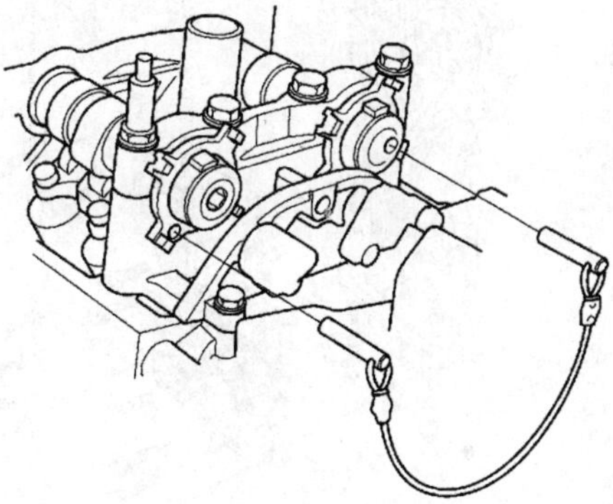

图 1-2-21　拔出止动器

12. 检查正时链条外壳油封是否有损坏。如果损坏，应更换油封。

13. 从正时链条外壳的配合面上去除旧液体密封垫和螺栓。

14. 将正时链条外壳的配合面清理干净。

15. 按照图 1-2-22 所示，涂抹液体密封胶，并在涂抹后 4min 内安装部件。

16. 按照图 1-2-22 所示，在 A 和 B 处涂抹液体密封胶。

17. 按照图 1-2-23 所示，在正时链条外壳和机油盘接合面上涂抹液体密封胶，并在涂抹后 4min 内安装部件。

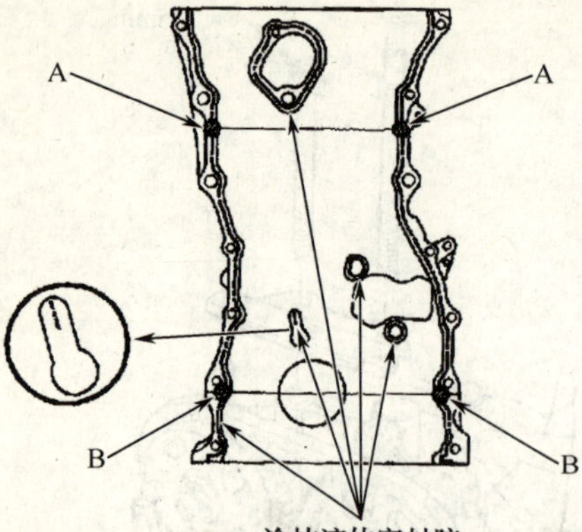

图 1-2-22　涂抹液体密封胶

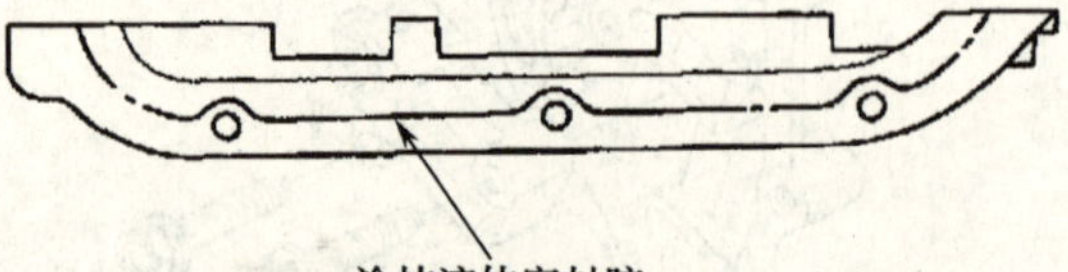

图 1-2-23　涂抹液体密封胶

18. 按照图 1-2-24 所示，在正时链条外壳上安装新的 O 形密封环 A，将正时链条外壳 B 的边缘与机油盘 C 的边缘设置到位，然后将正时链条外壳安装到发动机缸体 D 上。安装完毕后 3 小时内不要启动发动机。

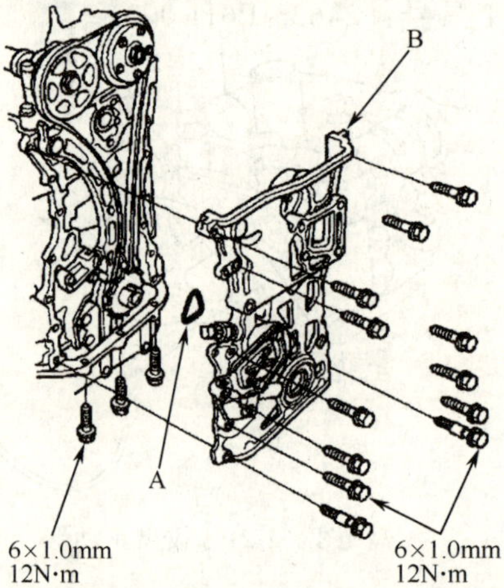

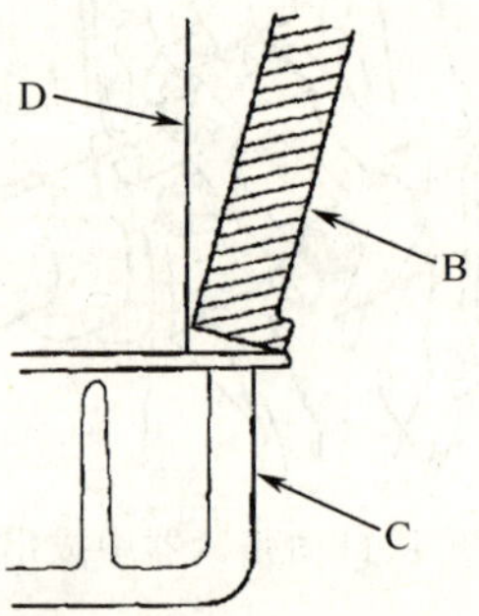

图 1-2-24　安装密封环并将正时链条外壳安装到发动机缸体上

19. 按照图 1-2-25 所示，安装发动机固定支架 A 和发动机冷却液旁通管路固定螺栓 B。

20. 按照图 1-2-26 所示，安装发动机侧面固定支架 A，拧上新的螺栓和螺母 B（不要拧紧），然后拧上螺栓 C（不要拧紧）。

21. 按照图 1-2-26 所示，安装好接地电缆 D。

22. 拆下空气滤清器壳体总成。

23. 按照图 1-2-27 所示，松开变速器固定螺栓和螺母 A。

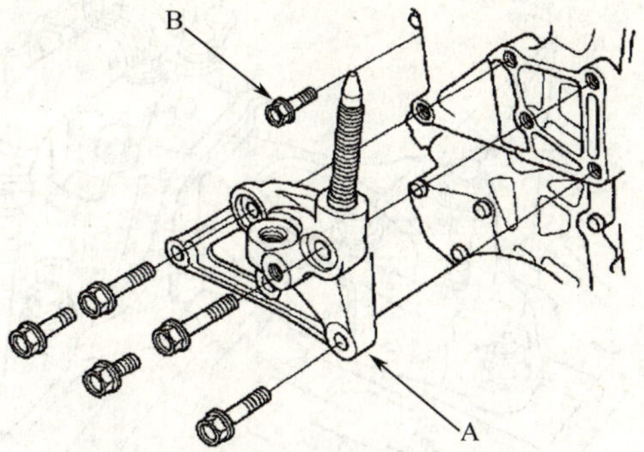

图 1-2-25　安装发动机固定支架 A 和发动机冷却液旁通管路固定螺栓 B

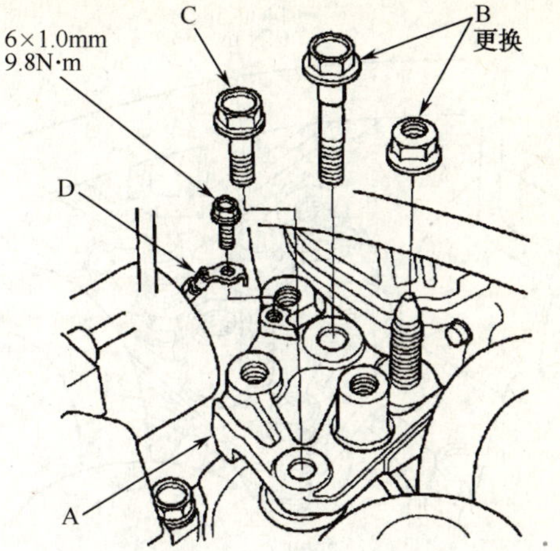

图 1-2-26　安装发动机侧面固定支架并拧上螺栓和螺母

24. 举升车辆。
25. 按照图 1-2-28 所示，松开底部的扭矩杆固定螺栓 A。

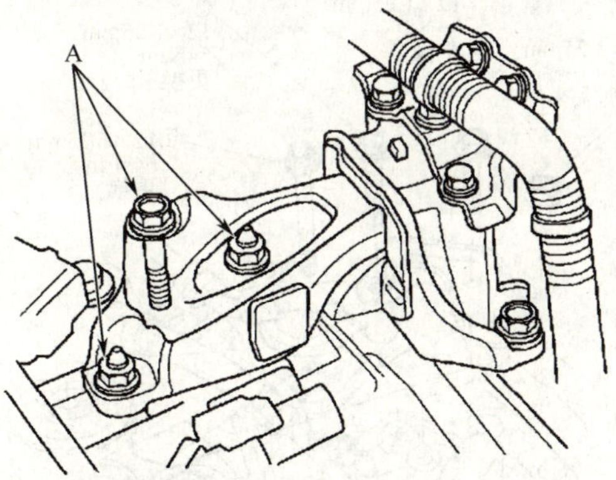

图 1-2-27　松开变速器固定螺栓和螺母 A

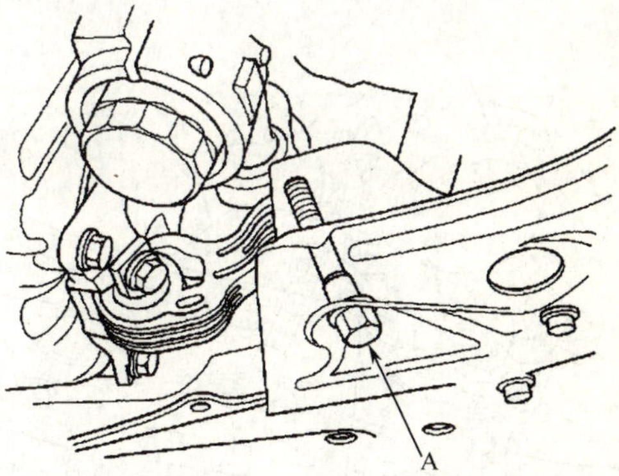

图 1-2-28　松开底部的扭矩杆固定螺栓 A

26. 将车辆降下。
27. 按照图 1-2-29 所示，紧固发动机侧面固定螺栓和螺母。
28. 按照图 1-2-30 所示，紧固变速器固定螺栓和螺母。
29. 举升车辆。
30. 按照图 1-2-31 所示，紧固底部扭矩杆固定螺栓。
31. 将车辆降下。
32. 安装空气滤清器壳体总成。

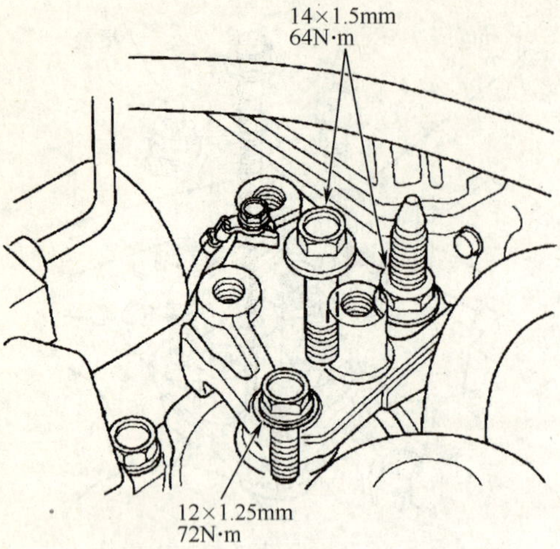

图 1-2-29　紧固发动机侧面固定螺栓和螺母

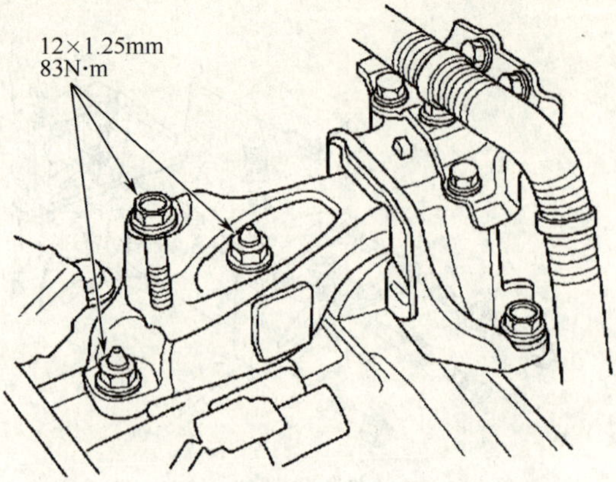

图 1-2-30　紧固变速器固定螺栓和螺母

33. 按照图 1-2-32 所示，安装上部扭矩杆 A 和扭矩杆加强件 B，然后紧固新更换的加强件固定螺栓 C 并按照图中所示的紧固顺序予以紧固。

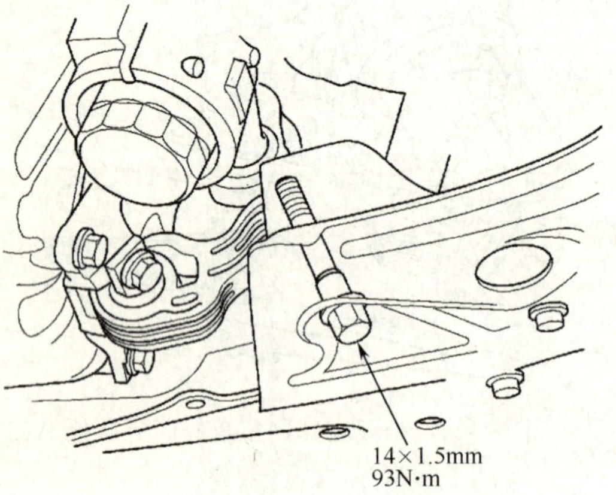

图 1-2-31　紧固底部扭矩杆固定螺栓

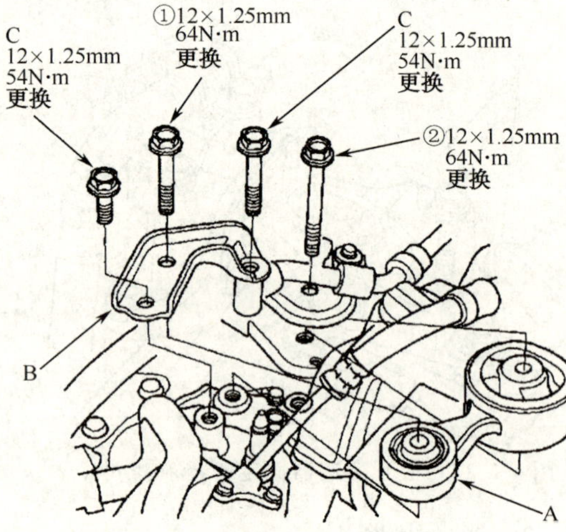

图 1-2-32　安装上部扭矩杆和加强件

34. 安装曲轴带轮。

35. 安装气门正时控制电磁阀。

36. 安装气缸盖罩。

37. 安装发动机传动皮带。

38. 按照图 1-2-33 所示，在故障诊断连接器上连接故障诊断仪，执行曲轴位置清除和学习程序。

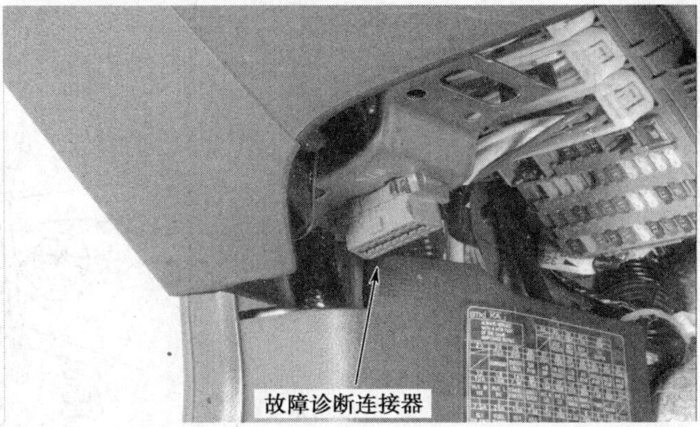

图 1-2-33　故障诊断连接器位置识别

第三节　RL 3. 7L 轿车

一、RL 3. 7L 轿车正时皮带拆卸步骤

1. 转动曲轴，使白色标记 A 与指针 B 对齐（图 1-3-1）。

2. 检查凸轮轴皮带轮上的 1 缸上止点标记 A 是否与正时皮带前罩上的指针 B 对齐（图 1-3-2）。

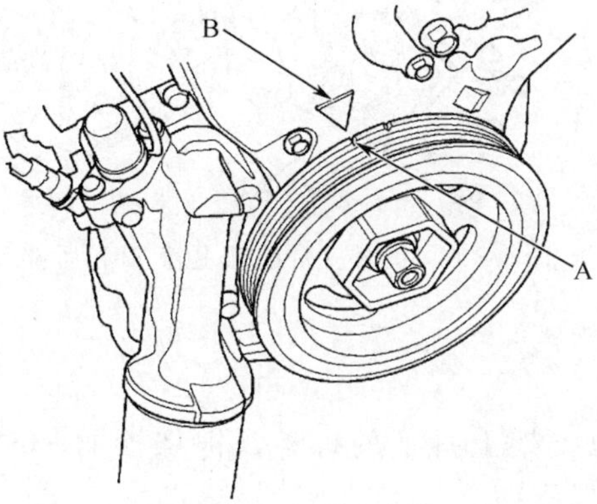

图 1-3-1　白色标记 A 与指针 B 对齐

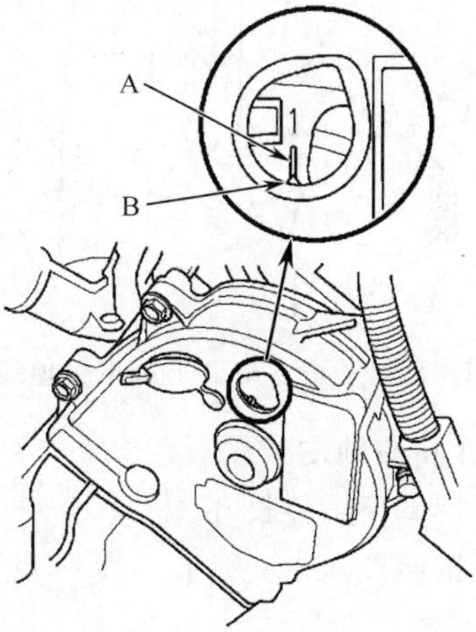

图 1-3-2　上止点标记 A 与指针 B 对齐

3. 拆卸右前车轮。

4. 按照图 1-3-3 所示，拆卸挡泥板。

5. 按照图 1-3-4 所示，拆卸发动机传动皮带和传动皮带自动张紧器。

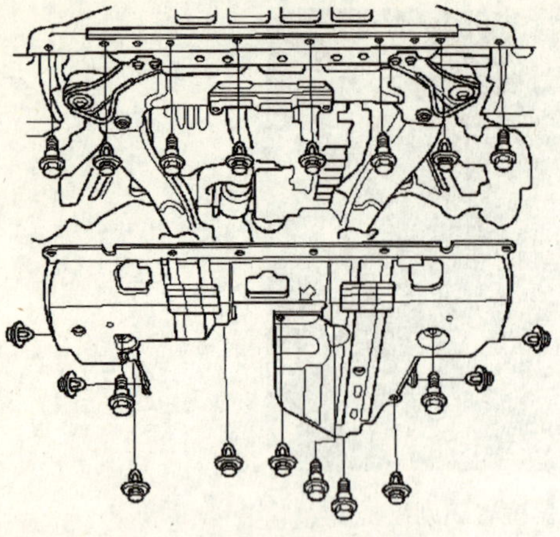

图 1-3-3　拆卸挡泥板

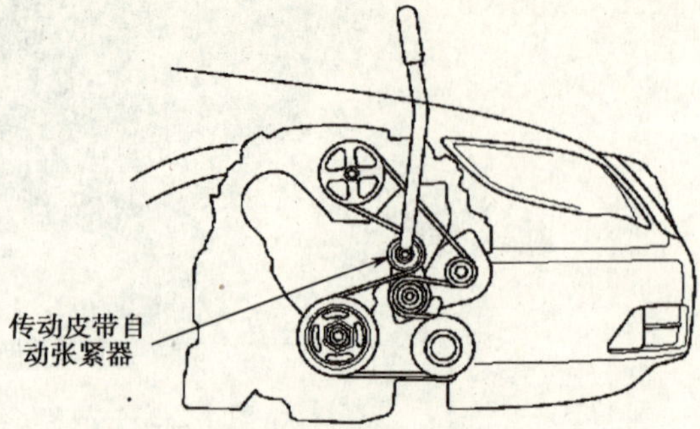

图 1-3-4　拆卸发动机传动皮带和自动张紧器

6. 为便于拆卸发动机侧支架，可在油底壳处垫上木块，然后用千斤顶把发动机撑起。

7. 把接地线 A 从发动机支架 B 上拆下（图 1-3-5）。

8. 拆卸正时皮带前部上盖 A 和后部上盖 B（图 1-3-6）。

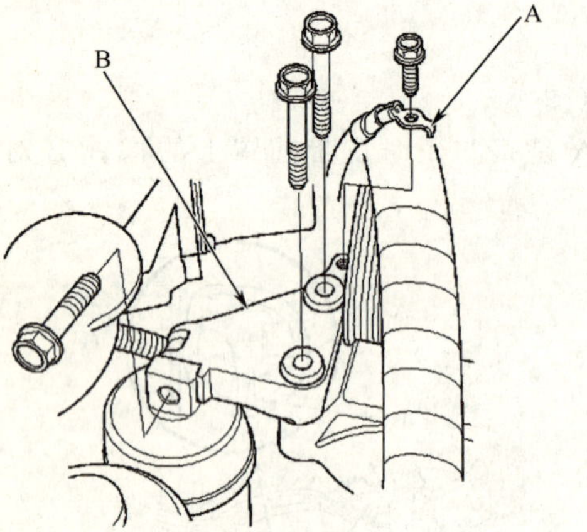

图 1-3 5　从发动机支架 B 上拆下接地线 A

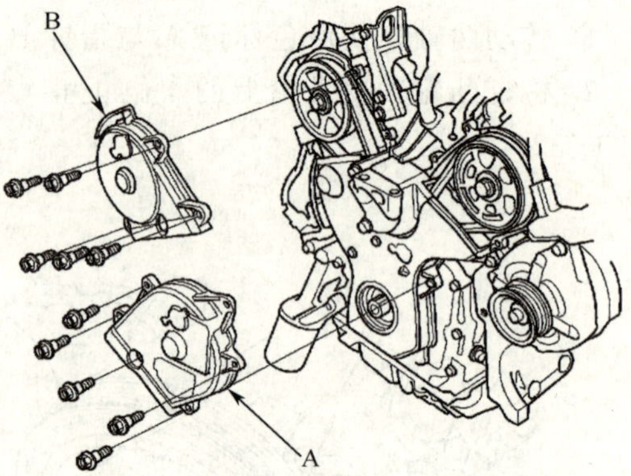

图 1-3-6　正时皮带前部上盖 A 和后部上盖 B

9. 拆卸曲轴皮带轮。

10. 拆卸下盖（图 1-3-7）。

11. 按照图 1-3-8 所示，找一只从蓄电池支架上拆下的螺栓，把螺栓的一端打磨成尖头。

12. 按照图 1-3-9 所示，用打磨好的螺栓把正时皮带调节器固定好，并用手把螺栓拧紧。

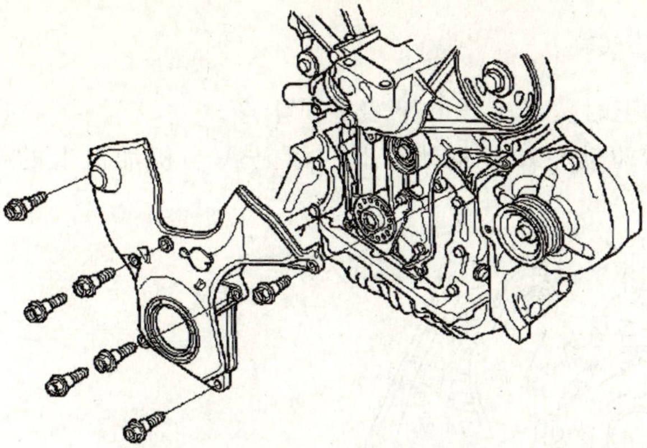

图 1-3-7　拆卸下盖

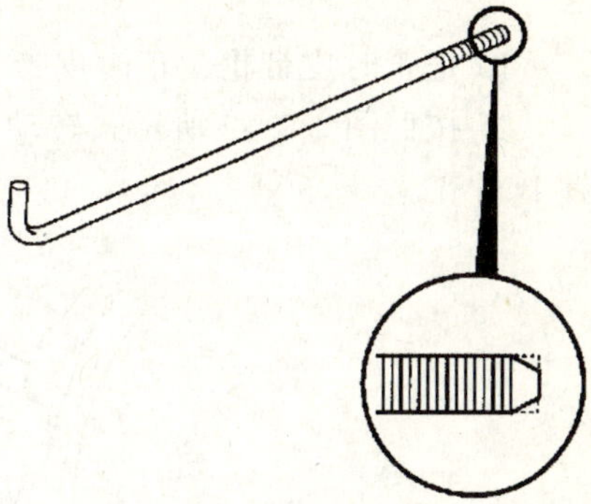

图 1-3-8　将螺栓打磨成尖头

13. 按照图 1-3-10 所示，拆卸发动机侧面安装支架。

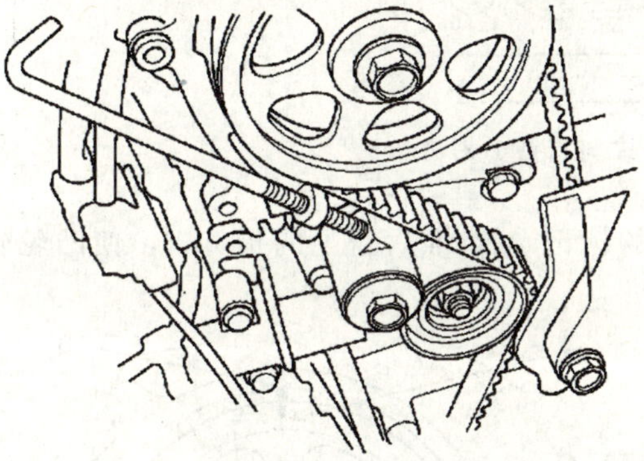

图 1-3-9　用螺栓固定正时皮带调节器

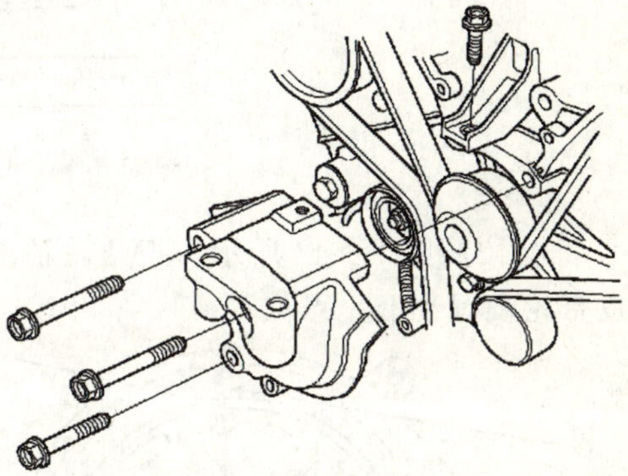

图 1-3-10　拆卸发动机侧面安装支架

14. 按照图 1-3-11 所示，拆卸惰轮螺栓和惰轮，然后拆下正时皮带。惰轮螺栓是一次性使用的，因此拆下惰轮螺栓后即应废弃不用。

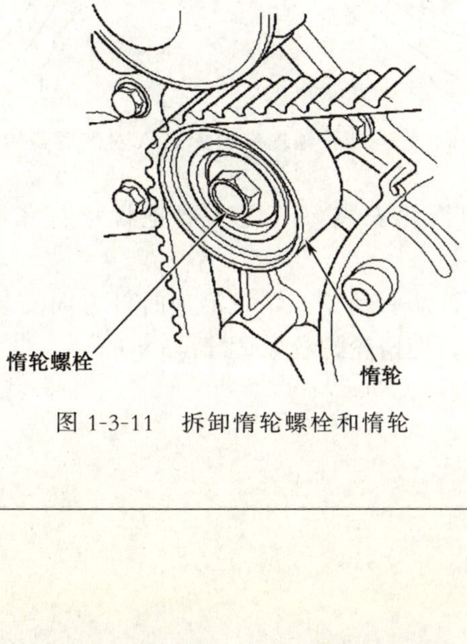

图 1-3-11　拆卸惰轮螺栓和惰轮

二、RL 3.7L 轿车正时皮带安装步骤

1. 把正时皮带轮、正时皮带导板以及正时皮带上盖和下盖擦拭干净。

2. 按照图 1-3-12 所示，转动正时皮带驱动轮，使驱动轮上的标记 A 与机油盘上的指针 B 对齐。

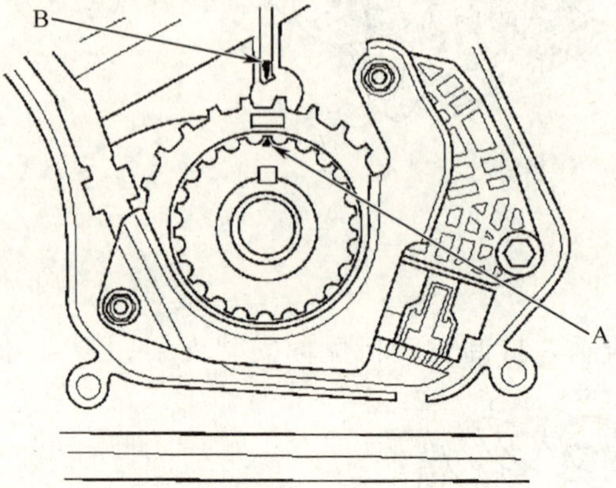

图 1-3-12　驱动轮标记 A 与指针 B 对齐

3. 按照图 1-3-13 所示，把凸轮轴皮带轮上的标记 A 对准后盖上的指针 B，使凸轮轴皮带轮设置到上止点位置。

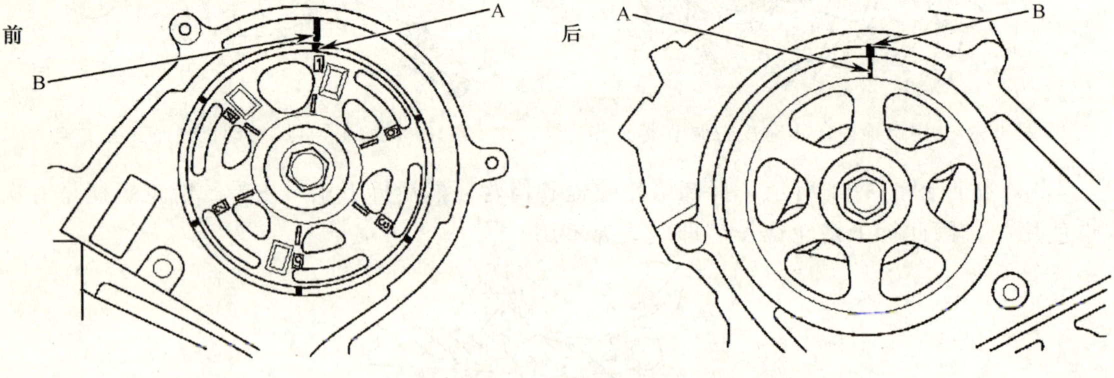

图 1-3-13　凸轮轴皮带轮标记 A 对准后盖指针 B

4. 用新的惰轮螺栓把惰轮安装好（先不要把螺栓拧紧），使惰轮能够移动但不会脱落。

5. 按照图 1-3-14 所示，从驱动轮开始，沿逆时针方向安装正时皮带。

6. 按照图 1-3-15 所示，把惰轮螺栓紧固至 45N・m。

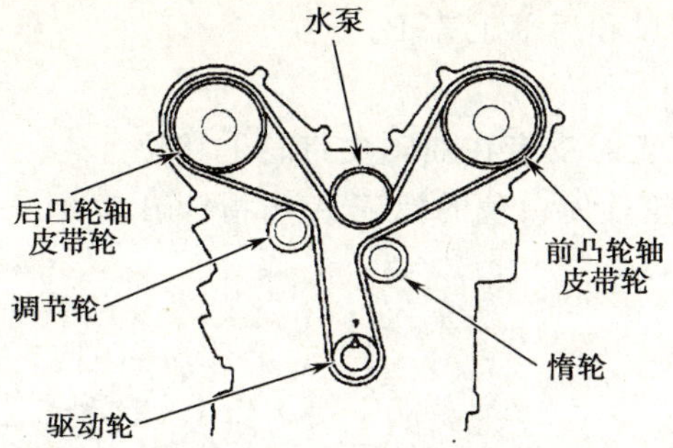

图 1-3-14　安装正时皮带

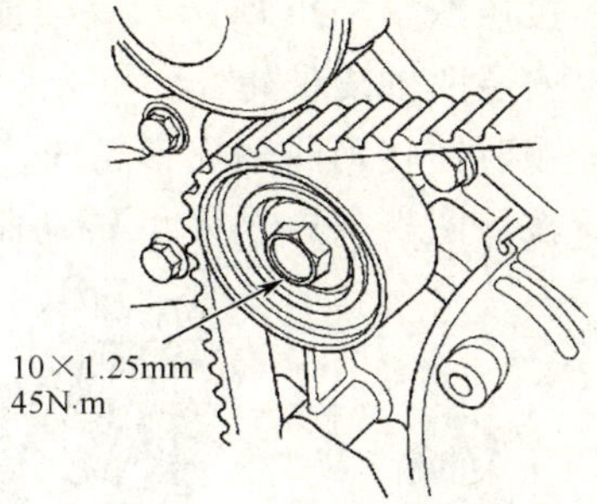

图 1-3-15　紧固惰轮螺栓

7. 按照图 1-3-16 所示，从后盖上把固定正时皮带调节器的螺栓取下。

8. 按照图 1-3-17 所示，安装发动机侧支架。

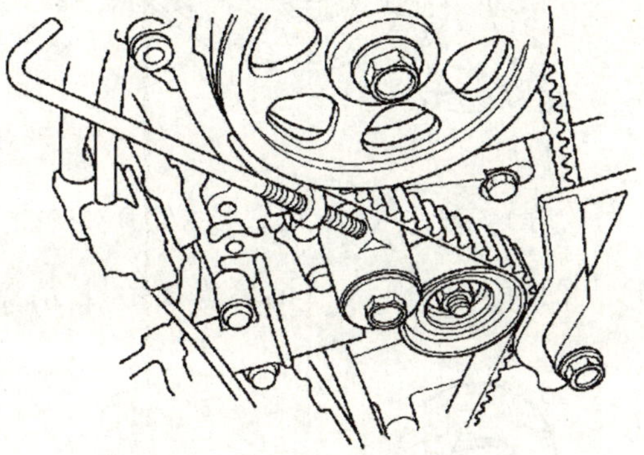

图 1-3-16　取下螺栓

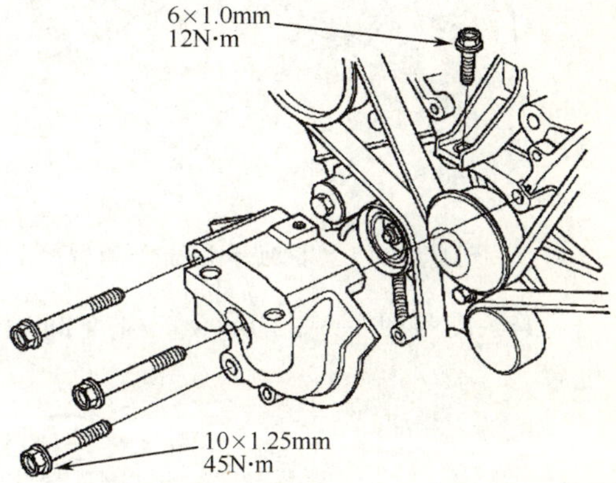

图 1-3-17　安装发动机侧支架

9. 按照图 1-3-18 所示，安装正时皮带导盘。

10. 按照图 1-3-19 所示，安装下盖。

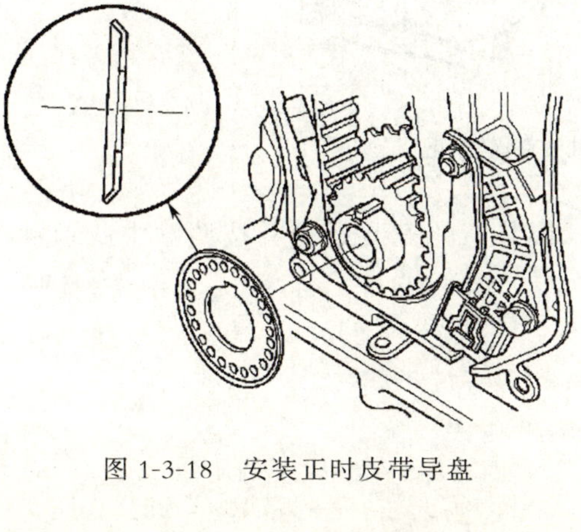

图 1-3-18　安装正时皮带导盘

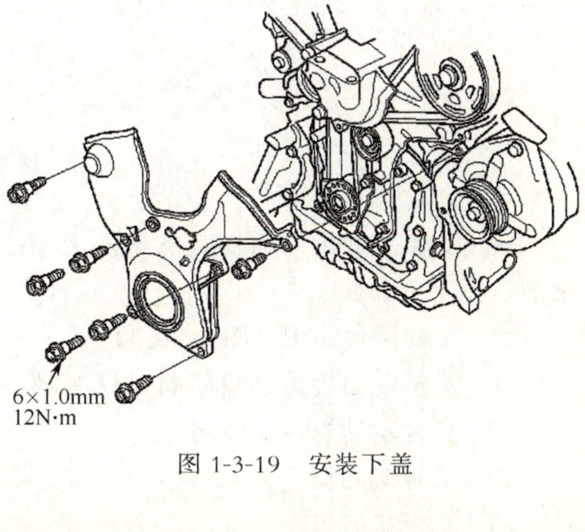

图 1-3-19　安装下盖

11. 按照图 1-3-20 所示，安装前部上盖 A 和后部上盖 B。

12. 安装曲轴皮带轮。

13. 顺时针转动曲轴皮带轮 5～6 圈，使正时皮带在曲轴皮带轮上就位。

14. 按照图 1-3-21 所示，转动曲轴皮带轮，使白色的标记 A 与指针 B 对齐。

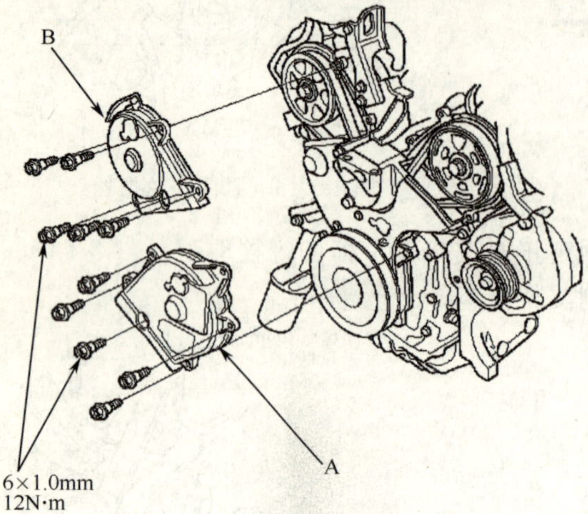

图 1-3-20 安装前部上盖 A 和后部上盖 B

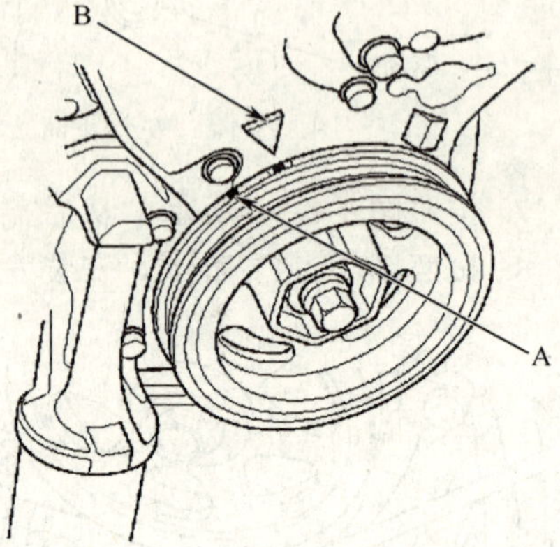

图 1-3-21 白色标记 A 与指针 B 对齐

15. 按照图 1-3-22 所示，检查凸轮轴皮带轮上的标记，确认标记已设置在上止点位置。

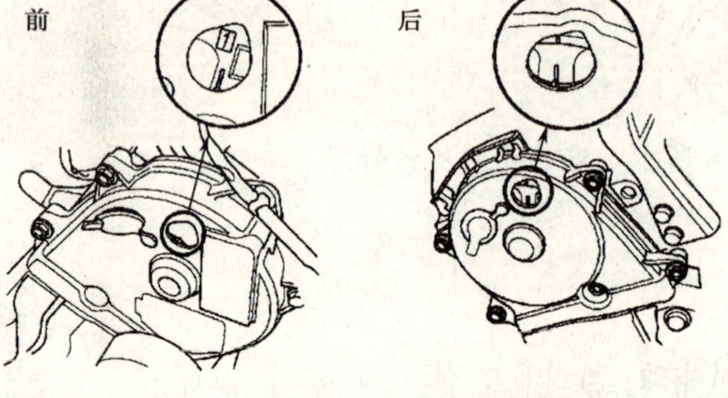

图 1-3-22 检查凸轮轴皮带轮标记

16. 安装发动机侧面安装支架的上半部分 A，换装新的安装螺栓并按照图中所示顺序紧固（图 1-3-23）。

17. 安装接地线 B（图 1-3-23）。

18. 安装发动机传动皮带自动张紧器。

19. 安装发动机传动皮带。

20. 安装挡泥板。

21. 安装右前车轮。

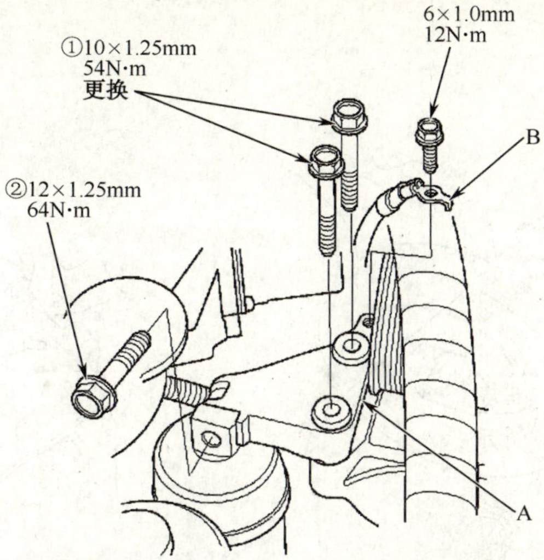

图 1-3-23　安装发动机侧面安装支架 A，紧固螺栓并安装接地线 B

22. 按照图 1-3-24 所示，在故障诊断连接器上连接故障诊断仪，执行曲轴位置学习程序。

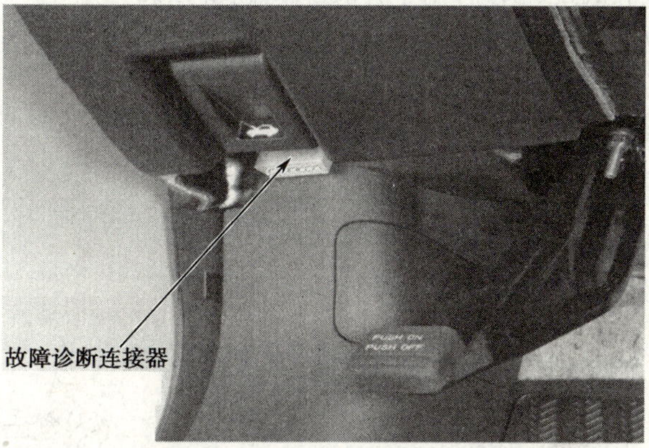

图 1-3-24　故障诊断连接器位置识别

第四节　ZDX 3.7L 轿车

一、ACURA ZDX 轿车 3.7L V6 发动机正时皮带拆卸步骤

1. 转动曲轴，使白色标记 A 与指针 B 对齐（图 1-4-1）。

2. 检查凸轮轴皮带轮上的 1 缸上止点标记 A 是否与正时皮带前罩上的指针 B 对齐

（图 1-4-2）。

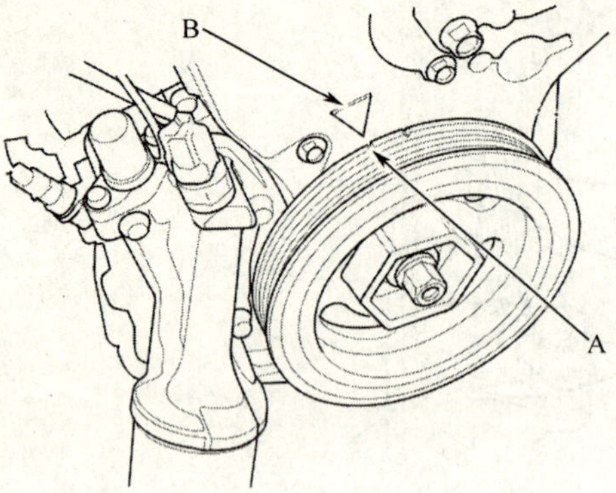

图 1-4-1　白色标记 A 与指针 B 对齐

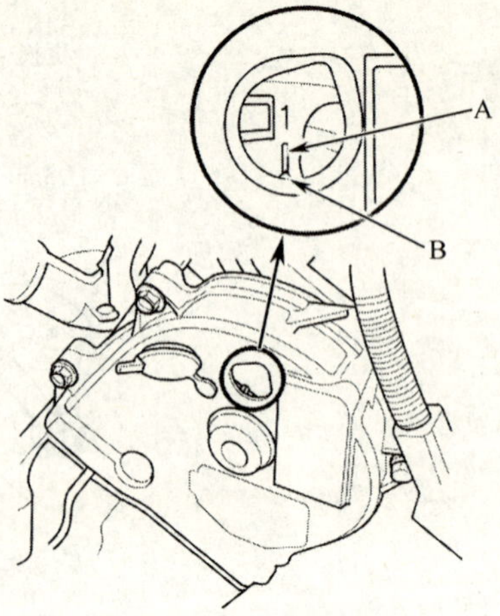

图 1-4-2　上止点标记 A 与指针 B 对齐

3. 用举升机举升车辆，拆卸右前车轮。

4. 按照图 1-4-3 所示，拆卸发动机传动皮带自动张紧器。

5. 在油底壳处垫上木块，然后用千斤顶把发动机撑起。

6. 把接地线 A 从发动机侧安装支架 B 上拆下（图 1-4-4），然后再拆下发动机侧安装支架的上半部分。

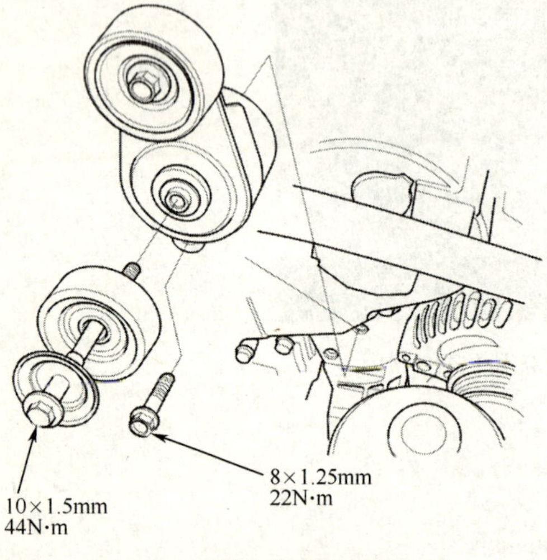

图 1-4-3　拆卸发动机传动皮带自动张紧器

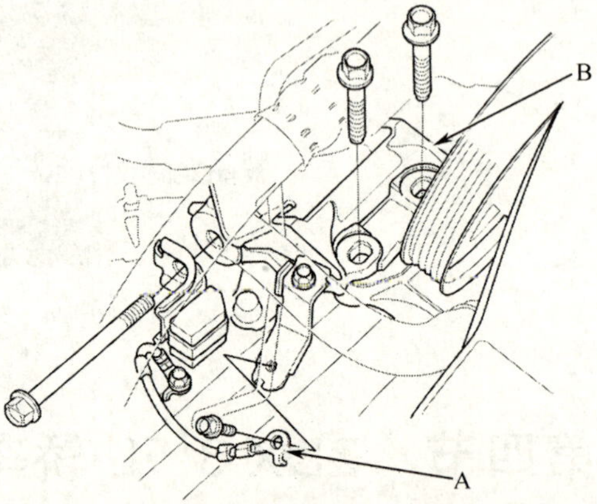

图 1-4-4　拆下接地线和发动机侧安装支架的上半部分

7. 拆卸正时皮带前部上盖 A 和后部上盖 B（图 1-4-5）。

8. 拆卸曲轴皮带轮。

9. 拆卸下盖（图 1-4-6）。

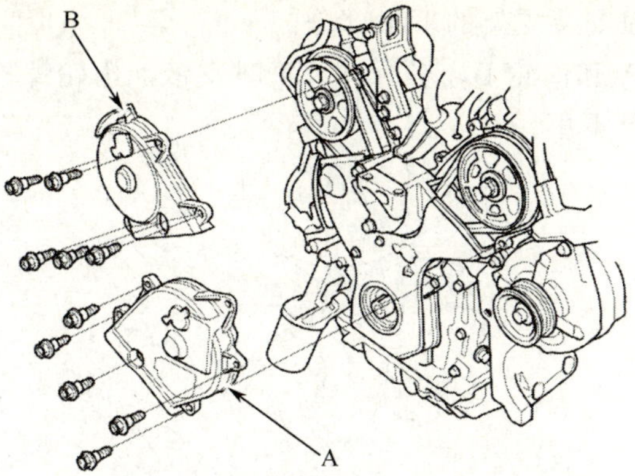

图 1-4-5　正时皮带前部上盖 A 和后部上盖 B

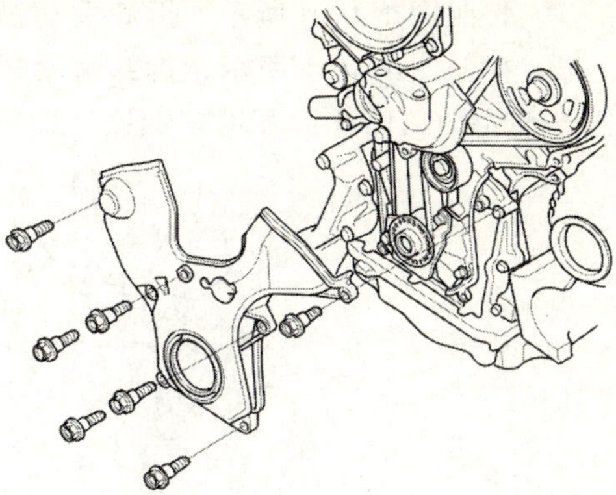

图 1-4-6　拆卸下盖

10. 按照图 1-4-7 所示，找一只从蓄电池支架上拆下的螺栓，把螺栓的一端打磨成尖头。

11. 按照图 1-4-8 所示，用打磨好的螺栓把正时皮带调节器固定好，并用手把螺栓拧紧。

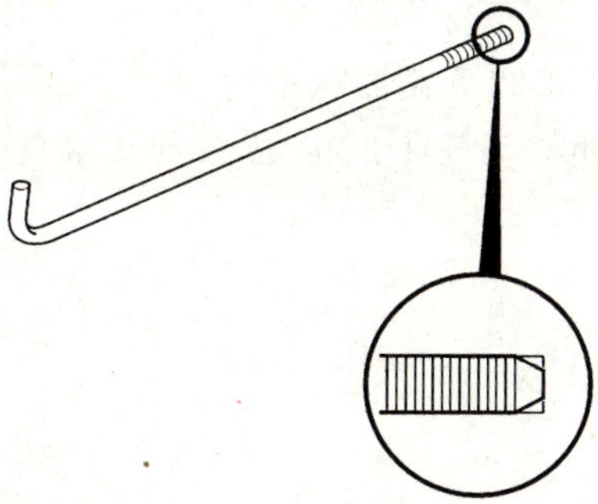

图 1-4-7　将螺栓打磨成尖头

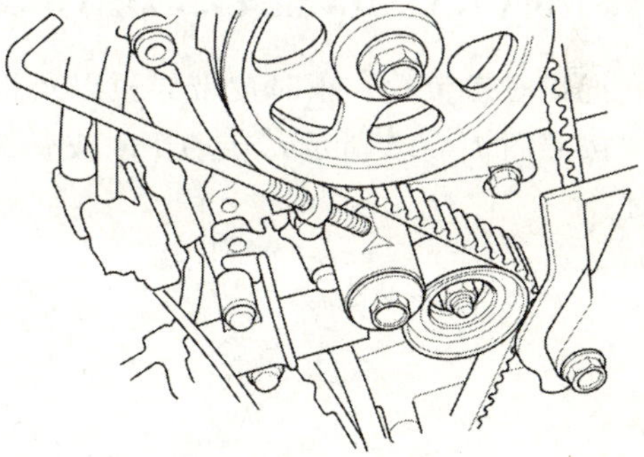

图 1-4-8　用螺栓固定正时皮带调节器

12. 按照图 1-4-9 所示，拆卸正时皮带导板。

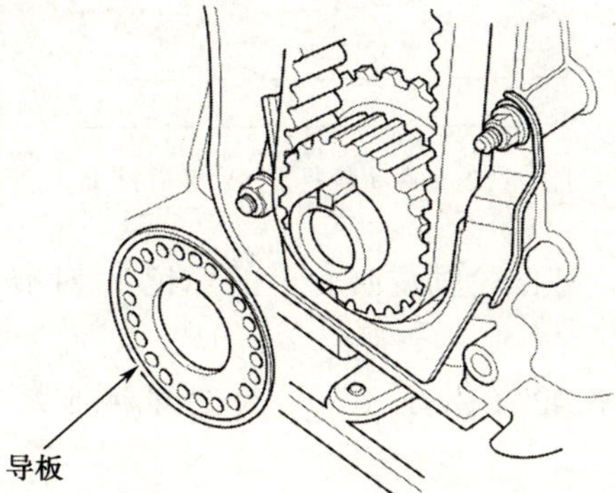

图 1-4-9　拆卸正时皮带导板

13. 按照图 1-4-10 所示，拆卸发动机侧面安装支架的下半部分。

14. 按照图 1-4-11 所示，拆卸惰轮螺栓 A 和惰轮 B，然后拆下正时皮带。惰轮螺栓是一次性使用的，因此拆下惰轮螺栓后即应废弃不用。

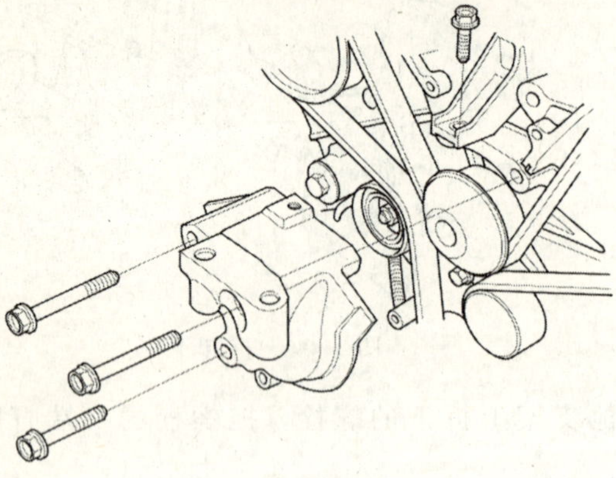

图 1-4-10　拆卸发动机侧面安装支架的下半部分

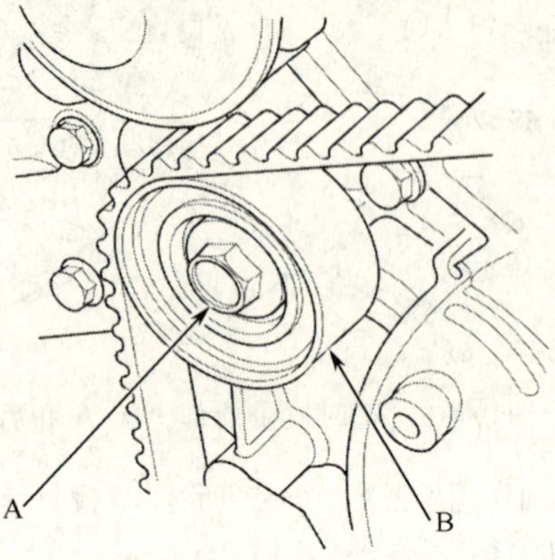

图 1-4-11　拆卸惰轮螺栓 A 和惰轮 B

二、ACURA ZDX 轿车 3. 7L V6 发动机正时皮带安装步骤

1. 把正时皮带轮、正时皮带导板以及正时皮带上盖和下盖擦拭干净。

2. 按照图 1-4-12 所示，转动正时皮带驱动轮，使驱动轮上的标记 A 与机油盘上的指针 B 对齐。

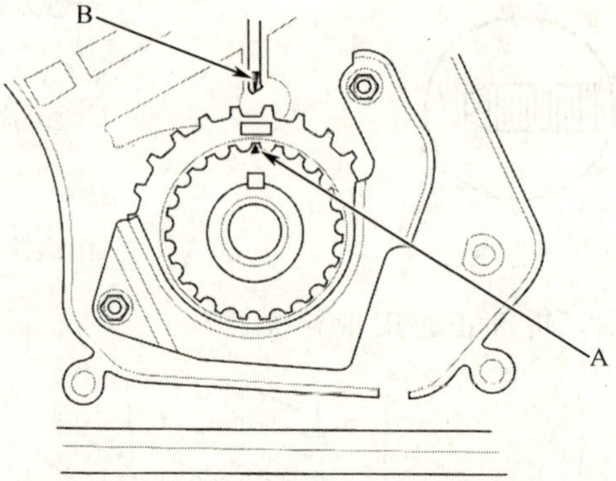

图 1-4-12　驱动轮标记 A 与指针 B 对齐

3. 按照图 1-4-13 所示，把凸轮轴皮带轮上的标记 A 对准后盖上的指针 B，使凸轮轴皮带轮设置到上止点位置。

4. 用新的惰轮螺栓把惰轮安装好（先不要把螺栓拧紧），使惰轮能够移动但不会脱落。

5. 按照图 1-4-14 所示，从驱动轮开始，沿逆时针方向安装正时皮带。

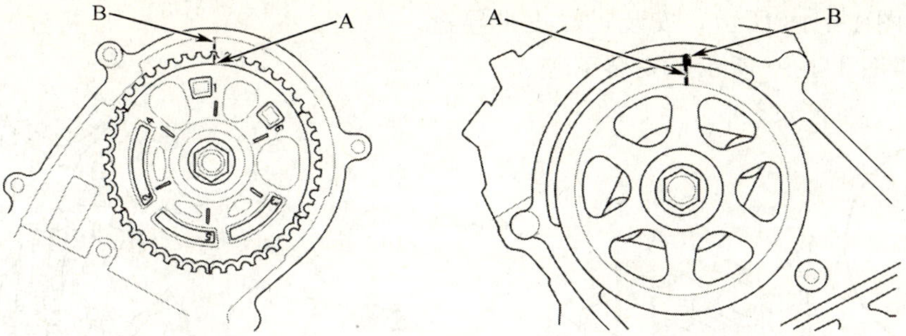

图 1-4-13 凸轮轴皮带轮标记 A 对准后盖指针 B

6. 按照图 1-4-15 所示，把惰轮螺栓紧固至 45N·m。

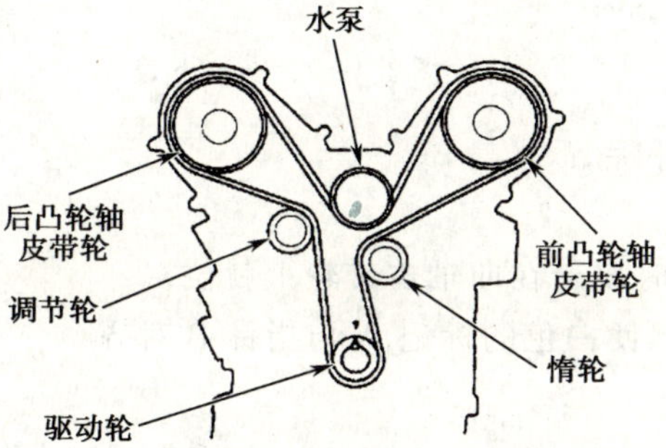

图 1-4-14 安装正时皮带

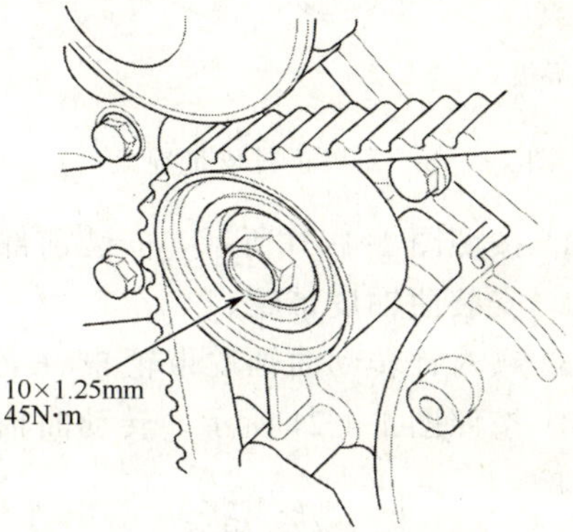

图 1-4-15 紧固惰轮螺栓

7. 按照图 1-4-16 所示，从后盖上把固定正时皮带调节器的螺栓取下。

8. 按照图 1-4-17 所示，安装发动机侧支架下半部分。

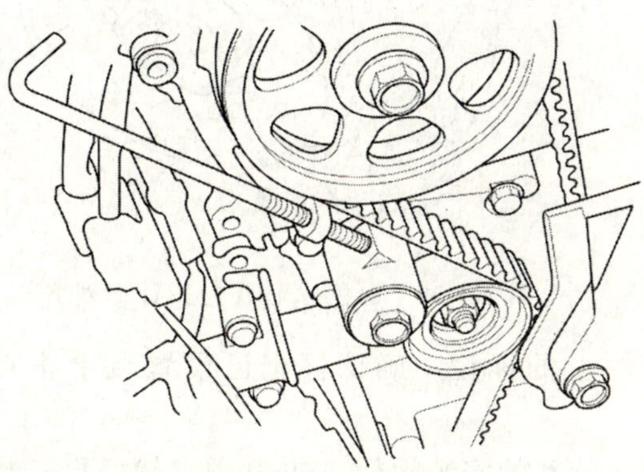

图 1-4-16 取下螺栓

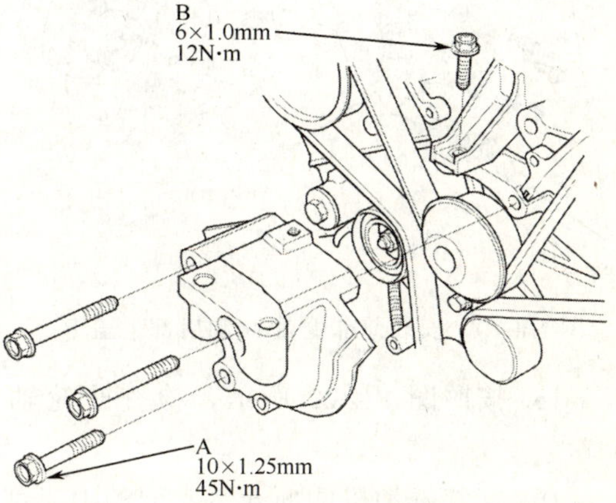

图 1-4-17 安装发动机侧支架下半部分

9. 按照图 1-4-18 所示，安装正时皮带导盘。

10. 按照图 1-4-19 所示，安装下盖。

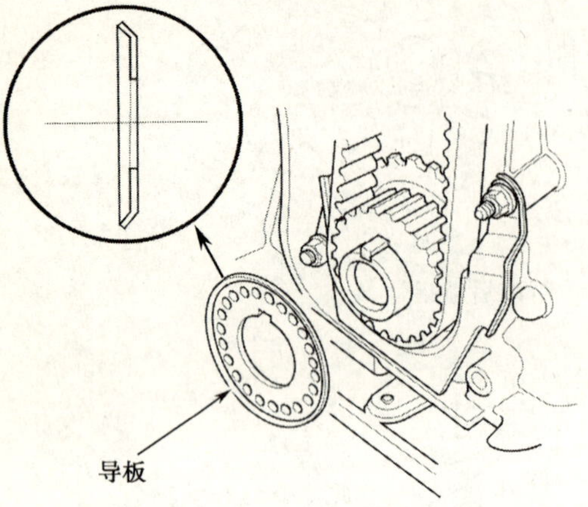

图 1-4-18 安装正时皮带导盘

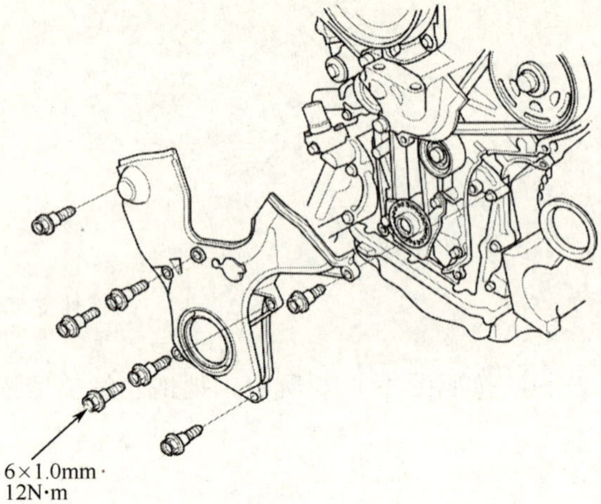

图 1-4-19 安装下盖

11. 按照图 1-4-20 所示，安装前部上盖 A 和后部上盖 B。

12. 安装曲轴皮带轮。

13. 顺时针转动曲轴皮带轮 5～6 圈，使正时皮带在曲轴皮带轮上就位。

14. 按照图 1-4-21 所示，转动曲轴皮带轮，使白色的标记 A 与指针 B 对齐。

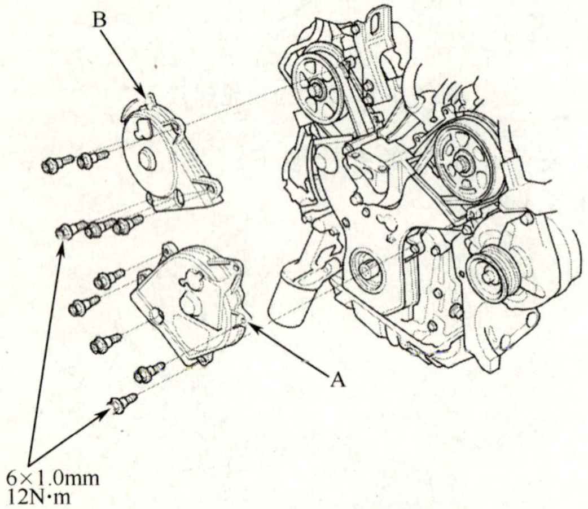

图 1-4-20 安装前部上盖 A 和后部上盖 B

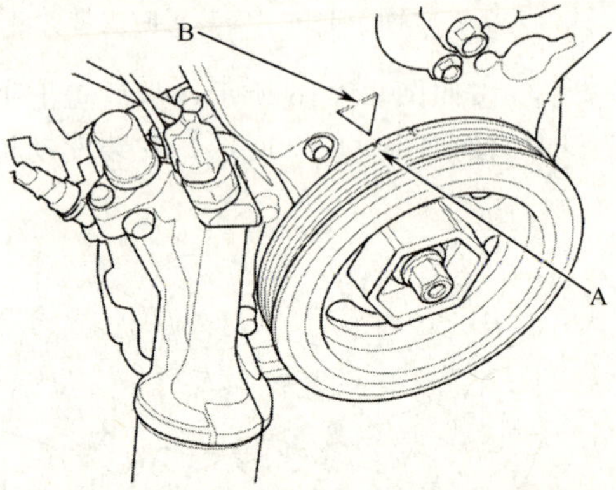

图 1-4-21 白色标记 A 与指针 B 对齐

15. 按照图 1-4-22 所示，检查凸轮轴皮带轮上的标记，确认标记已设置在上止点位置。

16. 安装发动机侧面安装支架的上半部分，换装新的安装螺栓 A 并紧固，然后再安装接地线 B（图 1-4-23）。按照图 1-4-23 所示的紧固数据紧固螺栓。

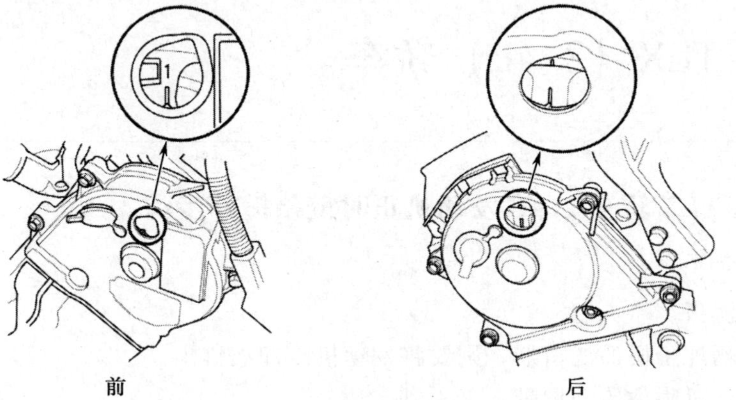

图 1-4-22 检查凸轮轴皮带轮标记

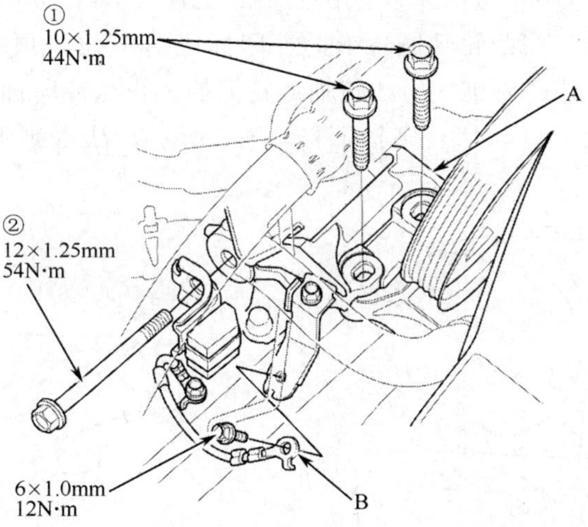

图 1-4-23 安装发动机侧面安装支架，紧固螺栓并安装接地线 B

17. 安装发动机传动皮带自动张紧器。

18. 安装挡泥板。

19. 安装右前车轮。

20. 按照图 1-4-24 所示，在故障诊断连接器上连接故障诊断仪，执行曲轴位置学习程序。

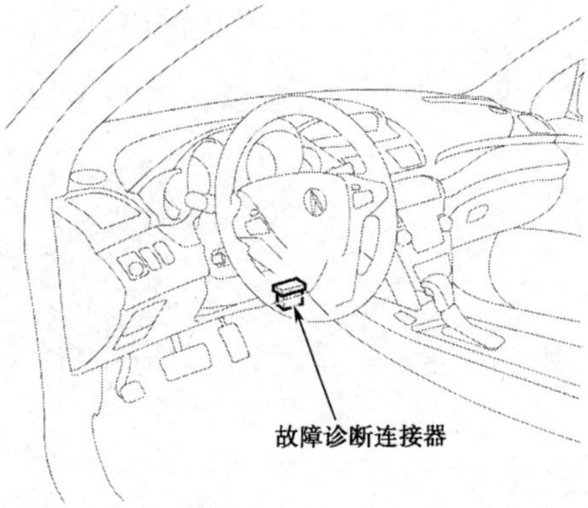

图 1-4-24 故障诊断连接器位置识别

第五节 TLX（2.4L）轿车

一、讴歌 TLX 轿车 2.4L 发动机正时链条拆卸步骤

1. 拆卸前车轮。

2. 拆卸挡泥板。

3. 如果车辆配备机油滤清器，则要将发动机冷却液排出。

4. 拆卸发动机附件传动皮带。

5. 拆卸发动机气缸盖罩。

6. 如图 1-5-1 所示，将 1 号活塞设置在上止点位置。VTC（可调气门正时控制）执行器上的冲印标记 A 和排气门凸轮轴链轮上的冲印标记 B 应位于顶部。将可调气门正时执行器上的上止点冲印标记 C 与排气门凸轮轴链轮上的上止点冲印标记 C 对齐。

7. 如果车辆配备机油冷却器，则按照图 1-5-2 所示，从水泵上拆卸机油冷却器软管接头。

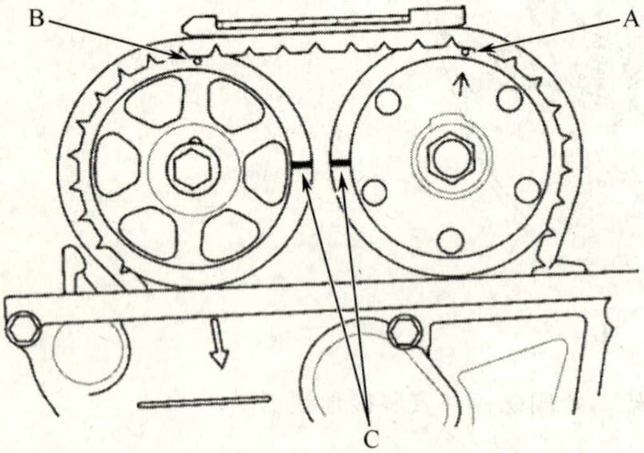

图 1-5-1 对齐冲印标记

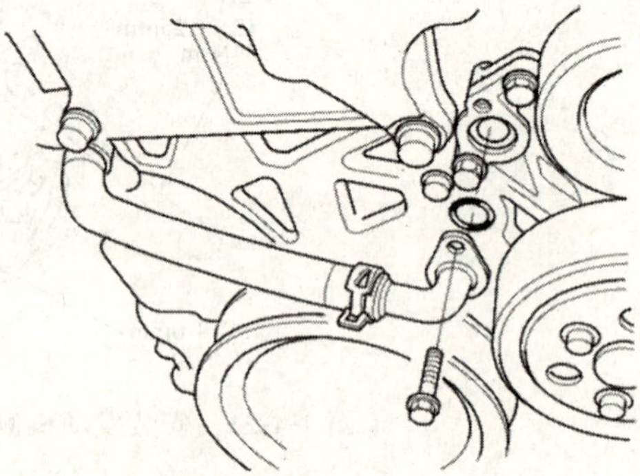

图 1-5-2 拆卸机油冷却器软管接头

8. 如图 1-5-3 所示，断开 VTC 机油控制电磁阀连接器。

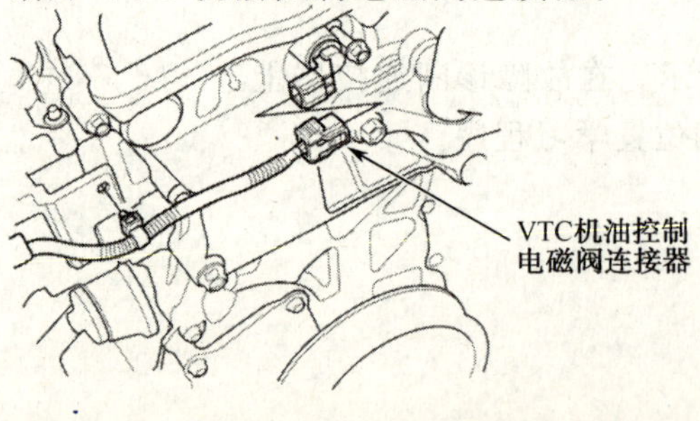

图 1-5-3 VTC 机油控制电磁阀连接器识别

9. 拆卸 VTC 机油控制电磁阀。

10. 拆卸曲轴皮带轮。

11. 将木块放置在发动机油底壳下部，用千斤顶支撑起发动机。

12. 如图 1-5-4 所示，拆卸接地电缆和发动机侧装配支架。

13. 如图 1-5-5 所示，拆卸发动机侧装配支架螺栓。

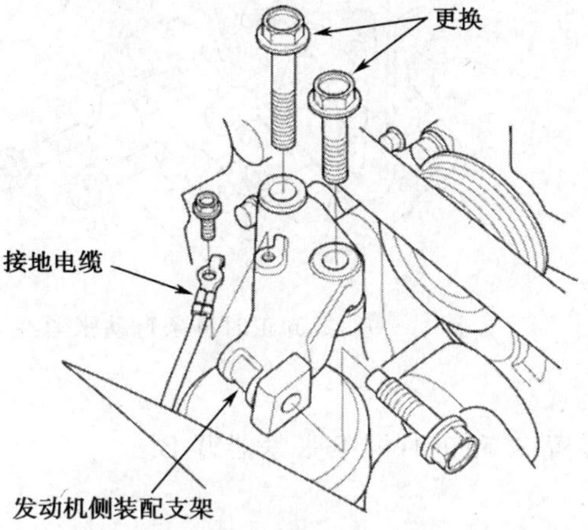

图 1-5-4　拆卸接地电缆和发动机侧装配支架

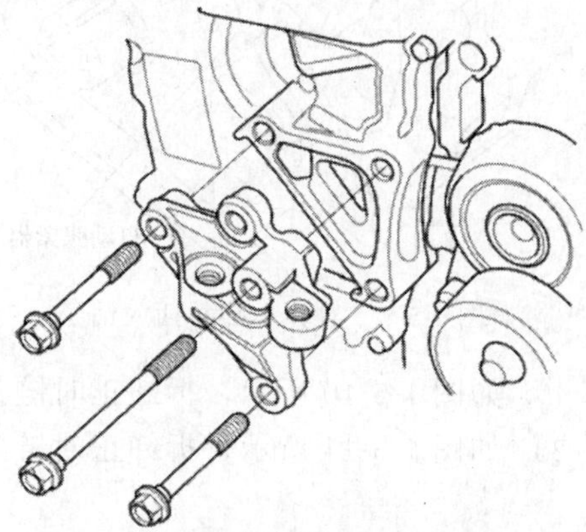

图 1-5-5　拆卸发动机侧装配支架螺栓

14. 如图 1-5-6 所示，拆卸正时链条盖和垫片。

15. 松弛地安装曲轴皮带轮。

16. 如图 1-5-7 所示，逆时针转动曲轴，压紧正时链条张紧器。

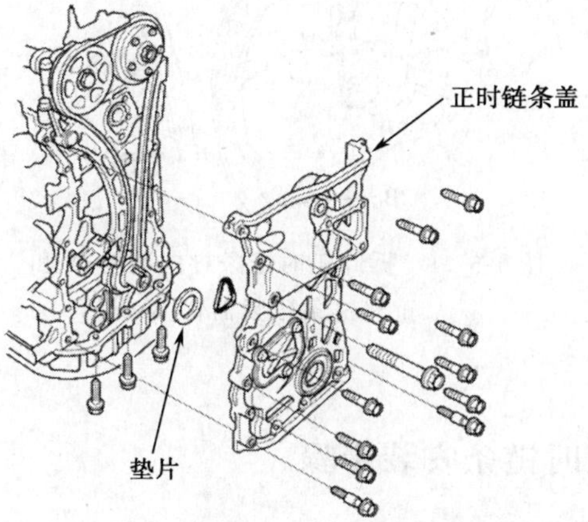

图 1-5-6　拆卸正时链条盖和垫片

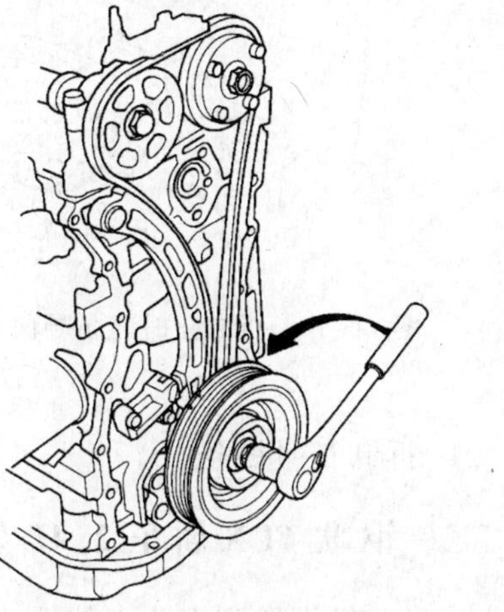

图 1-5-7　逆时针转动曲轴

17. 如图 1-5-8 所示，将锁定装置上的孔与正时链条自动张紧器上的孔对齐，将一根直径为 1.2mm 的销子插入孔内，然后顺时针转动曲轴，使销子紧固。

18. 如图 1-5-9 所示，拆卸正时链条自动张紧器。

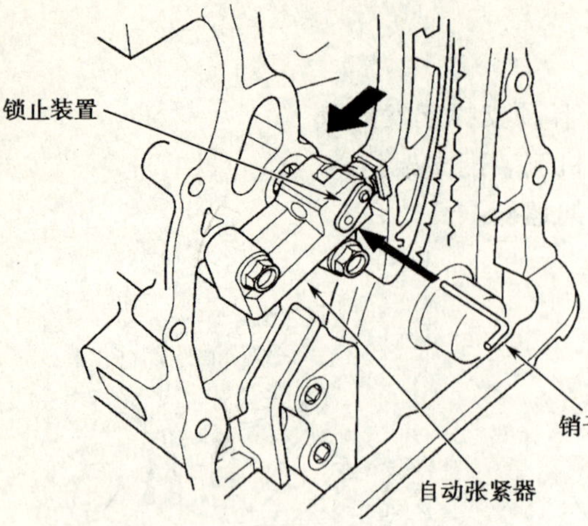

图 1-5-8 对齐小孔并插入销子

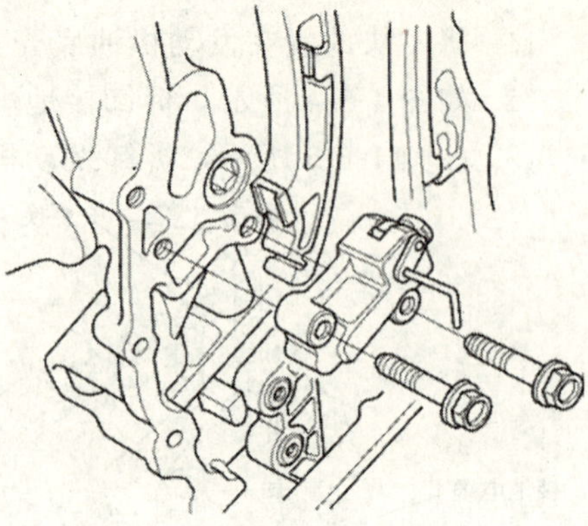

图 1-5-9 拆卸正时链条自动张紧器

19. 如图 1-5-10 所示，拆卸正时链条导向装置。

20. 如图 1-5-11 所示，拆卸正时链条导向装置 A 和正时链条张紧器臂 B。

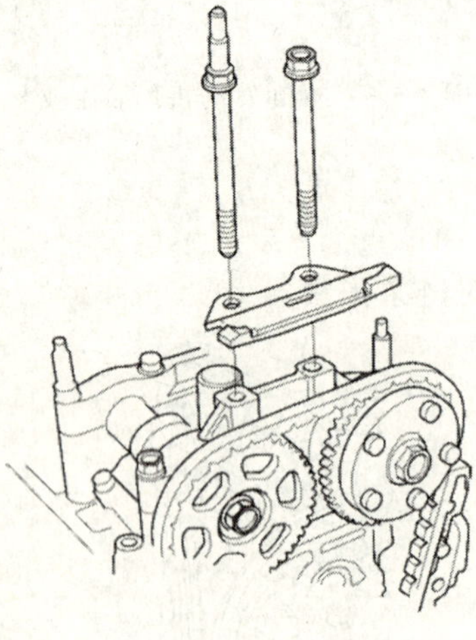

图 1-5-10 拆卸正时链条导向装置

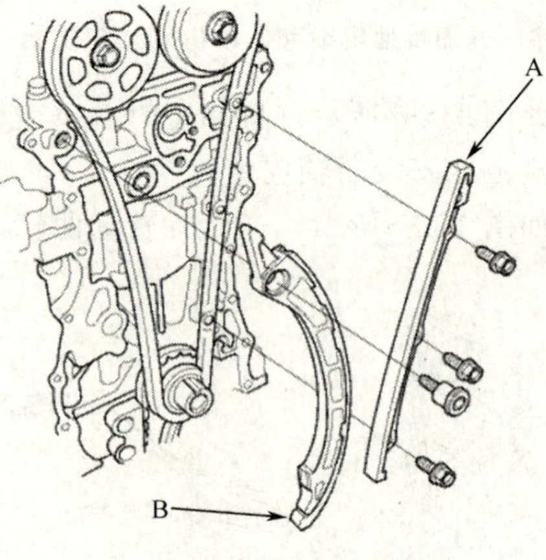

图 1-5-11 拆卸正时链条导向装置 A 和正时链条张紧器臂 B

21. 拆卸正时链条。

二、讴歌 TLX 轿车 2.4L 发动机正时链条安装步骤

1. 将曲轴设置到上止点位置。把曲轴链轮上的上止点标记 A 与发动机体上的指针标记 B 对齐，如图 1-5-12 所示。

2. 将凸轮轴设置在上止点位置。VTC 执行器上的冲印标记 A 和排气门凸轮轴链轮上的冲印标记 B 应位于顶部。将可调气门正时执行器上的上止点冲印标记 C 与排气门凸轮轴链轮上的上止点冲印标记 C 对齐（图 1-5-13）。

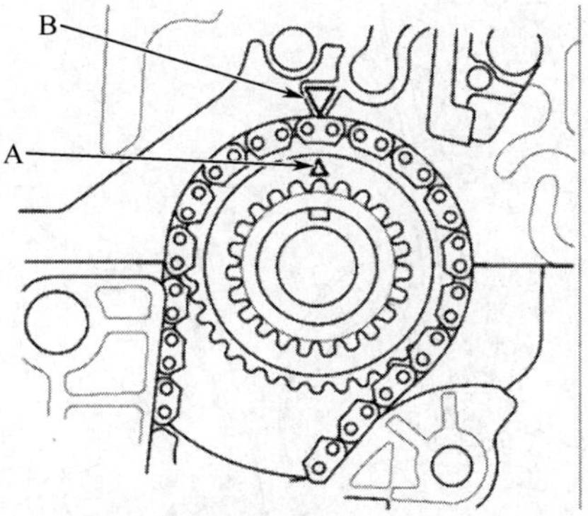

图 1-5-12 曲轴链轮上的上止点标记 A 与发动机体上的指针标记 B 对齐

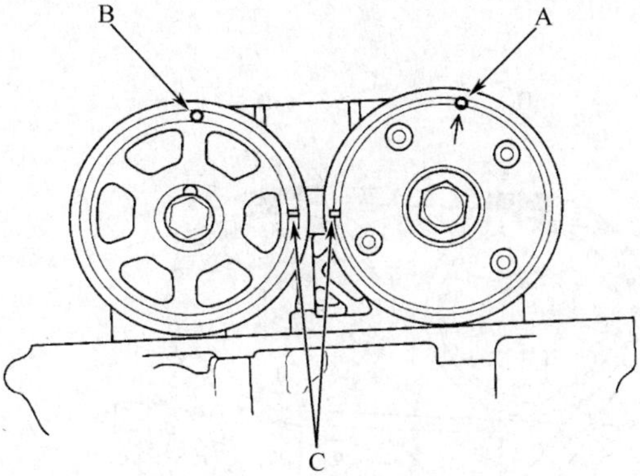

图 1-5-13 对齐冲印标记

3. 如图 1-5-14 所示，固定进气门凸轮轴，将可调棘爪臂轴 A（零件号：24635-P6H-000）插入凸轮轴位置传感器脉冲板 B 中的检修孔，并穿过 5 号摇臂轴支撑架 C。

4. 如图 1-5-14 所示，固定排气门凸轮轴，将可调棘爪臂轴 A（零件号：24635-P6H-000）插入凸轮轴位置传感器脉冲板 D 中的检修孔，并穿过 5 号摇臂轴支撑架 C。

5. 把正时链条安装到曲轴链轮上，使正时链条的彩色链节与曲轴链轮上的标记对齐，如图 1-5-15 所示。

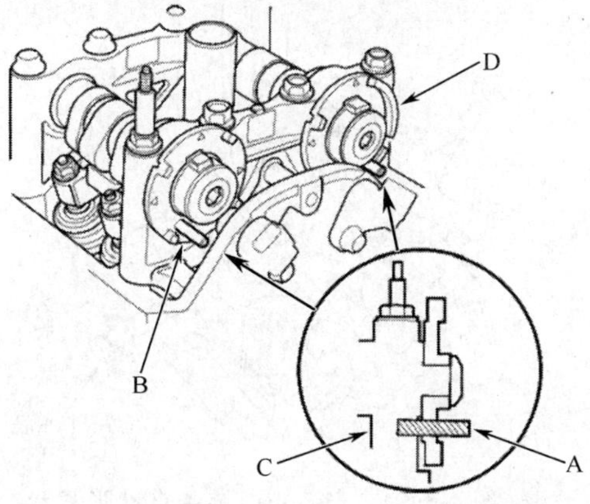

图 1-5-14 固定进气门凸轮轴和排气门凸轮轴

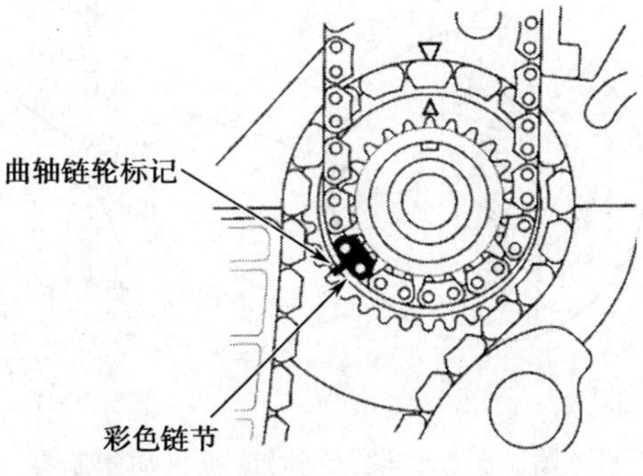

图 1-5-15 彩色链节对准曲轴链轮标记

6. 把正时链条安装到 VTC 执行器和排气门凸轮轴链轮上，使冲印标记 A 与两个彩色链节 B 的中心对齐，如图 1-5-16 所示。

7. 如图 1-5-17 所示，安装正时链条导向装置 A 和正时链条张紧器 B。

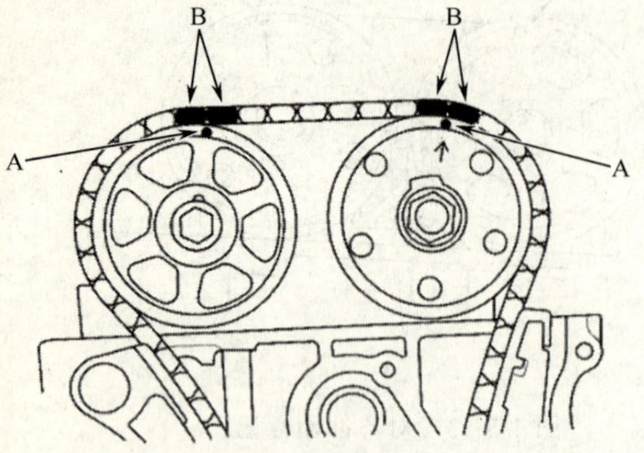

图 1-5-16 冲印标记对准两个彩色链节中心

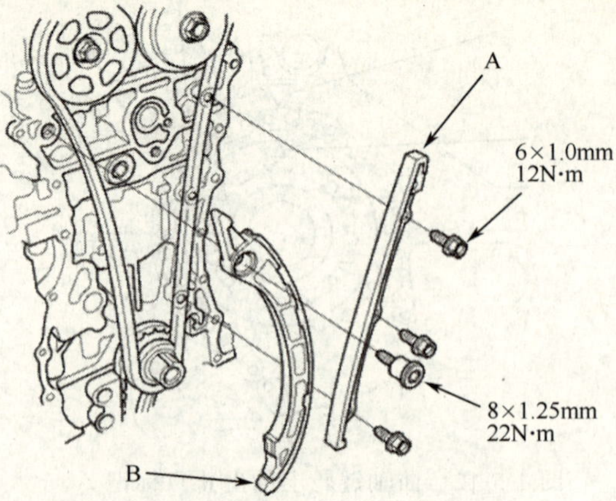

图 1-5-17 安装正时链条导向装置 A 和正时链条张紧器 B

8. 更换正时链条时要压紧自动张紧器。将固定销从自动张紧器上拆下，逆时针转动平板 A 解除锁定，然后将杆 B 压下，并将第一个凸轮 C 固定在齿条 D 的第一齿上，将直径为 1.2mm 的销子 E 插入孔 F 中，如图 1-5-18 所示。

9. 安装正时链条自动张紧器，如图 1-5-19 所示。

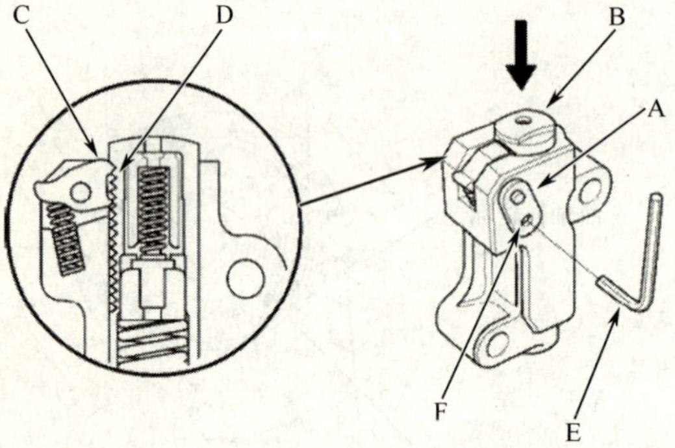

图 1-5-18 设置正时链条自动张紧器

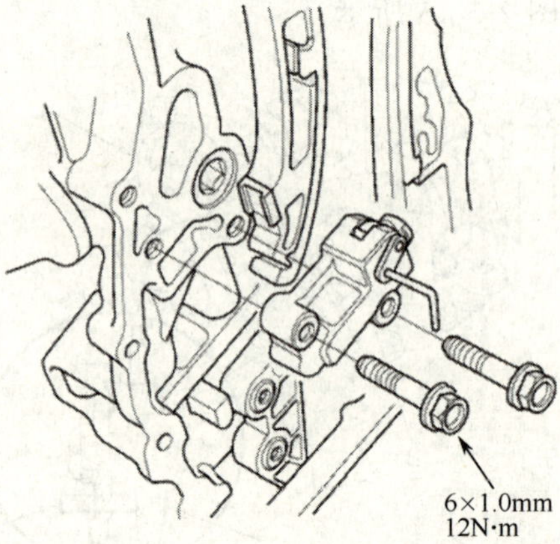

图 1-5-19 安装正时链条自动张紧器

10. 如图 1-5-20 所示，安装正时链条导向装置。

11. 如图 1-5-21 所示，从自动张紧器上拆下 1.2mm 的固定销。

12. 如图 1-5-22 所示，拆下可调节棘爪臂轴。

13. 检查正时链条盖油封是否损坏，如果损坏，应予以更换。

14. 清除正时链条盖配合面、螺栓和螺栓孔上的旧液体密封胶。

15. 清洁并干燥正时链条盖配合面。

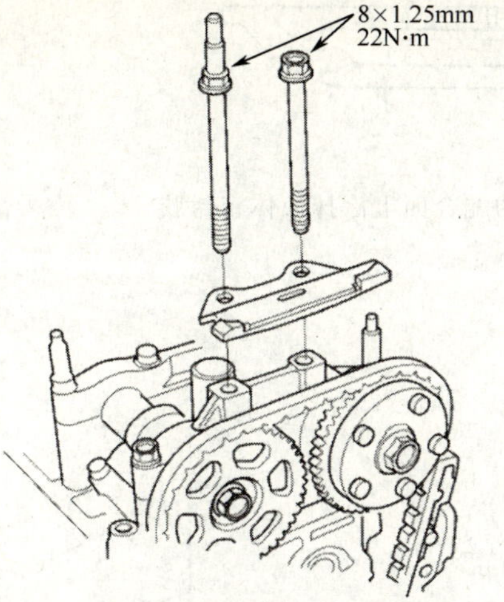

图 1-5-20 安装正时链条导向装置

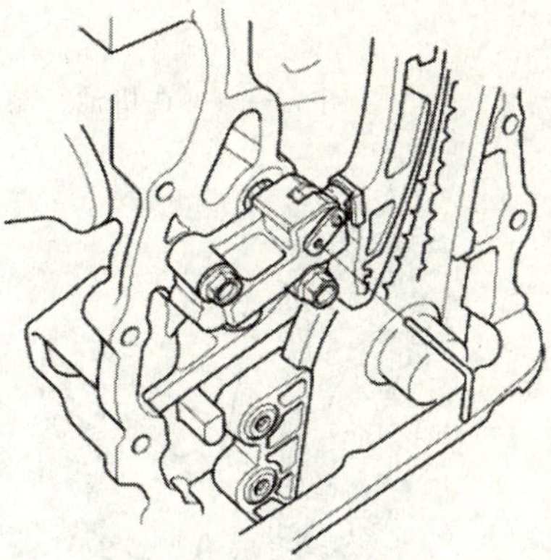

图 1-5-21 拆卸固定销

16. 在正时链条盖与发动机体配合面及螺栓孔内螺纹上涂抹液体密封胶（零件号：08C70-K0234M、08C70-K0334M 或 08C70-X0331S）。如图 1-5-23 所示，沿点画线 A 涂抹液滴直径约为 3mm 的液体密封胶。

17. 在机油泵与发动机体接触区域 B 和机油泵底座接触区域 C 上涂抹液体密封胶（图 1-5-23）。

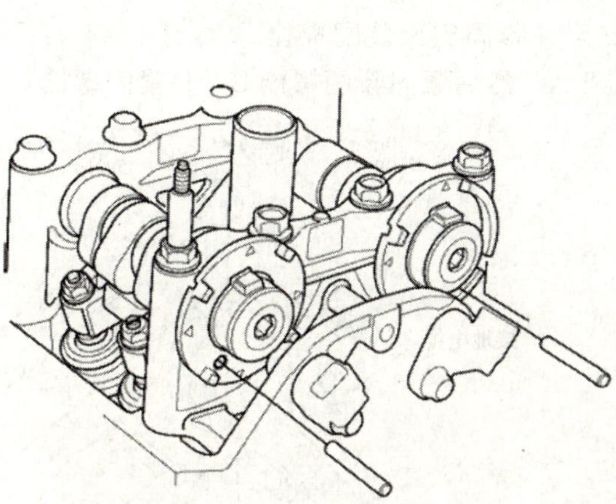

图 1-5-22 拆下可调节棘爪臂轴

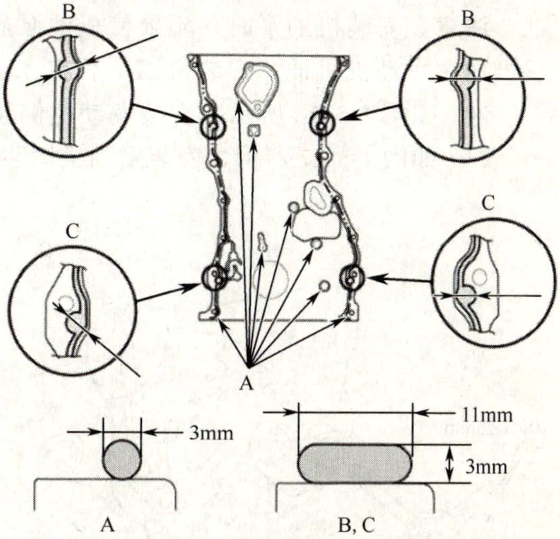

图 1-5-23 涂抹液体密封胶

18. 在机油泵与油底壳的配合面上涂抹液体密封胶（零件号：08C70-K0234M、08C70-K0334M 或 08C70-X0331S），沿图 1-5-24 中的点画线 A 涂抹。

19. 如图 1-5-25 所示，在机油泵上安装垫片 A，然后安装新的 O 形密封圈 B。先将机油泵壳体 C 的边缘与油底壳 D 的边缘对齐固定，然后再将机油泵安装到发动机体 E 上。

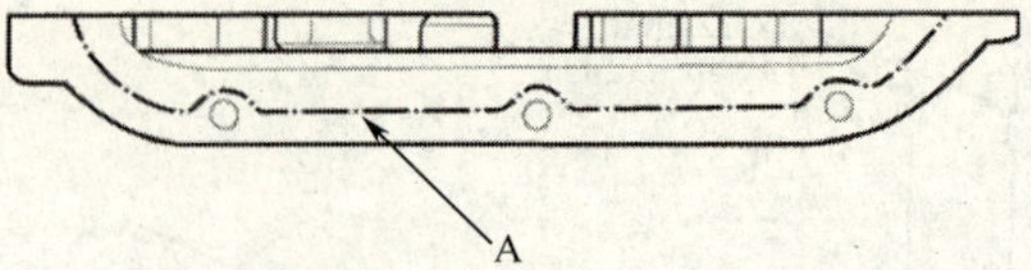

图 1-5-24　在机油泵与油底壳的配合面上涂抹液体密封胶

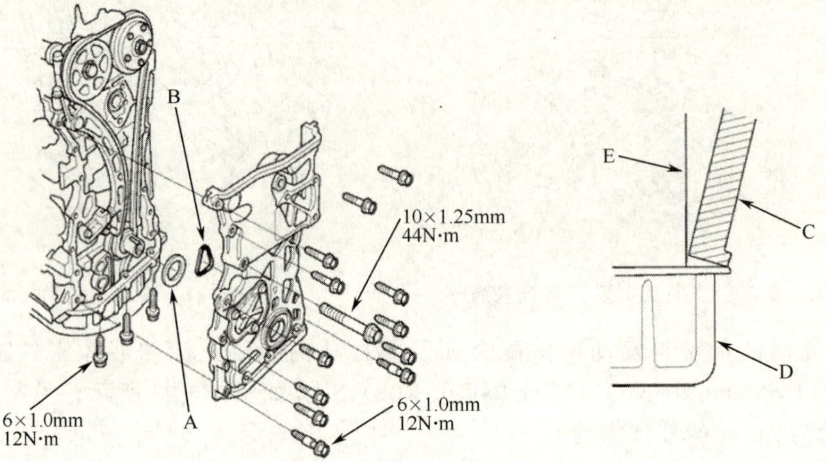

图 1-5-25　安装机油泵

注意：安装机油泵时，不要使机油泵底面在油底壳配合面上滑动；至少应等待 30min 后再加注发动机机油；安装机油泵后在 3 小时内不要运行发动机。

20. 如图 1-5-26 所示，安装发动机侧装配支架并紧固支架装配螺栓。

21. 如图 1-5-27 所示，安装发动机侧装配支架 A，然后紧固新的螺栓 B，并紧固螺栓 C。

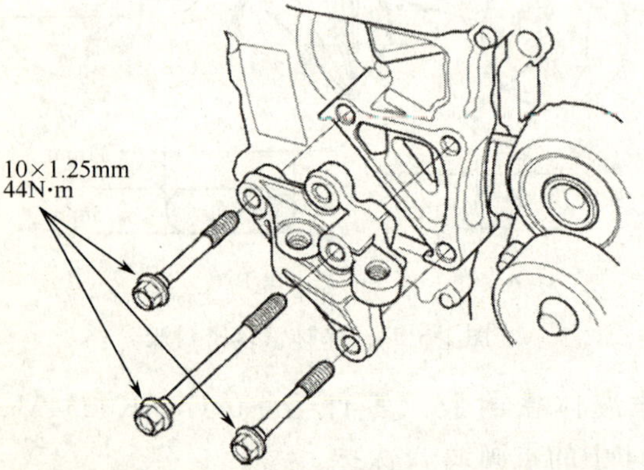

图 1-5-26　安装发动机侧装配支架并紧固螺栓

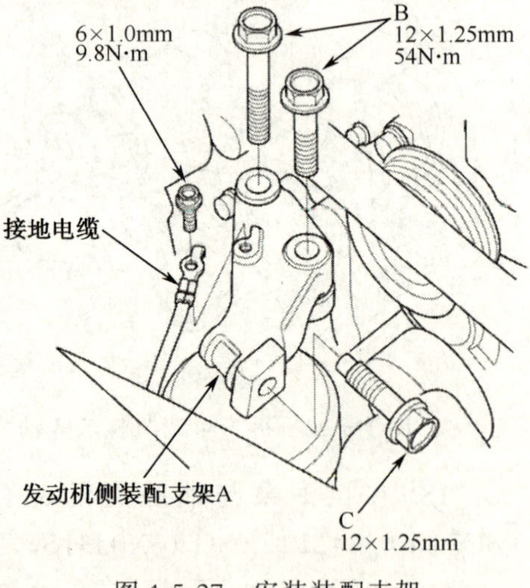

图 1-5-27　安装装配支架

22. 安装接地电缆，如图 1-5-26 所示。

23. 安装曲轴皮带轮。

24. 安装 VTC 机油控制电磁阀。

25. 如图 1-5-28 所示，连接 VTC 机油控制电磁阀连接器。

26. 车辆如果安装有机油冷却器，则按照图 1-5-29 所示，换装新的 O 形密封圈并安装机油冷却器软管接头。

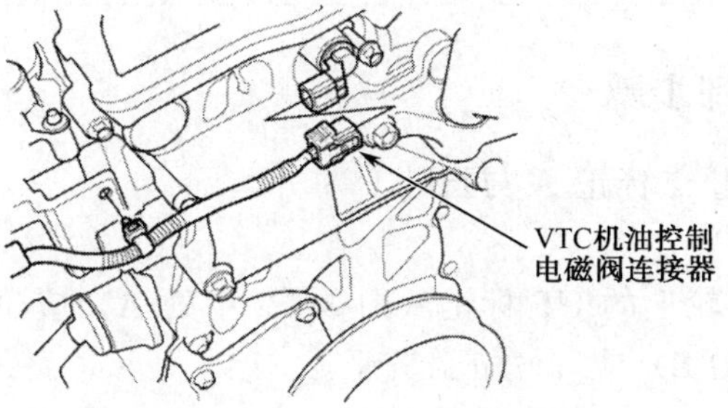

图 1-5-28　连接 VTC 机油控制电磁阀连接器

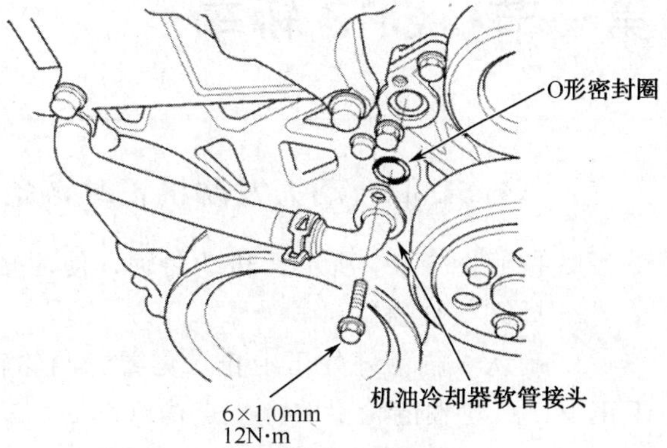

图 1-5-29　安装机油冷却器软管接头并换装新的 O 形密封圈

27. 安装气缸盖罩。

28. 安装发动机附件传动皮带。

29. 安装挡泥板。

30. 安装前车轮。

31. 按照图 1-5-30 所示，在故障诊断连接器上连接故障诊断仪，操作诊断仪执行曲轴位置模式清除/曲轴位置模式学习程序。

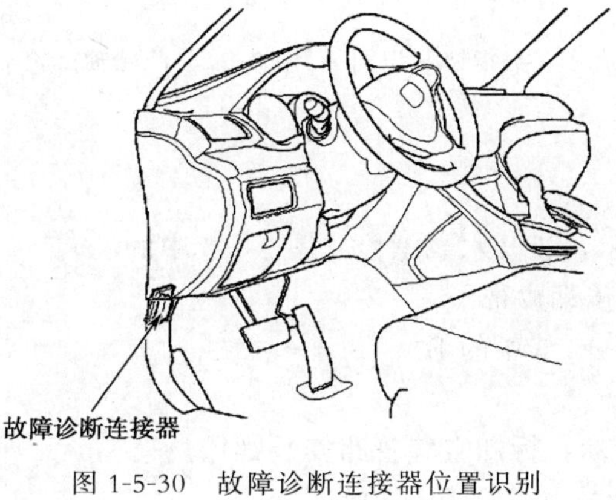

图 1-5-30　故障诊断连接器位置识别

第二章 HONDA（本田）车系

第一节 CRZ 轿车

一、1.5L 混合动力发动机正时链条拆卸步骤

1. 按照图 2-1-1 所示，转动曲轴，使曲轴上止点标记 A 与指针 B 对齐。

2. 拆卸气缸盖罩。

3. 确认 1 缸活塞处于上止点位置，凸轮轴链轮上的 UP 标记（图 2-1-2 中的 A）应位于正中；凸轮轴链轮上的上止点槽（图 2-1-2 中的 B）应和气缸盖齐平。

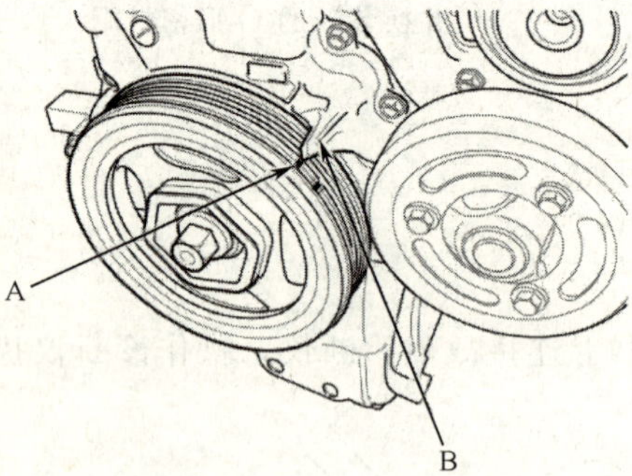

图 2-1-1　上止点标记 A 与指针 B 识别

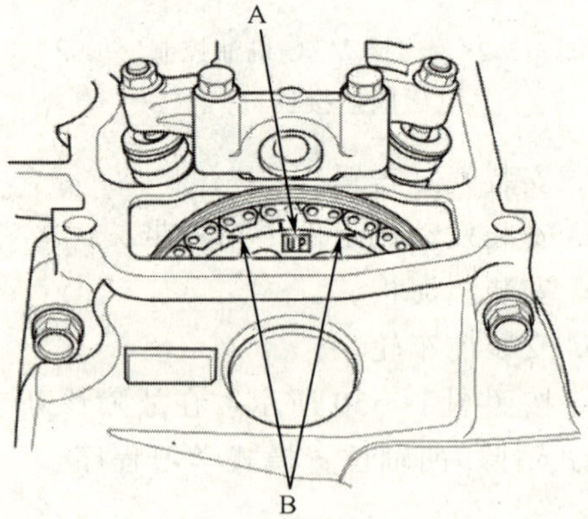

图 2-1-2　凸轮轴链轮 UP 标记和上止点槽识别

4. 拆卸右前车轮。

5. 拆卸挡泥板。

6. 按照图 2-1-3 所示，松开水泵螺栓（图 2-1-3 中的 A）。

7. 拆卸发动机附件传动皮带。

8. 拆卸水泵轮（图 2-1-3 中的 B）。

9. 拆卸曲轴带轮。

10. 按照图 2-1-4 所示，拆卸空气管路安装螺栓。

11. 在油底壳处垫上木块用千斤顶顶起发动机。

12. 按照图 2-1-5 所示，拆卸接地电缆 A，然后拆下发动机侧面安装支架总成 B。

13. 按照图 2-1-6 所示，拆卸正时链罩。

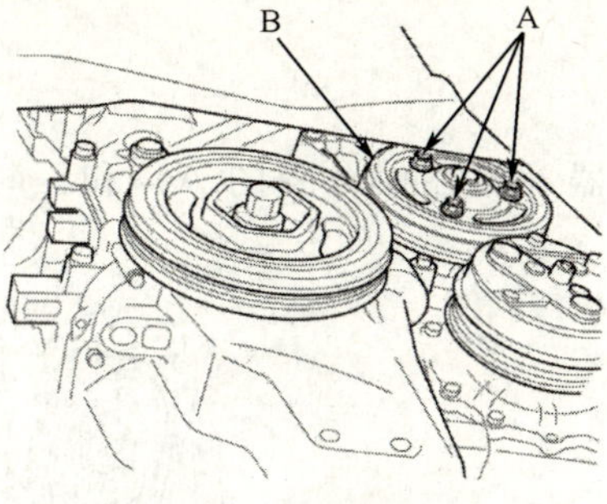

图 2-1-3　水泵螺栓识别

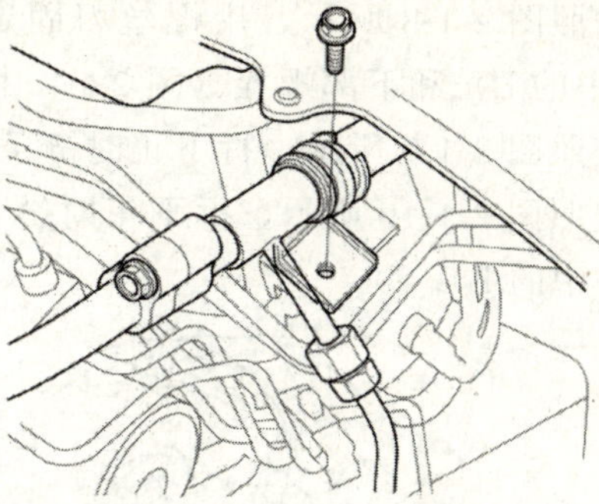

图 2-1-4　空调管路安装螺栓识别

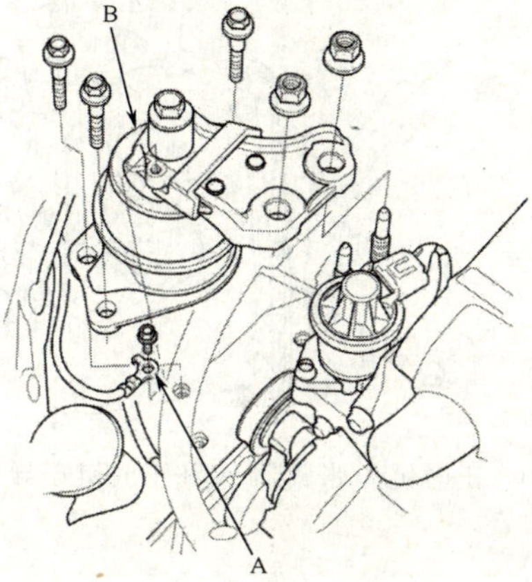

图 2-1-5　接地电缆 A 和发动机侧面安装支架总成 B 识别

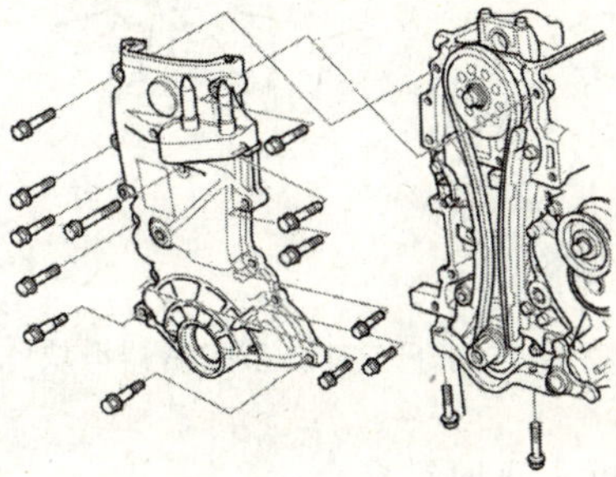

图 2-1-6　拆卸正时链罩

14. 按照图 2-1-7 所示，测量正时链之间的距离，如果低于 15mm，则应更换正时链条和正时链条张紧器。

15. 在正时链条张紧器滑块（图 2-1-8 中的 A）表面涂抹干净的发动机机油。

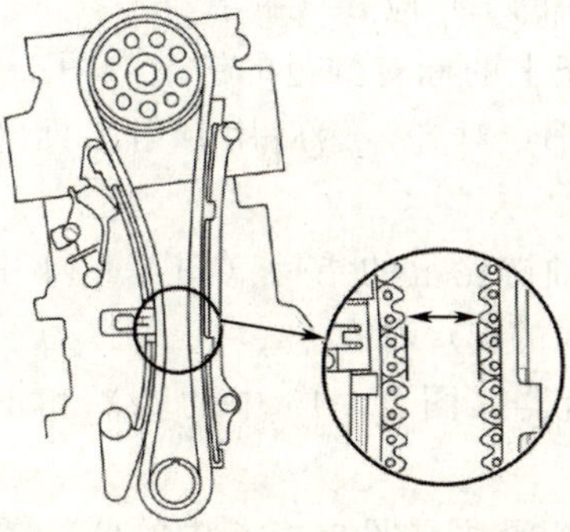

图 2-1-7　测量正时链之间的距离

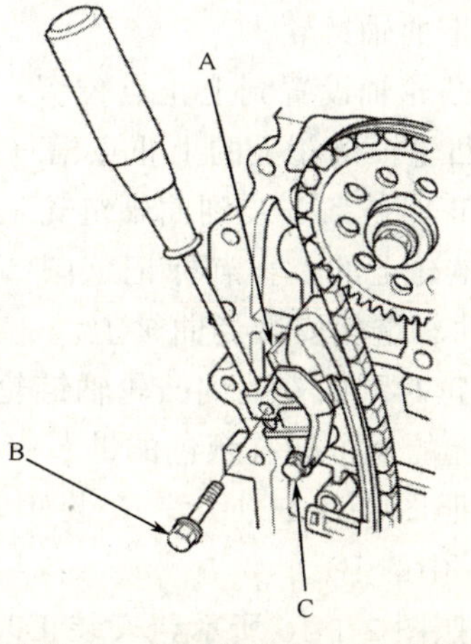

图 2-1-8　滑块 A、上部螺栓 B 和下部螺栓 C 识别

16. 按照图 2-1-8 所示，用螺丝刀固定住正时链条张紧器滑块，然后拆下上部螺栓（图 2-1-8 中的 B）和下部螺栓（图 2-1-8 中的 C）。

17. 按照图 2-1-9 所示，拆下正时链条张紧器。

18. 按照图 2-1-10 所示，拆下正时链条张紧器（图 2-1-10 中的 A）和正时链条导板（图 2-1-10 中的 B）。

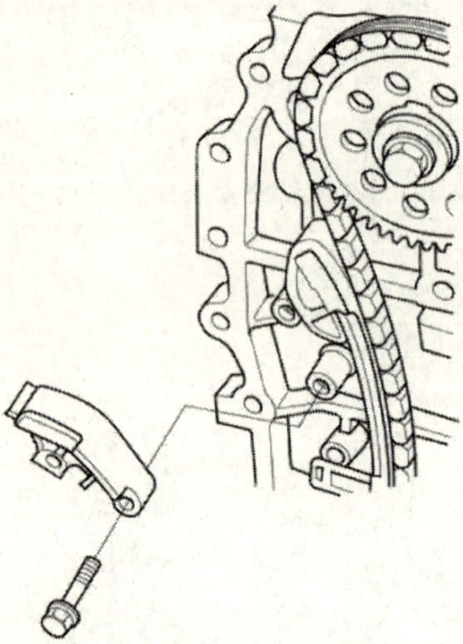

图 2-1-9 拆下正时链条张紧器滑块

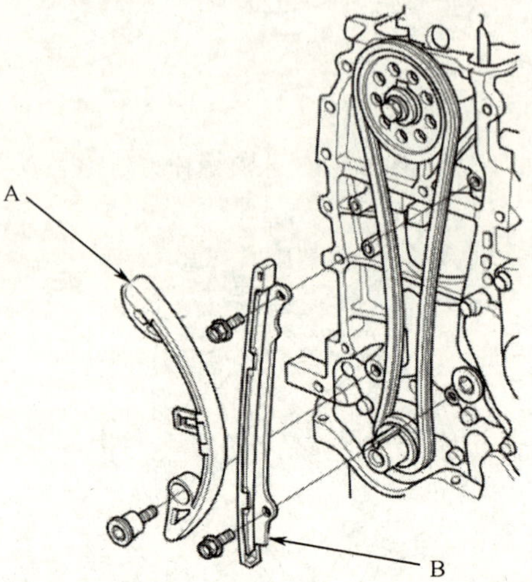

图 2-1-10 正时链条张紧器 A 和正时链条导板 B 识别

19. 拆下正时链条。

二、1.5L 混合动力发动机正时链条安装步骤

1. 按照图 2-1-11 所示，把曲轴设置到上止点位置，使曲轴链轮（图 2-1-11 中的 C）上的上止点标记 A 与机油泵上的指针 B 对准。

2. 拆下曲轴链轮。

3. 把凸轮轴设置到上止点位置，凸轮轴链轮上的 UP 标记（图 2-1-12 中的 A）应位于正中；凸轮轴链轮上的上止点槽（图 2-1-12 中的 B）应和气缸盖齐平。

4. 把正时链条安装到曲轴链轮上，正时链条上的标有颜色的链节（图 2-1-13 中的 A）应与曲轴链轮上的上止点标记（图 2-1-13 中的 B）对齐，然后用专用工具（图 2-1-13 中的 C）把曲轴链轮安装到曲轴上。

5. 把正时链条安装到凸轮轴链轮上，凸轮轴链轮上的指针（图 2-1-14 中的 A）要与正时链条上的 3 个标有颜色的链节（图 2-1-14 中的 B）对齐。

6. 按照图 2-1-15 所示，安装正时链条张紧器（图 2-1-15 中的 A）和正时链条导板（图 2-1-15 中的 B）。

7. 按照图 2-1-16 所示，安装正时链条张紧器滑块（图 2-1-16 中的 A），然后装上螺栓（图 2-1-16 中的 B），先不要拧紧螺栓。

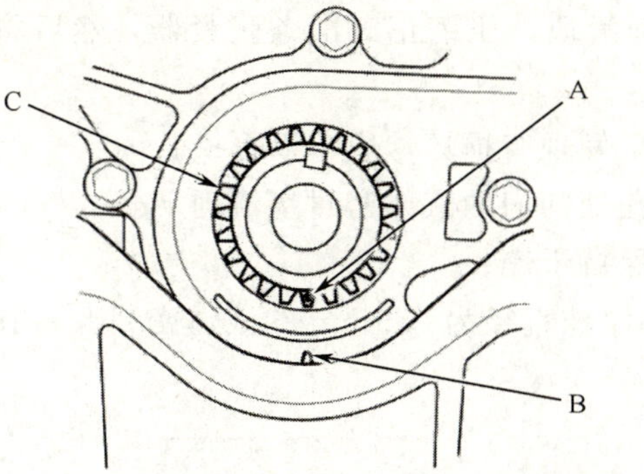

图 2-1-11　上止点标记 A、机油泵指针 B 和曲轴链轮 C 识别

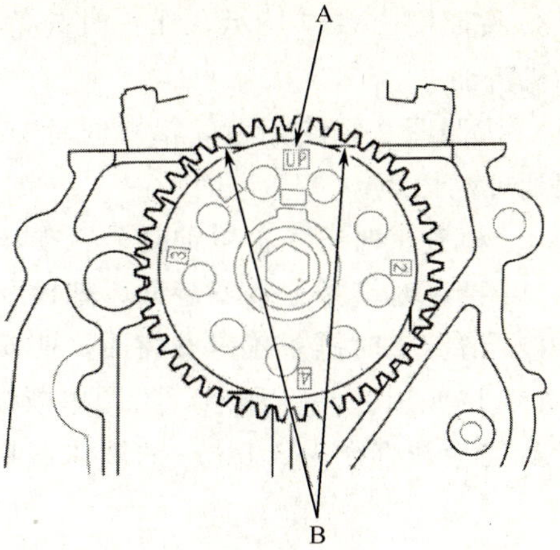

图 2-1-12　把凸轮轴设置到上止点位置

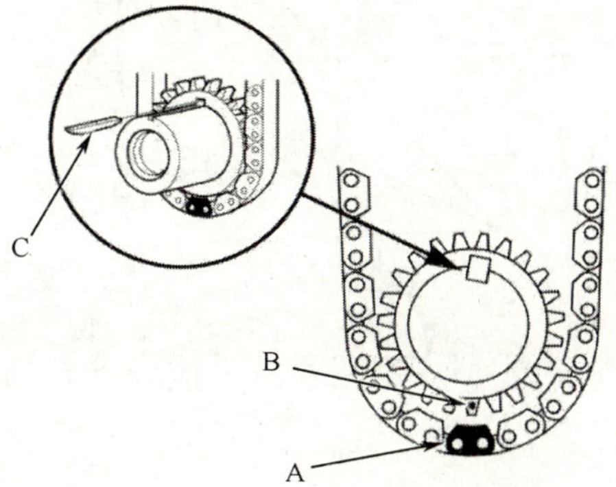

图 2-1-13　把正时链条安装到曲轴链轮上

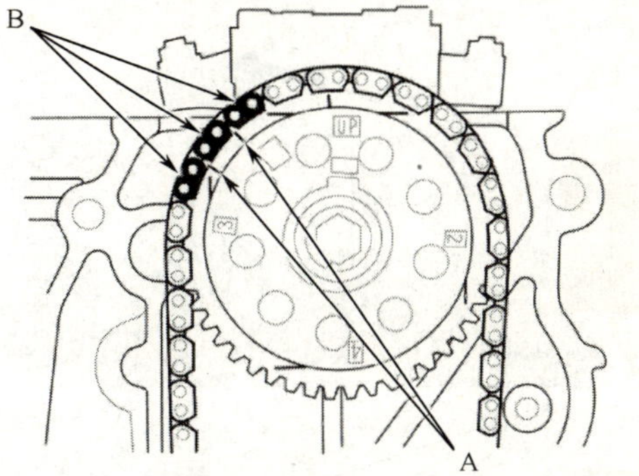

图 2-1-14　凸轮轴链轮指针与链节对齐

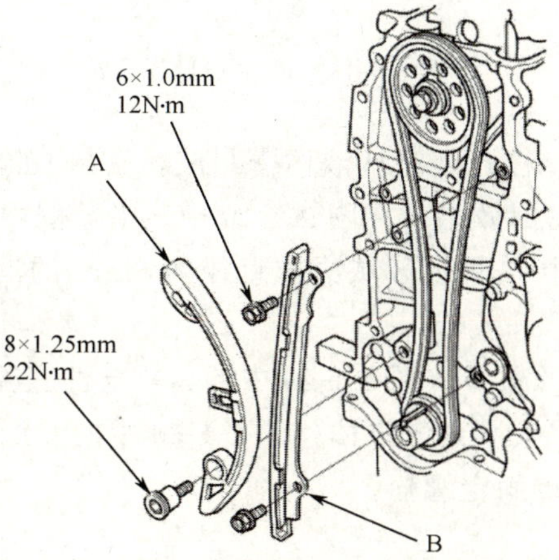

图 2-1-15　安装正时链条张紧器和张紧器导板

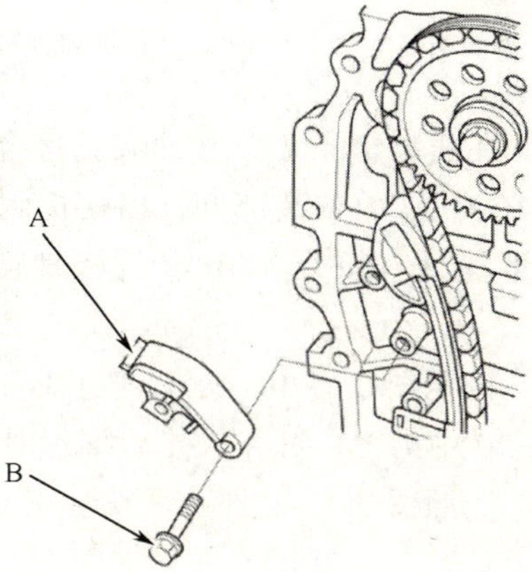

图 2-1-16　正时链条张紧器滑块 A 和螺栓 B 识别

8. 按照图 2-1-17 所示，在正时链条张紧器滑块（图 2-1-17 中的 A）表面涂抹干净的发动机机油。

9. 按照图 2-1-17 所示，沿顺时针方向转动滑块，压缩正时链条张紧器，然后将螺栓紧固到规范力矩。

10. 检查正时链条盖罩油封是否损坏，如果发现有损坏，应予以更换。

11. 把正时链条盖罩安装面、螺栓和螺栓孔处的旧的液体密封垫清理干净。

12. 清洁正时链条盖罩安装面，使安装面保持干燥。

13. 按照图 2-1-18 所示，沿图中断续线 A 涂抹直径为 2. 5mm 的液体密封胶；在图中所示 B 处涂抹直径为 3. 0mm 的液体密封胶。

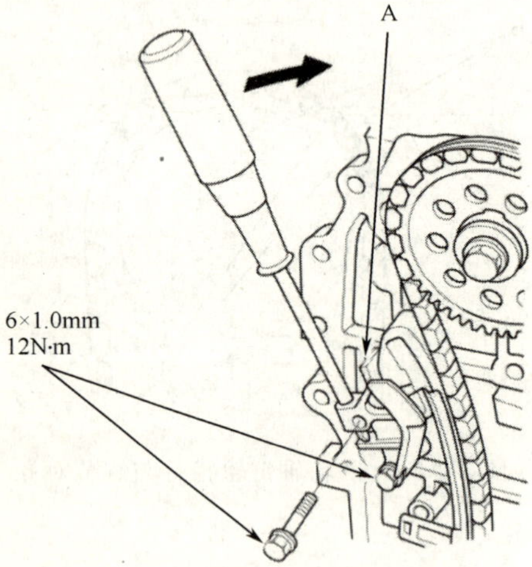

图 2-1-17　转动滑块并紧固螺栓

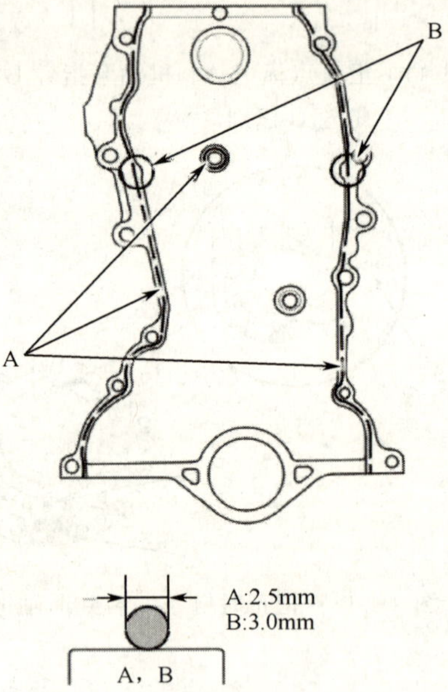

图 2-1-18　液体密封胶涂抹位置

14. 在正时链条盖罩与油底壳接合面处、螺栓孔处涂抹液体密封胶，密封胶涂抹完毕后，要在 5min 内安装部件，以便达到良好的密封效果。在图 2-1-19 中，沿着图中 A 所示的断续线涂抹直径为 2. 5mm 的密封胶；在图中 B 所示区域涂抹直径为 5mm 的液体密封胶。

15. 按照图 2-1-20 所示，把正时链条盖罩的边缘（图 2-1-20 中的 A）与油底壳的边缘（图 2-1-20 中的 B）对齐，然后把正时链条盖罩安装到气缸体（图 2-1-20 中的 C）。

16. 按照图 2-1-21 所示，安装正时链条盖罩固定螺栓。

17. 安装气缸盖罩。

18. 按照图 2-1-22 所示，安装发动机侧面支架（图 2-1-22 中的 A），并按照规范力矩紧固螺栓（图 2-1-22 中的 B）。

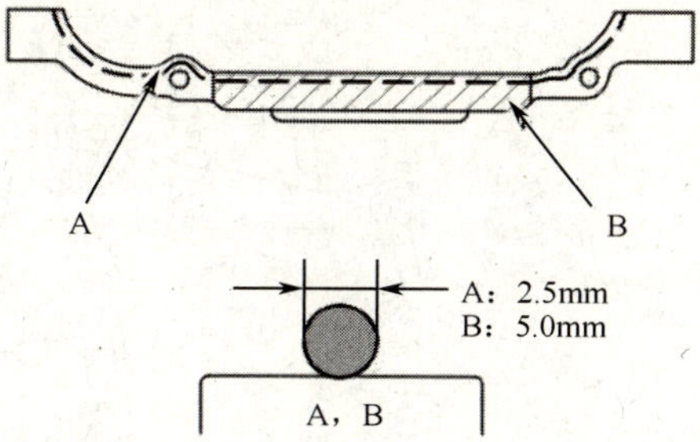

图 2-1-19　液体密封胶涂抹区域

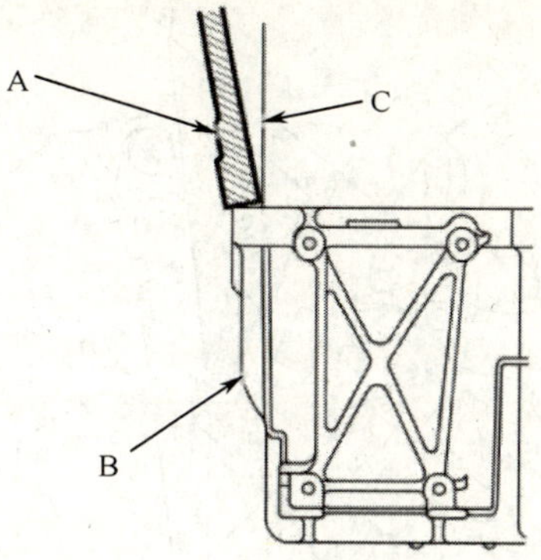

图 2-1-20　安装正时链条盖罩

19. 按照图 2-1-22 所示，安装发动机侧面支架螺母（图 2-1-22 中的 C），先不要把螺母拧紧。

20. 安装接地电缆（图 2-1-22 中的 D）。

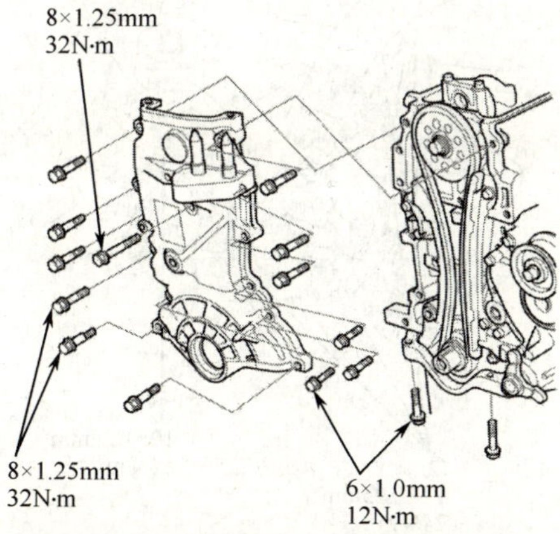

图 2-1-21　安装正时链条盖罩固定螺栓

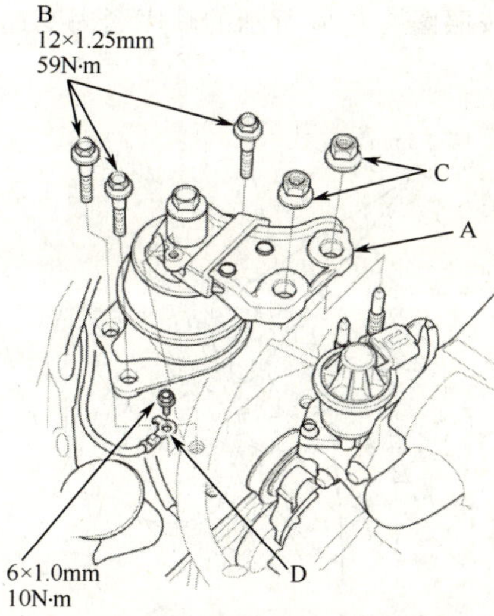

图 2-1-22　安装发动机侧面支架

21. 拆下顶住发动机的千斤顶，从油底壳处取出木块。

22. 拆下空气滤清器。

23. 按照图 2-1-23 所示，松开 CVT 变速器固定支架上的螺栓（图 2-1-23 中的 A）和螺母（图 2-1-23 中的 B）。

24. 用举升机举升车辆。

25. 按照图 2-1-24 所示，松开扭矩杆的固定螺栓（图 2-1-24 中的 A）和螺母（图 2-1-24 中的 B）。

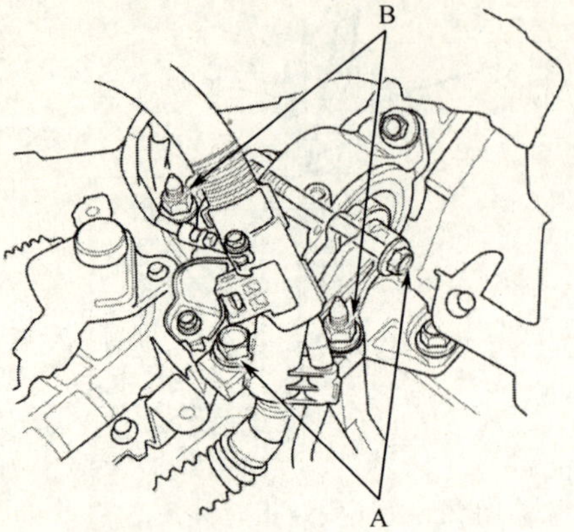

图 2-1-23　变速器固定支架螺栓和螺母识别

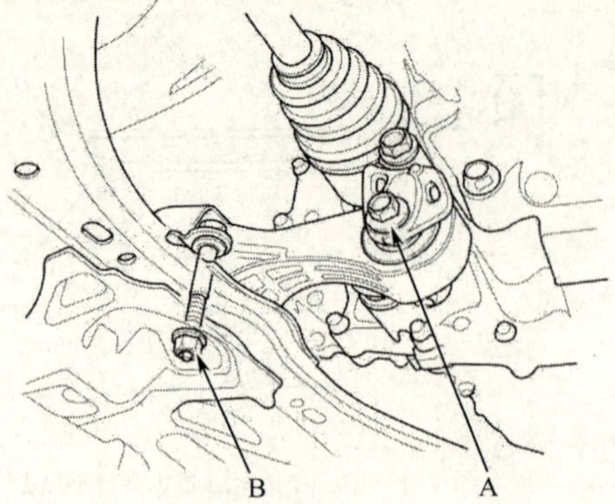

图 2-1-24　扭矩杆固定螺栓和螺母识别

26. 用举升机降下车辆。
27. 按照图 2-1-25 所示的紧固力矩紧固发动机侧面安装支架螺栓。
28. 按照图 2-1-26 所示的顺序紧固变速器固定支架螺栓和螺母。

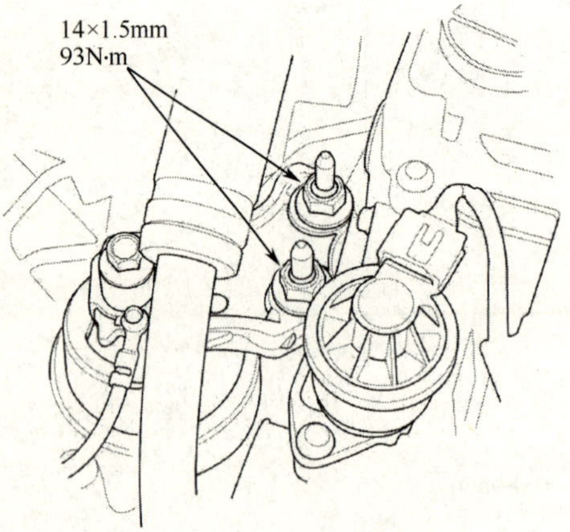

图 2-1-25　紧固发动机侧面安装支架螺栓

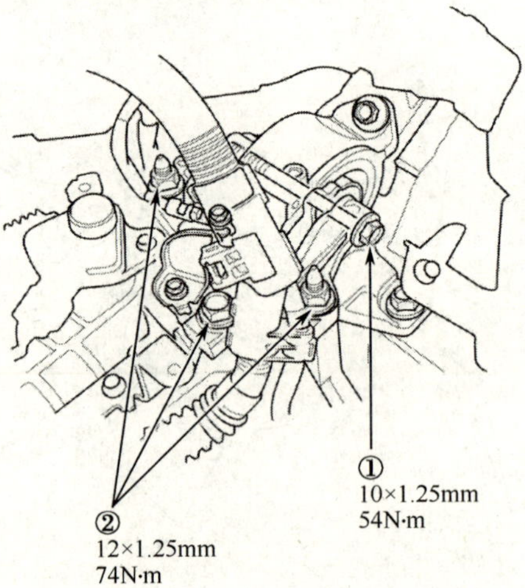

图 2-1-26　变速器固定支架螺栓和螺母紧固顺序和紧固力矩

29. 用举升机举升车辆。
30. 按照图 2-1-27 所示顺序紧固扭矩杆固定螺栓和螺母。
31. 用举升机降下车辆。
32. 安装空气滤清器。
33. 按照图 2-1-28 所示，安装空气管路固定螺栓。

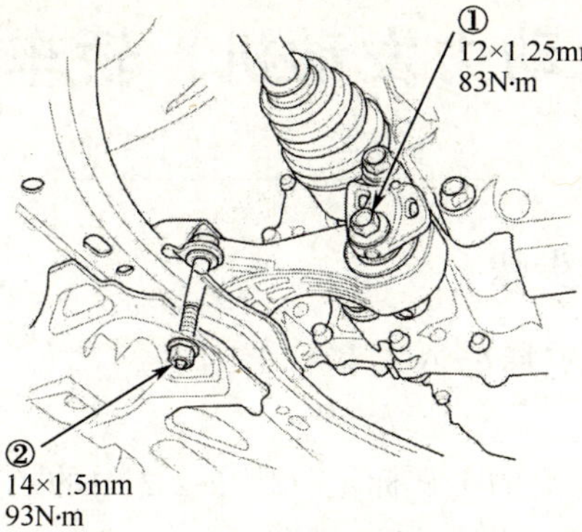

图 2-1-27 扭矩杆螺栓和螺母紧固力矩和紧固顺序

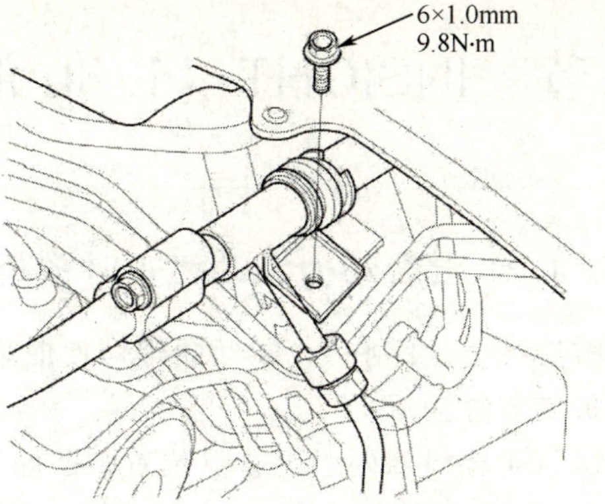

图 2-1-28 安装空调管路固定螺栓

34. 安装曲轴带轮。

35. 按照图 2-1-29 所示，安装水泵轮 A，装上水泵轮螺栓 B，但先不要拧紧。

36. 安装发动机附件传动皮带。

37. 按照图 2-1-29 中所示的紧固力矩紧固水泵轮螺栓。

38. 安装挡泥板。

39. 安装右前车轮。

40. 按照图 2-1-30 所示，在故障诊断连接器上连接故障诊断仪，操作诊断仪，执行曲轴位置学习程序。

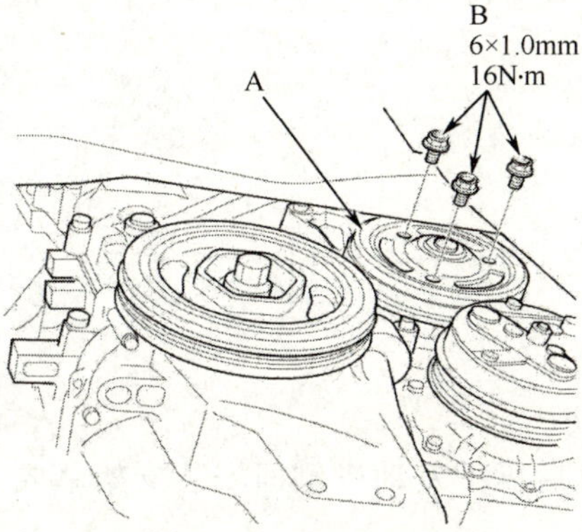

图 2-1-29 水泵轮和螺栓识别

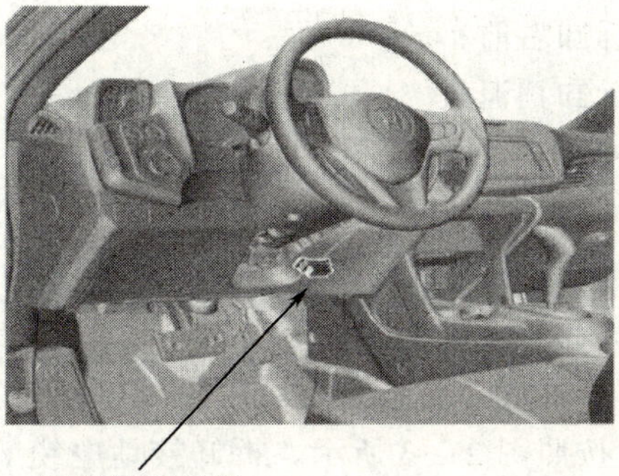

图 2-1-30 故障诊断连接器

第二节 INSIGHT（1.3L 混合动力发动机）轿车

一、1.3L 混合动力发动机正时链条拆卸步骤

1. 按照图 2-2-1 所示，转动曲轴，使曲轴上止点标记 A 与指针 B 对齐。

2. 拆卸气缸盖罩。

3. 确认 1 缸活塞处于上止点位置，凸轮轴链轮上的 UP 标记（图 2-2-2 中的 A）应位于正中；凸轮轴链轮上的上止点槽（图 2-2-2 中的 B）应和气缸盖齐平。

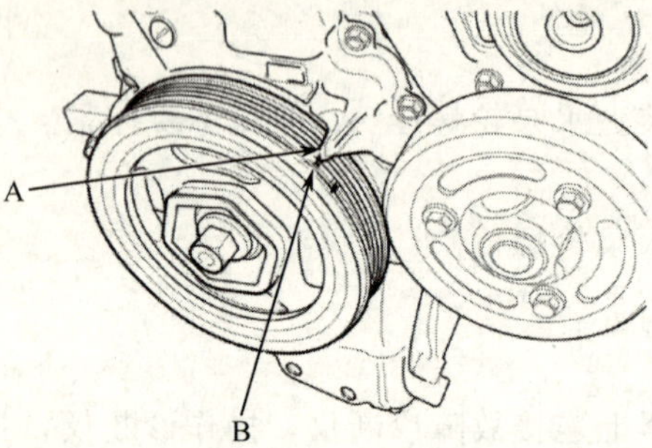

图 2-2-1 上止点标记 A 与指针 B 识别

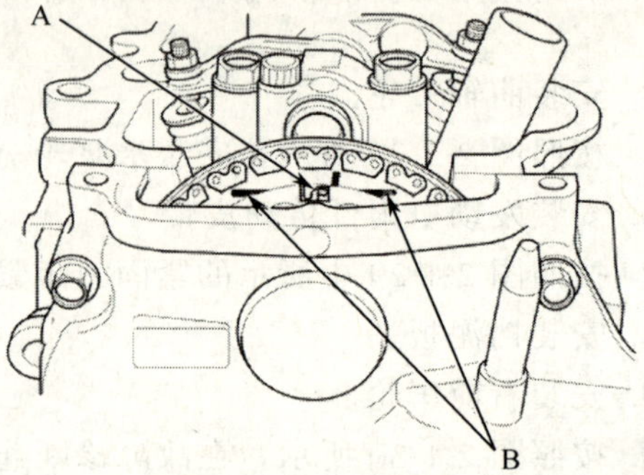

图 2-2-2 凸轮轴链轮 UP 标记和上止点槽识别

4. 拆卸右前车轮。

5. 拆卸挡泥板。

6. 松开水泵螺栓。

7. 拆卸发动机附件传动皮带。

8. 拆卸水泵轮。

9. 拆卸曲轴带轮。

10. 在油底壳处垫上木块用千斤顶顶起发动机。

11. 按照图 2-2-3 所示，拆卸接地电缆 A，然后拆下发动机侧面安装支架总成 B。

12. 按照图 2-2-4 所示，拆卸正时链罩。

13. 按照图 2-2-5 所示，测量正时链之间的距离，如果低于 15mm，则应更换正时链条和正时链条张紧器。

14. 在正时链条张紧器滑块（图 2-2-6 中的 A）表面涂抹干净的发动机机油。

15. 按照图 2-2-6 所示，用螺丝刀固定住正时链条张紧器滑块，然后拆下上部螺栓（图 2-2-6 中的 B）和下部螺栓（图 2-2-6 中的 C）。

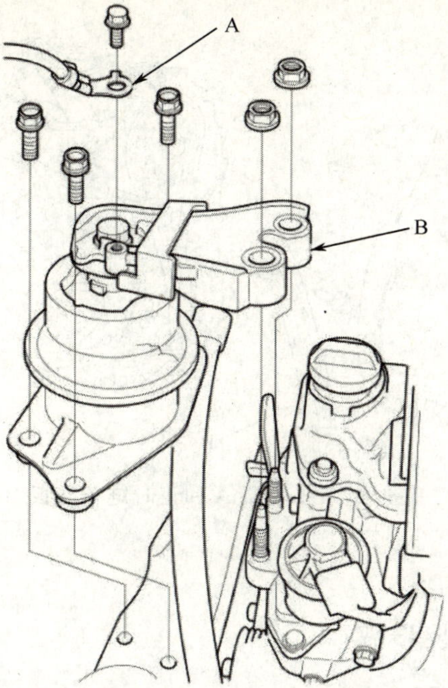

图 2-2-3　接地电缆 A 和发动机侧面安装支架总成 B 识别

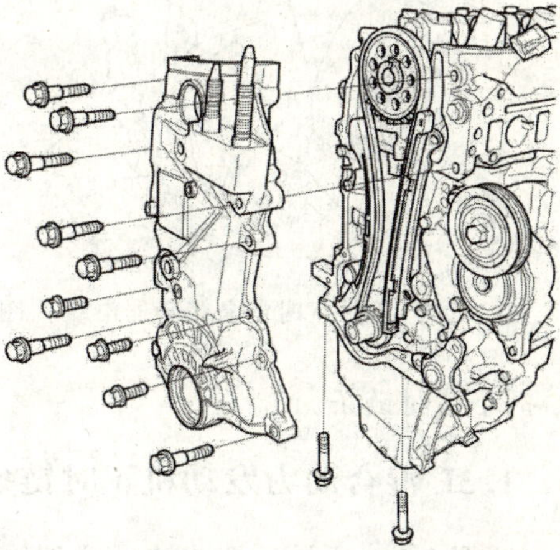

图 2-2-4　拆卸正时链罩

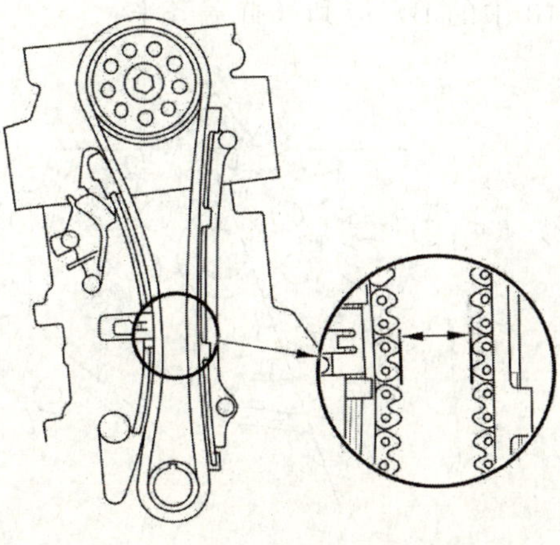

图 2-2-5　测量正时链之间的距离

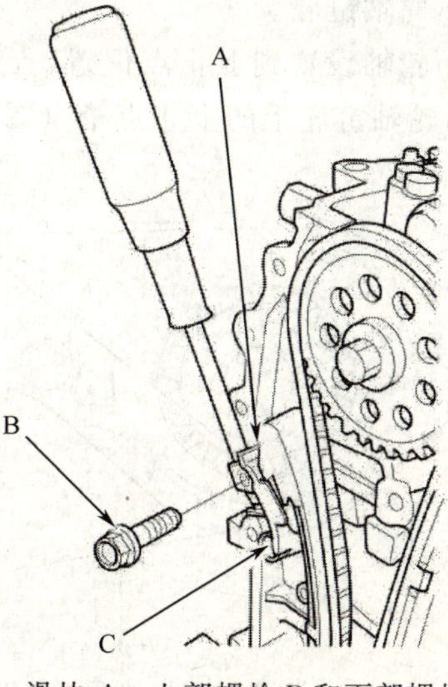

图 2-2-6　滑块 A、上部螺栓 B 和下部螺栓 C 识别

16. 按照图 2-2-7 所示，拆下正时链条张紧器。

17. 按照图 2-2-8 所示，拆下正时链条张紧器（图 2-2-8 中的 A）和正时链条导板（图 2-2-8 中的 B）。

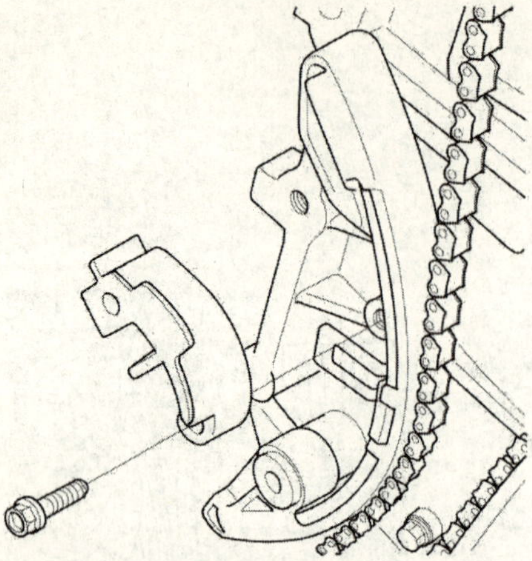

图 2-2-7 拆下正时链条张紧器滑块

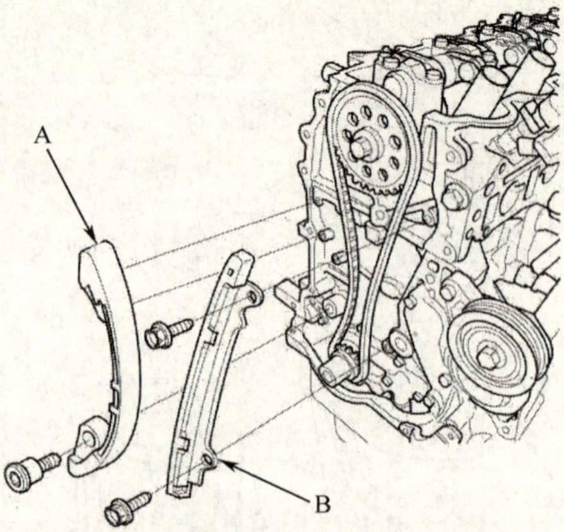

图 2-2-8 正时链条张紧器 A 和正时链条导板 B 识别

18. 拆下正时链条。

二、1.3L 混合动力发动机正时链条安装步骤

1. 按照图 2-2-9 所示，把曲轴设置到上止点位置，使曲轴链轮上的上止点标记 A 与机油泵上的指针 B 对准。

2. 拆下曲轴链轮。

3. 把凸轮轴设置到上止点位置，凸轮轴链轮上的 UP 标记（图 2-2-10 中的 A）应位于正中；凸轮轴链轮上的上止点槽（图 2-2-10 中的 B）应和气缸盖齐平。

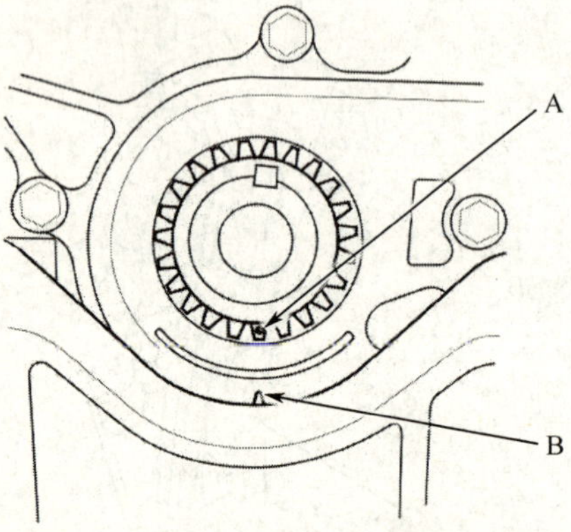

图 2-2-9 上止点标记 A 和机油泵指针 B 识别

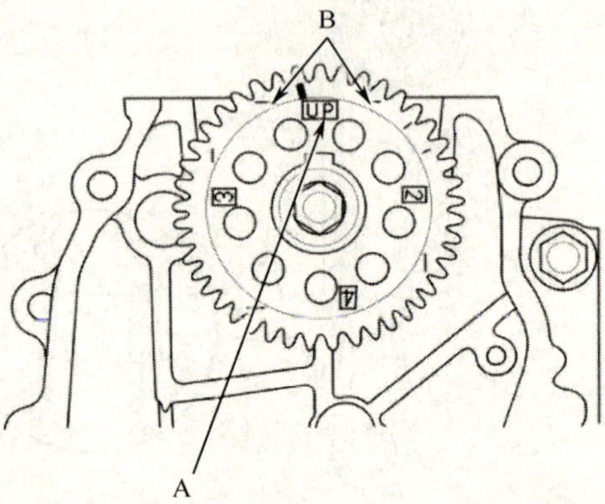

图 2-2-10 把凸轮轴设置到上止点位置

4. 把正时链条安装到曲轴链轮上，正时链条上的标有颜色的链节（图 2-2-11 中的 A）应与曲轴链轮上的上止点标记（图 2-2-11 中的 B）对齐，然后用专用工具（图 2-2-11 中的 C）把曲轴链轮安装到曲轴上。

5. 把正时链条安装到凸轮轴链轮上，凸轮轴链轮上的指针（图 2-2-12 中的 A）要与正时链条上的 2 个标有颜色的链节（图 2-2-12 中的 B）的中间位置对齐。

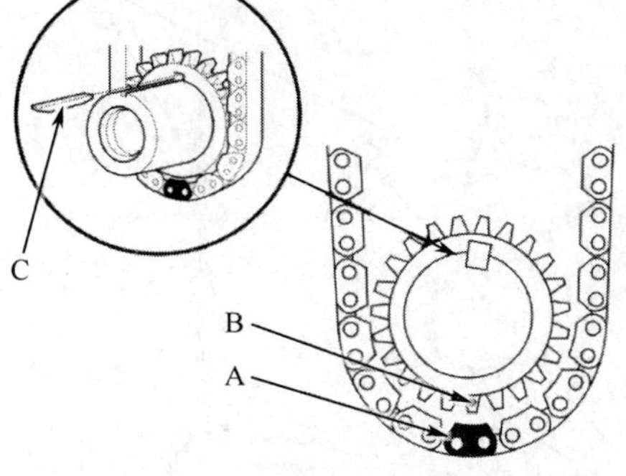

图 2-2-11 把正时链条安装到曲轴链轮上

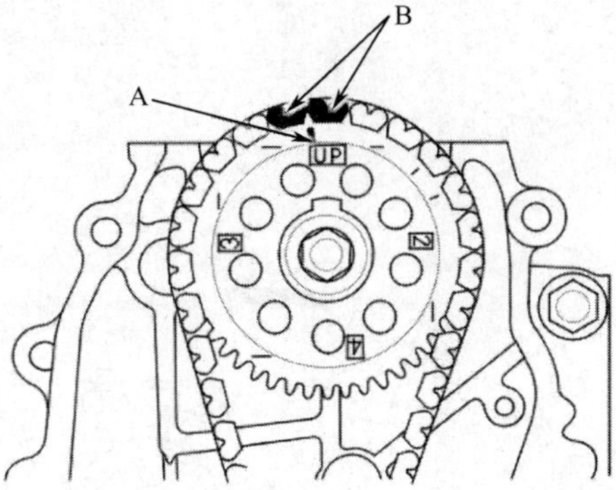

图 2-2-12 凸轮轴链轮指针与链节对齐

6. 按照图 2-2-13 所示，安装正时链条张紧器（图 2-2-13 中的 A）和正时链条导板（图 2-2-13 中的 B）。

7. 按照图 2-2-14 所示，安装正时链条张紧器滑块（图 2-2-14 中的 A），然后装上螺栓（图 2-2-14 中的 B），先不要拧紧螺栓。

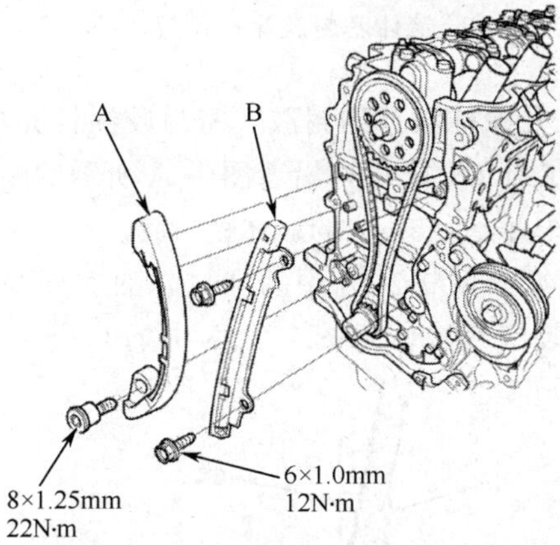

图 2-2-13 安装正时链条张紧器和张紧器导板

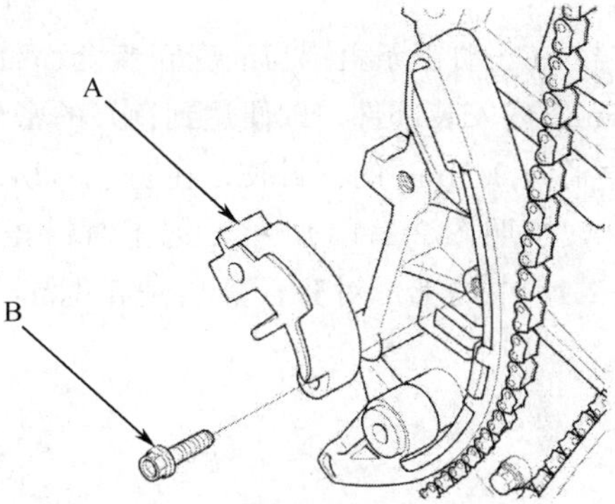

图 2-2-14 正时链条张紧器滑块 A 和螺栓 B 识别

8. 按照图 2-2-15 所示，在正时链条张紧器滑块（图 2-2-15 中的 A）表面涂抹干净的发动机机油。

9. 按照图 2-2-15 所示，沿顺时针方向转动滑块，压缩正时链条张紧器，然后将螺栓紧固到规范力矩。

10. 检查正时链条盖罩油封是否损坏，如果发现有损坏，应予以更换。

11. 把正时链条盖罩安装面、螺栓和螺栓孔处的旧的液体密封垫清理干净。

12. 清洁正时链条盖罩安装面，使安装面保持干燥。

13. 按照图 2-2-16 所示，沿图中断续线 A 涂抹直径为 2. 5mm 的液体密封胶；在图中所示 B 处涂抹直径为 3.0mm 的液体密封胶。

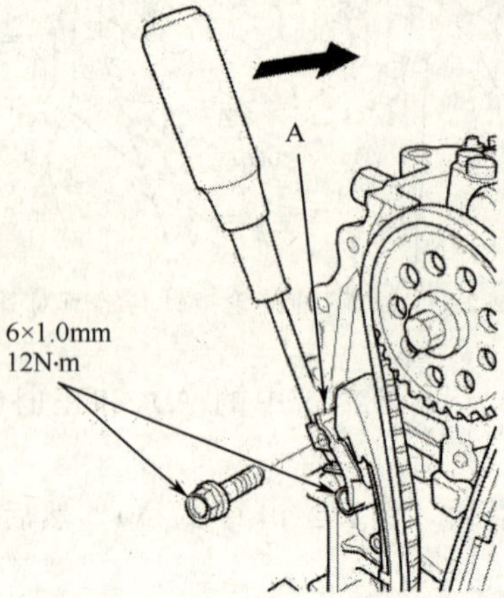

图 2-2-15 转动滑块并紧固螺栓

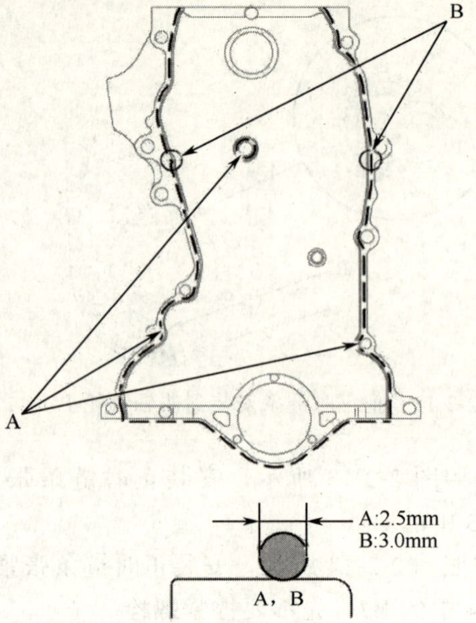

图 2-2-16 液体密封胶涂抹位置

14. 在正时链条盖罩与油底壳接合面处、螺栓孔处涂抹液体密封胶，密封胶涂抹完毕后，要在 5min 内安装部件，以便达到良好的密封效果。在图 2-2-17 中，沿着图中 A 所示的断续线涂抹直径为 2.5mm 的密封胶；在图中 B 所示区域涂抹直径为 5mm 的液体密封胶。

15. 按照图 2-2-18 所示，把正时链条盖罩的边缘（图 2-2-18 中的 A）与油底壳的边缘（图 2-2-18 中的 B）对齐，然后把正时链条盖罩安装到气缸体（图 2-2-18 中的 C）。

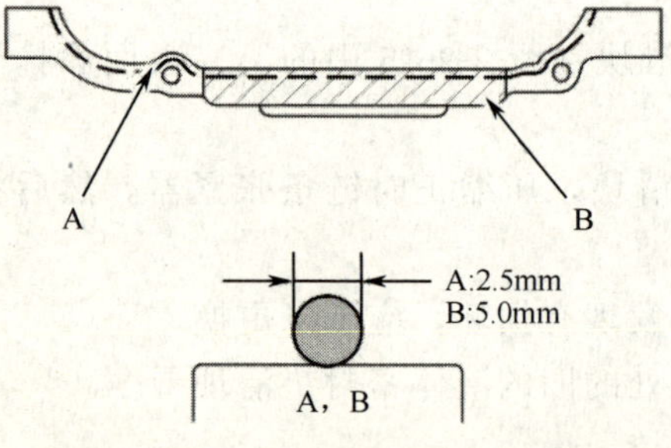

图 2-2-17 液体密封胶涂抹区域

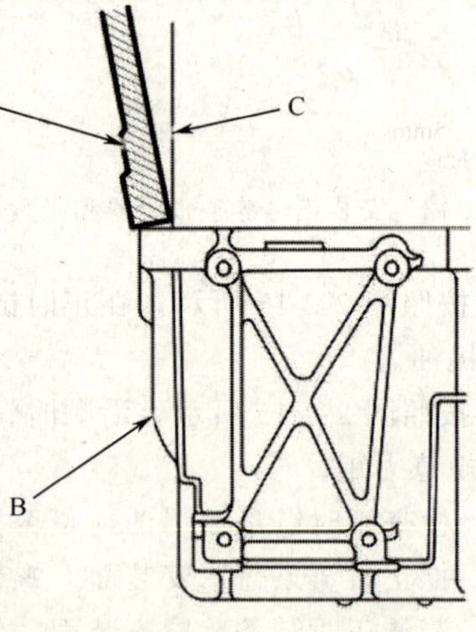

图 2-2-18 安装正时链条盖罩

16. 按照图 2-2-19 所示，安装正时链条盖罩固定螺栓。

17. 安装气缸盖罩。

18. 按照图 2-2-20 所示，安装发动机侧面支架（图 2-2-20 中的 A），并按照规范力矩紧固螺栓（图 2-2-20 中的 B）。

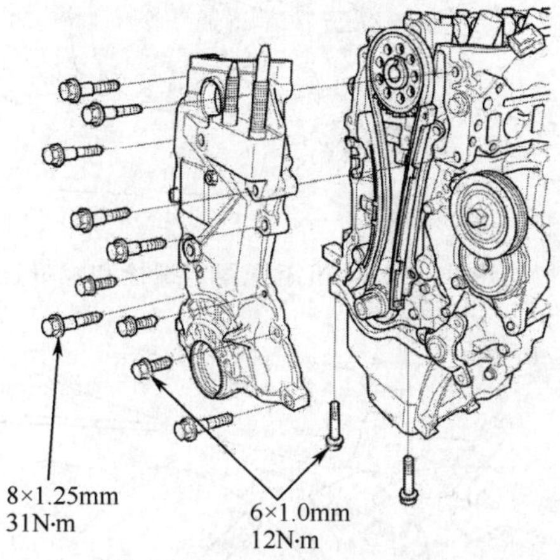

图 2-2-19 安装正时链条盖罩固定螺栓

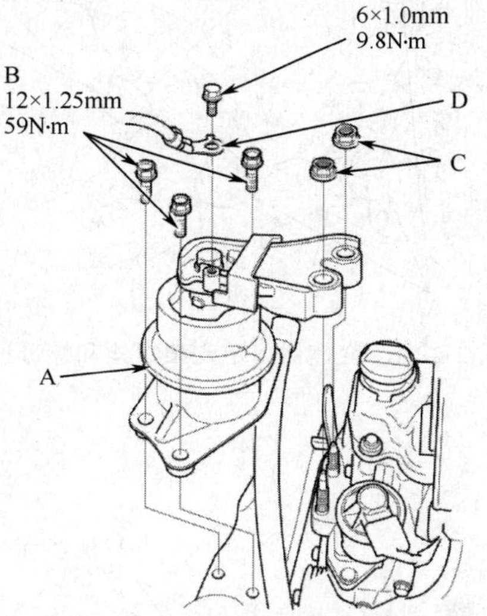

图 2-2-20 安装发动机侧面支架

19. 按照图 2-2-20 所示，安装发动机侧面支架螺母（图 2-2-20 中的 C），先不要把螺母拧紧。

20. 安装接地电缆（图 2-2-20 中的 D）。

21. 拆下顶住发动机的千斤顶，从油底壳处取出木块。

22. 拆下空气滤清器。

23. 按照图 2-2-21 所示，松开变速器固定支架上的螺栓和螺母。

24. 用举升机举升车辆。

25. 按照图 2-2-22 所示，松开扭矩杆的固定螺栓和螺母（图 2-2-22 中的 A）。

26. 用举升机降下车辆。

27. 按照图 2-2-23 所示的紧固力矩紧固发动机侧面安装支架螺栓。

28. 按照图 2-2-24 所示的顺序紧固变速器固定支架螺栓和螺母。

29. 用举升机举升车辆。

30. 按照图 2-2-25 所示顺序紧固扭矩杆固定螺栓和螺母。

31. 用举升机降下车辆。

32. 安装空气滤清器。

33. 安装曲轴带轮。

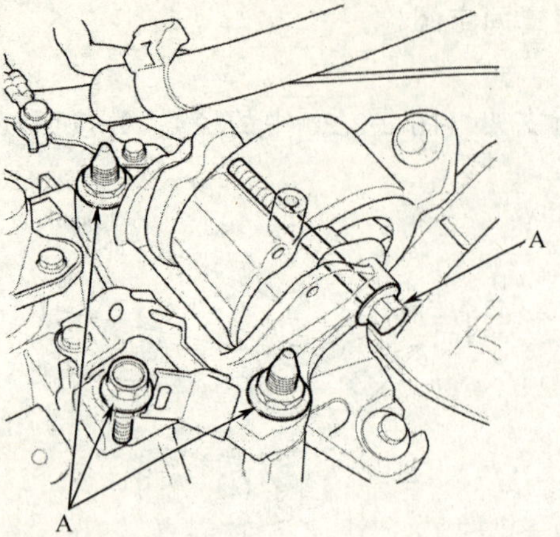

图 2-2-21　变速器固定支架螺栓和螺母识别

图 2-2-22　扭矩杆固定螺栓和螺母识别

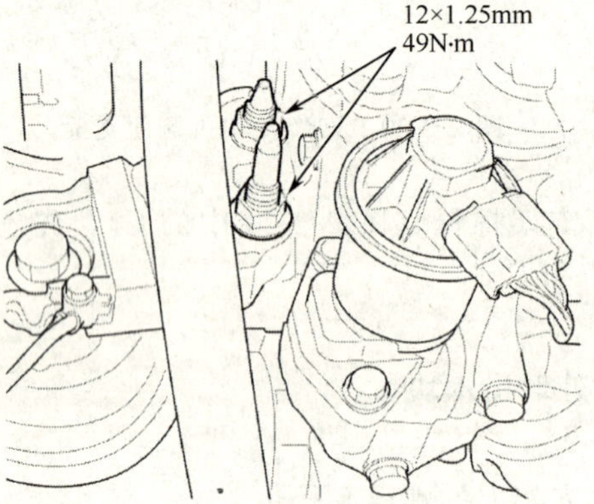

图 2-2-23　紧固发动机侧面安装支架螺栓

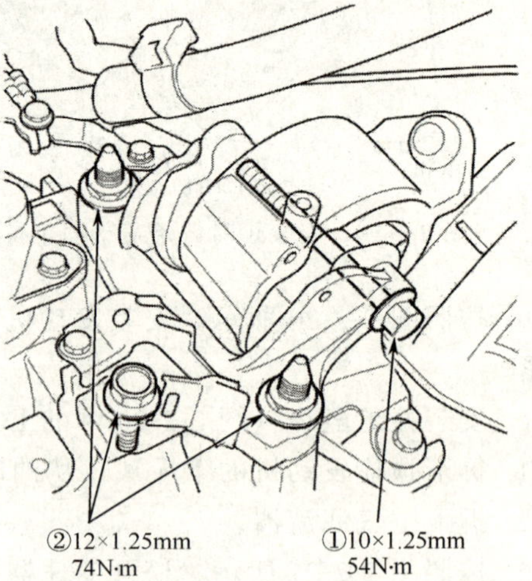

图 2-2-24　变速器固定支架螺栓和螺母紧固顺序和紧固力矩

34. 安装水泵，装上水泵轮螺栓，但先不要拧紧。

35. 安装发动机附件传动皮带。

36. 紧固水泵轮螺栓。

37. 安装挡泥板。

38. 安装右前车轮。

39. 按照图 2-2-26 所示，在故障诊断连接器上连接故障诊断仪，操作诊断仪，执行曲轴位置学习程序。

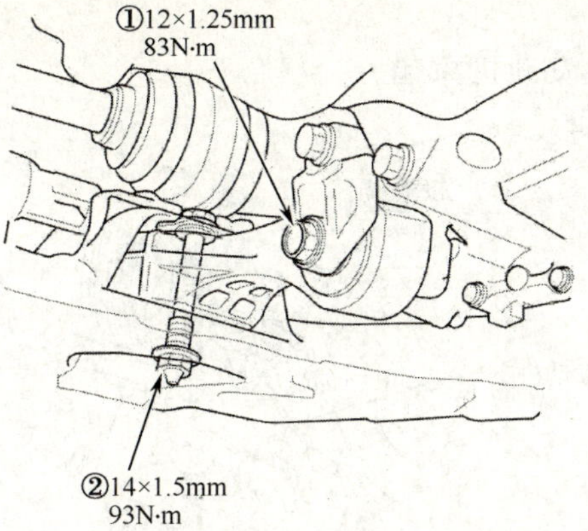

图 2-2-25 扭矩杆螺栓和螺母紧固力矩和紧固顺序

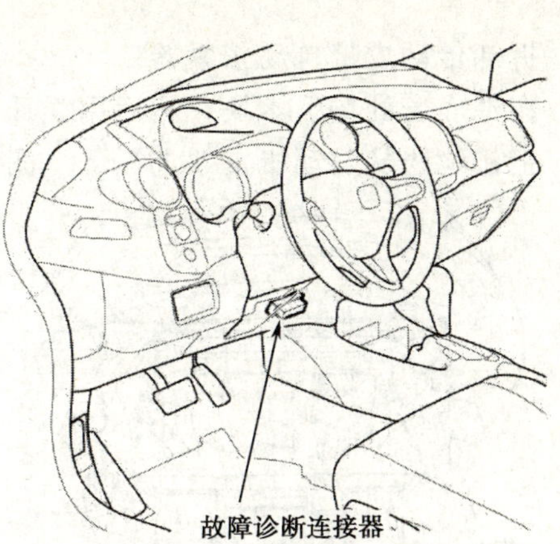

图 2-2-26 故障诊断连接器

第三节 CROSSTOUR（歌诗图）轿车

一、歌诗图轿车 3.5L 发动机正时皮带拆卸步骤

1. 转动曲轴，使白色标记 A 与指针 B 对齐（图 2-3-1）。

2. 检查凸轮轴皮带轮上的 1 缸上止点标记 A 是否与正时皮带前罩上的指针 B 对齐（图 2-3-2）。

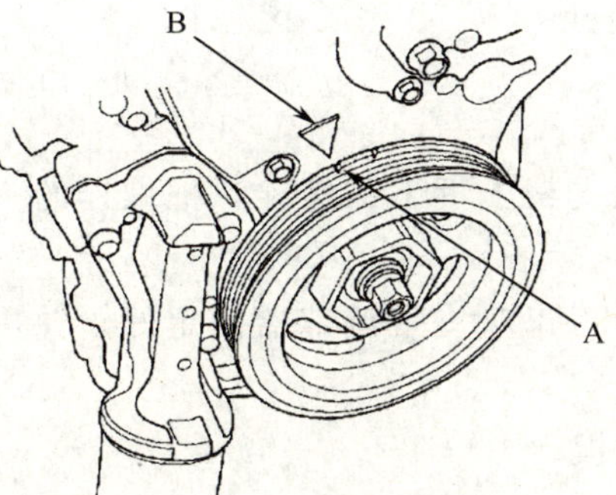

图 2-3-1 白色标记 A 与指针 B 对齐

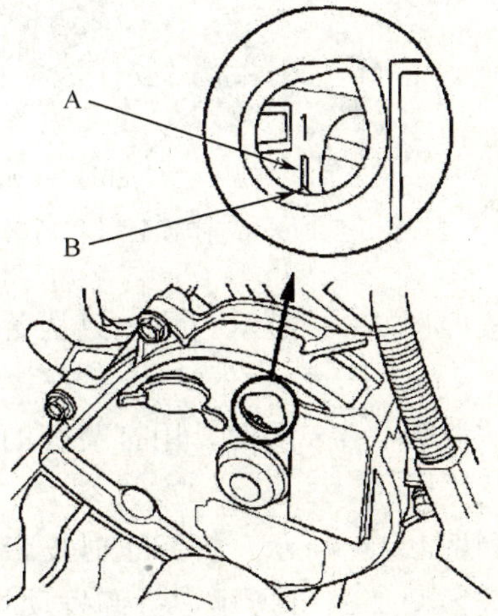

图 2-3-2 上止点标记 A 与指针 B 对齐

3. 举升车辆，拆卸右前车轮。

4. 拆卸挡泥板，如图 2-3-3 所示。

5. 拆卸传动皮带自动张紧器。

6. 在油底壳处垫上木块，然后用千斤顶把发动机撑起。

7. 把接地线从发动机支架上拆下（图 2-3-4）。

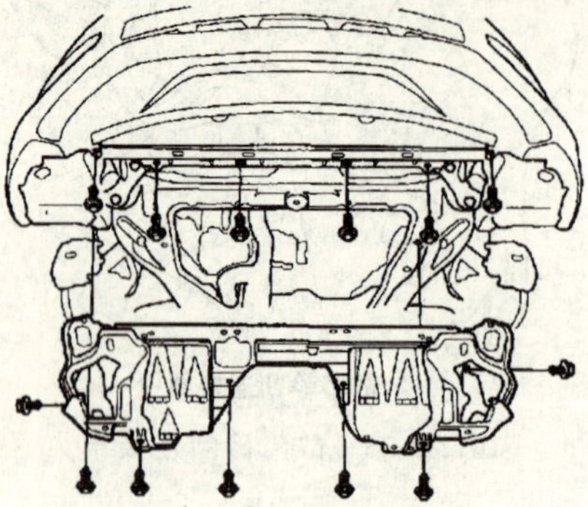

图 2-3-3 拆卸挡泥板

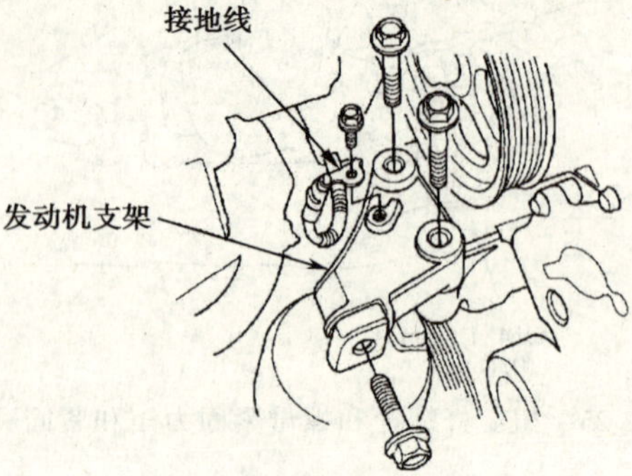

图 2-3-4 从发动机支架上拆下接地线

8. 拆卸曲轴皮带轮。

9. 拆卸正时皮带前部上盖和后部上盖（图 2-3-5）。

10. 拆卸下盖，如图 2-3-6 所示。

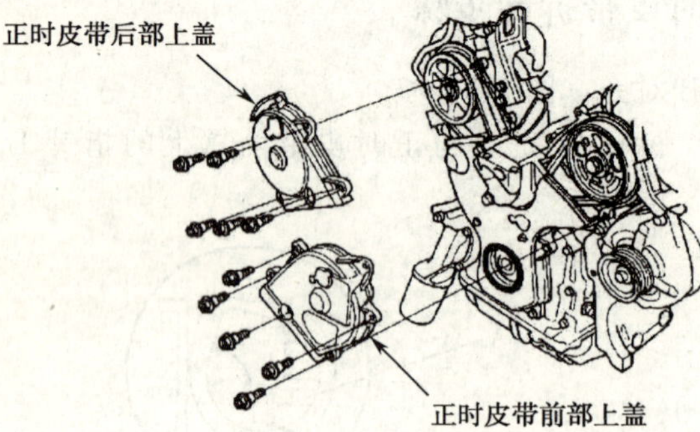

图 2-3-5 正时皮带前部上盖和后部上盖

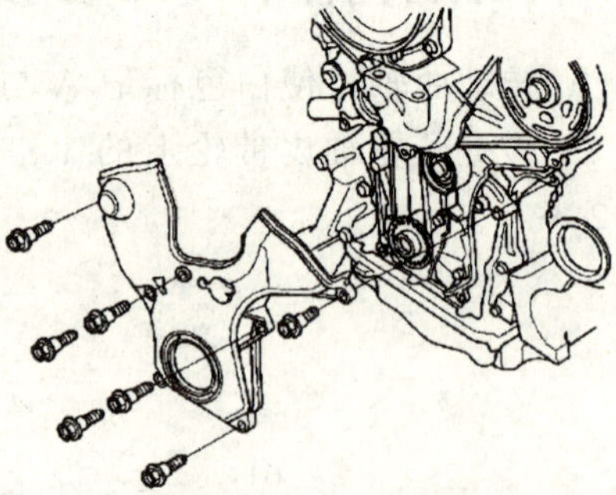

图 2-3-6 拆卸下盖

11. 按照图 2-3 7 所示，找一只从蓄电池支架上拆下的螺栓，把螺栓的一端打磨成尖头。

12. 按照图 2-3-8 所示，用打磨好的螺栓把正时皮带调节器固定好，并用手把螺栓拧紧。

13. 如图 2-3-9 所示，拆卸正时皮带导向板。

14. 按照图 2-3-10 所示，拆卸发动机支架下半部分。

15. 按照图 2-3-11 所示，拆卸惰轮螺栓和惰轮，然后拆下正时皮带。惰轮螺栓是一次性使用的，因此拆下惰轮螺栓后即应废弃不用。

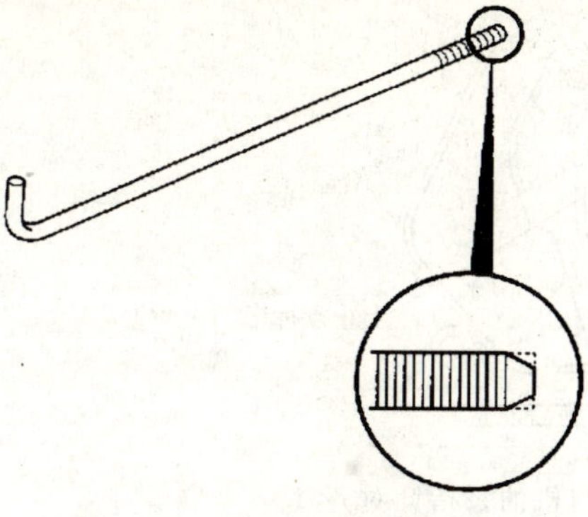

图 2-3-7　将螺栓打磨成尖头

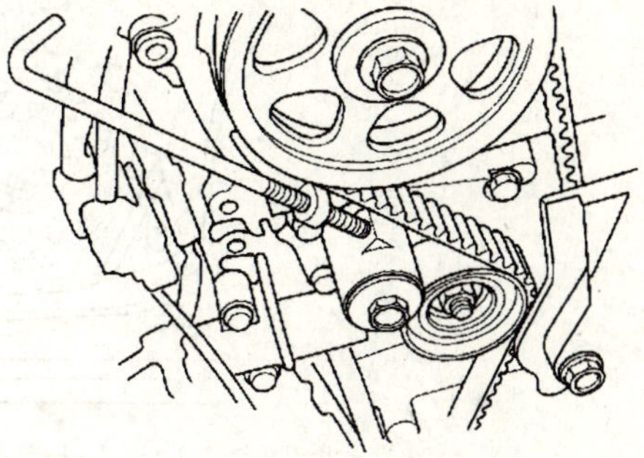

图 2-3-8　用螺栓固定正时皮带调节器

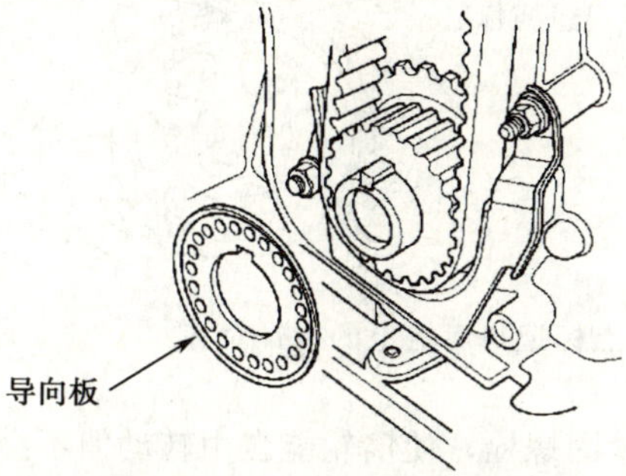

图 2-3-9　正时皮带导向板识别

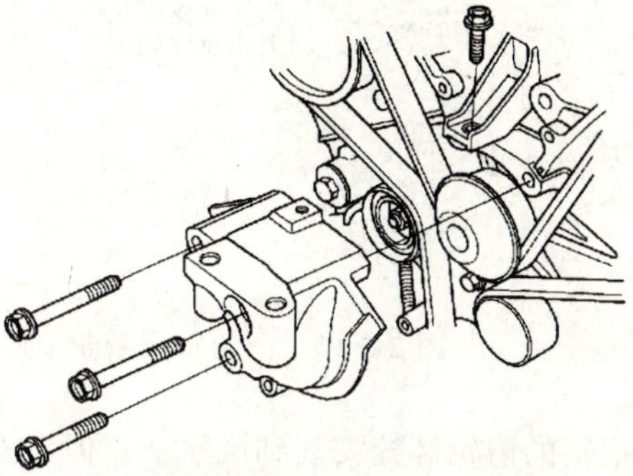

图 2-3-10　拆卸发动机支架下半部分

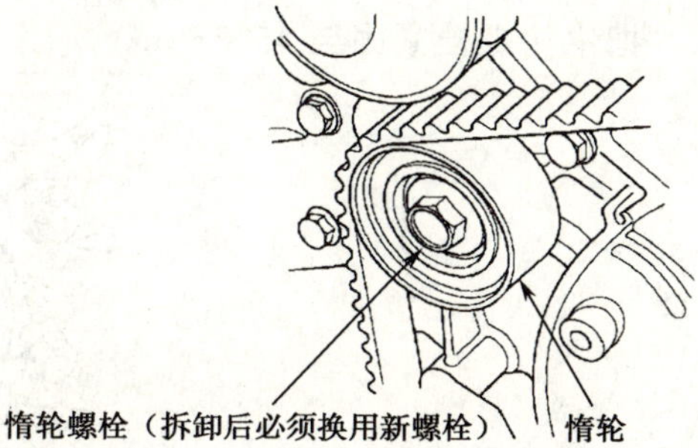

图 2-3-11　拆卸惰轮螺栓和惰轮

二、歌诗图轿车 3.5L 发动机正时皮带安装步骤

1. 将各个正时皮带轮、正时皮带导向板和正时皮带上盖和下盖清理干净。
2. 如图 2-3-12 所示，将正时皮带驱动轮齿上的上止点标记与机油泵上的指针对齐。
3. 如图 2-3-13 所示，将凸轮轴皮带轮上的上止点标记与后盖上的指针对齐。

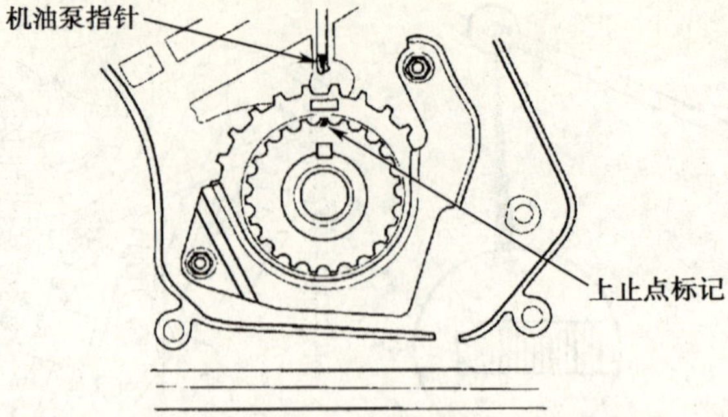

图 2-3-12　上止点标记与机油泵指针对齐

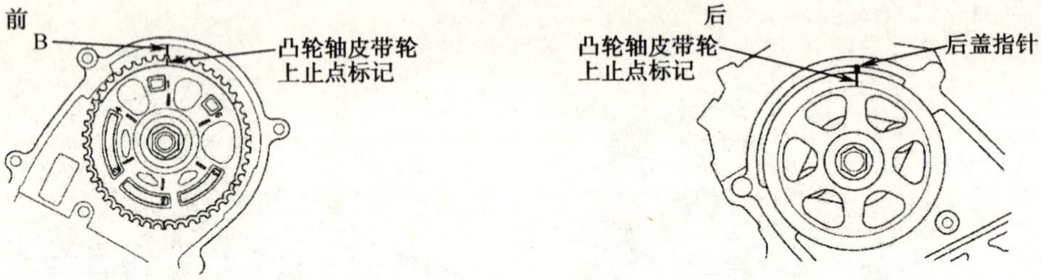

图 2-3-13　凸轮轴皮带轮上的上止点标记与后盖上的指针对齐

4. 把新的惰轮螺栓安装到惰轮上，但先不要紧固螺栓，使惰轮能自由转动但不会脱落。

5. 按照图 2-3-14 所示，从驱动轮开始，沿逆时针方向将正时皮带安装到各个皮带轮上。

6. 按照图 2-3-15 所示，把惰轮螺栓紧固至 45N·m。

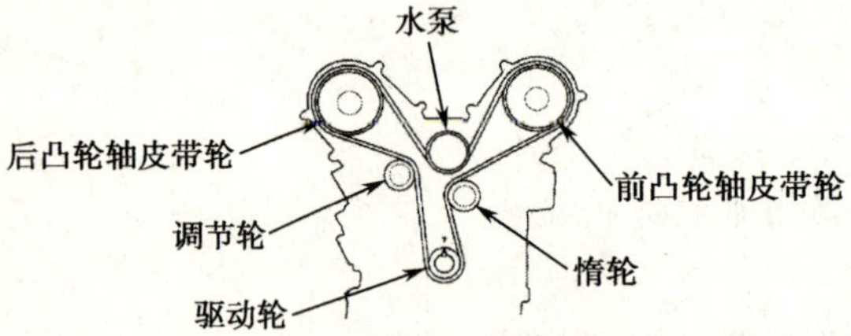

图 2-3-14　安装正时皮带

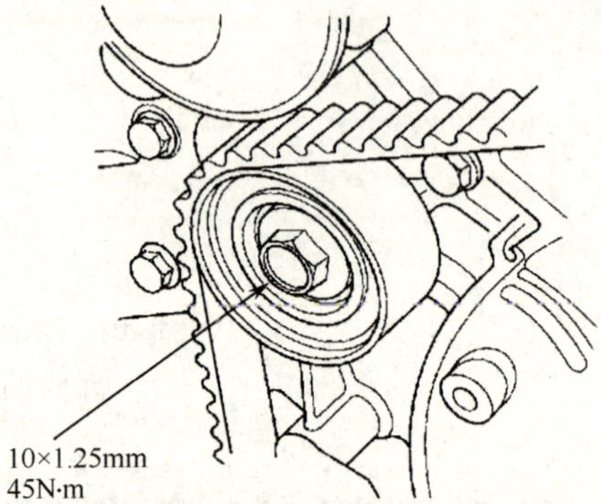

图 2-3-15　紧固惰轮螺栓

7. 按照图 2-3-16 所示，从后盖上把固定正时皮带调节器的螺栓取下。

8. 如图 2-3-17 所示，安装发动机安装支架的下半部分。

9. 如图 2-3-18 所示，安装正时皮带导向板。

10. 安装下盖，如图 2-3-19 所示。

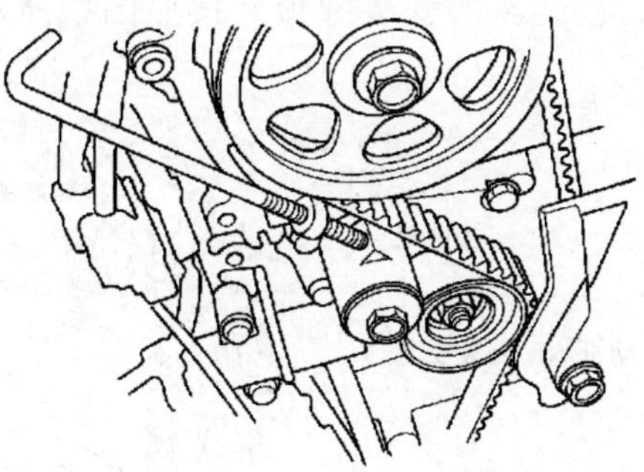

图 2-3-16 取下螺栓

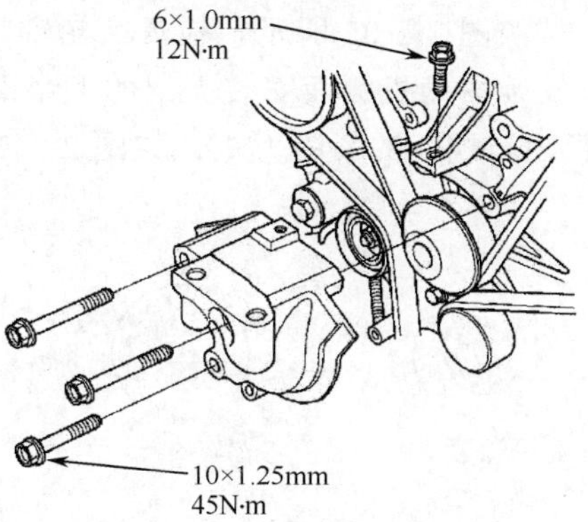

图 2-3-17 安装发动机安装支架的下半部分

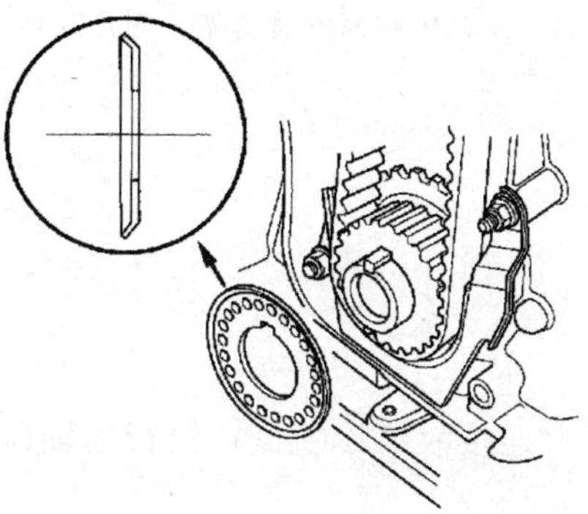

图 2-3-18 安装正时皮带导向板

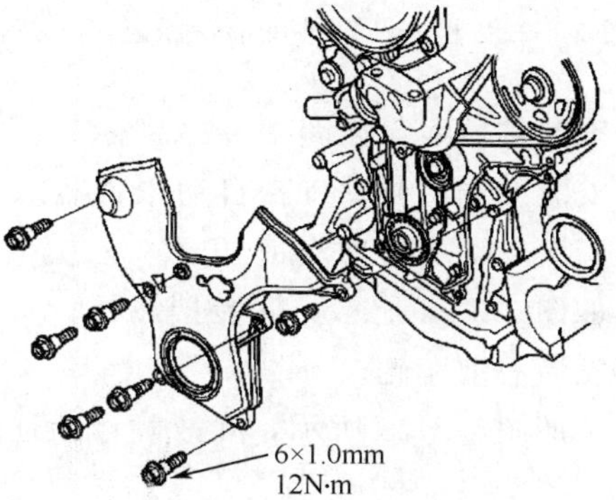

图 2-3-19 安装下盖

11. 如图 2-3-20 所示，安装前部上盖和后部上盖。
12. 安装曲轴皮带轮。
13. 顺时针转动曲轴皮带轮 6 圈左右，使正时皮带在各个带轮上就位。
14. 按照图 2-3-21 所示，转动曲轴皮带轮，使白色的标记与指针对齐。

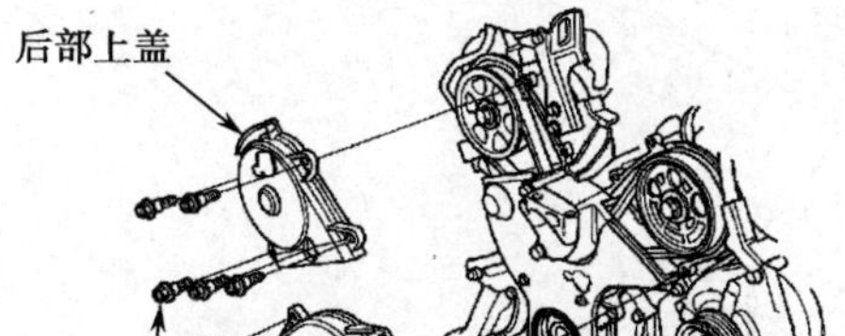

图 2-3-20 安装前部上盖和后部上盖

图 2-3-21 白色标记与指针对齐

15. 按照图 2-3-22 所示，检查凸轮轴带轮上的标记，确认标记已设置在上止点位置。

16. 安装发动机侧面安装支架的上半部分，换装新的安装螺栓并按照图中所示的顺序将螺栓紧固至规范的紧固力矩，如图 2-3-23 所示。

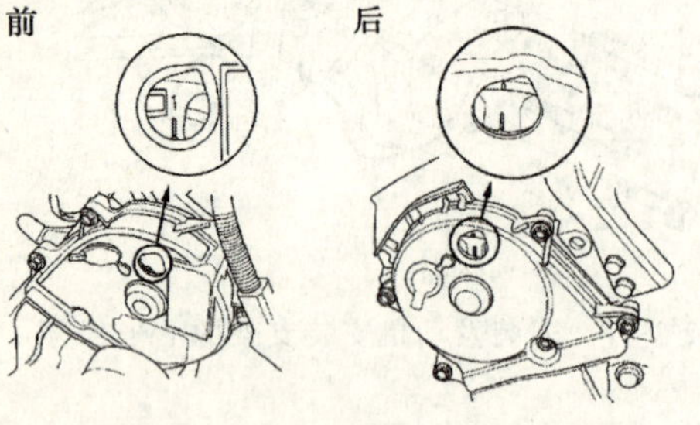

图 2-3-22　检查凸轮轴皮带轮标记

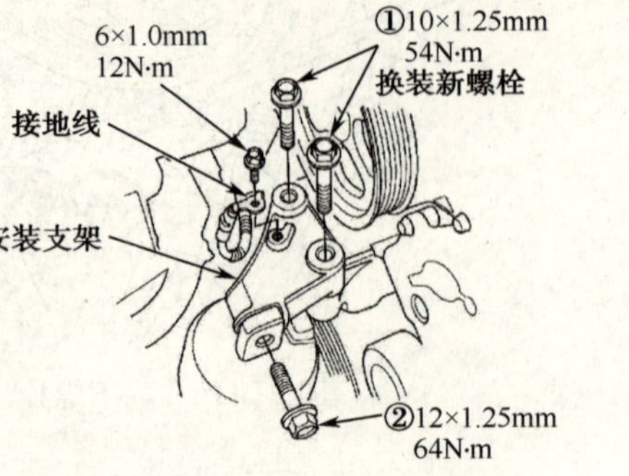

图 2-3-23　发动机侧面安装支架、螺栓和接地线识别

17. 安装接地线，如图 2-3-23 所示。

18. 安装发动机传动皮带自动张紧器。

19. 安装发动机传动皮带。

20. 如图 2-3-24 所示，安装挡泥板。

21. 安装右前车轮。

22. 按照图 2-3-25 所示，在故障诊断连接器上连接故障诊断仪，执行曲轴位置学习程序。

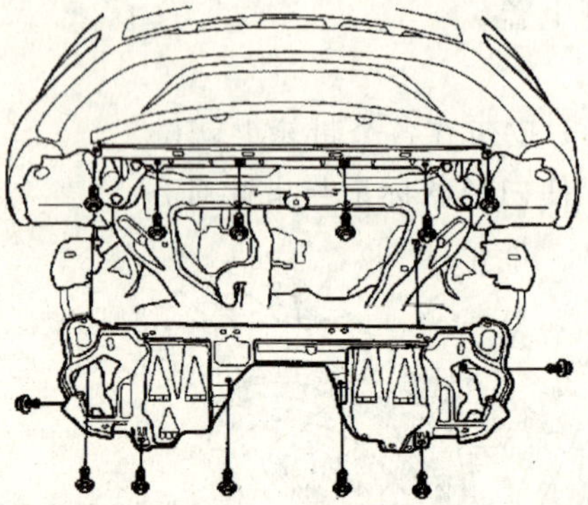

图 2-3-24　安装挡泥板

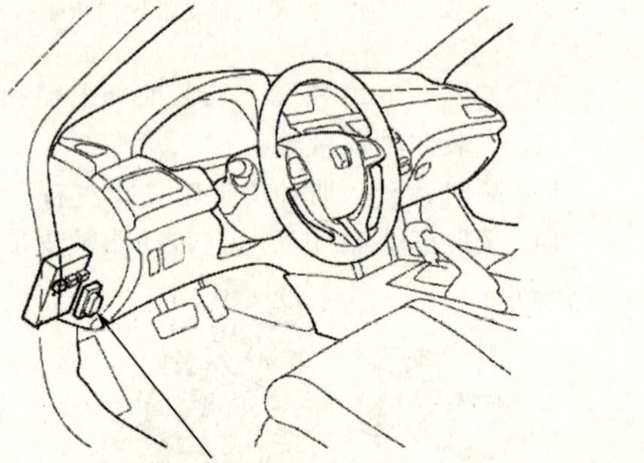

图 2-3-25　故障诊断连接器位置识别

第三章 HYUNDAI（现代）车系

第一节 AZERA（雅尊）轿车

一、雅尊轿车 3. 3L 发动机正时链条部件识别（图 3-1-1、图 3-1-2）

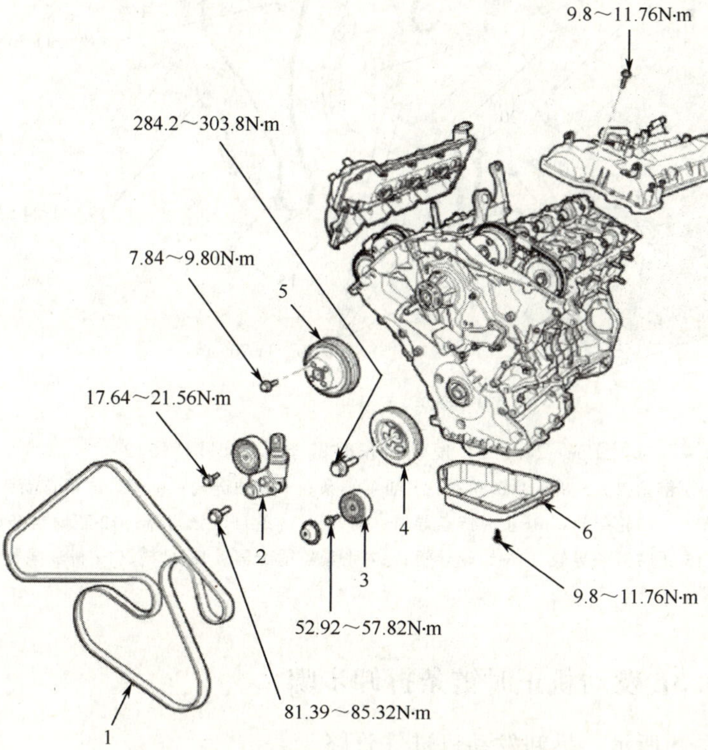

图 3-1-1 3. 3L 发动机正时链条部件识别（1/2）

1-传动皮带；2-传动皮带张紧器；3-惰轮；4-减振皮带轮；5-水泵轮；6-油底壳；7-气缸盖罩

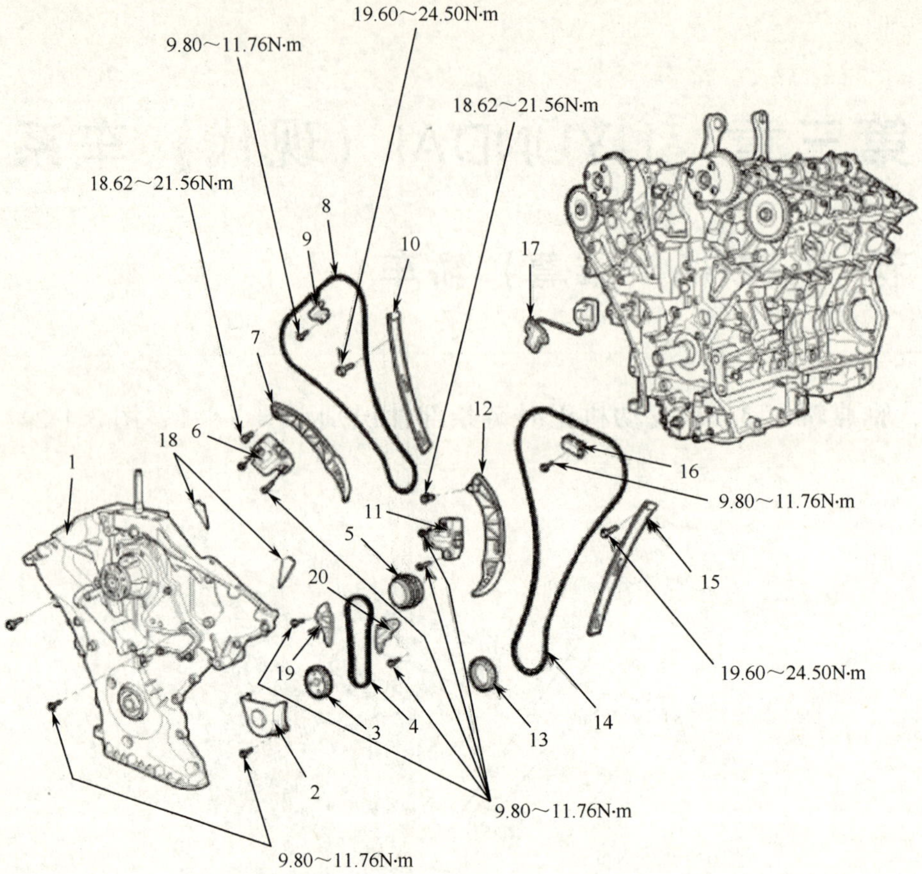

图 3-1-2 3. 3L 发动机正时链条部件识别（2/2）

1-正时链条盖；2-机油泵链条盖；3-机油泵链轮；4-机油泵链条；5-曲轴链轮；6-正时链条自动张紧器；7-正时链条张紧器臂；8-正时链条；9-凸轮导轨；10-正时链条导轨；11-正时链条自动张紧器；12-正时链条张紧器臂；13-曲轴链轮；14-正时链条；15-正时链条导轨；16-凸轮导轨；17-张紧器适配器；18-衬垫；19-机油泵链条导轨；20-机油泵张紧器总成

二、雅尊 3. 3L 发动机正时链条拆卸步骤

1. 按照图 3-1-3 所示，拆卸发动机进气管路。

2. 按照图 3-1-4 所示，拆卸进气软管和空气滤清器。

（1）断开通气软管（图 3-1-4 中的 A）。

（2）断开发动机控制模块接头（图 3-1-4 中的 B）。

（3）断开空气流量传感器（图 3-1-4 中的 C）和空气滤清器（图 3-1-4 中的 D）。

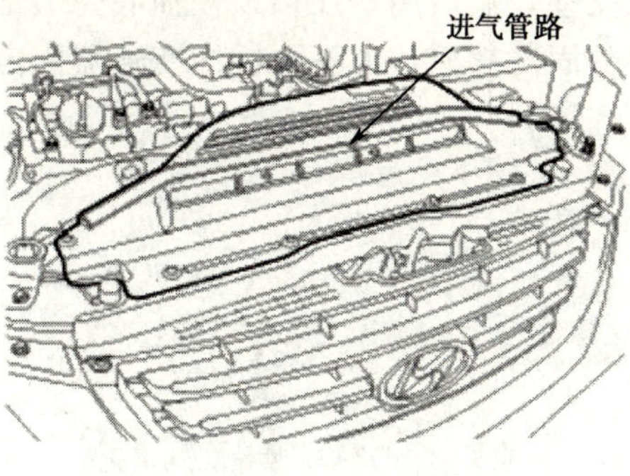

图 3-1-3 发动机进气管路

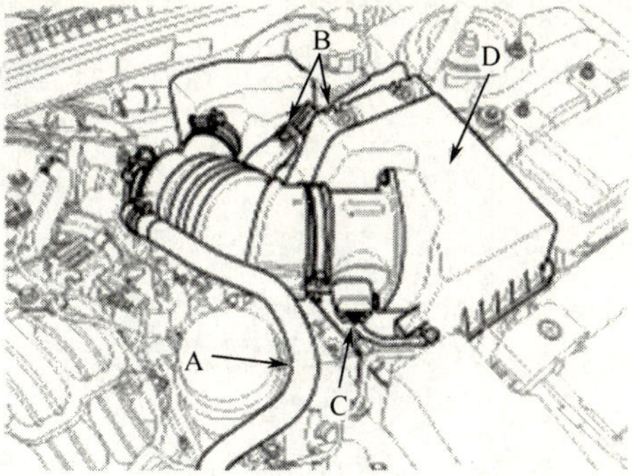

图 3-1-4 拆卸进气软管和空气滤清器

3. 按照图 3-1-5 所示，拆卸底罩。
4. 按照图 3-1-6 所示，拆卸右前轮和右前轮侧面护板。

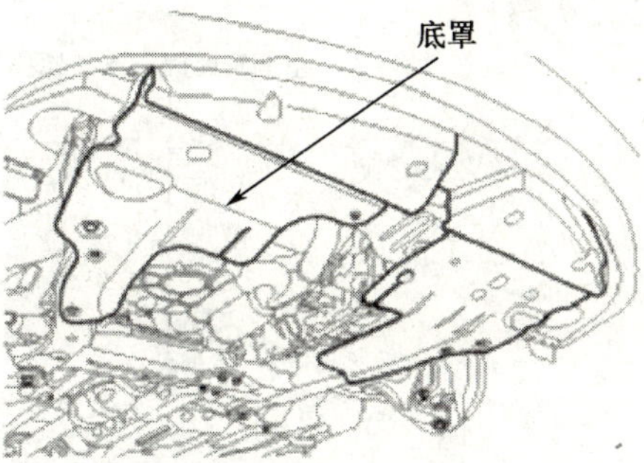

图 3-1-5 底罩识别

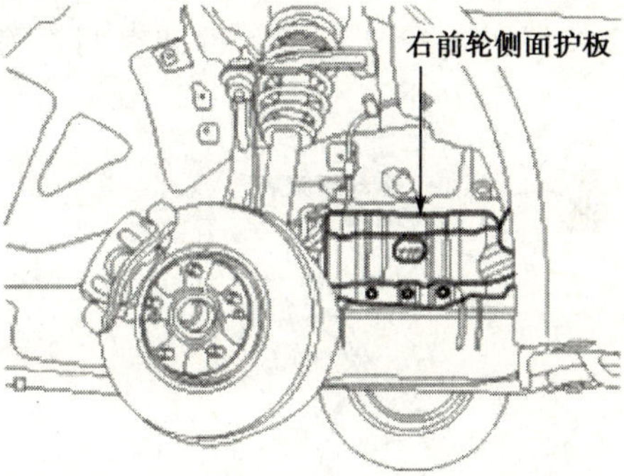

图 3-1-6 右前轮侧面护板识别

5. 排放发动机冷却液。
6. 按照图 3-1-7 所示，拆卸散热器上部软管。
7. 放出发动机机油。
8. 按照图 3-1-8 所示，拆卸发动机油底壳下部。

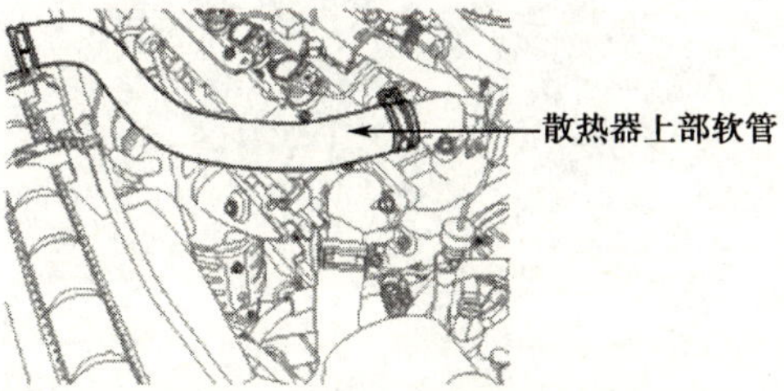

图 3-1-7 散热器上部软管识别

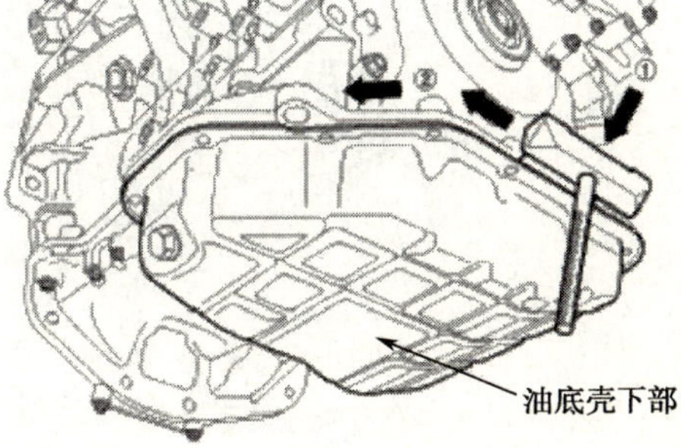

图 3-1-8 拆卸发动机油底壳下部

9. 按照图 3-1-9 所示，在油底壳上部垫上橡皮垫，然后用千斤顶顶住油底壳上部。

10. 按照图 3-1-10 所示，松开变速器固定架的固定螺栓，但不要拆卸变速器固定架。

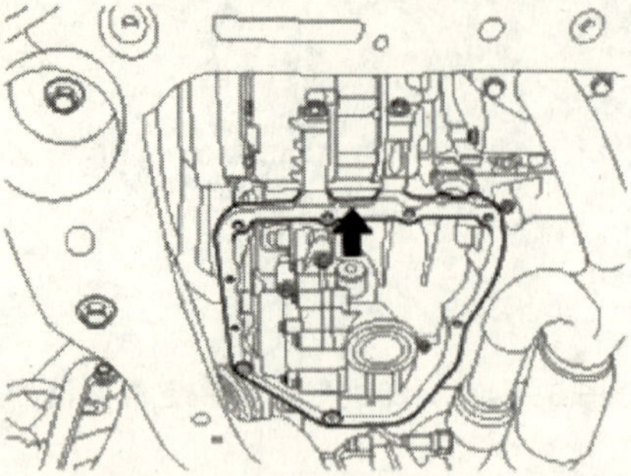

图 3-1-9 油底壳上部识别

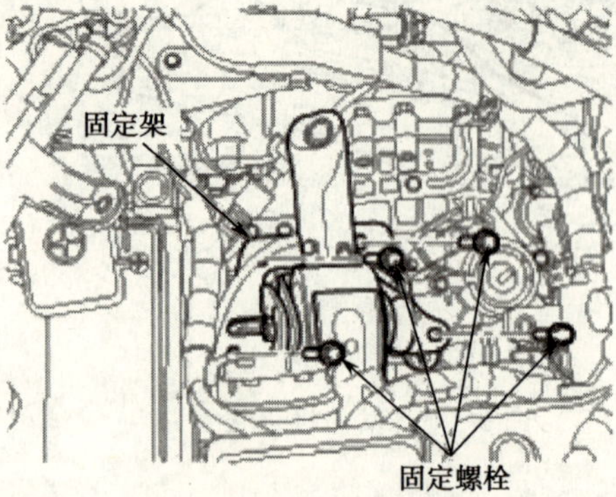

图 3-1-10 变速器固定架和螺栓识别

11. 按照图 3-1-11 所示，拆卸发动机冷却液储液罐和发动机固定支架。

12. 按照图 3-1-12 所示，拆卸空调管路固定支架螺栓。

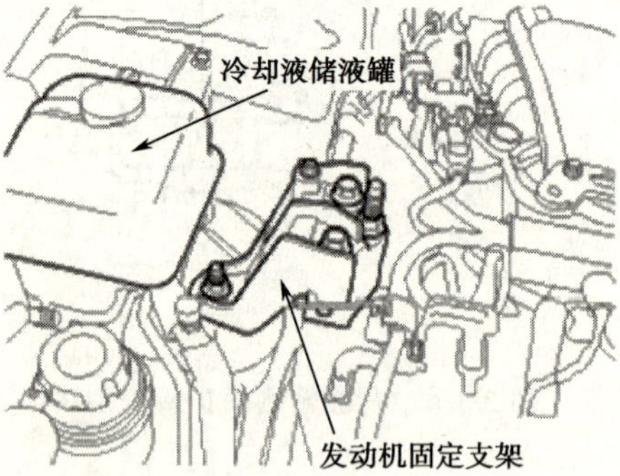

图 3-1-11 冷却液储液罐和发动机固定支架识别

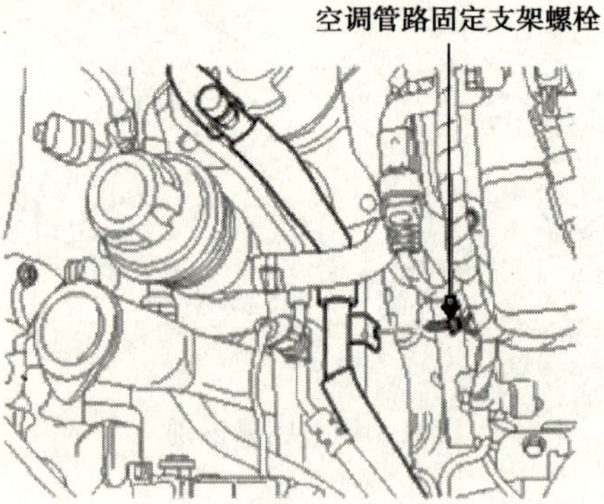

图 3-1-12 空调管路固定支架螺栓

13. 按照图 3-1-13 所示，拆下空调管路下方的发动机固定支架。

14. 断开线束，按照图 3-1-14 所示，拆卸平衡箱。

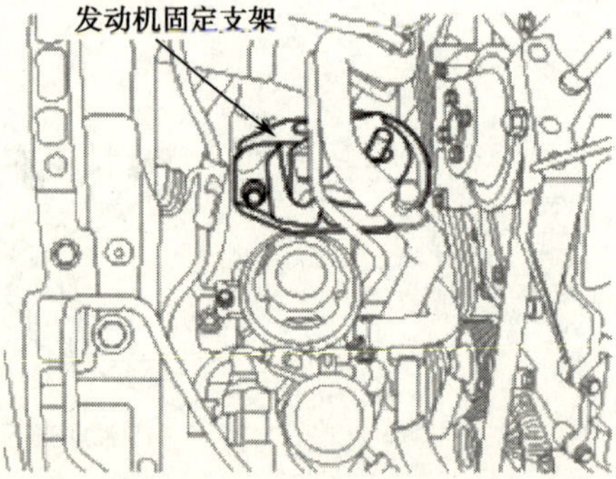

图 3-1-13 发动机固定支架

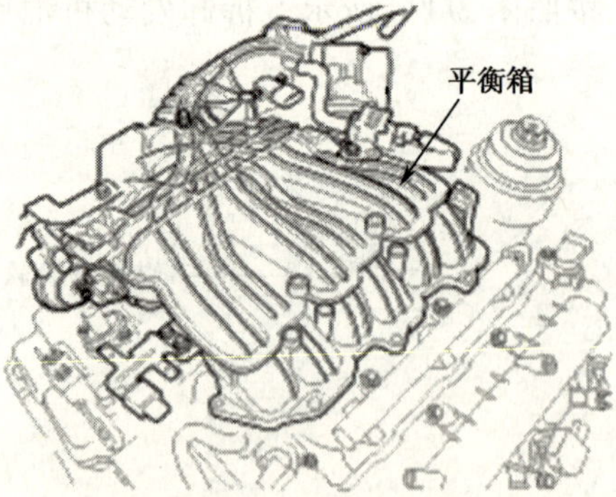

图 3-1-14 平衡箱识别

15. 按照图 3-1-15 所示，断开右侧点火线圈接头和喷油器接头。

16. 按照图 3-1-16 所示，拆卸排气机油控制阀盖、左侧和右侧气缸盖罩。

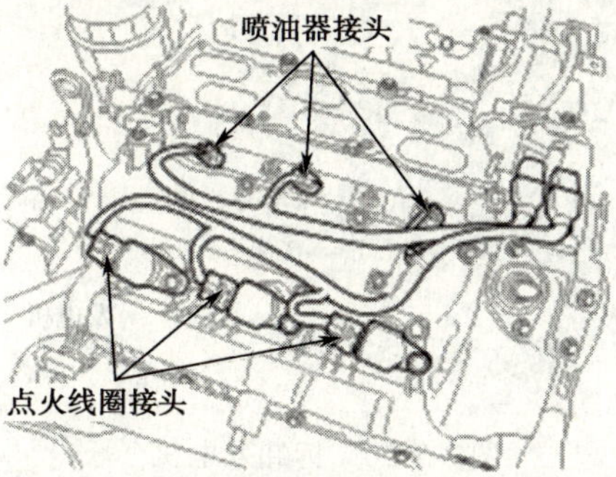

图 3-1-15　右侧点火线圈接头和喷油器接头识别

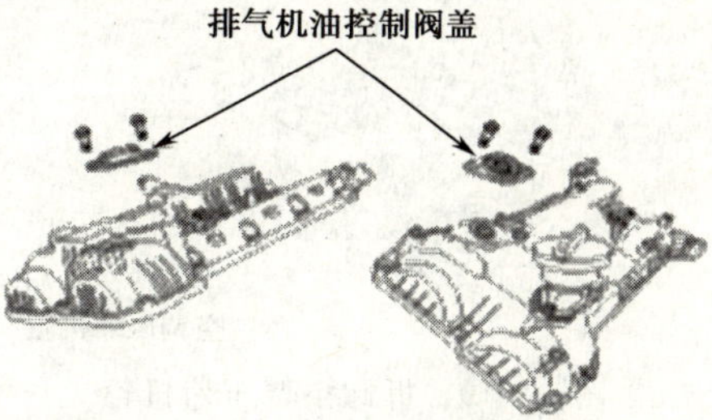

图 3-1-16　排气机油控制阀盖

17. 按照图 3-1-17 所示，沿逆时针方向转动发动机传动皮带张紧器，释放皮带张紧力，拆卸发动机传动皮带。

18. 用千斤顶顶起发动机，以便留出足够的操作空间。

19. 按照图 3-1-18 所示，拆卸动力转向泵轮。

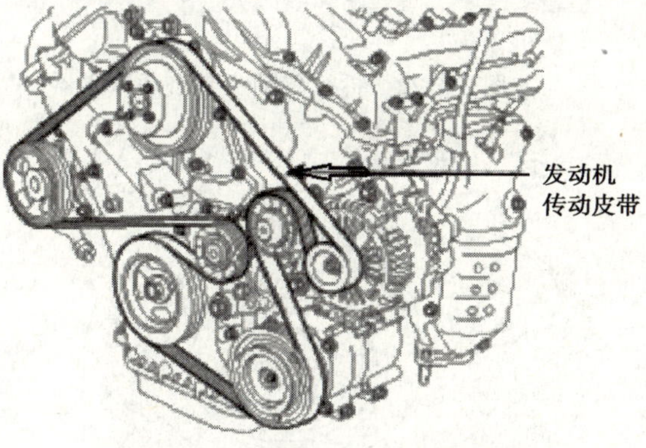

图 3-1-17　拆卸发动机传动皮带

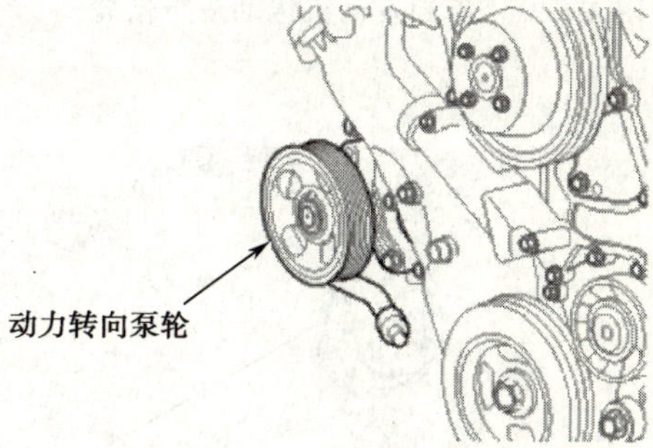

图 3-1-18　动力转向泵轮

20. 按照图 3-1-19 所示，拆卸空调压缩机轮。

21. 按照图 3-1-20 所示，拆卸发电机。

22. 按照图 3-1-21 所示，拆卸发动机传动皮带惰轮。

23. 按照图 3-1-22 所示，拆卸发动机传动皮带自动张紧器。

24. 按照图 3-1-23 所示，拆卸水泵轮。

25. 把发动机设置到 1 缸压缩行程上止点位置：沿顺时针方向转动曲轴皮带轮，使皮带轮上的槽口对准正时链条盖上的正时标记（图 3-1-24）。

26. 核查凸轮轴链轮正时标记，确保凸轮轴标记和气缸盖表面齐平（图 3-1-25）。

图 3-1-19 拆卸空调压缩机轮

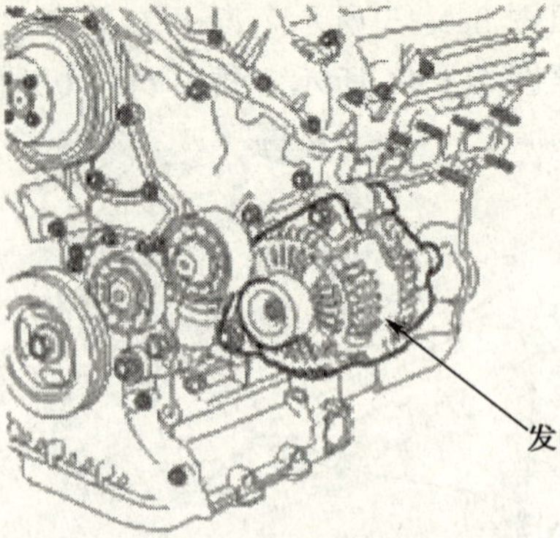

图 3-1-20 拆卸发电机

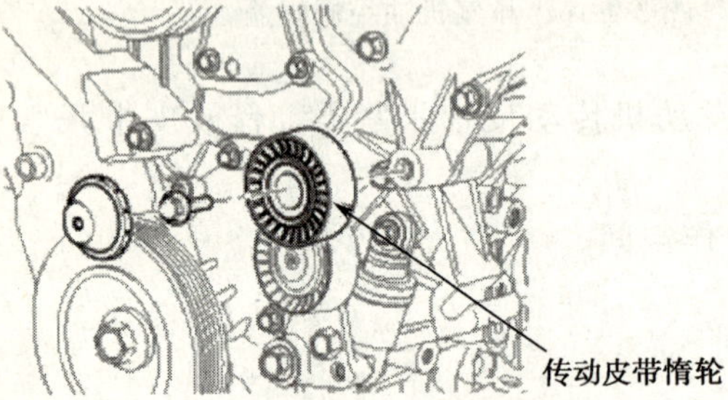

图 3-1-21 拆卸发动机传动皮带惰轮

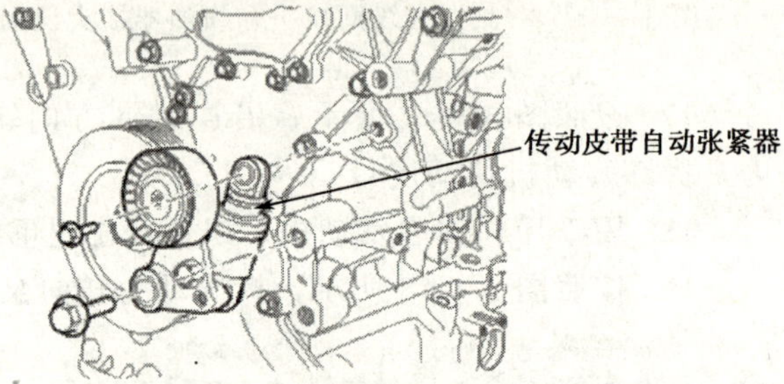

图 3-1-22 拆卸传动皮带自动张紧器

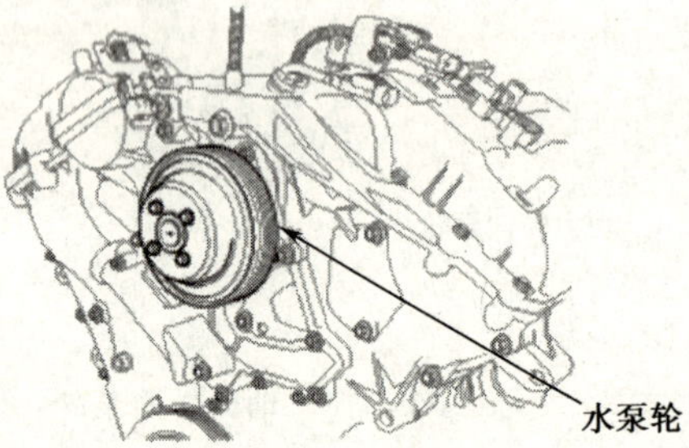

图 3-1-23 拆卸水泵轮

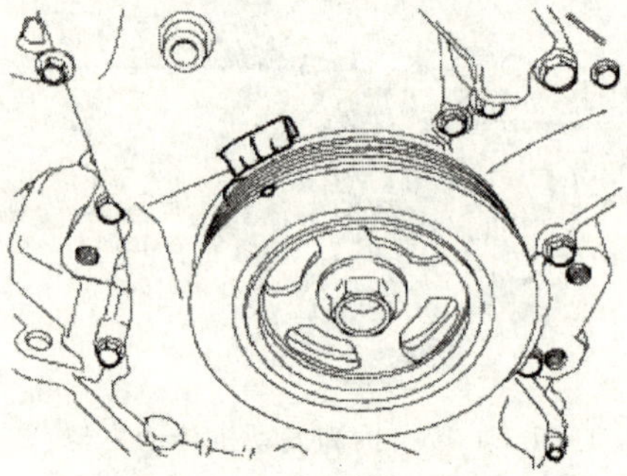

图 3-1-24 曲轴皮带轮槽口对准正时链条盖正时标记

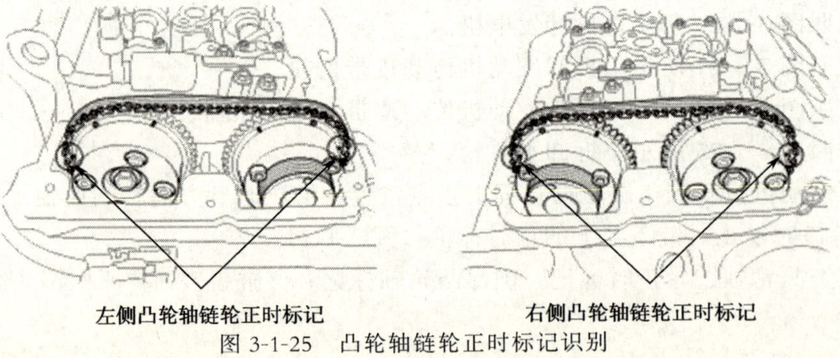

图 3-1-25 凸轮轴链轮正时标记识别

27. 按照图 3-1-26 所示，拆卸曲轴皮带轮。

28. 按照图 3-1-27 所示，拆卸正时链条盖。

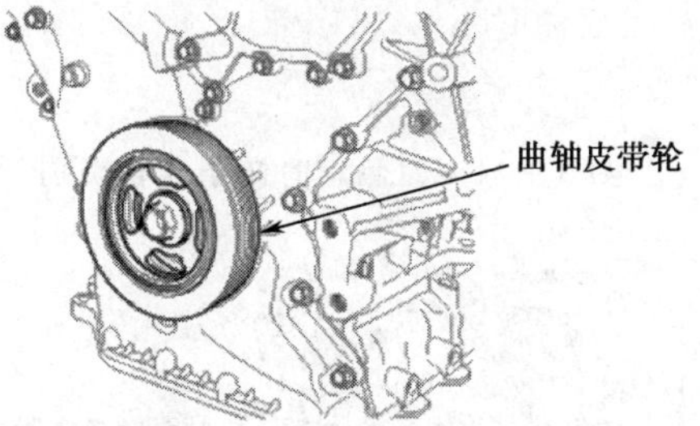

图 3-1-26　拆卸曲轴皮带轮

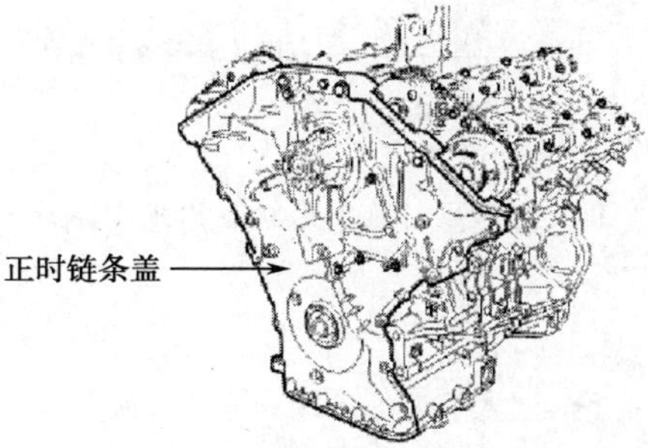

图 3-1-27　拆卸正时链条盖

29. 按照图 3-1-28 所示，右侧压缩正时链条张紧器，插入锁止销，把张紧器锁止到压缩位置。

30. 按照图 3-1-29 所示，拆卸右侧凸轮导轨。

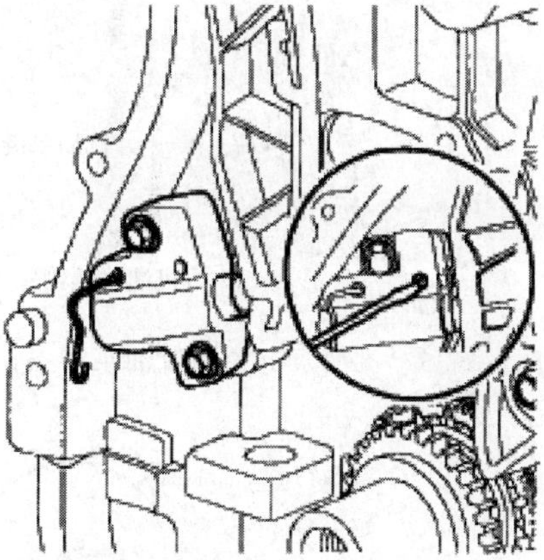

图 3-1-28　插入锁止销

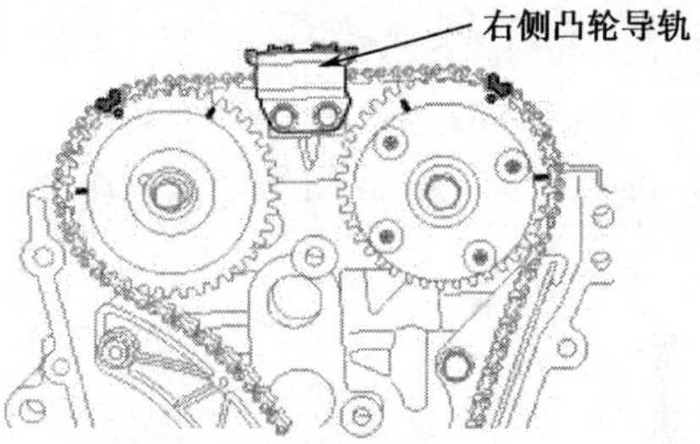

图 3-1-29　右侧凸轮导轨

31. 按照图 3-1-30 所示，拆卸右侧正时链条张紧器和张紧器臂。

32. 拆卸右侧正时链条。

33. 按照图 3-1-31 所示，拆卸右侧正时链条导轨。

34. 按照图 3-1-32 所示，拆卸机油泵链条盖。

35. 按照图 3-1-33 所示，拆卸机油泵链条张紧器。

36. 按照图 3-1-34 所示，拆卸机油泵链条导轨。

37. 按照图 3-1-35 所示，拆卸机油泵链轮和机油泵链条。

38. 按照图 3-1-36 所示，拆卸曲轴链轮（右侧凸轮轴驱动）。

39. 按照图 3-1-37 所示，压缩左侧正时链条张紧器，并插入锁止销。

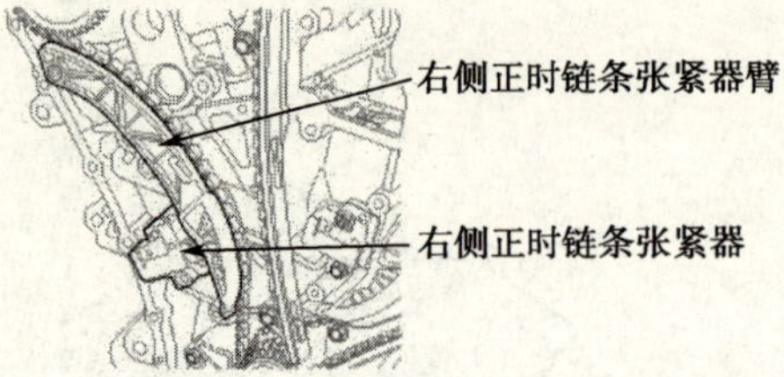

图 3-1-30　右侧正时链条张紧器和张紧器臂识别

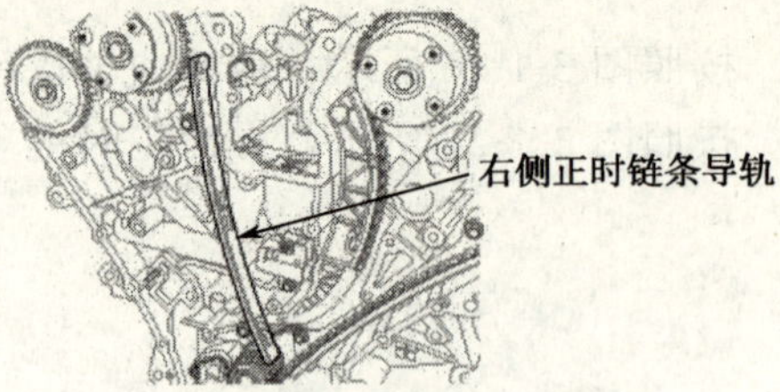

图 3-1-31　右侧正时链条导轨识别

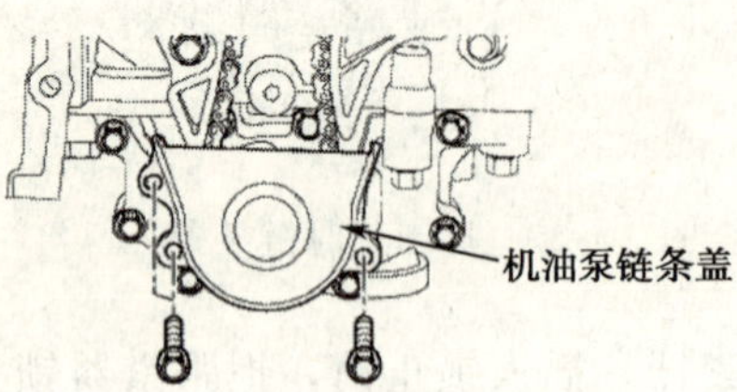

图 3-1-32　机油泵链条盖

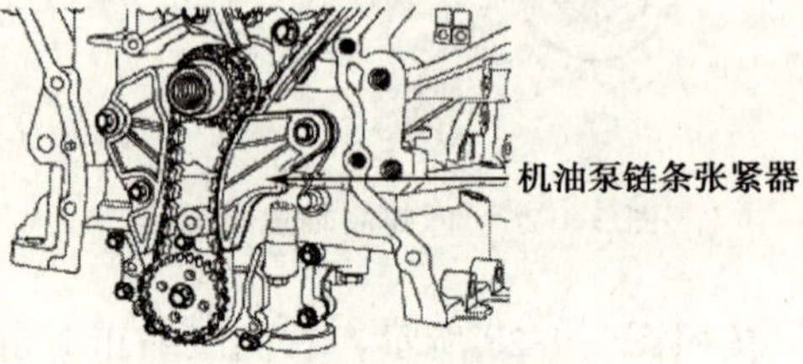

图 3-1-33　机油泵链条张紧器

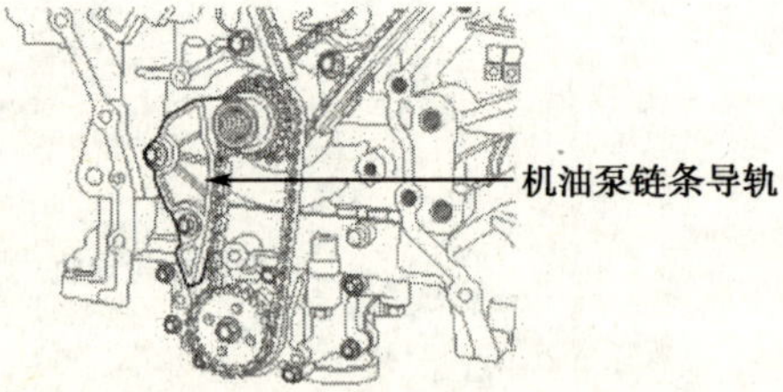

图 3-1-34　拆卸机油泵链条导轨

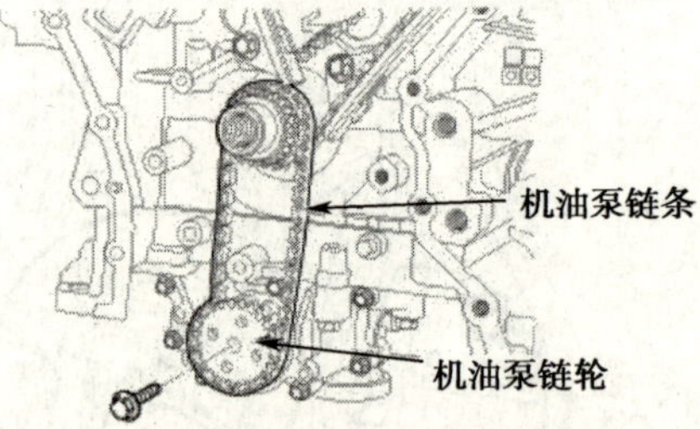

图 3-1-35　机油泵链轮和机油泵链条识别

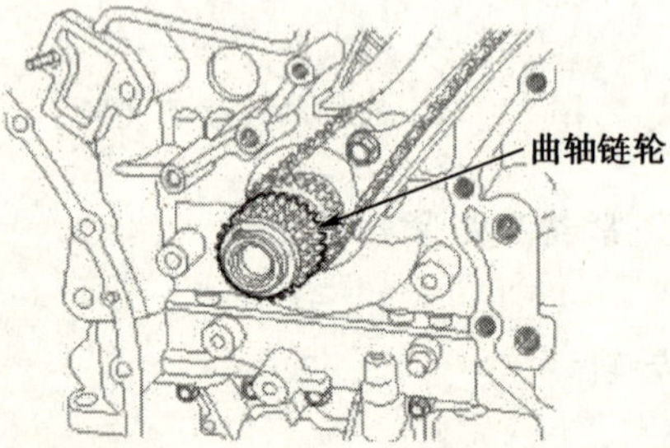

图 3-1-36　拆卸曲轴链轮

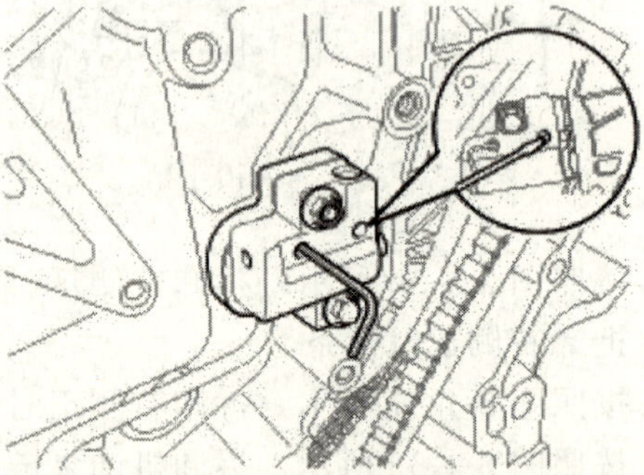

图 3-1-37　插入锁止销

40. 按照图 3-1-38 所示，拆卸左侧凸轮导轨。

41. 按照图 3-1-39 所示，拆卸左侧正时链条张紧器和张紧器臂。

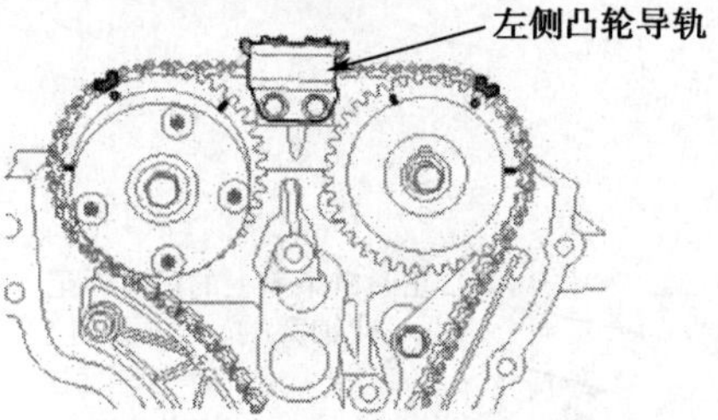

图 3-1-38　拆卸左侧凸轮导轨

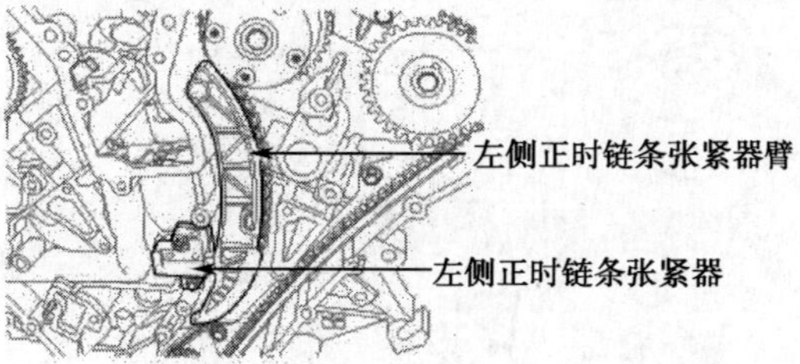

图 3-1-39　左侧正时链条张紧器和张紧器臂识别

42. 拆卸左侧正时链条。

43. 按照图 3-1-40 所示，拆卸左侧正时链条导轨。

44. 按照图 3-1-41 所示，拆卸曲轴链轮（左侧凸轮轴驱动）。

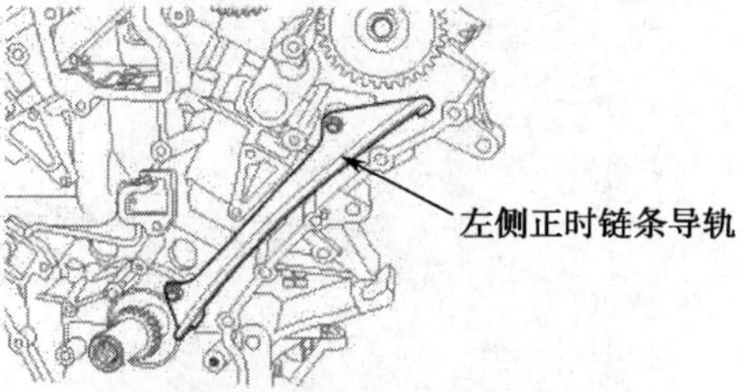

图 3-1-40　左侧正时链条导轨识别

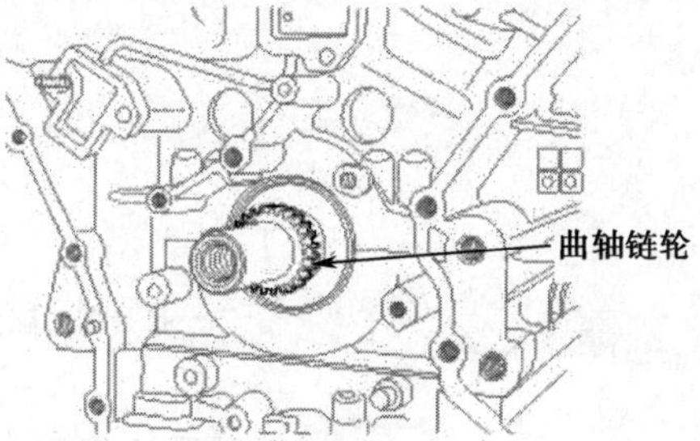

图 3-1-41　拆卸曲轴链轮

45. 按照图 3-1-42 所示，拆卸张紧器适配器。

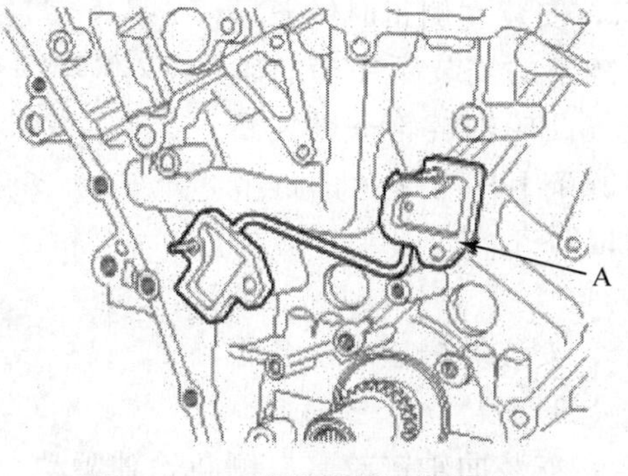

图 3-1-42　张紧器适配器识别

三、雅尊 3.3L 发动机正时链条安装步骤

1. 按照图 3-1-43 所示，在油底壳上部垫上橡皮垫，然后用千斤顶顶住油底壳上部。

2. 按照图 3-1-44 所示，把曲轴键对准正时链条盖上的正时标记，使 1 缸活塞处于压缩行程上止点位置。

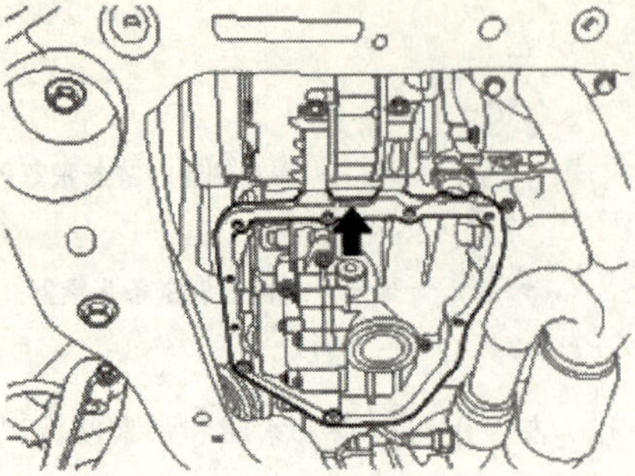

图 3-1-43 油底壳上部识别

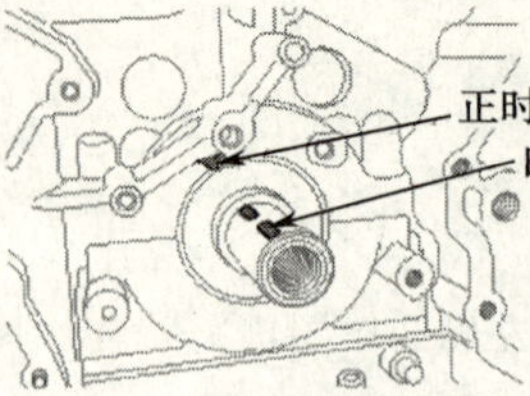

图 3-1-44 曲轴键对准正时标记

3. 按照图 3-1-45 所示，安装张紧器适配器。

4. 按照图 3-1-46 所示，安装曲轴链轮（左侧凸轮驱动）。

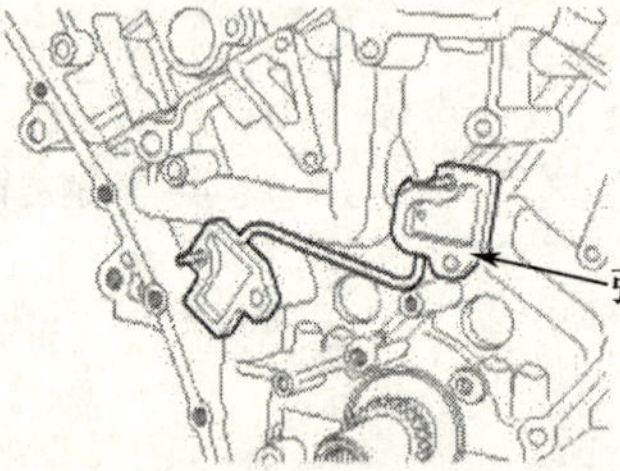

图 3-1-45 安装张紧器适配器

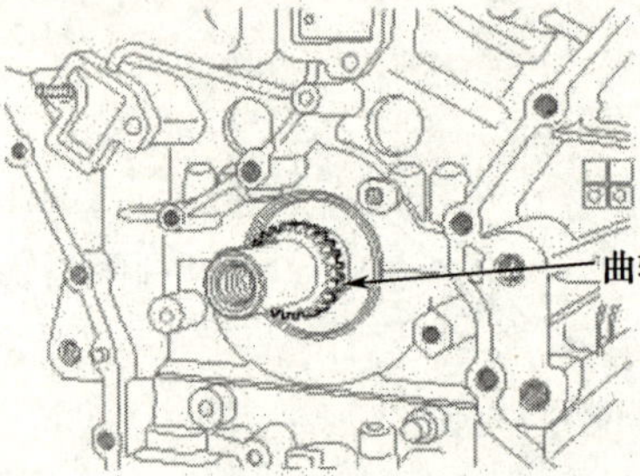

图 3-1-46 安装曲轴链轮（左侧凸轮驱动）

5. 按照图 3-1-47 所示，安装左侧正时链条导轨和左侧正时链条。正时链条的安装顺序为曲轴链轮→正时链条导轨→排气凸轮轴链轮→进气凸轮轴链轮，安装时，正时链条上标有颜色的链节要与各个链轮上的正时标记对齐，如图 4-1-48 所示。

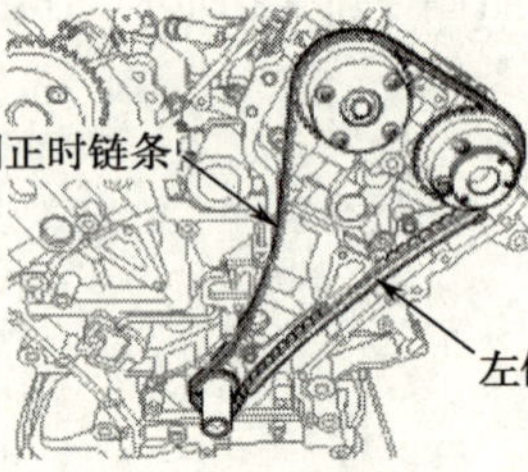

图 3-1-47 安装左侧正时链条导轨和正时链条

6. 按照图 3-1-49 所示，安装左侧正时链条张紧器臂和张紧器。

7. 按照图 3-1-50 所示，安装曲轴链轮（右侧凸轮轴驱动）。

8. 按照 3-1-51 所示，安装机油泵链轮和机油泵链条。

9. 按照图 3-1-52 所示，安装右侧正时链条导轨和右侧正时链条。正时链条的安装顺序为曲轴链轮→正时链条导轨→进气凸轮轴链轮→排气凸轮轴链轮。各个链轮上的正时标记要与正时链条上标有颜色的链节对齐，如图 3-1-53 所示。

图 3-1-48　对齐正时标记

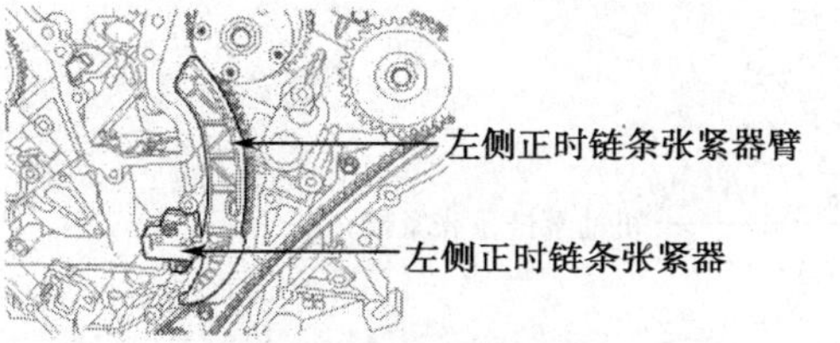

图 3-1-49　左侧正时链条张紧器和张紧器臂识别

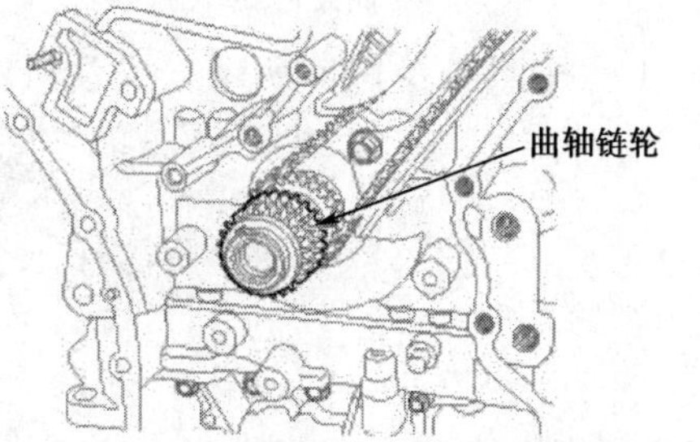

图 3-1-50　安装曲轴链轮（右侧凸轮轴驱动）

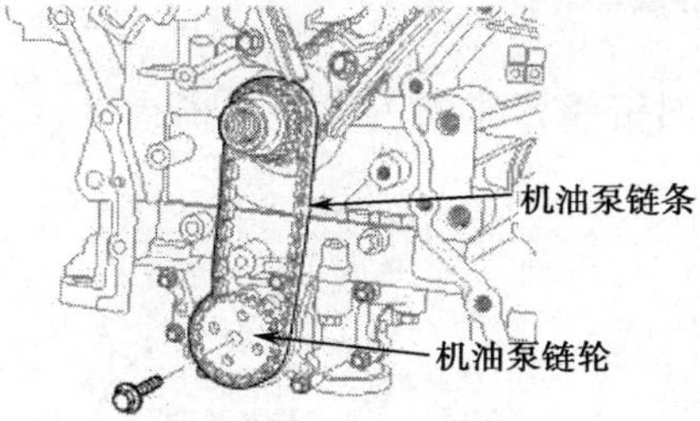

图 3-1-51　安装机油泵链轮和机油泵链条

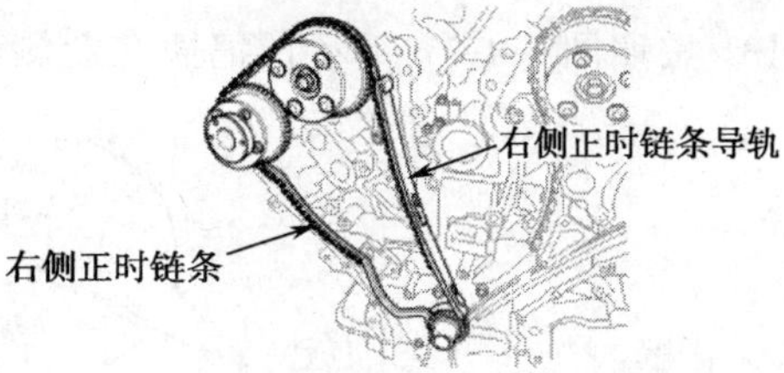

图 3-1-52　安装右侧正时链条导轨和右侧正时链条

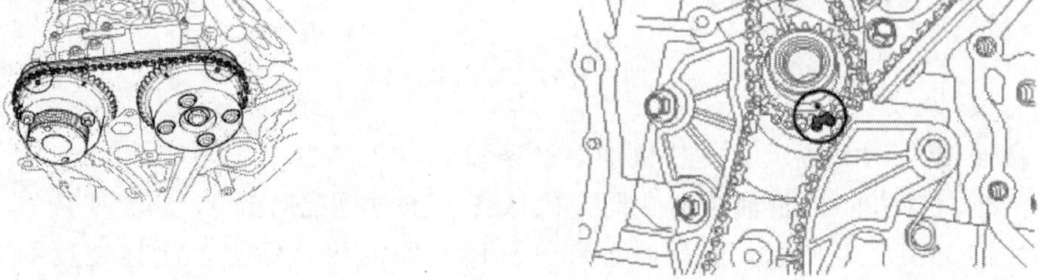

图 3-1-53　对齐链轮标记

10. 按照图 3-1-54 所示，安装右侧正时链条张紧器臂和右侧正时链条张紧器。

11. 按照图 3-1-55 所示，安装机油泵链条导轨。

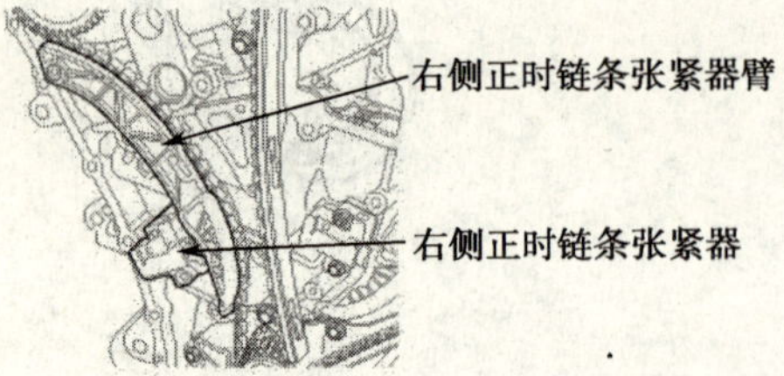

图 3-1-54 安装右侧正时链条张紧器臂和右侧正时链条张紧器

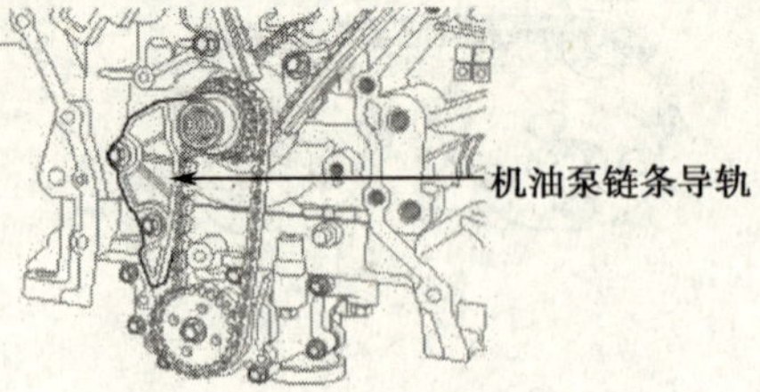

图 3-1-55 安装机油泵链条导轨

12. 按照图 3-1-56 所示，安装机油泵链条张紧器。

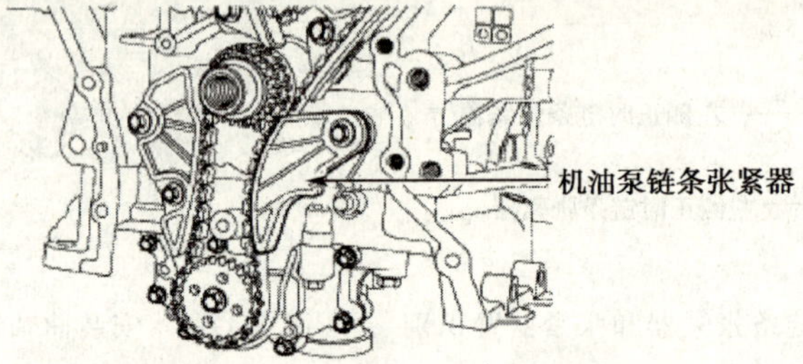

图 3-1-56 安装机油泵链条张紧器

13. 按照图 3-1-57 所示，把插在左侧和右侧正时链条张紧器内的锁止销拔出。

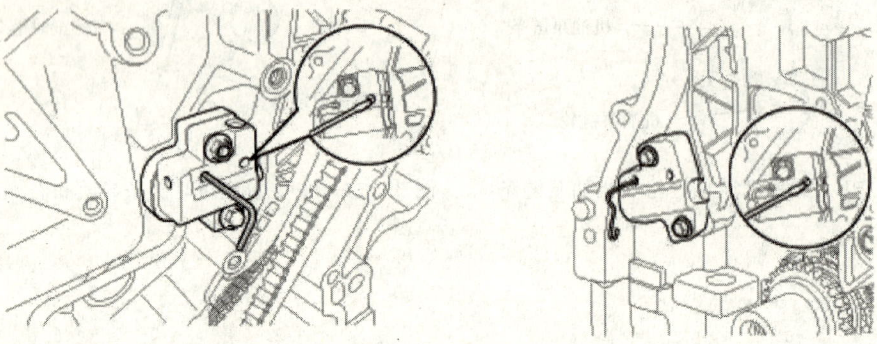

图 3-1-57 拔出锁止销

14. 按照图 3-1-58 所示，安装机油泵链条盖。

15. 沿顺时针方向将曲轴转动 2 周，确认各个正时标记对齐。

16. 按照图 3-1-59 所示，在气缸盖和气缸体之间的接合面上，涂抹宽度为 2.5mm 的液体密封胶，然后在 5min 内安装正时链条盖。安装正时链条盖时，要换装新的密封垫，如图 3-1-60 所示。

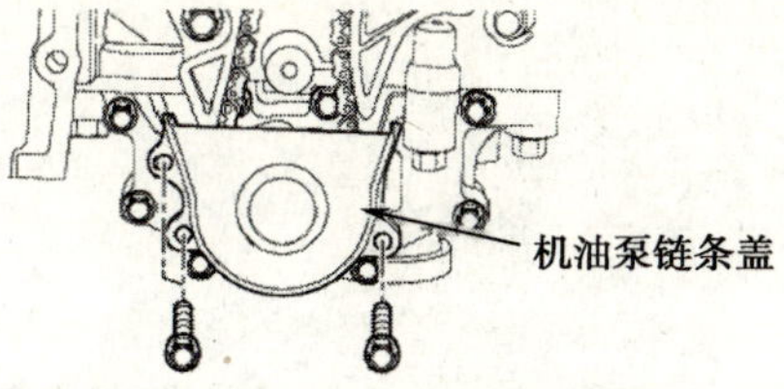

图 3-1-58　安装机油泵链条盖

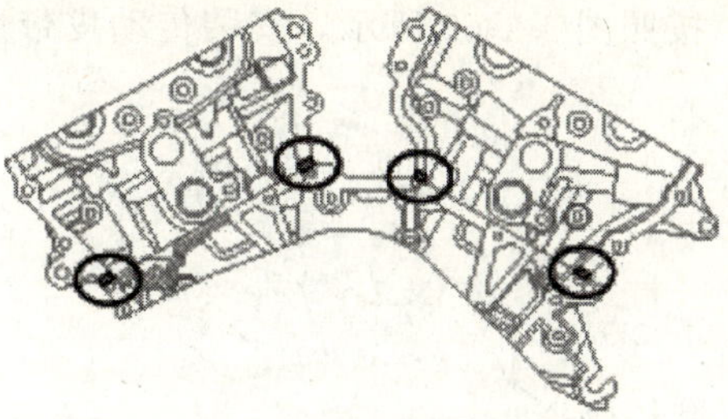

图 3-1-59　液体密封胶涂抹位置

17. 按照图 3-1-61 所示，换装新的正时链条盖螺栓并按照规范紧固。

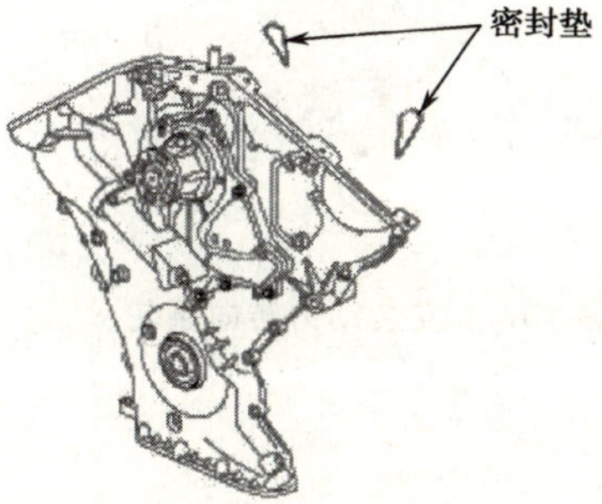

图 3-1-60　换装新的密封垫

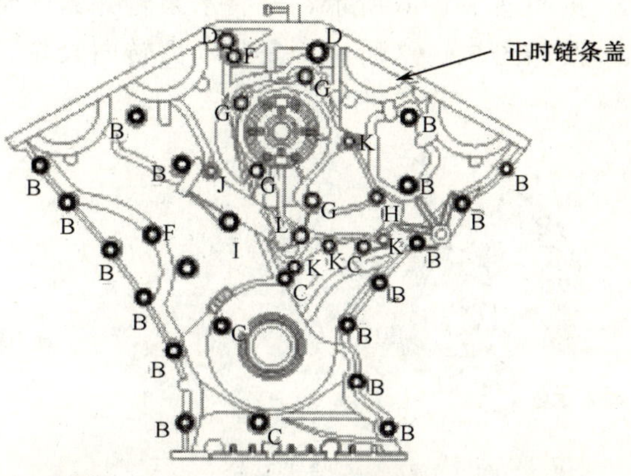

图 3-1-61　紧固螺栓

18. 按照图 3-1-62 所示，用专用工具安装正时链条盖油封。

19. 按照图 3-1-63 所示，安装曲轴皮带轮。

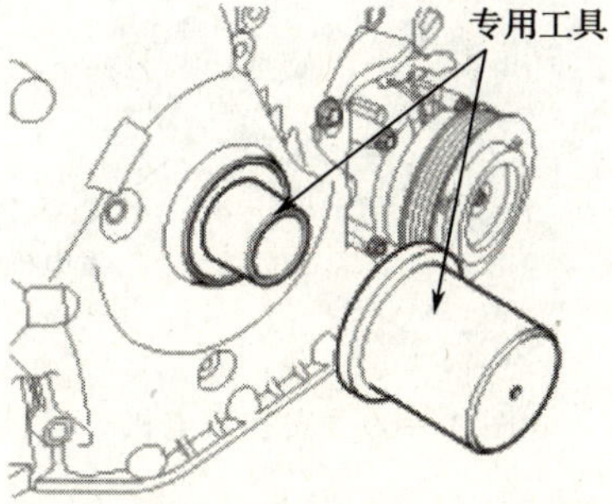

图 3-1-62　用专用工具安装正时链条盖油封

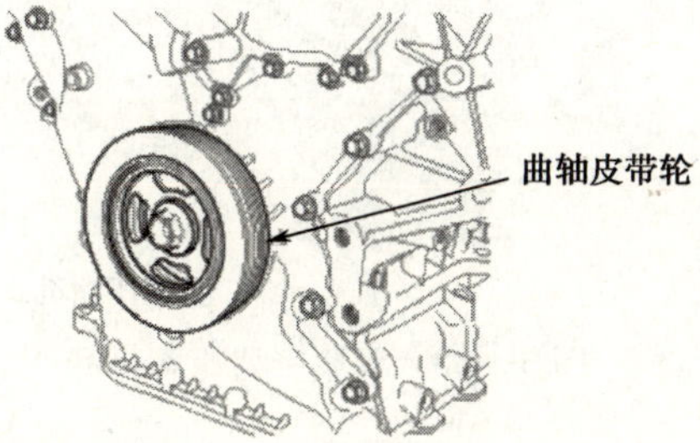

图 3-1-63　安装曲轴皮带轮

20. 按照图 3-1-64 所示，安装发动机传动皮带自动张紧器。

21. 按照图 3-1-65 所示，安装传动皮带惰轮并紧固至 55N・m。

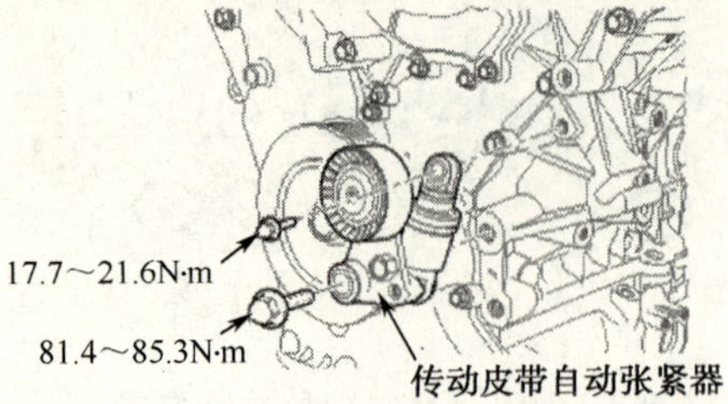

图 3-1-64　传动皮带自动张紧器

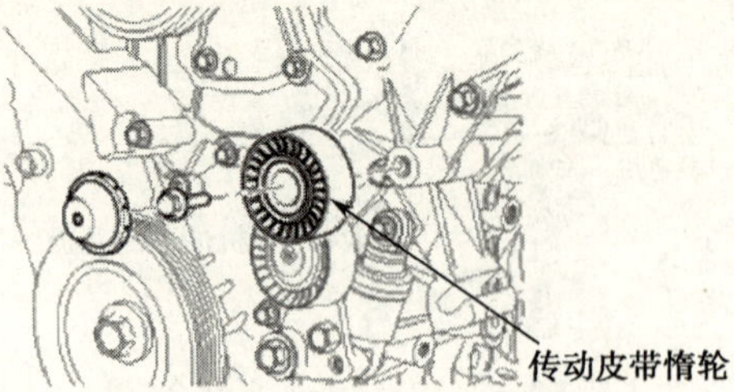

图 3-1-65　安装传动皮带惰轮

22. 按照图 3-1-66 所示，安装水泵轮并紧固至 7.8～9.8N・m。

23. 按照图 3-1-67 所示，安装动力转向泵轮。

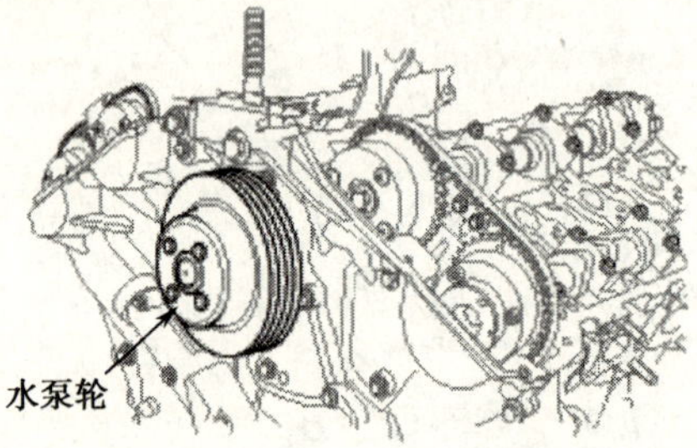

图 3-1-66　安装水泵轮

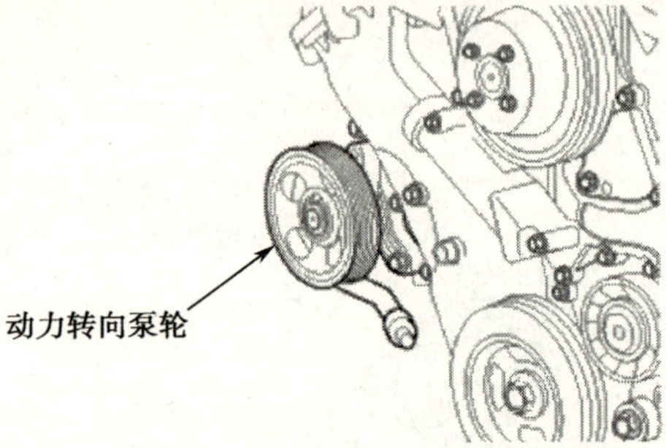

图 3-1-67　安装动力转向泵轮

24. 按照图 3-1-68 所示，安装空调压缩机。

25. 按照图 3-1-69 所示，安装发电机。

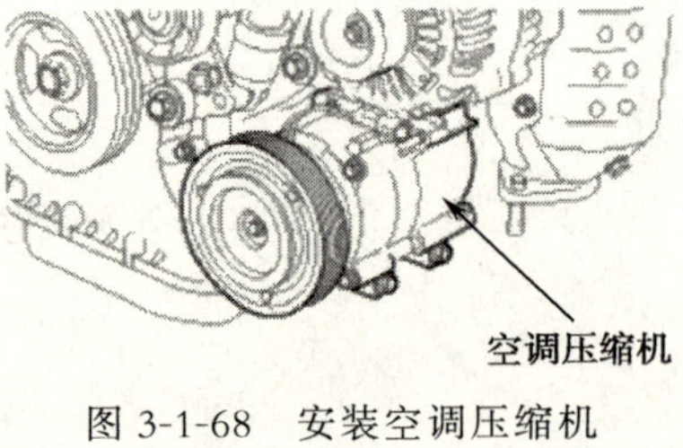

图 3-1-68　安装空调压缩机

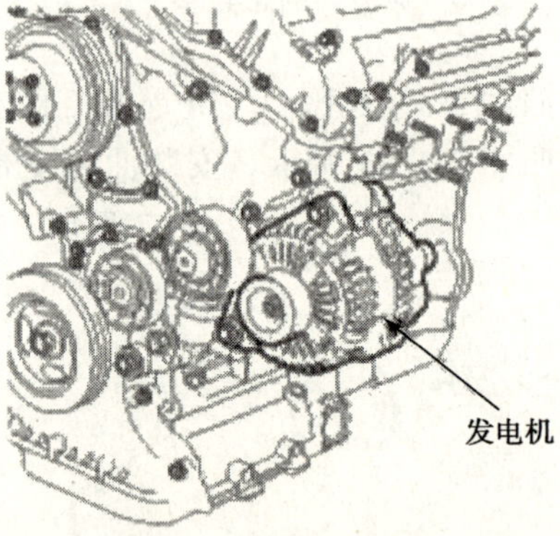

图 3-1-69　安装发电机

26. 按照图 3-1-70 所示，安装发动机传动皮带。安装顺序为曲轴皮带轮→空调带轮→惰轮→发电机轮→水泵轮→动力转向泵轮→传动皮带张紧器轮。

27. 安装左侧和右侧气缸盖罩，按照图 3-1-71 所示的紧固顺序把螺栓紧固至 9.8～

11.8N·m。

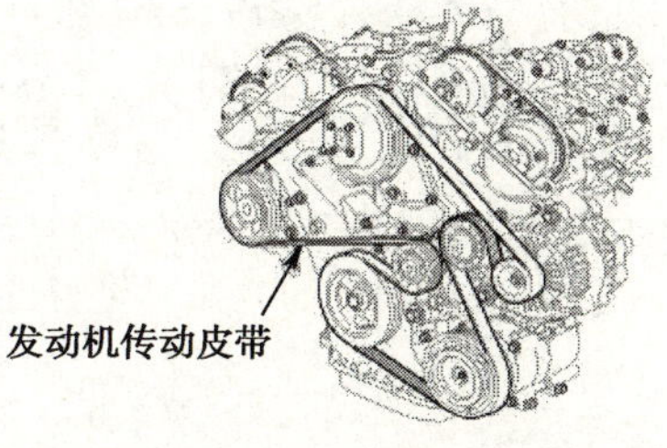

图 3-1-70　安装发动机传动皮带

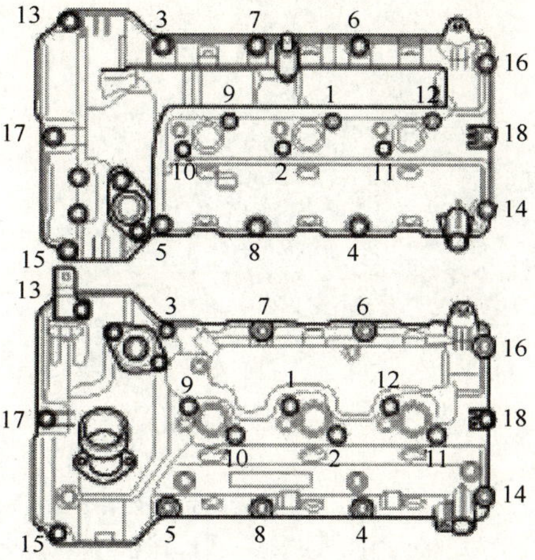

图 3-1-71　气缸盖罩螺栓紧固顺序

28. 按照图 3-1-72 所示，安装排气机油控制阀盖并紧固至 9.8～11.8N·m。

29. 安装点火线圈。

30. 按照图 3-1-73 所示，连接右侧点火线圈接头和喷油器接头。

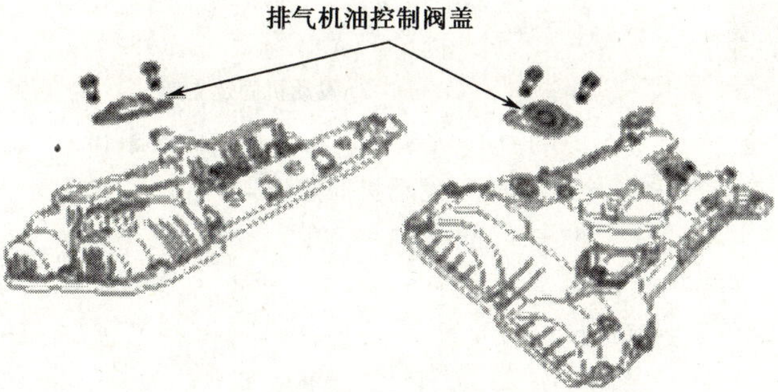

图 3-1-72　安装排气机油控制阀盖

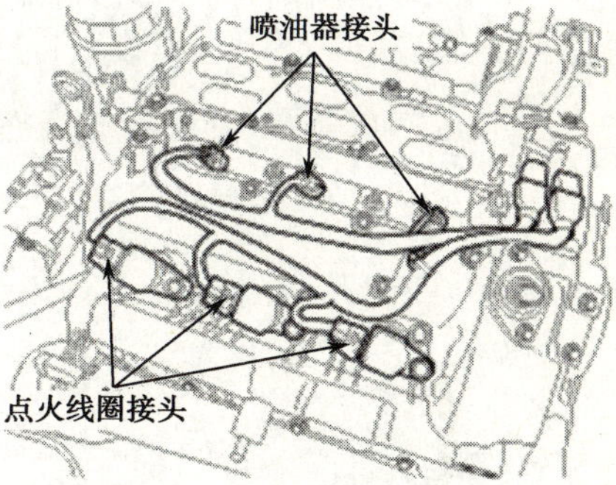

图 3-1-73　右侧点火线圈接头和喷油器接头识别

31. 按照图 3-1-74 所示，安装平衡箱。

32. 按照图 3-1-75 所示，安装空调管路下方的发动机固定支架。

33. 按照图 3-1-76 所示，安装空调管路支架固定螺栓。

34. 按照图 3-1-77 所示，安装发动机冷却液储液罐和发动机固定支架。

35. 按照图 3-1-78 所示，安装变速器固定螺栓。

36. 从油底壳上部移开千斤顶。

37. 按照图 3-1-79 所示，在油底壳上涂抹宽度为 2.5mm 的密封胶，安装油底壳下部。

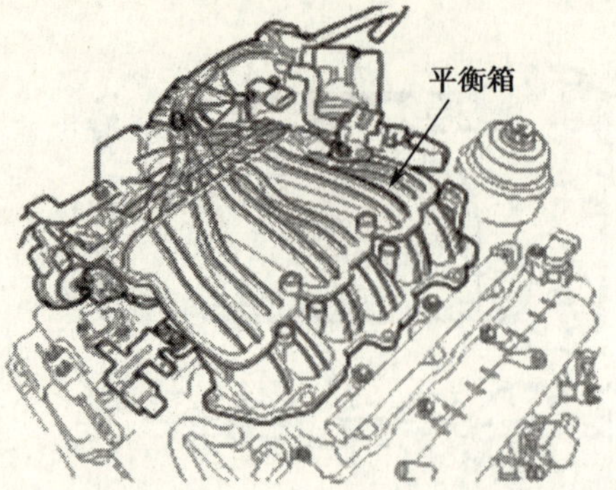

图 3-1-74　安装平衡箱

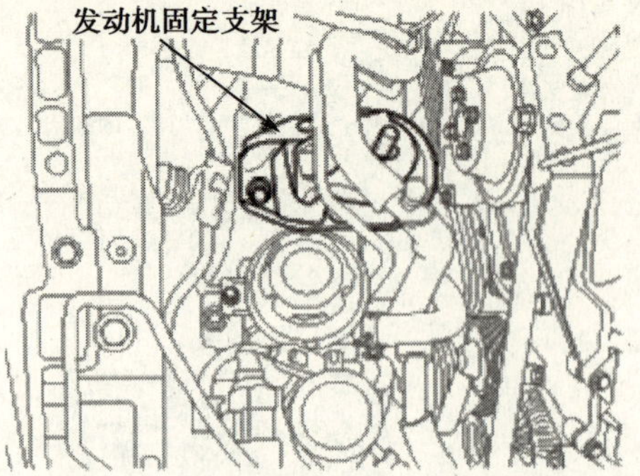

图 3-1-75　空调管路下方的发动机固定支架

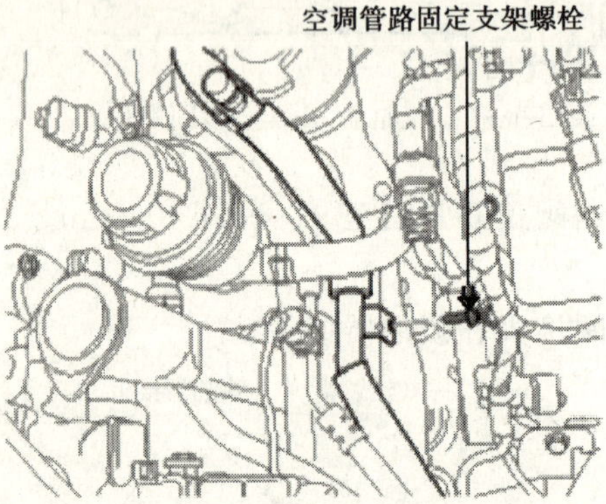

图 3-1-76　空调管路支架固定螺栓

图 3-1-77　安装发动机冷却液储液罐和发动机固定支架

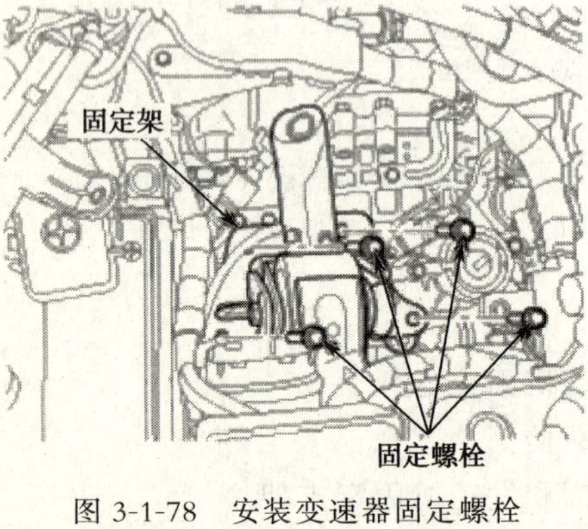

图 3-1-78　安装变速器固定螺栓

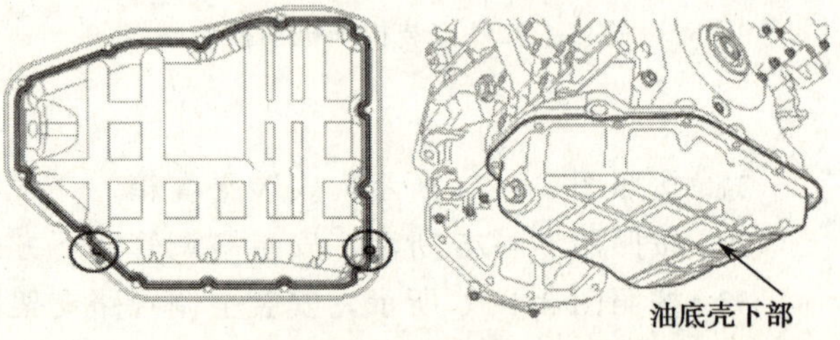

图 3-1-79　油底壳密封胶涂抹部位和油底壳下部识别

38. 按照图 3-1-80 所示，安装散热器上部软管。

39. 按照图 3-1-81 所示，安装右前轮和右前轮侧面护板。

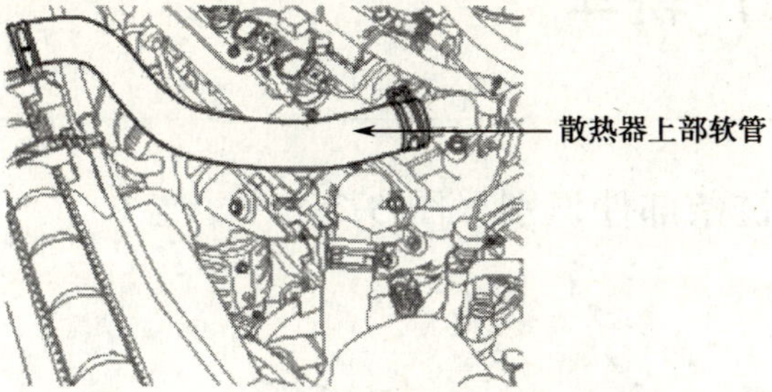

图 3-1-80　安装散热器上部软管

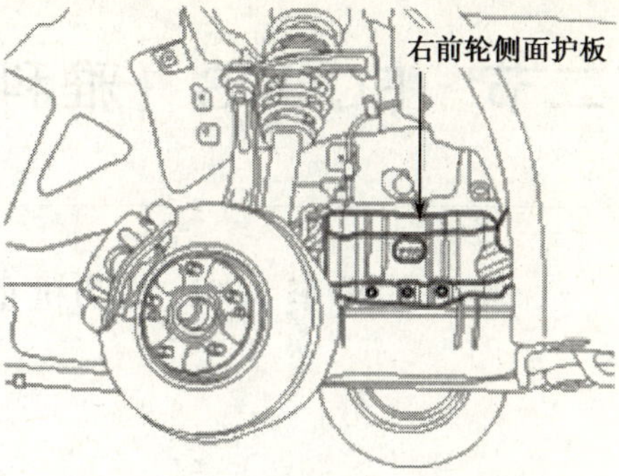

图 3-1-81　右前轮侧面护板识别

40. 按照图 3-1-82 所示，安装底罩。

41. 按照图 3-1-83 所示，安装空气滤清器（图 3-1-83 中的 D），连接空气流量传感器接头（图 3-1-83 中的 C），连接发动机控制模块接头（图 3-1-83 中的 B）和通气软管（图 3-1-83 中的 A）。

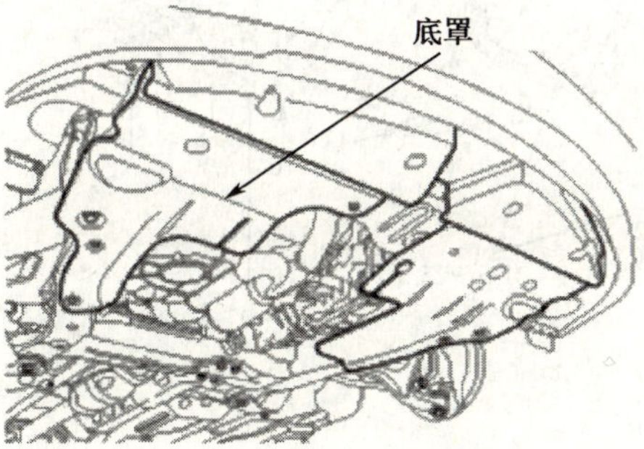

图 3-1-82　底罩识别

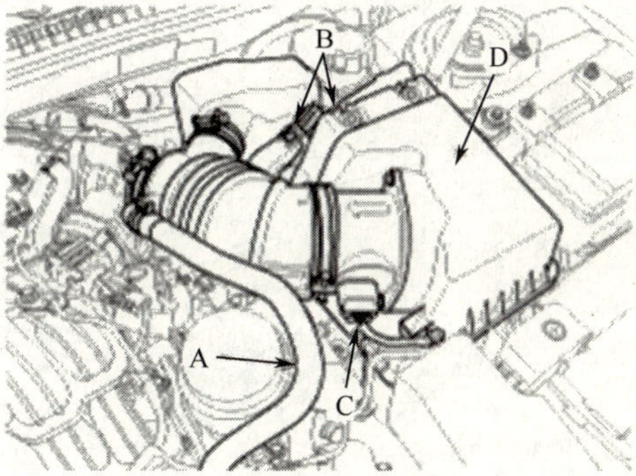

图 3-1-83　安装空气滤清器等部件

42. 按照图 3-1-84 所示，安装进气管路。

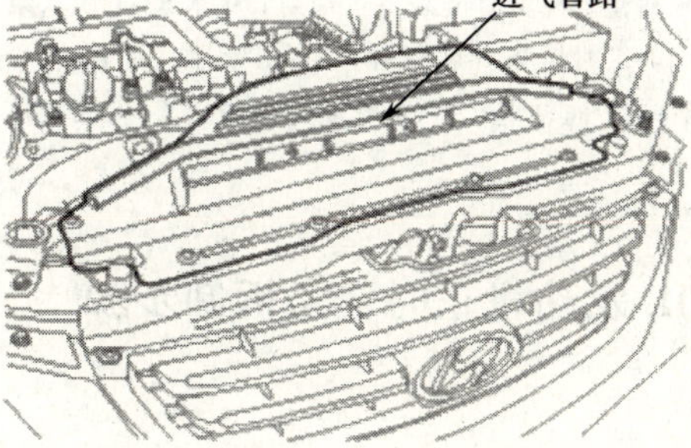

图 3-1-84　安装进气管路

43. 重新连接蓄电池负极电缆。

第二节　EQUUS（雅科仕）轿车

一、雅科仕轿车 5.0L 发动机正时链条部件识别（图 3-2-1）

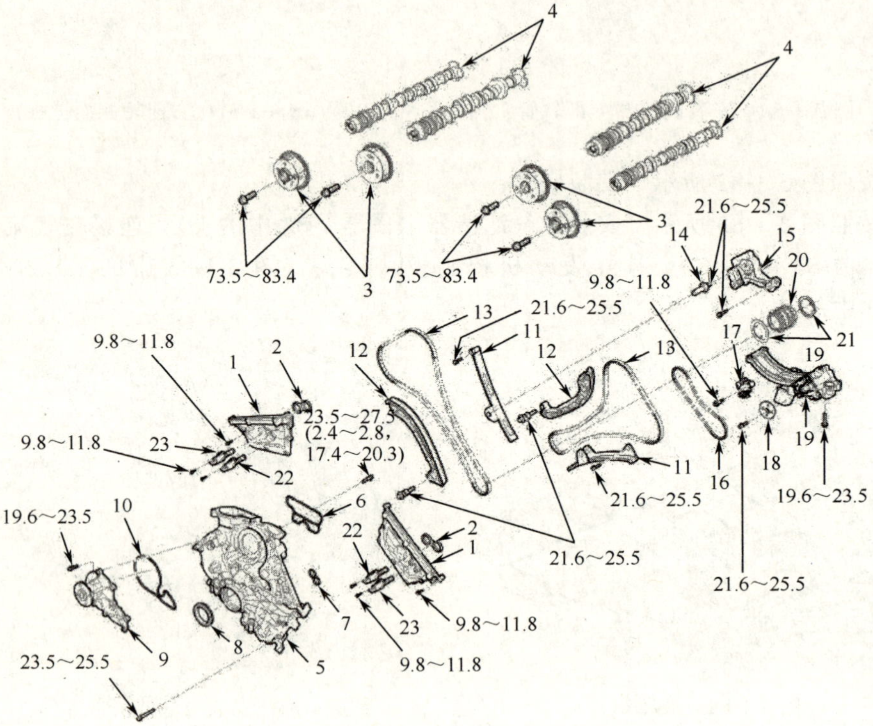

图 3-2-1　雅科仕轿车 5.0L 发动机正时链条部件识别

1-正时链条上盖；2-正时链条上盖衬垫；3-连续可变气门正时总成；4-凸轮轴；5-正时链条下盖；6-正时链条下盖 1 号衬垫；7-正时链条下盖 2 号衬垫；8-正时链条下盖油封；9-水泵；10-水泵衬垫；11-正时链条导轨；12-正时链条张紧器臂；13-正时链条；14-正时链条导轨螺栓；15-张紧器适配器；16-机油泵链条；17-机油泵链条张紧器；18-机油泵链轮；19-机油泵；20-曲轴链轮；21-摩擦片；22-进气机油控制阀及滤清器；23-排气机油控制阀及滤清器

二、雅科仕轿车 5.0L 发动机正时链条拆卸步骤

1. 拆卸发动机和变速器。
2. 拆卸气缸盖。
3. 拆卸发电机，如图 3-2-2 所示。
4. 拆卸发电机支架，如图 3-2-3 所示。

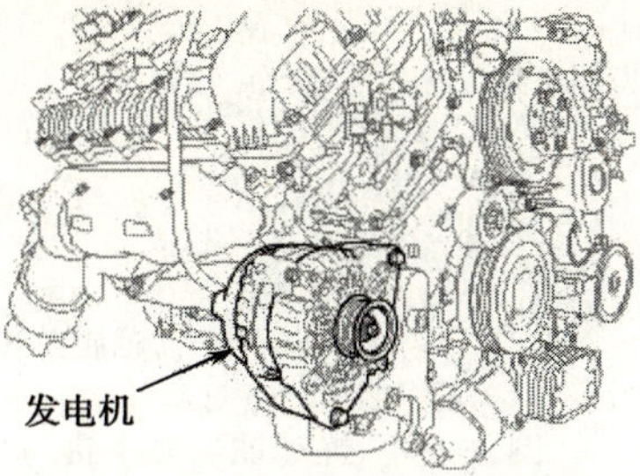

图 3-2-2　拆卸发电机

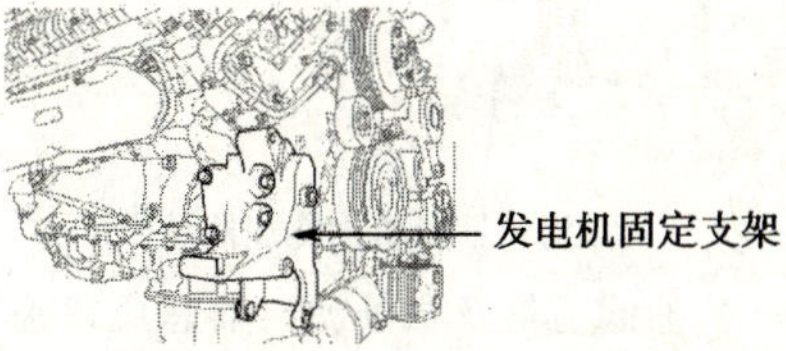

图 3-2-3　拆卸发电机支架

5. 按照图 3-2-4 所示，拆卸空调压缩机。

6. 按照图 3-2-5 所示，拆卸发动机附件传动皮带惰轮。

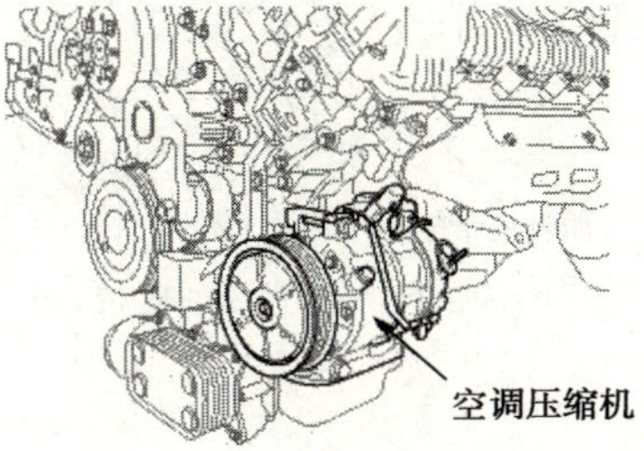

图 3-2-4　拆卸空调压缩机

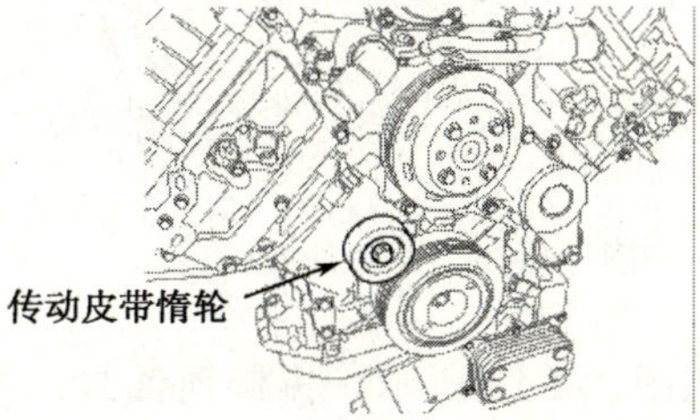

图 3-2-5　发动机附件传动皮带惰轮

7. 按照图 3-2-6 所示，拆卸发动机附件传动皮带张紧器。

8. 按照图 3-2-7 所示，拆卸水泵轮。

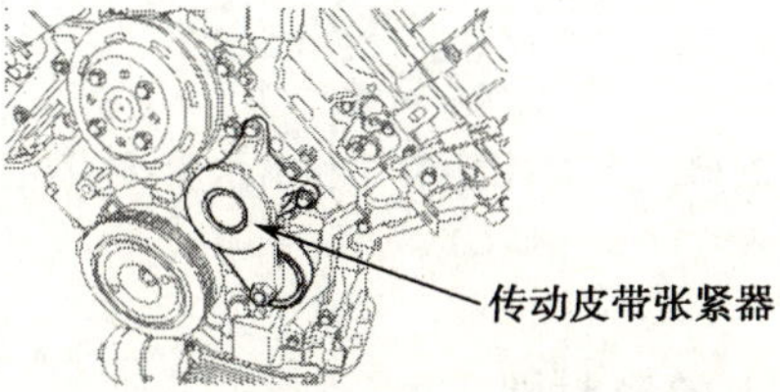

图 3-2-6　拆卸传动皮带张紧器

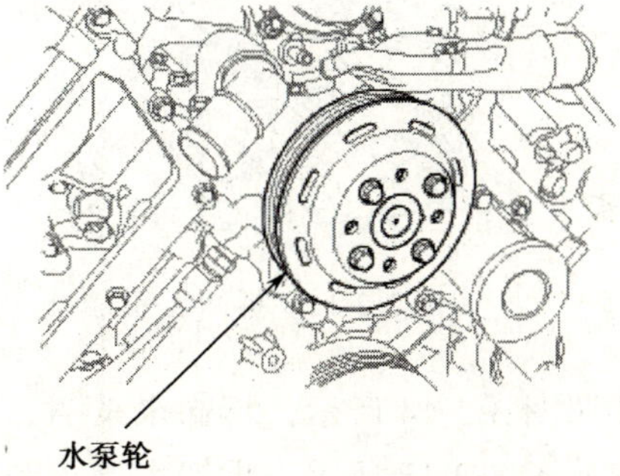

图 3-2-7　拆卸水泵轮

9. 按照图 3-2-8 所示，拆卸机油滤清器及机油冷却器总成。

10. 按照图 3-2-9 所示，用专用工具拆下油底壳下部。

11. 按照图 3-2-10 所示，用专用工具拆下油底壳上部。

12. 按照图 3-2-11 所示，拆卸曲轴皮带轮。

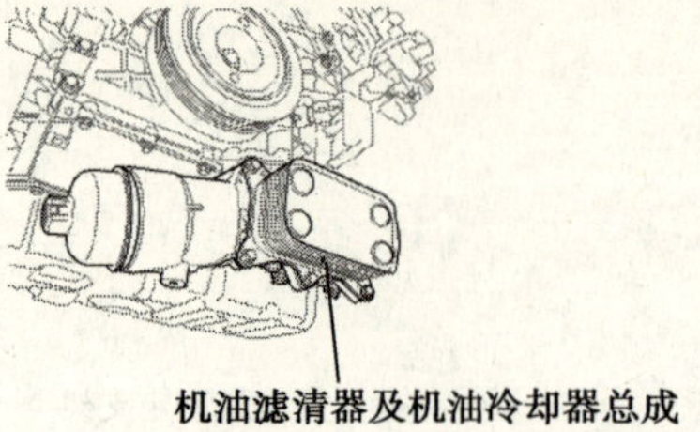

图 3-2-8　机油滤清器及机油滤清器总成识别

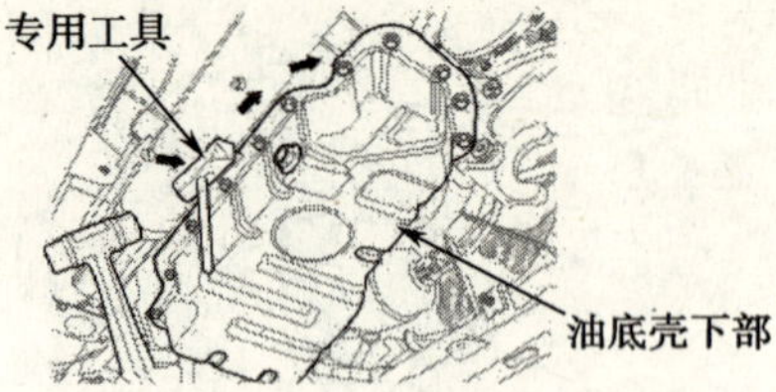

图 3-2-9　拆卸油底壳下部

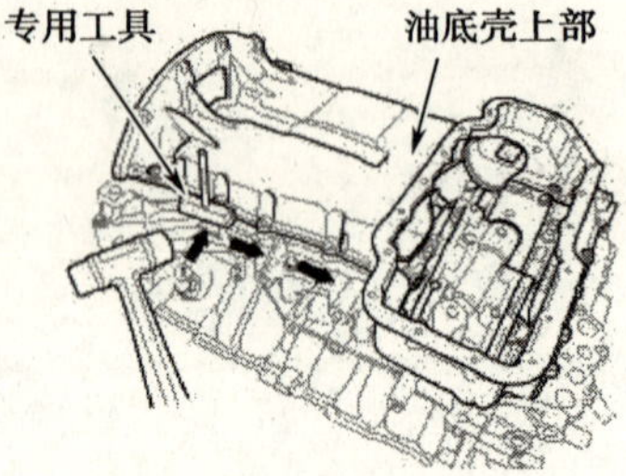

图 3-2-10　拆卸油底壳上部

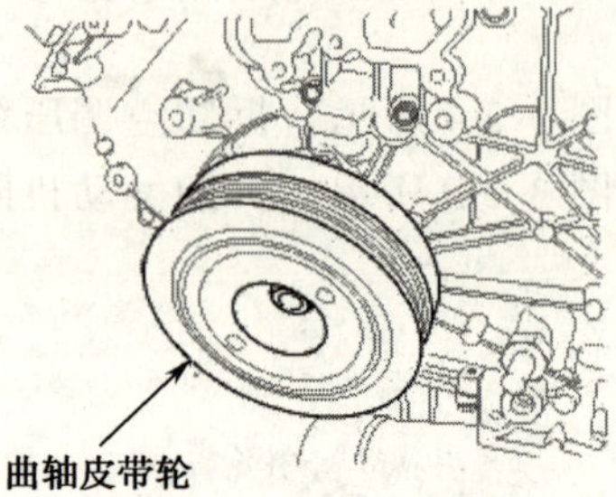

图 3-2-11　拆下曲轴皮带轮

13. 按照图 3-2-12 所示，拆卸前油封。
14. 按照图 3-2-13 所示，拆下水温控制组件和出水管接头。

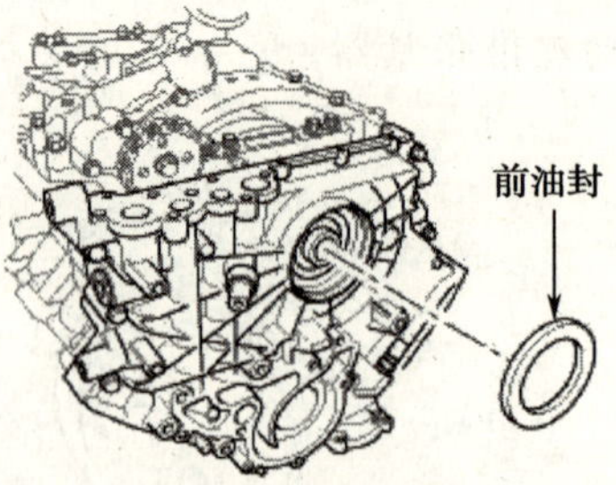

图 3-2-12　拆卸前油封

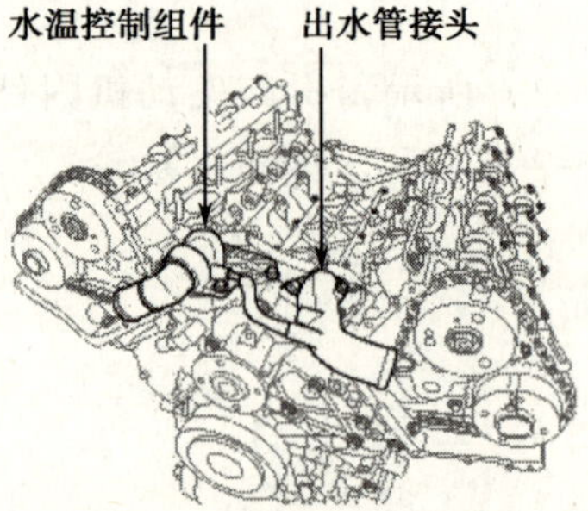

图 3-2-13　水温控制组件和出水管接头

15. 按照图 3-2-14 所示，拆卸水泵 A。
16. 按照图 3-2-15 所示，拆卸水温控制组件上的密封圈。
17. 按照图 3-2-16 所示，拆卸正时链条下盖。
18. 按照图 3-2-17 所示，拆下正时链条盖上的密封圈。
19. 按照图 3-2-18 所示，拆卸右侧正时链条张紧器臂。
20. 按照图 3-2-19 所示，拆卸右侧正时链条导轨和右侧正时链条。
21. 按照图 3-2-20 所示，拆卸左侧正时链条张紧器臂。
22. 按照图 3-2-21 所示，拆卸左侧正时链条导轨和左侧正时链条。

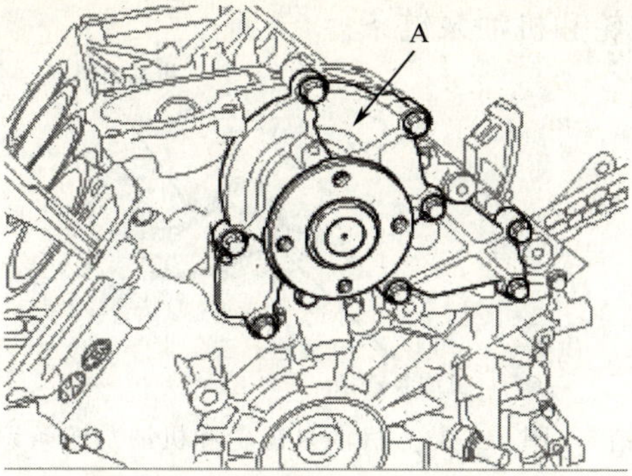

图 3-2-14　拆卸水泵 A

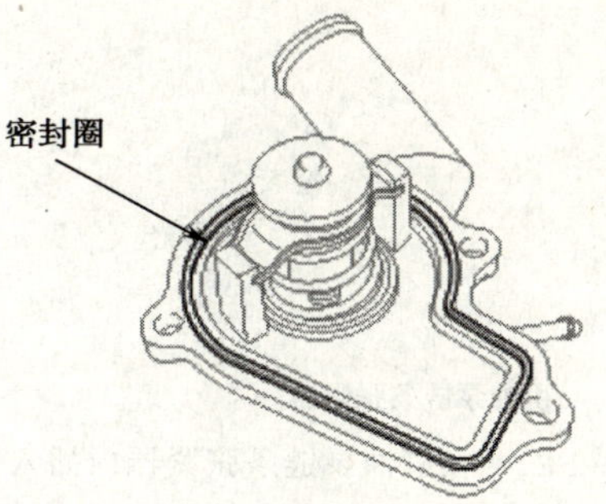

图 3-2-15　拆下水温控制组件上的密封圈

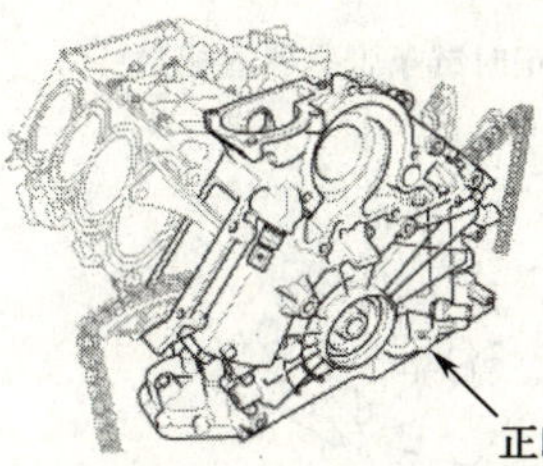

图 3-2-16　拆卸正时链条下盖

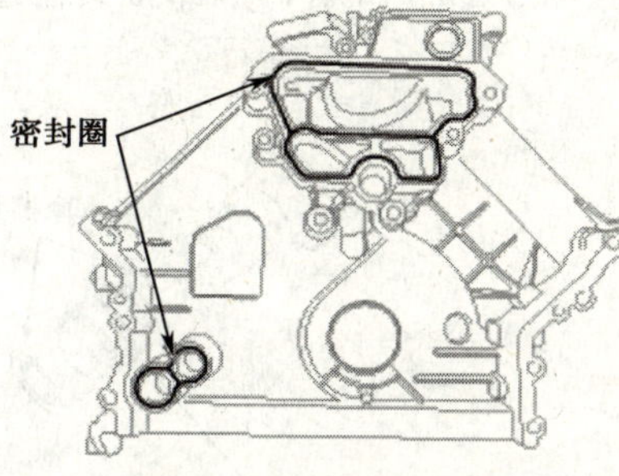

图 3-2-17　拆下正时链条盖上的密封圈

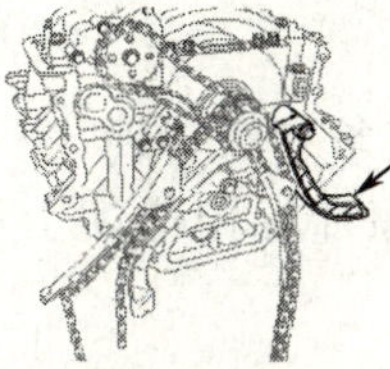

图 3-2-18　拆卸右侧正时链条张紧器臂

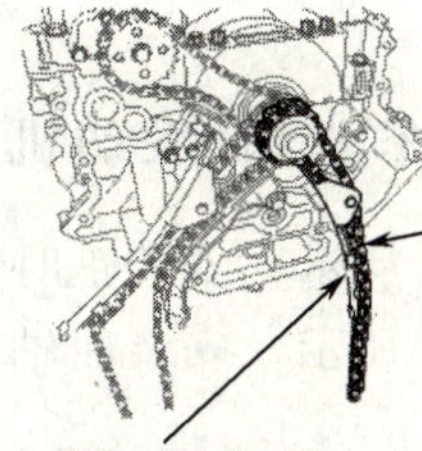

图 3-2-19　拆卸右侧正时链条导轨和右侧正时链条

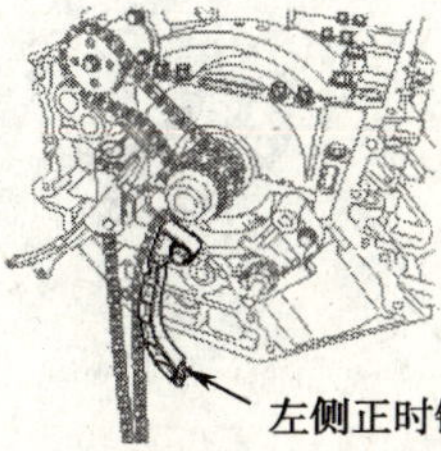

图 3-2-20　拆卸左侧正时链条张紧器臂

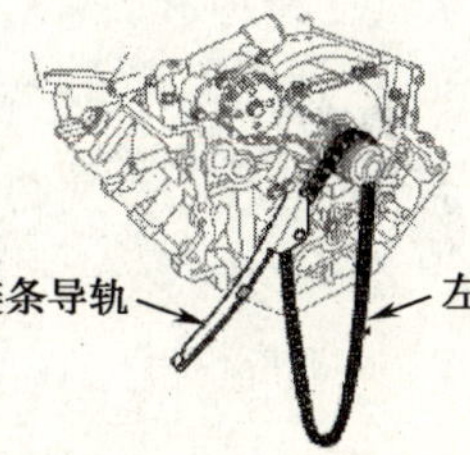

图 3-2-21　拆卸左侧正时链条导轨和左侧正时链条

23. 按照图 3-2-22 所示，压缩机油泵链条张紧器，插入锁止销后，将张紧器拆下。

24. 按照图 3-2-23 所示，拆卸机油泵链轮和机油泵链条。

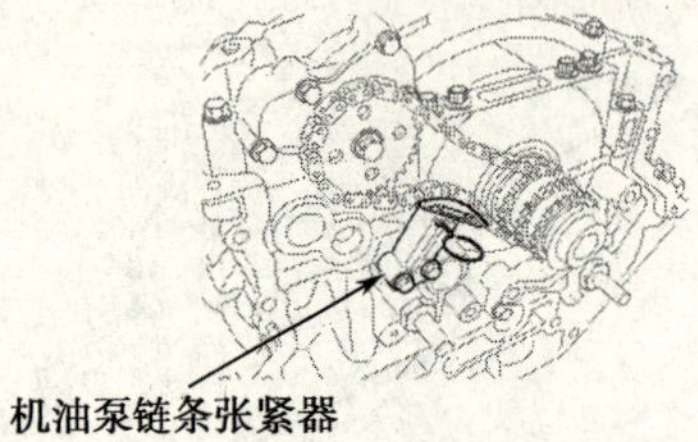

图 3-2-22 在机油泵链条张紧器内插入锁止销

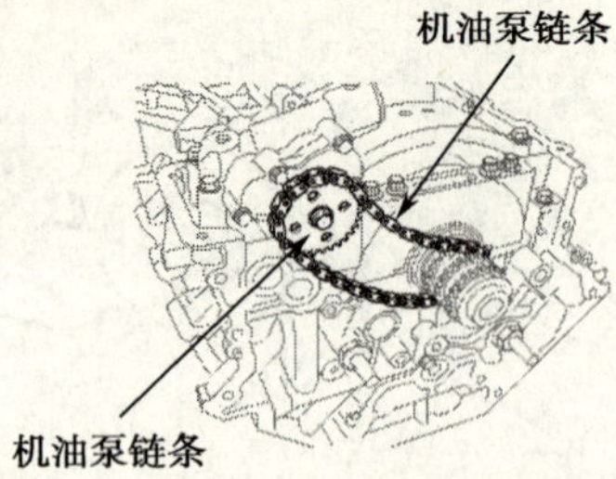

图 3-2-23 机油泵链轮和机油泵链条识别

25. 按照图 3-2-24 所示，拆卸曲轴链轮和摩擦片。

26. 按照图 3-2-25 所示，拆卸张紧器适配器。

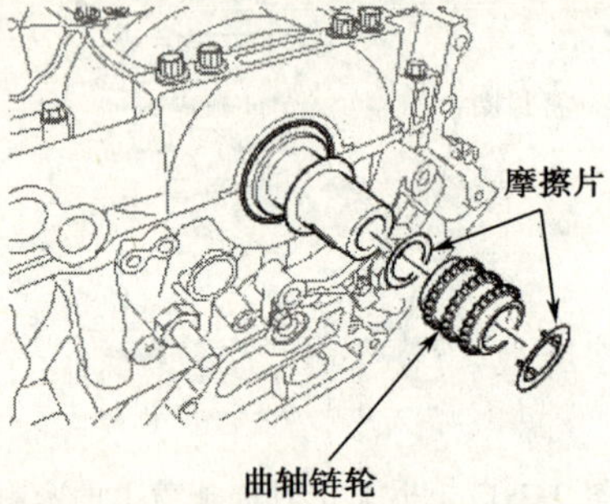

图 3-2-24 拆卸曲轴链轮和摩擦片

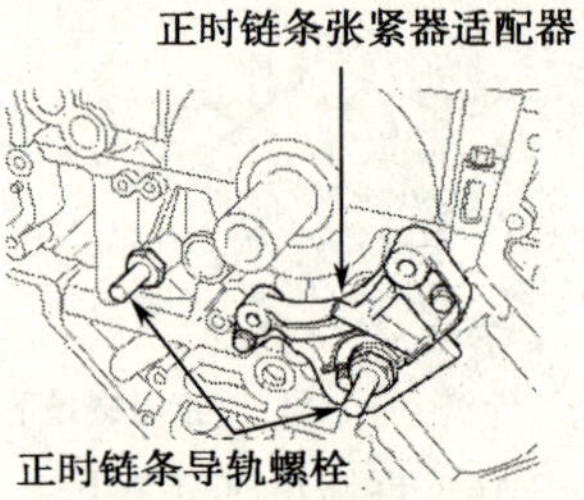

图 3-2-25 拆卸张紧器适配器

三、雅科仕轿车 5.0L 发动机正时链条安装步骤

1. 按照图 3-2-25 所示，安装正时链条张紧器适配器和正时链条导轨螺栓。

2. 按照图 3-2-26 所示，安装曲轴链轮和摩擦片。注意，摩擦片标记应朝上（发动机处于底部朝上状态）。

3. 按照图 3-2-27 所示，安装机油泵链条和机油泵链轮。

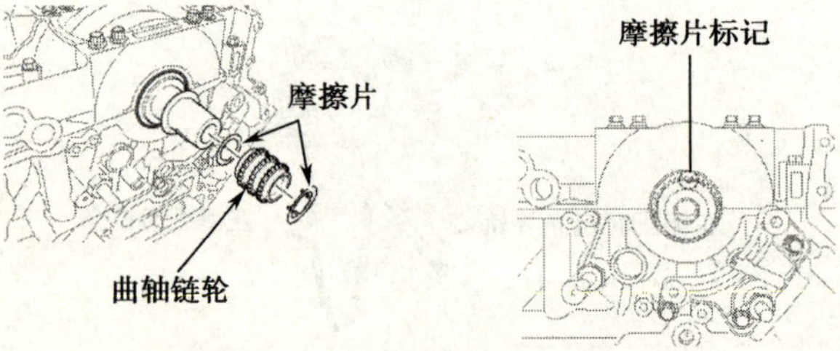

图 3-2-26 安装曲轴链轮和摩擦片

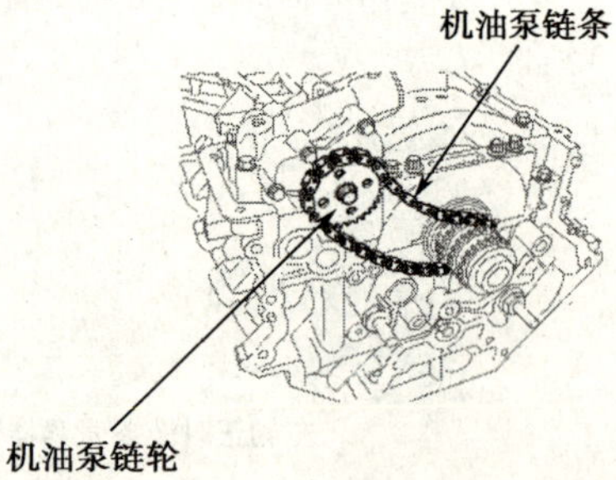

图 3-2-27 安装机油泵链条和机油泵链轮

4. 按照图 3-2-28 所示，按照机油泵链条张紧器。

5. 按照图 3-2-29 所示，安装左侧正时链条导轨和左侧正时链条，正时链条上的黄色链节应朝向发动机前面。

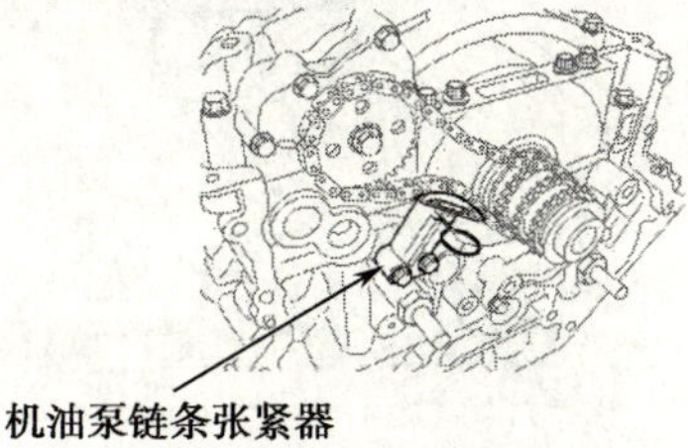

图 3-2-28　机油泵链条张紧器

图 3-2-29　安装左侧正时链条导轨和左侧正时链条

6. 按照图 3-2-30 所示，安装左侧正时链条张紧器臂。

7. 按照图 3-2-31 所示，用正时链条锁止工具固定住左侧正时链条、导轨和张紧器臂。

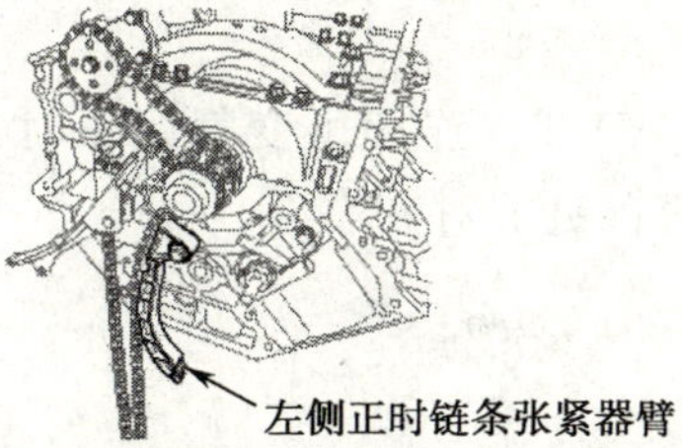

图 3-2-30　安装左侧正时链条张紧器臂

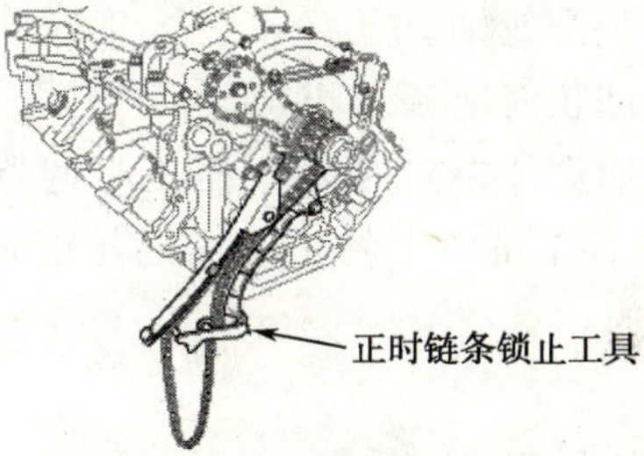

图 3-2-31　固定左侧正时链条、导轨和张紧器臂

8. 按照图 3-2-32 所示，安装右侧正时链条导轨和右侧正时链条。正时链条上的黄色链节应朝向发动机前方。

9. 按照图 3-2-33 所示，安装右侧正时链条张紧器臂。

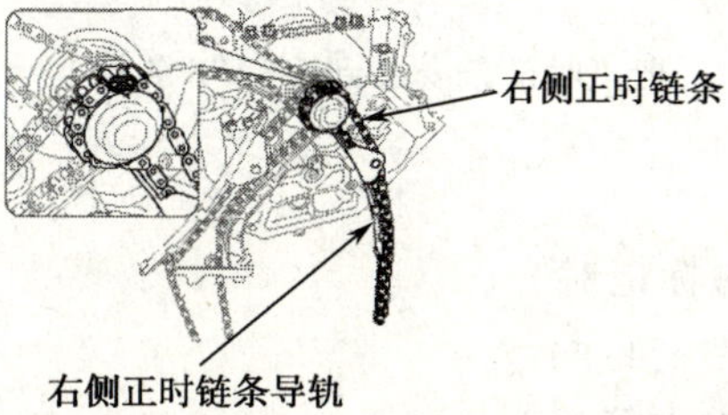

图 3-2-32　安装右侧正时链条导轨和右侧正时链条

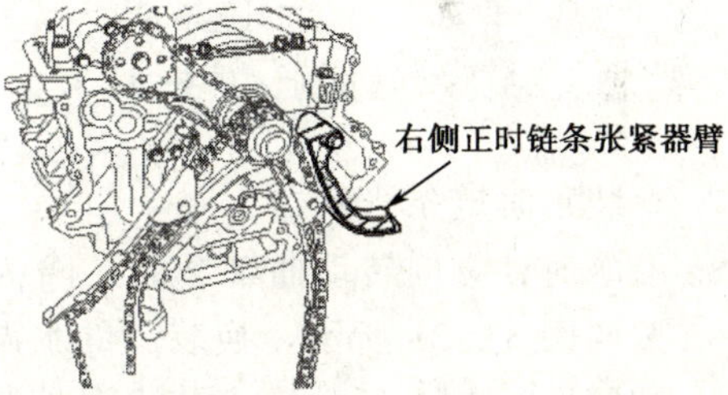

图 3-2-33　安装右侧正时链条张紧器臂

10. 按照图 3-2-34 所示，用正时链条锁止工具固定住右侧正时链条、链条导轨和张紧器臂。

11. 把插在机油泵链条张紧器上的锁止销拔出。

12. 安装正时链条下盖：

（1）按照图 3-2-35 所示，换装新的密封圈。

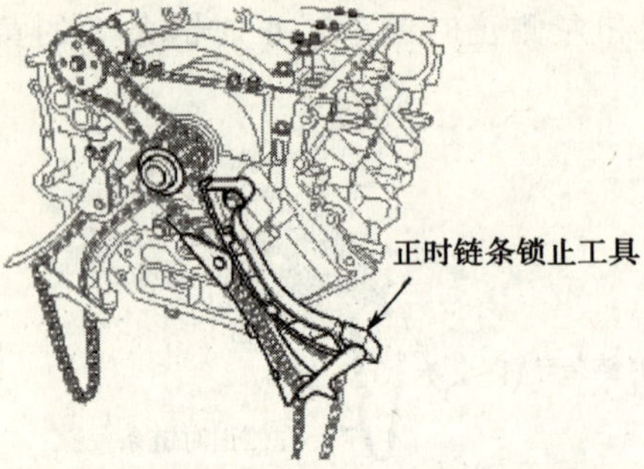

图 3-2-34　固定右侧正时链条、导轨和张紧器臂

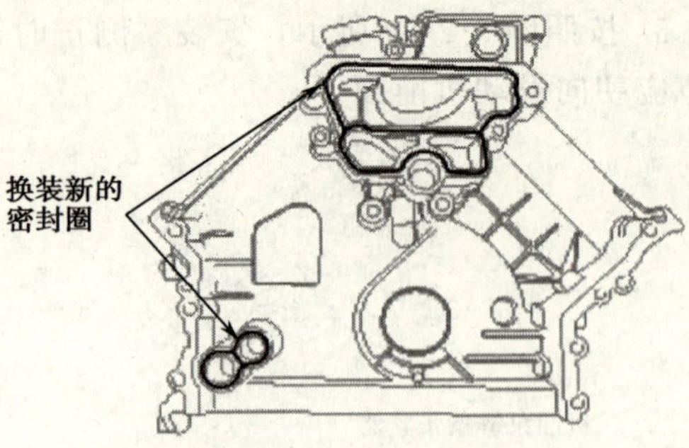

图 3-2-35　换装新的密封圈

（2）按照图 3-2-36 所示，安装正时链条下盖。

13. 安装气缸盖。

14. 安装凸轮轴。

15. 拆卸正时链条锁止工具。

16. 按照图 3-2-37 所示，把正时链条安装到到 CVVT（连续可变气门正时）链轮上。安装时要使各个链轮上的正时标记与正时链条上的橙色链节对齐。

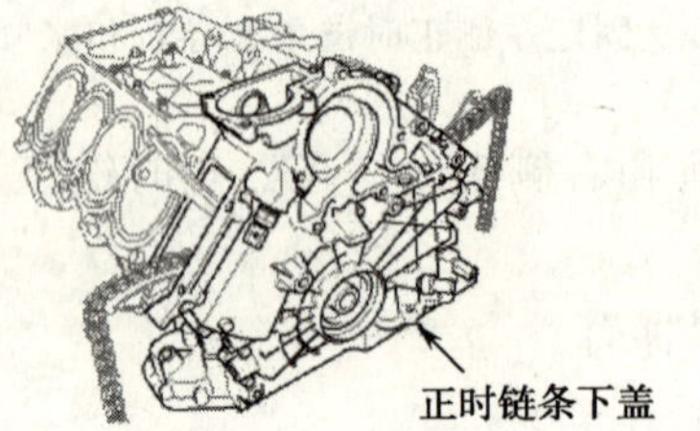

图 3-2-36　安装正时链条下盖

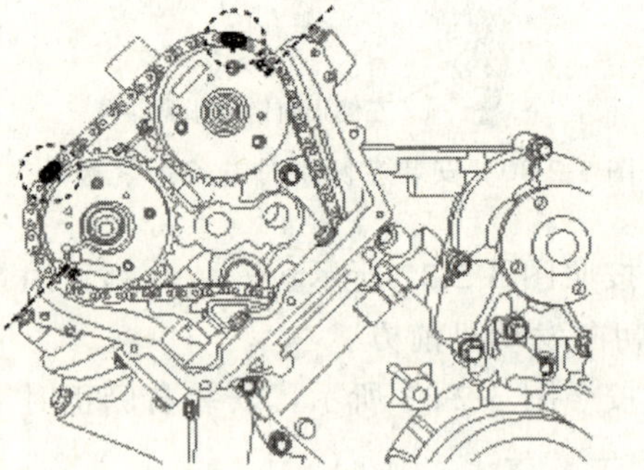
图 3-2-37　把正时链条安装到 CVVT 链轮上

17. 安装正时链条张紧器。

18. 沿顺时针方向转动曲轴 2 周，确认各个正时标记对齐。

19. 按照图 3-2-38 所示，换装新的水温控制组件密封圈。

20. 按照图 3-2-39 所示，安装水温控制组件和出水管接头。

21. 按照图 3-2-40 所示，安装水泵和新的密封垫。

22. 按照图 3-2-41 所示，使用专用工具安装前油封。

23. 按照图 3-2-42 所示，安装曲轴皮带轮。

24. 安装油底壳上部：

（1）按照图 3-2-43 所示，在油底壳上部安装面涂抹宽度为 2.5mm 的液体密封胶。

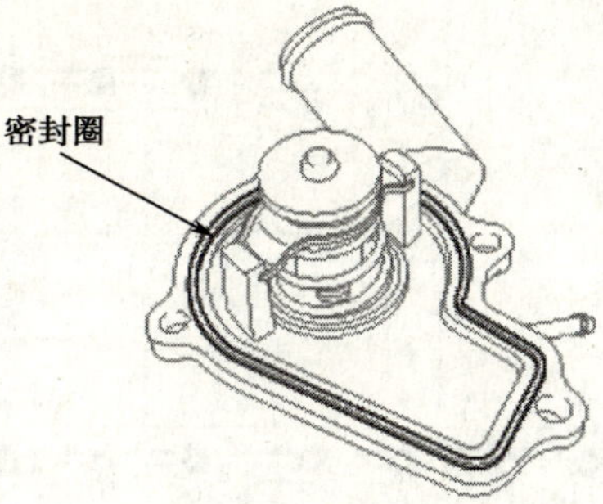

图 3-2-38 换装新的水温控制组件密封圈

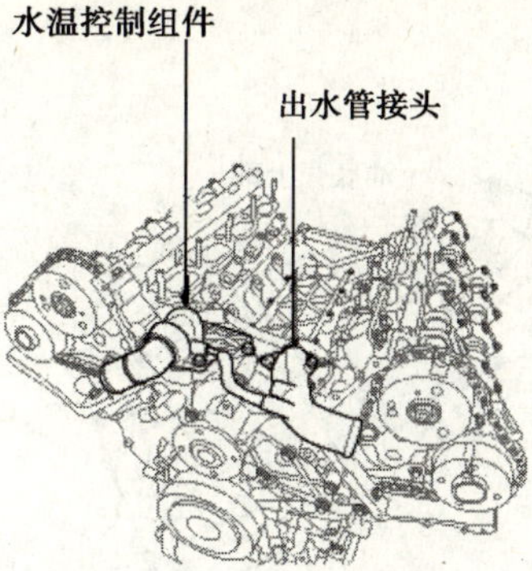

图 3-2-39 水温控制组件和出水管接头

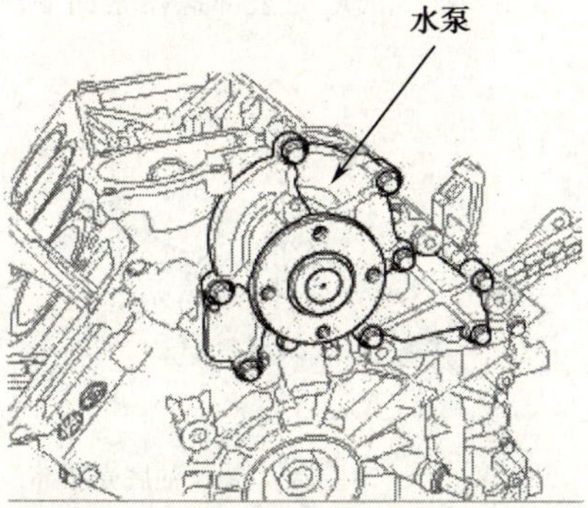

图 3-2-40 安装水泵

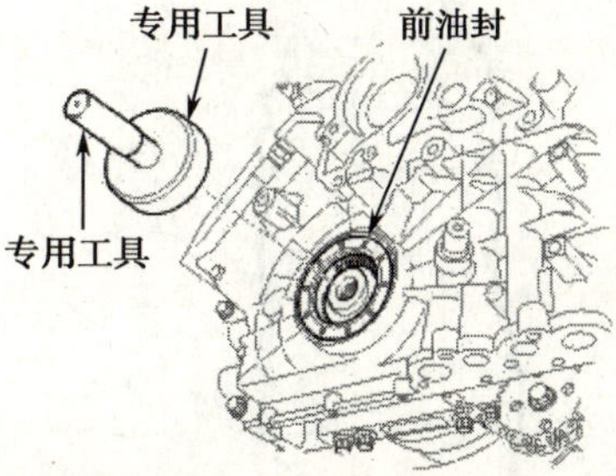

图 3-2-41 安装前油封

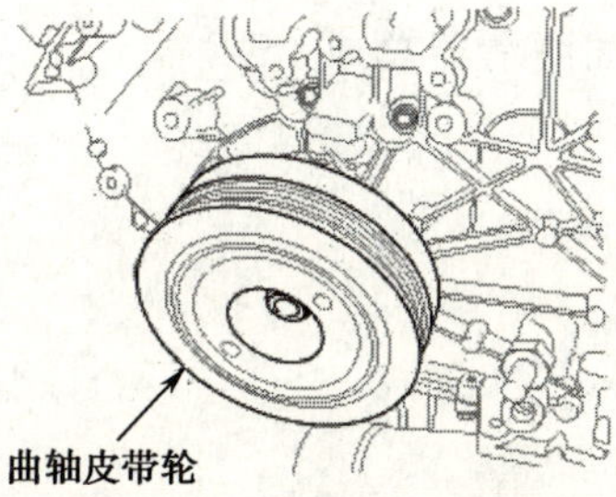

图 3-2-42 安装曲轴皮带轮

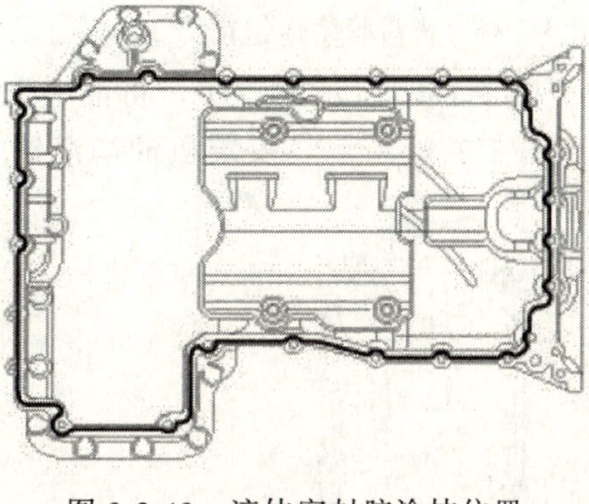

图 3-2-43 液体密封胶涂抹位置

（2）按照图 3-2-44 所示，安装油底壳上部。

（3）按照图 3-2-45 所示顺序，将螺栓紧固到 9.8～11.8N·m。

25. 安装油底壳下部：

（1）按照图 3-2-46 所示，在油底壳下部安装面涂抹宽度为 2.5mm 的液体密封胶。

（2）按照图 3-2-47 所示，安装油底壳下部。

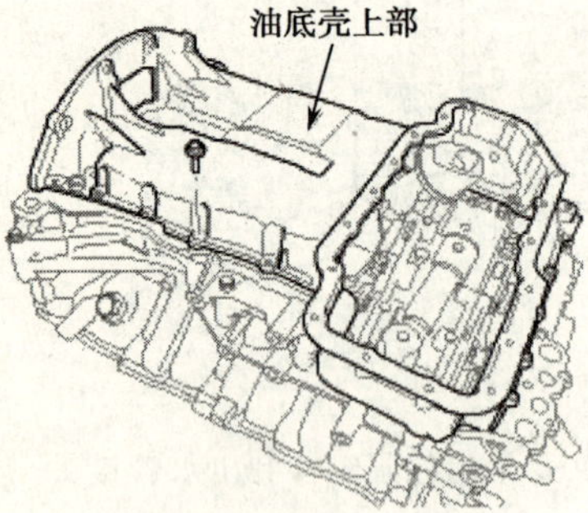

图 3-2-44 安装油底壳上部

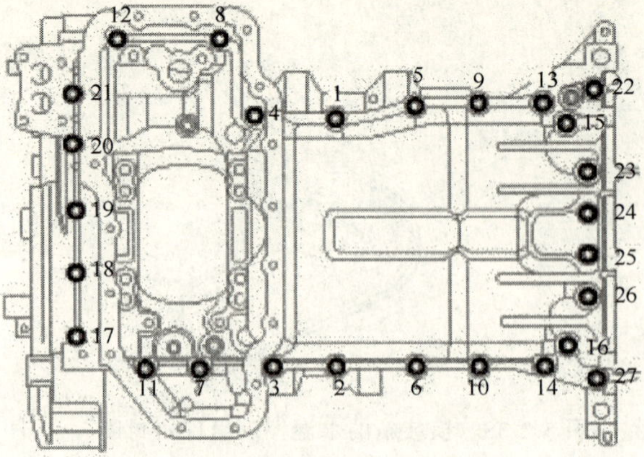

图 3-2-45 油底壳上部螺栓紧固顺序

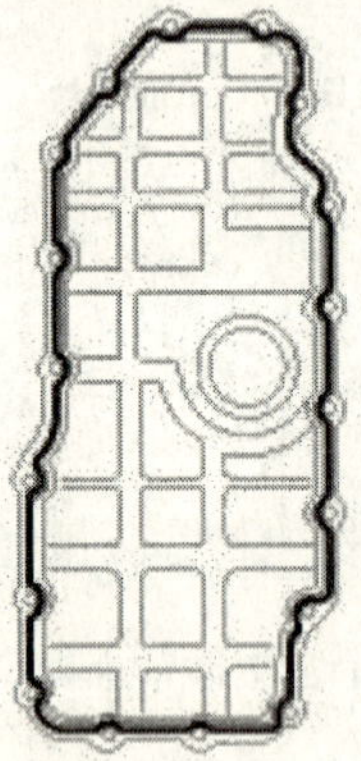

图 3-2-46 密封胶涂抹位置

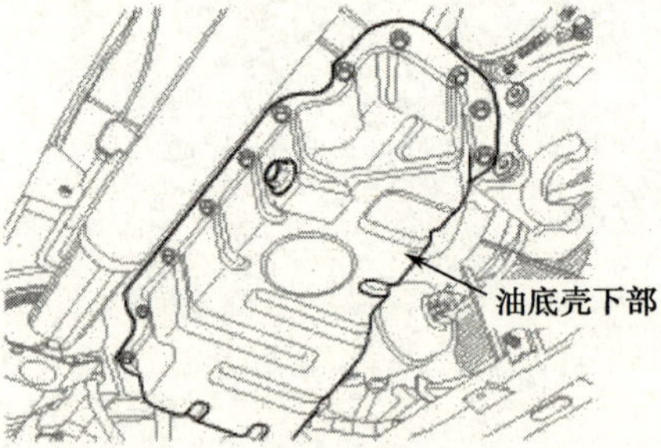

图 3-2-47 安装油底壳下部

（3）按照图 3-2-48 所示的顺序，将油底壳下部螺栓紧固至 9.8～11.8N·m。

26. 按照图 3-2-49 所示，安装机油滤清器及机油滤清器总成。

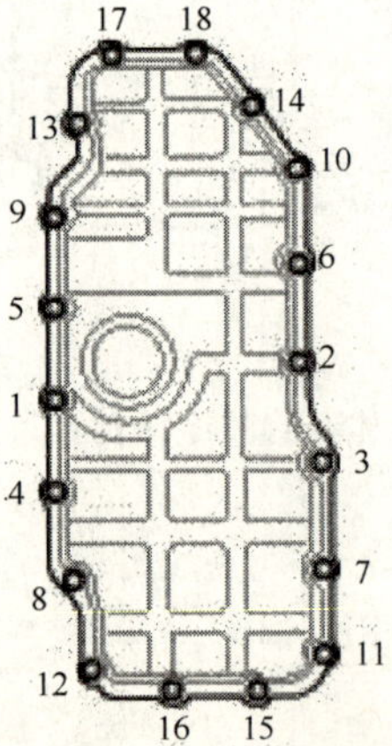

图 3-2-48 油底壳下部螺栓紧固顺序

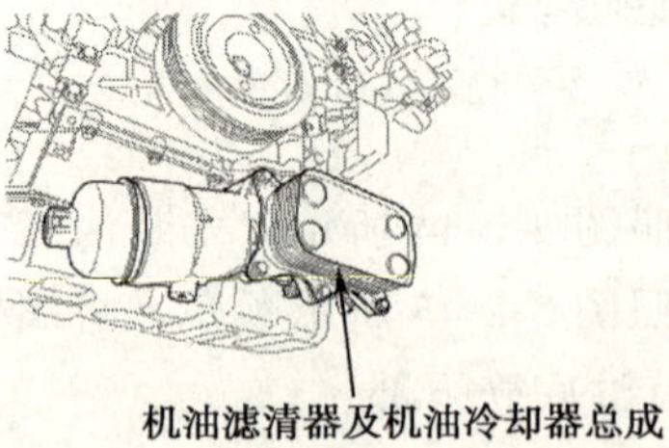

图 3-2-49 安装机油滤清器及机油滤清器总成

27. 按照图 3-2-50 所示，安装水泵轮。

28. 按照图 3-2-51 所示，安装发动机传动皮带张紧器。

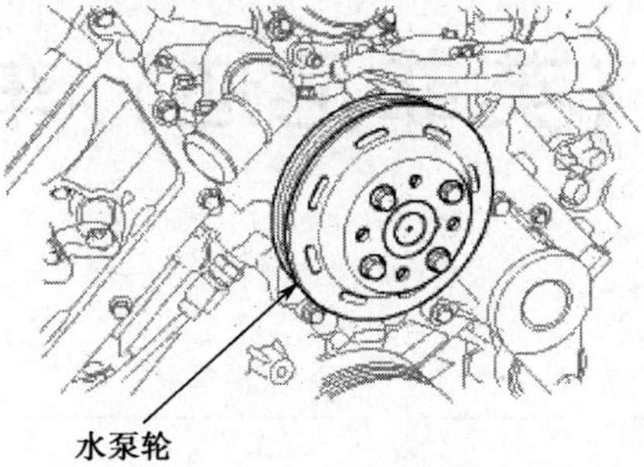

图 3-2-50　安装水泵轮

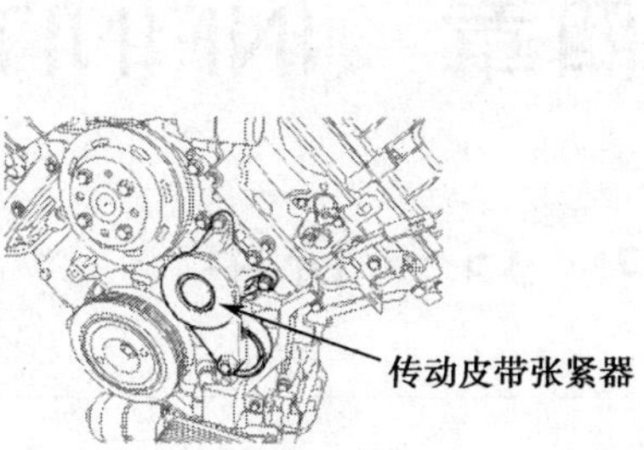

图 3-2-51　发动机传动皮带张紧器

29. 按照图 3-2-52 所示，安装发动机传动皮带惰轮。

30. 按照图 3-2-53 所示，安装空调压缩机。

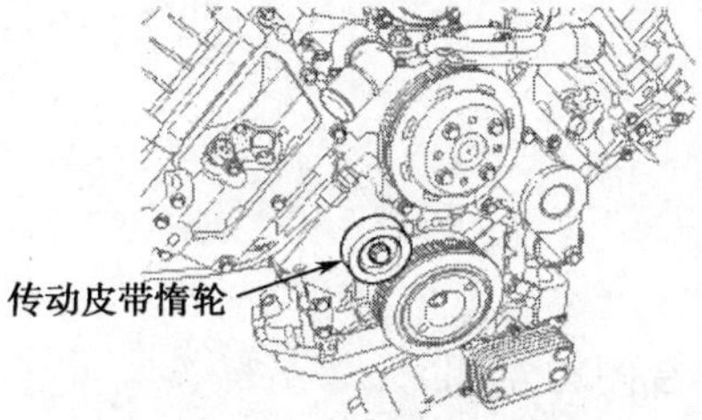

图 3-2-52　安装传动皮带惰轮

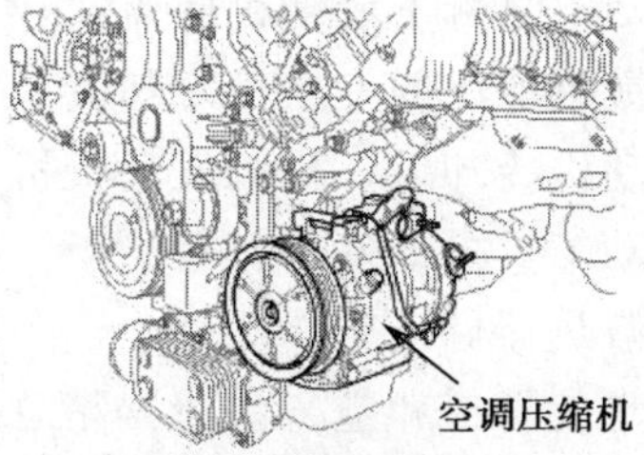

图 3-2-53　安装空调压缩机

31. 按照图 3-2-54 所示，安装发电机支架。

32. 按照图 3-2-55 所示，安装发电机。

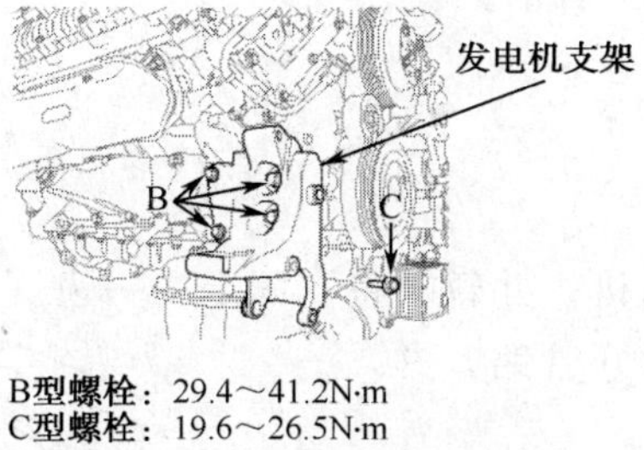

图 3-2-54　安装发电机支架

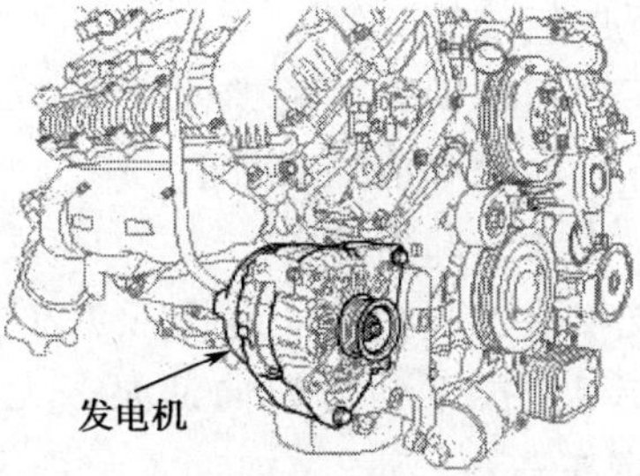

图 3-2-55　安装发电机

第四章 INFINITI（英菲尼迪）车系

第一节 G系轿车

一、G37轿车3.7L发动机正时链条拆卸步骤

1. 释放燃油压力。
2. 从负极端子上断开蓄电池电缆。
3. 用机动工具拆下发动机底盖。
4. 排放散热器中的发动机冷却液。
5. 在发动机冷却后，排放发动机机油。
6. 用电动工具拆下发动机盖。
7. 拆下散热器储液罐。
8. 拆下空气管道和空气滤清器箱总成（右侧和左侧）。
9. 拆下散热器软管（上和下）。
10. 拆卸散热器冷却风扇总成。
11. 拆卸驱动皮带。
12. 从前正时链条箱上拆下它们的支架来分离发动机线束。
13. 拆下进气歧管总管。
14. 拆下燃油辅助管装配螺栓。
15. 拆下机油尺和机油尺导管。
16. 拆下机油冷却器管。
17. 从支架上连同管路一起拆下A/C压缩机，并暂时将它固定在一边。
18. 从支架上拆下动力转向油泵，无须断开管路，并暂时将其固定在一边。
19. 拆卸动力转向油泵支架。
20. 拆下惰轮、驱动皮带自动张紧器和支架。
21. 拆下交流发电机和交流发电机支架。
22. 拆卸出水口（前）。
23. 按照图4-1-1所示，拆下凸轮轴位置传感器（相位）。
24. 拆下进气门正时控制盖和衬垫：

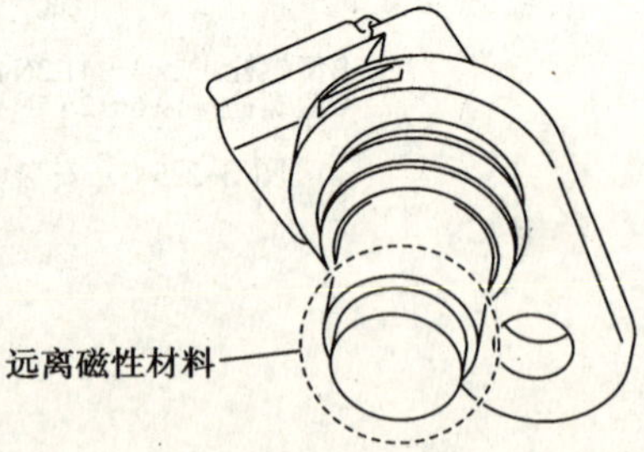

图4-1-1 拆卸凸轮轴位置传感器

（1）断开进气门正时控制电磁阀的线束接头。

（2）按如图 4-1-2 所示的相反顺序松开装配螺栓。

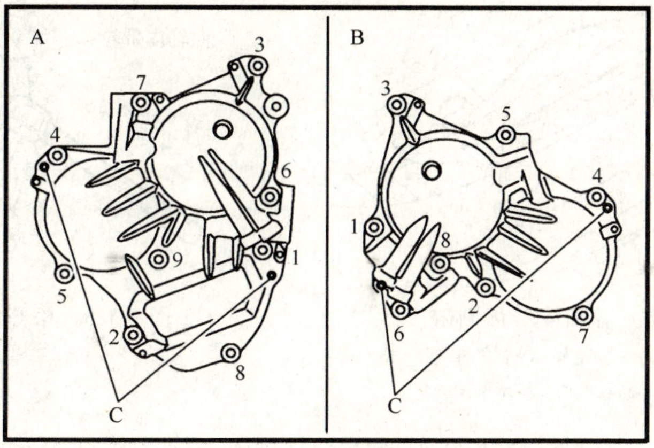

图 4-1-2 螺栓识别

A-气缸侧体；B-气缸侧体 2；C-定位销孔

25. 根据需要拆卸进气门正时控制电磁阀。

注意：进气门正时控制电磁阀是不可重复使用的。如非必要切勿将其拆下。

26. 拆下摇臂盖（气缸列 1 和 2）。

27. 使 1 号气缸位于压缩行程上止点：

（1）按照图 4-1-3 所示，顺时针旋转曲轴皮带轮将正时标记对准正时指示器。

（2）确认 1 号气缸（气缸列 1 发动机前端）上的排气凸轮轴前端如图 4-1-4 所示放置。

图 4-1-3 正时标记对准正时指示器

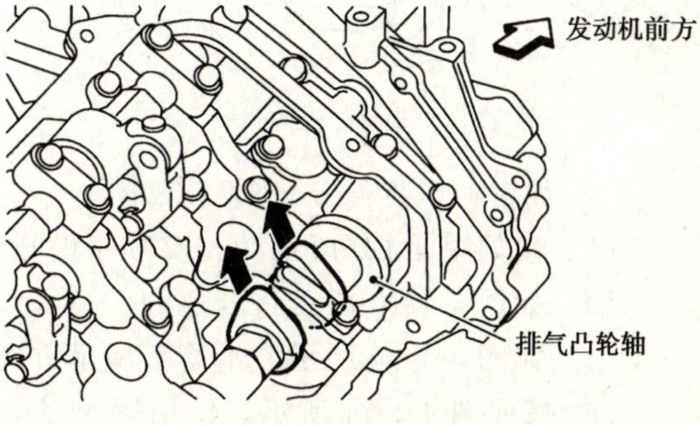

图 4-1-4 排气凸轮轴设置位置

28. 如下所示拆下曲轴皮带轮：

（1）如图 4-1-5 所示，拆下后盖板并安装齿圈限位器［SST：KV10118600］（A）。

（2）按照图 4-1-6 所示，松开曲轴皮带轮螺栓并转动螺栓，使其离开原位 10mm。

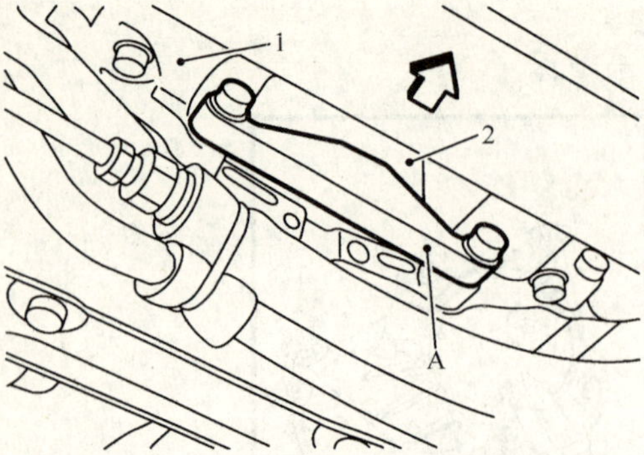

图 4-1-5　拆下后盖板安装齿圈限位器

1-油底壳（上部）；2-飞轮（M/T 车型）或驱动盘（A/T 车型）；⇦-车头方向

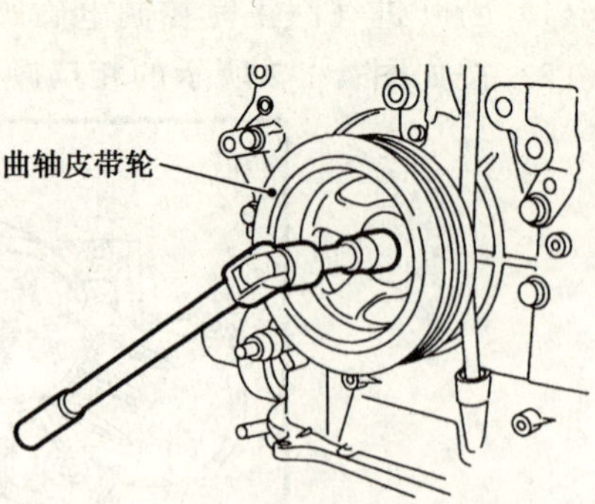

图 4-1-6　松开曲轴皮带轮螺栓

（3）按照图 4-1-7 所示，在曲轴皮带轮孔上放置合适的拔具，并拉出曲轴皮带轮。

29. 拆下油底壳（下部）。

30. 按照如图 4-1-8 所示的相反顺序用工具松开油底壳（上）前侧的两个装配螺栓。

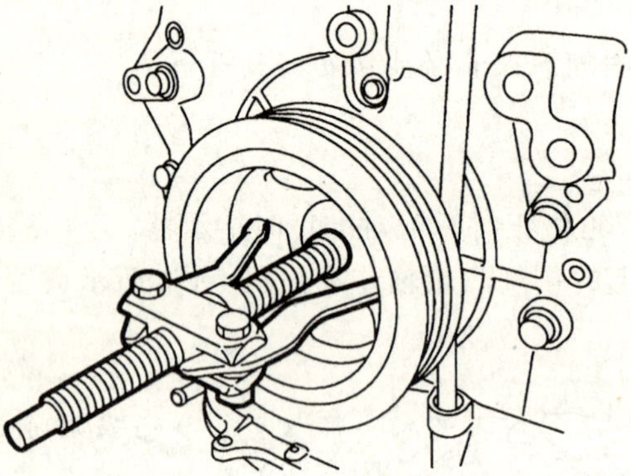

图 4-1-7　安装拔具

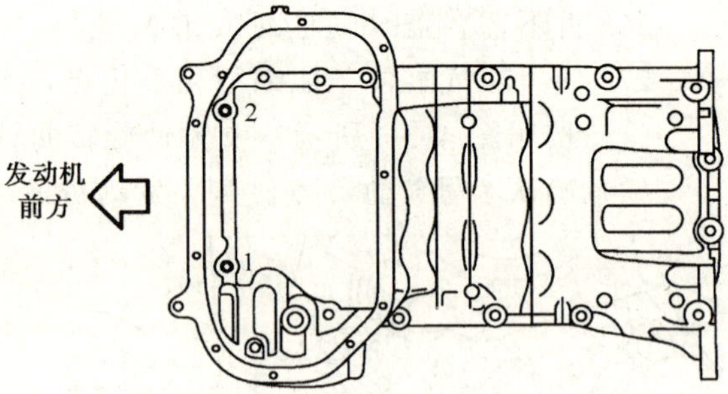

图 4-1-8　油底壳螺栓

31. 如下所示拆卸前正时链条箱：

（1）按如图 4-1-9 所示的相反顺序松开装配螺栓。

（2）如图 4-1-10 所示将合适的工具（A）插入前正时链条箱顶部的槽口中。

（3）如图 4-1-10 所示，沿箭头所示方向扳动工具将正时链条箱撬开。

32. 按照图 4-1-11 所示，使用螺丝刀从前正时链条箱上拆下前油封。

33. 从后正时链条箱上拆下 O 形圈（图 4-1-12）。

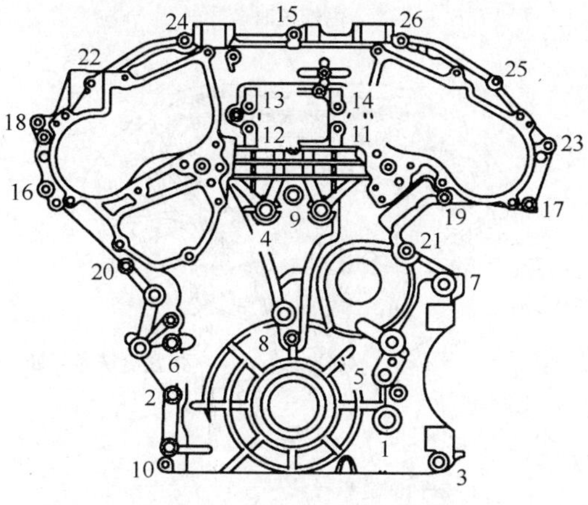

图 4-1-9　前正时链条箱螺栓

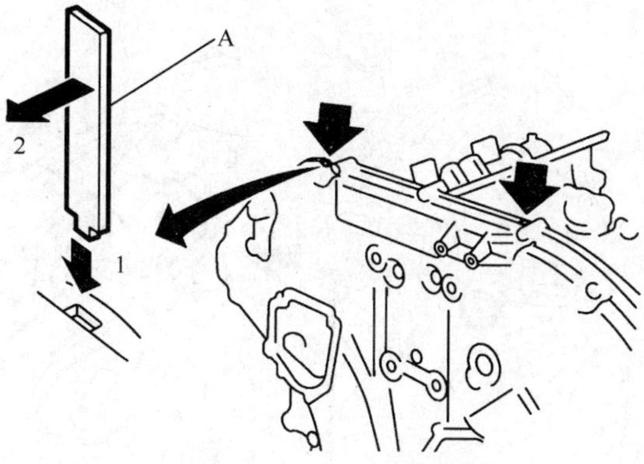

图 4-1-10　插入工具

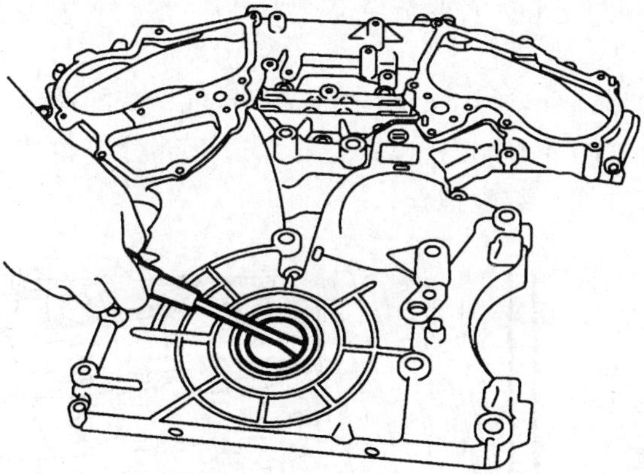

图 4-1-11　拆卸前油封

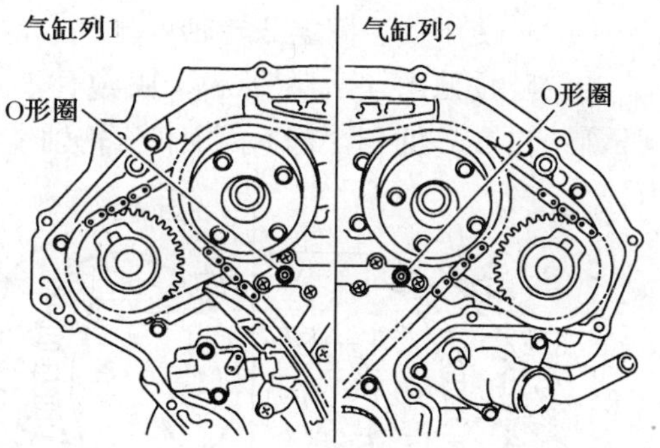

图 4-1-12　拆卸 O 形圈

34. 如图 4-1-13 所示，拆卸正时链条张紧器（主）（图 4-1-13 中的 1）：

（1）拆下下部装配螺栓（A）。

（2）慢慢松开上部装配螺栓（B），然后转动上部装配螺栓上的正时链条张紧器（主），使柱塞（C）完全伸出。

（3）拆卸上部装配螺栓，然后拆卸正时链条张紧器（主）。

35. 按照图 4-1-14 所示，拆下内侧正时链条导轨、松弛侧链条导轨和张紧侧链条导轨。

36. 拆卸正时链条（主）和曲轴链轮。

注意：拆下正时链条（主）后，切勿分离转动曲轴和凸轮轴，否则气门会撞击到活塞头。

37. 按照图 4-1-15 所示拆下正时链条（副）和凸轮轴链轮：

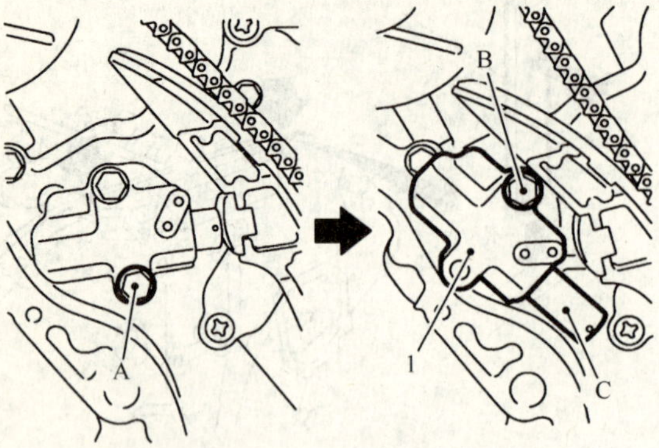

图 4-1-13　拆卸正时链条张紧器（主）

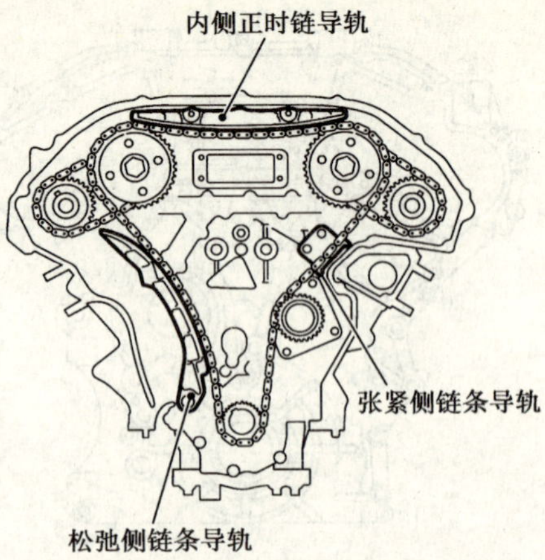

图 4-1-14　拆卸导轨

（1）将直径 0.5mm 的限位销（C）安装到正时链条张紧器（副）（图 4-1-15 中的 1 和 2）上。

（2）使用扳手固定凸轮轴（排气）的六边形部分，拆下凸轮轴链轮（排气）装配螺栓。

（3）按照图 4-1-16 所示，固定住驱动轴（图 4-1-16 中的 A）的六边形部分（位于 1 号轴颈和 2 号轴颈之间），拆下凸轮轴链轮（进气）装配螺栓。

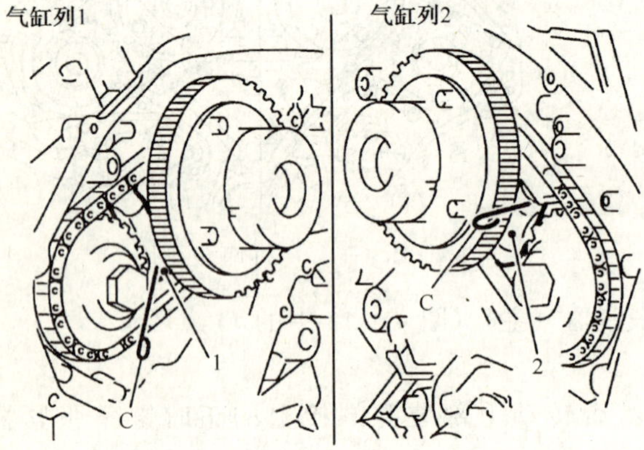

图 4-1-15　拆卸正时链条（副）

图 4-1-16　拆卸装配螺栓

1-凸轮轴；⇦-发动机前端

（4）将正时链条（副）与凸轮轴链轮一起拆卸下来。

38. 按照图 4-1-17 所示，使用刮刀从前和后正时链条箱、油底壳（上）和密封胶配合面上清除所有旧密封胶的遗留痕迹。

39. 按照图 4-1-18 所示，从螺栓孔和螺纹上清除旧的密封胶。

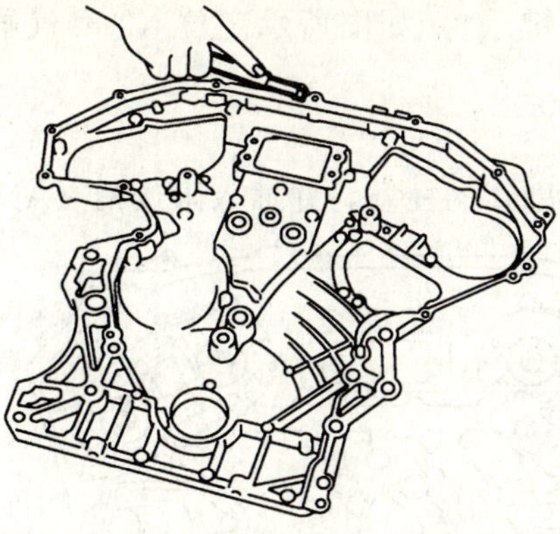

图 4-1-17　用刮刀清除密封胶

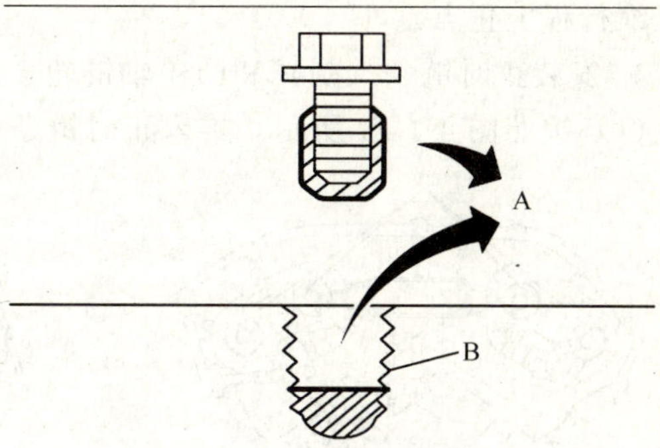

图 4-1-18　清除密封胶

A-清除附着的旧密封胶；B-螺栓孔

二、G37 轿车 3.7L 发动机正时链条安装步骤

1. 按照图 4-1-19 所示，识别正时链条部件和正时标记。

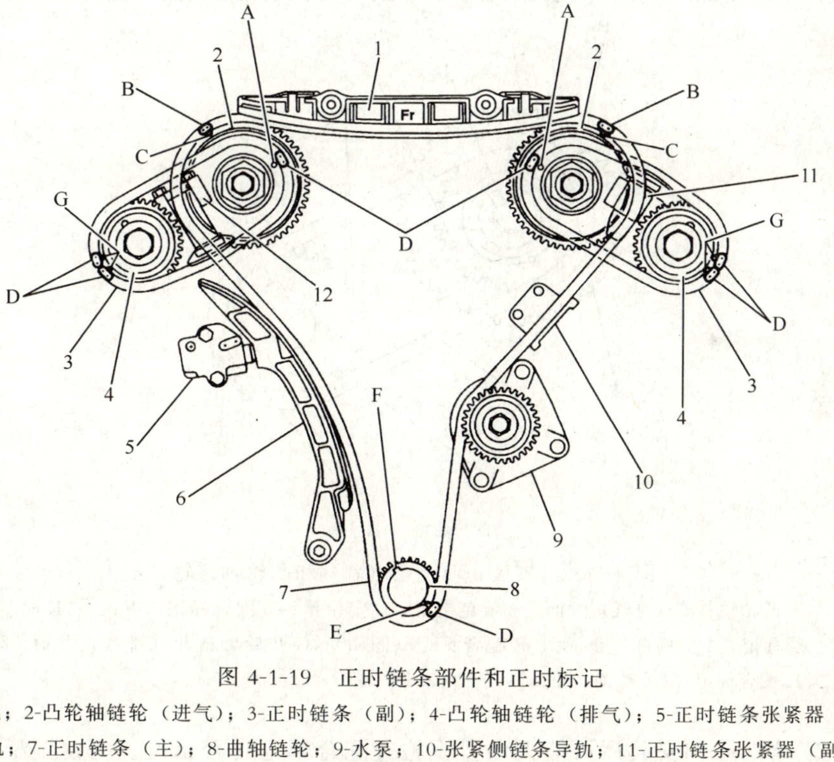

图 4-1-19　正时链条部件和正时标记

1-内链条导轨；2-凸轮轴链轮（进气）；3-正时链条（副）；4-凸轮轴链轮（排气）；5-正时链条张紧器（主）；6-松弛侧链条导轨；7-正时链条（主）；8-曲轴链轮；9-水泵；10-张紧侧链条导轨；11-正时链条张紧器（副）（气缸列 2）；12-正时链条张紧器（副）（气缸列 1）；A-匹配标记［打孔（后侧）］；B-匹配标记（黄色链节）；C-匹配标记（冲孔）；D-匹配标记（橙色链节）；E-匹配标记（有缺口）；F-曲轴键；G-匹配标记（冲孔）

2. 按照图 4-1-20 所示，确认定位销（A）和曲轴键（1）如图所示定位（1 号气缸处于压缩行程上止点）。

3. 安装正时链条（副）和凸轮轴链轮：

（1）按照图 4-1-21 所示，推入正时链条张紧器（副）的柱塞，并插入限位销（A）。

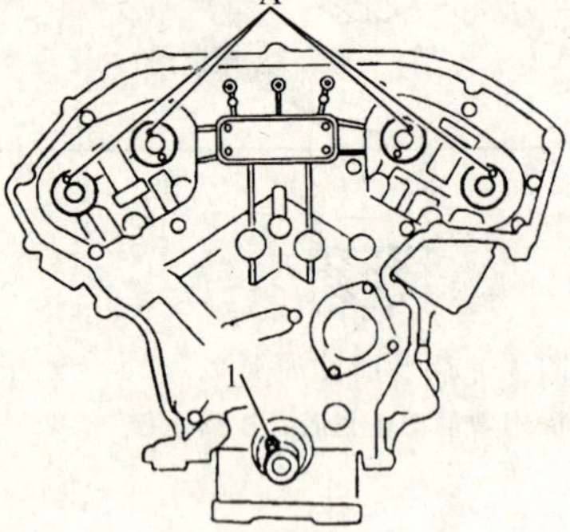

图 4-1-20 定位销和曲轴键位置识别

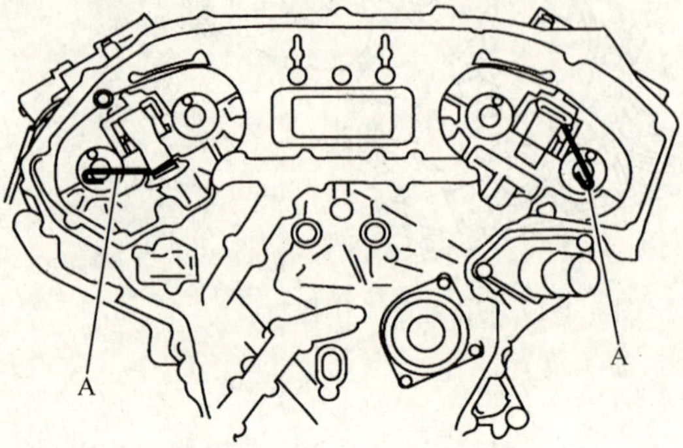

图 4-1-21 插入限位销

（2）按照图 4-1-22 所示，安装正时链条（副）和凸轮轴链轮。

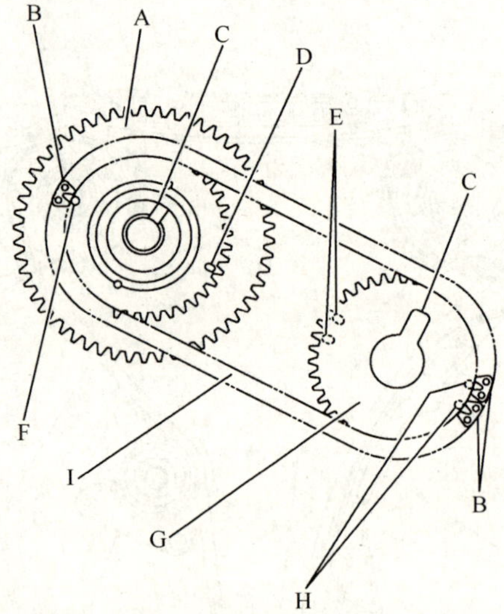

图 4-1-22 安装正时链条（副）和凸轮轴链轮

A-凸轮轴链轮（进气）背面；B-橙色链节；C-定位槽；D-配合标记（椭圆）；E-配合标记（2 个椭圆：正面）；F-配合标记（圆圈）；G-凸轮轴链轮（排气）背面；H-配合标记（2 个圆圈：正面）；I-正时链条（副）

注意：安装期间和安装后可能无法目视检查配合标记是否错位。为便于配合，提前用油漆在链轮齿及其延长线的顶部做一个配合标记，如图 4-1-23 所示。

（3）用扳手固定住排气凸轮轴六边形部分，拧紧排气凸轮轴链轮装配螺栓。

（4）确认配合标记已对齐后，拧紧进气凸轮轴链轮装配螺栓。

（5）从气缸列 1 和气缸列 2 的正时链条张紧器（副）上拔出插入的限位销。

4. 按照下列步骤安装正时链条（主）：

（1）按照图 4-1-24 所示，安装曲轴链轮。注意：曲轴链轮上的配合标记应朝向发动机前端。

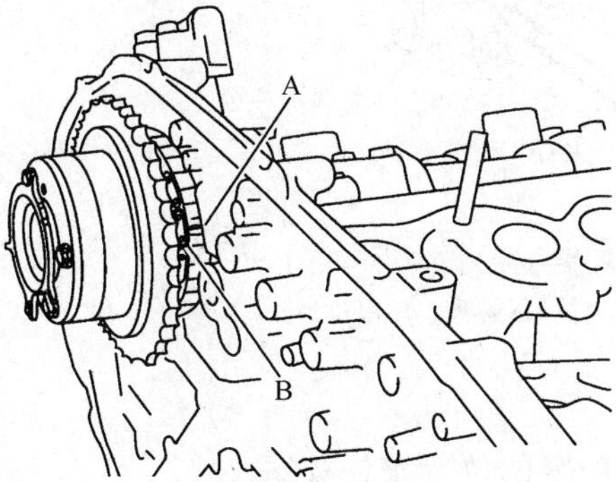

图 4-1-23　配合标记

A-配合标记（油漆处）；B-匹配标记（橙色链节）

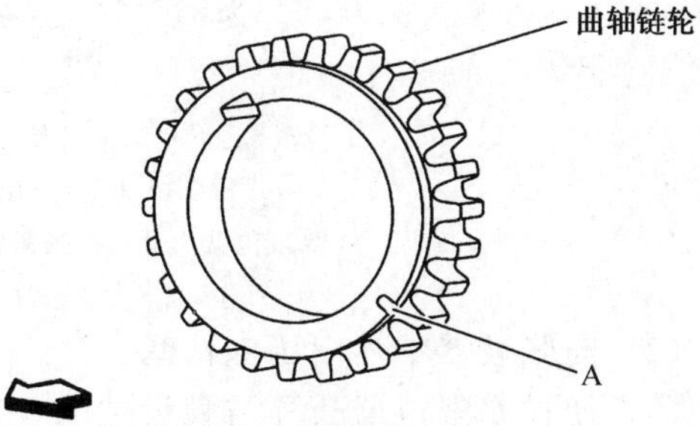

图 4-1-24　安装曲轴链轮

A-配合标记（前侧）；⇦-发动机前端

（2）安装正时链条（主）并按照图 4-1-25 对齐配合标记（A 与 B 对齐；C 与 D 对齐）。

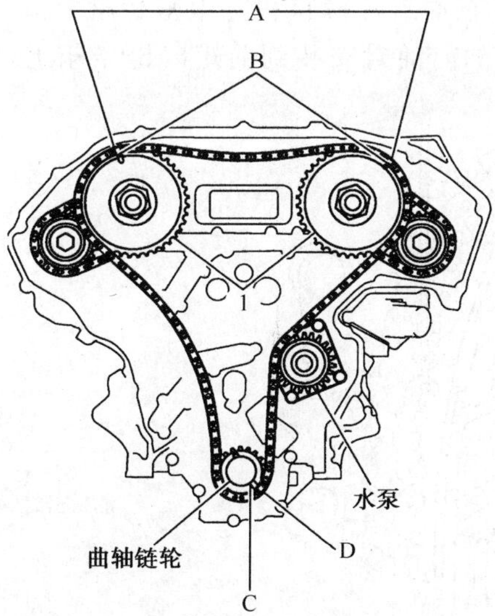

图 4-1-25　对齐配合标记

1-进气凸轮轴链轮；A-黄色链节；B-进气凸轮轴链轮配合标记；C-曲轴链轮配合标记；D-正时链条橙色标记

5. 按照图 4-1-14 所示，安装内侧正时链导轨、松弛侧链条导轨和张紧侧链条导轨。

6. 按照以下步骤安装正时链条张紧器（主）：

（1）按照图 4-1-26 所示，向上拉出柱塞限位器凸耳（A）（或向下转动杆）以拆卸柱塞棘齿（D）上的柱塞限位器凸耳。注意：柱塞限位器凸耳和杆（C）是同步的。

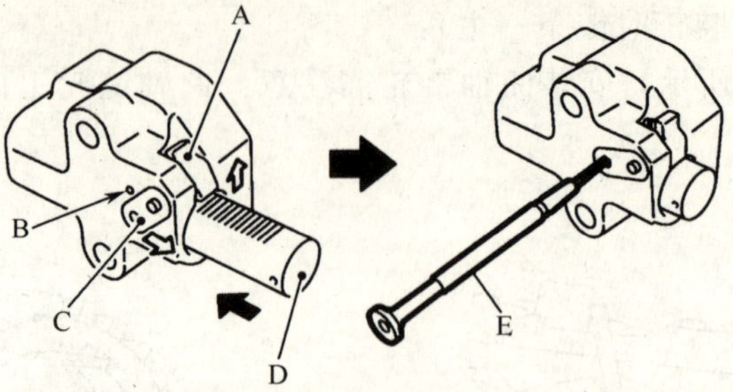

图 4-1-26　正时链条张紧器（主）

A-柱塞限位器凸耳；B-张紧器壳体孔；C-杆；D-棘齿；E-限位销

（2）向张紧器本体中压入柱塞。

（3）使柱塞限位器凸耳与棘齿端啮合，在完全压紧的位置按住柱塞。

（4）从杆孔中将限位销（E）插入张紧器本体孔（B）中以固定杆。

（5）按照图 4-1-27 所示，安装正时链条张紧器（主），然后将限位销拔出。

7. 再次确认链轮和正时链条上的匹配标记都没有错位。

8. 将新 O 形圈安装到后正时链条箱上。

9. 按照图 4-1-28 所示，在油封密封唇和防尘密封唇上涂抹干净的发动机机油。按照图 4-1-29 所示，用冲头将新的前油封安装到前正时链条箱上，直至前油封与前正时链条箱端面齐平。

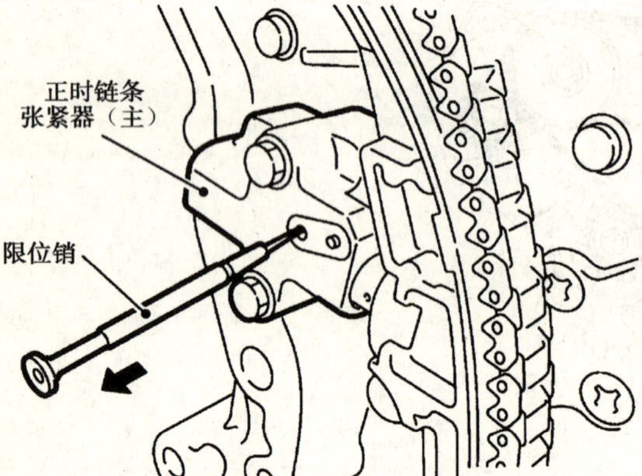

图 4-1-27　安装正时链条张紧器（主）

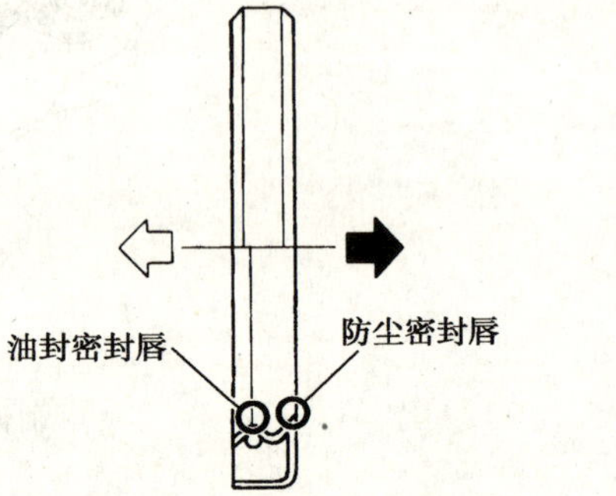

图 4-1-28　在前油封密封唇上涂抹发动机机油

⇦-发动机内侧；➡-发动机外侧

10. 按照下列步骤安装前正时链条箱：

（1）使用胶管挤压器（通用维修工具）以连续点状的方式在前正时链条箱背面涂抹液态密封胶，如图 4-1-30 所示。

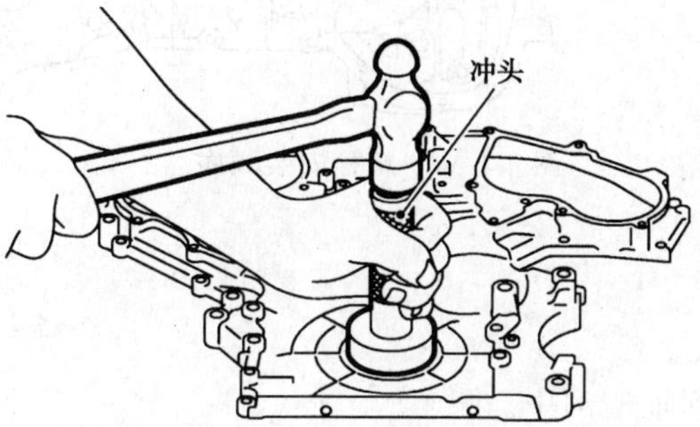

图 4-1-29　用冲头安装前油封

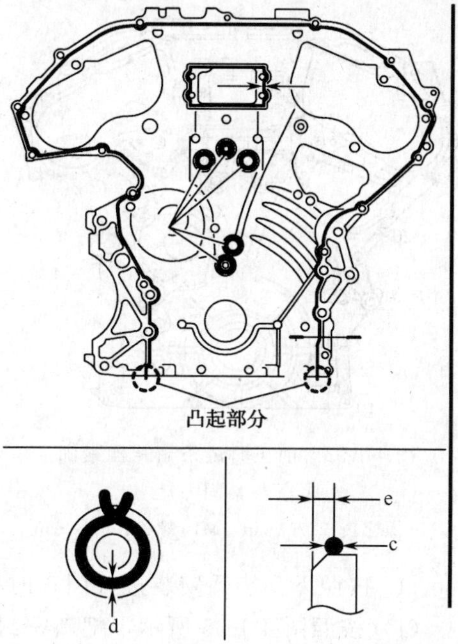

图 4-1-30　涂抹密封胶位置及涂抹厚度

c-ϕ3.4～ϕ4.4mm；d-ϕ2.6～ϕ3.6mm；e-4.0～5.6mm

（2）按照图 4-1-31 所示，在油底壳（上）的顶面涂抹密封胶。

（3）按照图 4-1-32 所示，安装前正时链条箱。

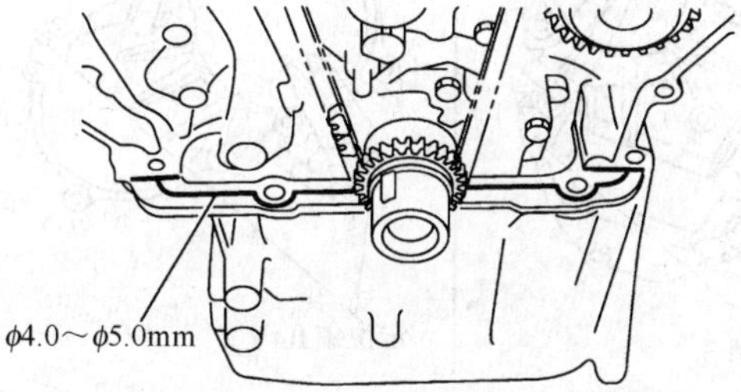

图 4-1-31　涂抹密封胶位置及涂抹厚度

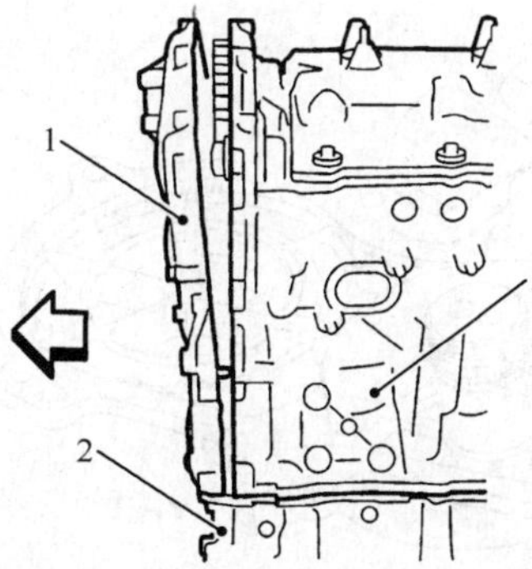

图 4-1-32　安装前正时链条箱

1-前正时链条箱；2-油底壳（上部）；3-缸体；⇦-发动机前端

（4）按照图 4-1-33 所示的螺栓紧固顺序，把正时链条箱上的螺栓紧固好。

（5）按照图 4-1-34 所示的安装顺序，安装油底壳（上）的 2 个装配螺栓。

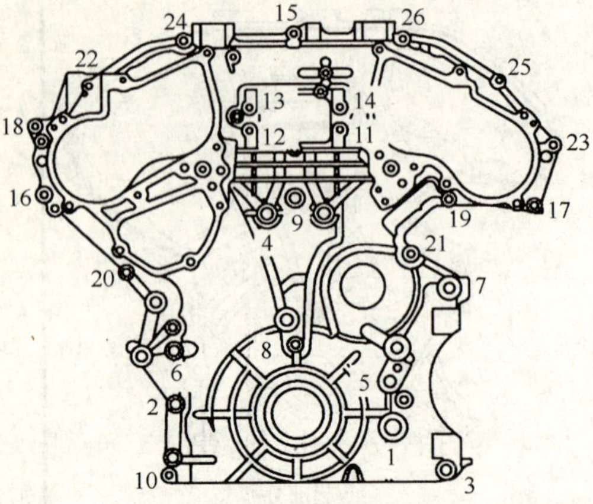

图 4-1-33 前正时链条箱螺栓紧固顺序及紧固力矩

M6 螺栓：12.7N·m；M10 螺栓：55N·m

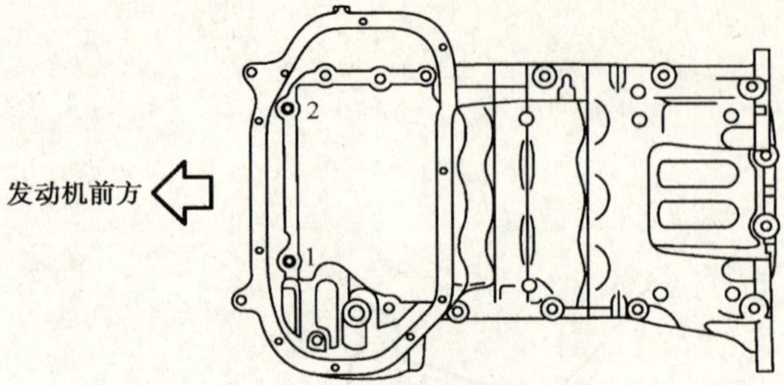

图 4-1-34 螺栓安装顺序

11. 按照下列步骤安装进气门正时控制盖：

（1）按照图 4-1-35 所示，把新密封圈安装到轴槽沟中。

（2）用新衬垫把进气门正时控制盖安装到前正时链条箱上。

（3）按照图 4-1-36 所示，把前正时链条箱上的定位销对准定位销孔，安装进气门正时控制盖。

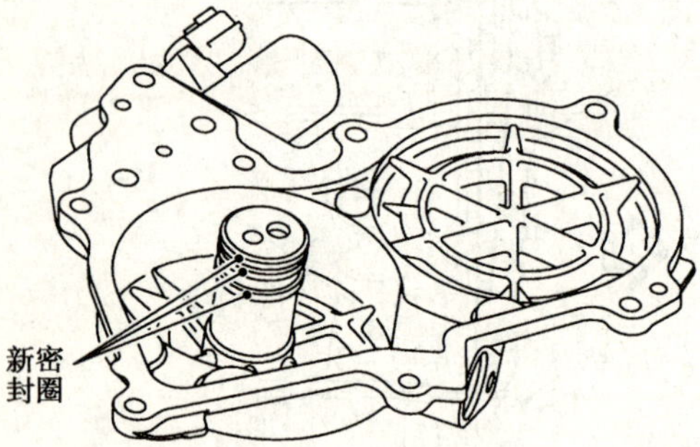

图 4-1-35 安装新密封圈

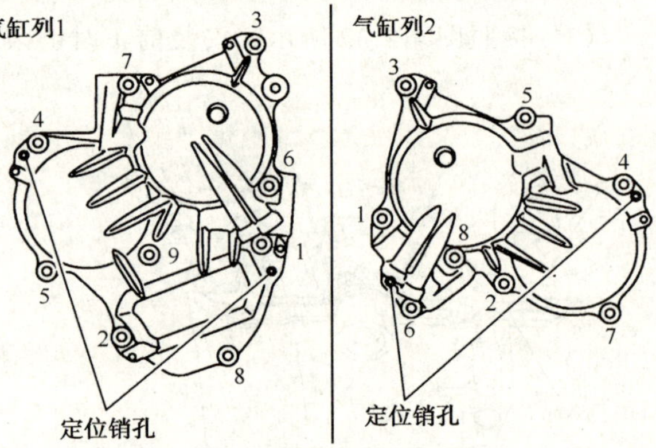

图 4-1-36 定位销孔识别

（4）按照图 4-1-36 中所示的螺栓紧固顺序，紧固螺栓。

12. 安装油底壳（下）。

13. 安装摇臂盖。

14. 安装曲轴皮带轮，然后将曲轴皮带轮螺栓紧固至 44.1N·m，再拧紧 90°。

15. 按照与拆卸相反的步骤安装其他部件。

三、G35 轿车 3.5L 发动机正时校对

G35 轿车 3.5L 发动机正时校对可参看第九章第一节 350Z 轿车 3.5L 发动机正时校对操作步骤。

第二节 M 系轿车

一、M35 轿车 3.5L 发动机正时校对

M35 轿车 3.5L 发动机正时校对可参看第九章第二节 QUEST 轿车 3.5L 发动机正时校对操作步骤。

二、M37 轿车 3.7L 发动机正时校对

与 G37 轿车 3.7L 发动机正时校对方法相同。

第三节 EX 系轿车

EX35 轿车 3.5L 发动机正时校对可参看第九章第一节 350Z 轿车 3.5L 发动机正时校对操作步骤。

第四节 FX 系轿车

FX35 轿车 3.5L 发动机正时校对可参看第九章第二节 QUEST 轿车 3.5L 发动机正时校对操作步骤。

第五章 KIA（起亚）车系

第一节 SOUL（秀尔）轿车

一、SOUL 轿车 1.6L（G4FC）发动机正时系统部件识别（图 5-1-1）

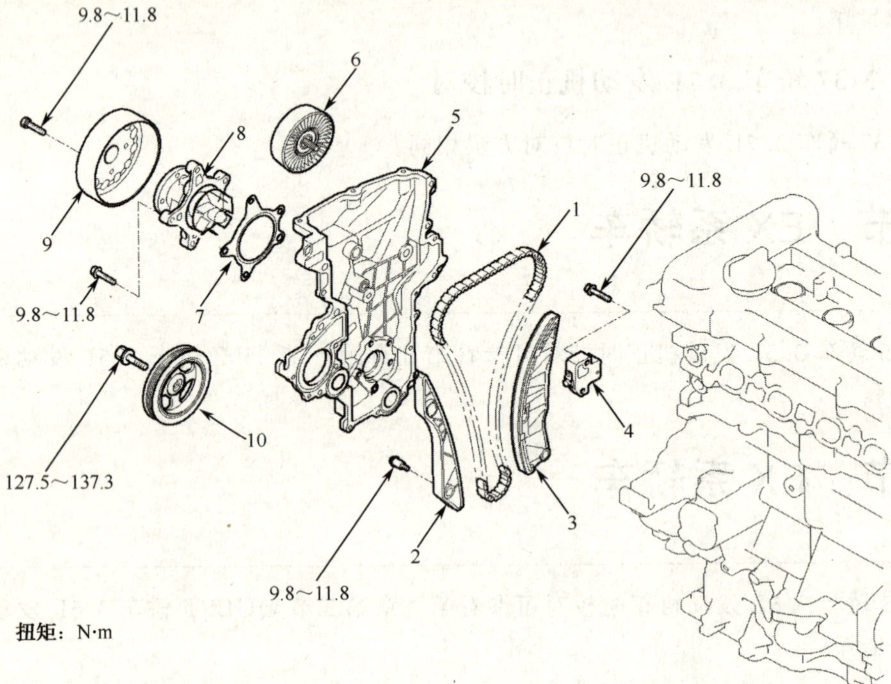

图 5-1-1 1.6L（G4FC）发动机正时系统部件识别

1-正时链条；2-正时链导轨；3-正时链条张紧器臂；4-正时链自动张紧器；5-正时链盖；6-传动皮带惰轮；7-水泵衬垫；8-水泵；9-水泵皮带轮；10-曲轴皮带轮

二、SOUL 轿车 1.6L（G4FC）发动机正时系统拆卸步骤

1. 断开蓄电池负极端子。
2. 拧下水泵皮带轮螺栓和驱动惰轮固定螺栓。

3. 拆卸发动机传动皮带，对于液压动力转向车型，应按照图 5-1-2 所示，沿逆时针方向转动自动张紧器拆卸发动机传动皮带；对于电子动力转向车型，应按照图 5-1-3 所示，先拧松固定螺栓，再拆卸发动机传动皮带。

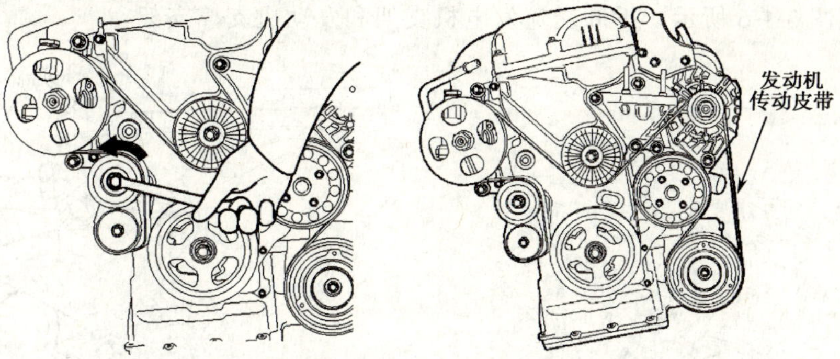

图 5-1-2　拆卸发动机传动皮带（液压动力转向车型）

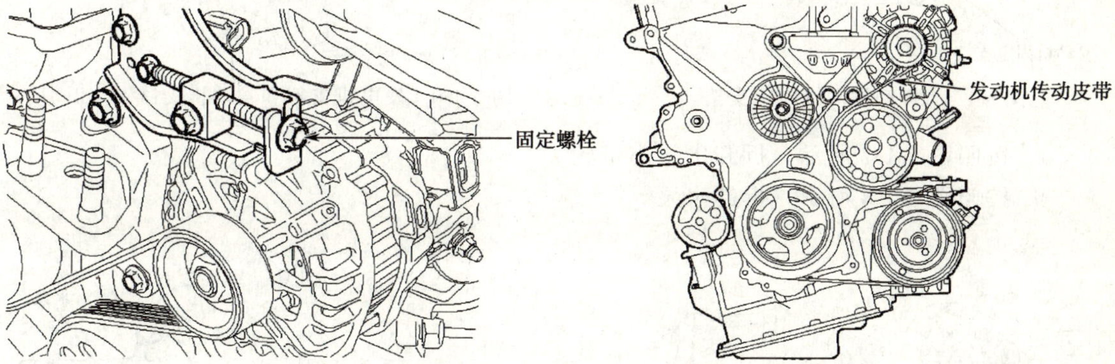

图 5-1-3　拆卸发动机传动皮带（电子动力转向车型）

4. 按照图 5-1-4 所示，拆卸交流发电机。对于液压动力转向车型，拆卸发电机时还需要把支架拆下。

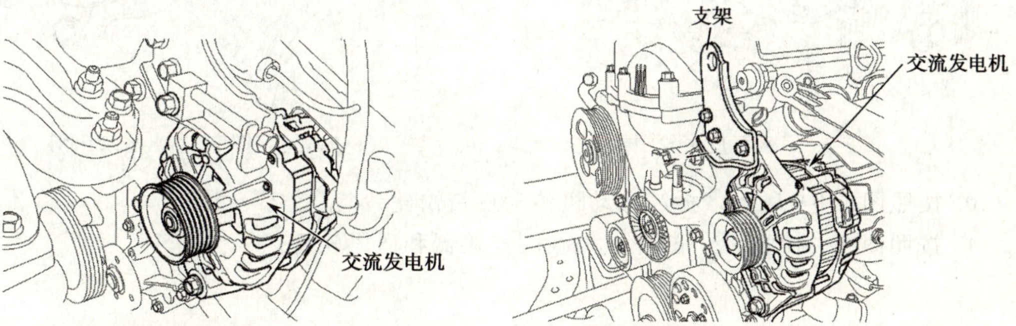

电子动力转向车型　　液压动力转向车型

图 5-1-4　拆卸交流发电机

5. 拆卸右前车轮。

6. 按照图 5-1-5 所示，拆卸发动机固定支架。注意：用千斤顶支撑发动机，不要让发动机倾斜。

7. 按照图 5-1-6 所示，拆卸交流发电机支架和发动机支撑支架。

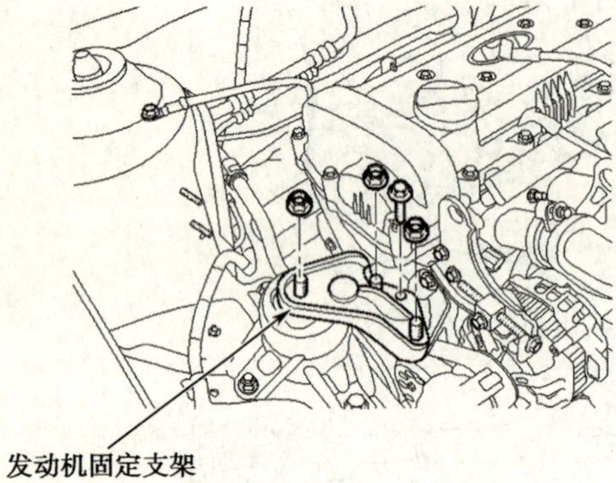

图 5-1-5 拆卸发动机固定支架

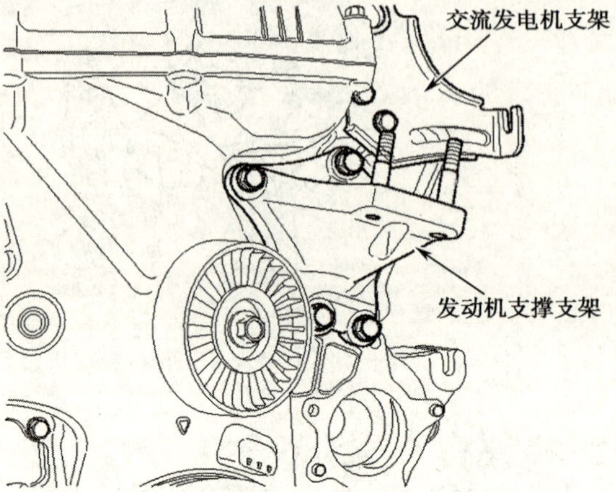

图 5-1-6 发电机支架和发动机支撑支架识别

8. 按照图 5-1-7 所示，拆卸水泵皮带轮。

9. 按照图 5-1-8 所示，拆卸水泵。

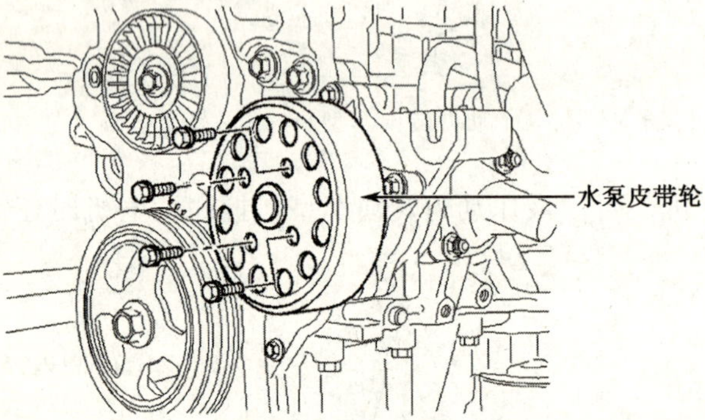

图 5-1-7 水泵皮带轮识别

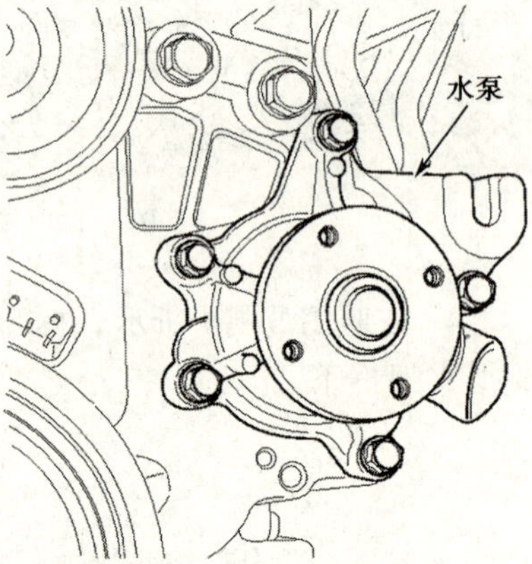

图 5-1-8 水泵识别

10. 按照图 5-1-9 所示，拆卸发动机传动皮带惰轮。

11. 按照图 5-1-10 所示，断开点火线圈连接器和通风软管。

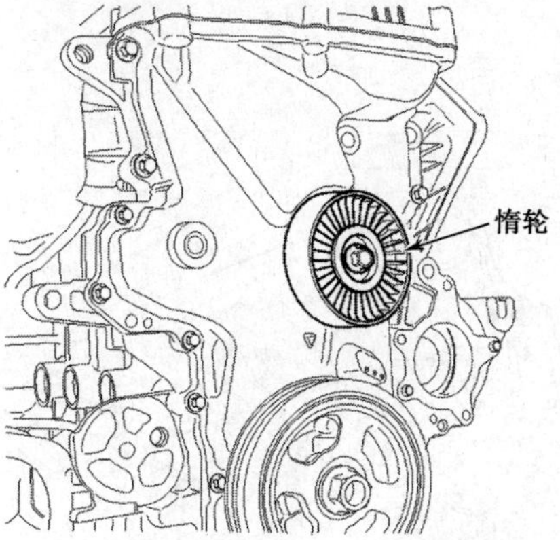

图 5-1-9 发动机传动皮带惰轮

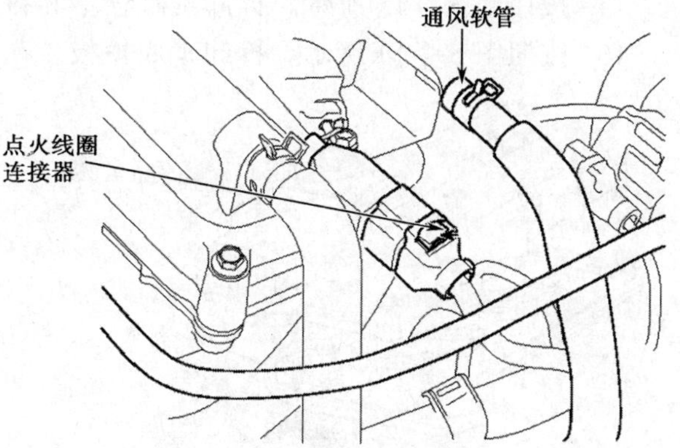

图 5-1-10 点火线圈连接器和通风软管识别

12. 按照图 5-1-11 所示，断开曲轴箱强制通风软管（图 5-1-11 中的 A）和燃油蒸发控制电磁阀软管（图 5-1-11 中的 B）。

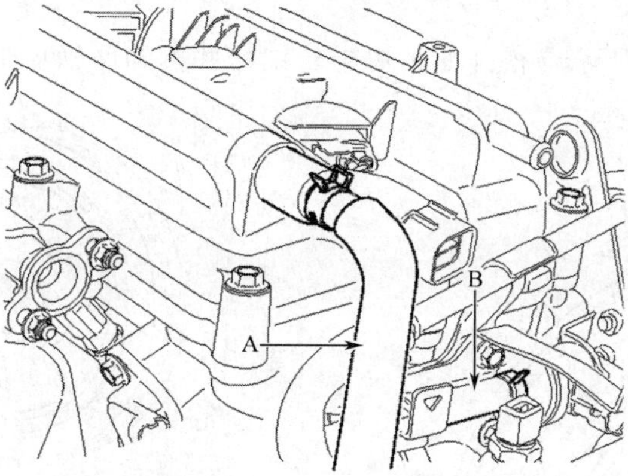

图 5-1-11 曲轴箱强制通风软管和燃油蒸发控制电磁阀软管识别

A-曲轴箱强制通风软管；B-燃油蒸发控制电磁阀软管

13. 按照图 5-1-12 所示，拆卸点火线圈。

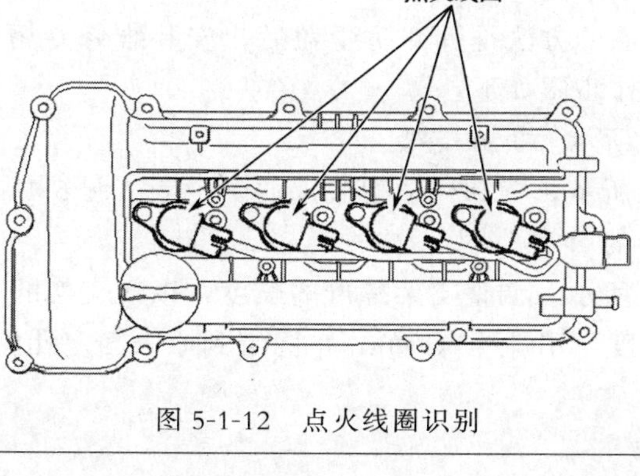

图 5-1-12 点火线圈识别

14. 按照图 5-1-13 所示，拆卸气缸盖罩和衬垫。

15. 按照图 5-1-14 所示，拆卸车底护板。

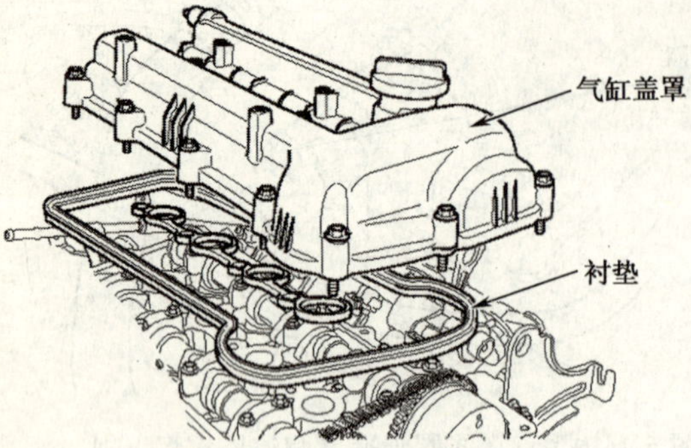

图 5-1-13 气缸盖罩和衬垫识别

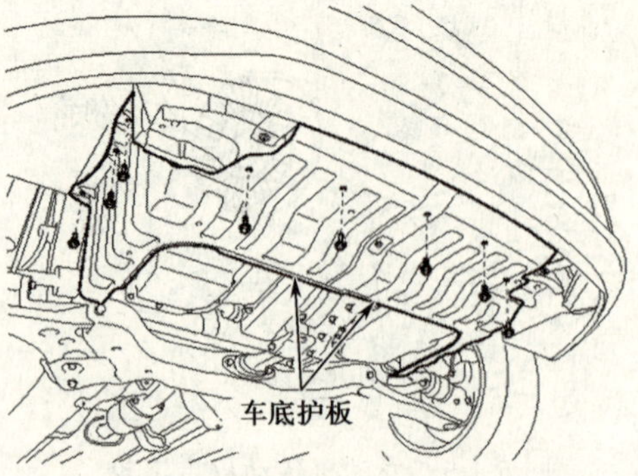

图 5-1-14 车底护板识别

16. 顺时针转动曲轴皮带轮，按照图 5-1-15 所示，使凹槽对齐正时链条盖的正时标记。

17. 按照图 5-1-16 所示，松开曲轴皮带轮螺栓并拆卸曲轴皮带轮。

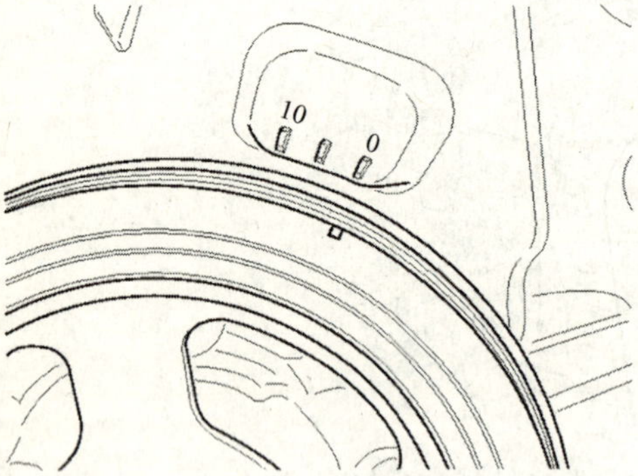

图 5-1-15 凹槽与正时链条盖的正时标记对齐

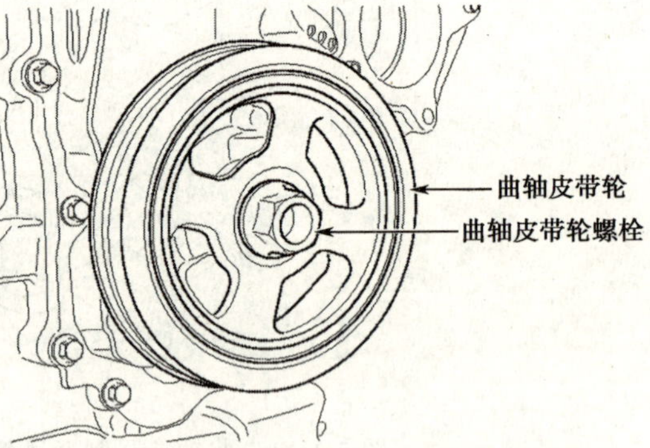

图 5-1-16 曲轴皮带轮螺栓和曲轴皮带轮识别

注意： 在安装或拆卸曲轴皮带轮时，用两种固定飞轮齿圈的方法。第一种是如图 5-1-17 所示，拆卸启动机后，安装维修专用工具（09231-2B100）来固定飞轮齿圈。

第二种固定飞轮齿圈的方法是拆卸防尘盖后，安装维修专用工具（09231-3D100）来固定飞轮齿圈。具体操作步骤如下：

（1）按照图 5-1-18 所示，拆卸支架。

（2）按照图 5-1-19 所示，拆卸梯形架底部的防尘盖（图 5-1-19 中的 A），拧下变速器固定螺栓（图 5-1-19 中的 B）。

（3）按照图 5-1-20 所示，调整支架螺母的长度，以便支架的前板放进飞轮齿圈齿内。

（4）调节连杆的角度，用螺栓（70mm）固定到原来固定孔内。

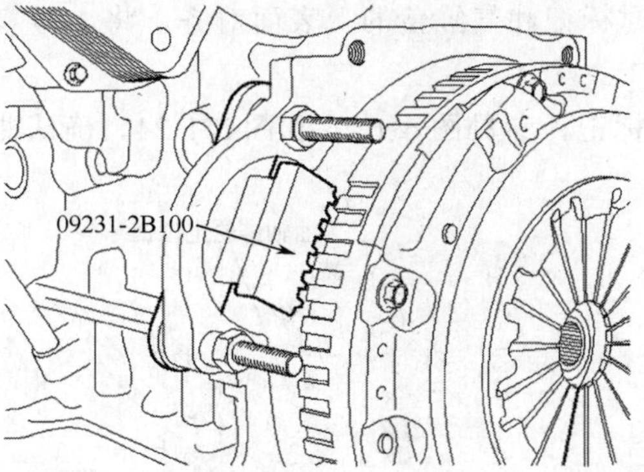

图 5-1-17 安装维修专用工具固定飞轮齿圈

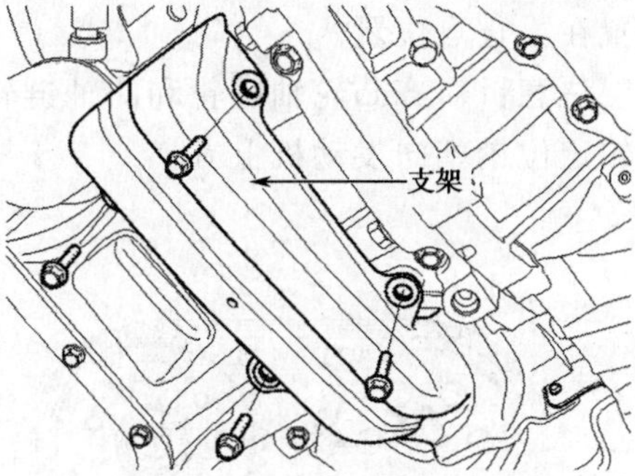

图 5-1-18 拆卸支架

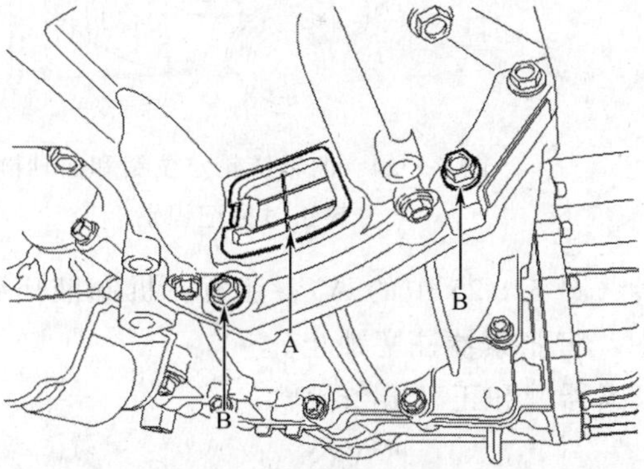

图 5-1-19 防尘盖和变速器固定螺栓识别
A-防尘盖；B-变速器固定螺栓

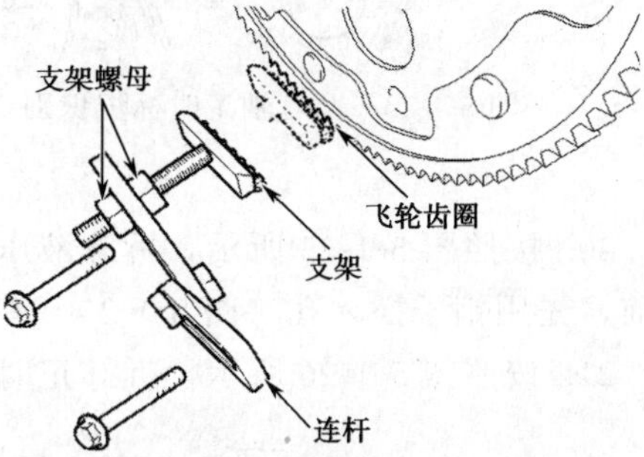

图 5-1-20 支架螺母、支架、飞轮齿圈、连杆识别

（5）按照图 5-1-21 所示，用两个固定螺栓和垫片安装维修专用工具（09231-3D100），拧紧支架的螺栓和螺母。

18. 按照图 5-1-22 所示，拆卸正时链条盖。

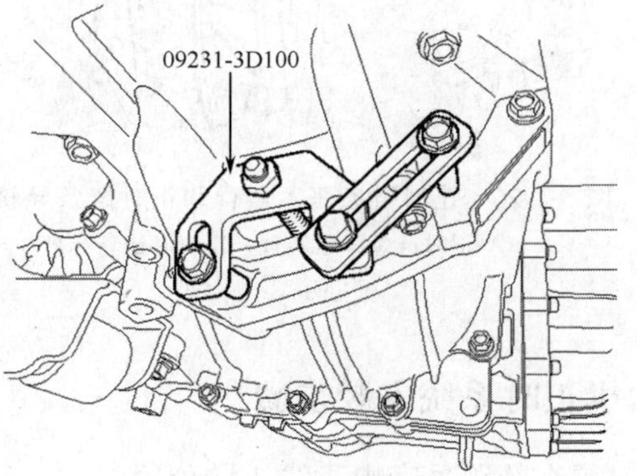

图 5-1-21 安装维修专用工具（09231-3D100）

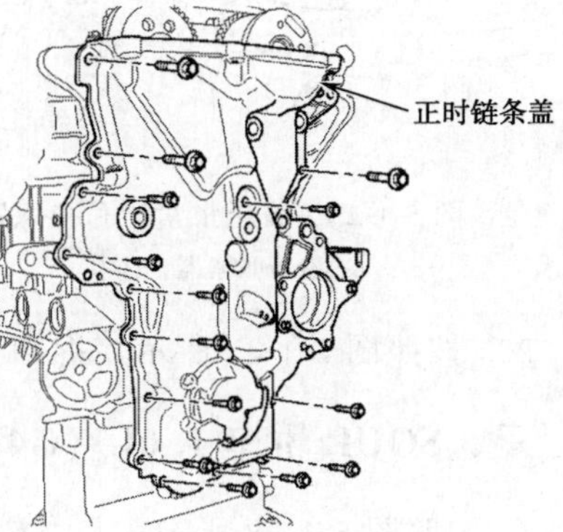

图 5-1-22 拆卸正时链条盖

19. 按照图 5-1-23 所示，将凸轮轴链轮正时标记和气缸盖的上表面对齐，将 1 号气缸设置在上止点位置。

注意：对齐凸轮轴链轮和曲轴链轮的正时标记，参见图 5-1-23 和图 5-1-24，确认曲轴链轮定位销朝向发动机上方。

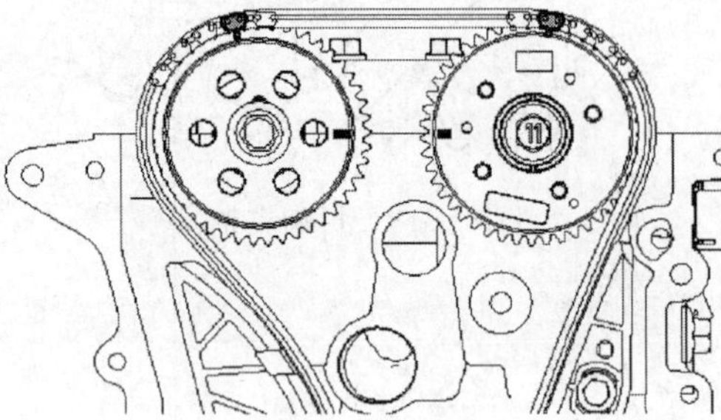

图 5-1-23　凸轮轴正时标记识别

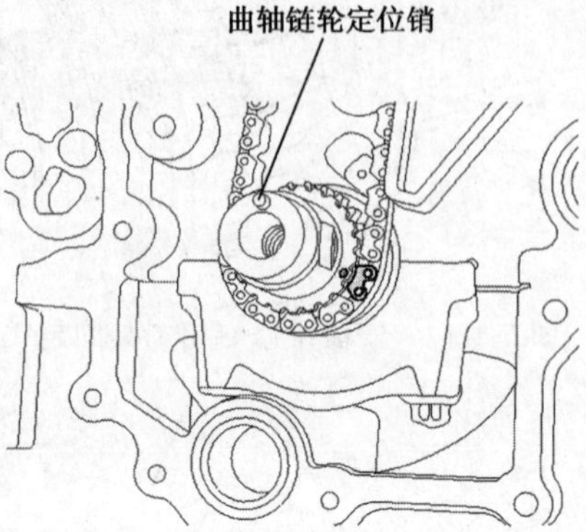

图 5-1-24　曲轴链轮定位销和曲轴链轮正时标记识别

20. 按照图 5-1-25 所示，拆卸液压张紧器（图 5-1-25 中的 A）。注意：拆卸液压张紧器前，先用销子插入孔（图 5-1-25 中的 B）中，将张紧器柱塞锁止。

21. 按照图 5-1-26 所示，拆卸正时链条张紧器臂和正时链条导轨。

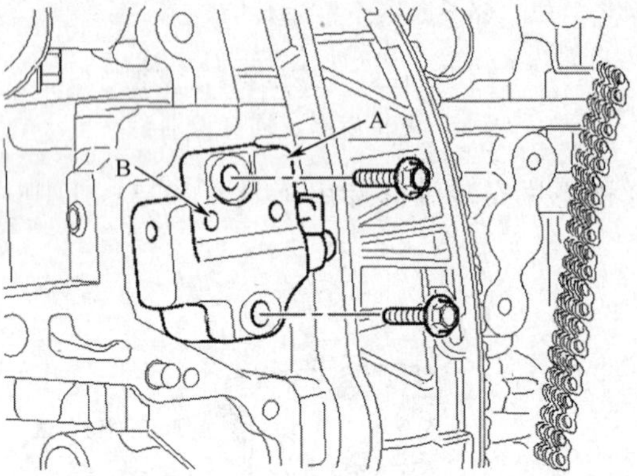

图 5-1-25　液压张紧器和孔识别

A-液压张紧器；B-孔

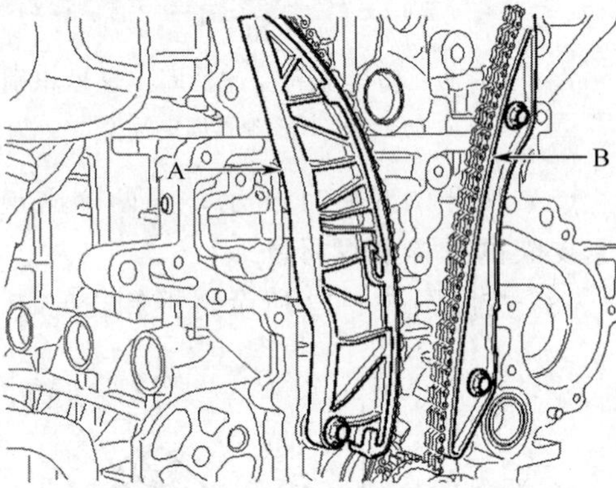

图 5-1-26　正时链条张紧器臂和正时链条导轨识别

A-正时链条张紧器臂；B-正时链条导轨

22. 按照图 5-1-27 所示，拆卸正时链条。

三、SOUL 轿车 1.6L（G4FC）发动机正时系统安装步骤

1. 按照图 5-1-28 所示，将曲轴的定位销设置在约距垂直中心线 3°的位置。

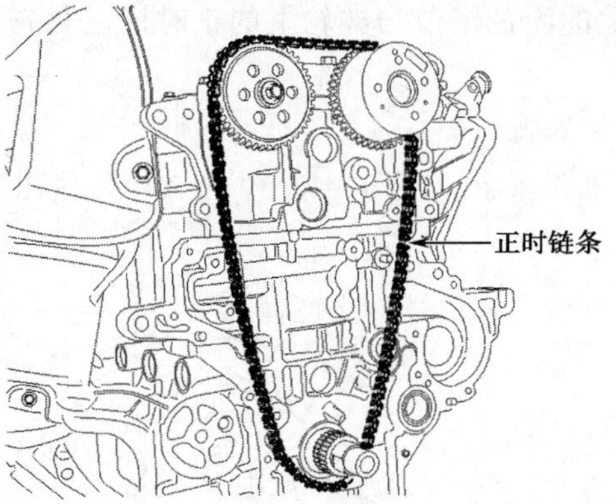

图 5-1-27 拆卸正时链条

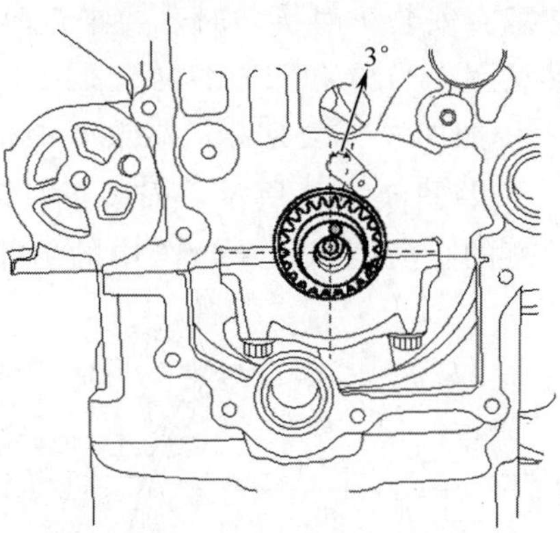

图 5-1-28 曲轴定位销设置位置

2. 按照图 5-1-29 所示，将凸轮轴链轮的正时标记与气缸盖上表面对齐，将 1 缸活塞设置到上止点位置。

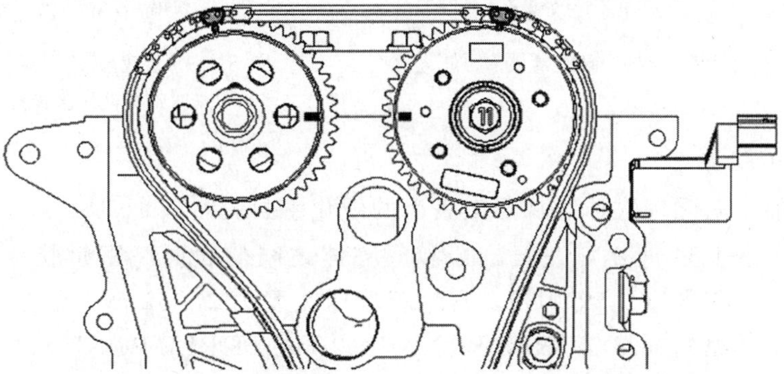

图 5-1-29 凸轮轴链轮的正时标记与气缸盖上表面对齐

3. 按照图 5-1-30 所示，安装新的 O 形密封圈。

4. 按照图 5-1-31 所示，安装正时链条和正时链条导轨。

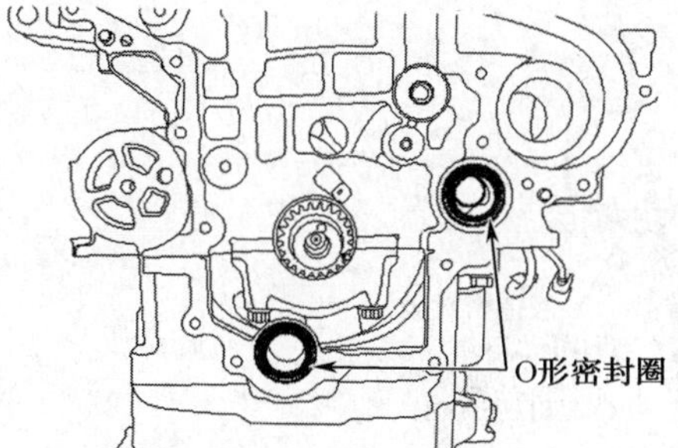

图 5-1-30 安装新的 O 形密封圈

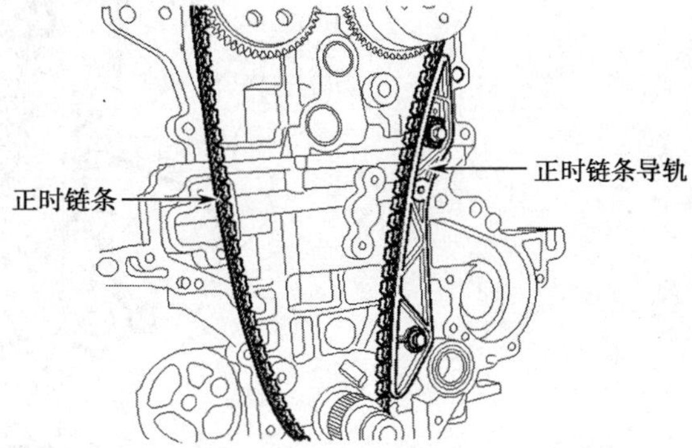

图 5-1-31 安装正时链条和正时链条导轨

注意：安装正时链条时，要把正时链条上的涂色链节与链轮上的正时标记对齐，正时标记参见图 5-1-23 和图 5-1-24。

5. 按照图 5-1-32 所示，安装正时链条张紧器臂。

6. 按照图 5-1-33 所示，安装正时链条液压张紧器（图 5-1-33 中的 A）并拔出锁止张紧器柱塞的止动销（图 5-1-33 中的 B）。

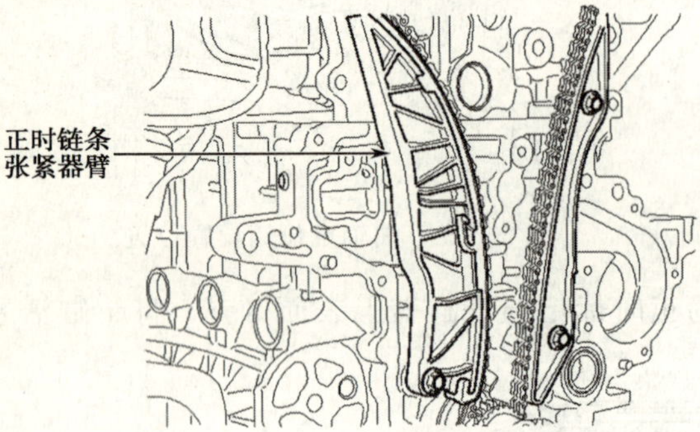

图 5-1-32 安装正时链条张紧器臂

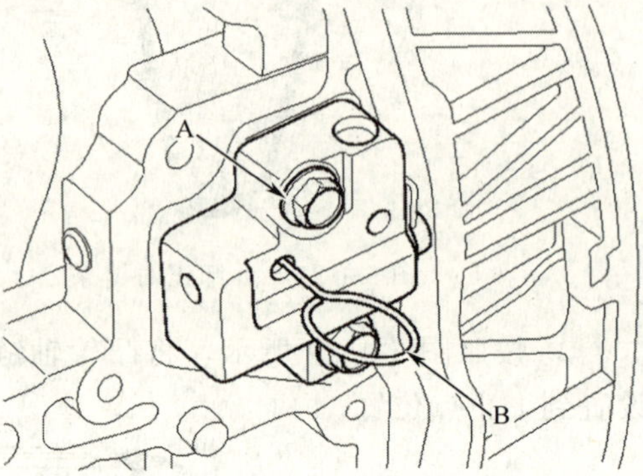

图 5-1-33 液压张紧器与止动销识别

A-正时链条液压张紧器；B-止动销

7. 安装正时链条盖：

（1）安装前，清除气缸体和梯形架表面的硬化密封胶。

（2）按照图 5-1-34 所示，在气缸盖和气缸体之间的表面涂密封胶（THREE BOND（TB）1217H 或 LOCTITE 5900H），密封胶涂抹宽度为 3～5mm；在正时链条盖的水泵接触部分安装液体密封衬垫 THREE BOND 1282B 或 THREE BOND 1216E，在其他部分涂抹密封胶 THREE BOND 1217H 或 LOCTITE 5900H，密封胶涂抹宽度为 3.5～4.5mm，在 5min 内装配正时链条盖。紧固正时链条盖螺栓，12mm 的螺栓紧固至 18.6～23.5N·m；10mm 的螺栓紧固至 9.8～11.8N·m。

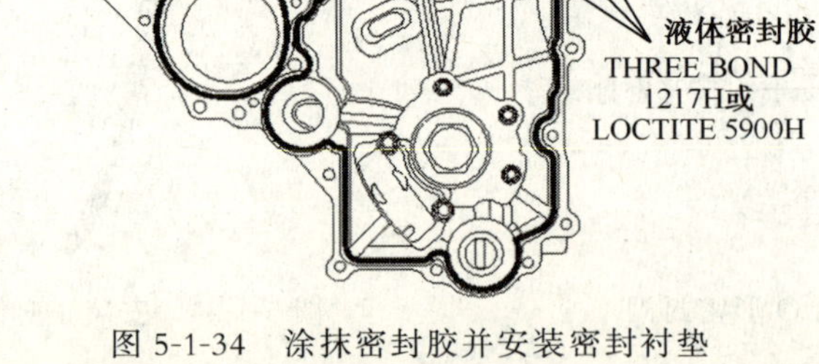

图 5-1-34 涂抹密封胶并安装密封衬垫

（3）按照图 5-1-35 所示，安装正时链条盖并紧固螺栓。

注意：安装完毕后，30min 内不要运行发动机。

8. 按照图 5-1-36 所示，安装正时链条盖油封。

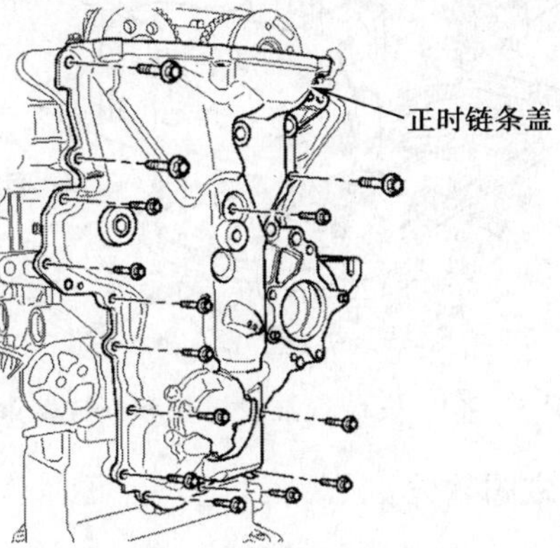

图 5-1-35 安装正时链条盖

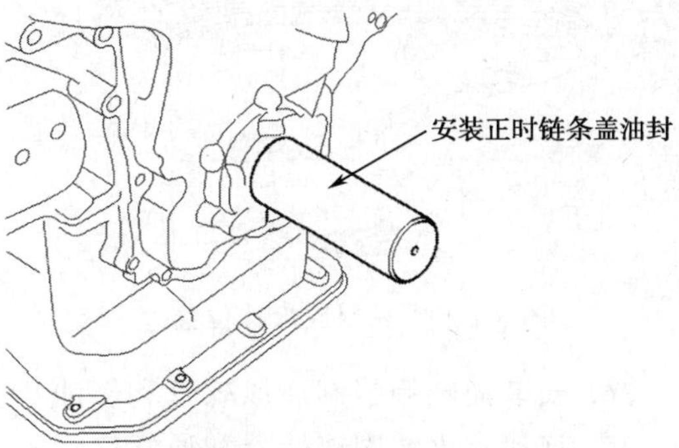

图 5-1-36 安装正时链条盖油封

9. 按照图 5-1-37 所示，安装曲轴皮带轮并紧固曲轴皮带轮螺栓。

10. 按照图 5-1-38 所示，安装车底护板并将车底护板固定螺栓紧固到 8.8～10.8N·m。

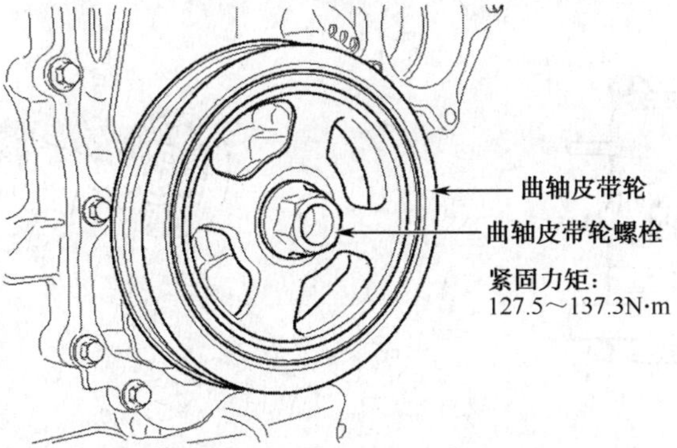

图 5-1-37 安装曲轴皮带轮并紧固曲轴皮带轮螺栓

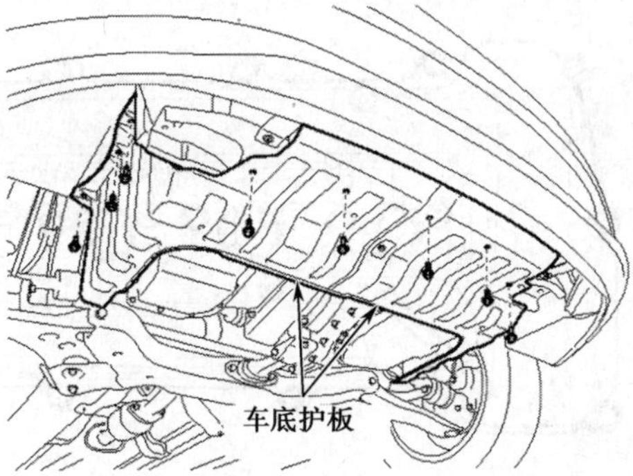

图 5-1-38 安装车底护板

11. 安装右前车轮。

12. 安装气缸盖罩：

（1）首先清除正时链条盖和气缸盖上表面上的机油、灰尘或硬化的密封胶。

（2）按照图 5-1-39 所示的位置，在气缸盖罩上涂抹液态密封胶 THREE BOND 1217H 或 LOCTITE 5900H，密封胶涂抹宽度为 2.0～2.5mm。然后在 5min 内安装气缸盖罩。

13. 按照图 5-1-40 所示，安装气缸盖衬垫和气缸盖罩。

14. 按照图 5-1-41 所示的顺序，紧固气缸盖罩螺栓，第一步先将螺栓紧固至 3.9～5.9N·m；第二步紧固至 7.8～9.8N·m。

15. 安装点火线圈螺栓。

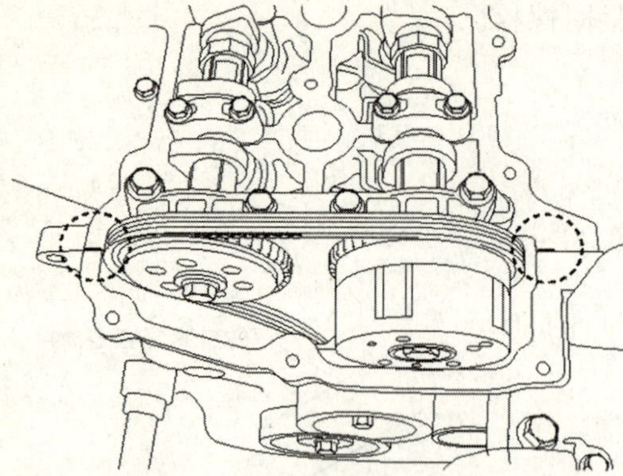

图 5-1-39　密封胶涂抹位置

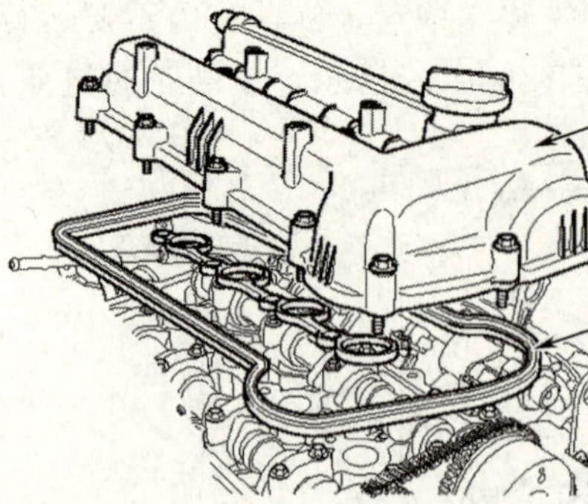

图 5-1-40　安装气缸盖衬垫和气缸盖罩

16. 安装曲轴箱强制通风软管和燃油蒸发排放电磁阀软管。

17. 连接点火线圈连接器和通气软管。

18. 按照图 5-1-42 所示，安装发动机传动皮带惰轮。将惰轮固定螺栓紧固至 42.2～53.9N·m。

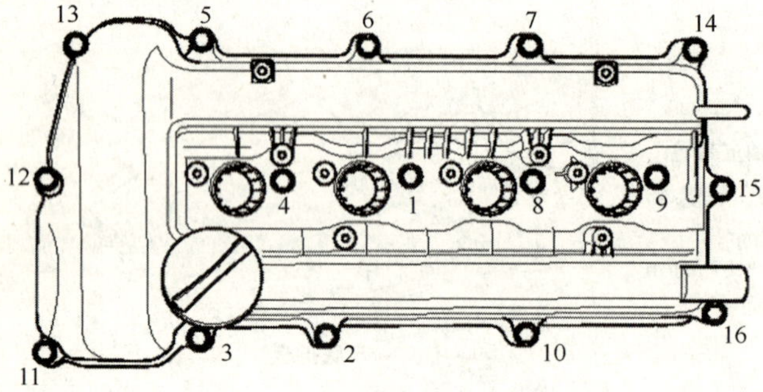

图 5-1-41　气缸盖螺栓紧固顺序

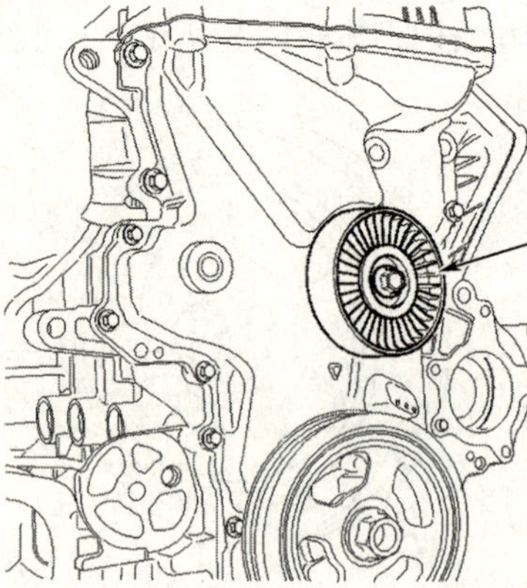

图 5-1-42　安装发动机传动皮带惰轮

19. 安装水泵和密封衬垫，并按照图 5-1-43 所示的紧固顺序紧固螺栓。

20. 按照图 5-1-44 所示，安装水泵皮带轮。

21. 按照图 5-1-45 所示，安装发动机支架和交流发电机支架。

22. 按照图 5-1-46 所示，安装发动机固定支架并紧固螺栓 B、螺栓 C 和螺母 D。螺栓 B 的紧固力矩为 63.7～83.4N·m；螺栓 C 和 D 的紧固力矩为 49～63.7N·m。

23. 对于液压动力转向车型，按照图 5-1-47 所示，安装交流发动机和支架并紧固螺栓，12mm 的螺栓应紧固至 19.6～26.5N·m；14mm 的螺栓应紧固至 29.4～41.2N·m；支架的固定螺栓应紧固至 19.6～26.5N·m。

24. 对于电子动力转向车型，按照图 5-1-48 所示，安装交流发电机并紧固螺栓，12mm 的螺栓应紧固至 19.6～26.5N·m；14mm 的螺栓应紧固至 29.4～41.2N·m。

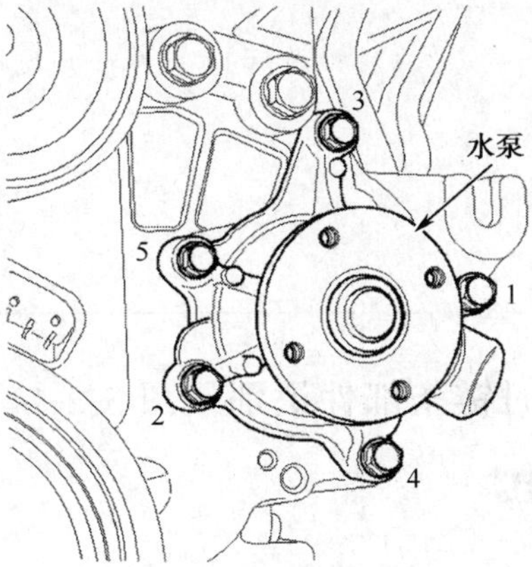

图 5-1-43 水泵螺栓紧固顺序

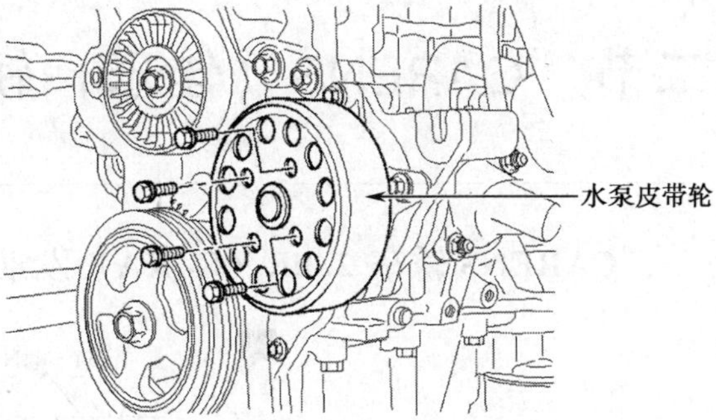

图 5-1-44 安装水泵皮带轮

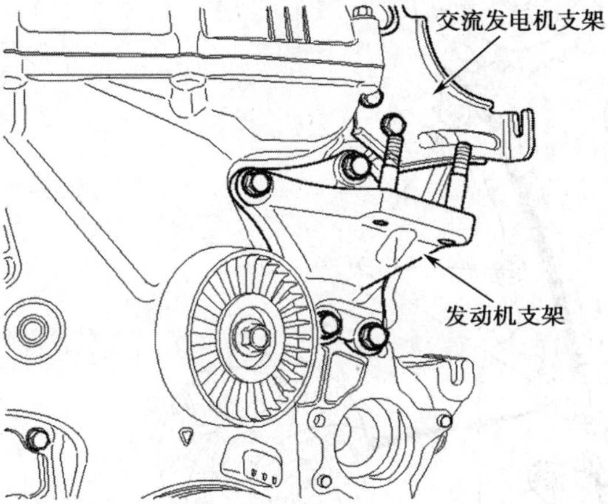

图 5-1-45 安装发动机支架和交流发电机支架

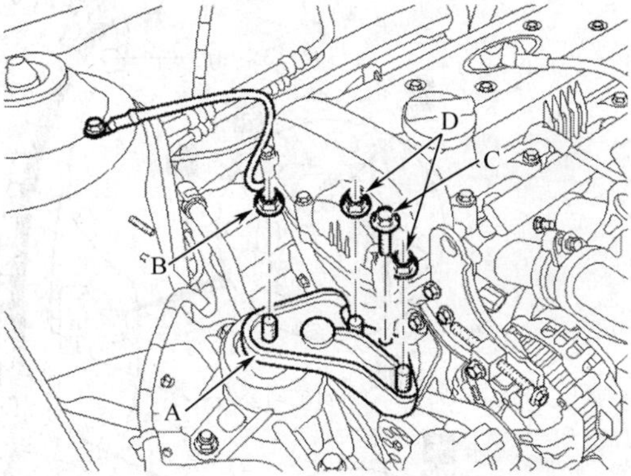

图 5-1-46 发动机固定支架和固定螺母识别

A-发动机固定支架；B-螺栓；C-螺栓；D-螺栓

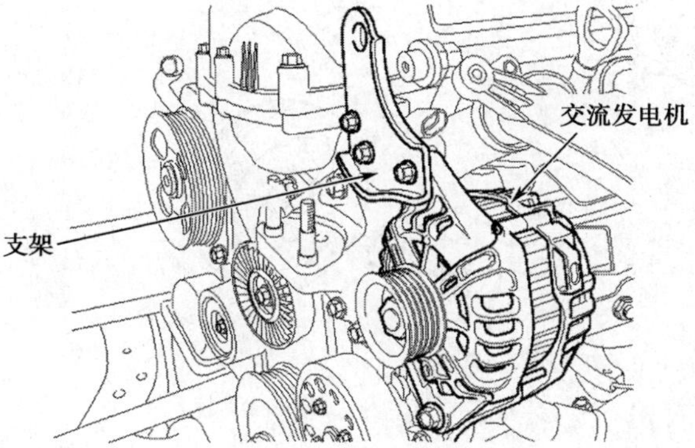

图 5-1-47 安装交流发动机和支架

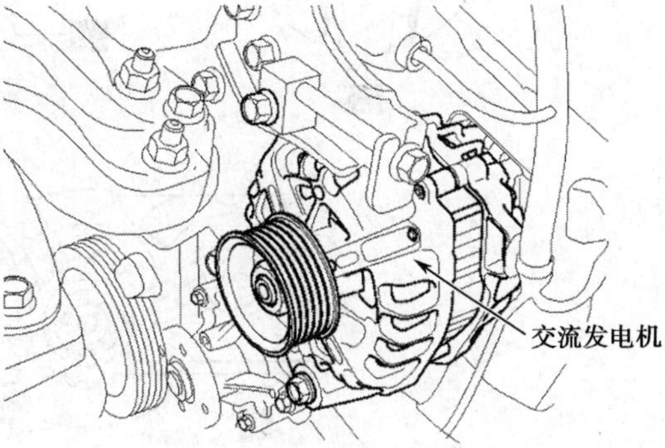

图 5-1-48 安装交流发电机

25. 安装发动机传动皮带。

26. 连接蓄电池负极端子。

第二节 CARENS（佳乐）轿车

一、CARENS 轿车 2.0L（G4KA）发动机正时链条部件识别（图 5-2-1）

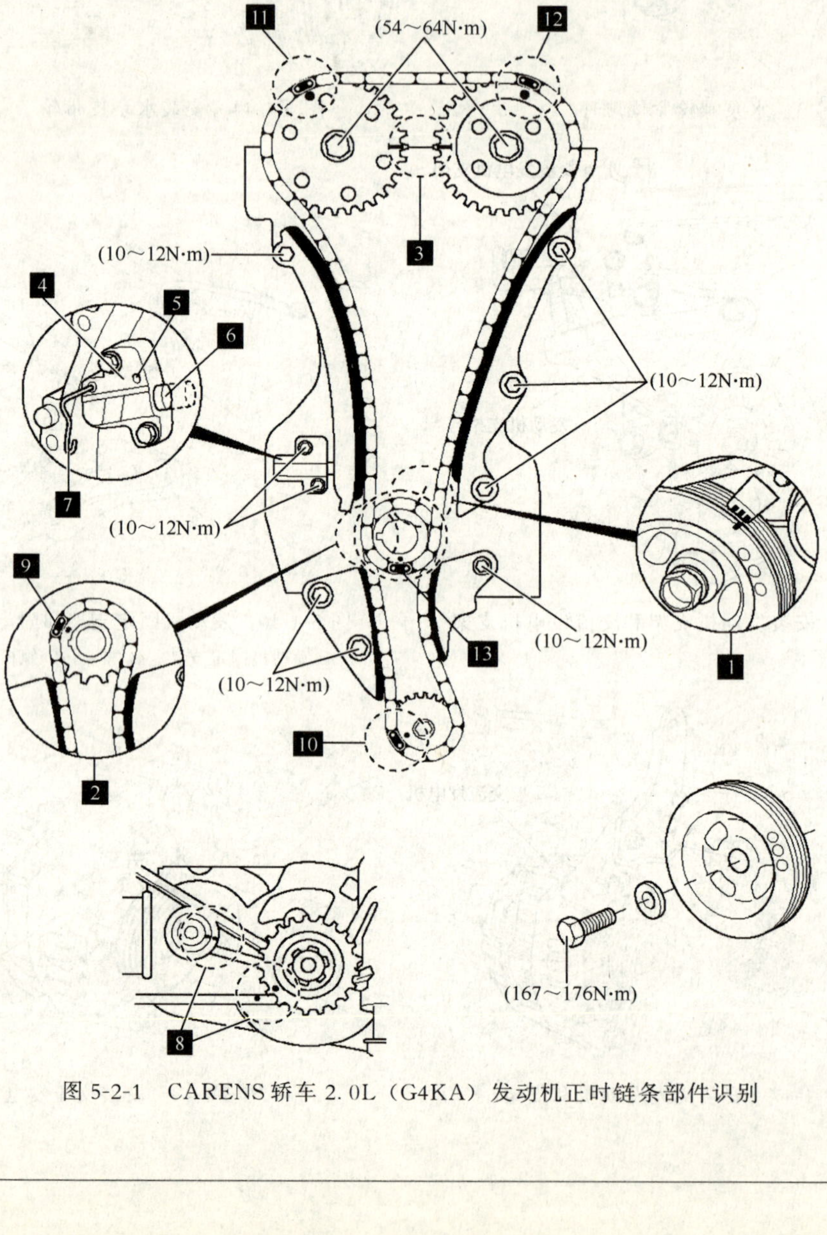

图 5-2-1 CARENS 轿车 2.0L（G4KA）发动机正时链条部件识别

二、CARENS轿车2.0L（G4KA）发动机正时校准操作要点（表5-2-1）

表5-2-1 CARENS轿车2.0L（G4KA）发动机正时校准操作要点

步骤	操作方法
1	拆卸油底壳
2	将发动机设置在1缸上止点位置（图5-2-1中的1）
3	确保曲轴链轮键槽位于9点钟位置（图5-2-1中的2）
4	确保凸轮轴的各个正时标记（图5-2-1中的3）与气缸盖上表面对齐
5	把正时链条张紧器（图5-2-1中的4）锁止在压缩位置： （1）用一把一字螺丝刀插入正时链条张紧器壳体内，使张紧器柱塞释放（图5-2-1中的5）； （2）将柱塞压入张紧器壳体中（图5-2-1中的6）； （3）插入粗细合适的销子（图5-2-1中的7），把柱塞锁止在压缩位置
6	使平衡轴上的正时标记与平衡轴链轮对准（图5-2-1中的8）
7	安装正时链条
8	将正时链条上的染色链节与平衡轴链轮正时标记和曲轴链轮正时标记对齐（图5-2-1中的9和10）
9	将正时链条上的染色链节与各个链轮上的正时标记对齐（图5-2-1中的11、12和13）
10	把锁止正时链条张紧器柱塞的销子（图5-2-1中的7）取下
11	顺时针转动曲轴2周直至达到1缸上止点位置（图5-2-1中的1）
12	确保凸轮轴的各个正时标记（图5-2-1中的3）与气缸盖上表面对齐

第三节 CARNIVAL（嘉华）轿车

一、CARNIVAL轿车3.5L（G6CU）发动机正时皮带拆装

G6CU发动机正时皮带部件识别如图5-3-1所示。

（一）正时皮带拆卸

1. 顺时针转动张紧器臂，将皮带从张紧器上拆下。
2. 拆下动力转向泵皮带轮、惰轮、张紧器轮和曲轴皮带轮。

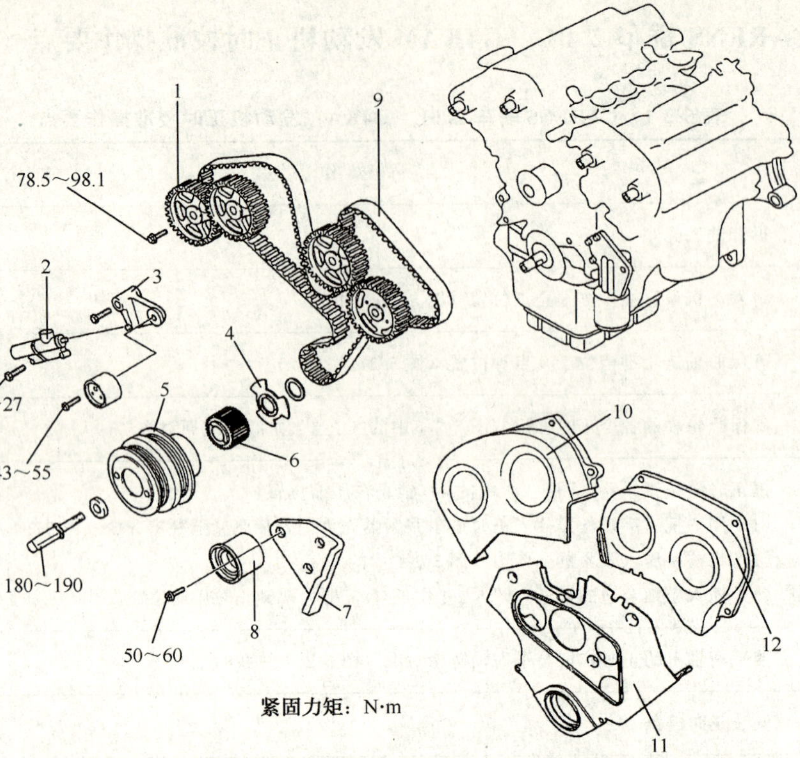

图 5-3-1 G6CU 发动机正时皮带部件识别

1-凸轮轴带轮；2-自动张紧器；3-张紧器臂；4-传感叶片；5-曲轴皮带轮；6-曲轴带轮；7-惰轮支架；8-惰轮；9-正时皮带；10-正时皮带上盖（右）；11-正时皮带下盖；12-正时皮带上盖（左）

3．拆卸正时皮带上盖。

4．拆卸自动张紧器（图 5-3-2）。

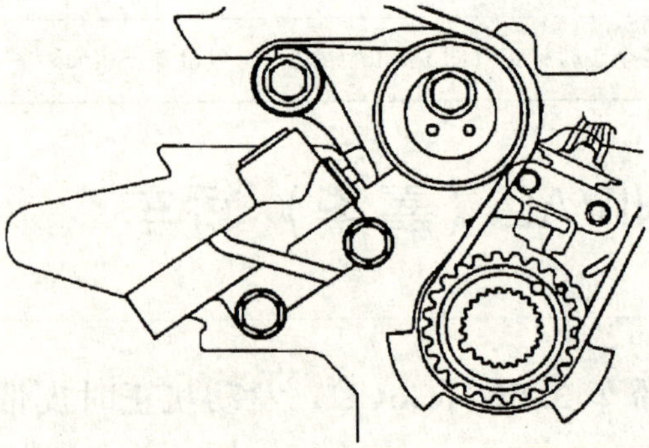

图 5-3-2 自动张紧器

5．拆下张紧器螺栓，将正时皮带拆下。

（二）正时皮带安装

1. 把惰轮安装到惰轮支架上。

2. 把张紧器臂、平垫圈安装到气缸体上。

3. 安装曲轴带轮并对齐正时标记（图 5-3-3）。安装时要注意，不要弯折曲轴位置传感叶片（图 5-3-4）。

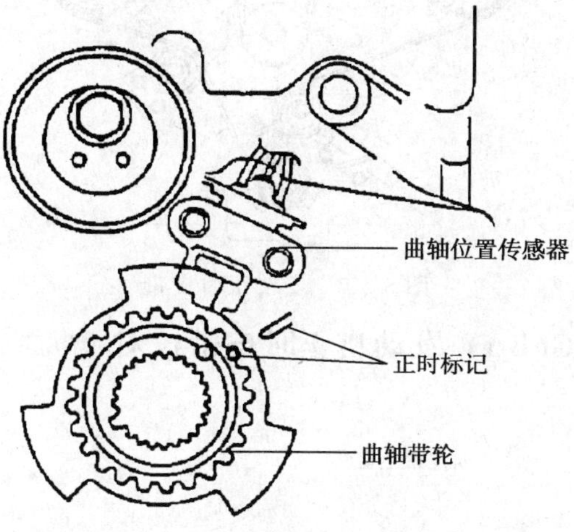

图 5-3-3 安装曲轴带轮并对齐正时标记

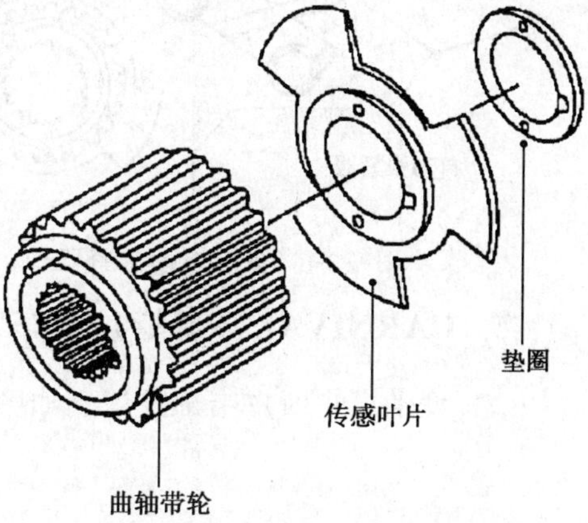

图 5-3-4 曲轴传感叶片

4. 安装凸轮轴带轮并将其设置到初始安装状态（图 5-3-5）。

图 5-3-5 安装凸轮轴带轮并设置到初始安装状态

5. 把自动张紧器安装到机油泵壳体上（图 5-3-6）。注意：此时自动张紧器的定位销应装好。

6. 对齐各个带轮的正时标记，然后按照曲轴带轮-惰轮-左侧排气凸轮轴带轮-左侧进气凸轮轴带轮-水泵皮带轮-右侧进气凸轮轴带轮-右侧排气凸轮轴带轮-张紧器皮带轮的安装顺序，安装正时皮带（图 5-3-7）。在此步骤中，1 缸要处于压缩上止点位置。

7. 再次确认各个正时标记对齐。

8. 安装张紧器皮带轮。

9. 拔出自动张紧器上的定位销。

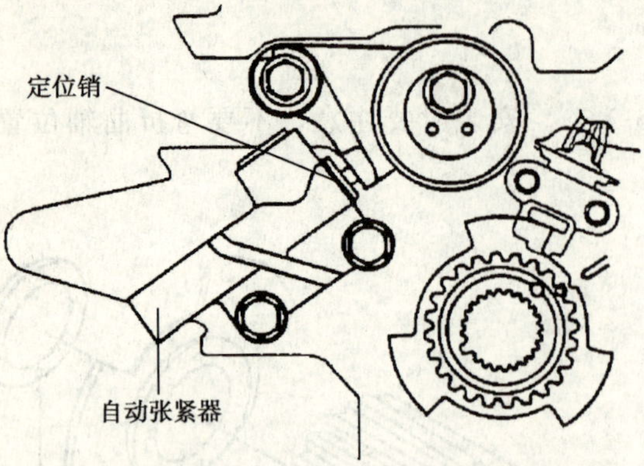

图 5-3-6 安装自动张紧器

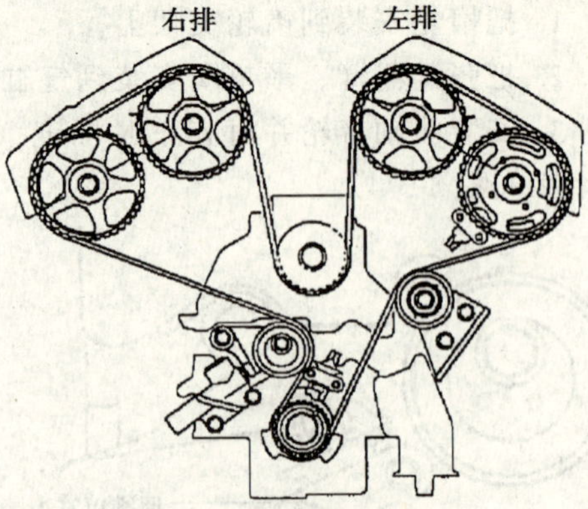

图 5-3-7 安装正时皮带

二、CARNIVAL（嘉华）轿车 2.7L（G6BA）发动机正时皮带校对

2.7L 发动机正时皮带部件识别如图 5-3-8 所示。

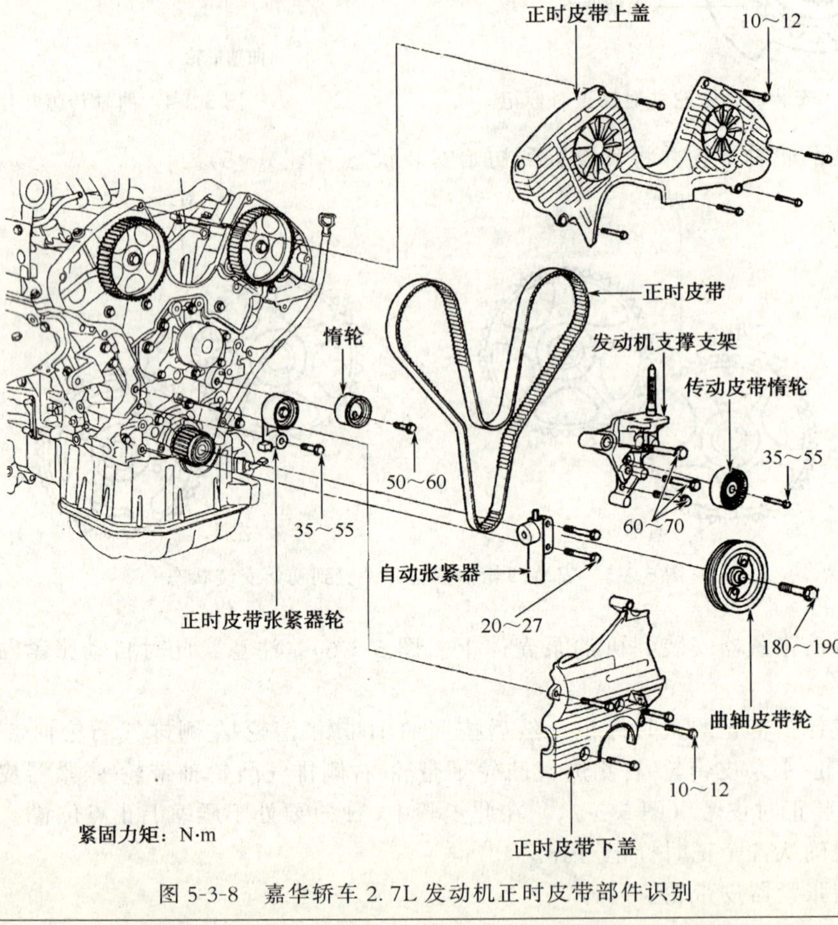

图 5-3-8 嘉华轿车 2.7L 发动机正时皮带部件识别

（一）嘉华轿车 2.7L 发动机正时皮带拆卸步骤

1. 拆卸发动机盖。

2. 拆卸右前车轮。

3. 拆卸右侧盖的 2 个螺栓和右侧盖（图 5-3-9）。

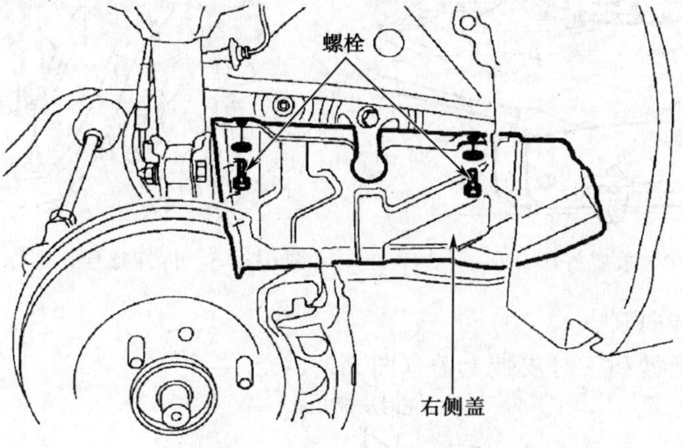

图 5-3-9　螺栓和右侧盖

4. 转动曲轴皮带轮，将曲轴皮带轮上的导槽与正时皮带盖上的正时标记“T”对齐（图 5-3-10）。

5. 拆卸传动皮带和传动皮带张紧器（图 5-3-11）。

图 5-3-10　对齐正时标记

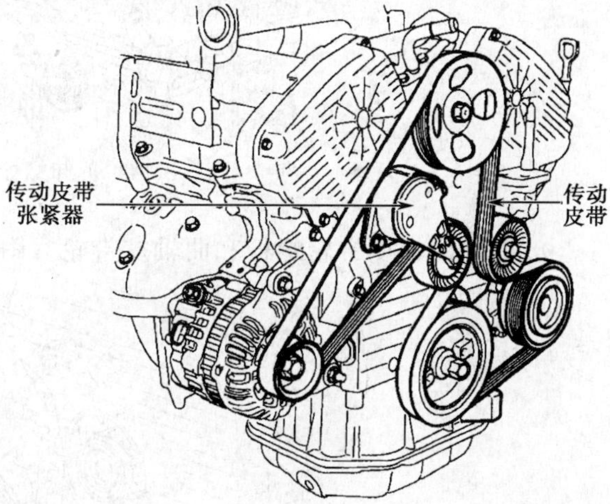

图 5-3-11　传动皮带和传动皮带张紧器

6. 拆卸发动机装配支架：

（1）把千斤顶放置到发动机油底壳处，千斤顶与油底壳之间要垫上木块（图 5-3-12）。

（2）拆卸 2 个螺栓、2 个螺母和发动机装配支架（图 5-3-13）。

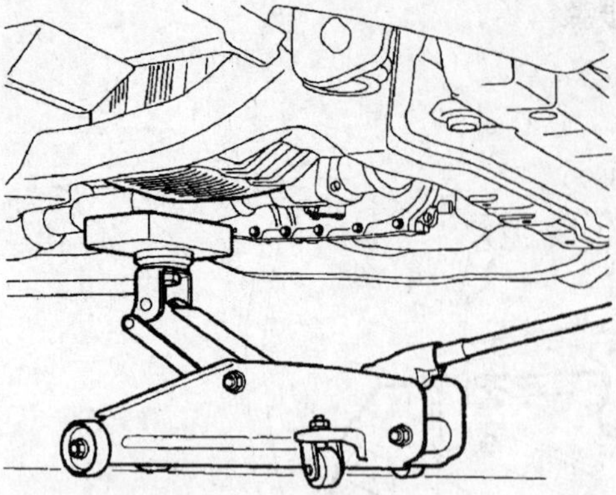

图 5-3-12　放置好千斤顶

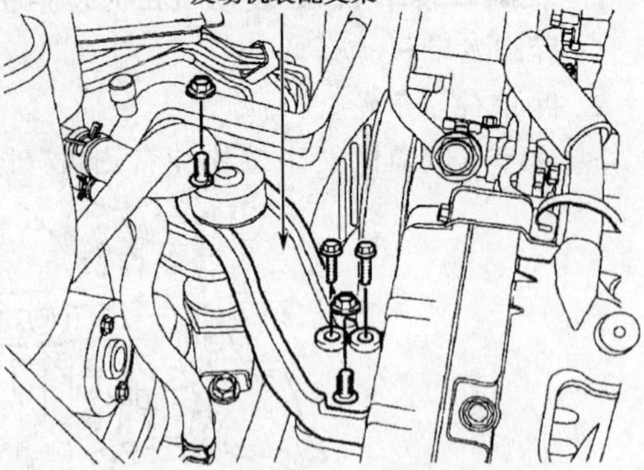

图 5-3-13　拆卸螺栓、螺母和发动机装配支架

7. 拆卸动力转向泵。
8. 拆卸 7 个螺栓和正时皮带上盖（图 5-3-14）。

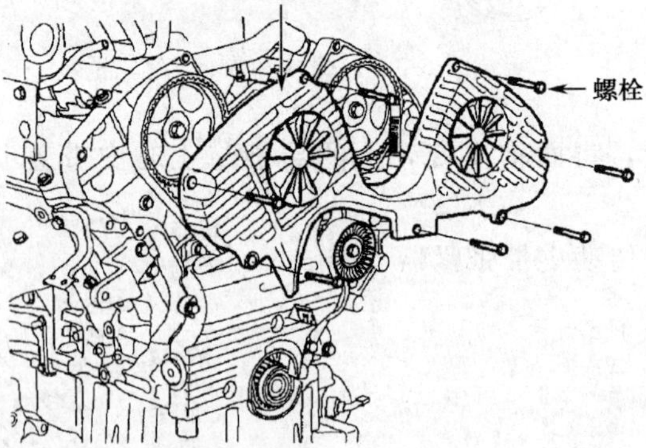

图 5-3-14　拆卸螺栓和正时皮带上盖

9. 拆卸曲轴皮带轮螺栓和曲轴皮带轮（图 5-3-15）。

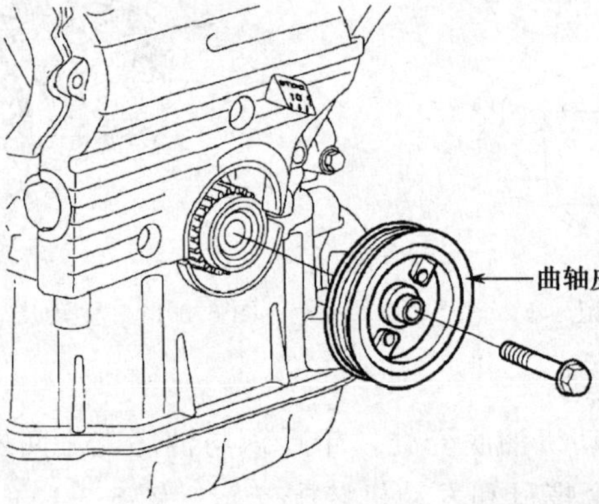

图 5-3-15　曲轴皮带轮螺栓和曲轴皮带轮

10. 拆卸传动皮带惰轮（图 5-3-16）。

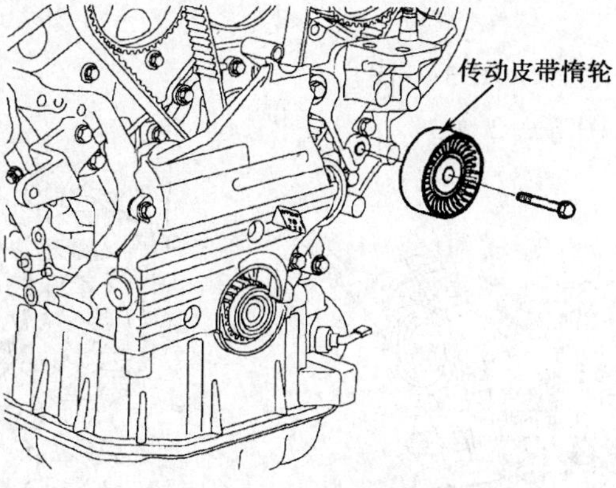

图 5-3-16 拆卸传动皮带惰轮

11. 拆卸 4 个螺栓和正时皮带下盖（图 5-3-17）。

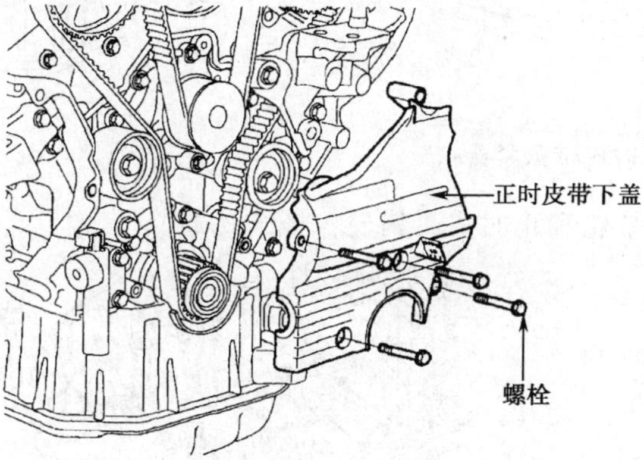

图 5-3-17 拆卸螺栓和正时皮带下盖

12. 拆卸发动机支撑支架（图 5-3-18）。

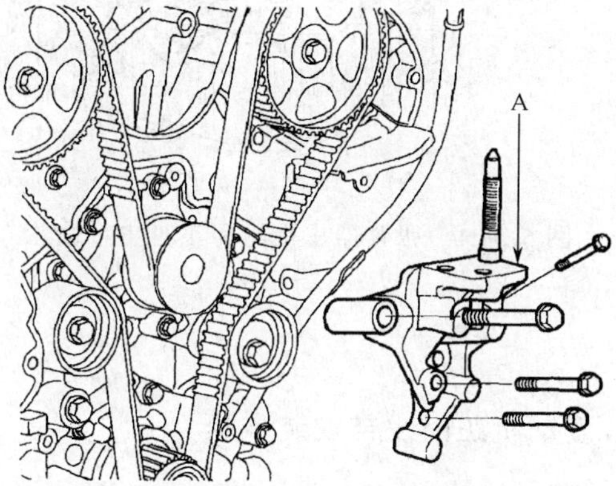

图 5-3-18 拆卸发动机支撑支架

13. 检查凸轮轴正时皮带轮与气缸盖罩的正时标记是否对齐，如果没有对齐，将曲轴转动 1 圈。

14. 拆卸正时皮带张紧器（图 5-3-19）。

15. 拆卸正时皮带（图 5-3-20）。

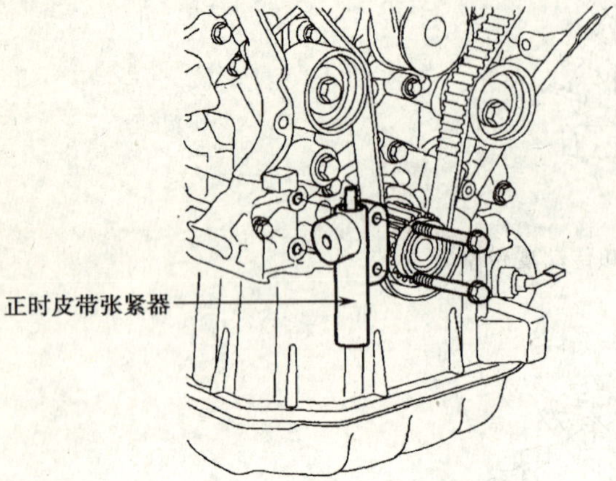

图 5-3-19 正时皮带张紧器

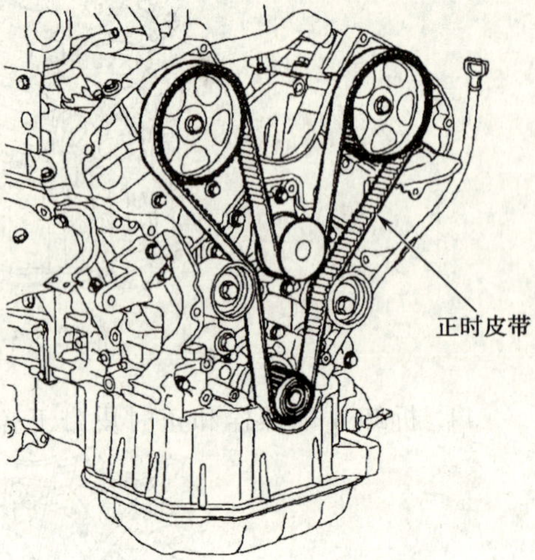

图 5-3-20 拆卸正时皮带

16. 拆卸张紧器皮带轮和正时皮带惰轮（图 5-3-21）。

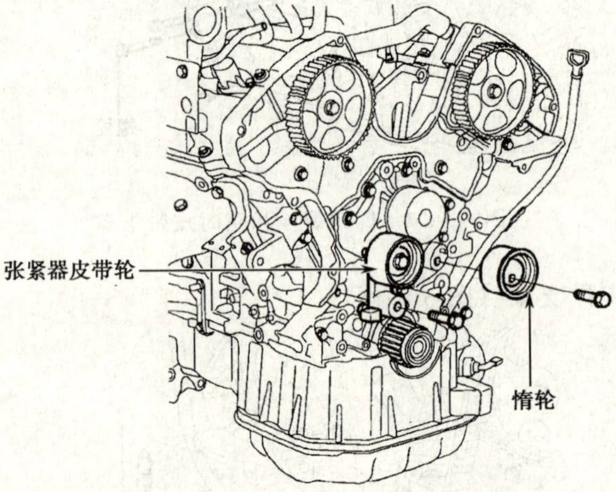

图 5-3-21 张紧器皮带轮和正时皮带惰轮

17. 拆卸曲轴带轮。

18. 拆卸凸轮轴带轮。

（二）嘉华轿车 2.7L 发动机正时皮带安装步骤

1. 安装曲轴带轮。

2. 安装凸轮轴带轮，将凸轮轴带轮紧固至 90～110N·m。

3. 参照图 5-3-21，安装惰轮和张紧器皮带轮。

4. 将 1 缸设置在压缩上止点位置，对齐凸轮轴带轮和曲轴带轮上的正时标记（图 5-3-22）。

5. 定位正时皮带张紧器：

（1）使用压床，慢慢压进气门推杆。

（2）对齐气门推杆和外壳孔。通过孔用定位销来定位气门推杆的定位位置。

（3）释放压床。

6. 安装正时皮带张紧器，将张紧器的螺栓紧固至 20～27N·m（图 5-3-23）。

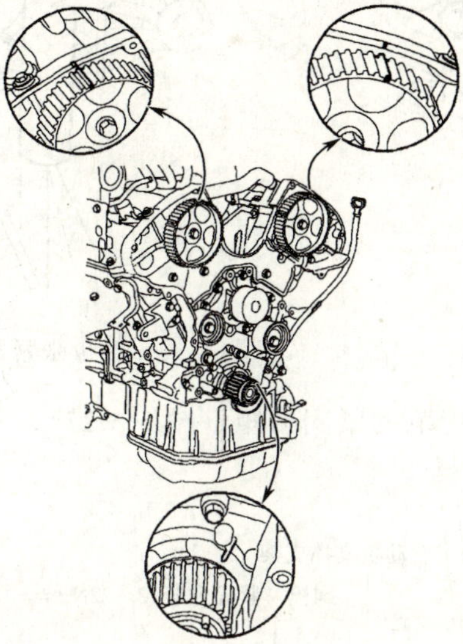

图 5-3-22　对齐正时标记

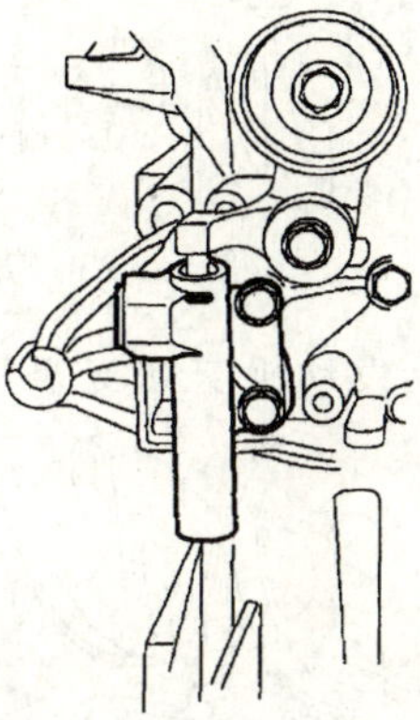

图 5-3-23　安装正时皮带张紧器

7. 按照曲轴带轮-惰轮-凸轮轴带轮（左）-水泵皮带轮-凸轮轴带轮（右）-张紧器皮带轮的顺序，安装正时皮带（图 5-3-24）。

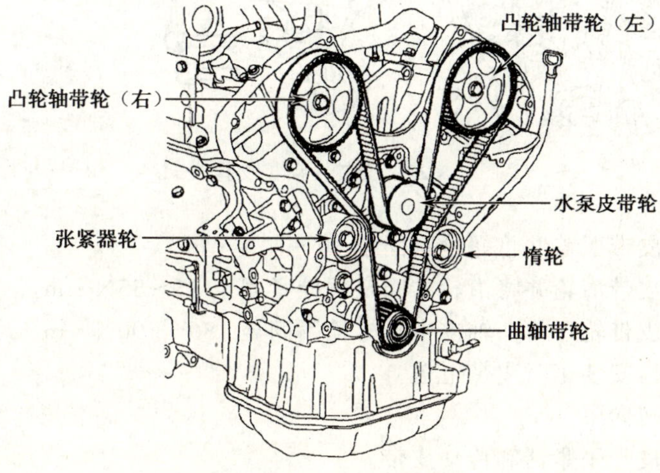

图 5-3-24　安装正时皮带

8. 拆卸张紧器上的定位销（图 5-3-25）。

9. 检查正时皮带张紧器：沿顺时针方向转动曲轴 2 圈，等待 5min 后，在 1 缸处于压缩上止点处，测量张紧器的凸出长度，应为 7～9mm（图 5-3-26）。

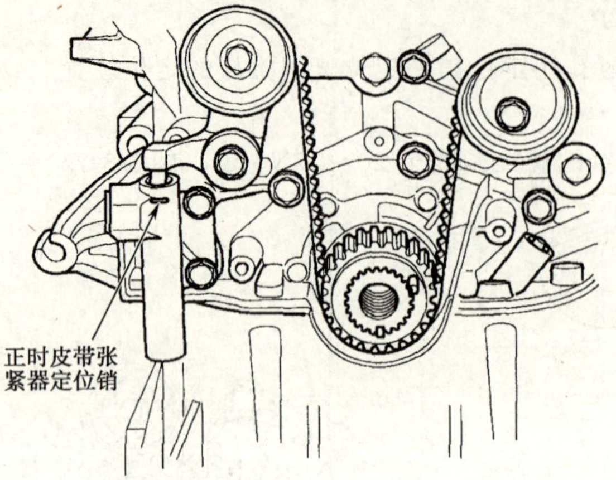

图 5-3-25 拆卸定位销

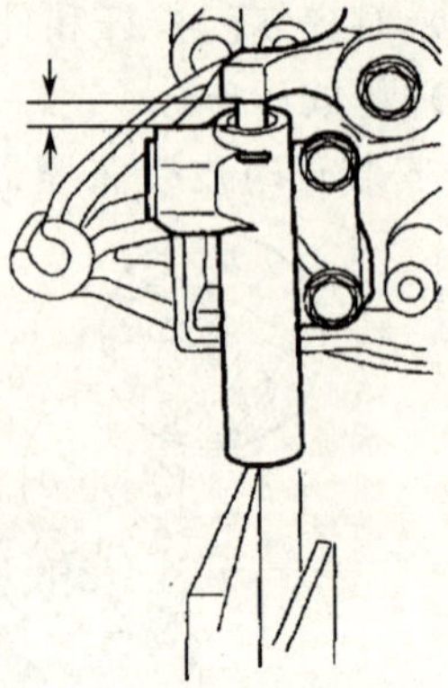

图 5-3-26 测量张紧器凸出长度

10. 安装发动机支撑支架并将螺栓紧固至规范的紧固力矩（图 5-3-27）。

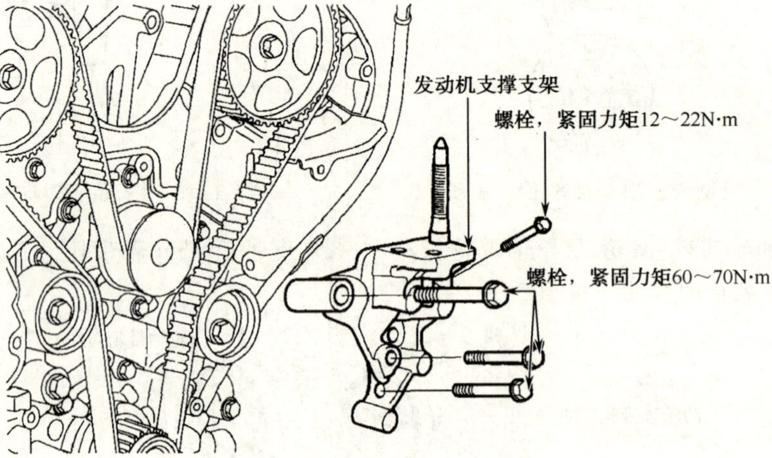

图 5-3-27 安装发动机支撑支架

11. 安装正时皮带下盖并将螺栓紧固至 10～12N・m。

12. 安装传动皮带惰轮并将惰轮的固定螺栓紧固至 35～55N・m。

13. 安装曲轴皮带轮，将曲轴皮带轮螺栓紧固至 180～190N・m。

14. 用 7 个螺栓安装正时皮带上盖。

15. 安装动力转向泵。

16. 安装传动皮带张紧器和传动皮带。

17. 安装发动机装配支架并将螺栓紧固至 60～80N・m。

18. 安装右侧盖。

19. 安装右前轮。

20. 安装发动机盖。

第四节 K5 轿车

一、K5 轿车 2.0L 和 2.4L 发动机正时系统部件识别（图 5-4-1、图 5-4-2）

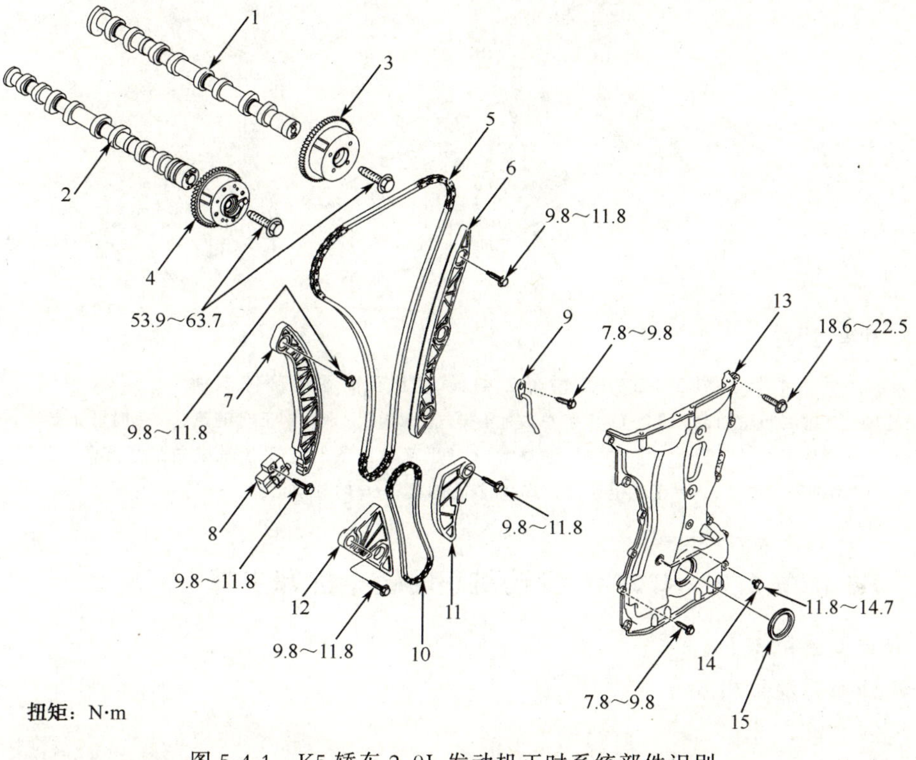

图 5-4-1 K5 轿车 2.0L 发动机正时系统部件识别

1-进气凸轮轴；2-排气凸轮轴；3-进气 CVVT 总成；4-排气 CVVT 总成；5-正时链条；6-正时链条导轨；7-正时链条张紧器臂；8-正时链条张紧器；9-正时链机油喷嘴；10-机油泵链轮；11-机油泵链条机械张紧器臂；12-机油泵链条导轨；13-正时链条盖；14-维修孔螺栓；15-曲轴前油封

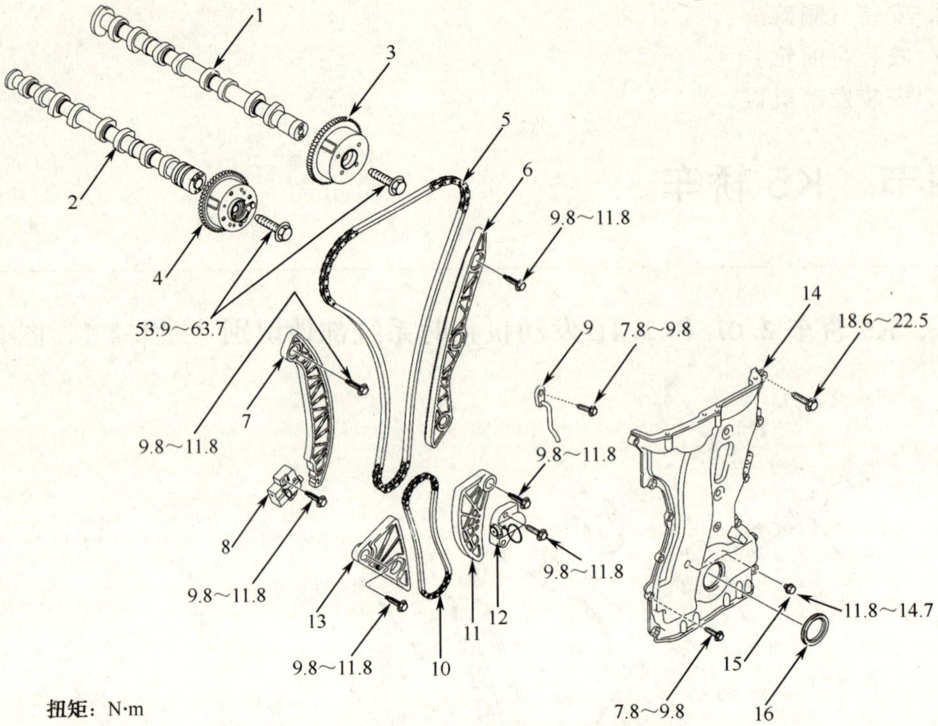

图 5-4-2　K5 轿车 2.4L 发动机正时系统部件识别

1-进气凸轮轴；2-排气凸轮轴；3-进气 CVVT 总成；4-排气 CVVT 总成；5-正时链条；6-正时链条导轨；7-正时链条张紧器臂；8-正时链条张紧器；9-正时链机油喷嘴；10-平衡轴链条；11-平衡轴链条张紧器臂；12-平衡轴链条张紧器；13-平衡轴链条导轨；14-正时链条盖；15-维修孔螺栓；16-曲轴前油封

二、K5 轿车 2.0L 和 2.4L 发动机正时链条拆卸步骤

1. 拆卸发动机盖。

2. 断开蓄电池负极端子。

3. 拆卸右前车轮。

4. 拆卸车底护板。

5. 按照图 5-4-3 所示，转动曲轴皮带轮并使曲轴皮带轮的凹槽与正时链盖的正时标记对准，设置 1 号气缸的活塞到压缩行程的上止点位置。

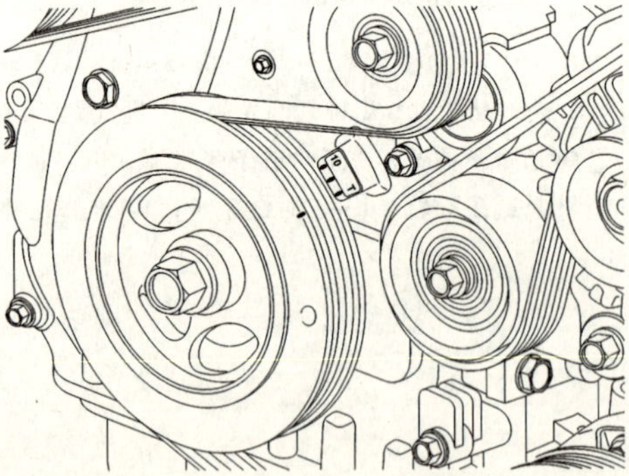

图 5-4-3　对齐正时标记

6. 对于液压动力转向系统，按照图 5-4-4 所示，断开动力转向油压开关连接器（图 5-4-4（a）中的 A）和排气 OCV（机油控制阀）连接器（图 5-4-4 中的 B），然后从气缸盖罩拆卸线束。对于电子动力转向系统来说，只需要断开排气 OCV（机油控制

阀）连接器（图 5-4-4（b）中的 B）即可。

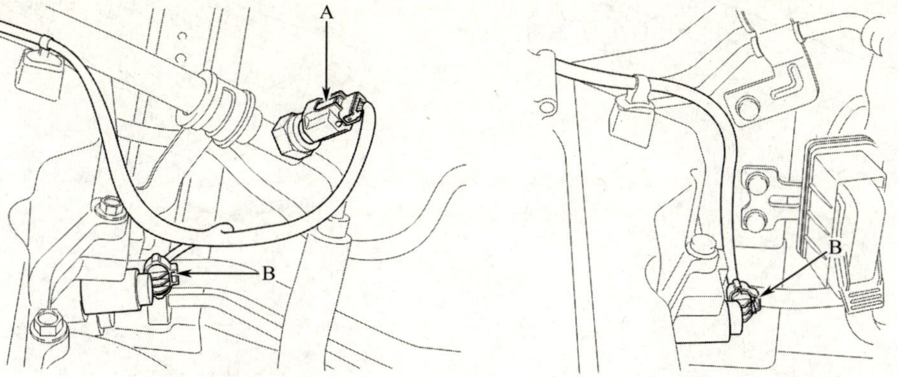

（a）液压动力转向系统　　　（b）电子动力转向系统

图 5-4-4　断开油压开关连接器和排气 OCV（机油控制阀）连接器

A-动力转向油压开关连接器；B-排气 OCV（机油控制阀）连接器

7. 按照图 5-4-5 所示，断开曲轴箱强制通风软管。

8. 按照图 5-4-6 所示，拆卸点火线圈连接器（图 5-4-6 中的 A）和导线护罩（图 5-4-6 中的 B）。

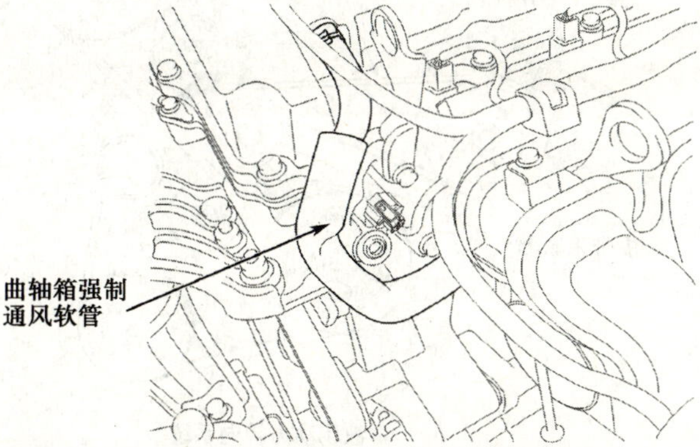

图 5-4-5　断开曲轴箱强制通风软管

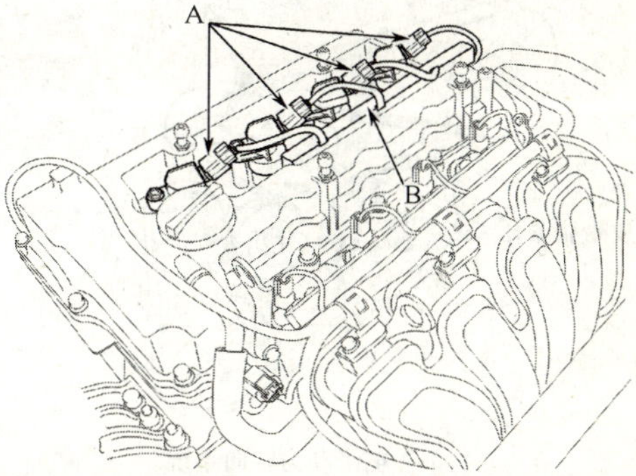

图 5-4-6　拆卸点火线圈连接器和导线护罩

A-点火线圈连接器；B-导线护罩

9. 按照图 5-4-7 所示，拆卸点火线圈。

10. 按照图 5-4-8 所示，拆卸气缸盖罩。

11. 按照图 5-4-9 所示，沿逆时针方向转动传动皮带张紧器，然后拆卸传动皮带。

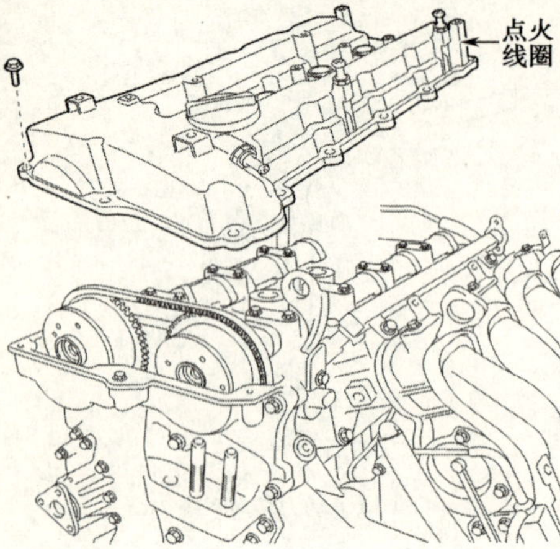

图 5-4-7　拆卸点火线圈

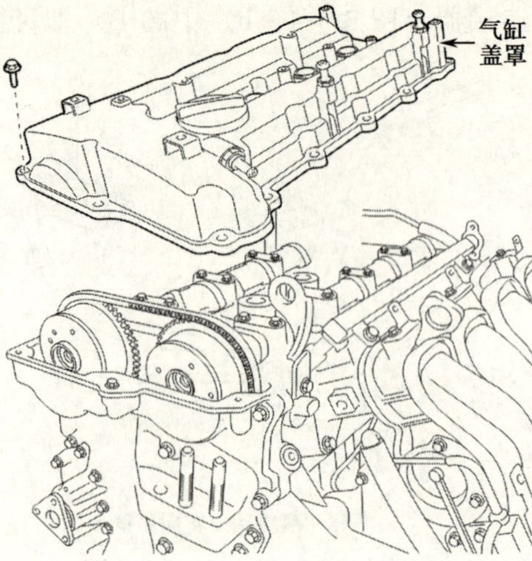

图 5-4-8　拆卸气缸盖罩

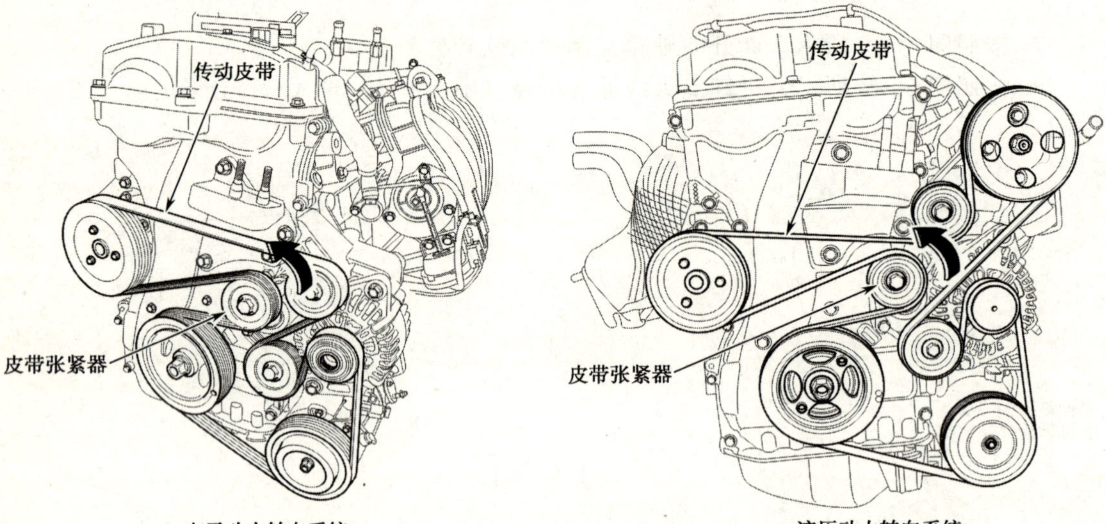

电子动力转向系统　　液压动力转向系统

图 5-4-9　拆卸传动皮带

12. 按照图 5-4-10 所示，拆卸空调压缩机下部螺栓。

13. 按照图 5-4-11 所示，拆卸空调压缩机支架。

14. 排放机油。

15. 按照图 5-4-12 所示，拆卸油底壳。将专用维修工具（工具号：09215-3C000）的叶片插入梯形架与油底壳之间。切掉密封胶并拆卸下部油底壳。

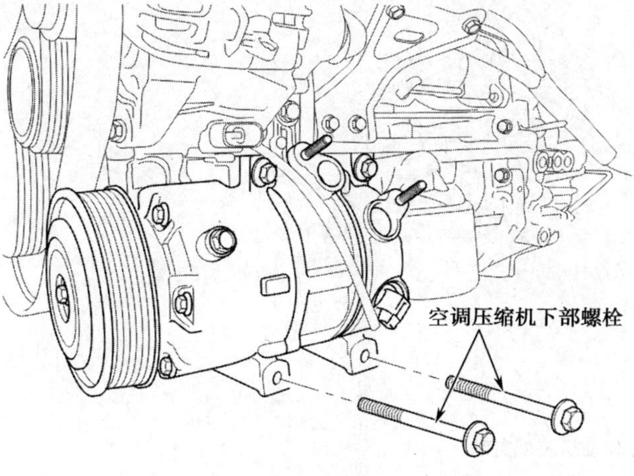

图 5-4-10 拆卸空调压缩机下部螺栓

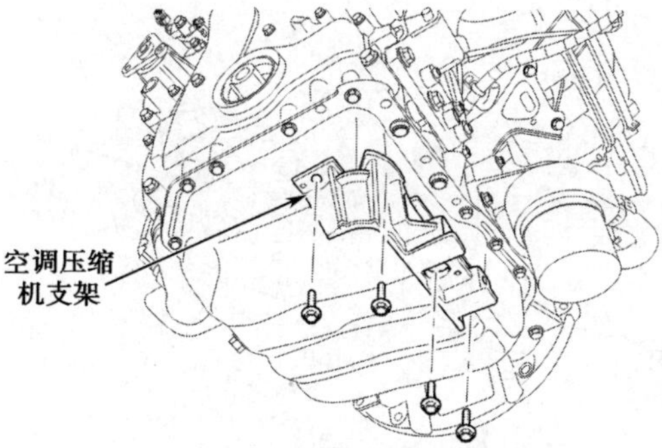

图 5-4-11 拆卸空调压缩机支架

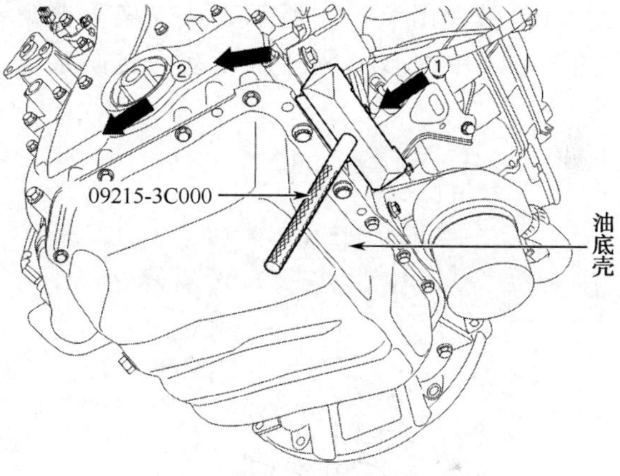

图 5-4-12 拆卸油底壳

注意：

（1）拧松油底壳每个边角附近的一个油底壳螺栓至剩余约两圈螺纹，然后拆卸所有油底壳螺栓。

（2）在油底壳和梯形架之间插入专用维修工具，使用塑料锤按照图 5-4-12 所示的箭头①方向敲击专用维修工具。

（3）按照图 5-4-12 所示箭头方向②，用塑料锤敲打专用维修工具，把油底壳从梯形架上拆下。

（4）不要把专用维修工具当做撬杆使用，否则会损坏专用维修工具。

（5）小心不要损坏梯形架与下部油底壳的接触表面。

16. 在梯形架边缘设置好千斤顶。注意，在梯形架和千斤顶之间要放置好木块。

17. 按照图 5-4-13 所示，断开接地线，拆卸发动机装配支架。

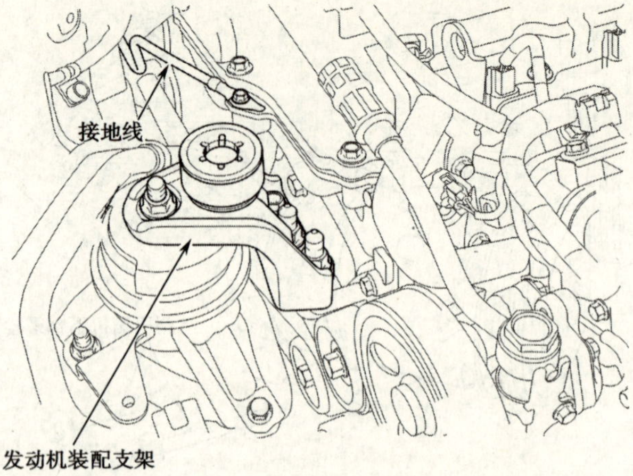

图 5-4-13 接地线和发动机装配支架识别

18. 按照图 5-4-14 所示，从支架上分离动力转向泵（图 5-4-14 中的 A），拆卸惰轮（图 5-4-14 中的 B），对于液压动力转向系统，还要拆卸传动皮带张紧器轮（图 5-4-14 中的 C）。

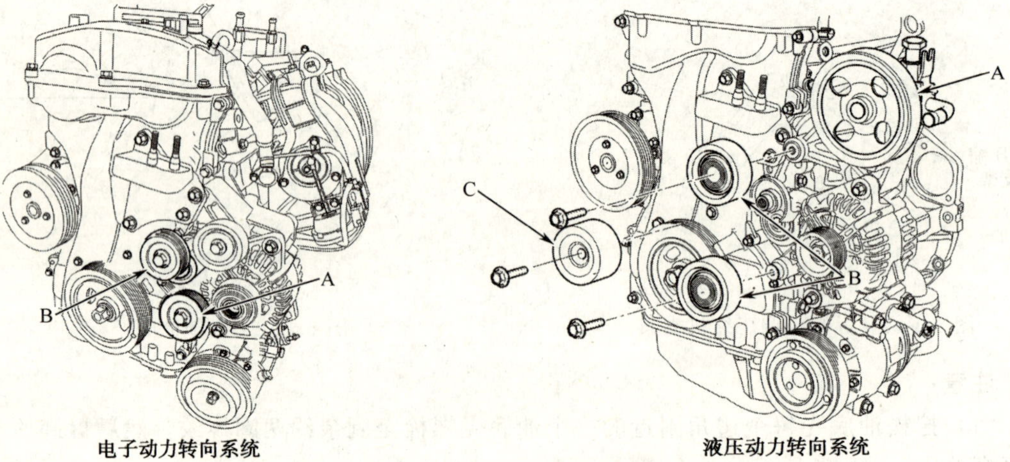

图 5-4-14 拆卸动力转向泵、惰轮和传动皮带张紧器轮

A-动力转向泵；B-惰轮；C-传动皮带张紧器轮

19. 按照图 5-4-15 所示，拆卸传动皮带张紧器。

20. 按照图 5-4-16 所示，拆卸水泵皮带轮、曲轴皮带轮和发动机支架。

注意，安装或拆卸曲轴皮带轮时，有两种方法可以固定飞轮齿圈，第一种是拆卸启动机后，安装专用维修工具（工具号 09231-2B100），将飞轮齿圈固定住，如图 5-4-17 所示。

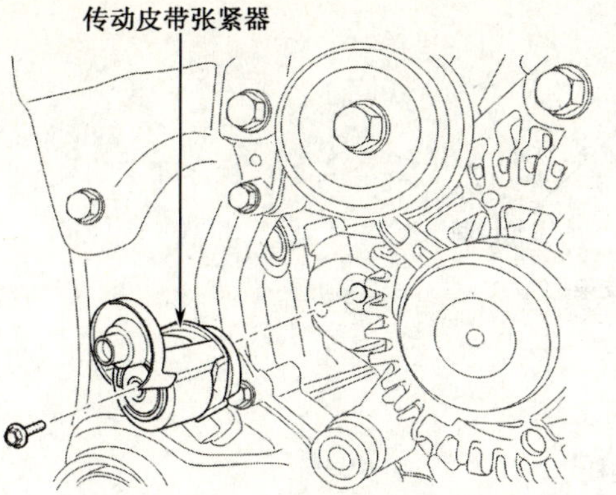

图 5-4-15 拆卸传动皮带张紧器

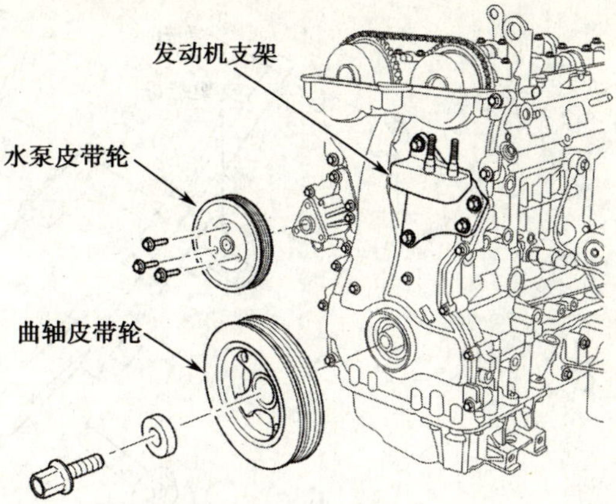

图 5-4-16 拆卸水泵皮带轮、曲轴皮带轮和发动机支架

另一种是拆卸防尘盖后，安装专用维修工具（工具号 09231-3D100），将飞轮齿圈固定住。安装专用维修工具的方法如下：

（1）在梯形架的底部拆卸防尘盖，拧下 2 个变速器固定螺栓，如图 5-4-18 所示。

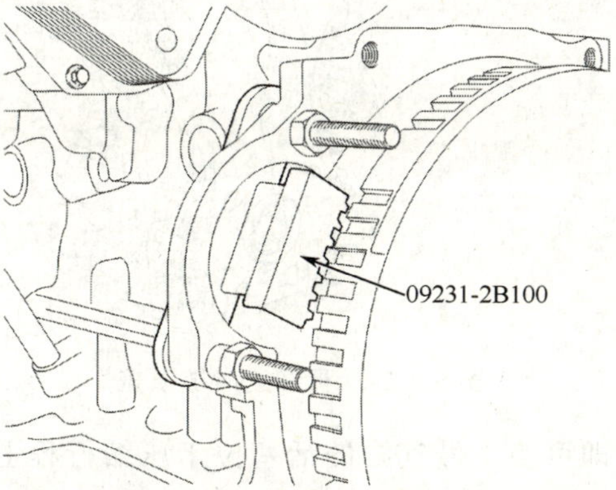

图 5-4-17 安装专用维修工具固定飞轮齿圈

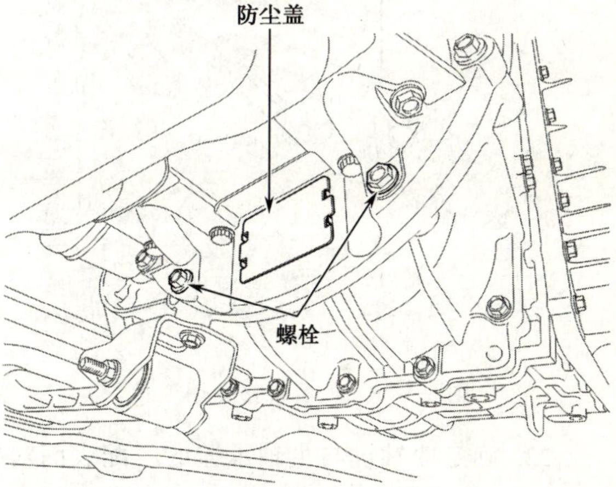

图 5-4-18 拆卸防尘盖和变速器固定螺栓

（2）调整支架螺母的长度，以便支架的前板放进飞轮齿圈的齿内，如图 5-4-19 所示。

（3）按照图 5-4-19 所示，调整连杆角度，使 2 个变速器固定螺栓固定到原来的固定孔内。

（4）按照图 5-4-20 所示，用 2 个变速器固定螺栓和垫圈安装维修专用工具（工具号 09231-3D100），紧固支架螺栓和螺母。

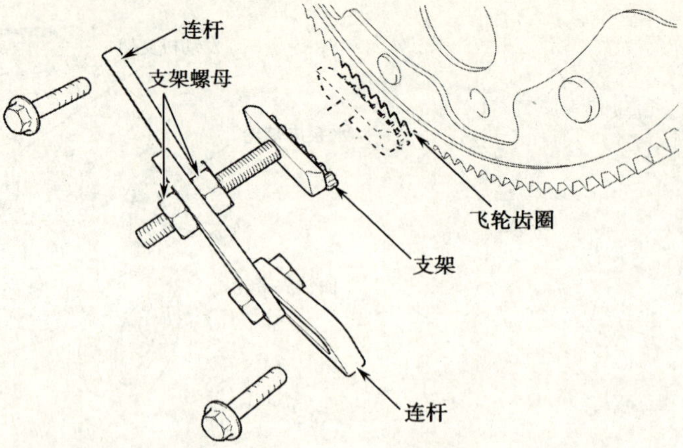

图 5-4-19　支架、支架螺母、飞轮齿圈和连杆识别

21. 轻轻撬动气缸盖和气缸体之间的部分，拆卸正时链条盖，如图 5-4-21 所示。

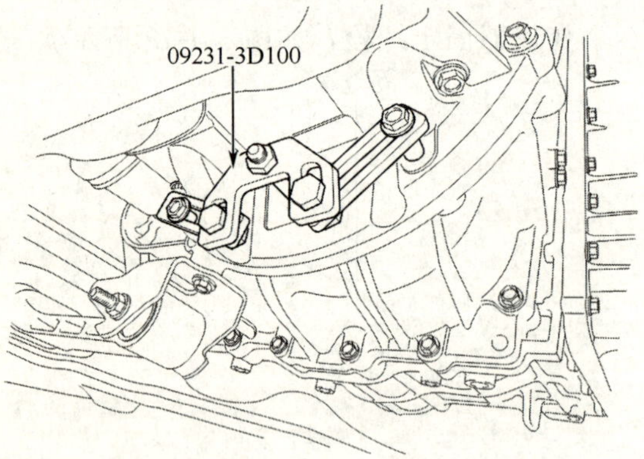

图 5-4-20　安装维修专用工具

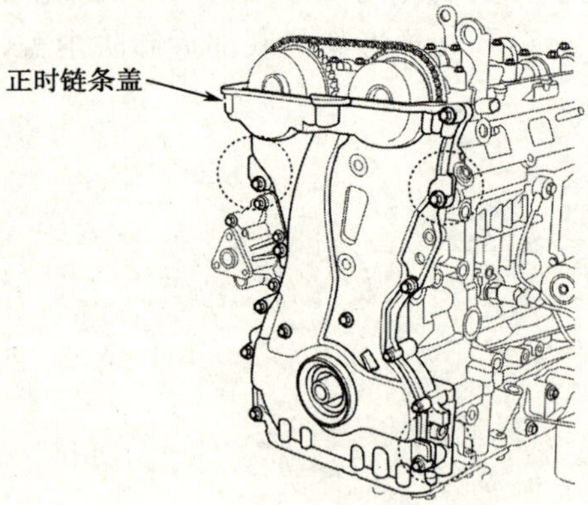

图 5-4-21　拆卸正时链条盖

22. 确定曲轴键与主轴承盖的匹配表面对准，即可使 1 号气缸的活塞位于压缩行程上止点。

23. 使用细杆释放棘轮。压缩柱塞，按照图 5-4-22 所示，将止动销插入棘轮上的孔内，固定压缩的柱塞。拆卸正时链条张紧器。

24. 按照图 5-4-23 所示，拆卸正时链条张紧器臂。

25. 按照图 5-4-23 所示，拆卸正时链条。

26. 按照图 5-4-24 所示，拆卸正时链条导轨。

27. 按照图 5-4-25 所示，拆卸正时链条机油喷嘴和曲轴链轮。

28. 拆卸平衡轴链条。

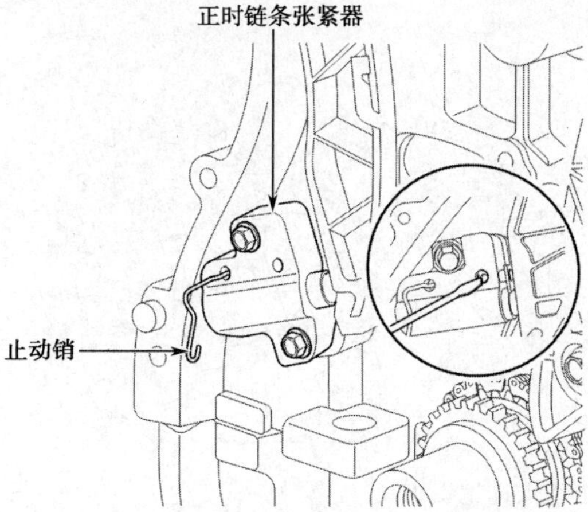

图 5-4-22 插入止动销并拆卸正时链条张紧器

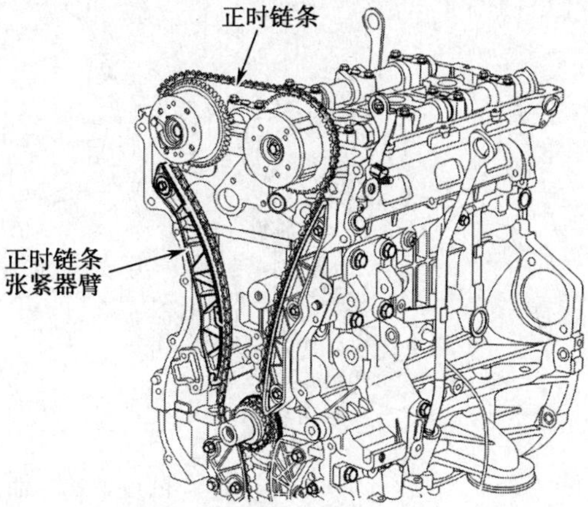

图 5-4-23 拆卸正时链条张紧器臂和正时链条

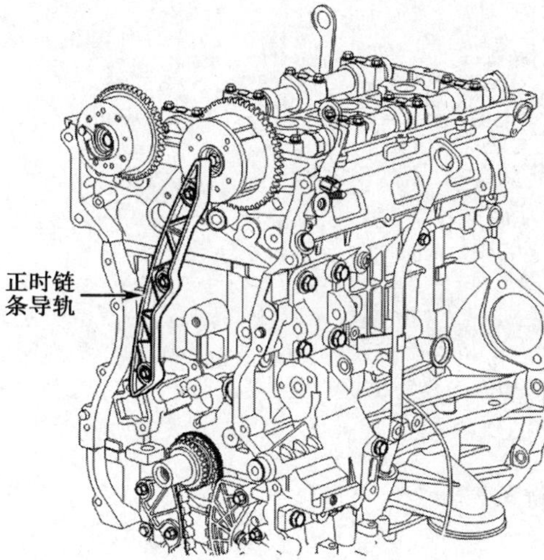

图 5-4-24 拆卸正时链条导轨

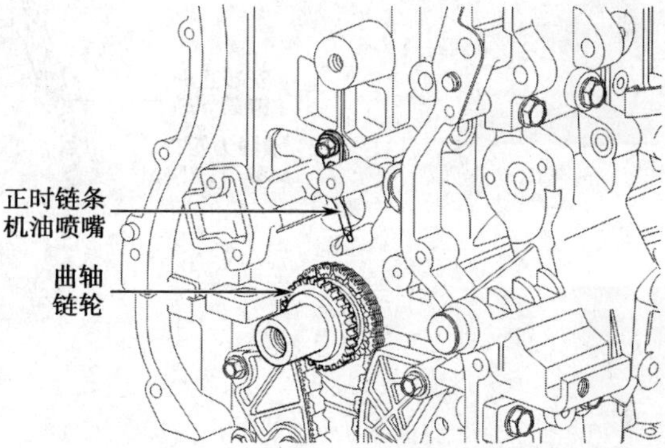

图 5-4-25 机油喷嘴和曲轴链轮识别

三、K5 轿车 2.0L 和 2.4L 发动机正时链条安装步骤

1. 安装平衡轴链条。

2. 安装曲轴链轮和机油喷嘴，机油喷嘴和曲轴链轮识别参见图 5-4-25。

3. 设置曲轴，使曲轴键与主轴承盖的接合表面对齐。安装进气和排气凸轮轴总成，使进气和排气 CVVT 链轮的上止点标记与气缸盖的顶面对齐，这样即可使 1 缸活塞位于压缩行程的上止点，如图 5-4-26 所示。

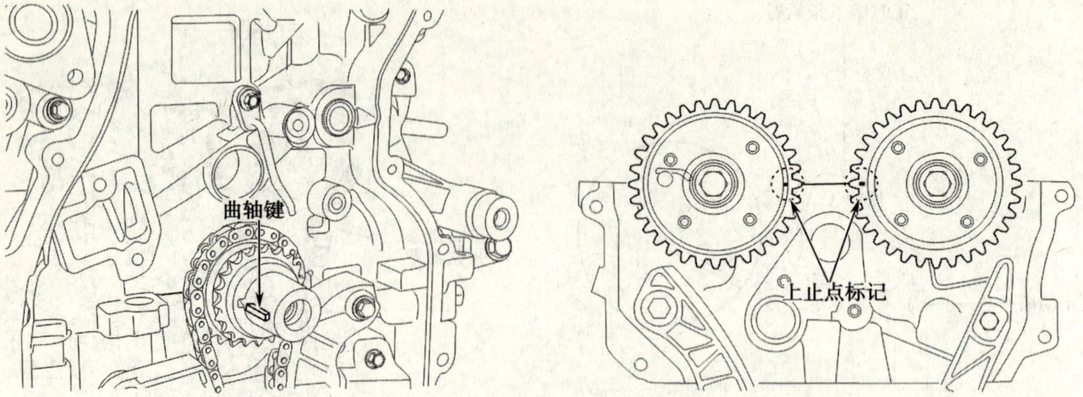

图 5-4-26　曲轴键和上止点标记识别

4. 按照图 5-4-27 所示，安装正时链条导轨。

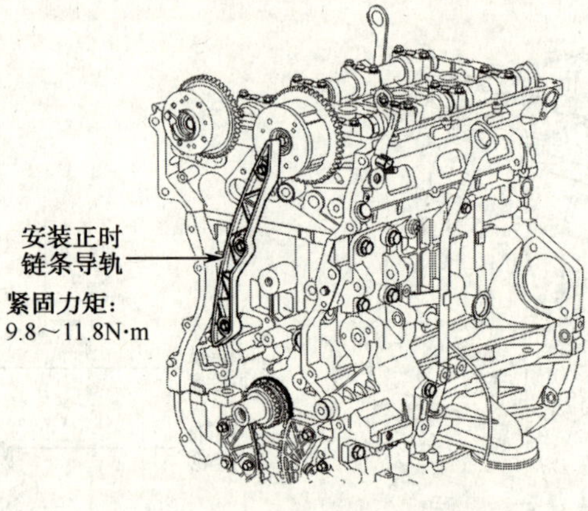

图 5-4-27　安装正时链条导轨

5. 按照曲轴链轮、正时链条导轨、进气 CVVT 链轮、排气 CVVT 链轮的顺序安装正时链条，如图 5-4-28 所示。注意：安装正时链条时，要将各个链轮的正时标记与正时链条上的正时标记（染色链节）对齐，如图 5-4-29 所示。

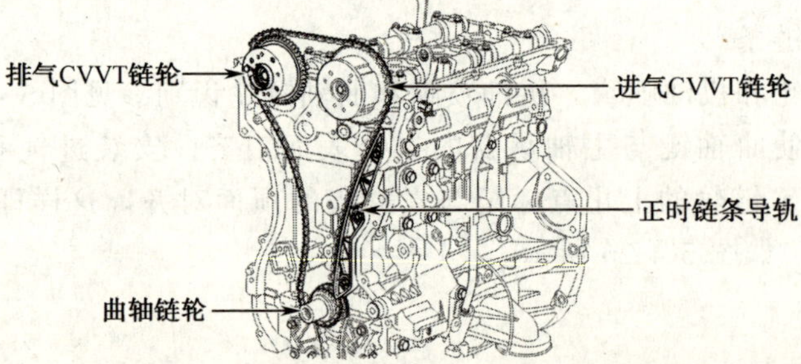

图 5-4-28　曲轴链轮、正时链条导轨、进气和排气 CVVT 链轮识别

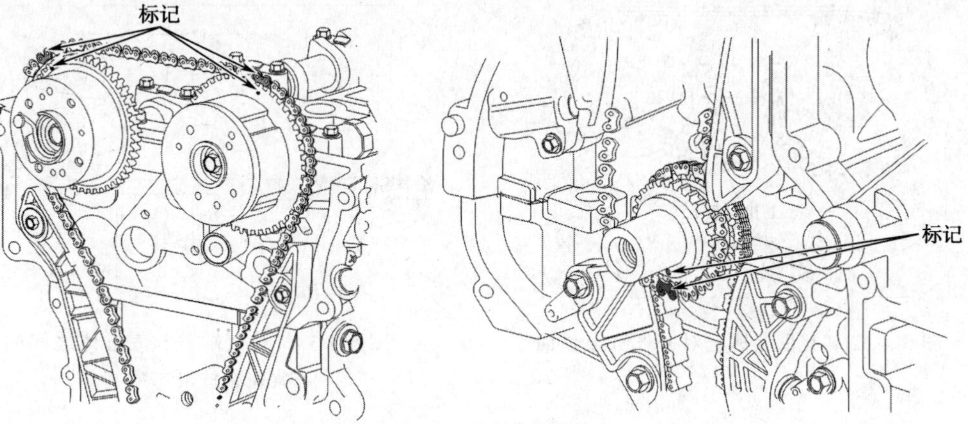

图 5-4-29　对齐正时标记

6. 按照图 5-4-30 所示，安装正时链条张紧器臂。

7. 按照图 5-4-31 所示，安装正时链条张紧器并拆卸止动销。

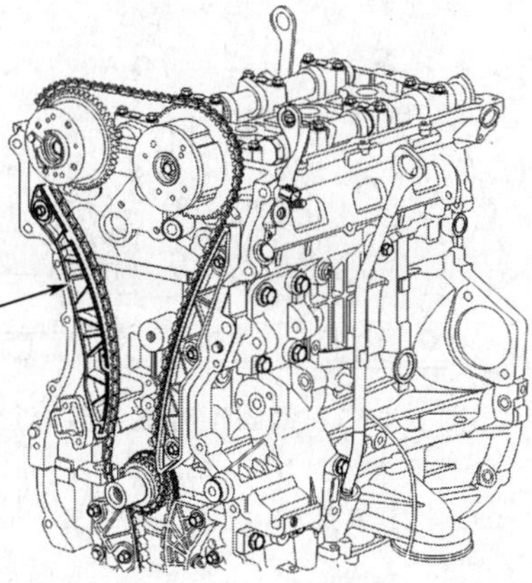

图 5-4-30　安装正时链条张紧器臂

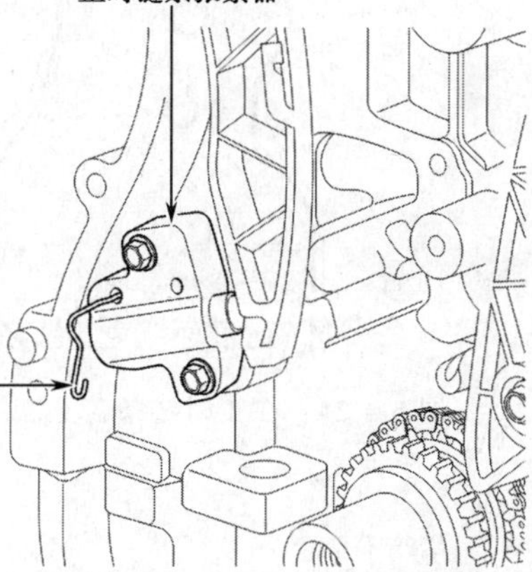

图 5-4-31　正时链条张紧器和止动销识别

8. 沿顺时针方法转动曲轴 2 周，使进气 CVVT 链轮和排气 CVVT 链轮的上止点标记与气缸盖顶面对齐，如图 5-4-32 所示。

9. 按照下列步骤安装正时链条盖：

（1）使用衬垫刮刀清除衬垫表面上的所有旧的密封物。

（2）按照图 5-4-33 所示，在气缸盖与气缸体之间的间隙处涂抹液态密封胶 loctite 5900H 或等效品。必须在涂抹密封胶后 5min 内装配部件，密封胶涂抹宽度为 2. 5mm。

（3）按照图 5-4-34 所示，在正时链盖上涂抹液态密封胶 loctite 5900H 或等效品。必须在涂抹密封胶后 5min 内装配部件，密封胶涂抹宽度为 3. 0mm。

（4）安装正时链条盖并紧固螺栓，如图 5-4-35 所示。

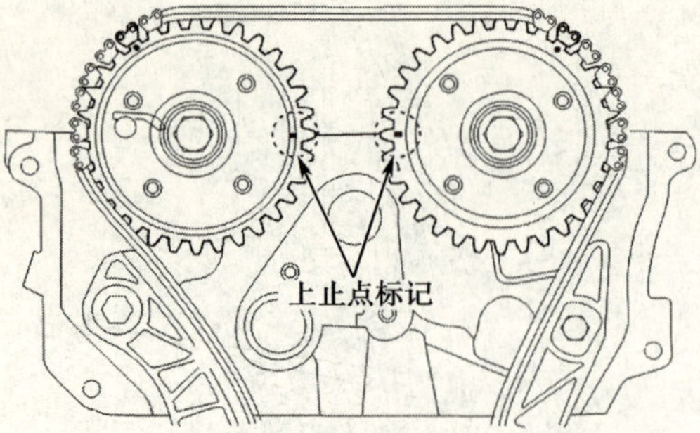

图 5-4-32　上止点标记对齐气缸盖顶面

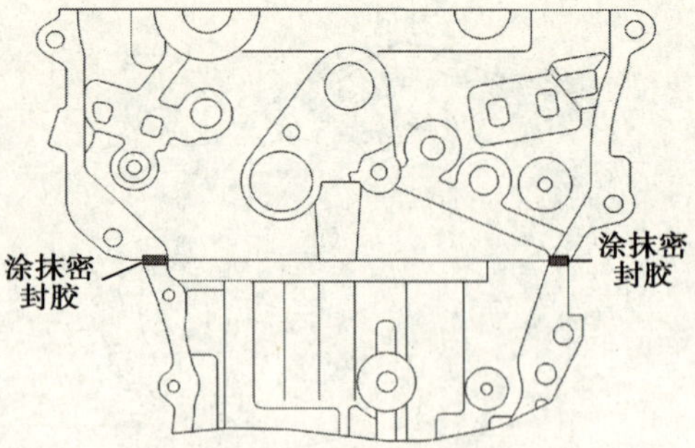

图 5-4-33　在气缸盖与气缸体之间的间隙处涂抹液态密封胶

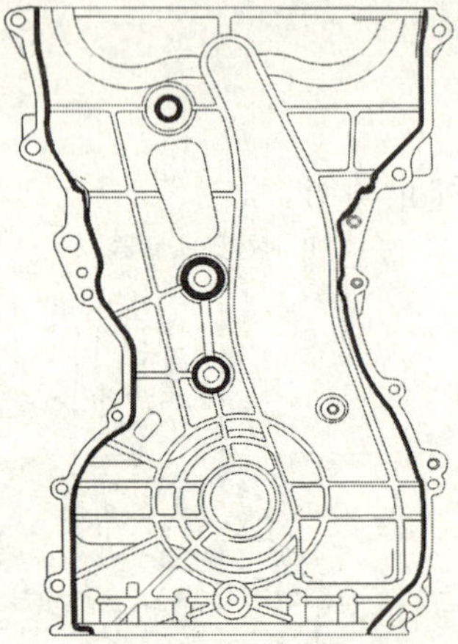

图 5-4-34　在正时链条盖上涂抹密封胶

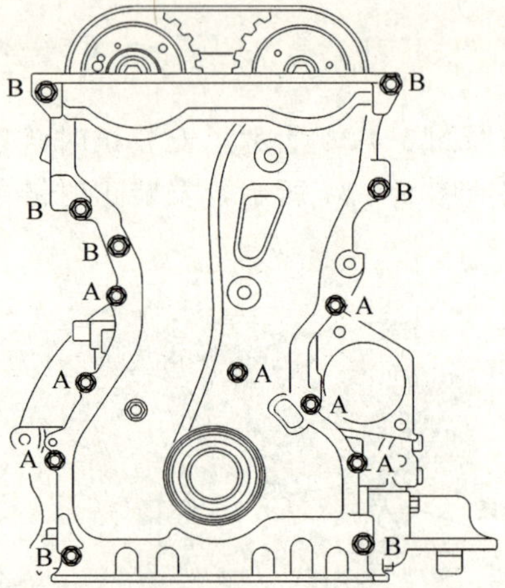

图 5-4-35　紧固正时链条盖螺栓

螺栓 A 紧固力矩：7.8～9.8N·m；

螺栓 B 紧固力矩：18.6～22.5N·m

注意：正时链条盖安装完毕后，30min 内不能启动发动机或进行压力测试。

10. 按照图 5-4-36 所示，使用专用维修工具（09214-3K000 和 09231-H1100）安装曲轴前油封。

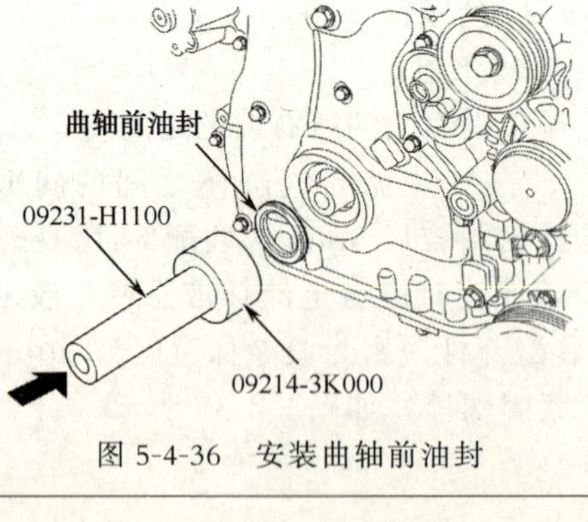

图 5-4-36　安装曲轴前油封

11. 按照图 5-4-37 所示，安装水泵皮带轮、曲轴皮带轮和发动机支架。

12. 按照图 5-4-38 所示，安装传动皮带张紧器。

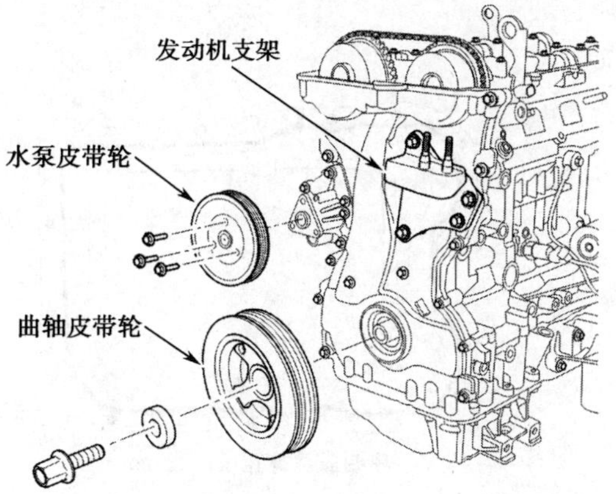

图 5-4-37 安装水泵皮带轮、曲轴皮带轮和发动机支架

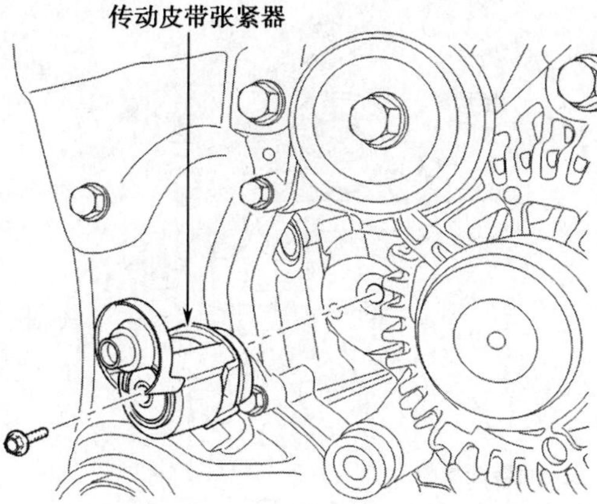

图 5-4-38 安装传动皮带张紧器

13. 安装惰轮（图 5-4-39 中的 B）和传动皮带张紧器轮（图 5-4-39 中的 C）。

14. 安装动力转向泵（图 5-4-39 中的 A）。

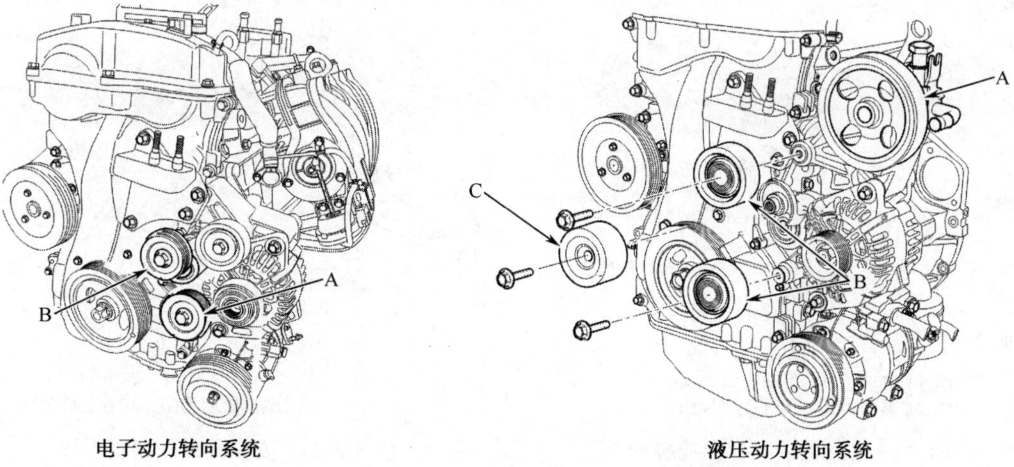

图 5-4-39 动力转向泵、惰轮和传动皮带张紧器轮识别

A-动力转向泵；B-惰轮；C-传动皮带张紧器轮

15. 按照图 5-4-40 所示，安装发动机装配支架并连接好接地线。

16. 从梯形架上拆下千斤顶。

17. 安装油底壳：

（1）使用衬垫刮刀从衬垫表面上除去所有旧密封胶材料。

（2）装配油底壳前，在油底壳上涂抹液态密封胶 loctite 5900H、Three bond 1217H

或等效品（图 5-4-41）。必须在涂抹密封胶后 5min 内装配部件。

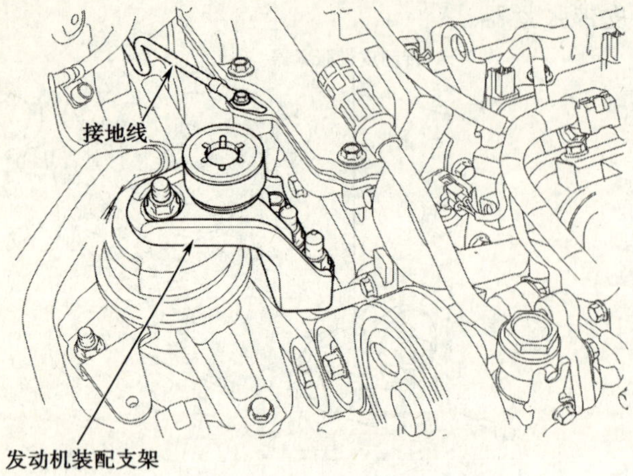

图 5-4-40　发动机装配支架和接地线识别

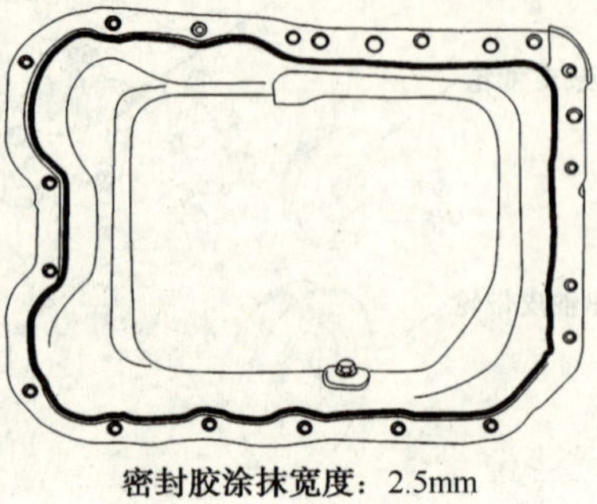

图 5-4-41　涂抹密封胶

（3）按照图 5-4-42 所示，安装油底壳并紧固螺栓。

注意：油底壳安装完毕后，要至少等待 30min 后才能加注机油。

18. 按照图 5-4-43 所示，安装空调压缩机支架。

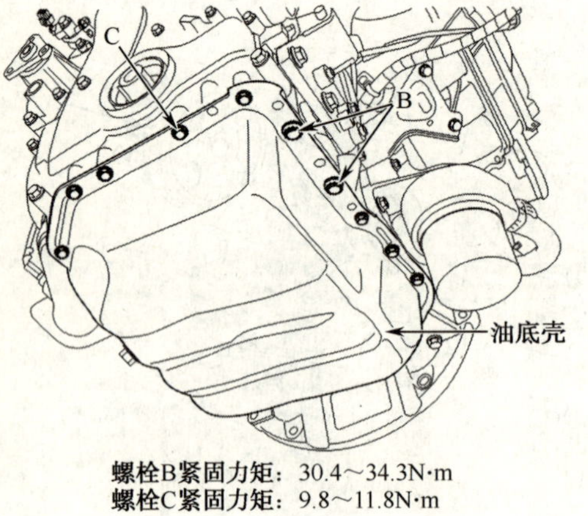

图 5-4-42　安装油底壳并紧固螺栓

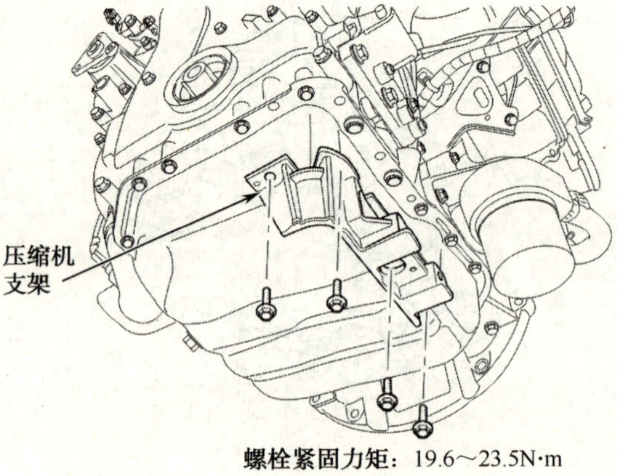

图 5-4-43　安装空调压缩机支架

19. 按照图 5-4-44 所示，安装空调压缩机下部螺栓。

20. 安装发动机传动皮带。

21. 按照图 5-4-45 所示，安装气缸盖罩：

（1）装配气缸盖罩前，清除正时链条盖和气缸盖之间上部区域的硬化密封胶。

（2）涂抹密封胶，然后应在 5min 内装配。

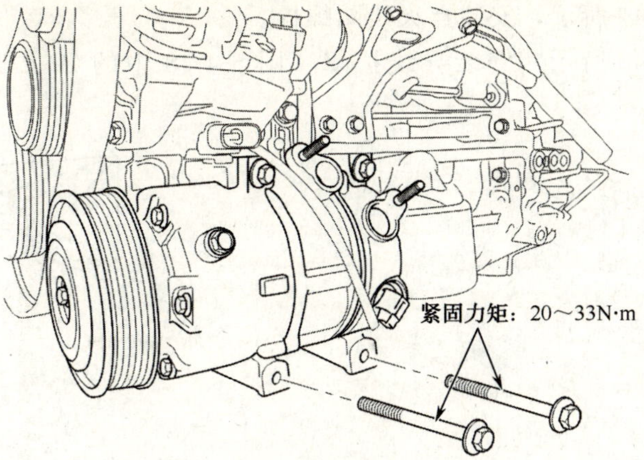

图 5-4-44 安装空调压缩机下部螺栓

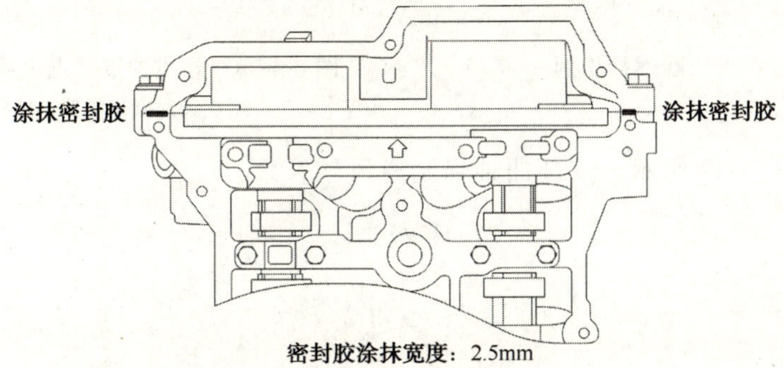

图 5-4-45 安装气缸盖罩

22. 按照图 5-4-46 所示的紧固顺序紧固气缸盖罩螺栓，第一步先把螺栓紧固至 3. 9～5. 9N · m；第二步再将螺栓紧固到 7. 8～9. 8N · m。

注意： 安装完气缸盖罩后，30min 以内不要启动发动机。

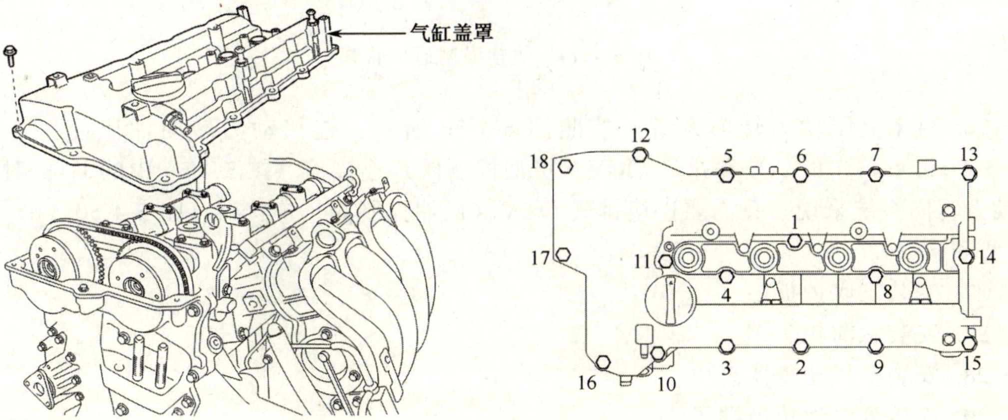

图 5-4-46 气缸盖罩螺栓紧固顺序

23. 按照图 5-4-47 所示，安装点火线圈螺栓。

24. 按照图 5-4-48 所示，安装导线护罩（图 5-4-48 中的 B），连接点火线圈连接器（图 5-4-48 中 A）。

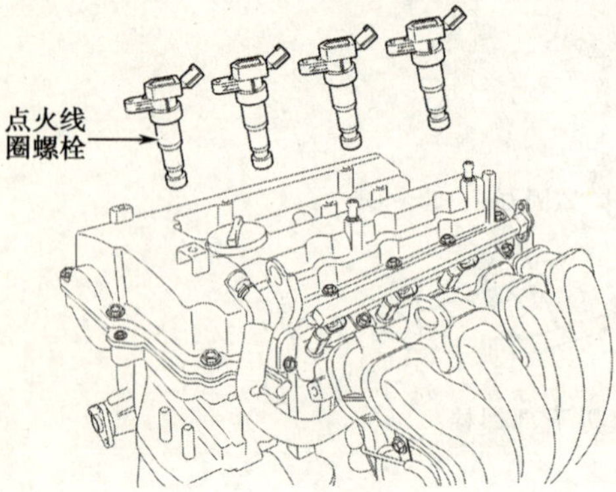

图 5-4-47　点火线圈螺栓识别

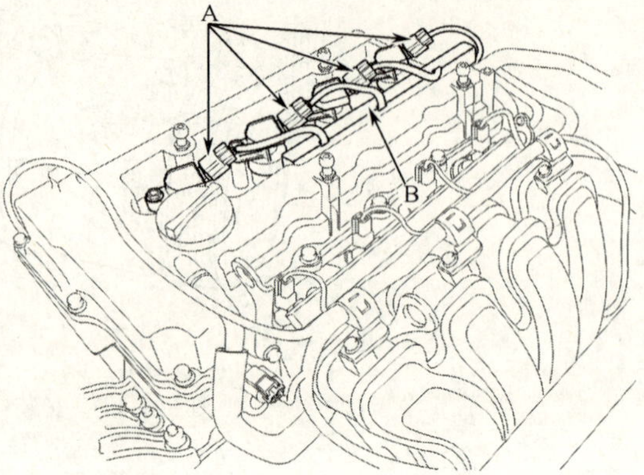

图 5-4-48　导线护罩和点火线圈连接器识别

A-点火线圈连接器；B-导线护罩

25. 按照图 5-4-49 所示，安装曲轴强制通风软管。

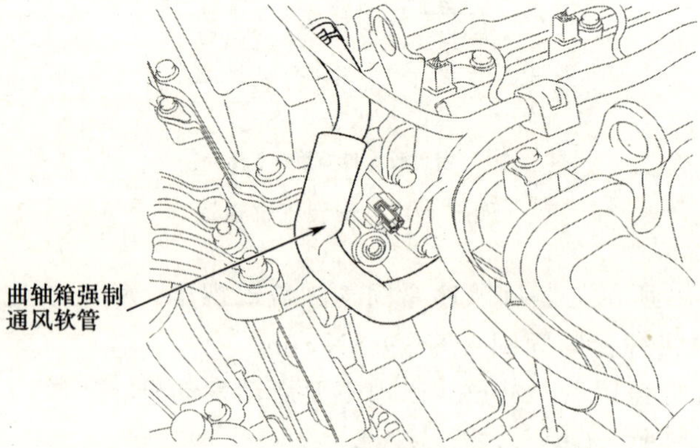

图 5-4-49　曲轴强制通风软管

26. 对于液压动力转向系统，按照图 5-4-50 所示，连接动力转向油压开关连接器（图 5-4-50（a）中的 A）和排气 OCV（机油控制阀）连接器（图 5-4-50 中的 B）；对于电子动力转向系统来说，只需要连接排气 OCV（机油控制阀）连接器（图 5-4-50（b）中的 B）即可。

27. 安装车底护板。

28. 安装右前轮。

28. 安装空气滤清器总成。

29. 连接蓄电池负极端子。

30. 安装发动机盖。

（a）液压动力转向系统　　（b）电子动力转向系统

图 5-4-50　油压开关连接器和排气 OCV（机油控制阀）连接器识别

A-动力转向油压开关连接器；B-排气 OCV（机油控制阀）连接器

第五节　K2 轿车

一、K2 轿车 1.4L（G4FA）和 1.6L（G4FC）发动机正时系统部件识别（图 5-5-1）

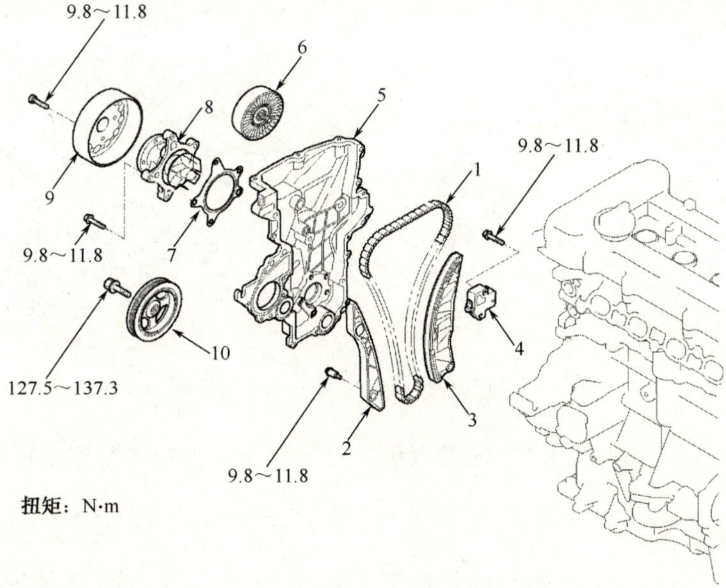

图 5-5-1　1.4L（G4FA）和 1.6L（G4FC）发动机正时系统部件识别

1-正时链条；2-正时链导轨；3-正时链条张紧器臂；4-正时链自动张紧器；5-正时链盖；6-传动皮带惰轮；7-水泵衬垫；8-水泵；9-水泵皮带轮；10-曲轴皮带轮

二、K2 轿车 1.4L（G4FA）和 1.6L（G4FC）发动机正时系统拆卸步骤

1. 断开蓄电池负极端子。

2. 拧下水泵皮带轮螺栓和驱动惰轮固定螺栓。

3. 拆卸发动机传动皮带，对于液压动力转向车型，应按照图 5-5-2 所示，沿逆时针方向转动自动张紧器拆卸发动机传动皮带；对于电子动力转向车型，应按照图 5-5-3 所示，先拧松固定螺栓，再拆卸发动机传动皮带。

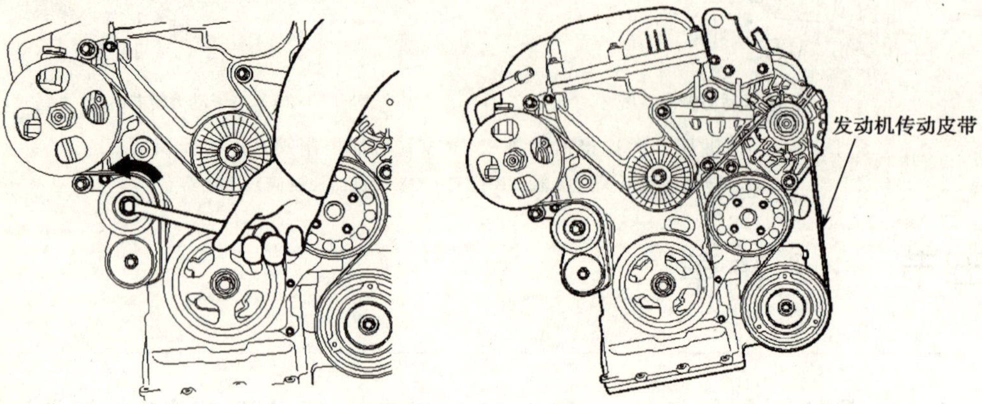

图 5-5-2　拆卸发动机传动皮带（液压动力转向车型）

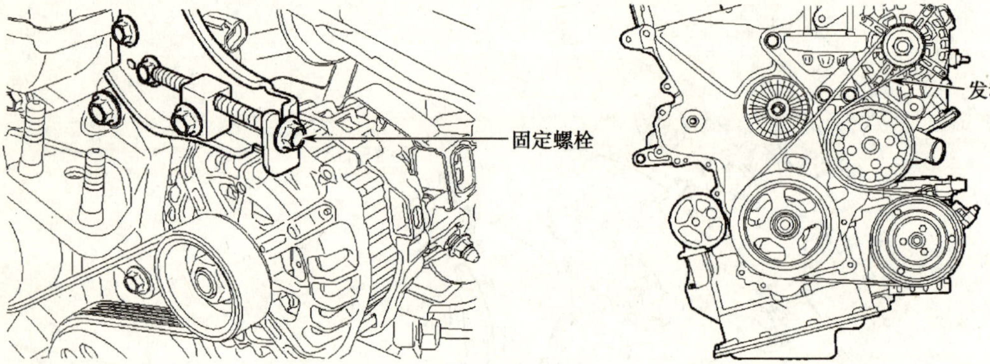

图 5-5-3　拆卸发动机传动皮带（电子动力转向车型）

4. 按照图 5-5-4 所示，拆卸交流发电机。对于液压动力转向车型，拆卸发电机时还需要把支架拆下。

5. 拆卸右前车轮。

6. 按照图 5-5-5 所示，拆卸发动机固定支架。注意：用千斤顶支撑发动机，不要让发动机倾斜。

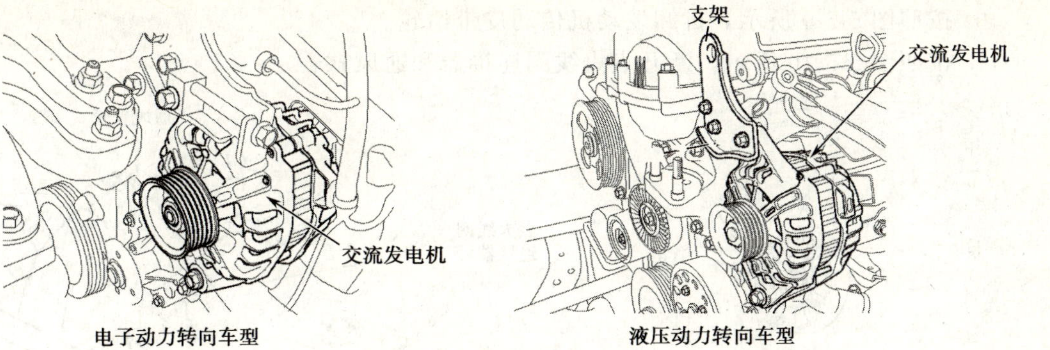

图 5-5-4 拆卸交流发电机

7. 按照图 5-5-6 所示，拆卸交流发电机支架和发动机支撑支架。

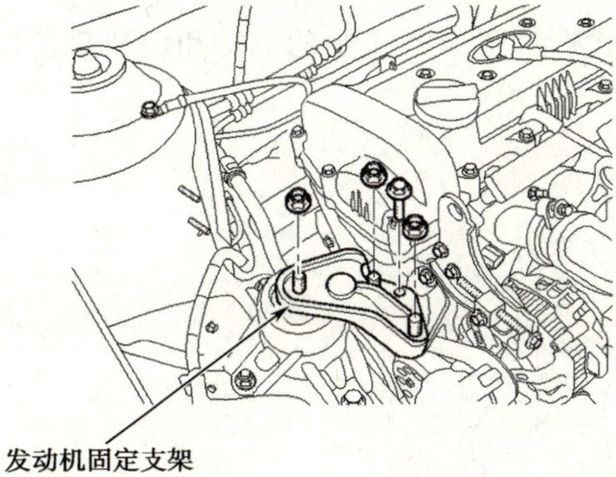

图 5-5-5 拆卸发动机固定支架

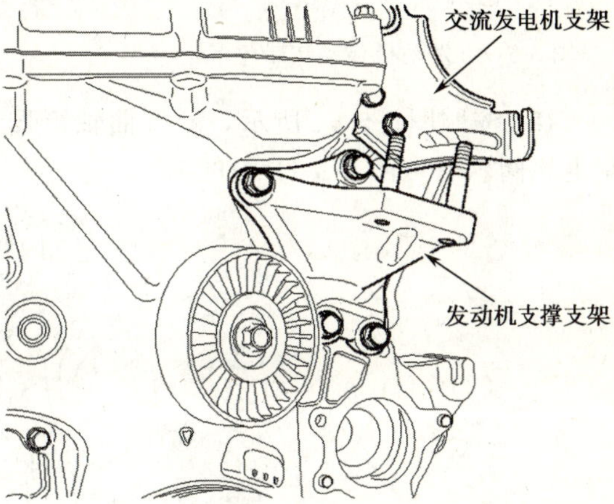

图 5-5-6 发电机支架和发动机支撑支架识别

8. 按照图 5-5-7 所示，拆卸水泵皮带轮。
9. 按照图 5-5-8 所示，拆卸水泵。

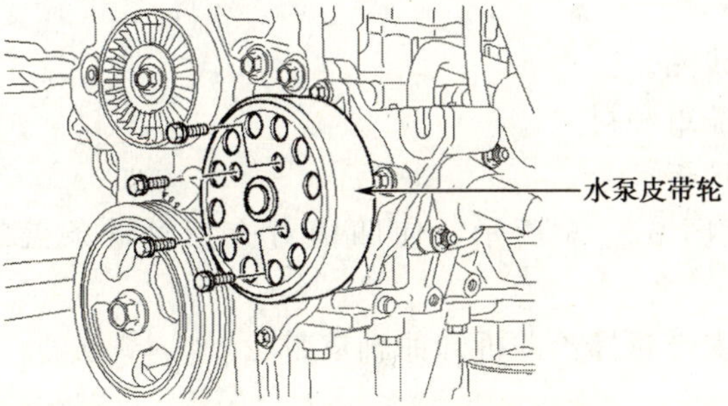

图 5-5-7 水泵皮带轮识别

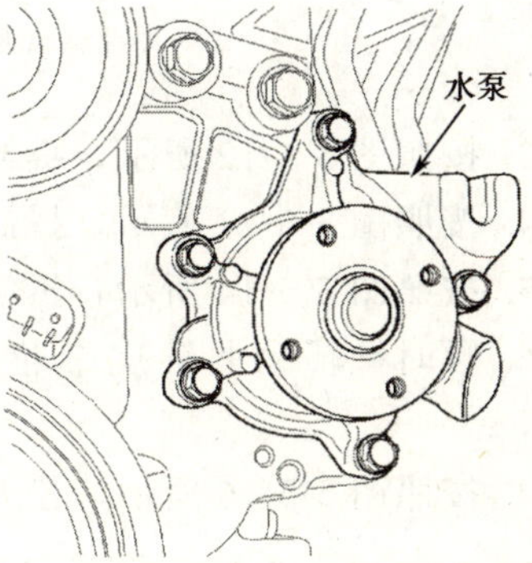

图 5-5-8 水泵识别

10. 按照图 5-5-9 所示，拆卸发动机传动皮带惰轮。

11. 按照图 5-5-10 所示，断开点火线圈连接器和通风软管。

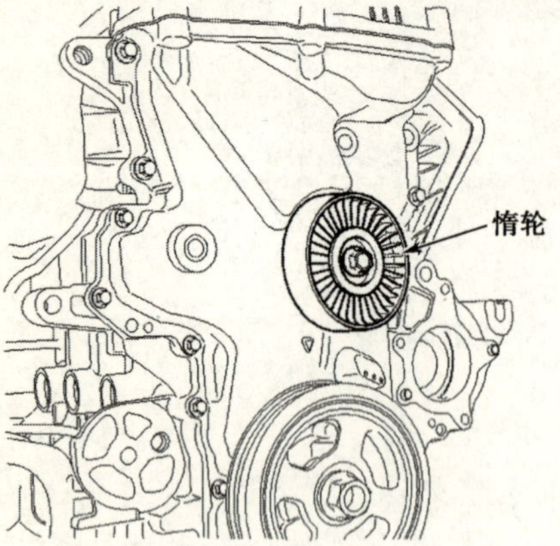

图 5-5-9 发动机传动皮带惰轮

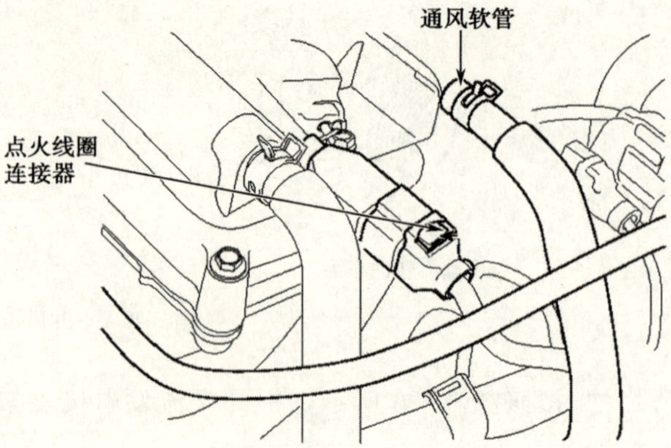

图 5-5-10 点火线圈连接器和通风软管识别

12. 按照图 5-5-11 所示，断开曲轴箱强制通风软管（图 5-5-11 中的 A）和燃油蒸发控制电磁阀软管（图 5-5-11 中的 B）。

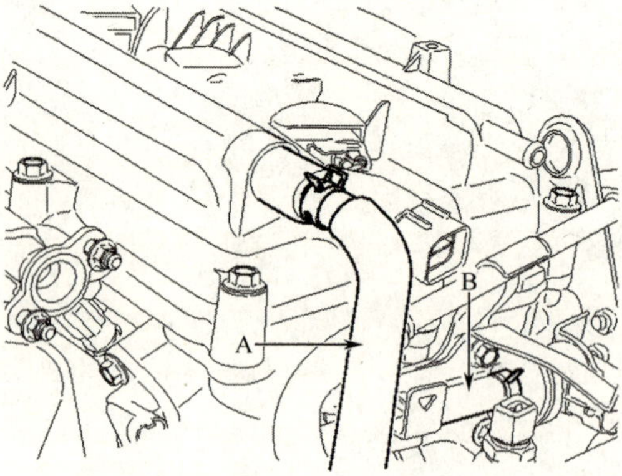

图 5-5-11 曲轴箱强制通风软管和燃油蒸发控制电磁阀软管识别

A-曲轴箱强制通风软管；B-燃油蒸发控制电磁阀软管

13. 按照图 5-5-12 所示，拆卸点火线圈。

14. 按照图 5-5-13 所示，拆卸气缸盖罩和衬垫。

15. 按照图 5-5-14 所示，拆卸车底护板。

16. 顺时针转动曲轴皮带轮，按照图 5-5-15 所示，使凹槽对齐正时链条盖的正时标记。

17. 按照图 5-5-16 所示，松开曲轴皮带轮螺栓并拆卸曲轴皮带轮。

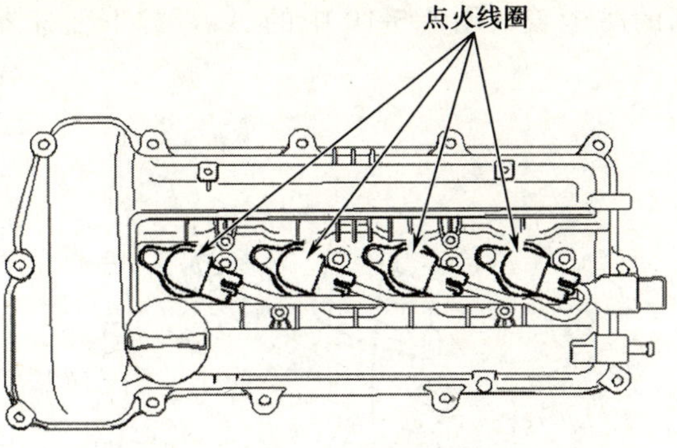

图 5-5-12　点火线圈识别

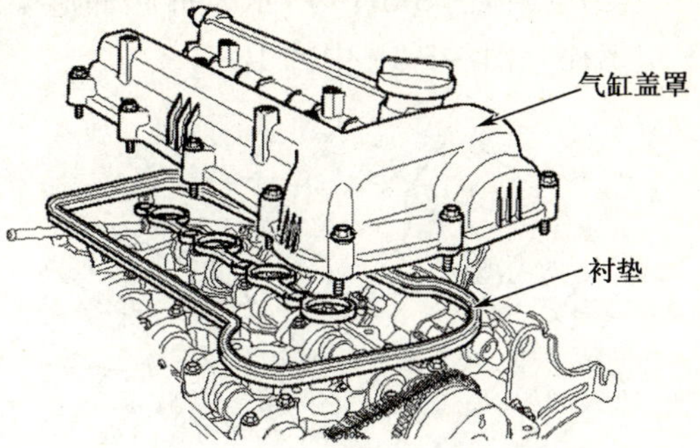

图 5-5-13　气缸盖罩和衬垫识别

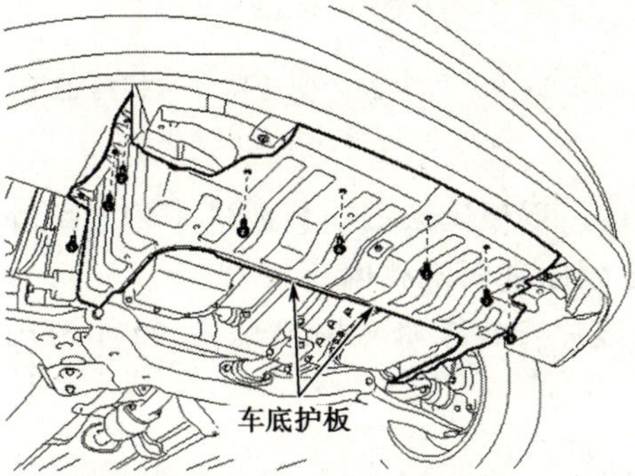

图 5-5-14　车底护板识别

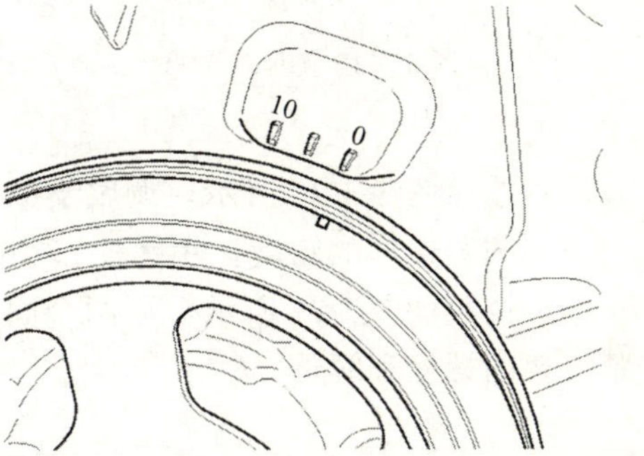

图 5-5-15　凹槽与正时链条盖的正时标记对齐

注意：在安装或拆卸曲轴皮带轮时，有两种固定飞轮齿圈的方法。第一种是如图 5-5-17 所示，拆卸启动机后，安装维修专用工具（09231-2B100）来固定飞轮齿圈。

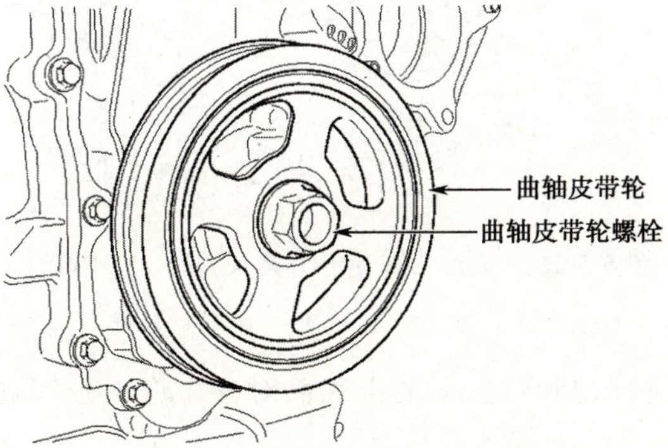

图 5-5-16　曲轴皮带轮螺栓和曲轴皮带轮识别

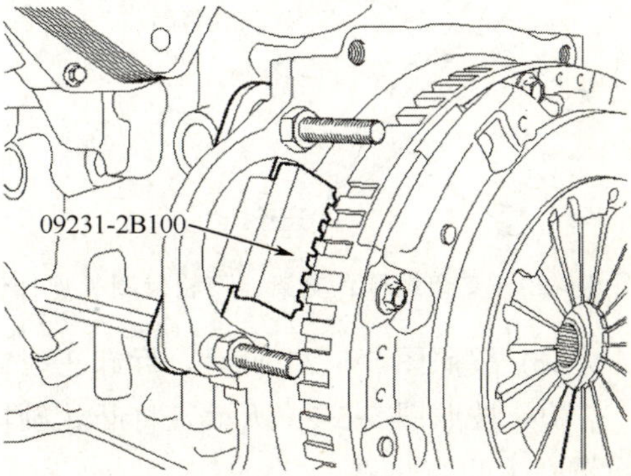

图 5-5-17　安装维修专用工具固定飞轮齿圈

第二种固定飞轮齿圈的方法是拆卸防尘盖后，安装维修专用工具（09231-3D100）来固定飞轮齿圈。具体操作步骤如下：

（1）按照图 5-5-18 所示，拆卸支架。

（2）按照图 5-5-19 所示，拆卸梯形架底部的防尘盖（图 5-5-19 中的 A），拧下变速器固定螺栓（图 5-5-19 中的 B）

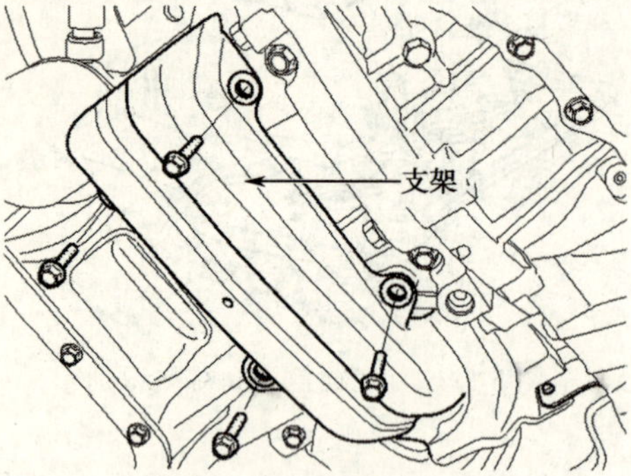

图 5-5-18　拆卸支架

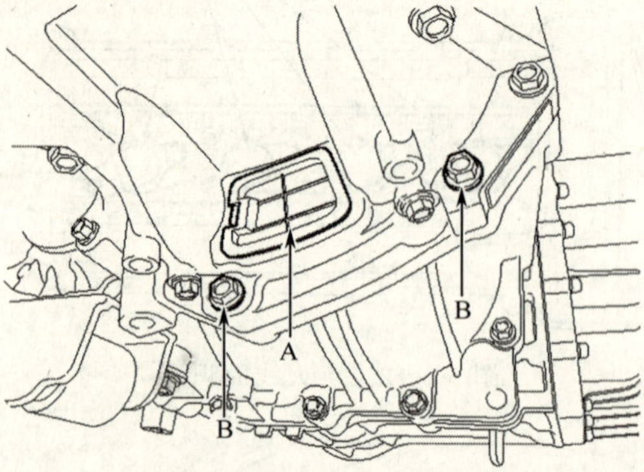

图 5-5-19　防尘盖和变速器固定螺栓识别

A-防尘盖；B-变速器固定螺栓

（3）按照图 5-5-20 所示，调整支架螺母的长度，以便支架的前板放进飞轮齿圈齿内。

（4）调节连杆的角度，用螺栓（70mm）固定到原来固定孔内。

（5）按照图 5-5-21 所示，用两个固定螺栓和垫片安装维修专用工具（09231-3D100），拧紧支架的螺栓和螺母。

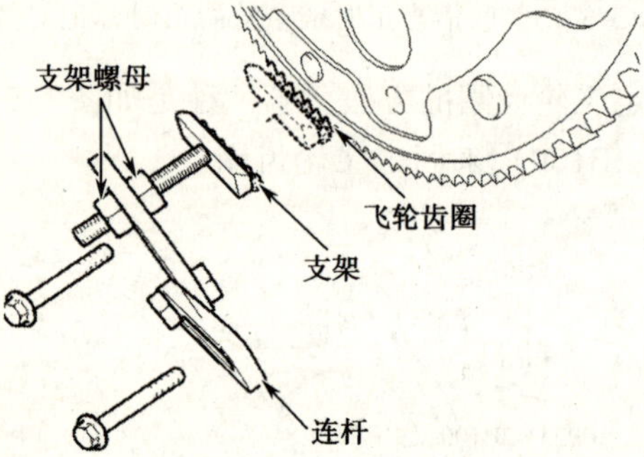

图 5-5-20　支架螺母、支架、飞轮齿圈、连杆识别

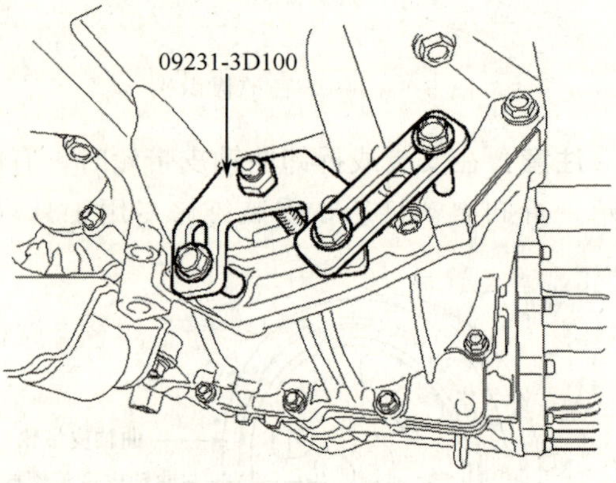

图 5-5-21　安装维修专用工具（09231-3D100）

18. 按照图 5-5-22 所示，拆卸正时链条盖。

19. 按照图 5-5-23 所示，将凸轮轴链轮正时标记和气缸盖的上表面对齐，将 1 号气缸设置在上止点位置。

注意：对齐凸轮轴链轮和曲轴链轮的正时标记，参见图 5-5-23 和图 5-5-24，确认曲轴链轮定位销朝向发动机上方。

20. 按照图 5-5-25 所示，拆卸液压张紧器（图 5-5-25 中的 A）。注意：拆卸液压张紧器前，先用销子插入孔（图 5-5-25 中的 B）中，将张紧器柱塞锁止。

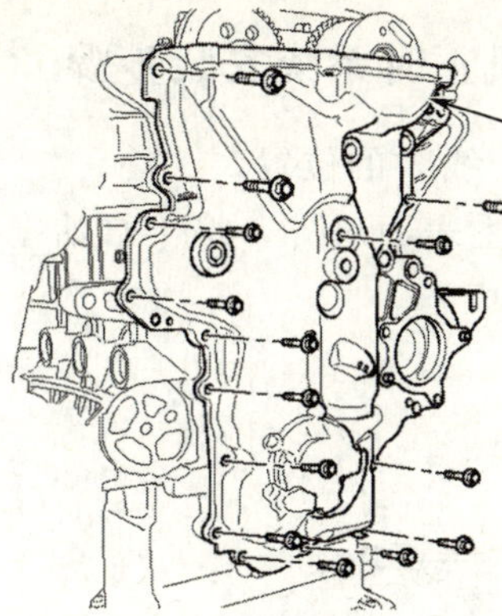

图 5-5-22　拆卸正时链条盖

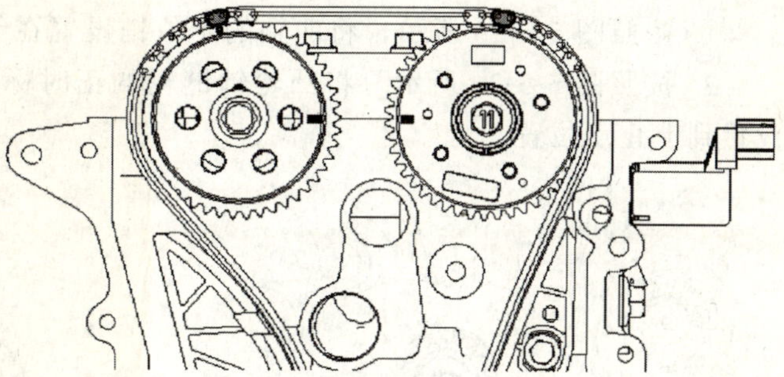

图 5-5-23　凸轮轴正时标记识别

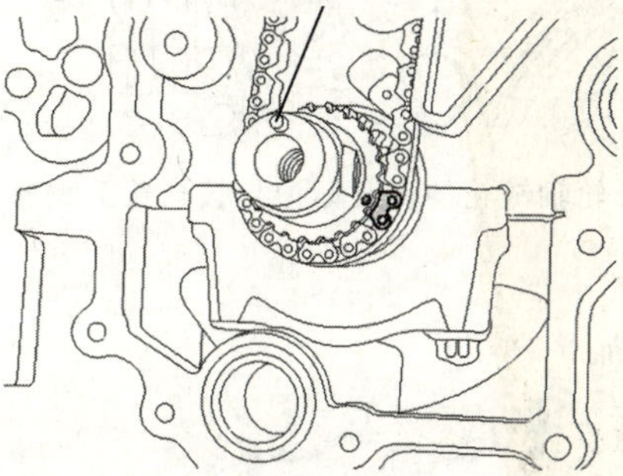

图 5-5-24　曲轴链轮定位销和曲轴链轮正时标记识别

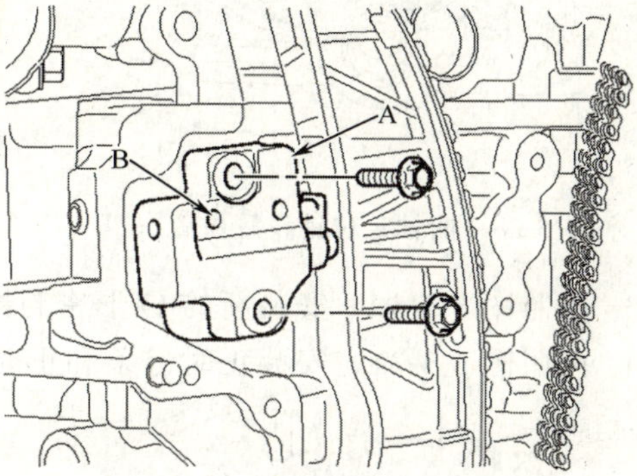

图 5-5-25　液压张紧器和孔识别

A-液压张紧器；B-孔

21. 按照图 5-5-26 所示，拆卸正时链条张紧器臂和正时链条导轨。

22. 按照图 5-5-27 所示，拆卸正时链条。

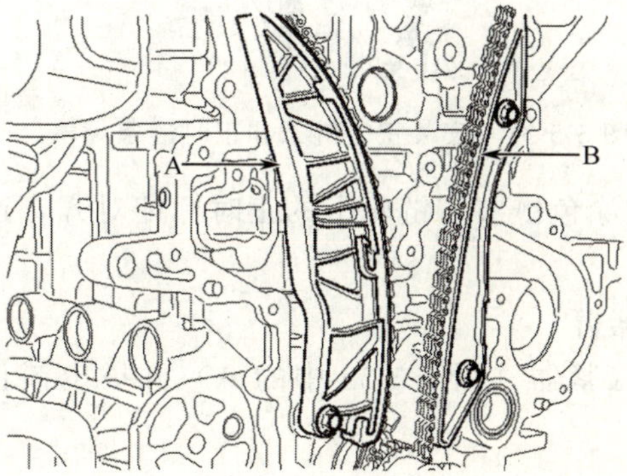

图 5-5-26　正时链条张紧器臂和正时链条导轨识别

A-正时链条张紧器臂；B-正时链条导轨

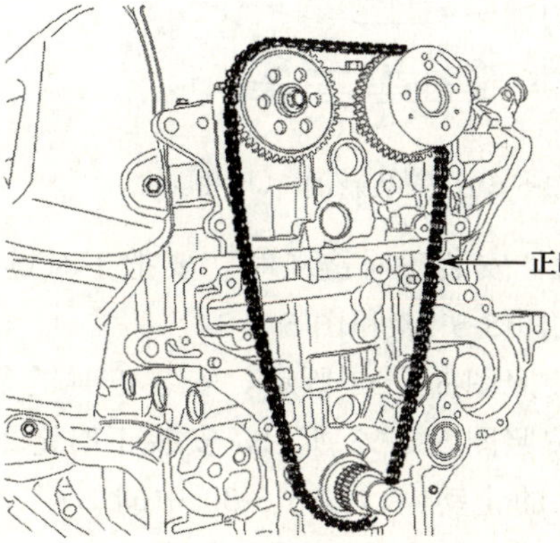

图 5-5-27　拆卸正时链条

三、K2 轿车 1.4L（G4FA）和 1.6L（G4FC）发动机正时系统安装步骤

1. 按照图 5-5-28 所示，将曲轴的定位销设置在约距垂直中心线 3°的位置。

2. 按照图 5-5-29 所示，将凸轮轴链轮的正时标记与气缸盖上表面对齐，将 1 缸活塞设置到上止点位置。

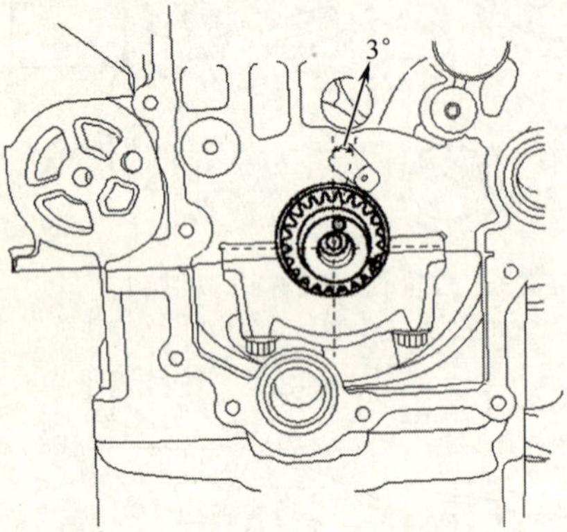

图 5-5-28 曲轴定位销设置位置

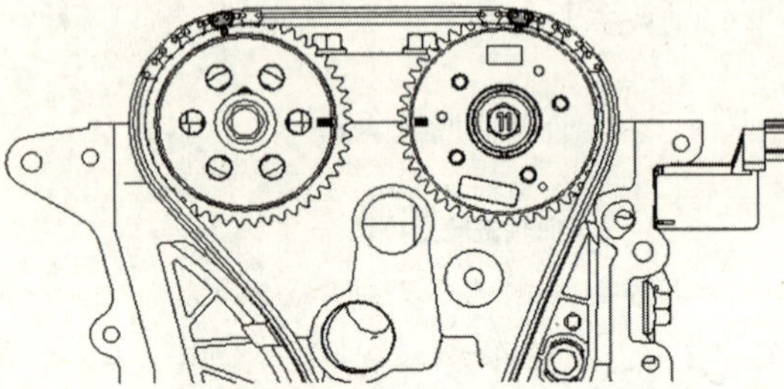

图 5-5-29 凸轮轴链轮的正时标记与气缸盖上表面对齐

3. 按照图 5-5-30，安装新的 O 形密封圈。

4. 按照图 5-5-31，安装正时链条和正时链条导轨。

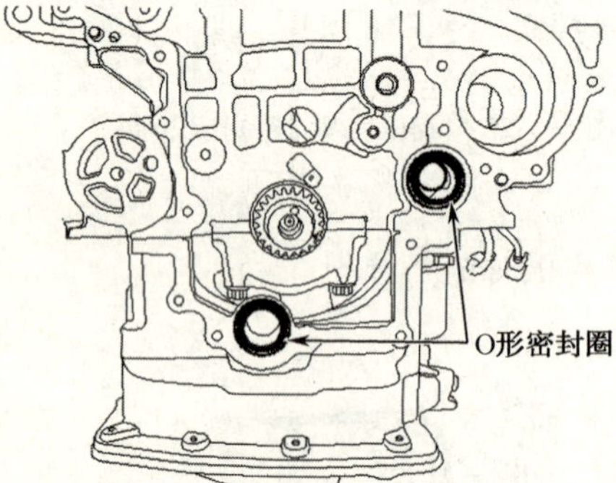

图 5-5-30 安装新的 O 形密封圈

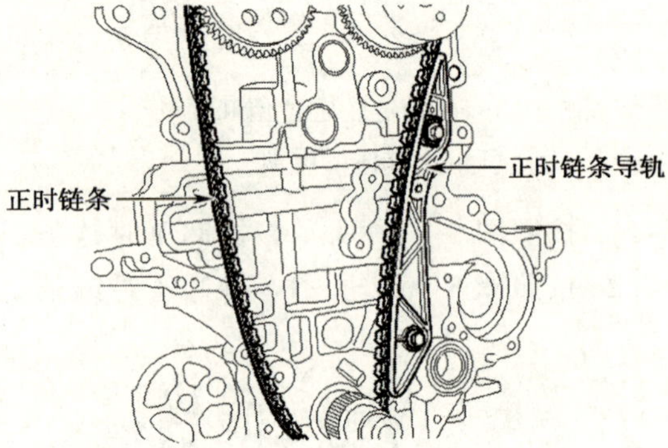

图 5-5-31 安装正时链条和正时链条导轨

注意：安装正时链条时，要把正时链条上的涂色链节与链轮上的正时标记对齐，正时标记参见图 5-5-23 和图 5-5-24。

5. 按照图 5-5-32 所示，安装正时链条张紧器臂。

6. 按照图 5-5-33 所示，安装正时链条液压张紧器（图 5-5-33 中的 A）并拔出锁止张紧器柱塞的止动销（图 5-5-33 中的 B）。

7. 安装正时链条盖：

（1）安装前，清除气缸体和梯形架表面的硬化密封胶。

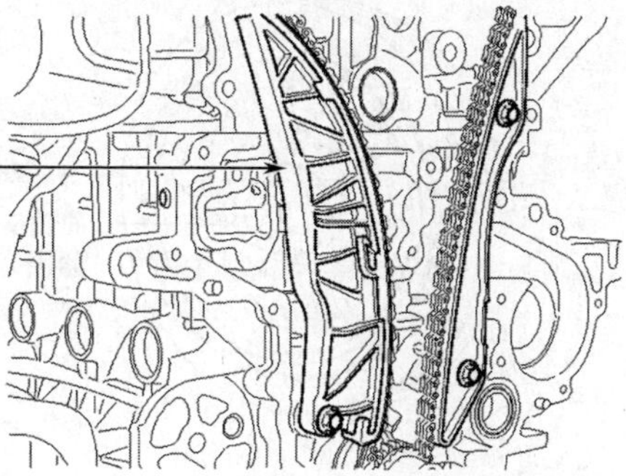

图 5-5-32 安装正时链条张紧器臂

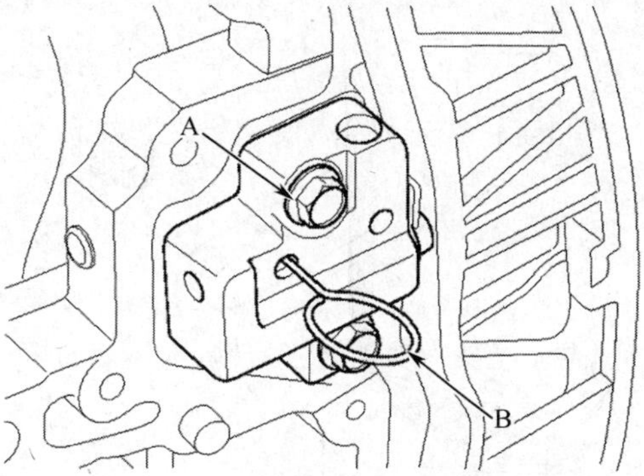

图 5-5-33 液压张紧器与止动销识别

A-正时链条液压张紧器；B-止动销

（2）按照图 5-5-34 所示，在气缸盖和气缸体之间的表面涂密封胶（THREE BOND（TB）1217H 或 LOCTITE 5900H），密封胶涂抹宽度为 3～5mm；在正时链条盖的水泵接触部分安装液体密封衬垫 THREE BOND 1282B 或 THREE BOND 1216E，在其他部分涂抹密封胶 THREE BOND 1217H 或 LOCTITE 5900H，密封胶涂抹宽度为 3.5～4.5mm，在 5min 内装配正时链条盖。紧固正时链条盖螺栓，12mm 的螺栓紧固至 18.6～23.5N·m；10mm 的螺栓紧固到 9.8～11.8N·m。

（3）按照图 5-5-35 所示，安装正时链条盖并紧固螺栓。

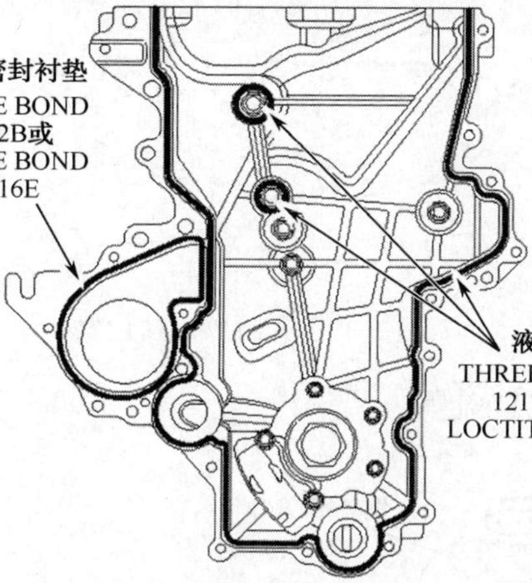

图 5-5-34 涂抹密封胶并安装密封衬垫

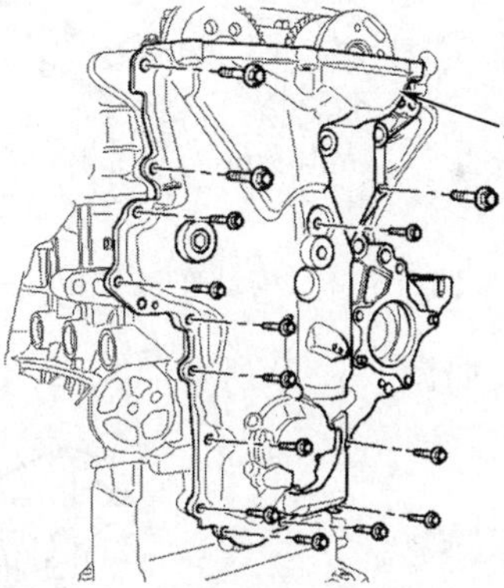

图 5-5-35 安装正时链条盖

注意：安装完毕后，30min 内不要运行发动机。

8. 按照图 5-5-36 所示，安装正时链条盖油封。

9. 按照图 5-5-37 所示，安装曲轴皮带轮并紧固曲轴皮带轮螺栓。

10. 按照图 5-5-38 所示，安装车底护板并将车底护板固定螺栓紧固到 8.8～10.8N·m。

11. 安装右前车轮。

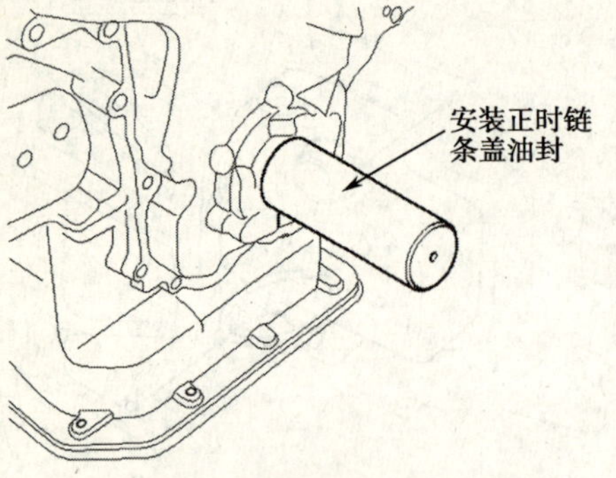

图 5-5-36 安装正时链条盖油封

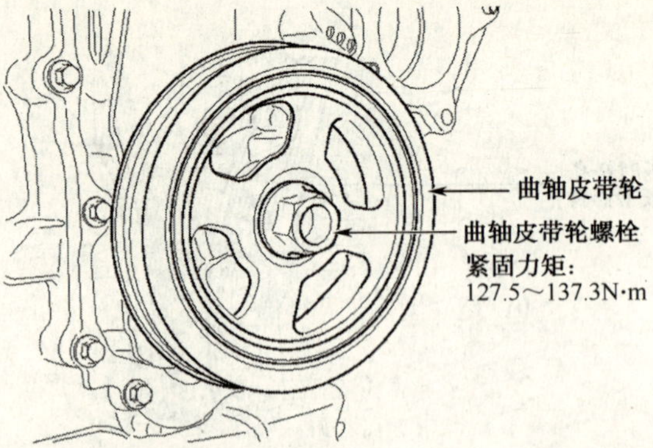

图 5-5-37 安装曲轴皮带轮并紧固曲轴皮带轮螺栓

12. 安装气缸盖罩：

（1）首先清除正时链条盖和气缸盖表面的机油、灰尘或硬化的密封胶。

（2）按照图 5-5-39 所示的位置，在气缸盖罩上涂抹液态密封胶 THREE BOND（TB）1217H 或 LOCTITE 5900H，密封胶涂抹宽度为 2. 0～2. 5mm，然后在 5min 内安装气缸盖罩。

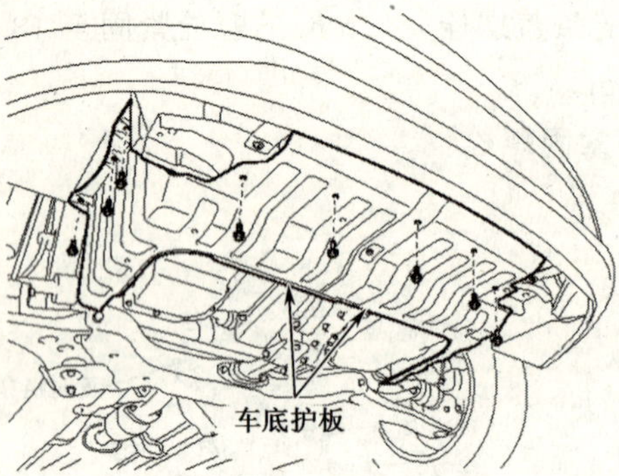

图 5-5-38 安装车底护板

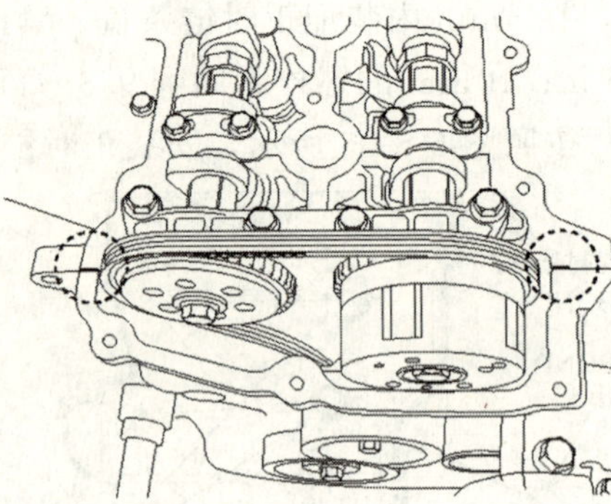

图 5-5-39 密封胶涂抹位置

13. 按照图 5-5-40 所示，安装气缸盖衬垫和气缸盖罩。

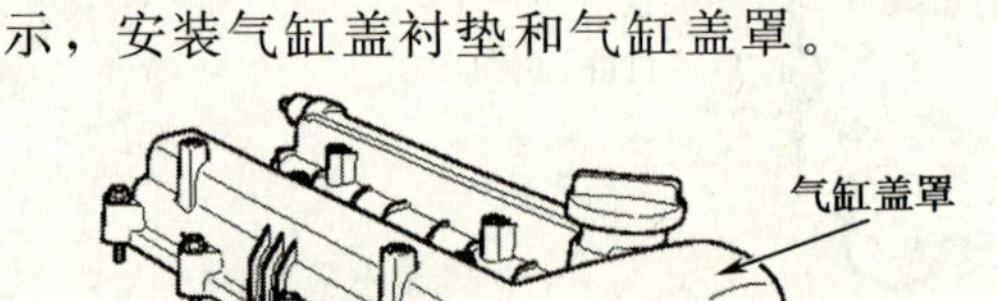

图 5-5-40 安装气缸盖衬垫和气缸盖罩

14. 按照图 5-5-41 所示的顺序，紧固气缸盖罩螺栓，第一步先将螺栓紧固到 3.9～5.9N・m；第二步紧固到 7.8～9.8N・m。

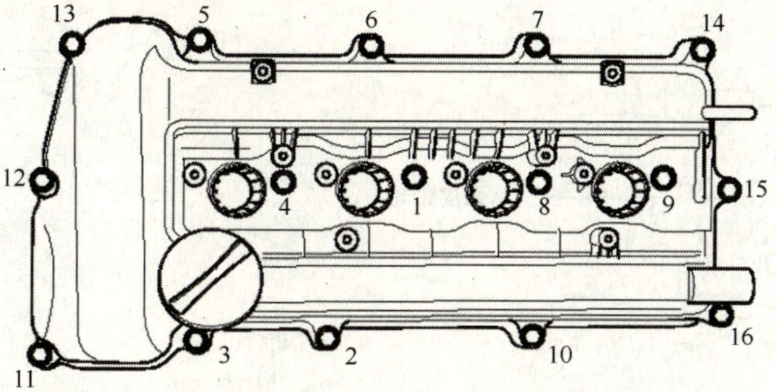

图 5-5-41 气缸盖螺栓紧固顺序

15. 安装点火线圈螺栓。

16. 安装曲轴箱强制通风软管和燃油蒸发控制电磁阀软管。

17. 连接点火线圈连接器和通气软管。

18. 按照图 5-5-42 所示，安装发动机传动皮带惰轮。将惰轮固定螺栓紧固到 42.2～53.9N・m。

19. 安装水泵和密封衬垫，并按照图 5-5-43 所示的紧固顺序紧固螺栓。

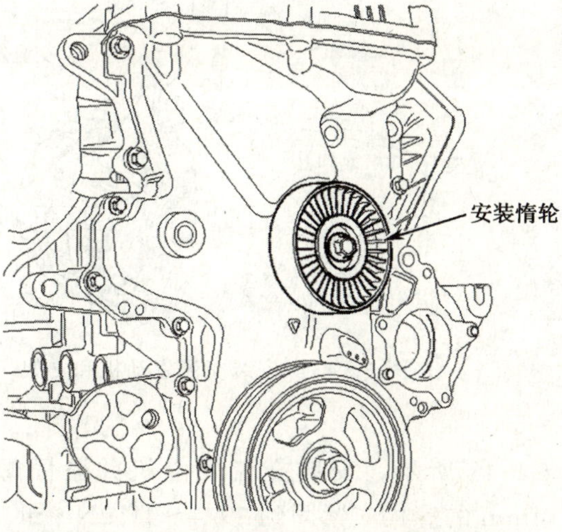

图 5-5-42 安装发动机传动皮带惰轮

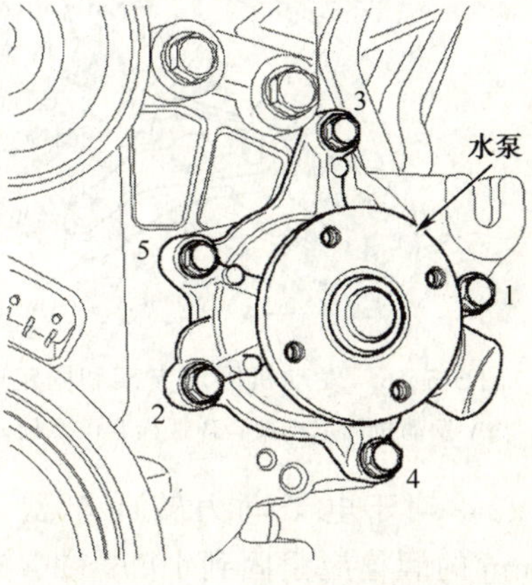

图 5-5-43 水泵螺栓紧固顺序

20. 按照图 5-5-44 所示，安装水泵皮带轮。

21. 按照图 5-5-45 所示，安装发动机支架和交流发电机支架。

22. 按照图 5-5-46 所示，安装发动机固定支架并紧固螺栓 B、螺栓 C 和螺母 D。螺栓 B 的紧固力矩为 63.7～83.4N・m；螺栓 C 和 D 的紧固力矩为 49～63.7N・m。

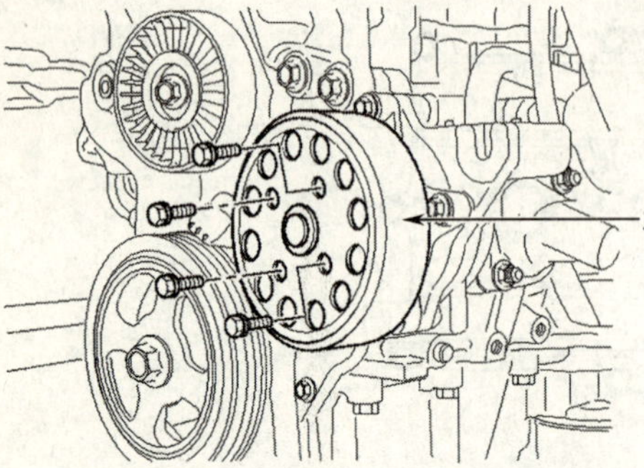

图 5-5-44　安装水泵皮带轮

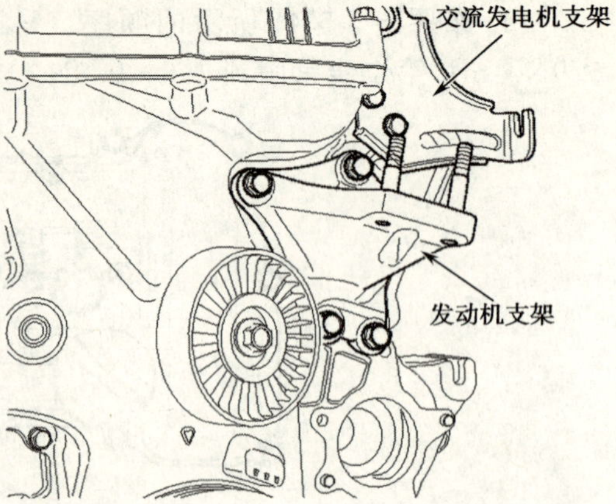

图 5-5-45　安装发动机支架和交流发电机支架

23. 对于液压动力转向车型，按照图 5-5-47 所示，安装交流发动机和支架并紧固螺栓，12mm 的螺栓应紧固到 19.6～26.5N·m；14mm 的螺栓应紧固到 29.4～41.2N·m；支架的固定螺栓应紧固到 19.6～26.5N·m。

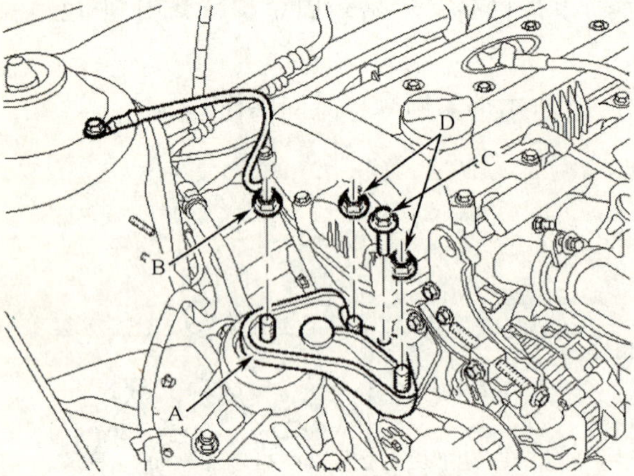

图 5-5-46　发动机固定支架和固定螺母识别

A-发动机固定支架；B-螺栓；C-螺栓；D-螺栓

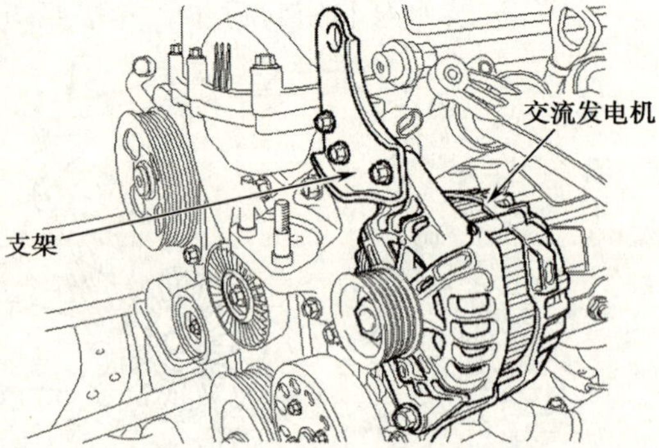

图 5-5-47　安装交流发动机和支架

24. 对于电子动力转向车型，按照图 5-5-48 所示，安装交流发电机并紧固螺栓，12mm 的螺栓应紧固到 19.6～26.5N·m；14mm 的螺栓应紧固到 29.4～41.2N·m。

25. 安装发动机传动皮带。

26. 连接蓄电池负极端子。

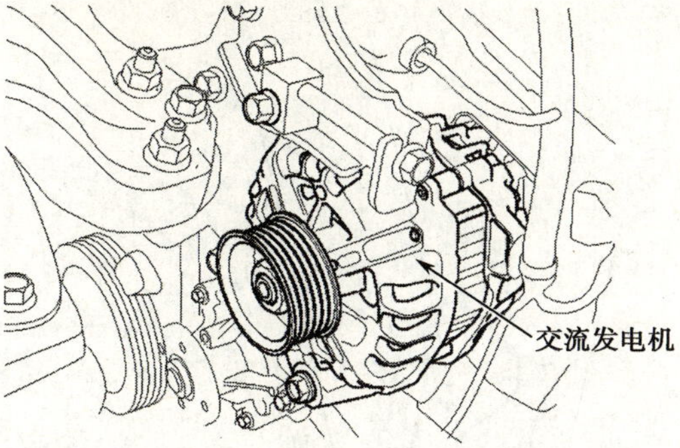

图 5-5-48 安装交流发电机

第六节 BORREGO（霸锐）轿车

一、霸锐 3.8L 轿车正时部件识别（图 5-6-1、图 5-6-2）

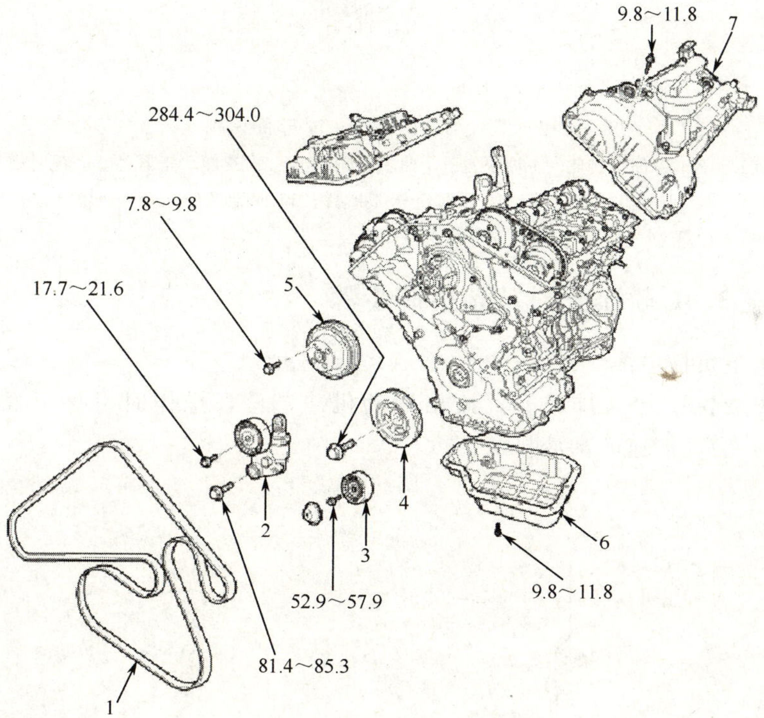

图 5-6-1 霸锐 3.8L 轿车正时部件识别（1/2）

1-驱动皮带；2-驱动皮带张紧器；3-惰轮；4-曲轴皮带轮；5-水泵皮带轮；6-油底壳；7-气缸盖罩盖

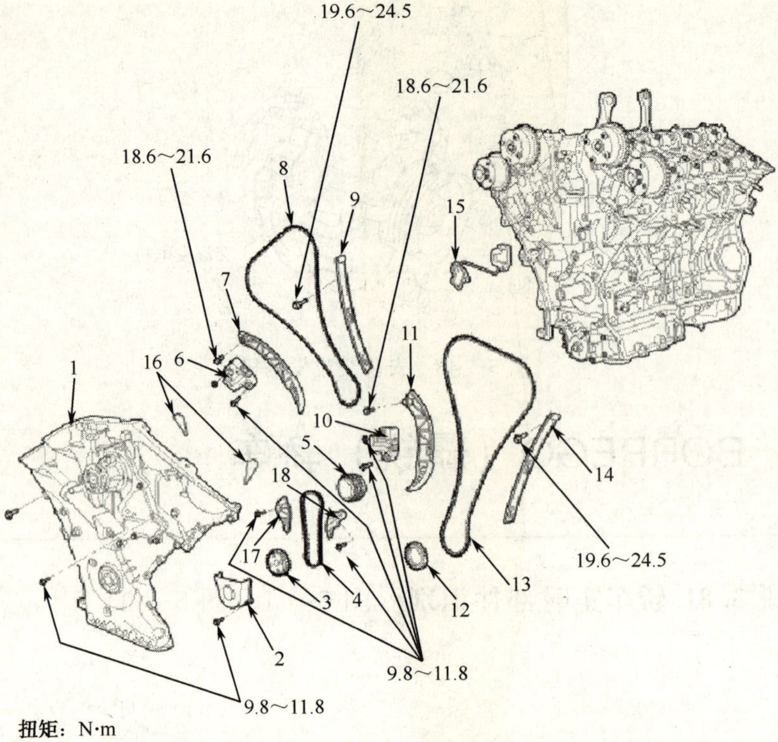

图 5-6-2 霸锐 3. 8L 轿车正时部件识别（2/2）

1-正时链盖；2-油泵链盖；3-油泵链轮；4-油泵链；5-曲轴链轮；6-正时链自动张紧器；7-正时链张紧器臂；8-正时链；9-正时链导轨；10-正时链自动张紧器；11-正时链张紧器臂；12-曲轴链轮；13-正时链；14-正时链导轨；15-张紧器适配器；16-衬垫；17-油泵链导轨；18-油泵张紧器总成

二、霸锐 3. 8L 轿车正时链条拆卸步骤

1. 把蓄电池负极电缆（图 5-6-3 中的 A）断开。

2. 松开发动机冷却液排放塞，放出发动机冷却液，操作时可拆下发动机散热器盖（图 5-6-4 中的 A），加速冷却液排放速度。

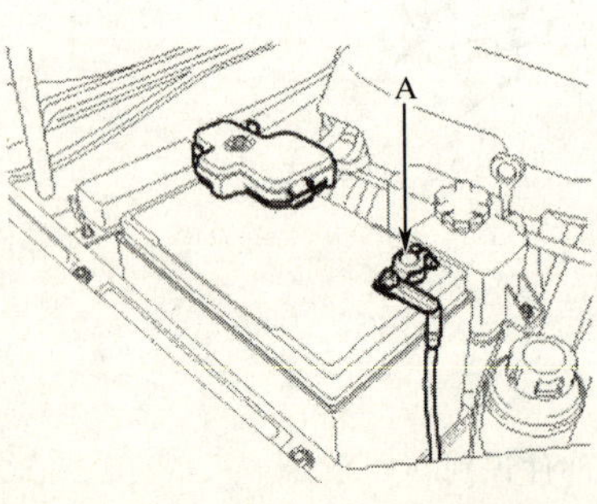

图 5-6-3 断开蓄电池负极电缆

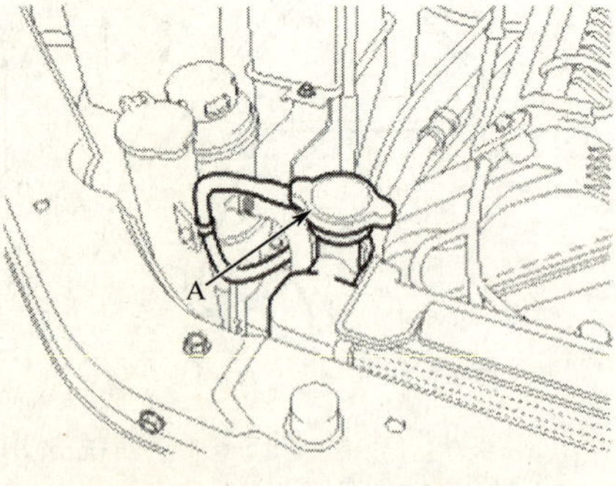

图 5-6-4 发动机散热器盖识别

3. 拆下发动机盖（图 5-6-5 中的 A）。

4. 拆下散热器格栅上部挡板（图 5-6-6 中的 A）。

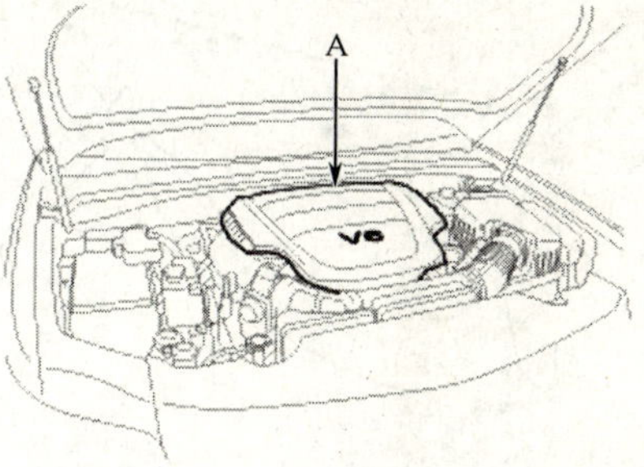

图 5-6-5　发动机盖识别

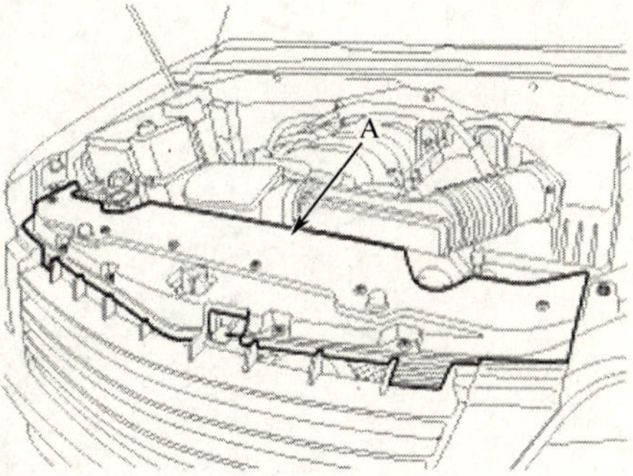

图 5-6-6　散热器上部挡板识别

5. 断开空气流量传感器连接器（图 5-6-7 中的 A）和通气软管（图 5-6-7 中的 B），然后拆卸空气滤清器总成（图 5-6-7 中的 C）。

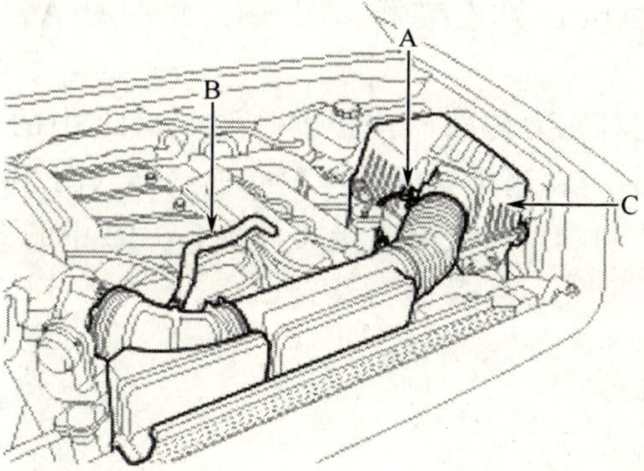

图 5-6-7　空气流量传感器连接器、通气软管识别及空气滤清器总成识别

6. 断开散热器上软管（图 5-6-8 中的 A）和下软管（图 5-6-8 中的 B）。

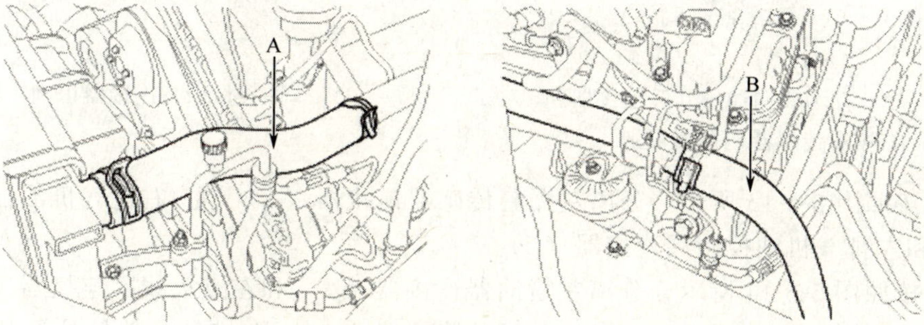

图 5-6-8　散热器上下软管识别

7. 断开净化控制电磁阀软管（图 5-6-9 中的 A）和制动助力器真空软管（图 5-6-9 中的 B）。

8. 断开发动机冷却风扇连接器（图 5-6-10 中的 A）并拆卸发动机冷却风扇总成（图 5-6-10中的 B）。

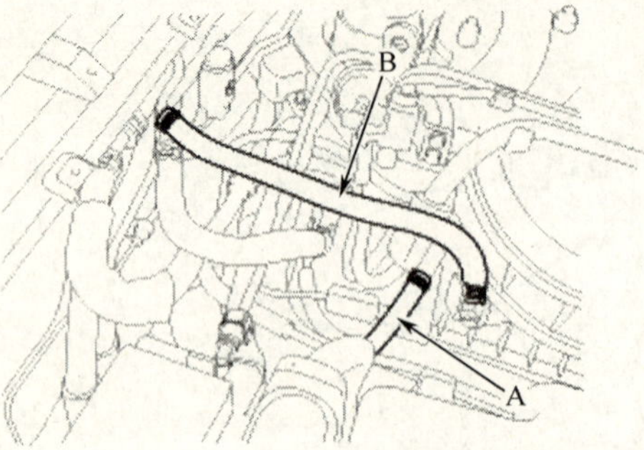

图 5-6-9　净化控制电磁阀软管和制动助力器真空软管识别

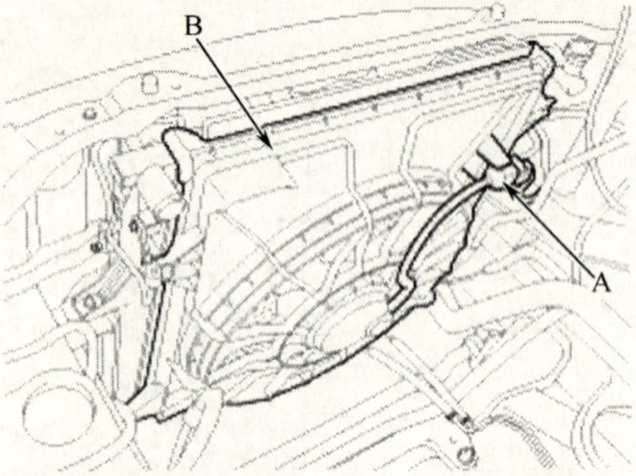

图 5-6-10　风扇连接器和风扇总成识别

9. 断开下列连接器：

（1）断开动力转向油压开关连接器（图 5-6-11 中的 A）和右爆震传感器连接器（图 5-6-11中的 B）。

（2）断开进气歧管绝对压力传感器连接器（图 5-6-12 中的 A）、ECT（电控变速器）离合器（图 5-6-12 中的 B）、右侧排气机油控制阀连接器（图 5-6-12 中的 C）、右喷油器连接器（图 5-6-12 中的 D）和右点火线圈连接器（图 5-6-12 中的 E）。

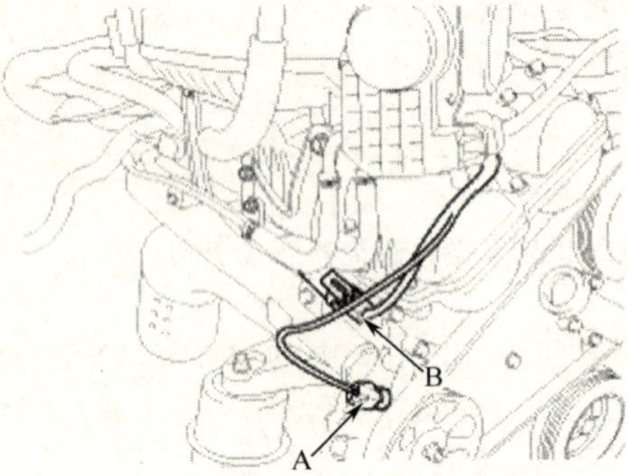

图 5-6-11　动力转向油压开关连接器和右爆震传感器连接器识别

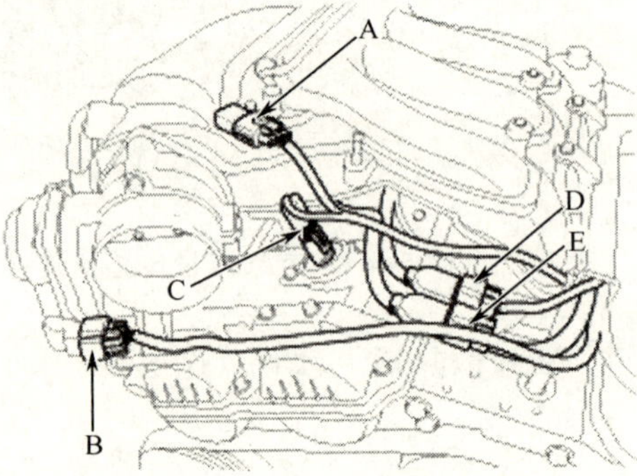

图 5-6-12　连接器识别

（3）按照图 5-6-13 所示，分离左爆震传感器连接器（A）、左/右进气机油控制阀连接器（B）和左排气机油控制阀连接器（C）。

（4）按照图 5-6-14 所示，分离左喷油器连接器（A）和左点火线圈连接器（B）。

（5）按照图 5-6-15 所示，分离油压开关连接器（A）、左排气凸轮轴位置传感器连接器（B）和左氧传感器连接器（C）。

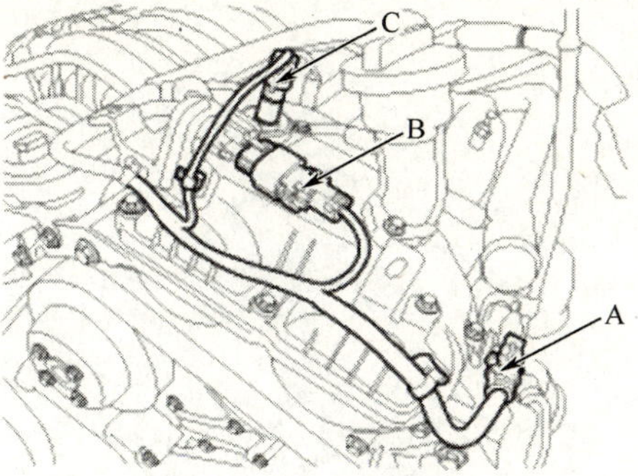

图 5-6-13 连接器识别

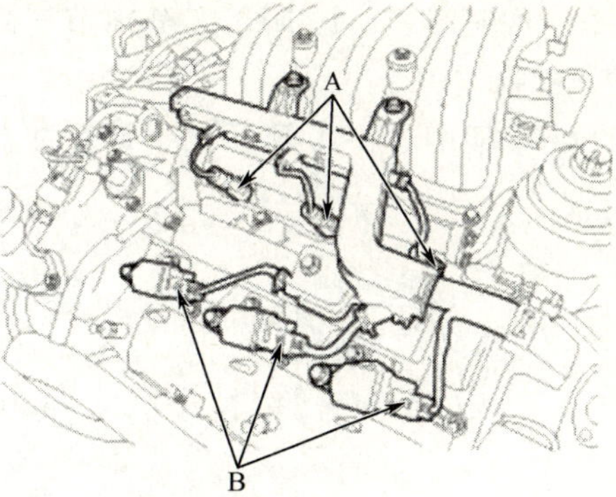

图 5-6-14 连接器识别

（6）按照图 5-6-16 所示，分离左进气凸轮轴 CMP 传感器连接器（A）、右进气凸轮轴 CMP 传感器连接器（B）和电容器连接器（C）。

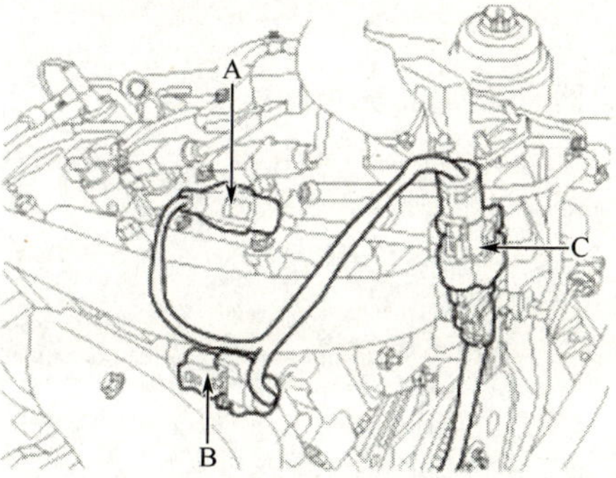

图 5-6-15 连接器识别

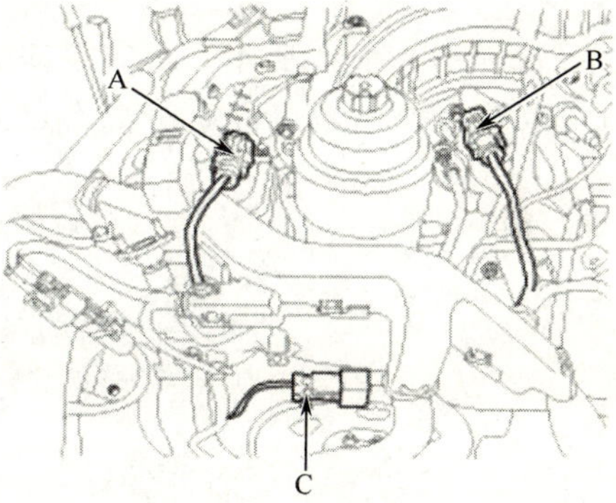

图 5-6-16 连接器识别

（7）按照图 5-6-17 所示，分离 VIS 电磁阀连接器（A）、PCSV 连接器（B）、右氧传感器连接器（C）和右排气凸轮轴位置传感器连接器（D）。

（8）按照图 5-6-18 所示，分离水温传感器连接器（A）和油温传感器连接器（B）。

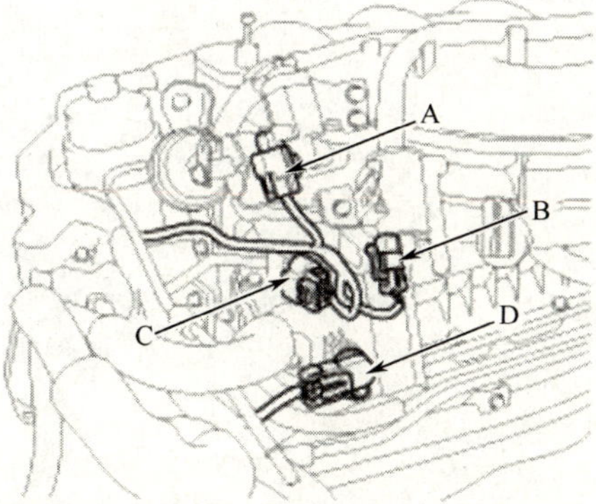

图 5-6-17 连接器识别

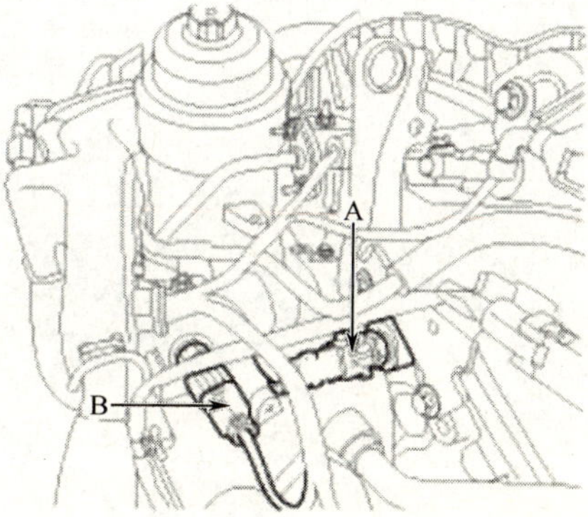

图 5-6-18 连接器识别

10. 按照图 5-6-19 所示，分离节气门体冷却水软管（A）、通风软管（B）并拧下缓冲器支架螺栓（C）。

11. 按照图 5-6-20 所示，拆卸缓冲器（A）。

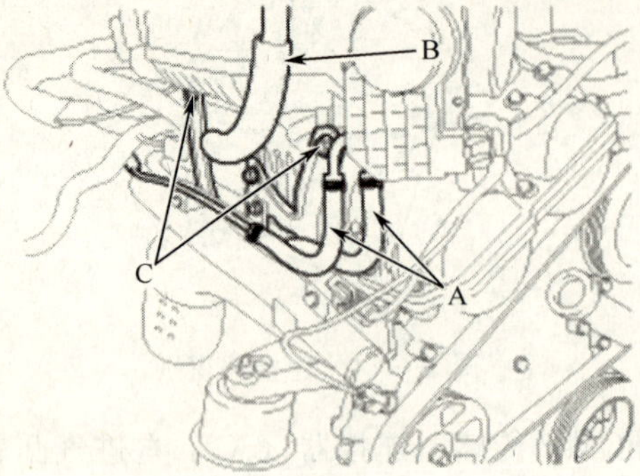

图 5-6-19 软管和螺栓识别

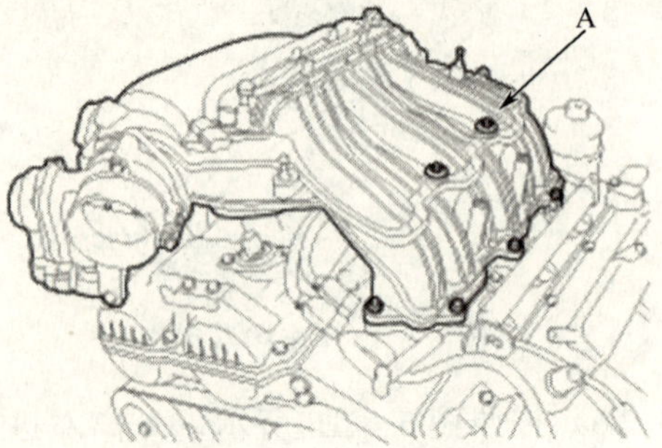

图 5-6-20 拆卸缓冲器

12. 按照图 5-6-21 所示，拆卸冷却水管（A）。

13. 按照图 5-6-22 所示，分离右点火线圈连接器（A）和喷油器连接器（B）。

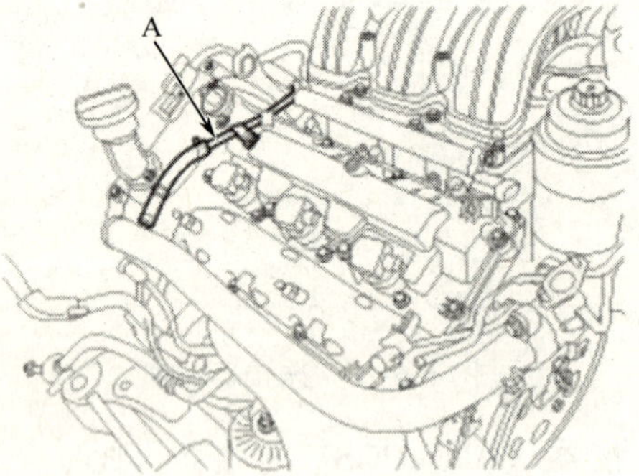

图 5-6-21 拆卸冷却水管

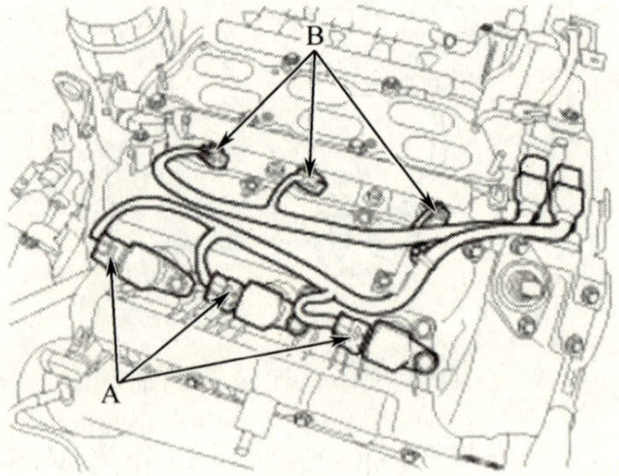

图 5-6-22 连接器识别

14. 按照图 5-6-23 所示，拆卸左/右点火线圈（A）。

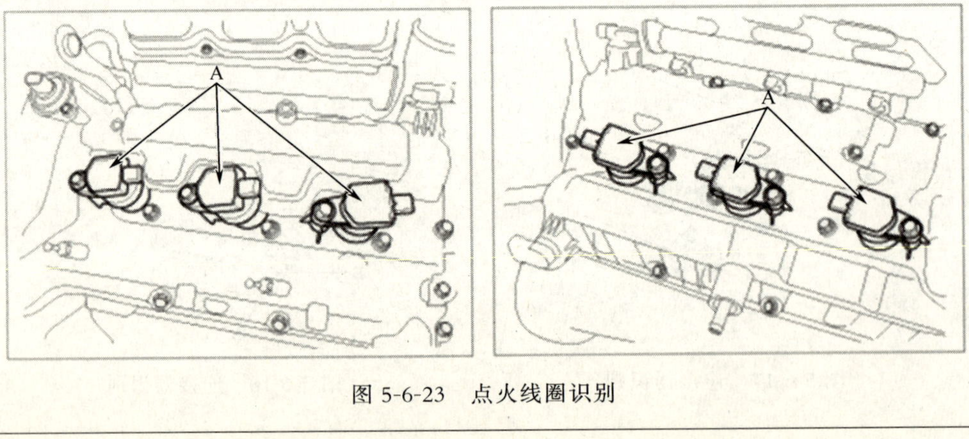

图 5-6-23 点火线圈识别

15. 按照图 5-6-24 所示，拆卸左/右气缸盖罩盖（A）。

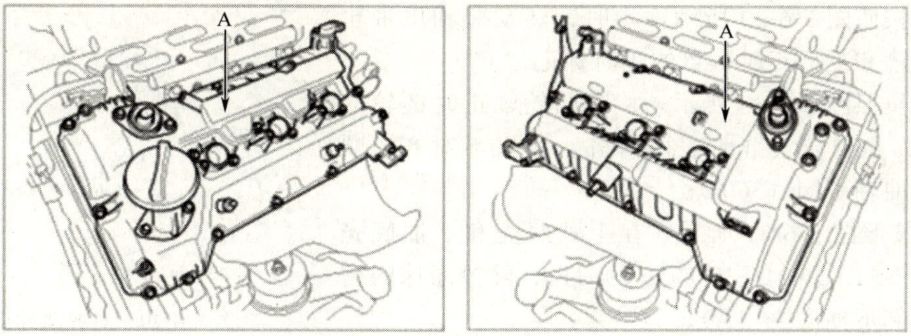

图 5-6-24 拆卸左/右气缸盖罩

16. 按照图 5-6-25 所示，拆卸驱动皮带（A）。

17. 按照图 5-6-26 所示，拆卸驱动皮带惰轮（A）。

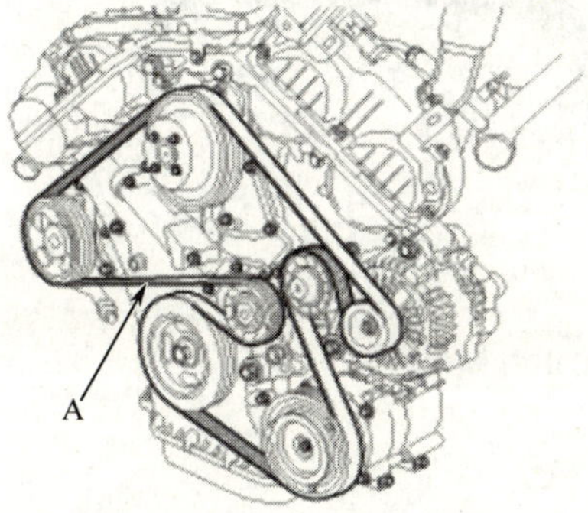

图 5-6-25 拆卸驱动皮带

图 5-6-26 拆卸驱动皮带惰轮

18. 按照图 5-6-27 所示，拆卸驱动皮带自动张紧器（A）。

19. 按照图 5-6-28 所示，拆卸水泵皮带轮（A）。

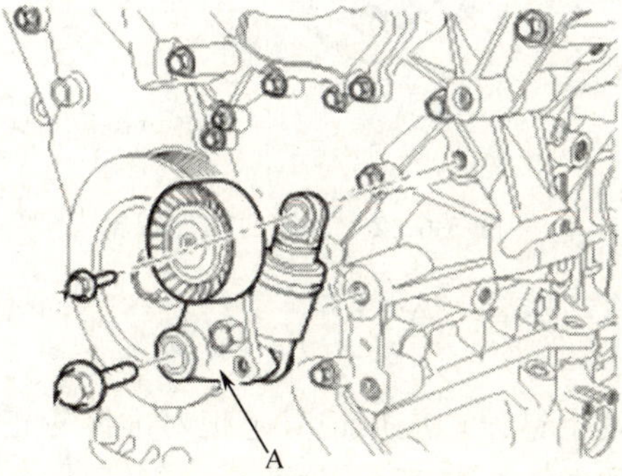

图 5-6-27 拆卸驱动皮带自动张紧器

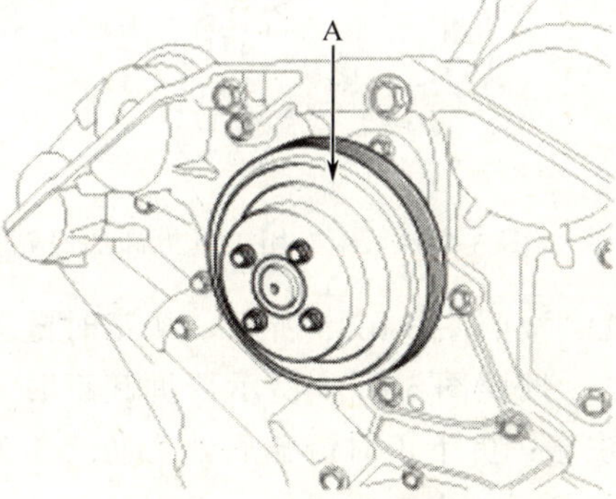

图 5-6-28 拆卸水泵皮带轮

20. 把气缸 1 设置到 TDC（上止点位置）。

（1）按照图 5-6-29 所示，顺时针转动曲轴皮带轮并对齐凹槽和下部正时链盖的正时标记“T”。

（2）按照图 5-6-30 所示，检查凸轮轴正时链轮的标记（A）是否与气缸盖表面对齐。如果不对齐，顺时针转动曲轴一圈（360°）。

21. 按照图 5-6-31 所示，在上油底壳和下油底壳之间插入 SST（09215-3C000）的刀口，除掉涂抹的密封胶，拆卸下油底壳（A）。

22. 按照图 5-6-32 所示，拆卸曲轴皮带轮（A）。

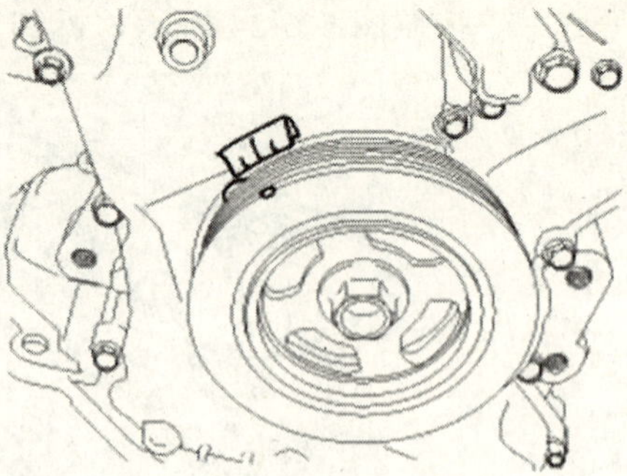

图 5-6-29 对齐曲轴皮带轮正时标记

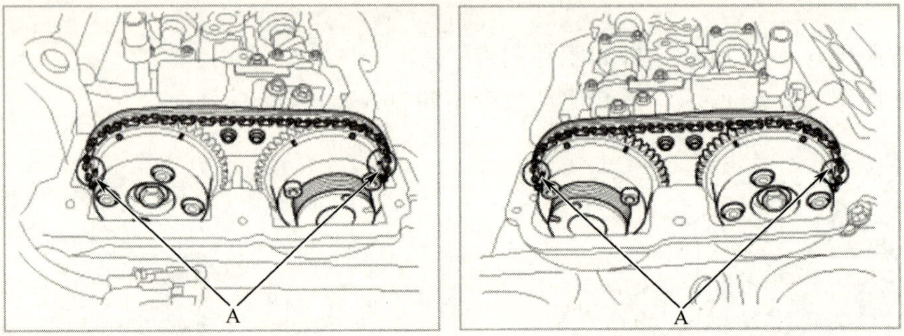

图 5-6-30 对齐凸轮轴链轮正时标记

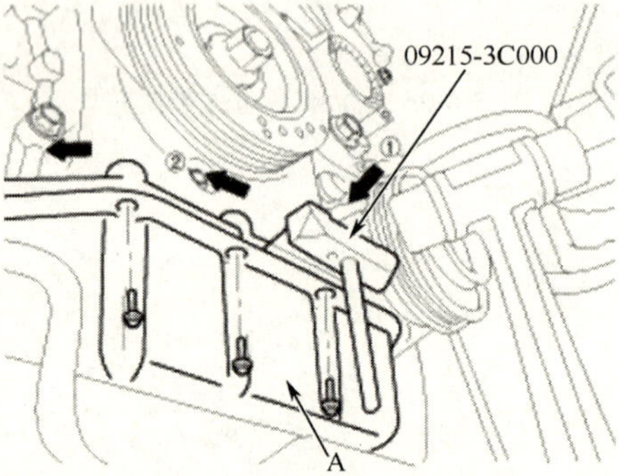

图 5-6-31 用专用工具拆卸油底壳

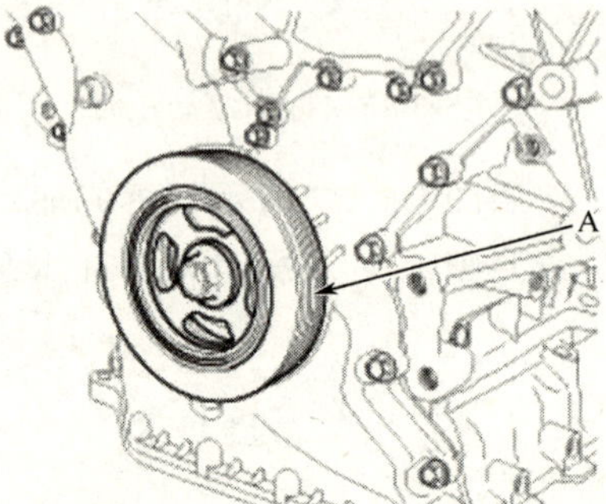

图 5-6-32 拆卸曲轴皮带轮

23. 按照图 5-6-33 所示，从正时链盖上拆卸冷却水管（A）。

24. 按照图 5-6-34 所示，拆卸正时链盖（A）。

注意：拆下正时链盖后，为防止重新安装时发生错误，应用记号笔把对准链轮正时标记的链节标示出来，以便重新安装时作为参考，如图 5-6-35 所示。

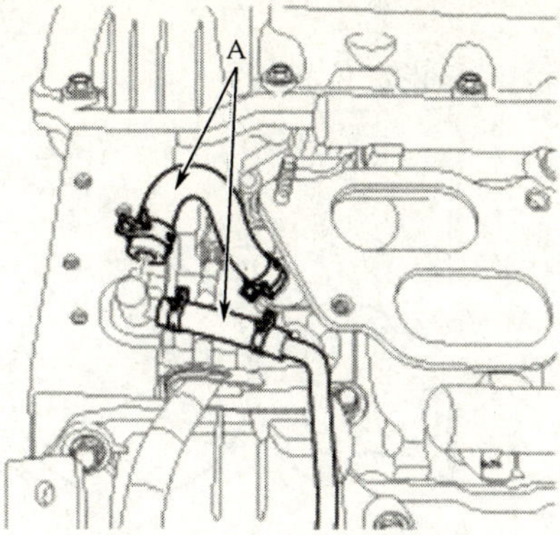

图 5-6-33 拆卸冷却水管

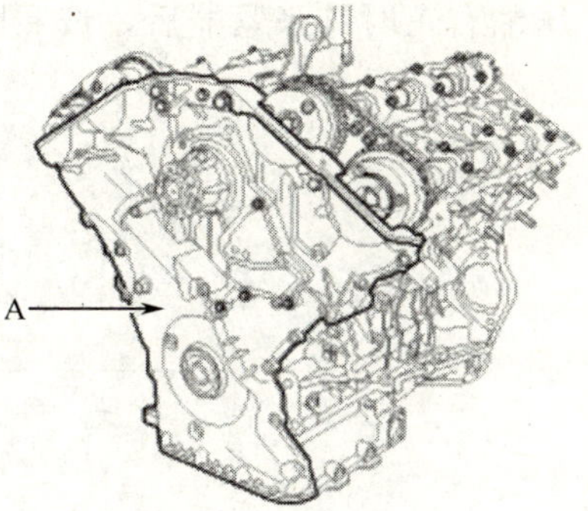

图 5-6-34 拆卸正时链盖

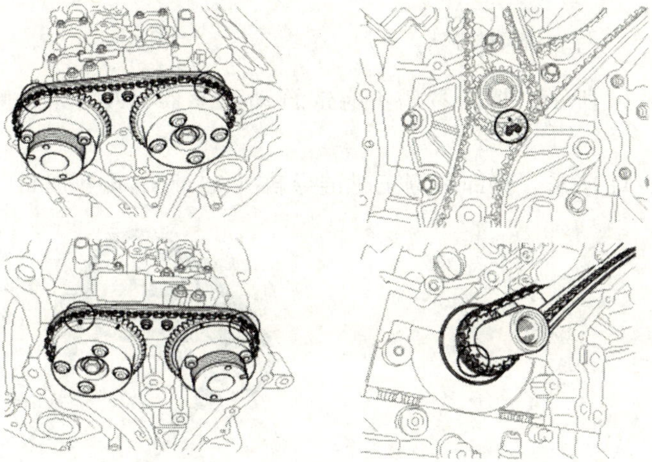

图 5-6-35 标记正时链节

25. 按照图 5-6-36 所示，拆卸油泵链盖（A）。

26. 按照图 5-6-37 所示，拆卸油泵链张紧器总成（A）。

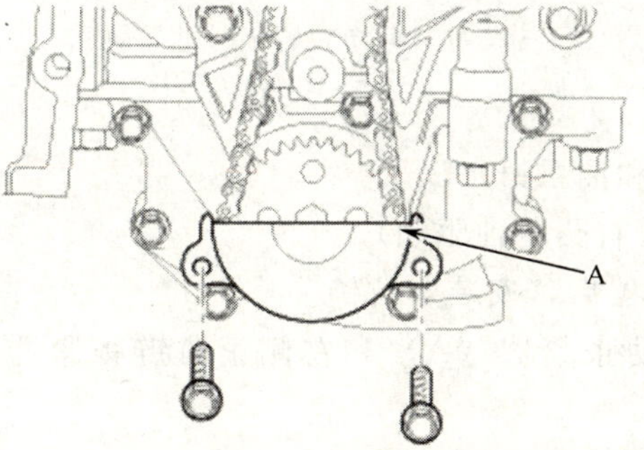

图 5-6-36 拆卸油泵链盖

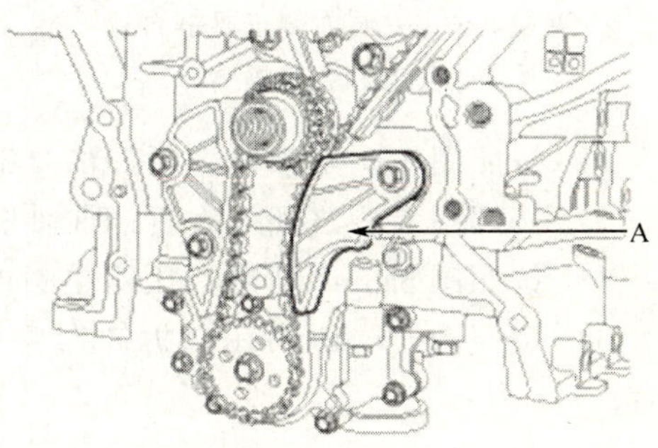

图 5-6-37 拆卸油泵链张紧器总成

27. 按照图 5-6-38 所示，拆卸油泵链导轨（A）。

28. 压缩右正时链张紧器后，按照图 5-6-39 所示，安装定位销。

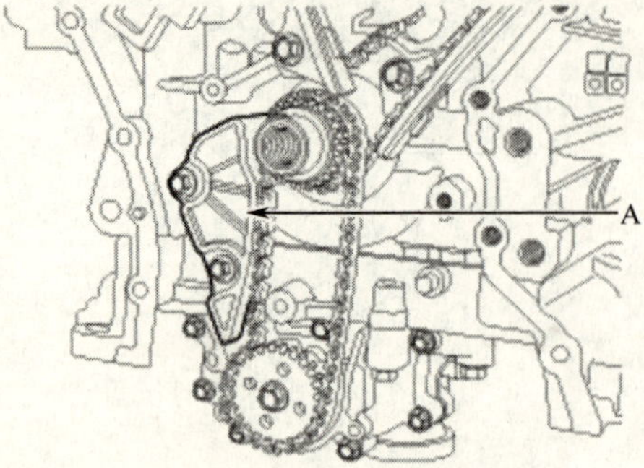

图 5-6-38　拆卸油泵链导轨

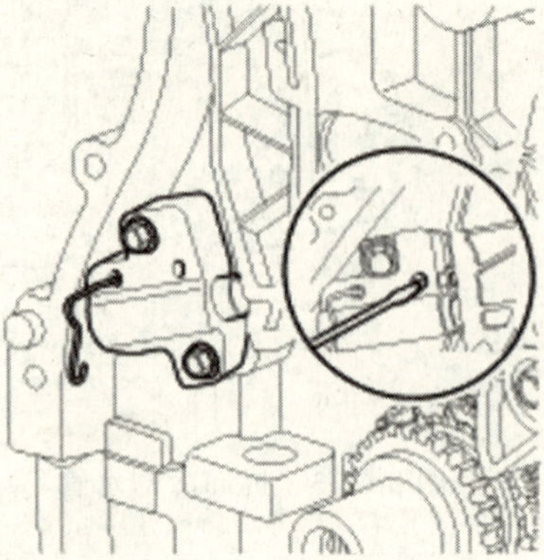

图 5-6-39　安装定位销

29. 按照图 5-6-40 所示，拆卸右侧正时链自动张紧器（A）和右侧正时链张紧器臂（B）。

30. 按照图 5-6-41 所示，拆卸右侧正时链导轨（A）和右侧正时链（B）。

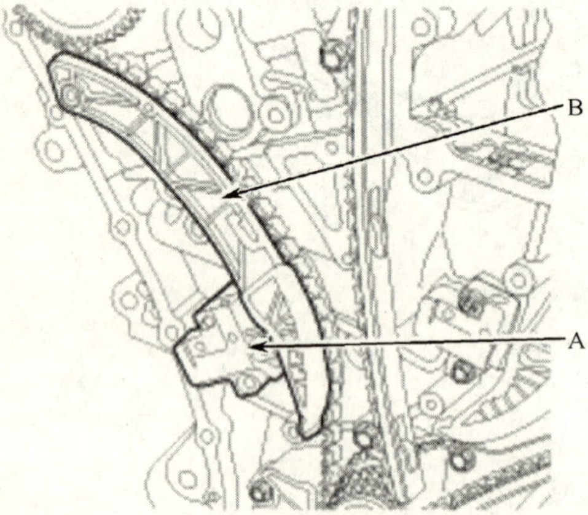

图 5-6-40　安装右侧正时链自动张紧器和张紧器臂

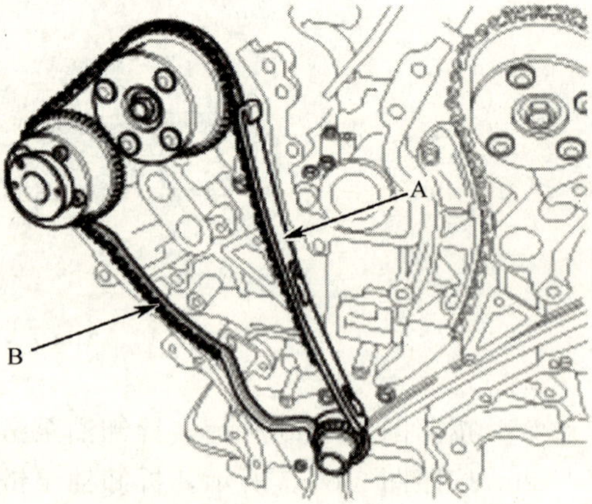

图 5-6-41　拆卸右侧正时链导轨和右侧正时链

31. 按照图 5-6-42 所示，拆卸油泵链轮（A）和油泵链（B）。

32. 按照图 5-6-43 所示，拆卸曲轴链轮（A）（右凸轮轴驱动）。

33. 按照图 5-6-44 所示，压缩左侧正时链张紧器后，安装定位销。

34. 按照图 5-6-45 所示，拆卸左侧正时链自动张紧器（A）和左侧正时链张紧器臂（B）。

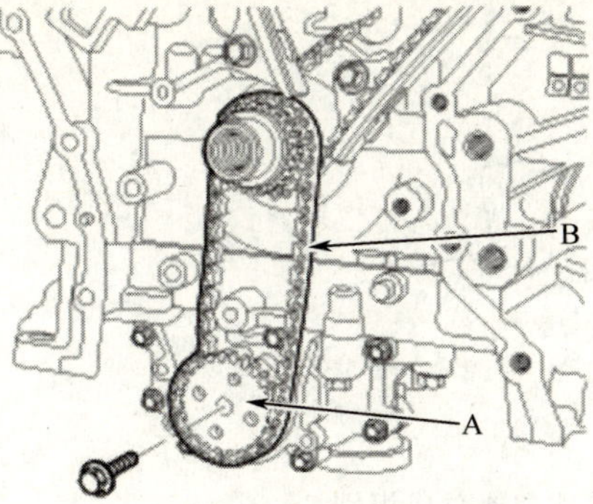

图 5-6-42 拆卸油泵链轮和油泵链

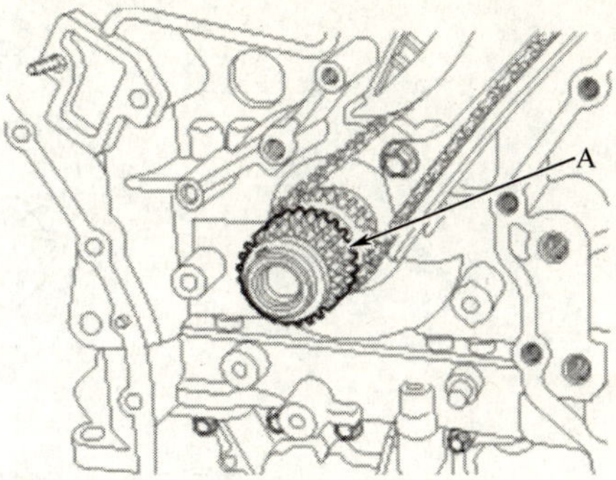

图 5-6-43 拆卸曲轴链轮

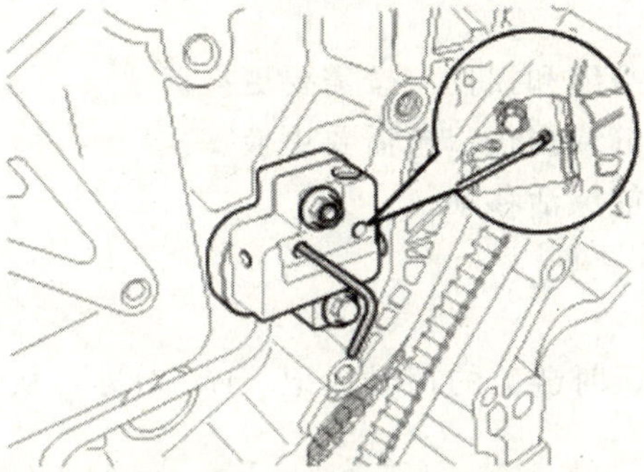

图 5-6-44 安装定位销

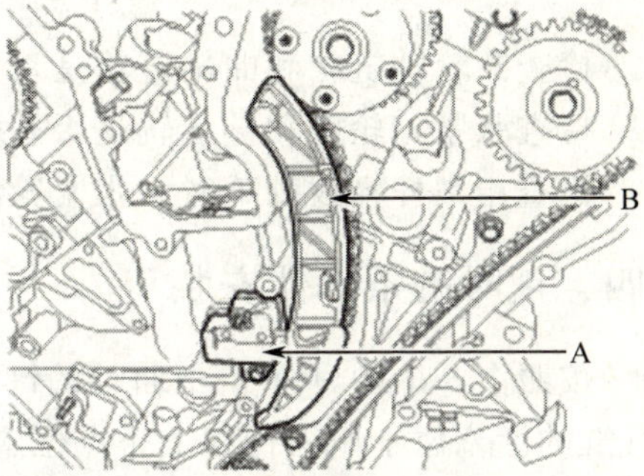

图 5-6-45 左侧正时链自动张紧器和链条张紧器臂识别

35. 按照图 5-6-46 所示，拆卸左侧正时链导轨（A）和左侧正时链（B）。

36. 按照图 5-6-47 所示，拆卸曲轴链轮（A）（左凸轮轴驱动）。

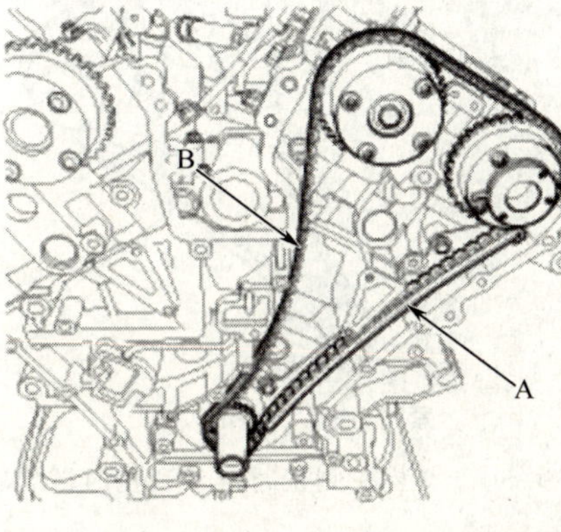

图 5-6-46 拆卸左侧正时链导轨和左侧正时链条

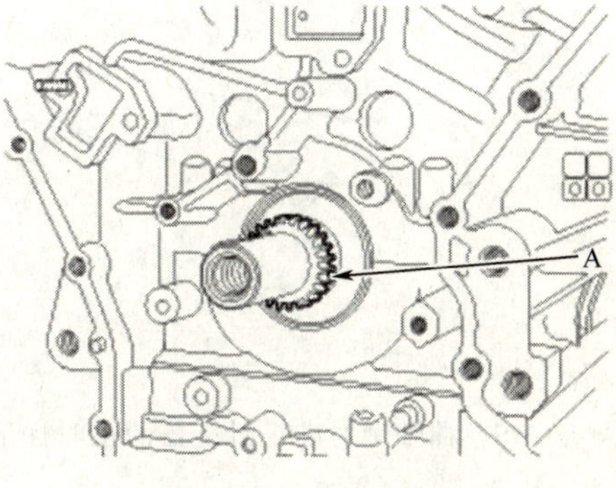

图 5-6-47 曲轴链轮

37. 按照图 5-6-48 所示，拆卸张紧器适配器总成（A）。

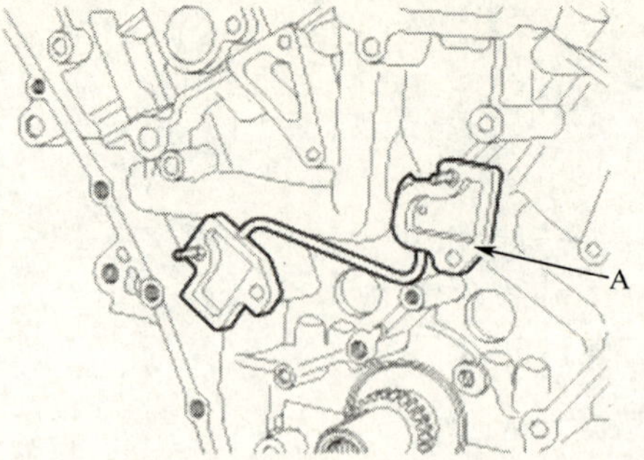

图 5-6-48　正时链条张紧器适配器总成识别

三、正时链条部件拆卸后的检查

1. 检查凸轮轴链轮和曲轴链轮是否有磨损、裂缝和损伤。按需要更换。

2. 检查张紧轮轮臂和链导轨是否有磨损、裂缝或损伤。按需要更换。

3. 检查用细杆释放棘爪时，张紧轮活塞是否能灵活移动。

四、正时链条部件安装

1. 按照图 5-6-49 所示，把曲轴的键（A）与正时链盖的正时标记（B）对准，从而使 1 号气缸的活塞位于压缩行程上止点位置。

2. 按照图 5-6-48 所示，安装张紧器适配器总成（A）。

3. 按照图 5-6-47 所示，安装曲轴链轮（A）（左凸轮轴驱动）。

4. 按照图 5-6-50 所示，安装左侧正时链（B）和左侧正时链导轨（A）。

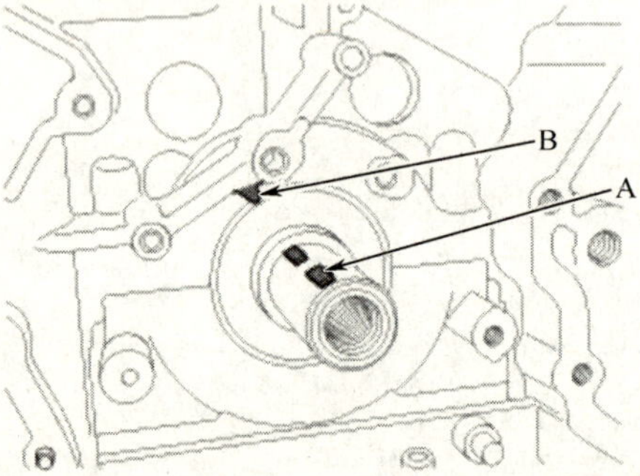

图 5-6-49　曲轴键对准正时链盖的正时标记

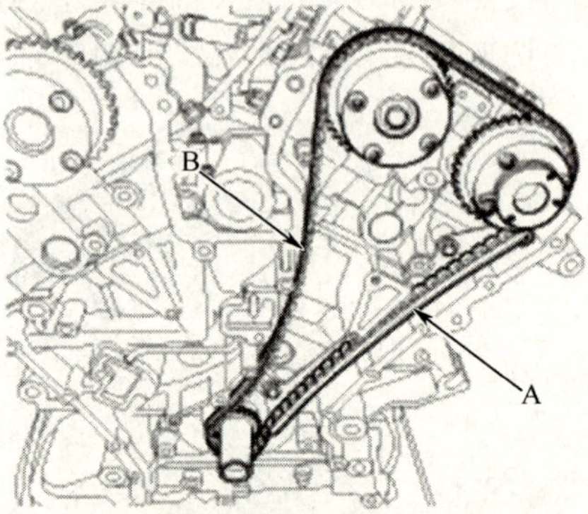

图 5-6-50　安装左侧正时链条和正时链导轨

注意：安装正时链时，每个链轮的正时标记应与正时链链节上的颜色标记对齐，参照图 5-6-35。

5. 按照图 5-6-51 所示，安装左侧正时链张紧器臂（B）和左侧正时链条张紧器（A）。

6. 按照图 5-6-52 所示，安装曲轴链轮（A）（右凸轮轴驱动）。

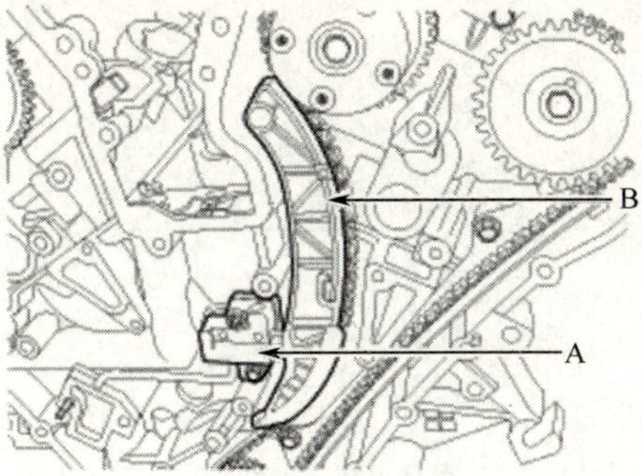

图 5-6-51 安装左侧正时链张紧器臂和左侧正时链条张紧器

A：9.8～11.8N·m

B：18.6～21.6N·m

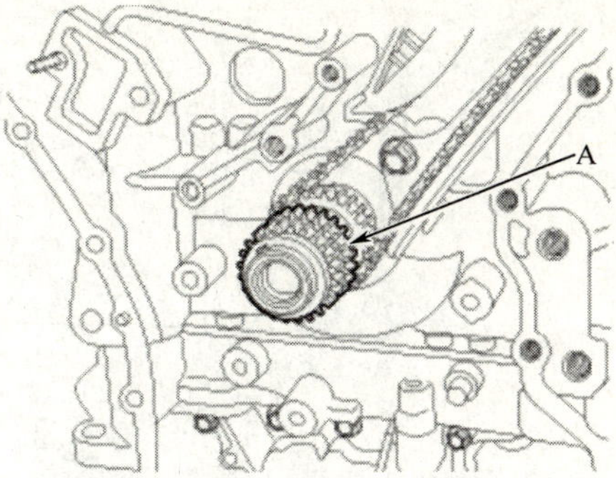

图 5-6-52 安装曲轴链轮

7. 按照图 5-6-53 所示，安装油泵链轮（A）和油泵链（B）。

8. 按照图 5-6-54 所示，安装右侧正时链（B）和右侧正时链导轨（A）。

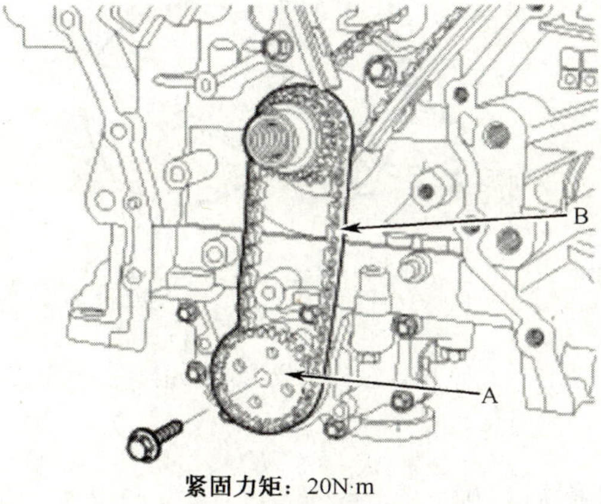

图 5-6-53 安装油泵链轮和油泵链

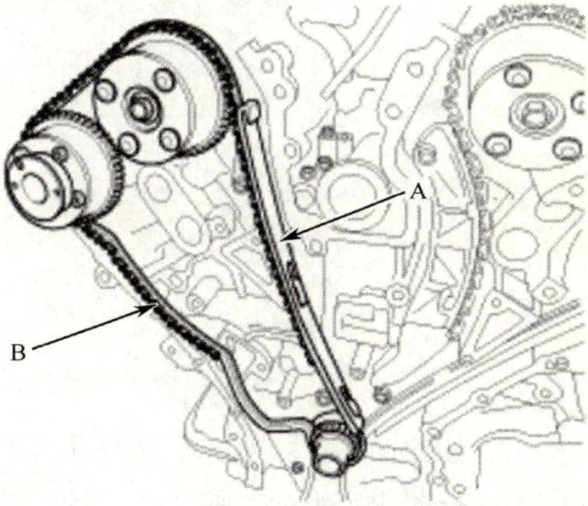

图 5-6-54 安装右侧正时链和正时链导轨

紧固力矩 A：20N·m

注意：安装正时链时，每个链轮的正时标记应与正时链节上的颜色标记对齐，参见图 5-6-35。

9. 按照图 5-6-55 所示，安装右侧正时链张紧器臂（B）和右侧正时链条张紧器（A）。

10. 按照图 5-6-56 所示，安装油泵链导轨（A）。

11. 按照图 5-6-57 所示，安装油泵链张紧器总成（A）。

12. 按照图 5-6-58 所示，拔出液压张紧轮的定位销（左侧和右侧）。

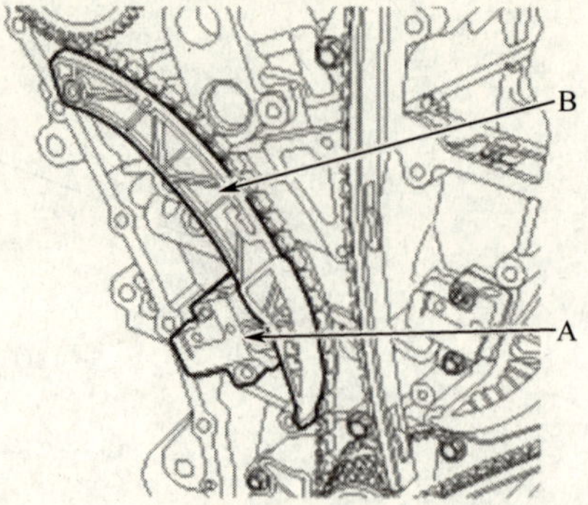

图 5-6-55　安装右侧正时链张紧器臂和右侧正时链条张紧器

A：9.8～11.8N·m

B：18.6～21.6N·m

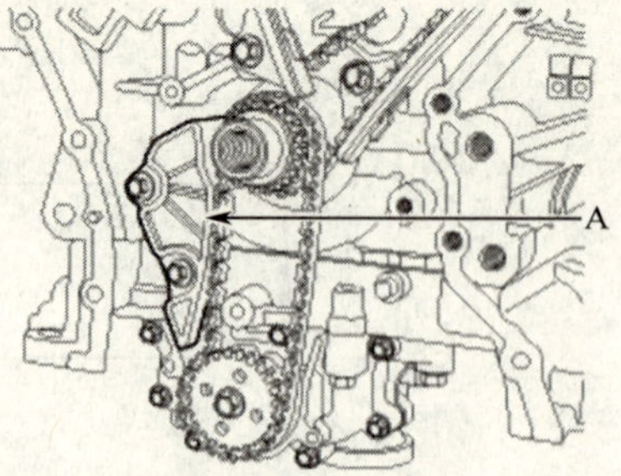

紧固力矩：10N·m

图 5-6-56　按照油泵链导轨

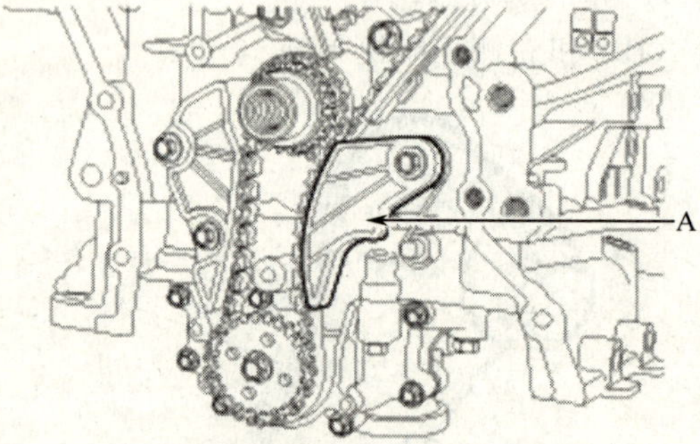

紧固力矩：10N·m

图 5-6-57　安装油泵链张紧器总成

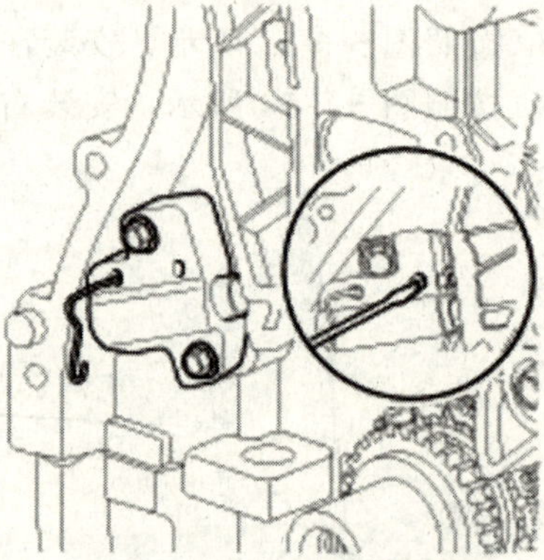

图 5-6-58　拔出定位销

13. 按照图 5-6-59 所示，安装油泵链盖（A）。

14. 按照规定方向（前 3 顺时针）转动曲轴 2 圈后，确认正时标记对齐。

15. 安装正时链条盖：

（1）位于链条盖和部件（气缸盖、气缸体和下部油盘）上的密封剂不能接触发动机油。

（2）安装正时链盖之前，在气缸盖和气缸体之间的间隙上涂抹液体密封胶 TB 1217H，如图 5-6-60 所示。

涂抹密封胶后，必须在 5min 内装配部件。密封胶宽度：2.5mm。

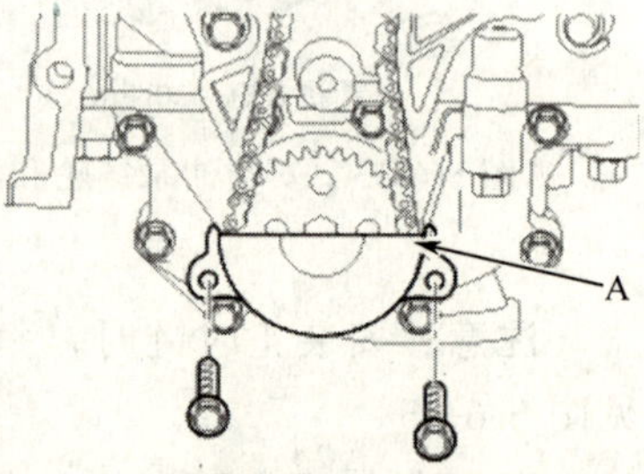

紧固力矩：10N·m

图 5-6-59　安装油泵链盖

（3）在正时链盖上涂抹液体密封胶 TB 1217H 后，5min 内必须安装部件。把密封胶连续涂抹在图 5-6-61 指示的每个区域上。

（4）按照图 5-6-62 所示将新衬垫（A）安装到正时链盖上。

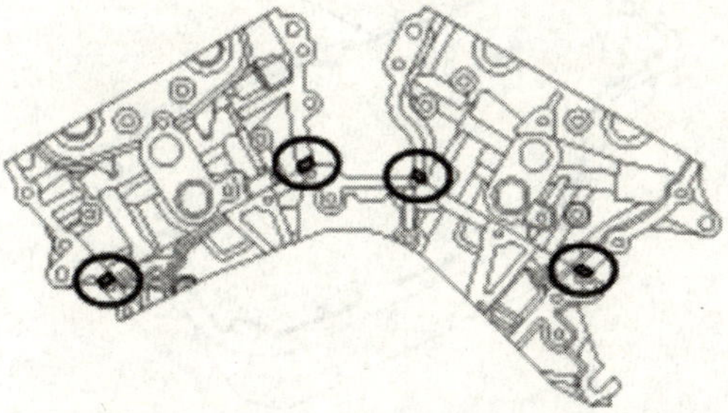

图 5-6-60　在气缸盖与气缸体之间涂抹密封胶

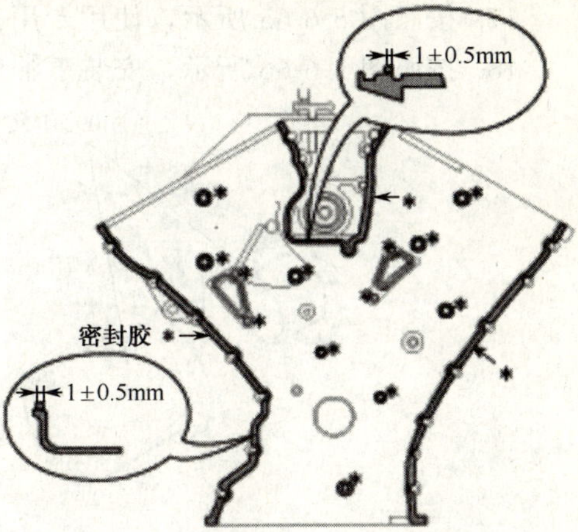

图 5-6-61　在正时链盖上涂抹密封胶

（5）按照图 5-6-63 所示，正确安装正时链盖螺栓。

（6）安装正时链盖后，在 30min 内不能执行点火测试。

16. 按照图 5-6-64 所示，将软管（A）安装到正时链盖上。

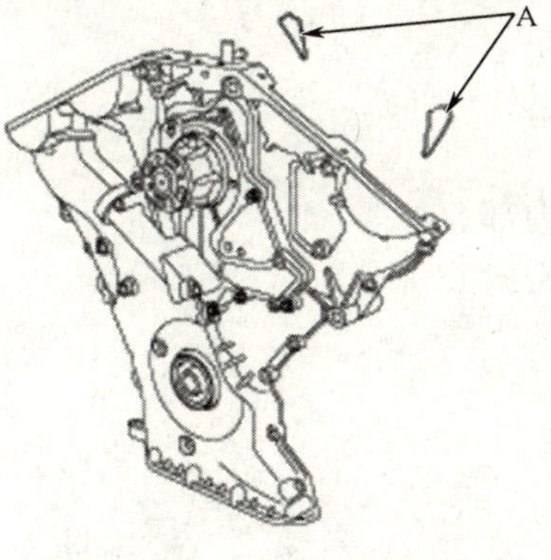

图 5-6-62　安装新衬垫

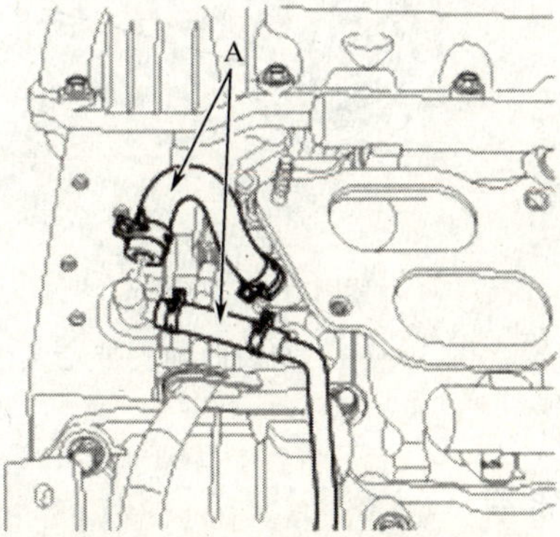

图 5-6-64　安装软管

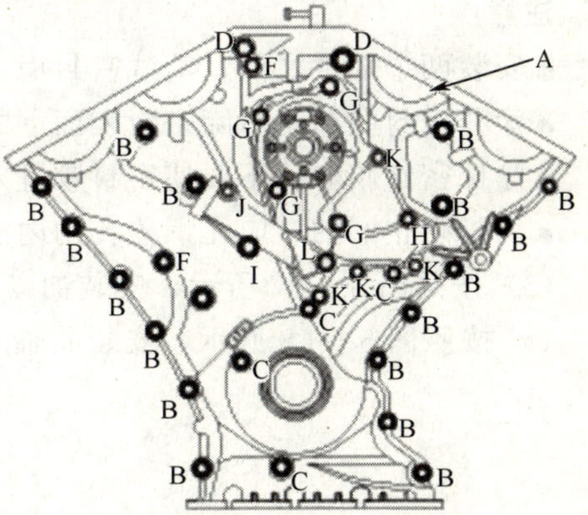

图 5-6-63　安装正时链盖螺栓

紧固力矩

B（17）：18. 62～21. 56N·m

C（4）：9. 80～11. 76N·m

D（2）：58. 80～68. 80N·m

F（2）：24. 50～26. 46N·m

G（4）：21. 56～23. 52N·m

H（1）：9. 80～11. 76N·m

I（1）：9. 8～11. 76N·m

J（1）：9. 80～11. 76N·m

K（4）：9. 80～11. 76N·m

L（1）：21. 56～26. 46N·m

17. 按照图 5-6-65 所示，使用专用工具 SST（09231-3C100），安装正时链盖油封。

18. 按照图 5-6-66 所示，安装下油底壳（A）。

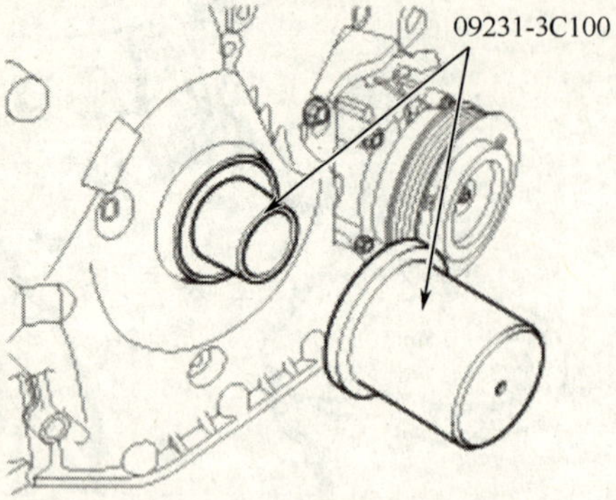

图 5-6-65 安装正时链盖油封

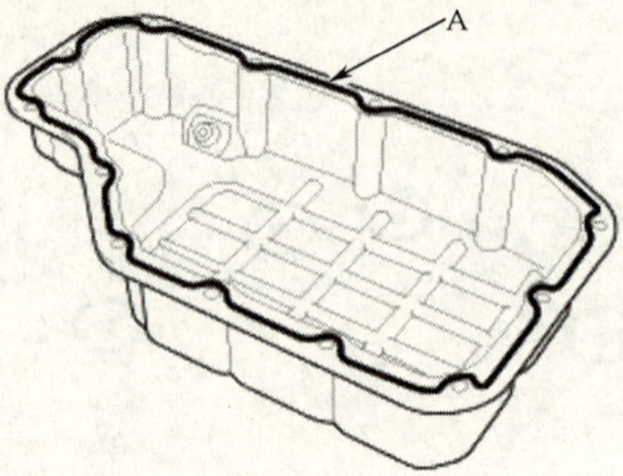

图 5-6-66 安装下油底壳

（1）使用衬垫刮刀，除去衬垫表面的旧充填材料。

（2）安装油底壳前，在油底壳涂抹液体密封胶 TB 1217H。涂抹密封胶后 5min 内必须安装部件。密封胶宽度：2. 5mm。

注意：

- 安装两个部件之前，清洗密封面。
- 涂抹密封胶前，清除密封表面上的有害杂质。
- 涂抹密封胶时，不要使密封胶进入油底壳的内部。
- 为了防止漏油，应在螺栓孔的内螺纹上涂抹密封胶。

（3）按照图 5-6-67 所示，安装油盘（A）。

19. 按照图 5-6-68 所示，安装曲轴皮带轮（A）。

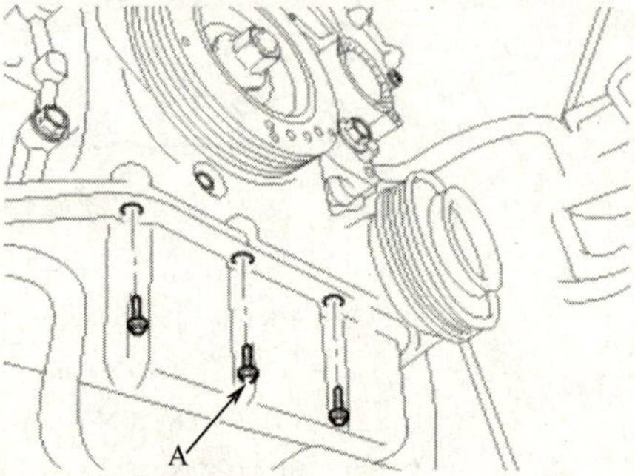

紧固力矩：10N·m

图 5-6-67 安装油盘

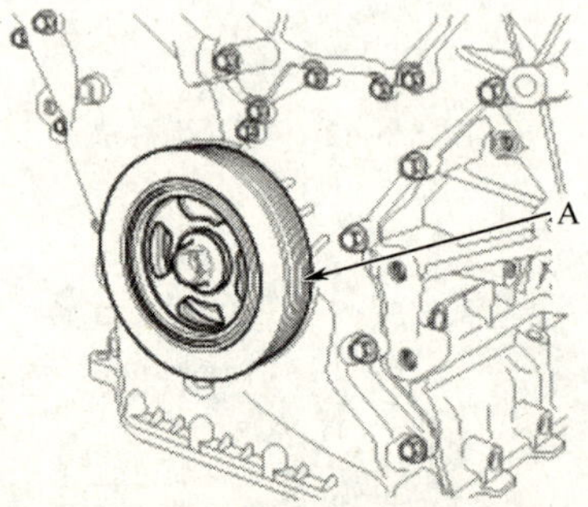

紧固力矩：300N·m

图 5-6-68 安装曲轴皮带轮

20. 按照图 5-6-69 所示，安装水泵皮带轮（A）。

21. 按照图 5-6-70 所示，安装驱动皮带自动张紧器（A）。

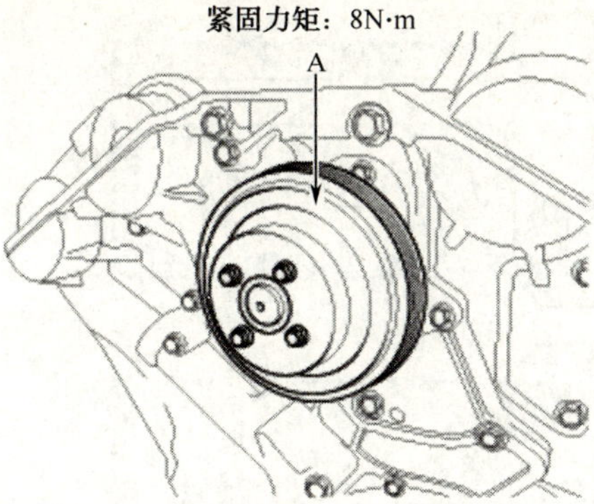

图 5-6-69　安装水泵皮带轮

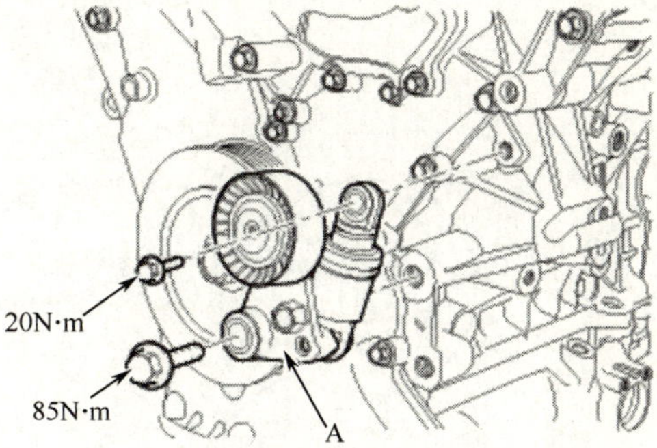

图 5-6-70　安装驱动皮带自动张紧器

22. 按照图 5-6-71 所示，安装驱动皮带惰轮（A）。

23. 按照图 5-6-72 所示，安装驱动皮带（A）。

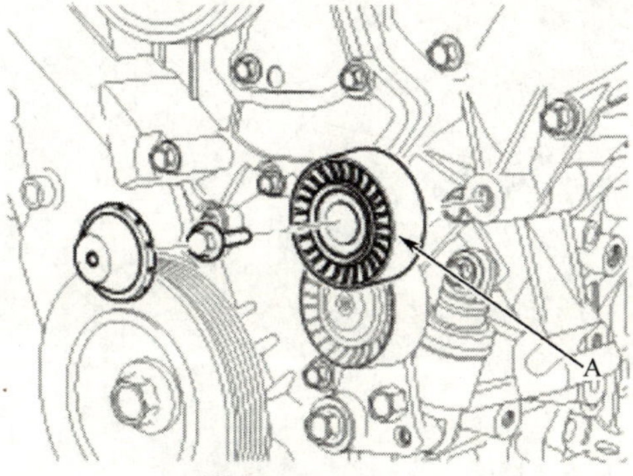

图 5-6-71　安装驱动皮带惰轮

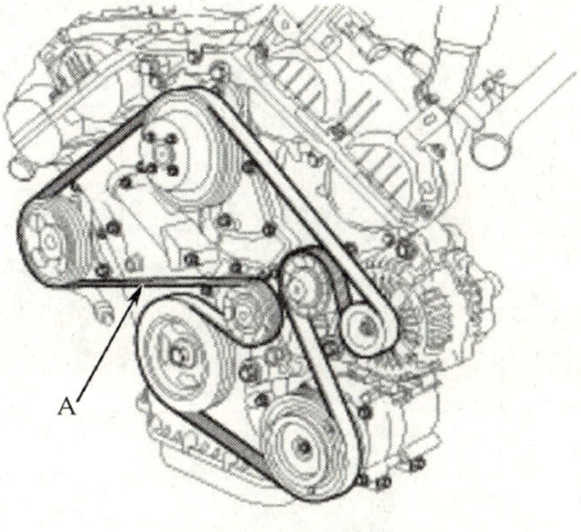

图 5-6-72　安装驱动皮带

24. 安装左/右气缸盖罩盖。

（1）安装气缸盖之前，应把正时链盖和气缸盖之间上部硬化的密封剂清理干净。

（2）如图 5-6-73 所示，涂抹密封胶（TB1217H），密封胶宽度：2.5mm，涂抹完毕后在 5min 内安装气缸盖罩。

（3）安装气缸盖后，在 30min 内不要执行点火测试。

（4）按照图 5-6-74 所示顺序安装气缸盖螺栓。紧固力矩：9.8～11.8N·m。

注意：气缸盖罩衬垫必须换用新衬垫。

25. 按照图 5-6-75 所示，安装左/右点火线圈（A）。

26. 按照图 5-6-76 所示，连接右点火线圈连接器（A）和喷油器连接器（B）。

27. 按照图 5-6-77 所示，安装冷却水管（A）。

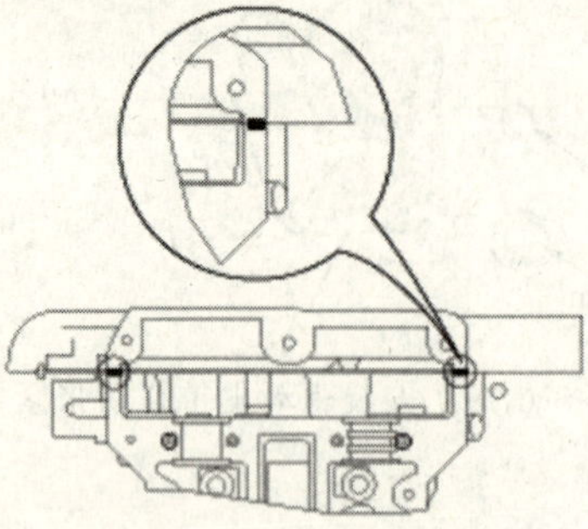

图 5-6-73 密封胶涂抹位置

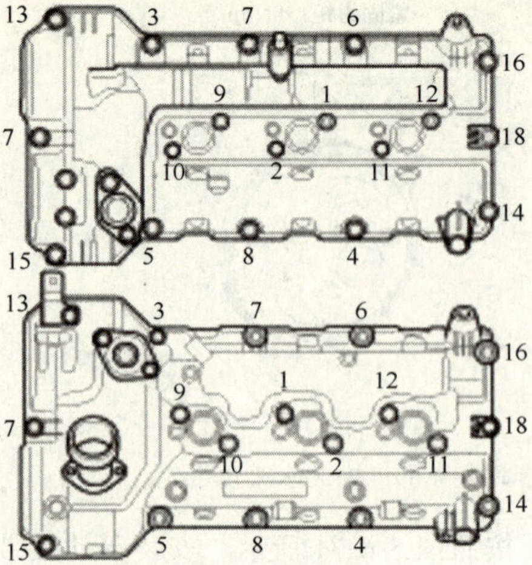

图 5-6-74 螺栓紧固顺序

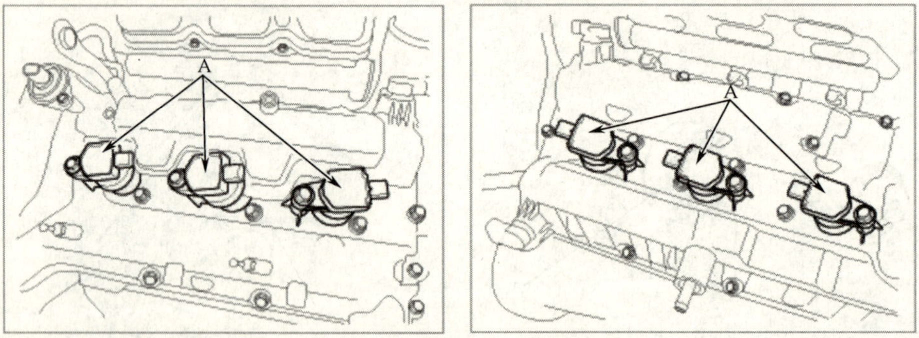

图 5-6-75 安装点火线圈

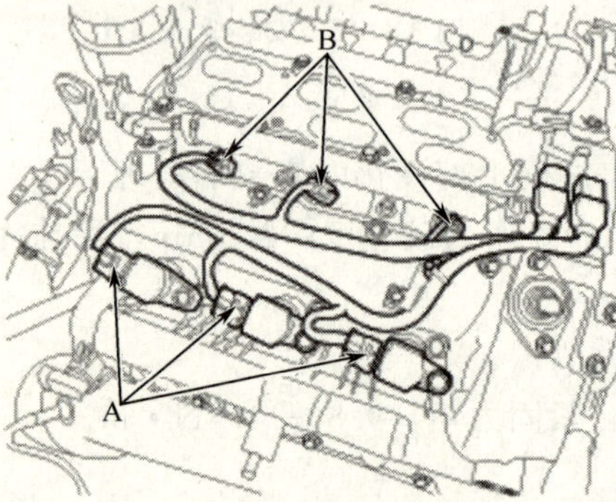

图 5-6-76 连接器识别

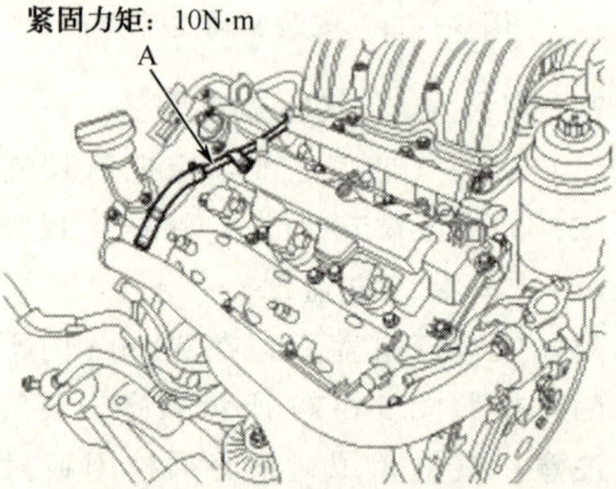

图 5-6-77 安装冷却水管

28. 按照图 5-6-78 所示，安装缓冲器（A）。

29. 按照图 5-6-79 所示，连接节气门体冷却水软管（A）、通风软管（B）并拧紧缓冲器支架螺栓（C），螺栓紧固力矩为 30N · m。

30. 连接发动机导线连接器。

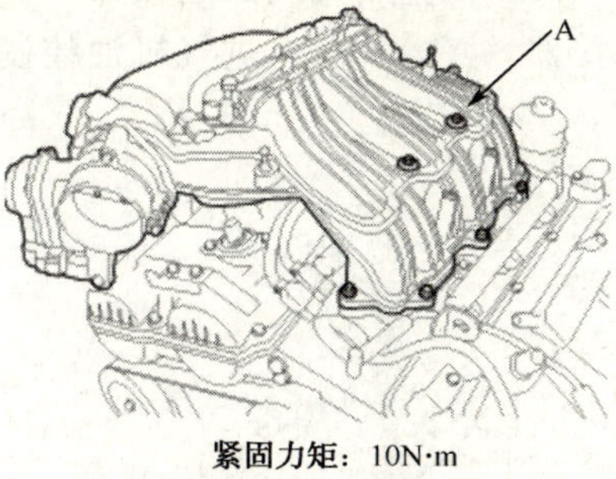

图 5-6-78 安装缓冲器

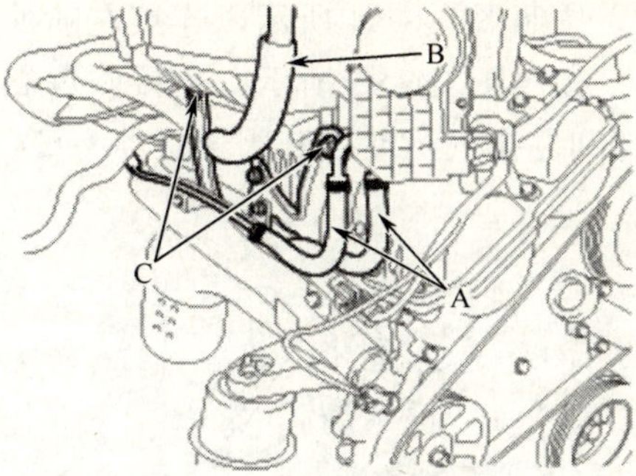

图 5-6-79 安装软管和螺栓

（1）连接水温传感器连接器（A）和油温传感器连接器（B），如图 5-6-80 所示。

（2）连接 VIS 电磁阀连接器（A）、清除控制电磁阀连接器（B）、右氧传感器连接器（C）和右排气凸轮轴位置传感器连接器（D），如图 5-6-81 所示。

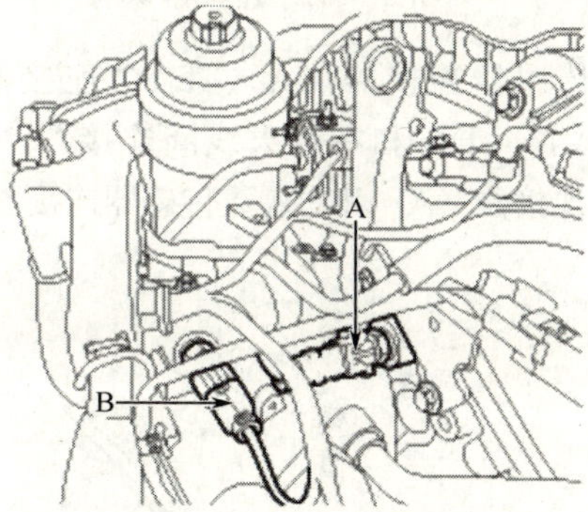

图 5-6-80 连接器识别

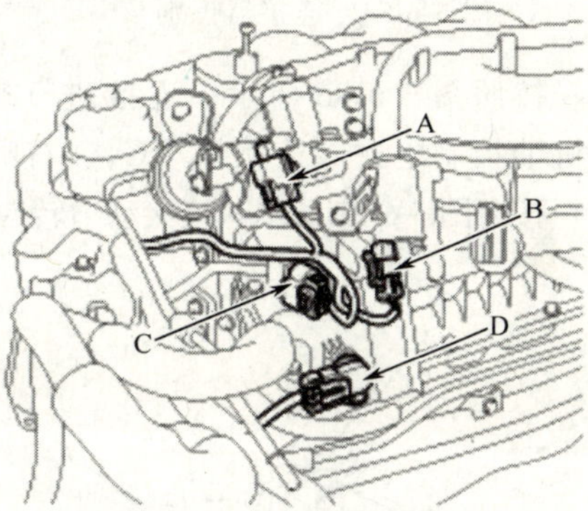

图 5-6-81 连接器识别

（3）按照图 5-6-82 所示，连接左进气凸轮轴位置传感器连接器（A）、右进气凸轮轴位置传感器连接器（B）和电容器连接器（C）。

（4）按照图 5-6-83 所示，连接油压开关连接器（A）、左排气凸轮轴位置传感器连接器（B）和左氧传感器连接器（C）。

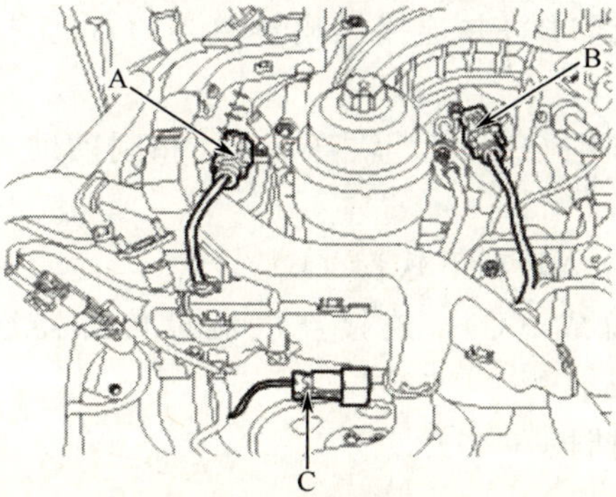

图 5-6-82 连接器识别

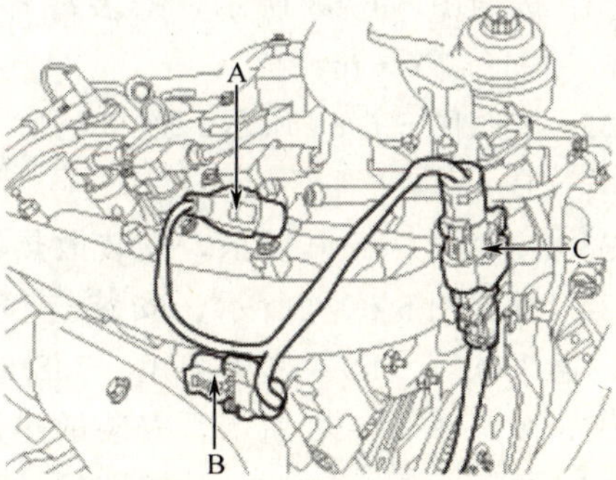

图 5-6-83 连接器识别

（5）按照图 5-6-84 所示，连接左喷油器连接器（A）和左点火线圈连接器（B）。

（6）按照图 5-6-85 所示，连接左爆震传感器连接器（A）、左/右进气机油控制阀连接器（B）和左排气机油控制阀连接器（C）。

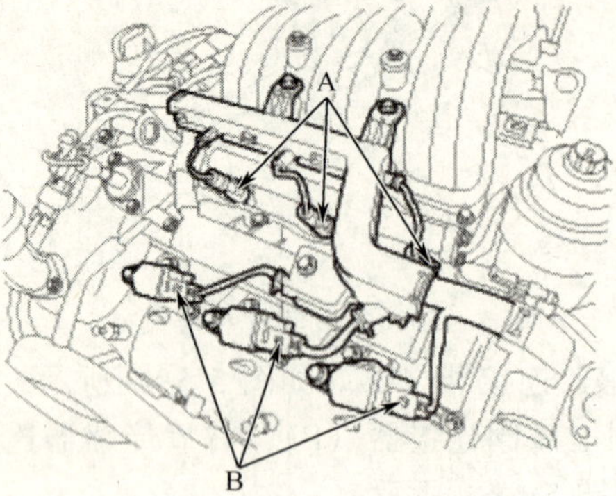

图 5-6-84　连接器识别

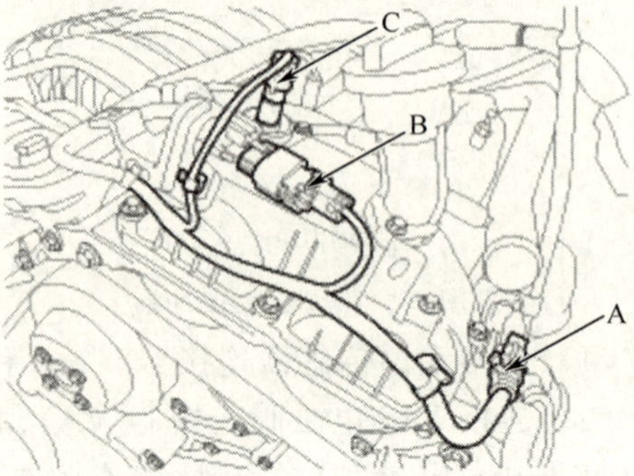

图 5-6-85　连接器识别

（7）按照图 5-6-86 所示，连接进气歧管绝对传感器连接器（A）、ETC 连接器（B）、右排气机油控制电磁阀连接器（C）、右喷油器连接器（D）和右点火线圈连接器（E）。

（8）按照图 5-6-87 所示，连接动力转向油压开关连接器（A）和右爆震传感器连接器（B）。

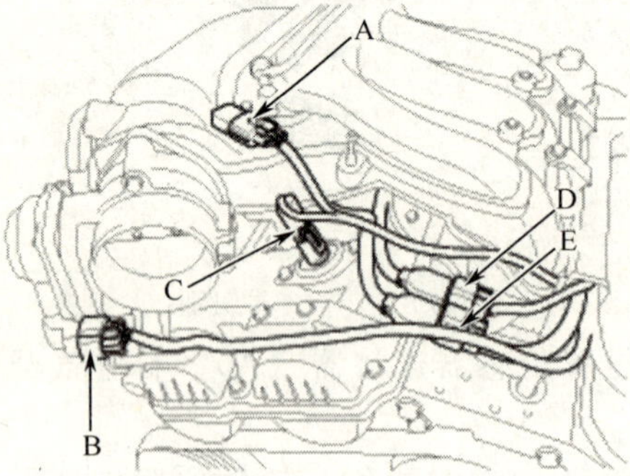

图 5-6-86　连接器识别

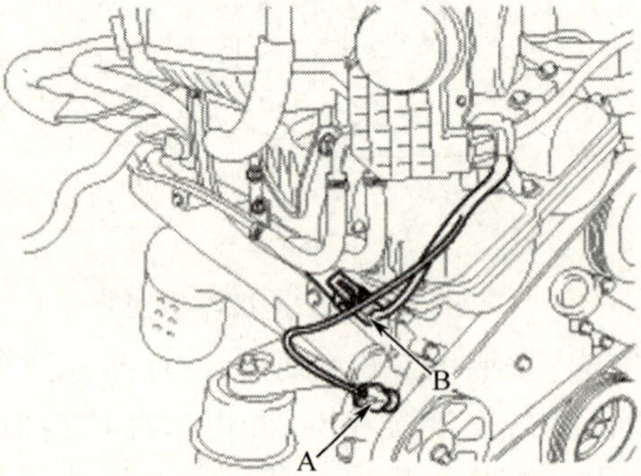

图 5-6-87　连接器识别

31. 按照图 5-6-88 所示，安装冷却风扇总成（B）并连接风扇连接器（A）。拧紧扭矩：8.8～13.7N・m。

32. 按照图 5-6-89 所示，连接清除控制电磁阀（PCSV）软管（A）和制动助力器真空软管（B）。

33. 按照图 5-6-90 所示，安装散热器上软管（A）和下软管（B）。

34. 按照图 5-6-91 所示，安装空气滤清器总成（C），连接空气流量传感器连接器（A）、通风软管（B）。紧固力矩：7.8～9.8N・m。

35. 按照图 5-6-92 所示，安装散热器格栅上挡板（A）。

36. 按照图 5-6-93 所示，安装发动机盖（A）。

37. 按照图 5-6-94 所示，连接蓄电池负极线（A）。

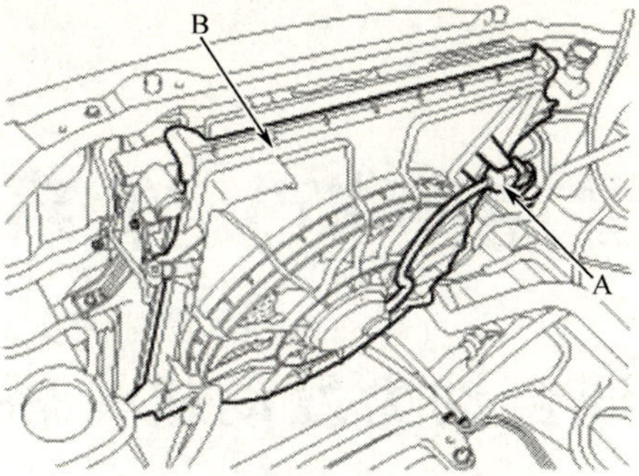

图 5-6-88　风扇总成和连接器识别

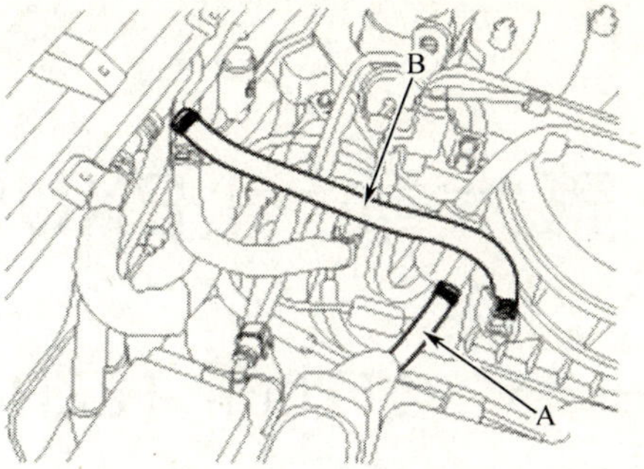

图 5-6-89　软管识别

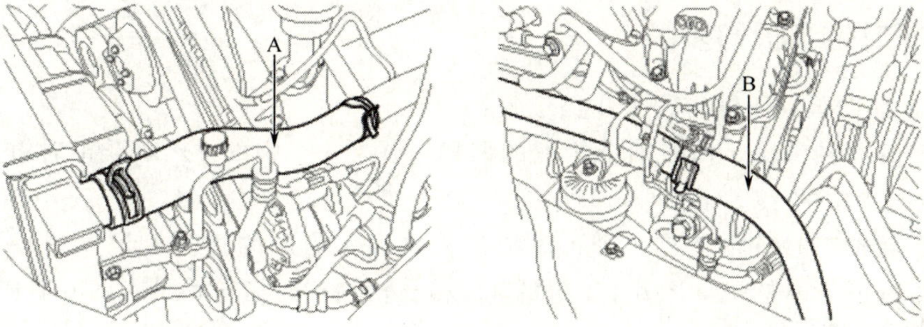

图 5-6-90　软管识别

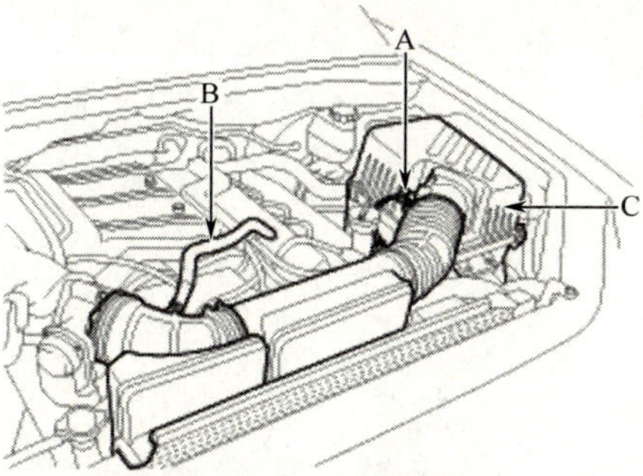

图 5-6-91　部件识别

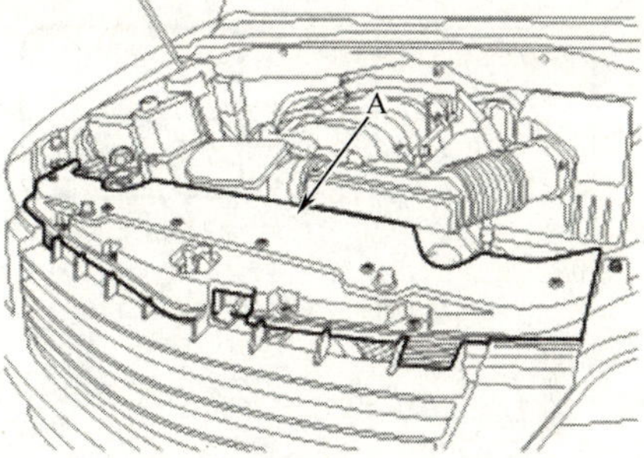

图 5-6-92　安装散热器上挡板

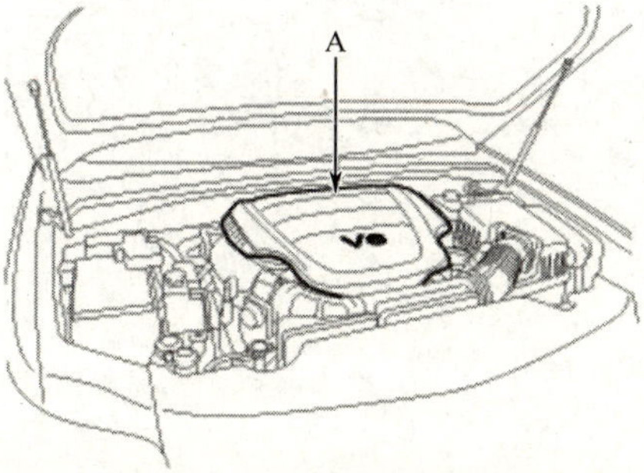

图 5-6-93　安装发动机盖

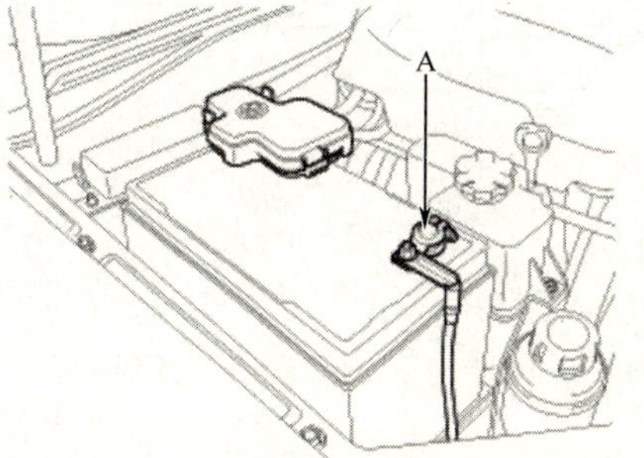

图 5-6-94　连接蓄电池负极电缆

第六章　LEXUS（雷克萨斯）车系

第一节　CT200h（2ZR-FXE 混合动力发动机）轿车

一、正时链条拆卸步骤

1. 把 1 缸设置到压缩行程上止点位置：

（1）转动曲轴带轮，使曲轴带轮上的凹槽（图 6-1-1 中的 2）对准正时链条盖上的 0 标记（图 6-1-1 中的 1）。

（2）凸轮轴正时链轮上有 3 个正时标记，要确保矩形的正时标记（图 6-1-1 中的 3）位于顶部，圆形正时标记（图 6-1-1 中的 4）和凸轮轴正时齿轮均处在图 6-1-1 所示位置。

2. 拆卸曲轴带轮。

3. 按照图 6-1-2 所示，拆卸 1 号正时链条张紧器。

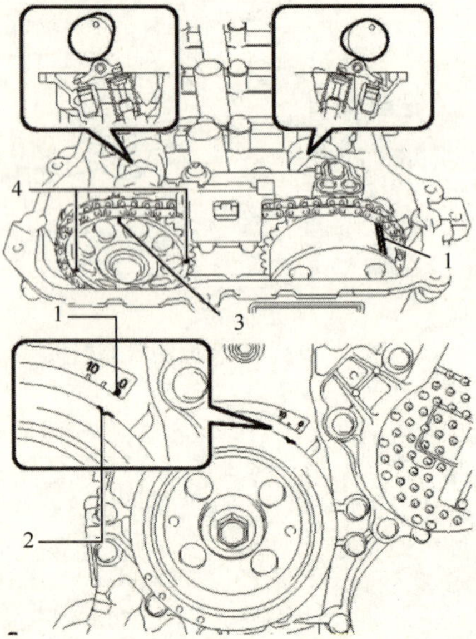

图 6-1-1　把 1 缸设置到压缩行程上止点位置

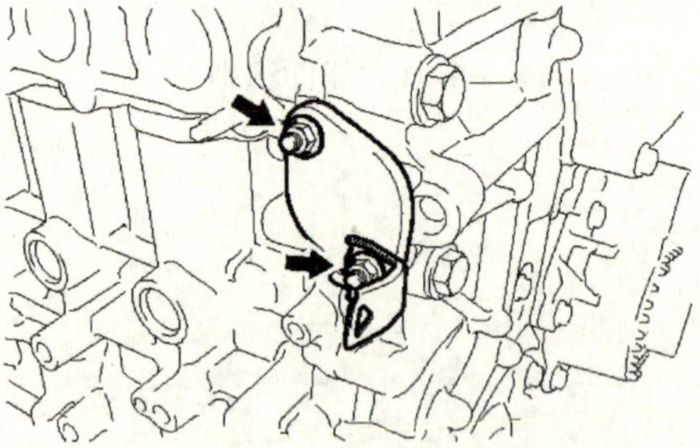

图 6-1-2　1 号正时链条张紧器

4. 拆卸正时链条盖。

5. 拆卸正时链条盖油封。

6. 按照图 6-1-3 所示，拆卸正时链条张紧器滑块。

7. 按照图 6-1-4 所示，拆卸 1 号正时链条减振板。

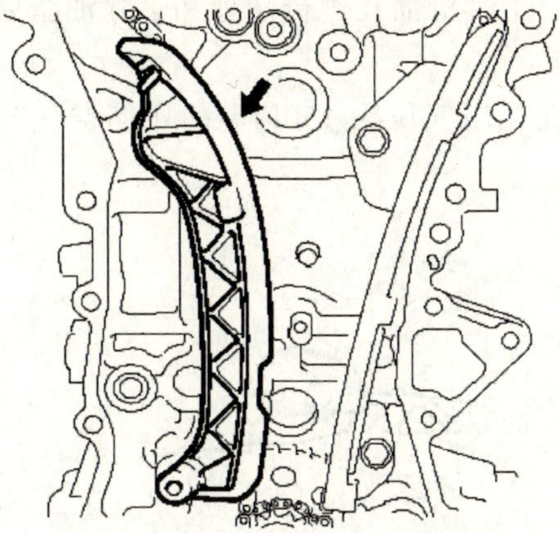

图 6-1-3　正时链条张紧器滑块

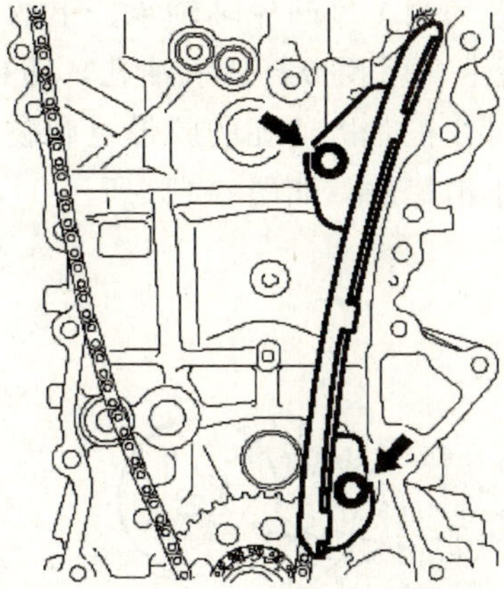

图 6-1-4　1 号正时链条减振板

8. 按照图 6-1-5 所示，拆卸 2 号正时链条减振板。

9. 拆卸正时链条：

（1）按照图 6-1-6 所示，用扳手固定住凸轮轴六角头部位，沿逆时针方向转动凸轮轴正时齿轮，使两个凸轮轴正时齿轮之间的正时链条松弛。

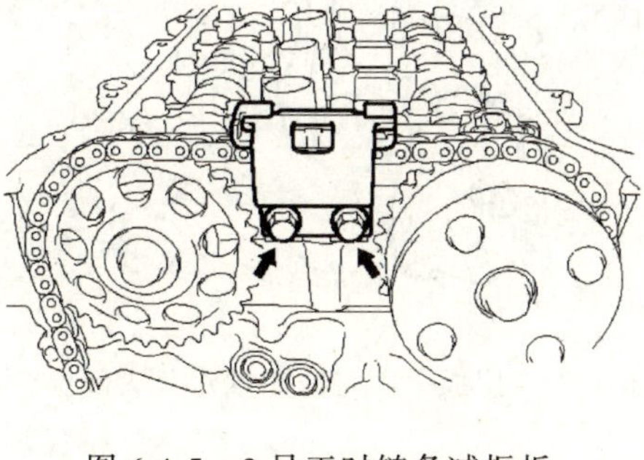

图 6-1-5　2 号正时链条减振板

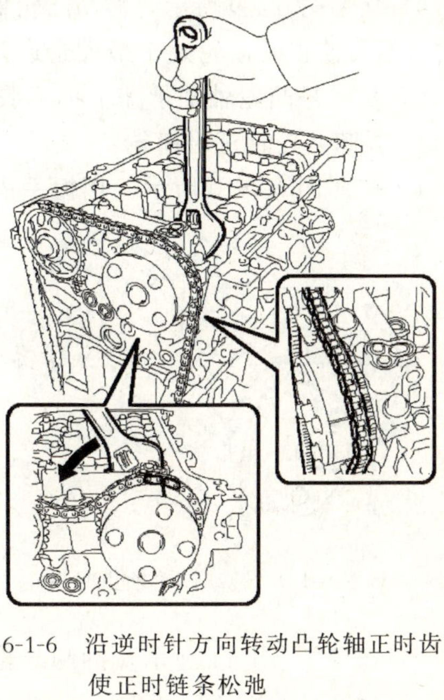

图 6-1-6　沿逆时针方向转动凸轮轴正时齿轮使正时链条松弛

（2）沿顺时针方向转动凸轮轴，使凸轮轴返回原位置，然后拆下正时链条。

10. 检查凸轮轴正时齿轮：

（1）对进气侧 1 号凸轮轴轴承盖上的可变气门正时机油孔进行清理和去除油脂后，按照图 6-1-7 所示，用胶带封住机油孔，防止漏气。

（2）在封住正时机油孔的胶带上刺破一个小孔，用气压为 150kPa 的压缩空气吹入小孔中，使锁止销释放，如图 6-1-8 所示。

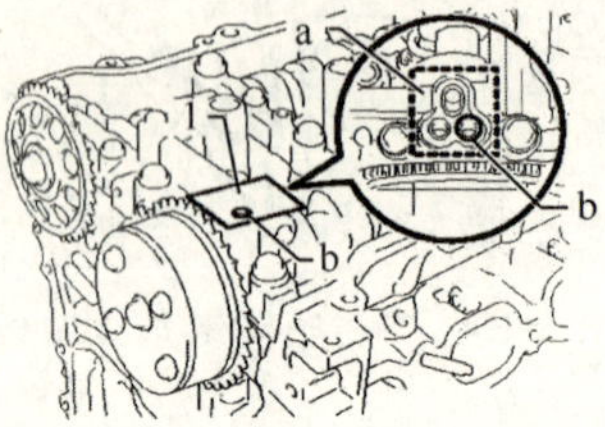

图 6-1-7　检查凸轮轴正时齿轮

1-胶带；a-胶带密封区域；b-刺破一个小孔

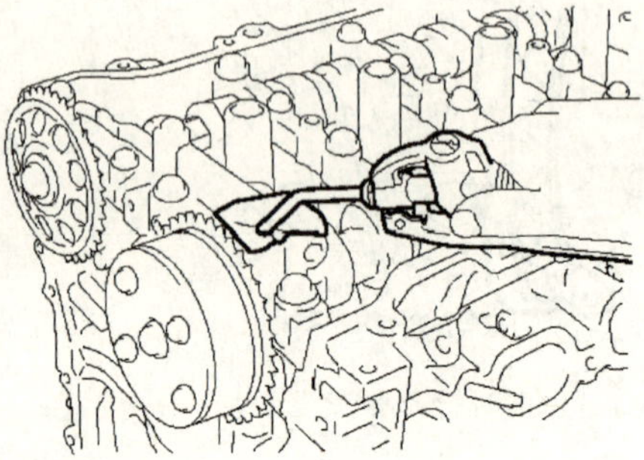

图 6-1-8　吹入压缩空气

（3）沿逆时针方向转动凸轮轴正时齿轮。

（4）按照图 6-1-9 所示，转动凸轮轴正时齿轮 2～3 次。每次转动幅度不要超过 26.5°～28.5°，不要使正时齿轮处于最大延迟位置，确认凸轮轴正时齿轮转动平滑。

（5）从 1 号凸轮轴轴承盖上拆下胶带。

11. 拆卸凸轮轴正时齿轮：

（1）按照图 6-1-10 所示，用扳手固定住凸轮轴六角头部位。

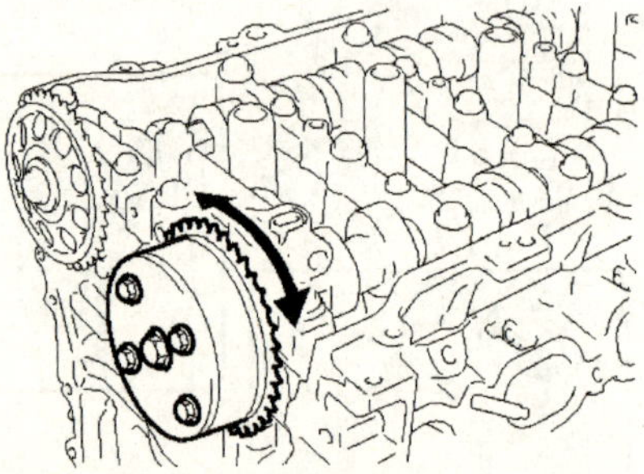

图 6-1-9　转动凸轮轴正时齿轮

图 6-1-10　用扳手固定凸轮轴六角头部位

（2）按照图 6-1-11 所示，拆卸凸轮轴正时齿轮法兰螺栓。

（3）拆卸凸轮轴正时齿轮。

12. 拆卸凸轮轴正时链轮：

（1）按照图 6-1-12 所示，用扳手固定住凸轮轴六角头部位，拆卸凸轮轴正时链轮法兰螺栓。

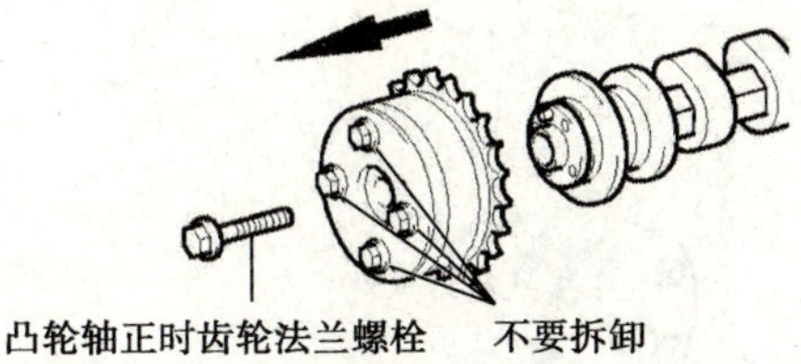

图 6-1-11　凸轮轴正时齿轮法兰螺栓

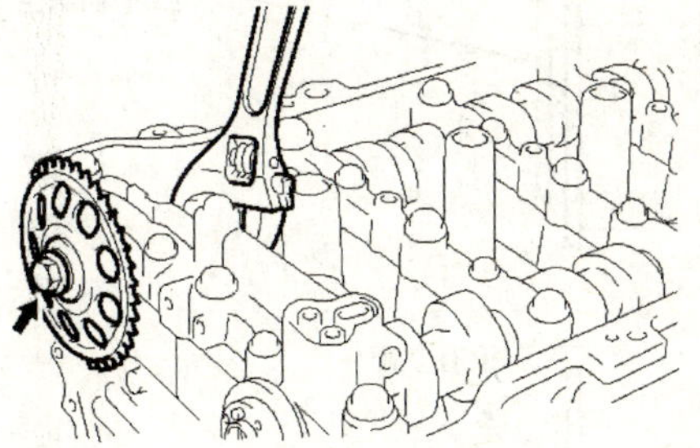

图 6-1-12　用扳手固定住凸轮轴六角头部位

（2）拆卸凸轮轴正时链轮。

二、正时链条安装步骤

1. 安装凸轮轴正时链轮，将凸轮轴正时链轮法兰螺栓紧固至 54N・m。

2. 安装凸轮轴正时齿轮：

（1）把凸轮轴正时齿轮和凸轮轴组装到一起，凸轮轴上的直销要对准凸轮轴正时齿轮上的键槽，如图 6-1-13 所示。

（2）按照图 6-1-14 所示，转动凸轮轴正时齿轮，将齿轮向凸轮轴推动，直至齿轮与凸轮轴接触，再次推动，使直销插入键槽中。

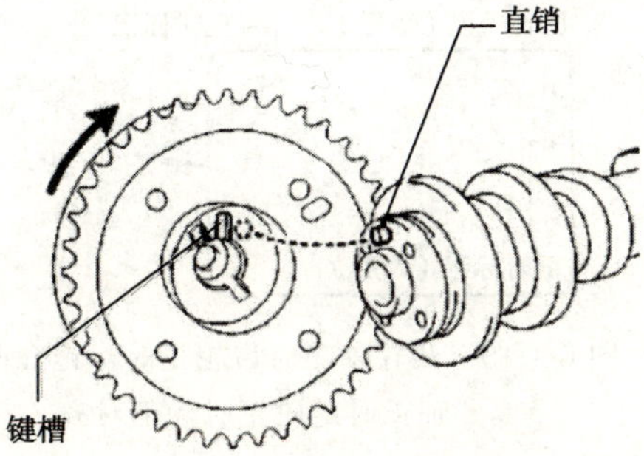

图 6-1-13　直销和键槽识别

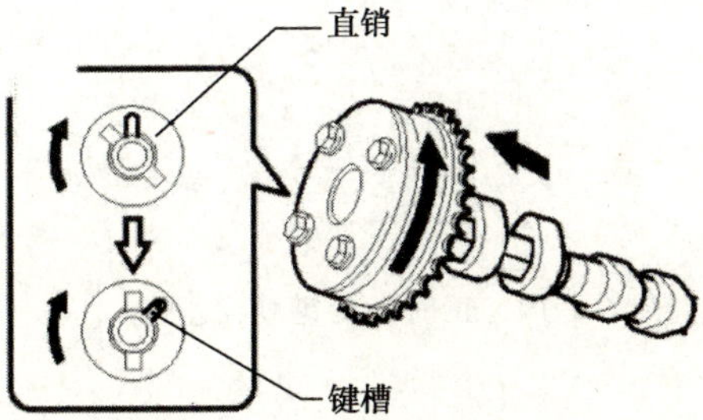

图 6-1-14　直销插入键槽

（3）按照图 6-1-15 所示，确认凸轮轴正时齿轮与凸轮轴法兰之间没有空隙。

（4）把凸轮轴正时齿轮法兰螺栓紧固至 54N・m。

（5）检查并确认凸轮轴正时齿轮能向顺时针方向转动（图 6-1-16），然后将凸轮轴正时齿轮锁止到最大延迟位置。

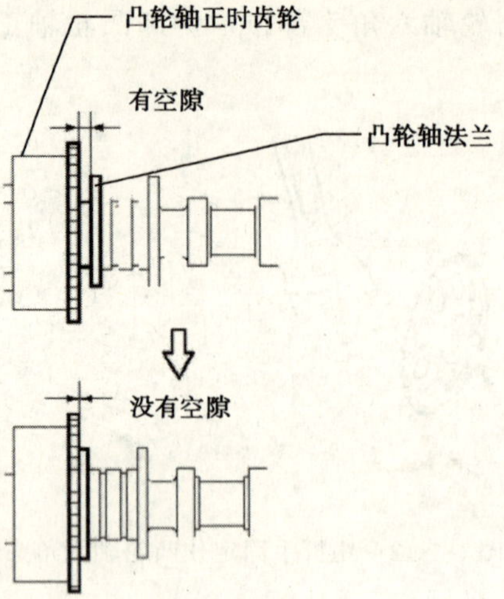

图 6-1-15　确认凸轮轴正时齿轮与凸轮轴法兰之间没有空隙

图 6-1-16　确认凸轮轴正时齿轮能向顺时针方向转动

3. 安装 1 号正时链条减振板，将减振板螺栓紧固至 21N・m。

4. 把 1 缸设置到压缩行程上止点位置：

（1）把曲轴带轮螺栓暂时安装上。

（2）转动曲轴，使正时齿轮键处于朝上的位置，如图 6-1-17 所示。

（3）检查并确认凸轮轴正时齿轮上的正时标记与凸轮轴正时链轮上的正时标记对齐，如图 6-1-18 所示。注意，矩形正时标记应位于顶部。

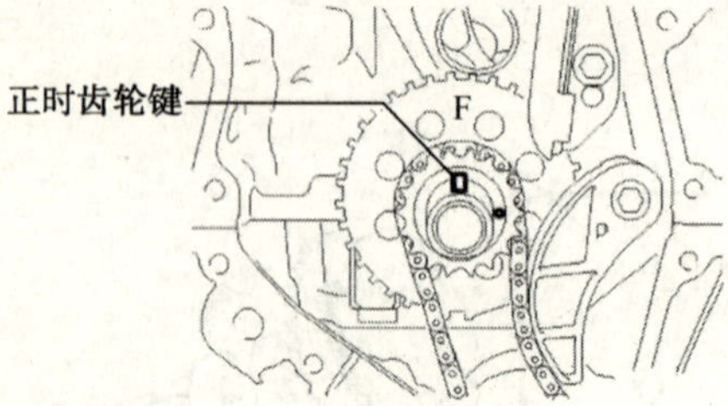

图 6-1-17　正时齿轮键朝向上方

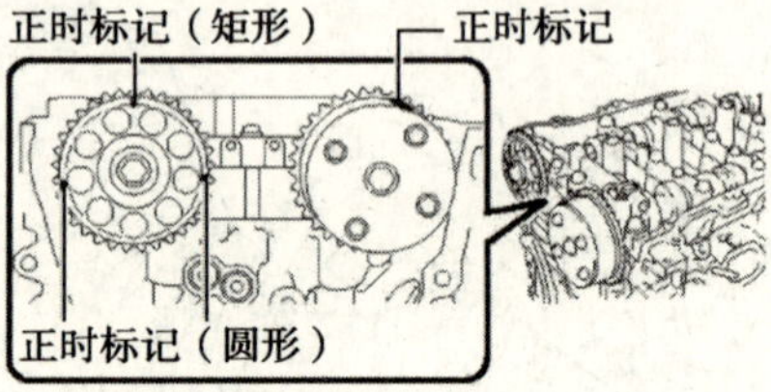

图 6-1-18　凸轮轴正时齿轮正时标记和凸轮轴正时链轮正时标记对齐

（4）拆下曲轴带轮螺栓。

5. 安装正时链条：

（1）按照图 6-1-19 所示安装正时链条，对齐正时标记。

（2）按照图 6-1-20 所示，把正时链条放到曲轴上，先不要绕到轴承上。

（3）按照图 6-1-21 所示，用扳手固定住凸轮轴六角头部位，沿逆时针方向转动凸轮轴正时齿轮，使橙色链节与正时标记对齐，然后安装正时链条。

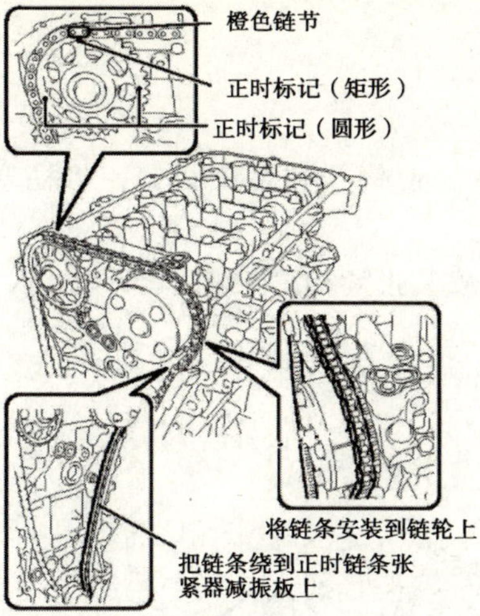

图 6-1-19　安装正时链条

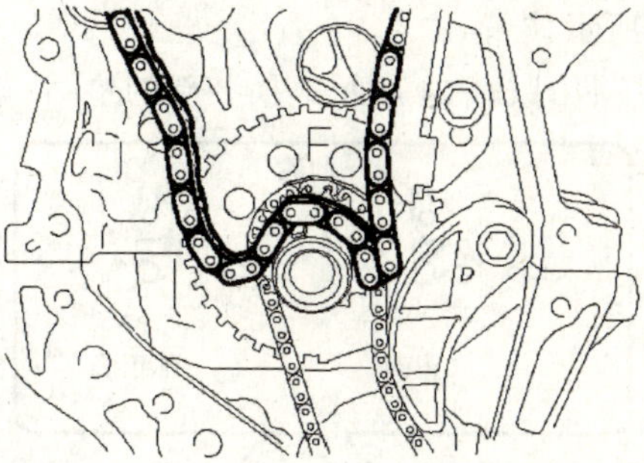

图 6-1-20　正时链条与曲轴轴承识别

（4）用扳手固定住凸轮轴六角头部位，沿顺时针方向转动凸轮轴正时齿轮，使正时链条张紧。

（5）按照图 6-1-22 所示，将正时链条上的黄色链节与曲轴正时齿轮上的正时标记对齐，将正时链条安装到曲轴正时齿轮上。

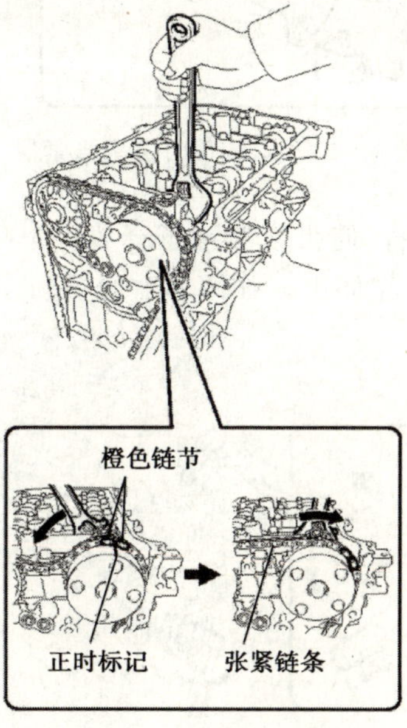

图 6-1-21　安装正时链条

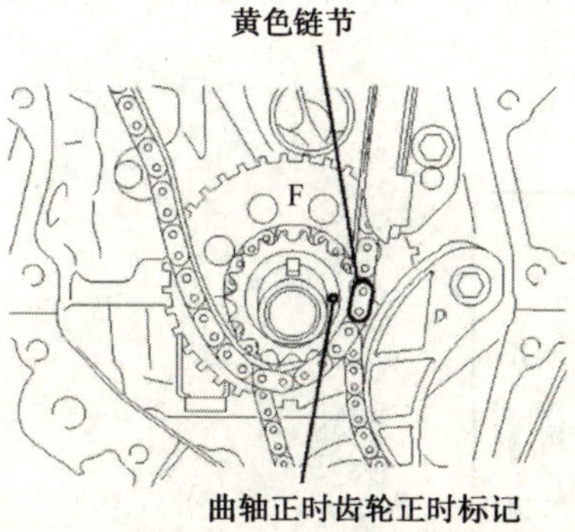

图 6-1-22　黄色链节与曲轴正时齿轮正时标记对齐

6. 安装 2 号正时链条减振板，将减振板紧固螺丝紧固至 10N·m。

7. 把正时链条张紧器滑块安装到气缸体上。

8. 安装正时链条盖油封。

9. 安装正时链条盖。

10. 安装曲轴带轮。

11. 安装 1 号正时链条张紧器：

（1）释放张紧器凸轮，将张紧器柱塞彻底推入，使钩子勾住锁止销，将柱塞固定到图 6-1-23 所示位置。

（2）按照图 6-1-24 所示，换装新的垫圈、支架，安装张紧器，将螺母紧固至 12N·m。

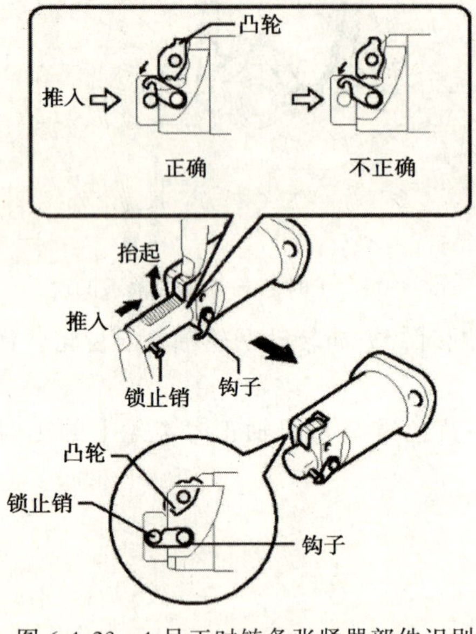

图 6-1-23　1 号正时链条张紧器部件识别

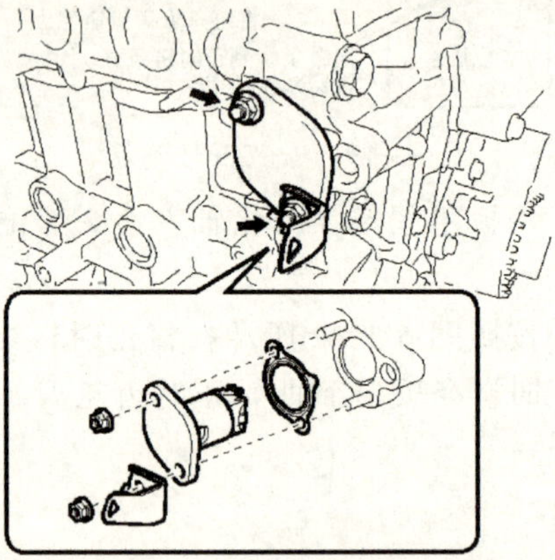

图 6-1-24　安装正时链条张紧器

（3）按照图 6-1-25 所示，沿逆时针方向转动曲轴，使张紧器钩子释放。

（4）沿顺时针方向转动曲轴，确认张紧器柱塞已经伸出，如图 6-1-26 所示。

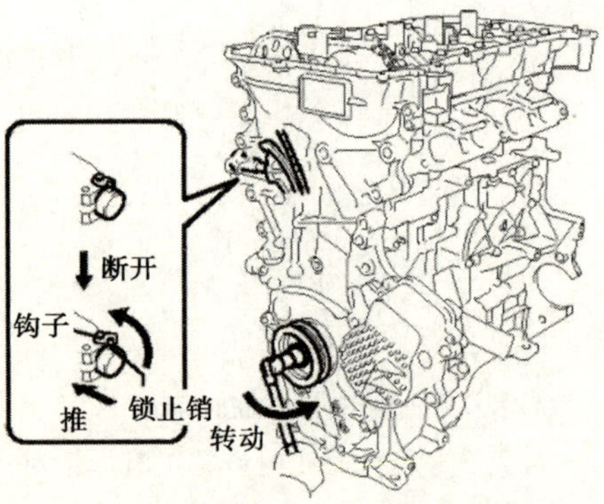

图 6-1-25　逆时针转动曲轴，释放张紧器钩子

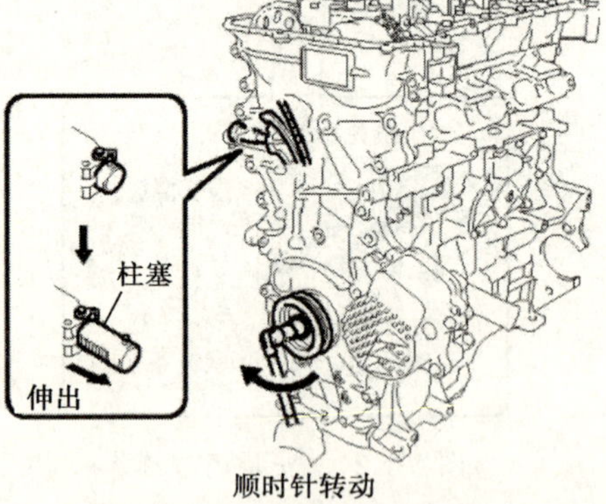

图 6-1-26　顺时针转动曲轴，确认张紧器柱塞伸出

第二节　GS 系列轿车

一、GS300 轿车 3.0L（3GR-FSE）发动机正时校对

1. GS300 轿车 3.0L（3GR-FSE）发动机正时链条部件识别

GS300 轿车 3.0L（3GR-FSE）发动机正时链条部件识别如图 6-2-1 所示。

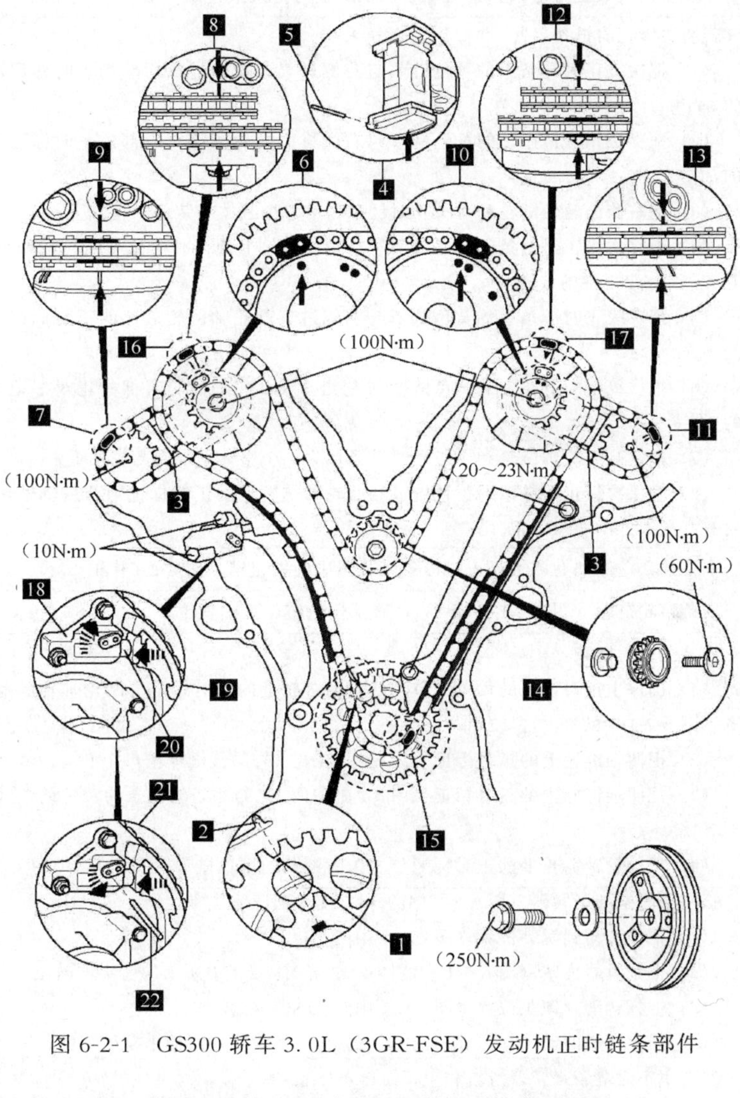

图 6-2-1　GS300 轿车 3.0L（3GR-FSE）发动机正时链条部件

2. GS300 轿车 3.0L（3GR-FSE）发动机正时校对操作步骤

GS300 轿车 3.0L（3GR-FSE）发动机正时校对操作步骤如表 6-2-1 所示。

表 6-2-1　GS300 轿车 3.0L（3GR-FSE）发动机正时校对操作步骤

步　骤	操作方法
1	拆卸发动机
2	拆卸上部和下部油底壳
3	把曲轴链轮上的正时标记（图 6-2-1 中的 1）与气缸体槽口中心（图 6-2-1 中的 2）对齐
4	把左侧次级正时链条张紧器和右侧次级正时链条张紧器锁止到压缩位置： （1）把张紧器柱塞压入到张紧器壳体中（图 6-2-1 中的 4）； （2）插入合适的销子，把张紧器柱塞锁止在压缩位置（图 6-2-1 中的 5）
5	安装左侧次级正时链条张紧器和右侧次级正时链条张紧器（图 6-2-1 中的 3）
6	安装次级正时链条： （1）把次级正时链条上的黄色链节与右侧进气凸轮轴链轮后部的正时标记对齐（图 6-2-1 中的 6）； （2）把次级正时链条上的黄色链节与右侧排气凸轮轴链轮后部的正时标记对齐（图 6-2-1 中的 7）； （3）把右侧凸轮轴链轮和次级正时链条作为一个整体安装到凸轮轴上； （4）确保次级正时链条的黄色链节和凸轮轴链轮上的正时标记与凸轮轴轴承盖上的正时标记对齐（图 6-2-1 中的 8 和 9）； （5）把次级正时链条上的黄色链节与左侧进气凸轮轴链轮后部的正时标记对齐（图 6-2-1 中的 10）； （6）把次级正时链条上的黄色链节与左侧排气凸轮轴链轮后部的正时标记对齐（图 6-2-1 中的 11）； （7）把左侧凸轮轴链轮和次级正时链条作为一个整体安装到凸轮轴上； （8）确保次级正时链条的黄色链节和凸轮轴链轮上的正时标记与凸轮轴轴承盖上的正时标记对齐（图 6-2-1 中的 12 和 13）
7	取下插在左侧和右侧次级正时链条张紧器中的锁止销（图 6-2-1 中的 5）
8	安装惰轮链轮（图 6-2-1 中的 14），确保惰轮链轮正确就位
9	安装主正时链条： （1）确保主正时链条的黄色链节和凸轮轴链轮上的正时标记与凸轮轴轴承盖上的正时标记对齐（图 6-2-1 中的 8、9、12 和 13）； （2）把曲轴链轮上的正时标记（图 6-2-1 中的 1）与气缸体槽口中心（图 6-2-1 中的 2）对齐； （3）把曲轴链轮上的正时标记（图 6-2-1 中的 1）与主正时链条的黄色链节（图 6-2-1 中的 15）对齐； （4）把凸轮轴链轮上的正时标记与主正时链条的橙色链节（图 6-2-1 中的 16 和 17）对齐
10	把主正时链条张紧器（图 6-2-1 中的 18）锁止到压缩位置： （1）把杆转动到解锁位置（图 6-2-1 中的 19）； （2）把张紧器柱塞（图 6-2-1 中的 20）沿着图 6-2-1 中所示的箭头方向压入到张紧器壳体中； （3）把杆转动到锁止位置（图 6-2-1 中的 21）； （4）插入合适的销子（图 6-2-1 中的 22），把张紧器柱塞锁止在压缩位置
11	安装主正时链条张紧器滑轨和主正时链条张紧器
12	把插在主正时链条张紧器中的销子（图 6-2-1 中的 22）取下，使张紧器柱塞释放

二、GS350 轿车 3. 5L（2GR-FSE）发动机正时校对

GS350 轿车 3. 5L（2GR-FSE）发动机正时校对方法与 GS300 轿车 3. 0L（3GR-FSE）发动机正时校对方法相同。

三、GS430 轿车 4. 3L（3UZ-FE）发动机正时皮带拆装

（一）GS430 轿车 4. 3L（3UZ-FE）发动机正时皮带拆卸步骤（图 6-2-2）

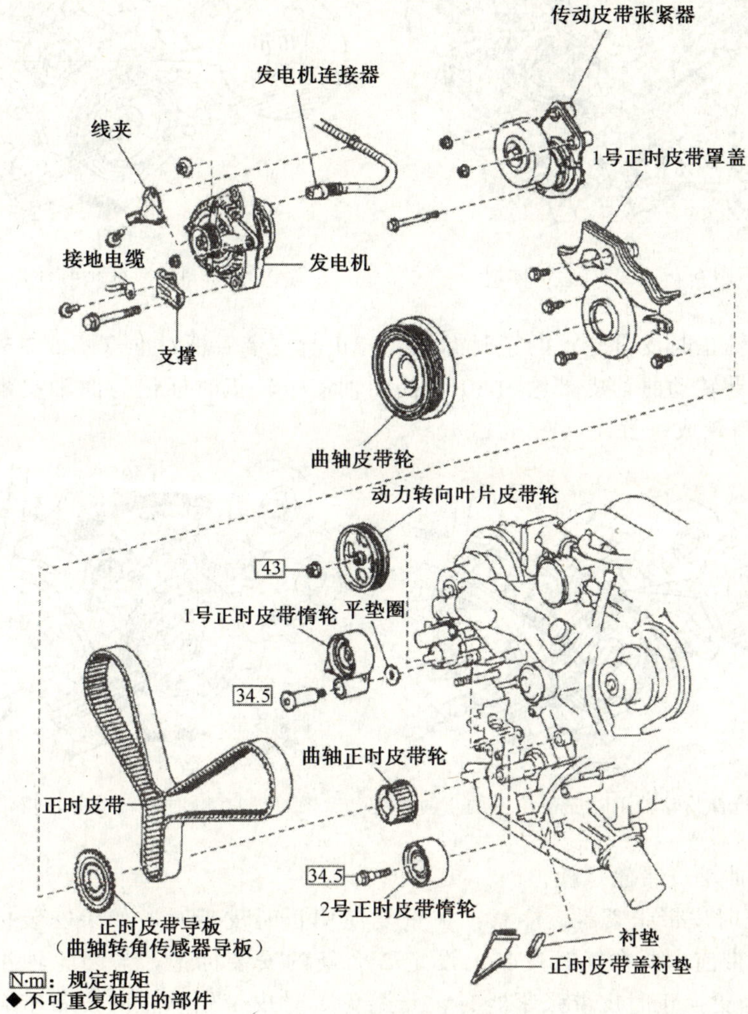

图 6-2-2　正时皮带部件识别

1. 拆卸发动机上罩盖，排出发动机冷却液。
2. 拆卸空气滤清器进气口、发动机舱侧罩盖、2 号气缸罩、传动皮带、散热器总成。
3. 拆卸正时皮带罩和 1 号正时皮带惰轮。

4. 如果想重复使用正时皮带，则检查正时皮带的安装标记，如图 6-2-3 所示，转动曲轴皮带轮，正时皮带上应有 3 个安装标记。如果安装标记未出现，则在拆下每个部件前应标出新的安装标记。

5. 松开曲轴皮带轮螺栓。

6. 将 1 缸设置在压缩行程上止点后 5°的位置。

（1）转动曲轴皮带轮，并将它的槽口和 1 号正时皮带罩的正时标记“0”对齐（图 6-2-4）。

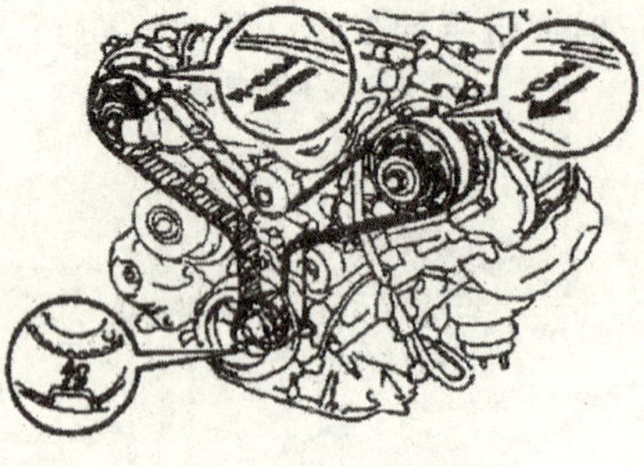

图 6-2-3 正时皮带标记

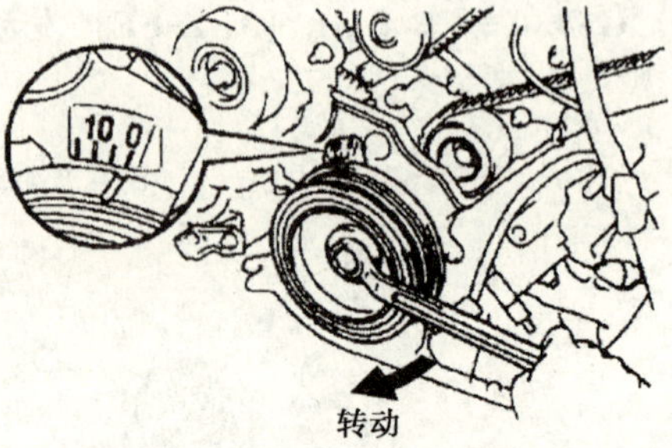

图 6-2-4 对准正时标记

（2）凸轮轴正时皮带轮上的正时标记要与正时皮带后板对准（图 6-2-5）。

（3）顺时针转动曲轴皮带轮约 50°，使曲轴皮带轮正时标记与曲轴皮带轮螺栓中央和 2 号正时皮带惰轮成一直线（图 6-2-6）。

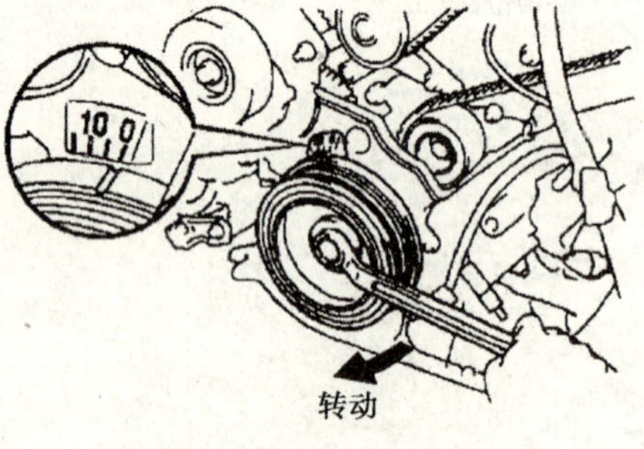

图 6-2-5 检查凸轮轴正时皮带轮上的正时标记

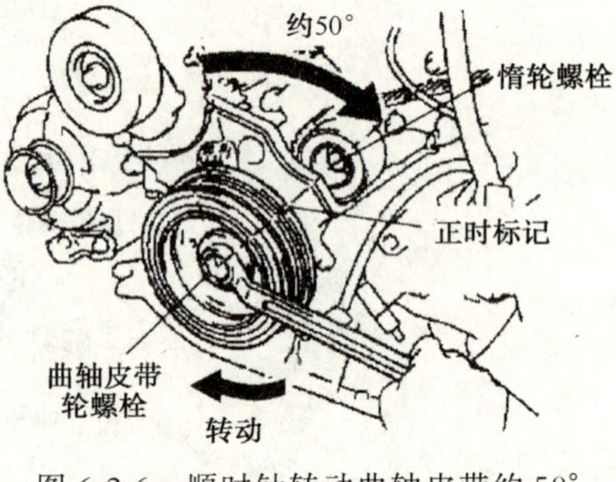

图 6-2-6 顺时针转动曲轴皮带约 50°

（4）拆卸曲轴皮带轮螺栓。

7. 拆下正时皮带张紧器。注意：在重复使用正时皮带时，如果安装标记未出现，则在拆下正时皮带前，要在正时皮带上设定 2 个新的安装标记，与凸轮轴正时标记相匹配（图 6-2-7）。当更换正时皮带张紧器时，要避免正时皮带轮和正时皮带啮合，用绳子系住它们其中之一，并在正时皮带和右凸轮轴正时皮带轮上作标记（图 6-2-8）。

8. 从凸轮轴正时皮带轮上拆下正时皮带。

9. 拆下凸轮轴正时皮带轮、动力转向叶片泵皮带轮、发电机、曲轴皮带轮、1 号正时皮带罩盖、正时皮带。

10. 拆下 1 号正时皮带惰轮、2 号正时皮带惰轮、正时皮带导板、正时皮带滑板、曲轴正时皮带轮。

图 6-2-7 在正时皮带上设定新的安装标记

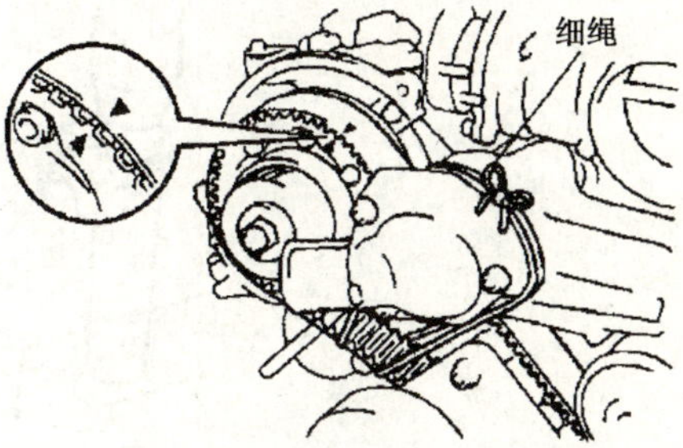

图 6-2-8 在正时皮带和右凸轮轴正时皮带轮上作标记

（二）GS430 轿车 4.3L（3UZ-FE）发动机正时皮带安装步骤

1. 安装曲轴正时皮带轮。将曲轴正时皮带轮定位键对准曲轴正时皮带轮的键槽，使角度传感器朝内，推入曲轴正时皮带轮（图 6-2-9）。

2. 安装上 1 号正时皮带惰轮、2 号正时皮带惰轮，并检查惰轮转动是否平滑。

3. 安装正时皮带滑板、正时皮带导板、正时皮带罩盖、曲轴皮带轮、传动皮带张紧器、发电机、动力转向叶片泵皮带轮。

4. 检查曲轴皮带轮位置。使曲轴皮带轮正时标记与曲轴皮带轮螺栓中央和 2 号正时皮带惰轮螺栓成一线（图 6-2-6）。

5. 安装右凸轮轴正时皮带轮。将右凸轮轴正时管定位销与右凸轮轴正时皮带轮定位销槽口对准，并把右凸轮轴正时皮带轮安装到右凸轮轴正时管上，使“R”标记朝外（图 6-2-10）。

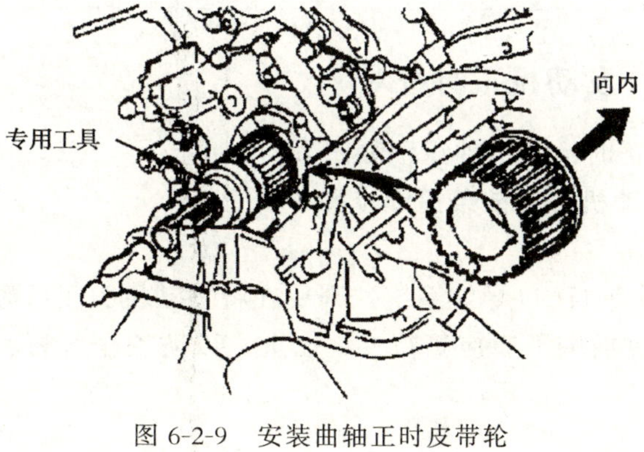

图 6-2-9 安装曲轴正时皮带轮

图 6-2-10 安装右凸轮轴正时皮带轮

6. 将正时皮带安装到左右凸轮轴正时皮带轮上，安装时要对准安装标记。

7. 设定正时皮带张紧器：使用压紧工具，慢慢压进柱塞，并使柱塞和壳体上的孔对准。对准孔插入一个 12mm 六角扳手，使柱塞保持在压缩位置（图 6-2-11）。

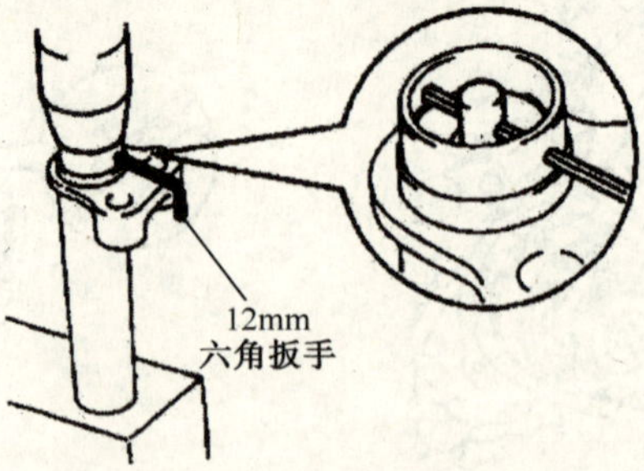

图 6-2-11　设定正时皮带张紧器

8. 安装正时皮带张紧器。

9. 检查气门间隙。

10. 安装 1 号传动皮带惰轮、压缩机、正时皮带盖罩、2 号传动皮带惰轮。

11. 安装散热器风扇总成、传动皮带、气缸盖罩、发动机舱侧罩盖、空气滤清器进气口。

四、GS460 轿车 4. 6L（1UR-FSE）发动机正时链条拆装

请参见第三节 LS460 轿车 1UR-FSE 发动机正时链条拆装步骤。

第三节　LS 系列轿车

一、LS 460 轿车 4. 6L（1UR-FSE）发动机正时校对

LS 460 轿车 4. 6L（1UR-FSE）发动机正时链条部件识别如图 6-3-1 所示。

（一）LS 460 轿车 4. 6L（1UR-FSE）发动机正时链条拆卸步骤

1. 排放燃油系统压力。

2. 断开蓄电池负极端子。如果车辆配备有 HDD 导航系统，则要在将发动机关闭后等待 6min 以上再拆卸蓄电池负极端子。拆卸负极端子后应等待 90s 以上，以防安全气囊和燃爆式座椅安全带张紧器膨开。

3. 拆卸正时链罩。

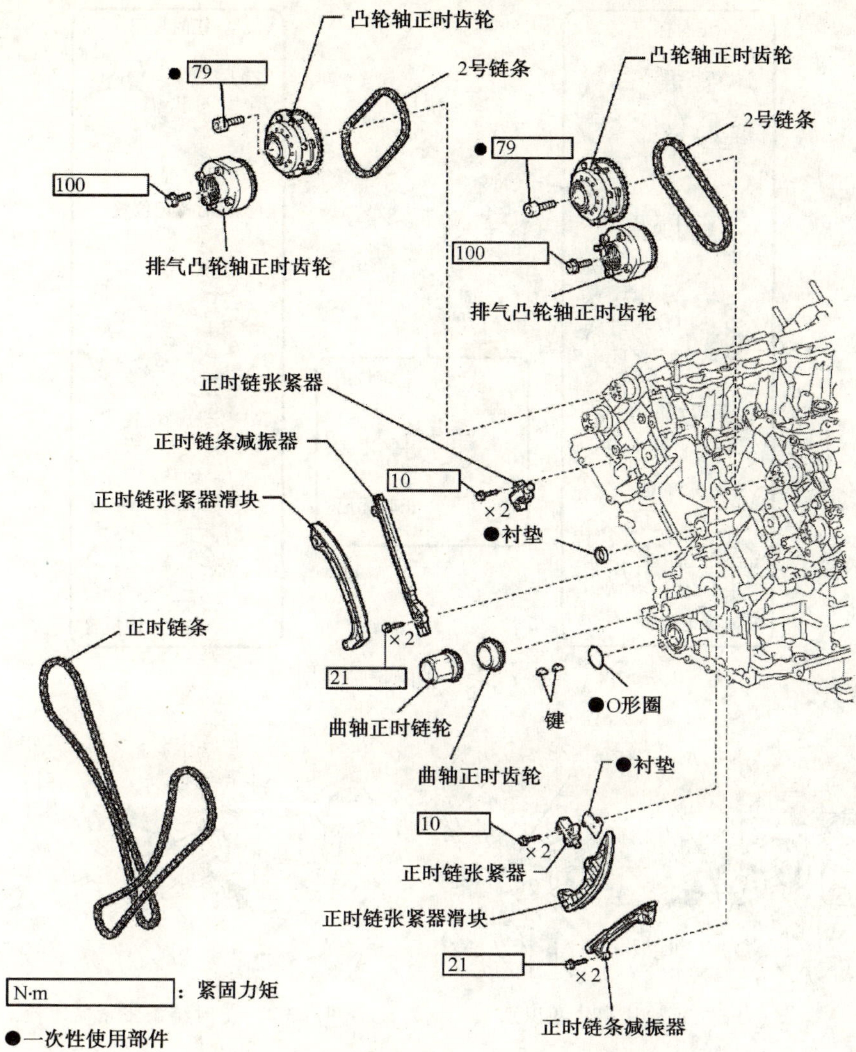

图 6-3-1 LS 460 轿车 4. 6L（1UR-FSE）发动机正时链条部件

4. 将 1 缸设置到压缩行程上止点位置：

（1）顺时针转动曲轴，使曲轴正时齿轮上的正时标记和凸轮轴正时齿轮上的正时标记均达到图 6-3-2 中所示的位置。

（2）如果正时标记没有对齐，则顺时针转动曲轴并对齐标记。

5. 拆卸 1 号正时链条张紧器（气缸列 1）：

（1）按照图 6-3-3 所示，向上推动止动片解除锁定，将张紧器的柱塞压入张紧器中。

（2）向下推动止动片，设置到锁定位置，在止动片的孔中插入六角扳手。

（3）按照图 6-3-4 所示，拆卸正时链条张紧器上的 2 个螺栓和张紧器。

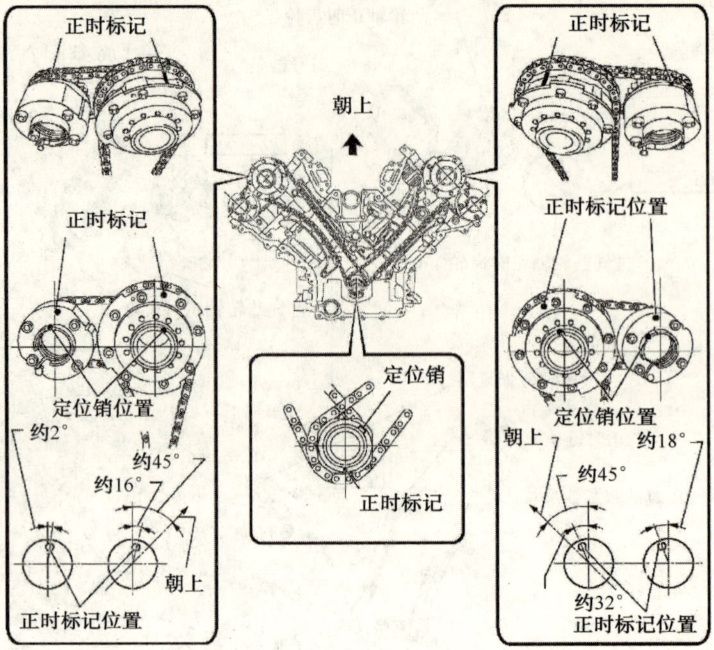

图 6-3-2　正时标记识别

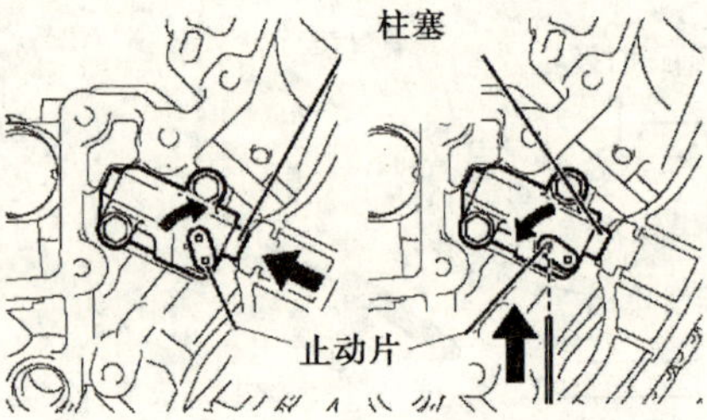

图 6-3-3　止动片和柱塞识别

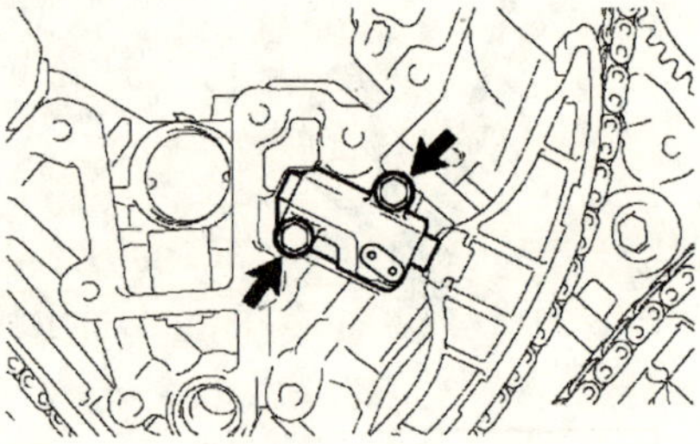

图 6-3-4　正时链条张紧器螺栓

6. 拆卸正时链条张紧器滑块（气缸列 1）。

7. 按照图 6-3-5 所示，拆下正时链条减振器上的 2 个螺栓并拆卸减振器。

8. 拆卸正时链条（气缸列 1）。

（1）如图 6-3-6 所示，推压正时链条张紧器，将一根直径为 1.0mm 的销子插入孔中，使其固定到位。

（2）如图 6-3-7 所示，用扳手固定住凸轮轴的六角部位，然后用 12mm 的六角扳手松开螺栓。注意，操作时扳手不要碰伤气缸盖，也不要分解凸轮轴正时齿轮。

（3）按照图 6-3-8 所示，用扳手固定住凸轮轴的六角部位，然后用 12mm 的六角扳手松开螺栓。

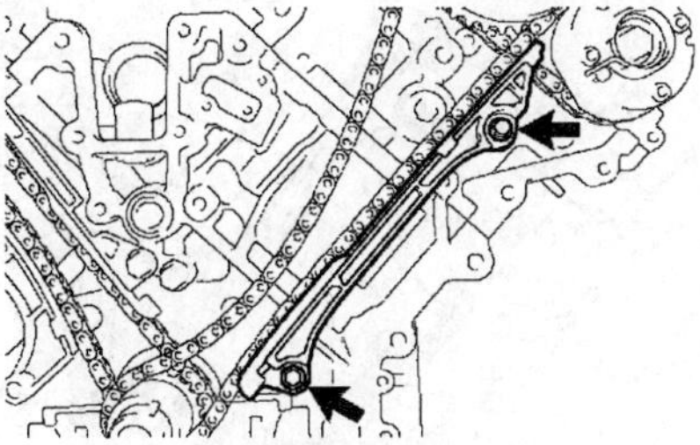

图 6-3-5　正时链条减振器螺栓

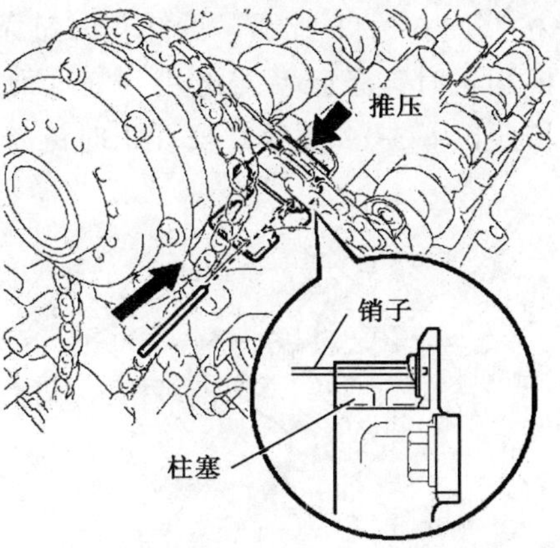

图 6-3-6　插入销子，固定张紧器

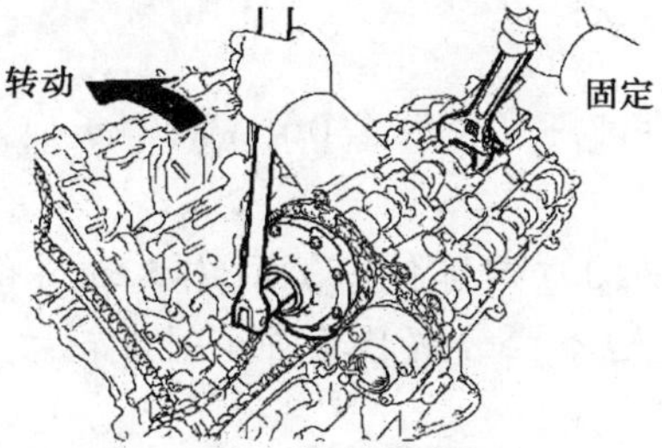

图 6-3-7　固定凸轮轴并松开螺栓

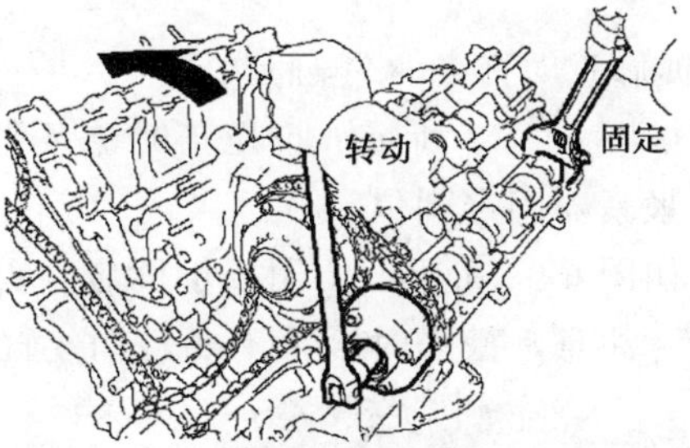

图 6-3-8　固定凸轮轴并松开螺栓

（4）拆下 2 个螺栓，然后把连着齿轮的 1 号和 2 号正时链拆下，拆下凸轮轴正时齿轮、排气凸轮轴齿轮和曲轴正时链轮。

（5）将正时链条从齿轮上拆下。

9. 如图 6-3-9 所示，拆下 3 号正时链张紧器。

10. 拆卸 1 号正时链条张紧器（气缸列 2）：

（1）按照图 6-3-10 所示，向上推动止动片解除锁定，将张紧器的柱塞压入张紧器中。

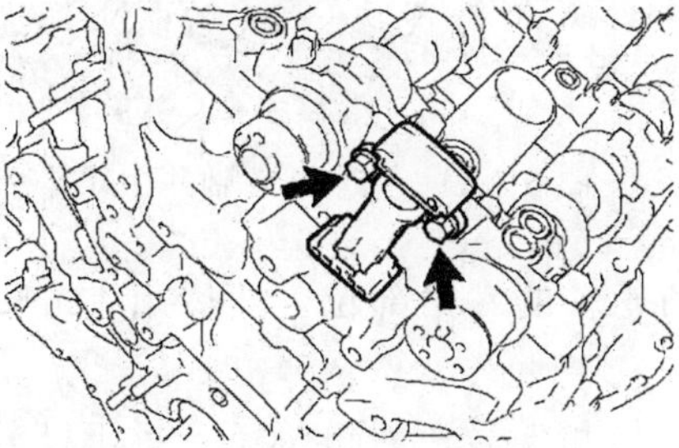

图 6-3-9　拆下 3 号正时链张紧器

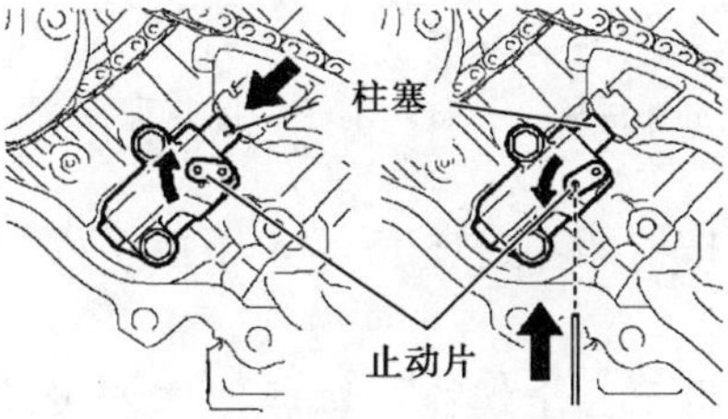

图 6-3-10　止动片和柱塞识别

（2）向下推动止动片，设置到锁定位置，在止动片的孔中插入六角扳手。

（3）按照图 6-3-11 所示，拆卸正时链条张紧器上的 2 个螺栓，然后拆下张紧器。

11. 拆卸正时链条张紧器滑块（气缸列 2）。

12. 按照图 6-3-12 所示，松开正时链条减振器的 2 个螺栓，拆卸正时链条减振器（气缸列 2）。

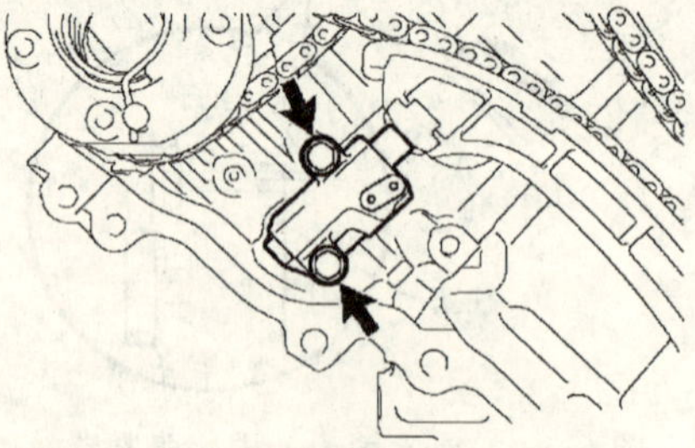

图 6-3-11　正时链条张紧器螺栓识别

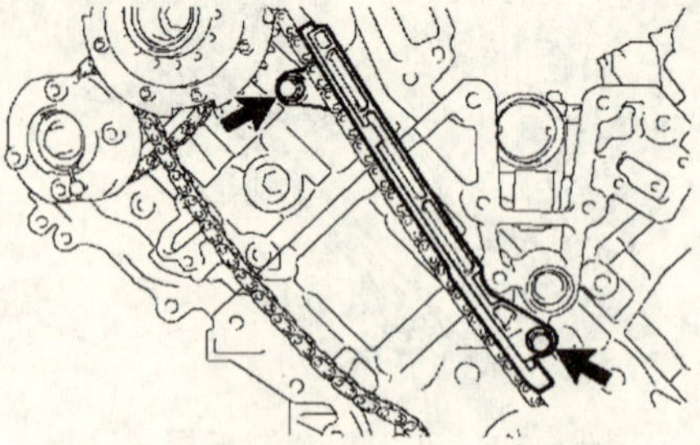

图 6-3-12　正时链条减振器螺栓

13. 拆卸正时链条（气缸列 2）：

（1）如图 6-3-13 所示，推压正时链条张紧器，将直径为 1.0mm 的销子插入孔中，将正时链条张紧器固定到位。

（2）如图 6-3-14 所示，用扳手固定住凸轮轴的六角部位，然后用 12mm 的六角扳手松开螺栓。注意，操作时扳手不要碰伤气缸盖，也不要分解凸轮轴正时齿轮。

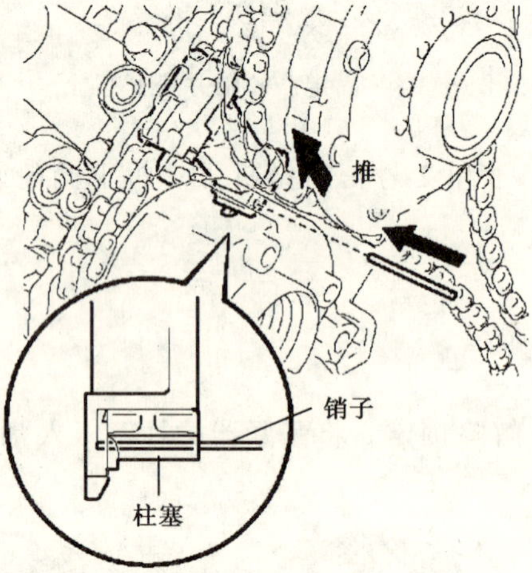

图 6-3-13　插入销子，固定张紧器

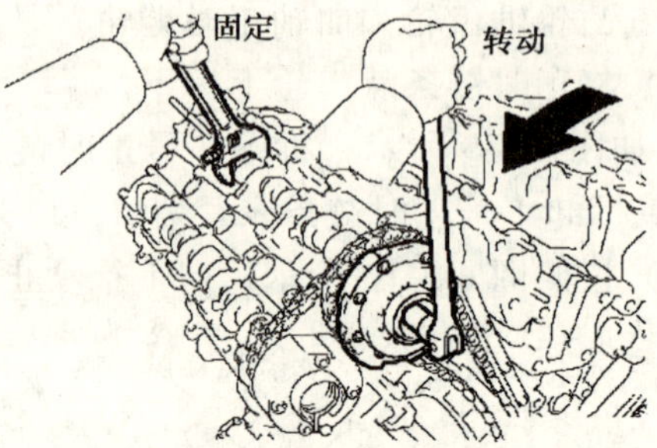

图 6-3-14　固定凸轮轴并松开螺栓

（3）按照图 6-3-15 所示，用扳手固定住凸轮轴的六角部位，然后用 12mm 的六角扳手松开螺栓。

（4）拆下 2 个螺栓，然后把连着齿轮的 1 号和 2 号正时链拆下，拆下凸轮轴正时齿轮、排气凸轮轴齿轮和曲轴正时链轮。

（5）将正时链条从齿轮上拆下。

14. 按照图 6-3-16 所示，拆卸 2 号正时链条张紧器。

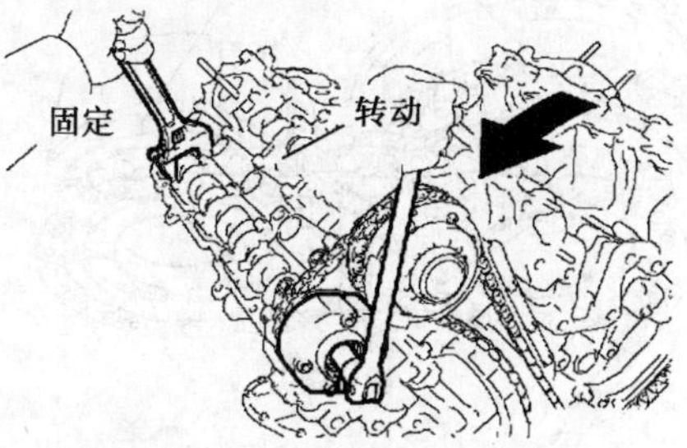

图 6-3-15　固定凸轮轴并松开螺栓

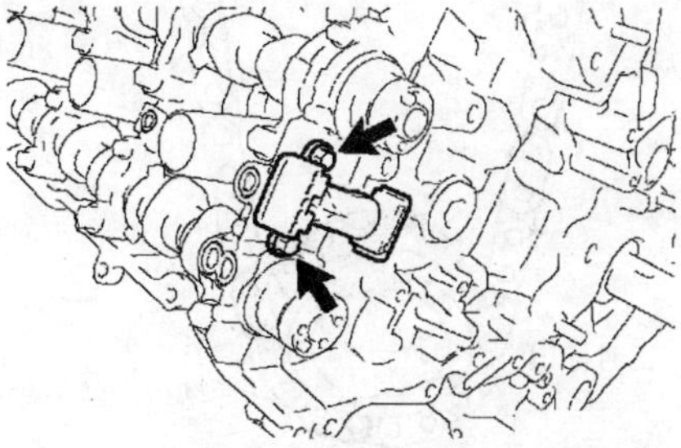

图 6-3-16　拆卸 2 号正时链条张紧器

（二）LS460 轿车 4.6L（1UR-FSE）发动机正时链条安装步骤

1. 安装 2 号正时链条张紧器：

（1）先把 2 号正时链条张紧器的 2 个螺栓安装好，将螺栓紧固至 10N·m。

（2）如图 6-3-17 所示，推动 2 号正时链条张紧器，将一根直径为 1.0mm 的销子插入孔中，使张紧器固定到位。

2. 安装正时链条（气缸列 2）：

（1）按照图 6-3-18 所示，把 1 号正时链条上的橙色标记链片与凸轮轴正时齿轮上的正时标记对齐。将正时链条安装到凸轮轴正时齿轮上。

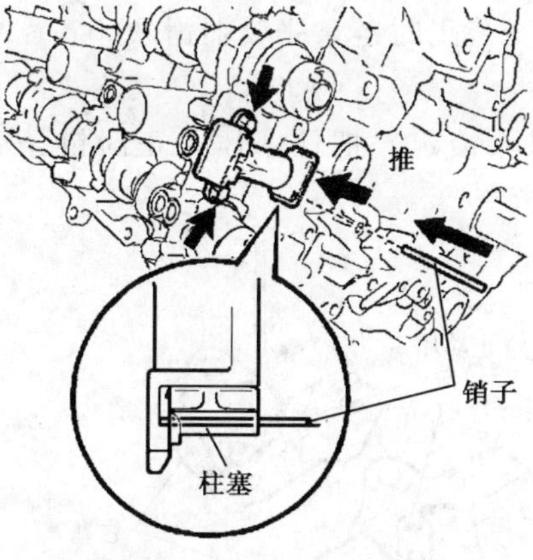

图 6-3-17　插入销子

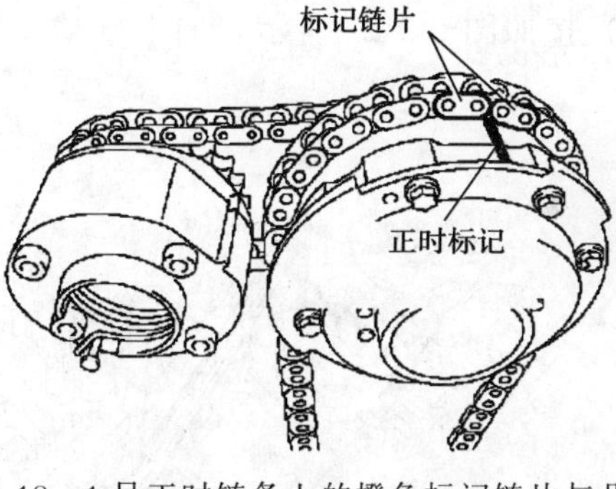

图 6-3-18　1 号正时链条上的橙色标记链片与凸轮轴正时齿轮上的正时标记对齐

（2）按照图 6-3-19 所示，把 1 号正时链条上的橙色标记链片与曲轴正时齿轮上的正时标记对齐。将正时链条安装到曲轴正时齿轮上。

（3）按照图 6-3-20 所示，把 2 号正时链条上的黄色标记链片与凸轮轴正时齿轮上的正时标记和排气凸轮轴正时齿轮上的正时标记对齐。将 2 号正时链条安装到上述齿轮上。

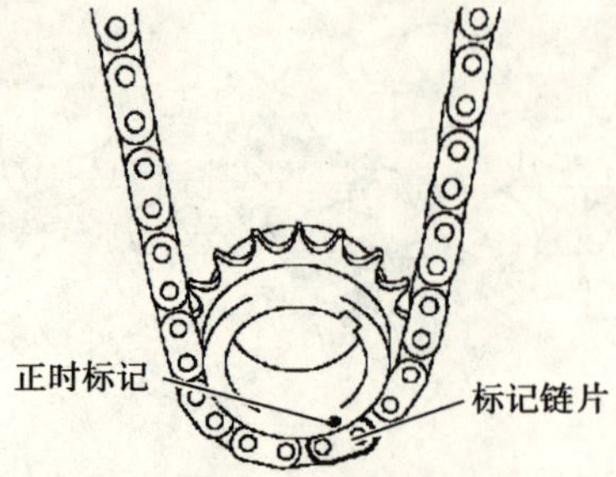

图 6-3-19 安装 1 号正时链条并对齐标记

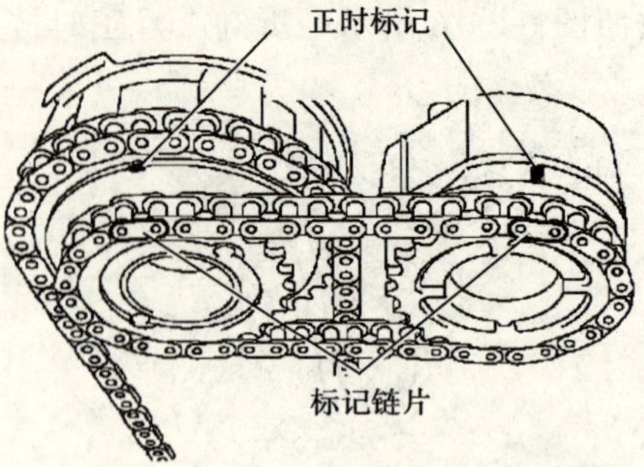

图 6-3-20 安装 2 号正时链条并对齐标记

（4）把曲轴正时齿轮安装到曲轴上。

（5）把 1 号凸轮轴的定位销与凸轮轴正时齿轮上的定位销孔对齐。

（6）转动 2 号凸轮轴的六角部位，使 2 号凸轮轴定位销插入排气凸轮轴正时齿轮定位销孔。

（7）从 2 号正时链条张紧器上拆下销子。

3. 按照图 6-3-21 所示，安装 1 号正时链条减振器（气缸列 2）并将 2 个螺栓紧固至 21N · m。

4. 安装正时链条张紧器滑块（气缸列 2）。如果安装时发现正时链条过紧无法安装，可转动凸轮轴的六角部位使正时链条松弛，然后再安装正时链条张紧器滑块。

5. 安装 1 号正时链条张紧器（气缸列 2）：

（1）按照图 6-3-22 所示，向上推动止动片，解除锁定，把柱塞压入正时链条张紧器中。

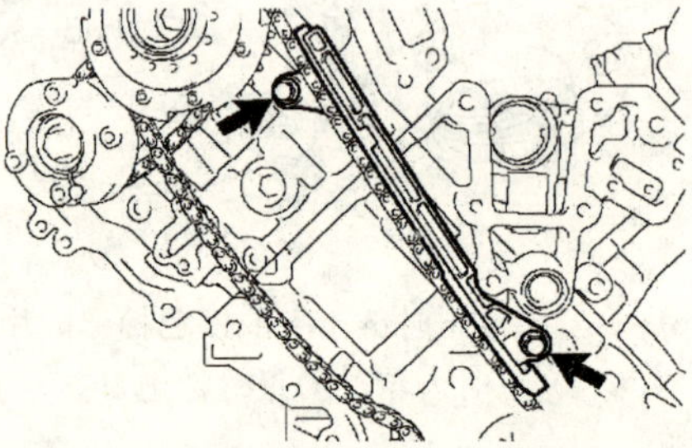

图 6-3-21 安装 1 号正时链条减振器

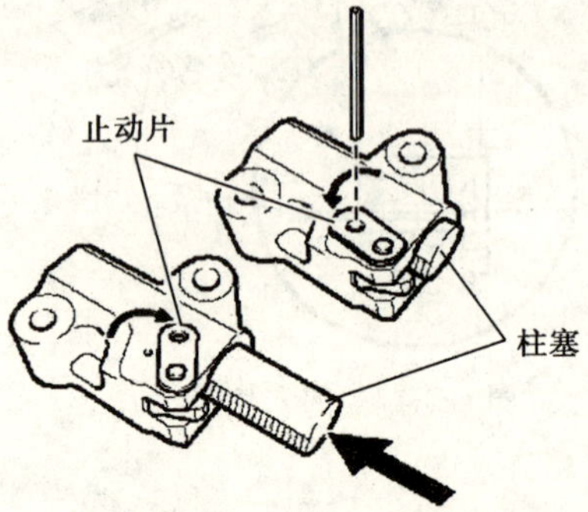

图 6-3-22 止动片和柱塞识别

（2）向下移动止动片，使其恢复锁定状态，然后把一根六角扳手插入止动片的孔中。

（3）按照图 6-3-23 所示，安装正时链条张紧器并将 2 个螺栓紧固至 10N · m。

（4）从正时链条张紧器上拆下六角扳手。

6. 安装 3 号正时链条张紧器：

（1）按照图 6-3-24 所示，安装正时链条张紧器并把 2 个螺栓紧固至 10N·m。

（2）向下推正时链条张紧器把一个直径为 1.0mm 的销子插入张紧器孔中使其固定。

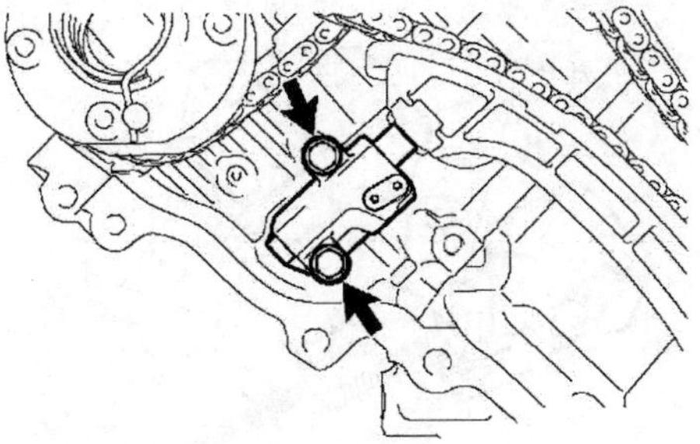

图 6-3-23　安装正时链条张紧器

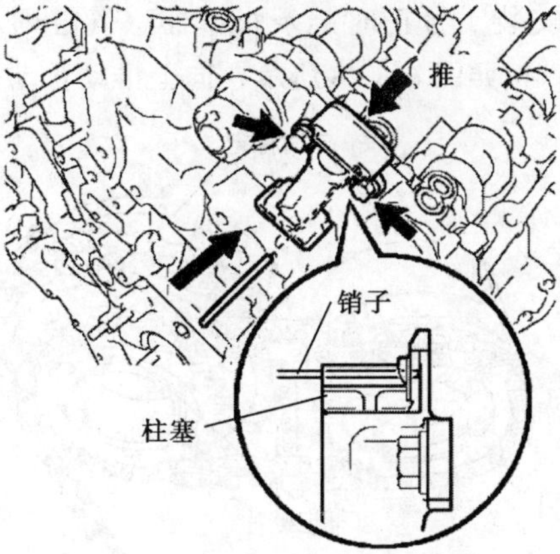

图 6-3-24　安装正时链条张紧器

7. 安装正时链条（气缸列 1）：

（1）按照图 6-3-25 所示，把 1 号正时链条上的橙色链片与凸轮轴正时齿轮上的正时标记对齐，然后把 1 号正时链条安装到凸轮轴正时齿轮上。

（2）按照图 6-3-26 所示，把 1 号正时链条上的橙色链片与曲轴正时齿轮上的正时标记对齐，然后把 1 号正时链条安装到曲轴正时齿轮上。

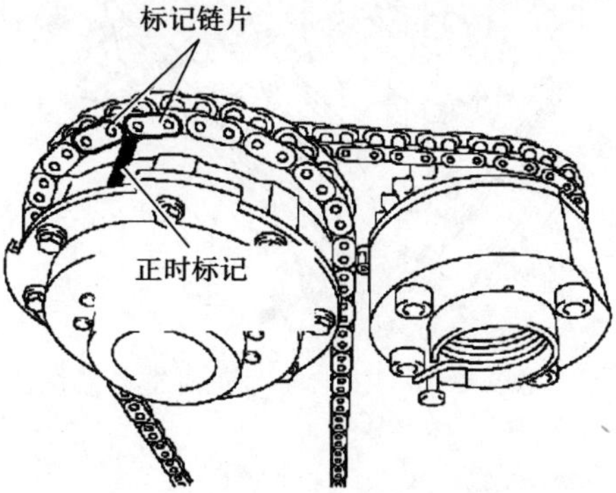

图 6-3-25　对齐凸轮轴正时标记

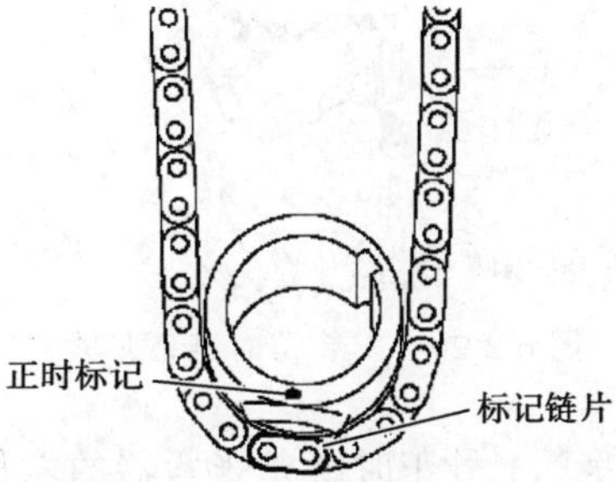

图 6-3-26　对齐曲轴正时标记

（3）按照图 6-3-27 所示，把 2 号正时链条上的黄色链片与凸轮轴正时齿轮上的正时标记对齐，然后把 2 号正时链条安装到凸轮轴正时齿轮上。

（4）把曲轴正时齿轮安装到曲轴上。

（5）把 3 号凸轮轴的定位销与凸轮轴正时齿轮上的定位孔对齐并插入销子。

（6）利用 4 号凸轮轴的六角部位，把 4 号凸轮轴的定位销与凸轮轴正时齿轮上的定位孔对齐并插入销子。

（7）从 2 号正时链条张紧器上拆下销子。

8. 安装正时链条张紧器滑块（气缸列 1）。

9. 安装 1 号正时链条张紧器（气缸列 1）：

（1）按照图 6-3-28 所示，向上推动止动片，解除锁定，把柱塞压入正时链条张紧器中。

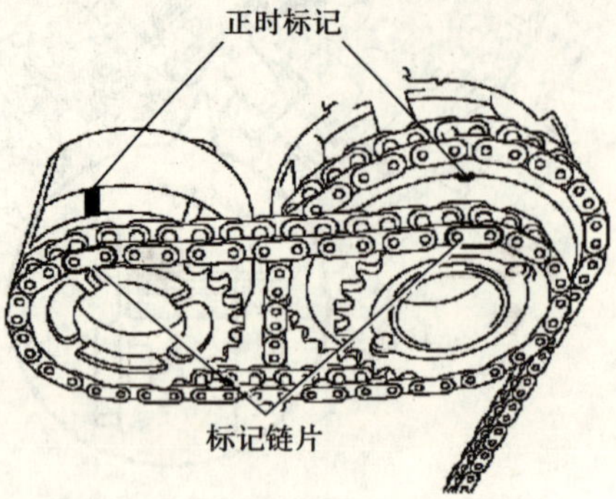

图 6-3-27　对齐凸轮轴正时标记

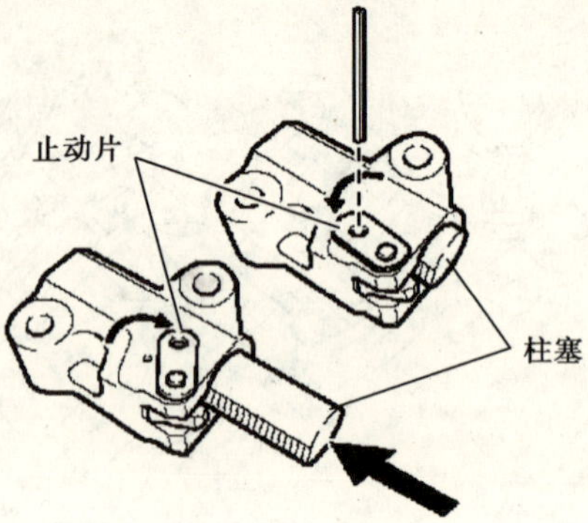

图 6-3-28　止动片和柱塞识别

（2）向下移动止动片，使其恢复锁定状态，然后把一根六角扳手插入止动片的孔中。

（3）按照图 6-3-29 所示，安装正时链条张紧器并将 2 个螺栓紧固至 10N·m。

10. 安装 1 号正时链条减振器（气缸列 1）：

（1）按照图 6-3-30 所示，安装 1 号正时链条减振器并将 2 个螺栓紧固至 21N·m。

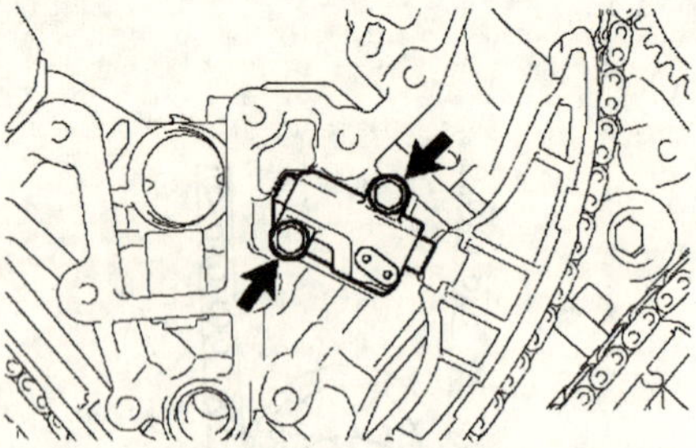

图 6-3-29　安装正时链条张紧器

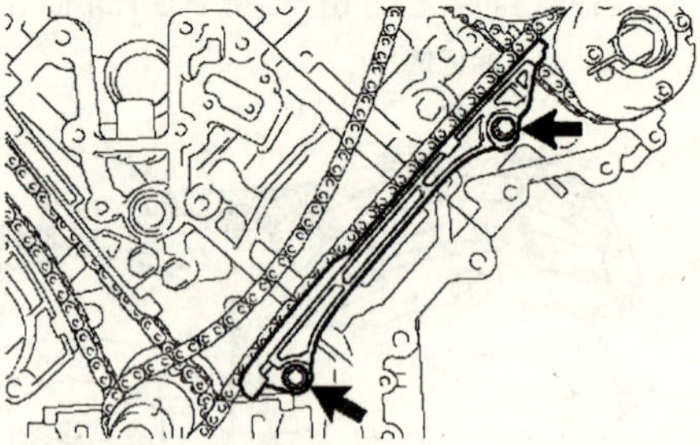

图 6-3-30　安装 1 号正时链条减振器

（2）拆下 1 号正时链条张紧器的六角扳手。

11. 上紧凸轮轴正时齿轮：

（1）对于气缸列 1，按照图 6-3-31 所示，用扳手固定 3 号凸轮轴六角部位，然后用 12mm 的六角扳手和新螺栓把凸轮轴正时齿轮上紧，紧固力矩为 79N·m。最后按照图 6-3-32 所示，用扳手固定 4 号凸轮轴六角部位，然后用 12mm 的六角扳手和螺栓把排气凸轮轴正时齿轮上紧，紧固力矩为 100N·m。

（2）对于气缸列 2，按照图 6-3-33 所示，用扳手把 1 号凸轮轴的六角部位固定，然后用 12mm 的六角扳手和新螺栓把凸轮轴正时齿轮上紧，紧固力矩为 79N·m。最后按照图 6-3-34所示，用扳手固定 2 号凸轮轴六角部位，然后用 12mm 的六角扳手和螺栓把排气凸轮轴正时齿轮上紧，紧固力矩为 100N·m。

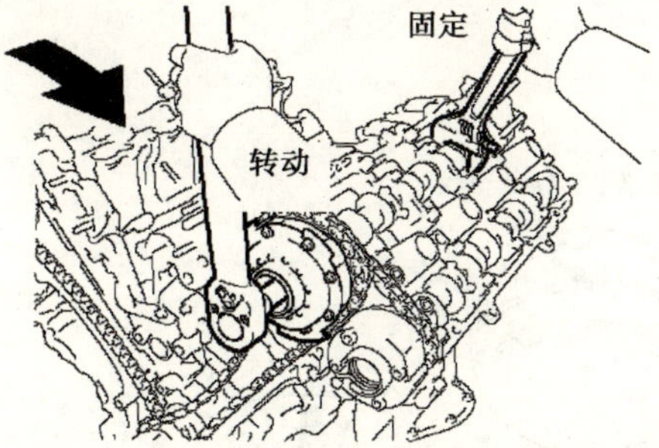

图 6-3-31 固定 3 号凸轮轴上紧凸轮轴正时齿轮

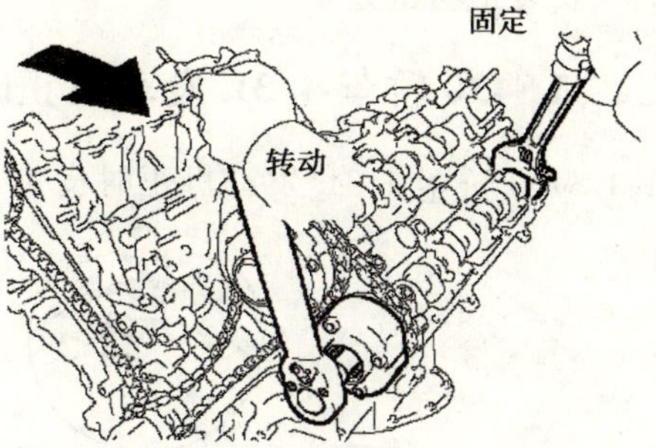

图 6-3-32 固定 4 号凸轮轴上紧排气凸轮轴正时齿轮

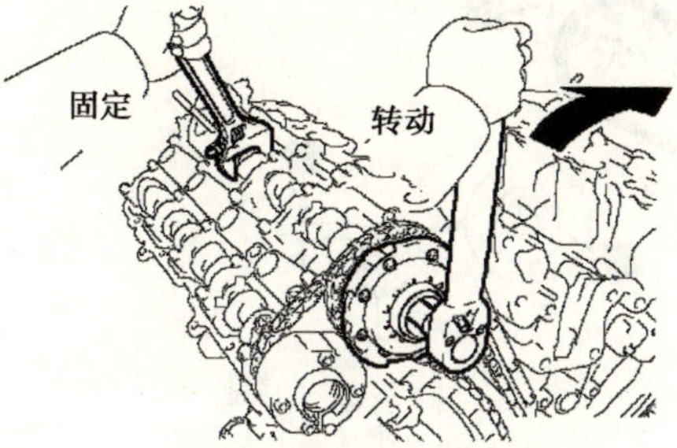

图 6-3-33 固定 1 号凸轮轴上紧凸轮轴正时齿轮

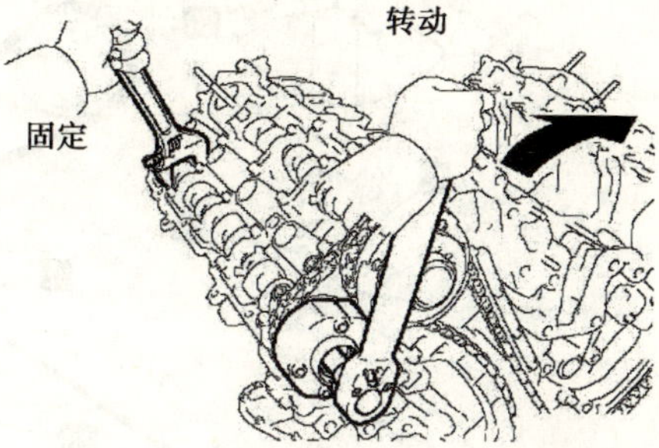

图 6-3-34 固定 2 号凸轮轴上紧排气凸轮轴正时齿轮

12. 顺时针转动曲轴，确认如图 6-3-35 所示的各个正时标记均对齐无误。

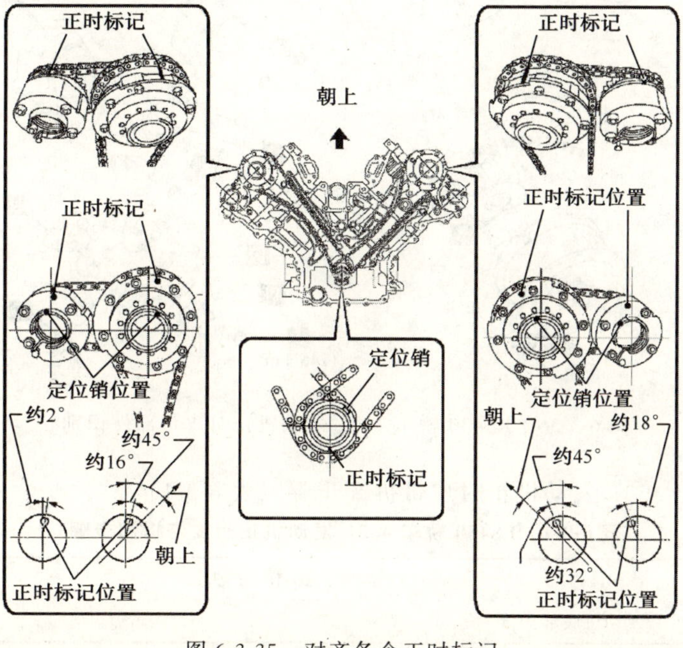

图 6-3-35 对齐各个正时标记

13. 安装正时链条罩。

二、LS430 轿车 4.3L 发动机正时校对

1. LS430 轿车 4.3L 发动机正时皮带部件识别（图 6-3-36）

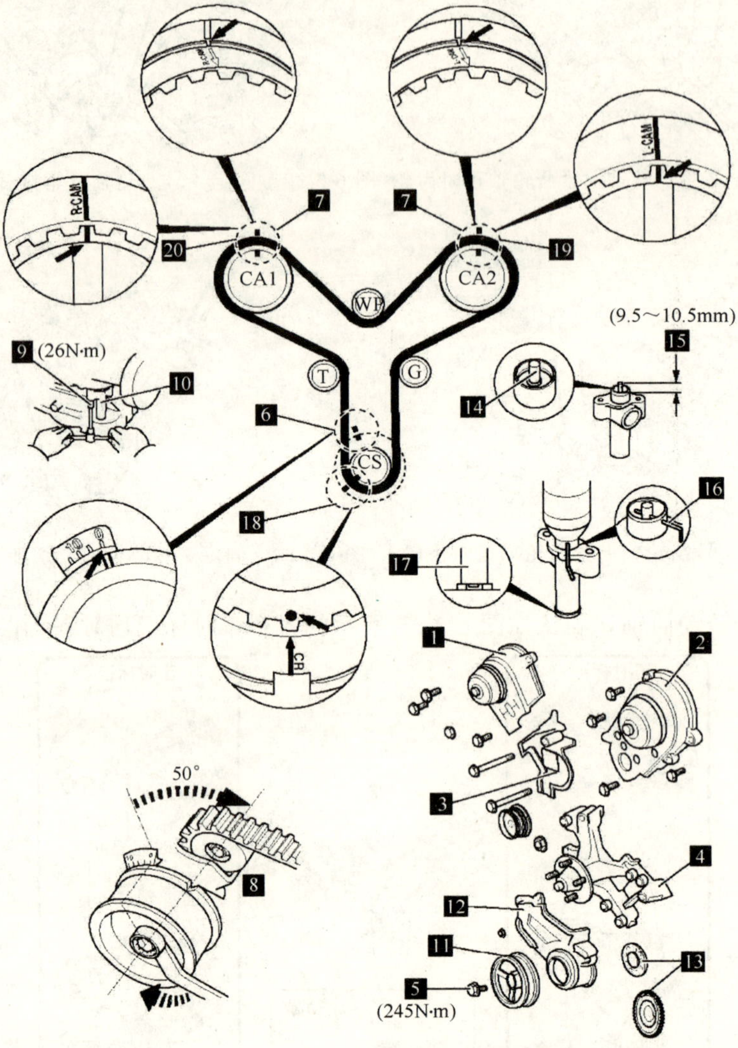

图 6-3-36 LS430 轿车 4.3L 发动机正时皮带部件识别

2. LS430 轿车 4.3L 发动机正时皮带拆卸步骤（表 6-3-1）

表 6-3-1 LS430 轿车 4.3L 发动机正时皮带拆卸步骤

步 骤	操 作 方 法
1	拆卸发动机底部护罩

续表

步　骤	操 作 方 法
2	拆卸发动机进气管路
3	拆卸发动机空气滤清器
4	拆卸发动机附件传动皮带
5	拆卸发电机和冷却风扇
6	拆卸发动机附件传动皮带张紧轮
7	拆卸发动机附件传动皮带导轮
8	拆卸动力转向泵轮
9	从正时皮带左侧和右侧盖罩处拆下连接线束
10	拆卸机油冷却管
11	拆下空调压缩机并将其挪到一旁，但不要断开制冷剂管路
12	拆卸正时皮带左侧上部盖罩（图 6-3-36 中的 2）
13	拆卸正时皮带右侧上部盖罩（图 6-3-36 中的 1）
14	拆卸正时皮带中央盖罩（图 6-3-36 中的 3）
15	拆卸发动机冷却风扇支架（图 6-3-36 中的 4）
16	松开曲轴皮带轮螺栓（图 6-3-36 中的 5）
17	顺时针转动曲轴，使发动机设置在 1 缸上止点位置。确保正时标记（图 6-3-36 中的 6 和 7）对齐
18	将曲轴继续沿顺时针方向转动 50°，使曲轴皮带轮的正时标记与导轮螺栓对齐（图 6-3-36 中的 8）。 注意：此时凸轮轴带轮上的正时标记会向前移动 25°
19	拆卸曲轴皮带轮螺栓（图 6-3-36 中的 5）
20	拆卸自动张紧器螺栓（图 6-3-36 中的 9）
21	拆卸自动张紧器（图 6-3-36 中的 10）
22	拆卸自动张紧器防尘罩
23	从凸轮轴带轮上拆下正时皮带
24	用拔出工具拆卸曲轴皮带轮（图 6-3-36 中的 11）。 注意：拆卸时不要转动曲轴
25	拆卸发电机
26	拆卸正时皮带下部盖罩（图 6-3-36 中的 12）
27	拆卸曲轴位置传感器磁阻（图 6-3-36 中的 13）
28	拆卸正时皮带。 注意：如果要继续使用拆下的正时皮带，则拆卸时要查看正时皮带上的对准标记是否清晰可见，如果标记模糊不清，则要在拆卸前先用粉笔或油漆进行标记，以便在安装时能参考使用，防止错装

3. LS430 轿车 4. 3L 发动机正时皮带安装步骤（表 6-3-2）

表 6-3-2　LS430 轿车 4. 3L 发动机正时皮带安装步骤

步　骤	操作方法
1	检查正时皮带的张紧轮（图 6-3-36 中的 T）和导轮（图 6-3-36 中的 G）是否转动顺畅，如果转动不顺畅要予以更换
2	检查正时皮带张紧器壳体（图 6-3-36 中的 14）是否有油液泄漏或损坏，必要时应予以更换
3	检查柱塞的伸出长度（图 6-3-36 中的 15），应为 9. 5～10. 5mm 范围内，如果不符合规范范围，应更换自动张紧器
4	把柱塞慢慢压入张紧器壳体内，直至柱塞的小孔与张紧器壳体的小孔对齐。 注意：应在张紧器壳体下面放置一个垫片以防操作时损伤张紧器壳体端部螺塞（图 6-3-36 中的 17）
5	在对齐的小孔中插入一根内六角扳手（图 6-3-36 中的 16），将柱塞固定在压缩位置
6	安装防尘罩。 注意：安装正时皮带前，曲轴应位于上止点后 50°位置，必要时可暂时安装上正时皮带下部盖罩和曲轴皮带轮来检查曲轴位置是否就位正确
7	把正时皮带安装到曲轴正时皮带轮（图 6-3-36 中的 CS）上，正时皮带上的正时标记（标有 CR 字样）应对准曲轴正时皮带轮上的正时标记（图 6-3-36 中的 18）
8	把正时皮带（未张紧）安装到张紧轮（图 6-3-36 中的 T）和导轮（图 6-3-36 中的 G）上，安装时要看清楚正时皮带上标记的转动方向，不要装反了
9	安装曲轴位置传感器磁阻（图 6-3-36 中的 13）
10	安装正时皮带下部盖罩（图 6-3-36 中的 12）
11	安装曲轴皮带轮（图 6-3-36 中的 11）
12	使曲轴皮带轮的正时标记与导轮螺栓对齐（图 6-3-36 中的 8）
13	安装发电机
14	把正时皮带安装到左侧凸轮轴皮带轮上（图 6-3-36 中的 CA2），确保正时皮带上的正时标记（标有 L-CAM 字样）与皮带轮上的标记对齐（图 6-3-36 中的 19）
15	用专用工具沿逆时针方向转动左侧凸轮轴皮带轮，使正时皮带微微张紧
16	把正时皮带安装到右侧凸轮轴皮带轮上（图 6-3-36 中的 CA1），确保正时皮带上的正时标记（标有 R-CAM 字样）与皮带轮上的标记对齐（图 6-3-36 中的 20）
17	确保正时皮带在左右两个凸轮轴皮带轮之间是绷紧的
18	安装自动张紧器（图 6-3-36 中的 10），紧固螺栓（图 6-3-36 中的 9），紧固力矩为 26N·m
19	把插在张紧器壳体上固定柱塞的内六角扳手（图 6-3-36 中的 16）取下
20	暂时安装上曲轴皮带轮螺栓（图 6-3-36 中的 5）
21	把曲轴沿顺时针方向慢慢转动 2 周，到达 1 缸上止点位置
22	确保正时标记（图 6-3-36 中的 6 和 7）对齐
23	用专用工具固定住曲轴皮带轮（图 6-3-36 中的 11），紧固曲轴皮带轮螺栓（图 6-3-36 中的 5），紧固力矩为 245N·m
24	按照与拆卸相反的顺序安装其他部件

第四节　IS 系列轿车

IS250 轿车 2.5L（4GR-FSE）发动机正时校对操作步骤与第二节 GS300 轿车 3.0L（3GR-FSE）发动机正时校对操作步骤相同。

第五节　RX 系列轿车

RX 350 轿车 3.5L（2GR-FE）发动机正时校对方法与第二节 GS300 轿车 3.0L（3GR-FSE）发动机正时校对方法相同。

第六节　ES 系列轿车

一、ES 330 轿车 3.3L（3MZ-FE）发动机正时皮带部件识别（图 6-6-1、图 6-6-2）

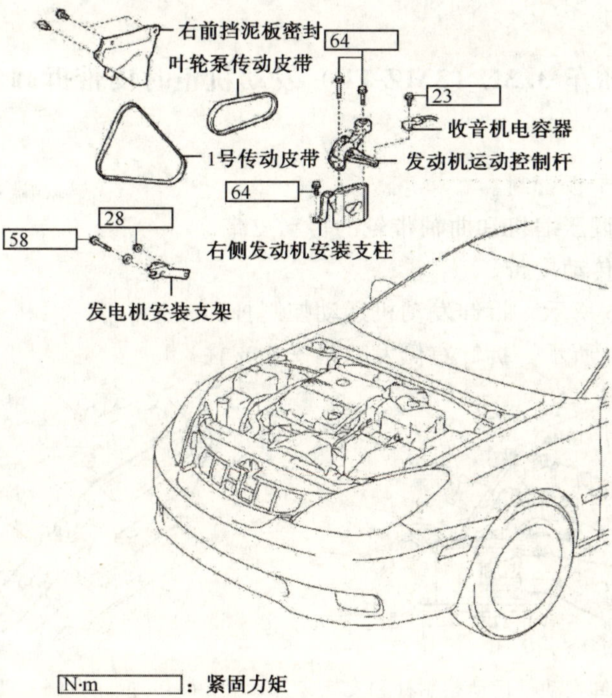

图 6-6-1　3MZ-FE 发动机正时皮带部件识别（1/2）

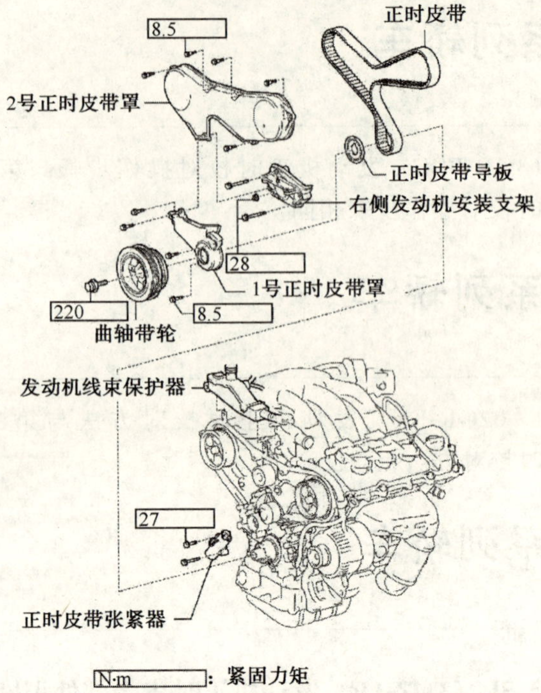

图 6-6-2 3MZ-FE 发动机正时皮带部件识别（2/2）

二、ES 330 轿车 3.3L（3MZ-FE）发动机正时皮带拆卸步骤

1. 拆卸右前轮。
2. 拆卸右前翼子板密封。
3. 拆卸连接空调压缩机和曲轴带轮的传动皮带。
4. 拆卸叶轮泵传动皮带。
5. 按照图 6-6-3 所示，拆卸发动机运动控制杆和支架。
6. 按照图 6-6-4 所示，拆卸右侧发动机安装支柱。

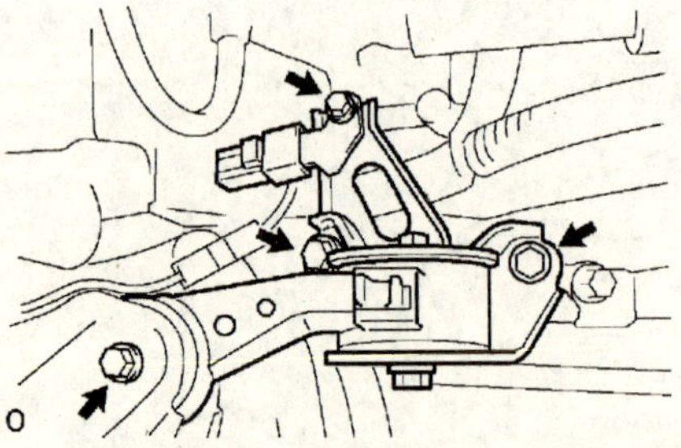

图 6-6-3 拆卸发动机运动控制杆和支架

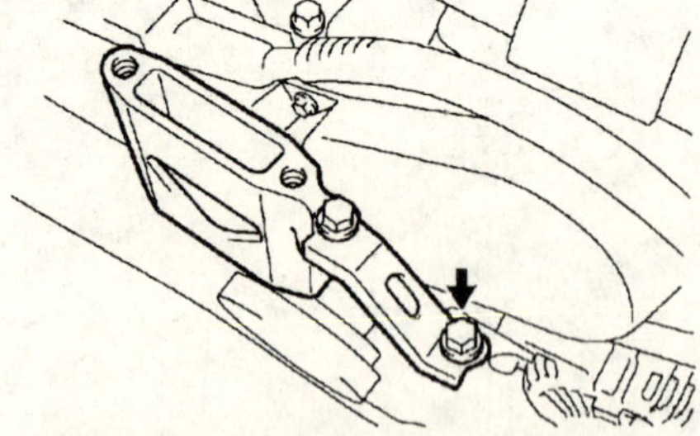

图 6-6-4 拆卸右侧发动机安装支柱

7. 按照图 6-6-5 所示，拆卸发电机安装支架。

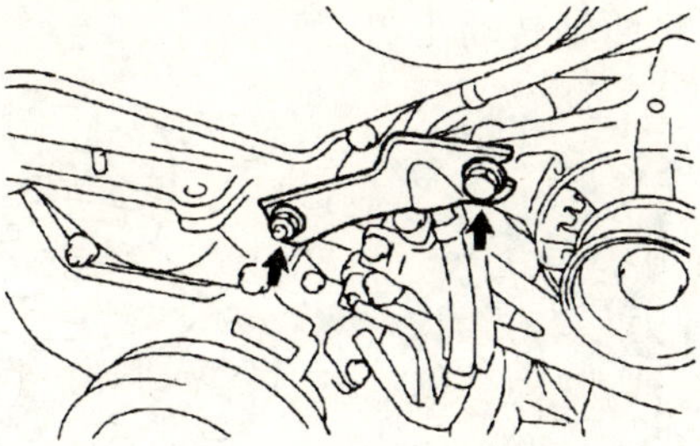

图 6-6-5 拆卸发电机安装支架

8. 按照图 6-6-6 所示，拆卸曲轴带轮。

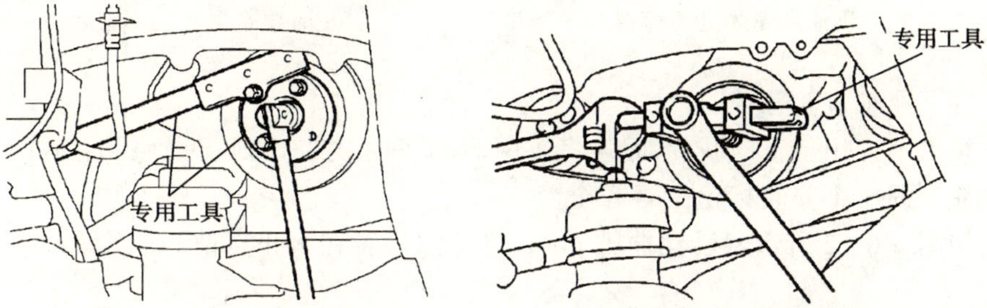

用专用工具松开曲轴带轮螺钉　　用专用工具拆卸曲轴带轮

图 6-6-6 拆卸曲轴带轮

9. 拆卸 1 号正时皮带罩。

10. 按照图 6-6-7 所示，拆卸 2 号正时皮带罩上的卡子和螺钉，拆下正时皮带罩。

11. 如图 6-6-8 所示，拆卸右侧发动机安装支架。

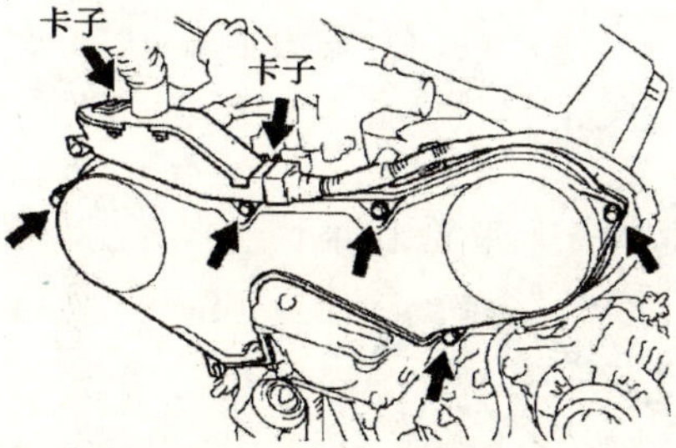

图 6-6-7 拆卸 2 号正时皮带罩

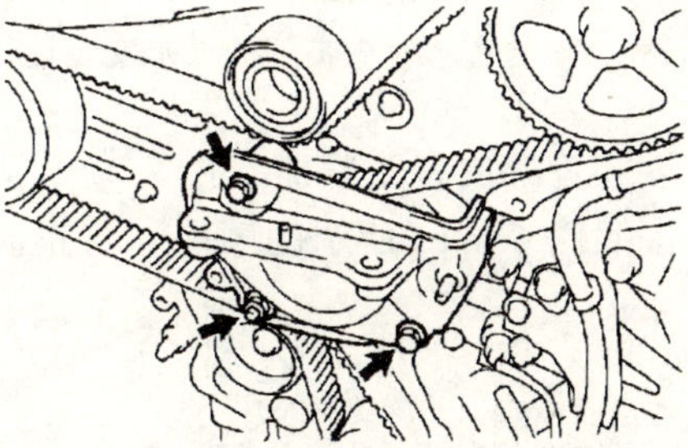

图 6-6-8 拆卸右侧发动机安装支架

12. 拆卸正时皮带导板。

13. 拆卸正时皮带：

（1）先暂时将曲轴带轮螺栓和垫圈安装到曲轴上。

（2）顺时针转动曲轴，如图 6-6-9 所示，使曲轴带轮上的正时标记与机油泵壳体上的标记对齐。

（3）按照图 6-6-10 所示，检查凸轮轴带轮上的正时标记是否与 3 号正时皮带罩上的标记对齐，如果没有对齐，将曲轴转动 1 周。

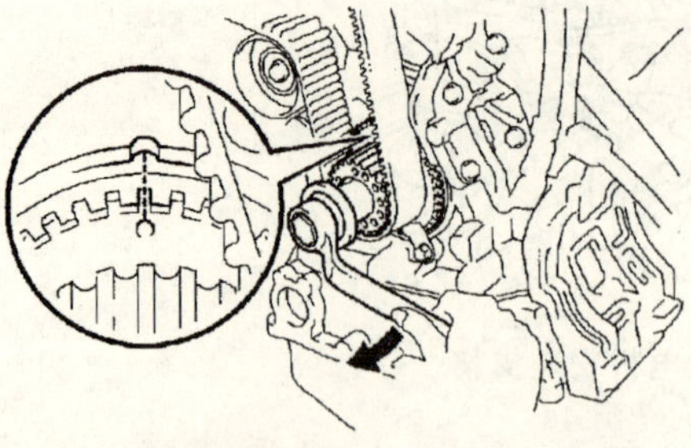

图 6-6-9 使曲轴带轮上的正时标记与机油泵壳体上的标记对齐

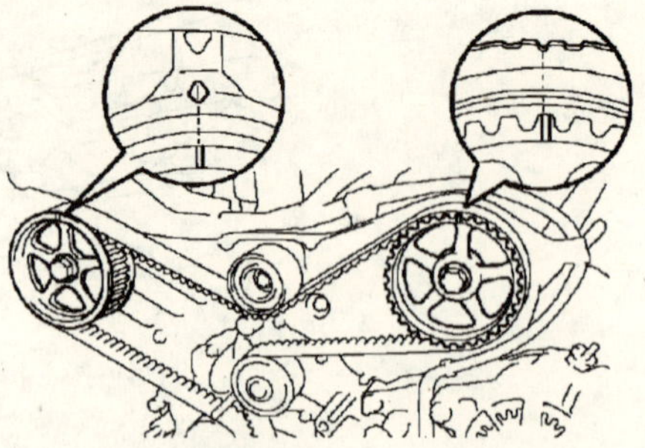

图 6-6-10 凸轮轴带轮上的正时标记与 3 号正时皮带罩上的标记对齐

（4）拆下曲轴带轮螺栓。

（5）如果不换用新正时皮带而继续使用旧的正时皮带，则要按照图 6-6-11 所示，检查正时皮带上的 3 个安装标记是否齐全。

（6）如图 6-6-12 所示，转动曲轴 60°，将 1 缸设置在上止点前 60°位置。

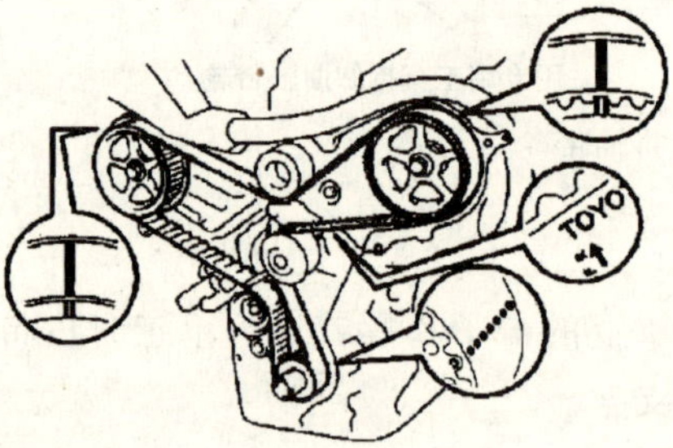

图 6-6-11 检查正时皮带上的 3 个安装标记

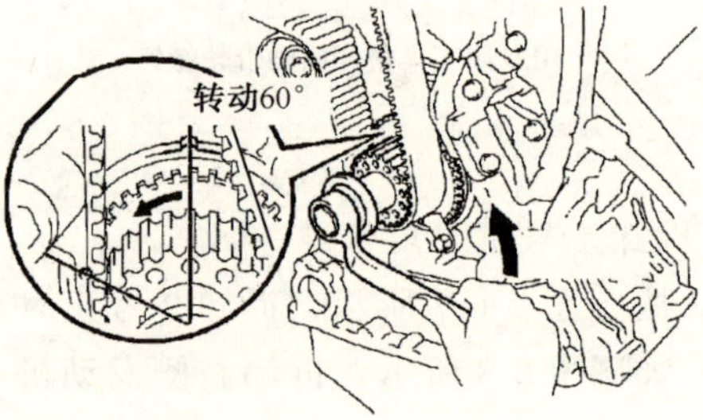

图 6-6-12 转动曲轴 60°

14. 拆卸正时皮带张紧器。

15. 按照图 6-6-13 所示的顺序，将正时皮带从各个带轮上拆下。

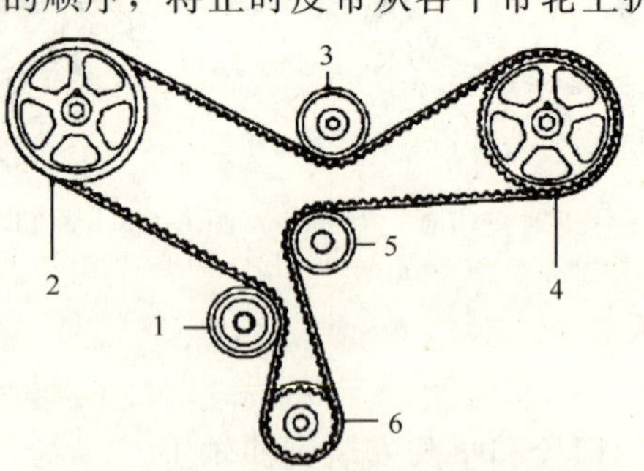

图 6-6-13 正时皮带拆卸顺序

16. 检查正时皮带，如果发现正时皮带磨损、裂纹等情况，则要换用新的正时皮带。

三、ES 330 轿车 3. 3L（3MZ-FE）发动机正时皮带安装步骤

1. 把各个带轮擦拭干净。

2. 确认惰轮转动顺畅，油封完好。

3. 确认水泵带轮转动顺畅。

4. 先暂时将曲轴带轮螺栓和垫圈安装到曲轴上。

5. 如图 6-6-14 所示，逆时针转动曲轴 60°。

6. 如图 6-6-15 所示，用专用工具转动凸轮轴带轮，使带轮上的正时标记与 3 号正时皮带罩上的标记对齐。

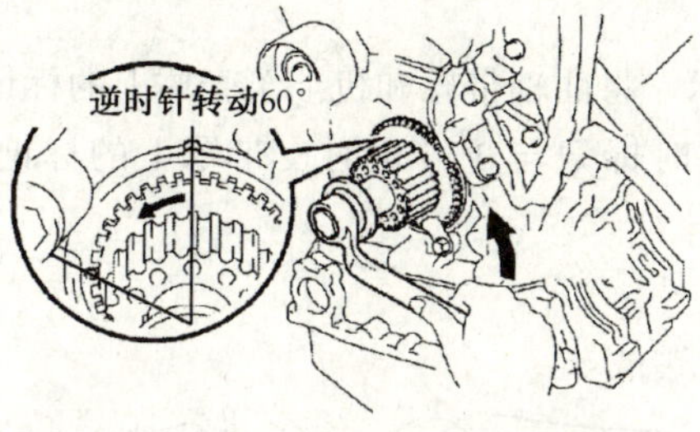

图 6-6-14　逆时针转动曲轴 60°

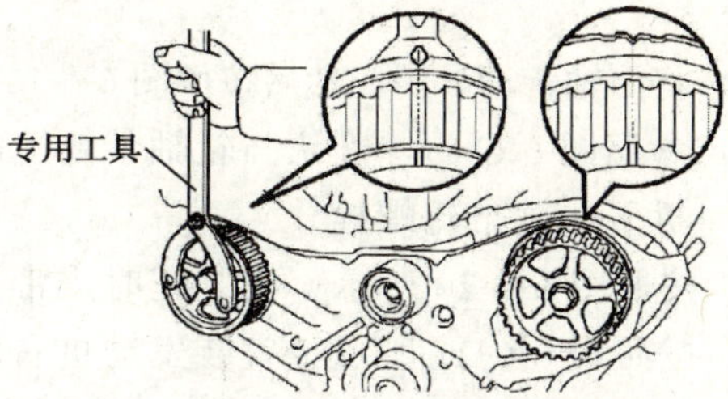

图 6-6-15　凸轮轴带轮上的正时标记与 3 号正时皮带罩上的标记对齐

7. 按照图 6-6-16 所示，转动曲轴，使曲轴带轮上的正时标记与机油泵壳体上的标记对齐。

8. 按照图 6-6-17 所示，将正时皮带上的安装标记对齐。

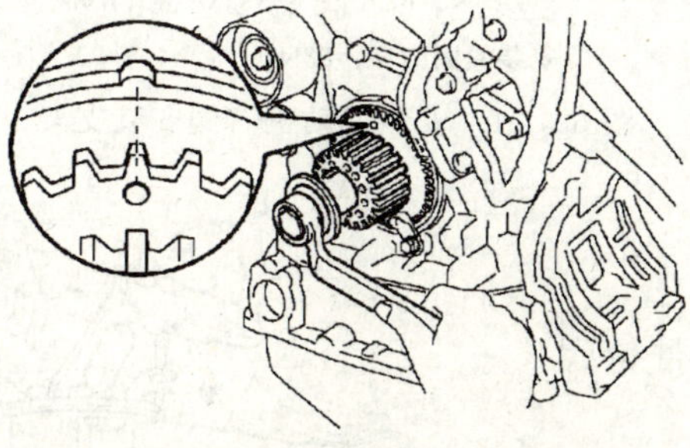

图 6-6-16　曲轴带轮上的正时标记与机油泵壳体上的标记对齐

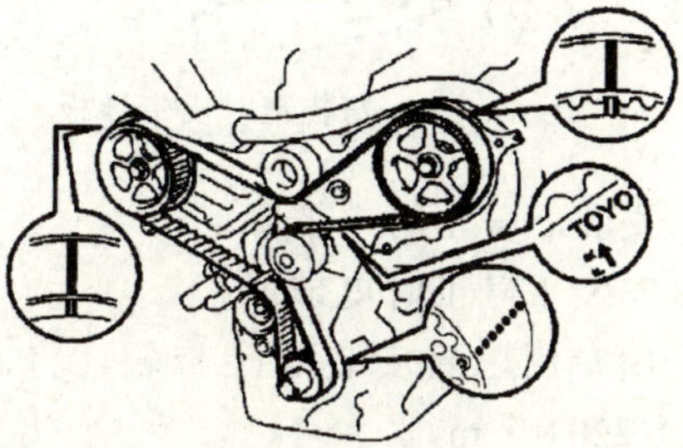

图 6-6-17　将正时皮带上的安装标记对齐

9. 按照图 6-6-18 所示的安装顺序，安装正时皮带。

10. 安装正时皮带张紧器：

（1）将正时皮带张紧器朝上放置在压床上。

（2）按照图 6-6-19 所示，以小于 9. 8kN 的力量将张紧器推杆慢慢压下。等到张紧器壳体上的小孔与推杆上的小孔对齐时，插入一根直径为 1. 5mm 的六角扳手，固定住推杆。

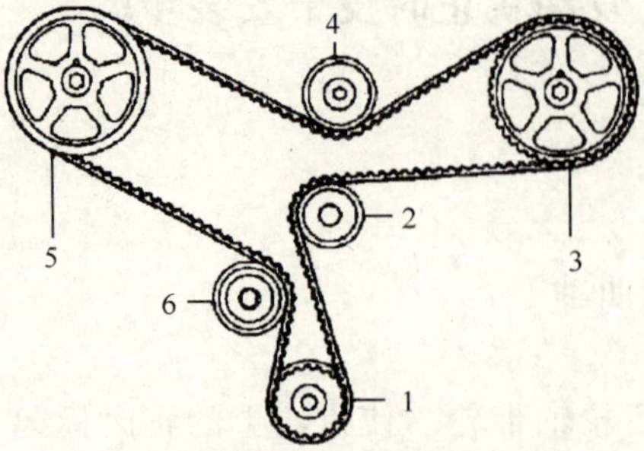

图 6-6-18 正时皮带安装顺序

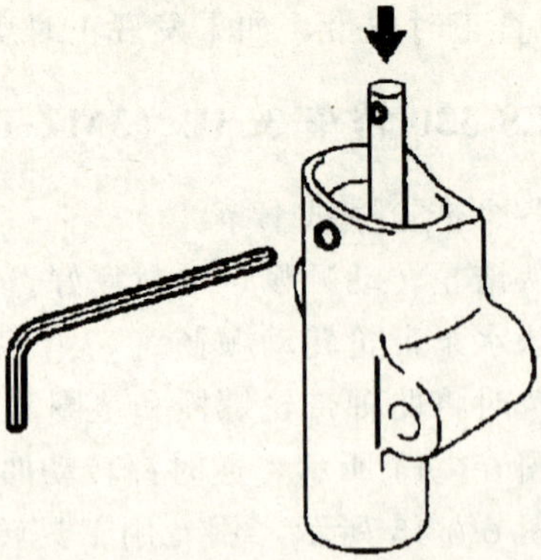

图 6-6-19 压下推杆并插入六角扳手

（3）将曲轴转动 2 周，然后按照图 6-6-16 所示，将曲轴带轮和机油泵壳体上的标记对齐。

（4）参照图 6-6-15，确认凸轮轴带轮上的正时标记与 3 号正时皮带罩上的标记对齐。

（5）拆下曲轴带轮螺栓。

11. 按照图 6-6-20 所示，安装正时皮带导板。

12. 按照图 6-6-21 所示，安装发动机右侧安装支架。

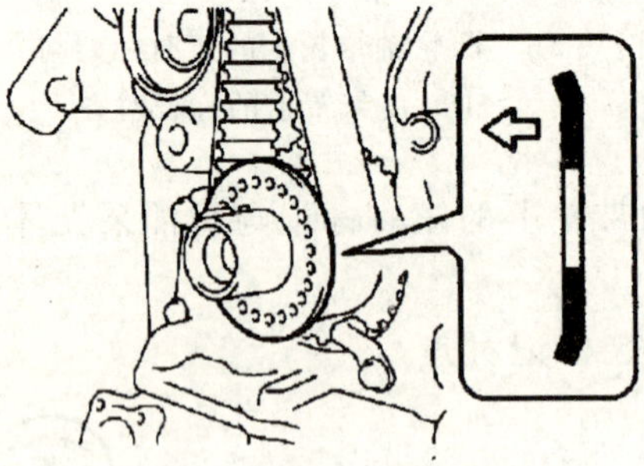

图 6-6-20 安装正时皮带导板

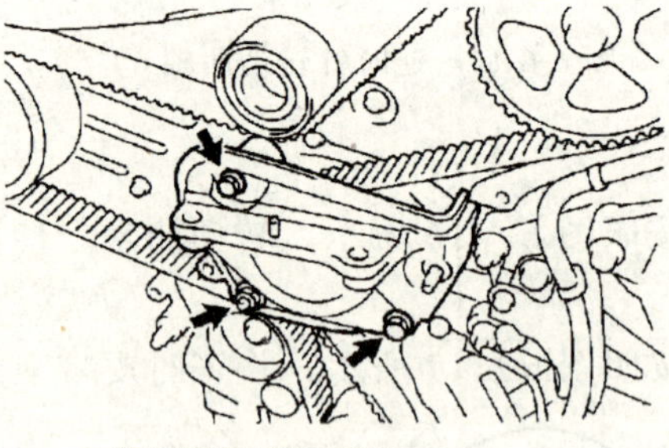

安装紧固力矩：28N·m

图 6-6-21 安装发动机右侧安装支架

13. 安装 2 号正时皮带罩。

14. 安装 1 号正时皮带罩。

15. 用专用工具安装曲轴带轮，将曲轴带轮螺栓紧固至 220N·m。

16. 安装发电机支架。

17. 安装发动机安装支柱和发动机安装支架。

18. 按照图 6-6-22 所示，安装发动机运动控制杆和支架。

19. 安装叶轮泵传动皮带。

20. 安装连接空调压缩机和曲轴带轮的传动皮带。

21. 安装右前车轮。

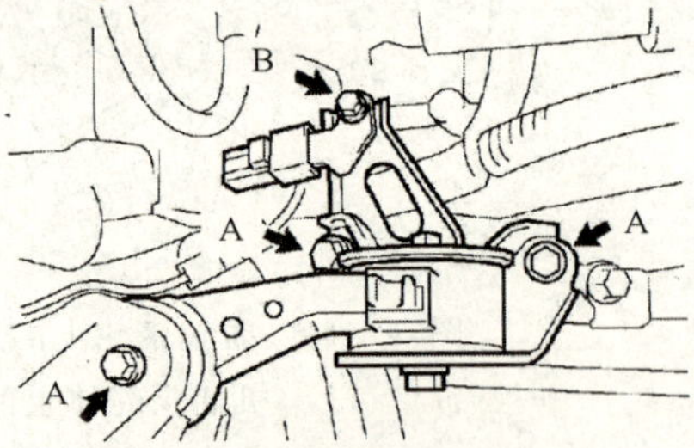

A**螺栓紧固力矩：**64N·m
B**螺栓紧固力矩：**23N·m

图 6-6-22 安装发动机运动控制杆和支架

第七章 MAZDA（马自达）车系

第一节 MX-5 轿车

一、MX-5 轿车 2. 0L 发动机正时链条部件识别（图 7-1-1）

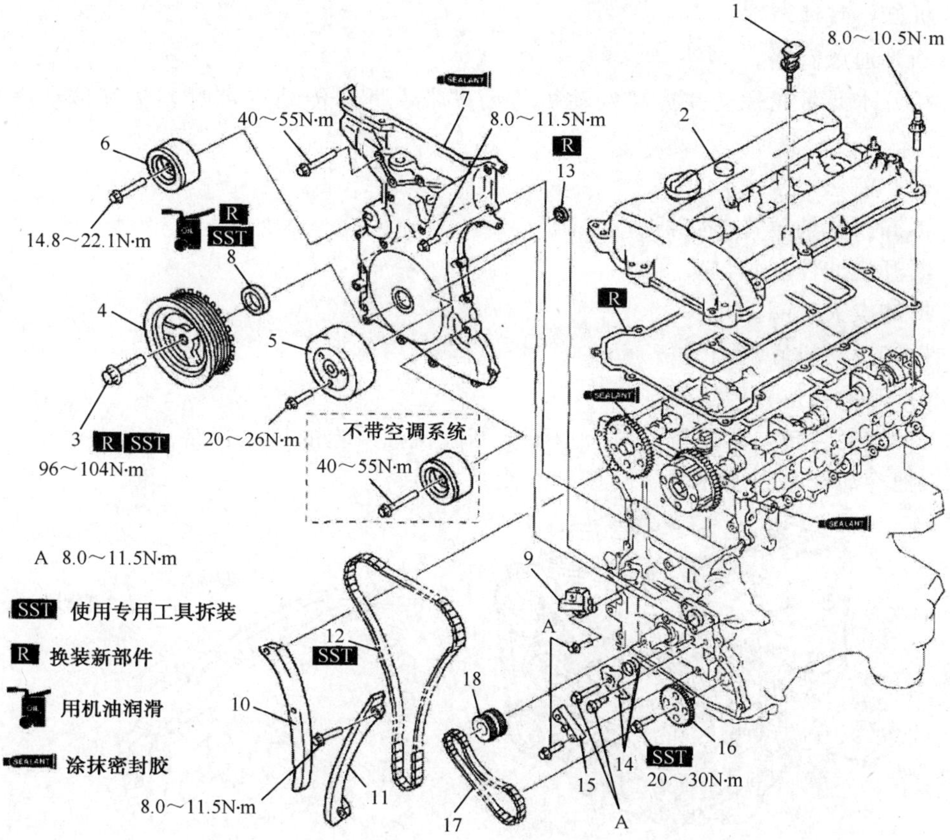

图 7-1-1 MX-5 轿车 2. 0L 发动机正时链条部件识别

编　号	部　件	编　号	部　件	编　号	部　件
1	机油油尺	7	发动机前部盖罩	13	密封
2	气缸盖罩	8	前油封	14	机油泵链条张紧器
3	曲轴带轮固定螺栓	9	正时链条张紧器	15	机油泵链条导轨
4	曲轴带轮	10	张紧器臂	16	机油泵链轮
5	水泵带轮	11	正时链条导轨	17	机油泵链条
6	传动皮带惰轮	12	正时链条	18	曲轴链轮

二、MX-5 轿车 2.0L 发动机正时链条拆卸与安装步骤

1. 拆卸蓄电池和蓄电池托架。

2. 拆卸空气滤清器。

3. 断开通风管路。

4. 松开水泵带轮螺栓并拆卸发动机传动皮带，拆卸传动皮带时要记好传动皮带的盘绕路径（图 7-1-2）。

5. 拆卸前悬架接头。

6. 拆卸凸轮轴位置传感器。

7. 断开机油控制阀接头。

8. 拆卸点火线圈。

9. 拆卸发动机底部挡泥板。

10. 拆卸曲轴位置传感器。

11. 拆卸动力转向系统机油泵，但不要断开机油泵上的机油管路。

12. 把冷却管路和加热器管路挪开（图 7-1-3）。

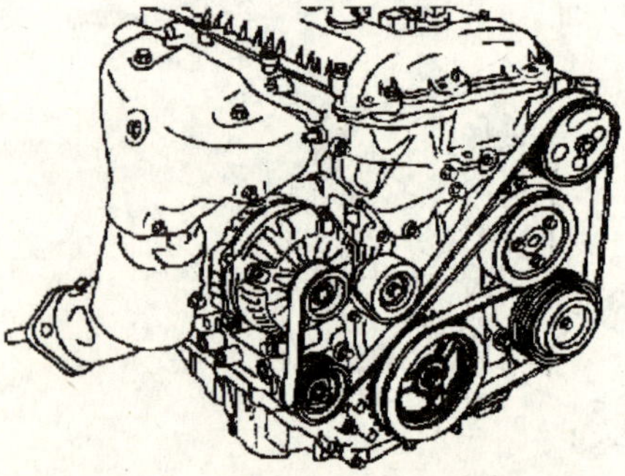

图 7-1-2　发动机传动皮带盘绕路径

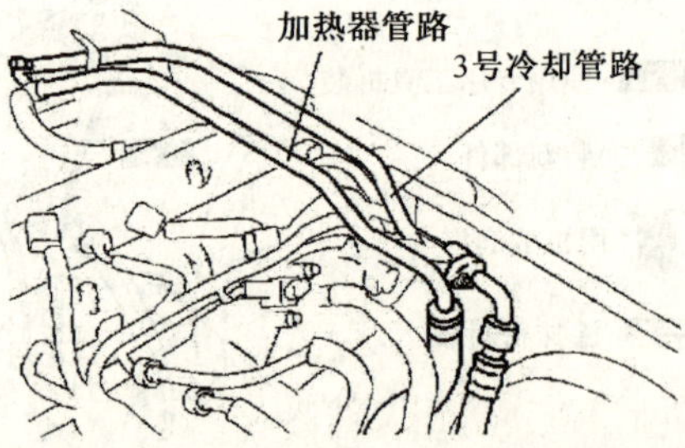

图 7-1-3　冷却管路和加热器管路识别

13. 按照图 7-1-1 中的部件编号顺序拆卸正时链条的各个部件。

14. 安装时按照与拆卸相反的顺序安装各个部件。

15. 安装完毕后，启动发动机进行路试，确认正时链条系统运行正常。

三、正时链条部件拆装要点

1. 曲轴带轮螺栓拆卸要点：

（1）拆卸气缸体底部盲塞（图 7-1-4）。

（2）安装专用工具。

（3）顺时针转动曲轴，直至曲轴到达 1 缸上止点位置。

（4）用专用工具固定曲轴带轮（图 7-1-5）。

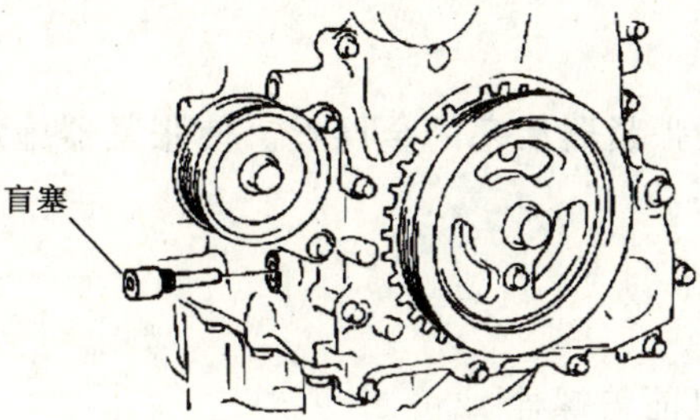

图 7-1-4　拆卸盲塞

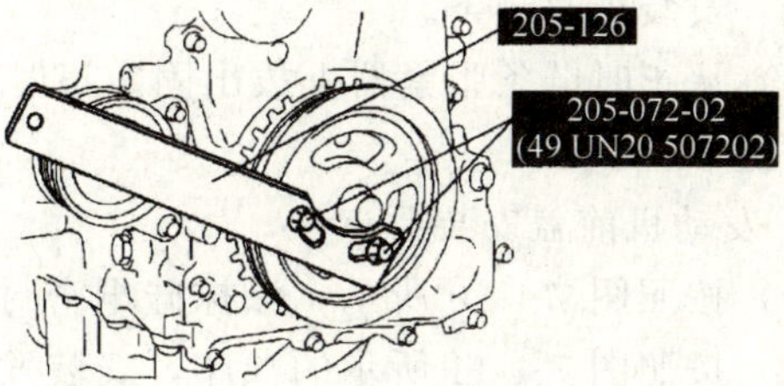

图 7-1-5　用专用工具固定曲轴带轮

（5）拆卸曲轴带轮固定螺栓。

2. 前油封拆卸要点：

拆卸前油封时，要按照图 7-1-6 所示，用螺丝刀拆卸油封。

3. 正时链条张紧器拆卸要点：

（1）用细螺丝刀压住正时链条张紧器的棘爪，解除锁止状态。

（2）慢慢压下正时链条张紧器的活塞。

（3）按照图 7-1-7 所示，用直径约 1.5mm 的金属丝固定住正时链条张紧器的活塞。

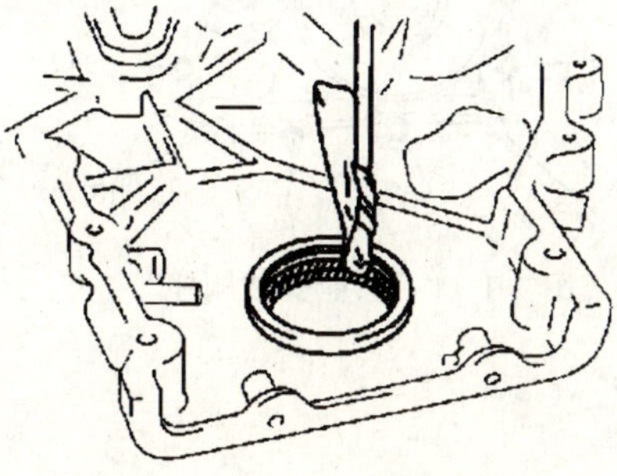

图 7-1-6　用螺丝刀拆卸油封

图 7-1-7　固定正时链条张紧器活塞

4. 机油泵链轮拆装要点：

拆装机油泵链轮时，要按照图 7-1-8 所示，使用专用工具进行拆卸或安装。

5. 正时链条安装要点：

（1）按照图 7-1-9 所示，把专用工具安装到凸轮轴上。

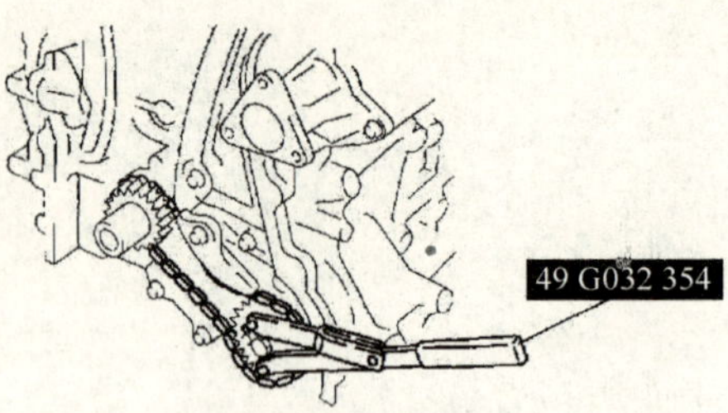

图 7-1-8　用专用工具拆装机油泵链轮

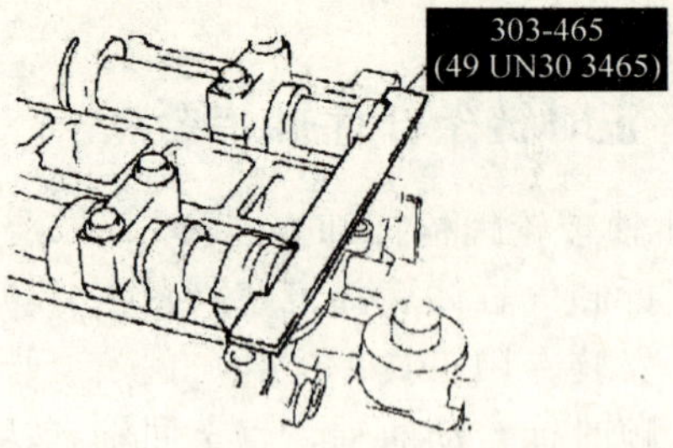

图 7-1-9　把专用工具安装到凸轮轴上

（2）安装正时链条。

（3）从正时链条张紧器上拔出固定正时链条张紧器活塞的金属丝。使张紧器施加张力到正时链条上。

6. 发动机前盖安装要点：

（1）按照图 7-1-10 所示，涂抹硅酮密封剂。

（2）按照图 7-1-11 所示的顺序，安装发动机前盖螺栓。

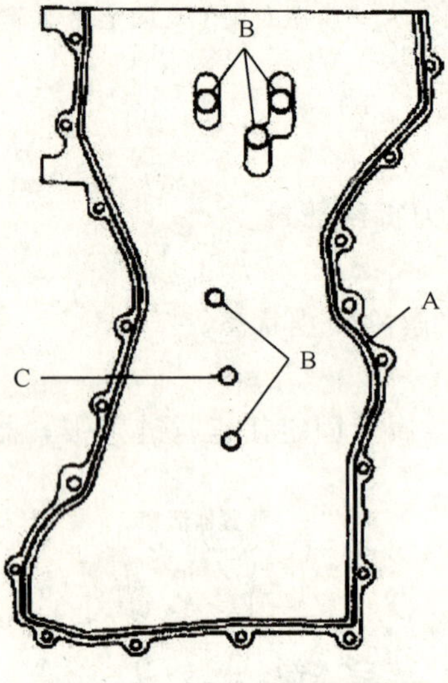

图 7-1-10　涂抹硅酮密封剂

A：涂抹厚度为 2.0～3.0mm；

B：涂抹厚度为 1.5～2.5mm；

C：不需涂抹硅酮密封剂

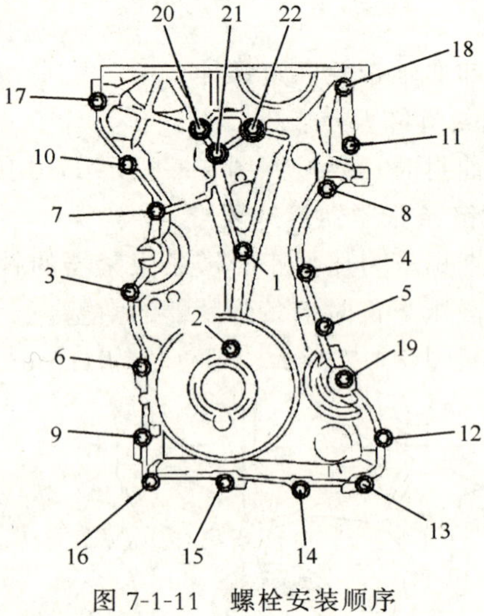

图 7-1-11　螺栓安装顺序

7. 前油封安装要点：

（1）换用新油封后，在新油封上涂抹发动机机油。

（2）用手把前油封推入发动机前盖内。

（3）用锤子把前油封压入（图 7-1-12）。

8. 曲轴带轮固定螺栓安装要点：

（1）按照图 7-1-13 所示，安装专用工具。

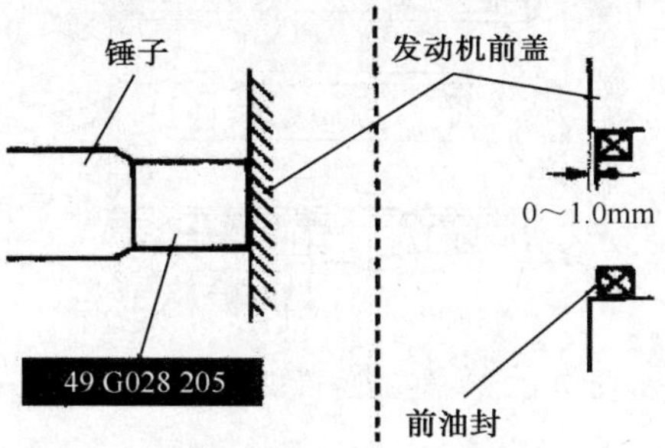

图 7-1-12　用锤子把前油封压入

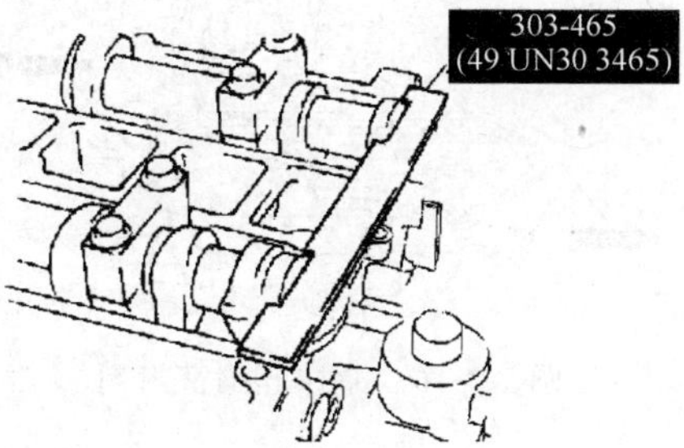

图 7-1-13　安装专用工具

（2）确认 1 缸处于压缩行程上止点位置。

（3）按照图 7-1-14 所示，用 M6 螺栓把曲轴带轮安装到发动机前盖上。

（4）把专用工具安装到曲轴带轮上，固定住曲轴带轮（图 7-1-15）。

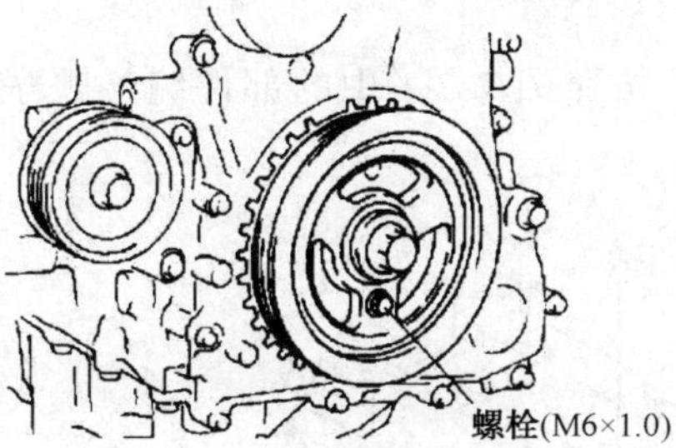

图 7-1-14　用 M6 螺栓把曲轴带轮安装到发动机前盖上

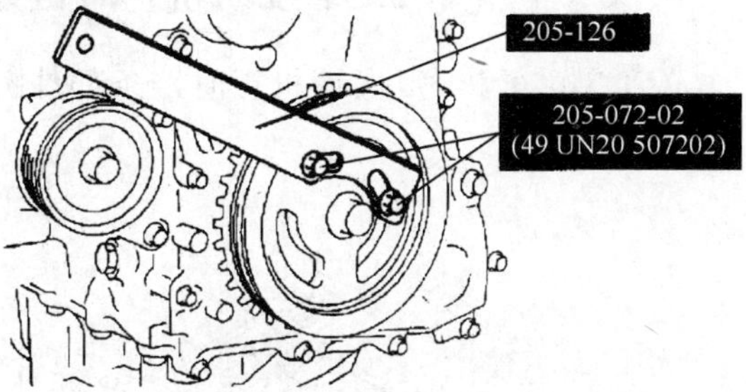

图 7-1-15　安装专用工具，固定曲轴带轮

（5）分 2 次把曲轴带轮固定螺栓紧固，第一次紧固至 96～104N·m；第二次再拧 87°～93°。

（6）拆卸 M6 螺栓。

（7）从凸轮轴上拆下专用工具。

（8）从曲轴带轮上拆下专用工具。

（9）顺时针转动曲轴 2 周，使 1 缸设置在上止点位置。

（10）安装气缸体底部盲塞，并紧固至 18～22N·m。

9. 气缸盖罩安装要点：

（1）按照图 7-1-16 所示，在配合面上涂抹硅酮密封剂。涂抹厚度约在 4～6mm 左右，涂抹后 10min 内要安装气缸盖罩。

（2）换用新衬垫，安装气缸盖罩。

（3）按照图 7-1-17 所示的顺序，紧固气缸盖罩螺栓。紧固力矩为 8.0～9.5N·m。

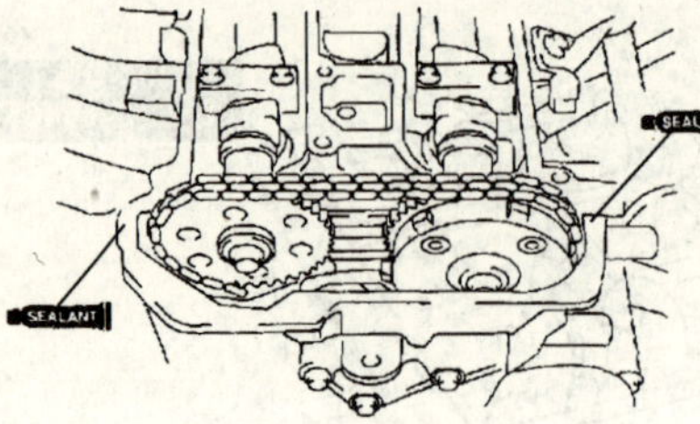

图 7-1-16　涂抹硅酮密封剂

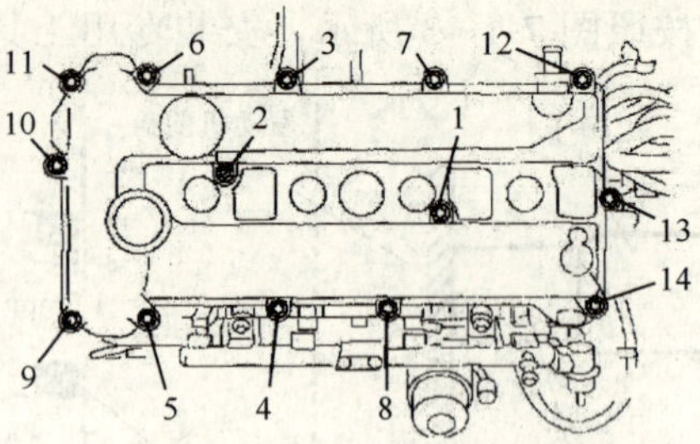

图 7-1-17　气缸盖罩螺栓紧固顺序

第二节　CX-7 轿车

一、CX-7 轿车 2.3T 发动机正时链条拆卸操作要点

1. CX-7 轿车 2.3T 发动机正时链条部件拆卸顺序：按照图 7-2-1 中的部件编号顺序拆卸正时链条。

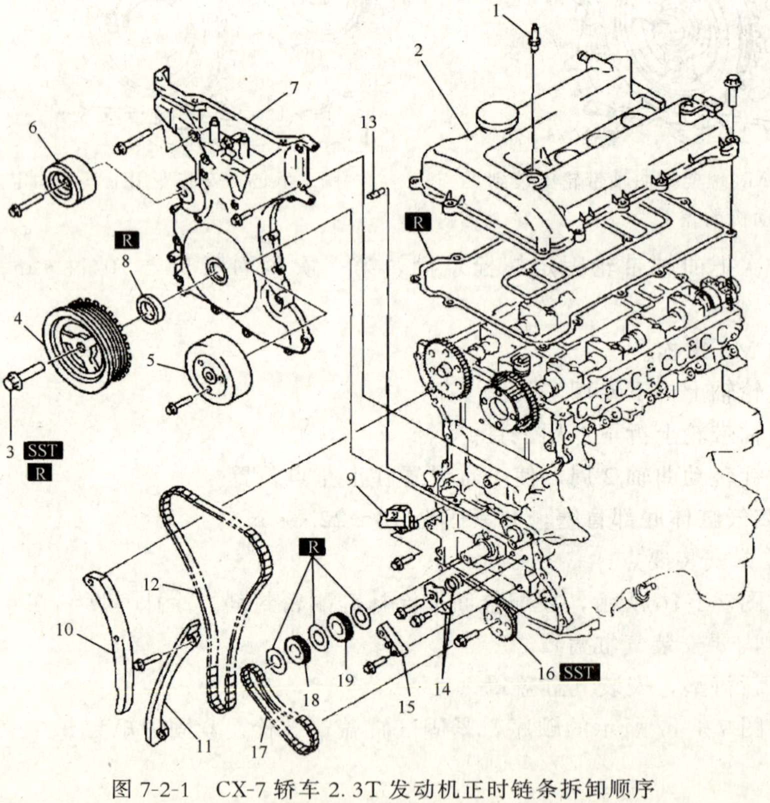

图 7-2-1　CX-7 轿车 2.3T 发动机正时链条拆卸顺序

编　号	部　件	编　号	部　件	编　号	部　件
1	火花塞	8	前油封	15	机油泵链条导轨
2	气缸盖罩	9	正时链条张紧器	16	机油泵从动链轮
3	曲轴带轮固定螺栓	10	正时链条张紧器臂	17	机油泵链条
4	曲轴带轮	11	正时链条导轨	18	曲轴链轮
5	水泵轮	12	正时链条	19	机油泵驱动链轮
6	传动皮带惰轮	13	机油喷嘴		
7	发动机前盖	14	机油泵链条张紧器		

2. 曲轴带轮固定螺栓拆卸要点：拆卸曲轴带轮固定螺栓时，要按照图 7-2-2 所示，在齿圈上安装专用工具，固定曲轴，使其不能转动，然后再拆卸曲轴带轮固定螺栓。

3. 前油封拆卸要点：拆卸前油封时，要按照图 7-2-3 所示，用平头螺丝刀拆卸油封。

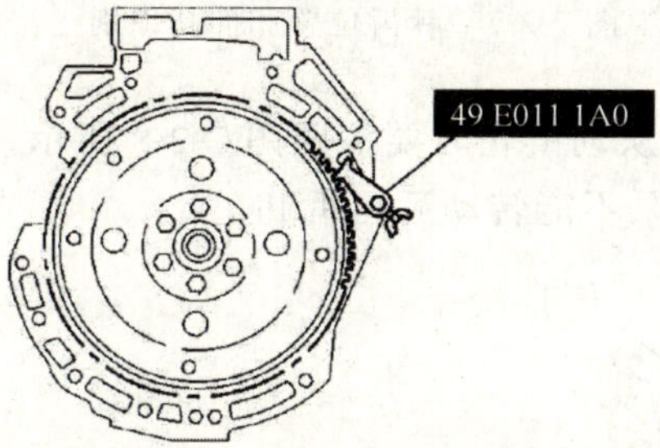

图 7-2-2　在齿圈上安装专用工具

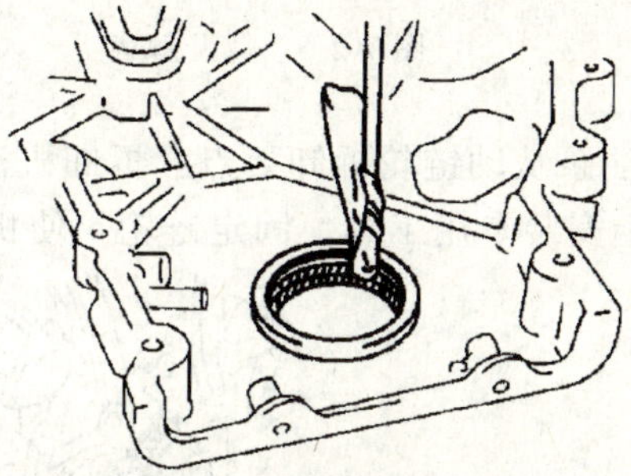

图 7-2-3　用螺丝刀拆卸油封

4. 正时链条张紧器拆卸要点：

（1）按照图 7-2-4 所示，用螺丝刀将正时链条张紧器的棘齿压向左侧，使正时链条张紧器的柱塞解除锁定状态。

（2）压下棘齿时，按照图 7-2-5 所示，将柱塞压入。

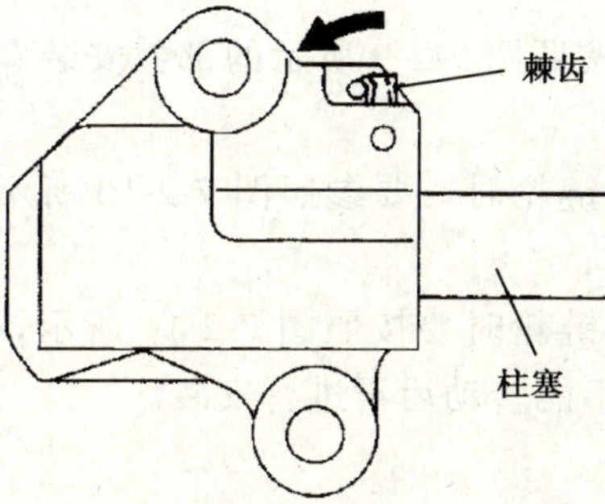

图 7-2-4　用螺丝刀将正时链条张紧器的棘齿压向左侧

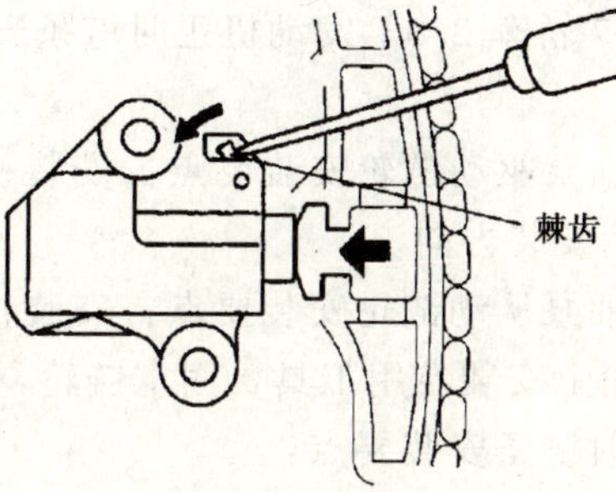

图 7-2-5　压入柱塞

（3）按照图 7-2-6 所示，使柱塞保持在压缩状态，放开棘齿。

（4）继续压入柱塞，直至棘齿达到图 7-2-7 中所示的位置，然后在插孔中插入金属丝，使柱塞锁定。

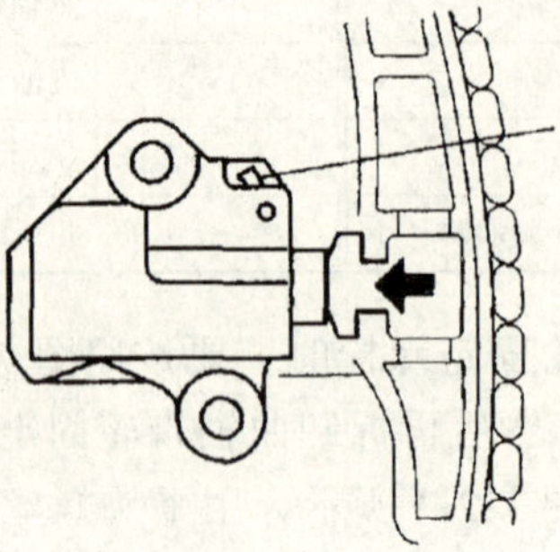

图 7-2-6　放开棘齿

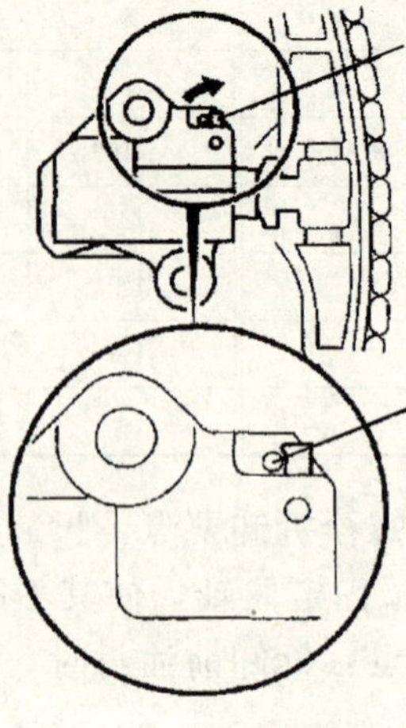

图 7-2-7　棘齿位置和插孔识别

5. 机油泵从动链轮拆卸要点：拆卸机油泵从动链轮时要按照图 7-2-8 所示，在机油泵从动链轮上安装专用工具，固定链轮，使机油泵不能转动后再拆卸。

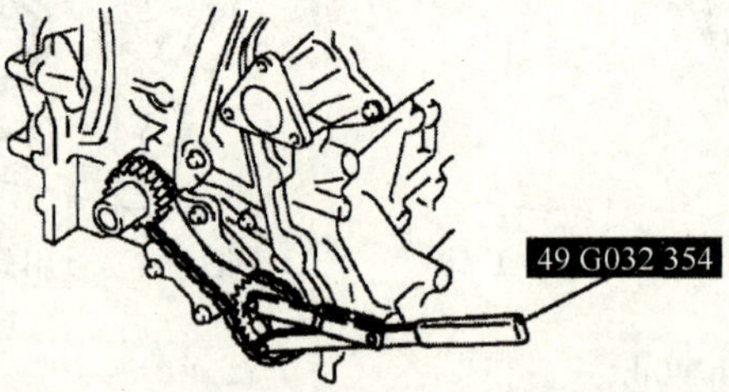

图 7-2-8　安装专用工具，固定机油泵从动链轮

二、CX-7 轿车 2. 3T 发动机正时链条安装要点

1. CX-7 轿车 2. 3T 发动机正时链条安装顺序：按照图 7-2-9 所示的部件安装顺序进行安装。

2. 机油泵驱动链轮安装要点：安装机油泵驱动链轮时，要参照图 7-2-10 所示的机油泵驱动链轮安装方向。

3. 机油泵从动链轮安装要点：安装机油泵从动链轮时要按照图 7-2-11 所示，在机油泵从动链轮上安装专用工具，固定链轮，使机油泵不能转动后再进行安装。

4. 正时链条安装要点：

（1）在凸轮轴上安装专用工具，将 1 号凸轮轴位置与上止点对齐（图 7-2-12）。

（2）从气缸体底部拆卸气缸体底部盲塞并安装专用工具（图 7-2-13）。

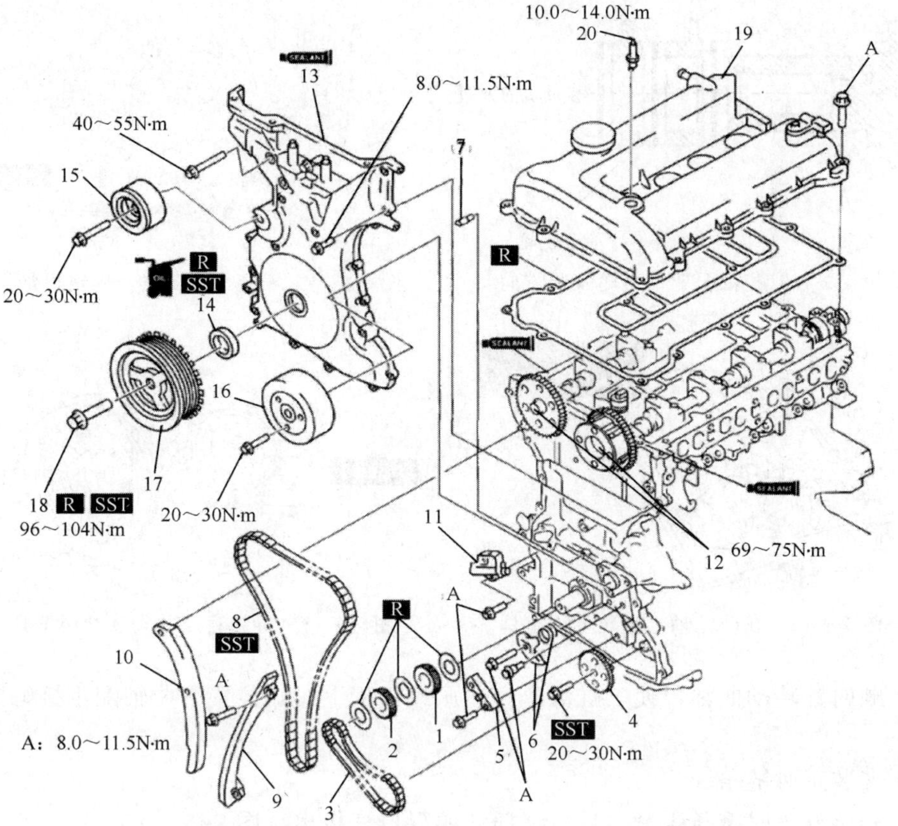

图 7-2-9　CX-7 轿车 2.3T 发动机正时链条安装顺序及螺栓紧固力矩

编　号	部　件	编　号	部　件	编　号	部　件
1	机油泵驱动链轮	8	正时链条	15	传动皮带惰轮
2	曲轴链轮	9	正时链条导轨	16	水泵轮
3	机油泵链条	10	正时链条张紧器臂	17	曲轴带轮
4	机油泵从动链轮	11	正时链条张紧器	18	曲轴带轮固定螺栓
5	机油泵链条导轨	12	凸轮轴链轮固定螺栓	19	气缸盖罩
6	机油泵链条张紧器	13	发动机前盖	20	火花塞
7	机油喷嘴	14	前油封		

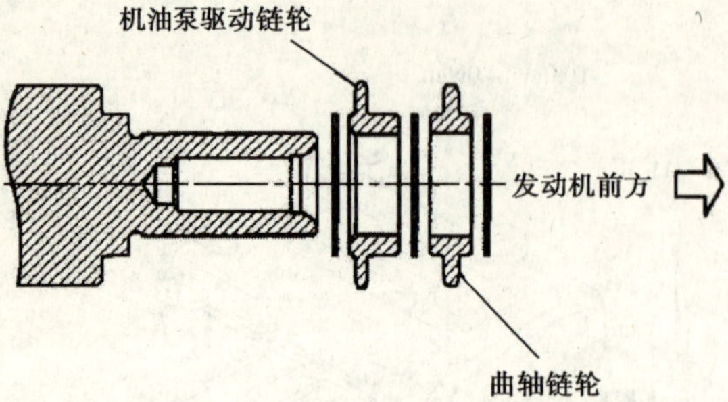

图 7-2-10　机油泵驱动链轮安装方向

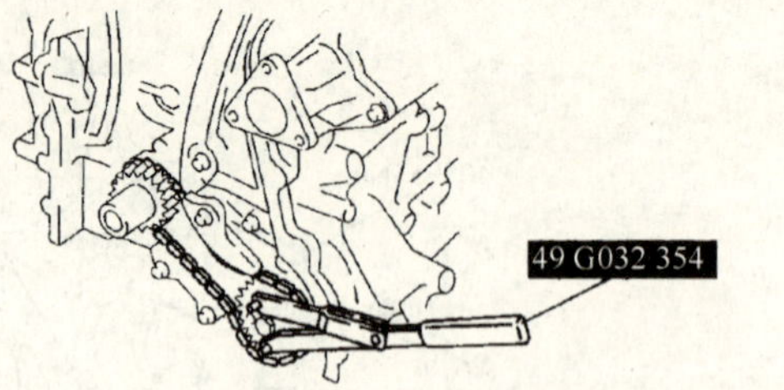

图 7-2-11　安装专用工具，固定机油泵从动链轮

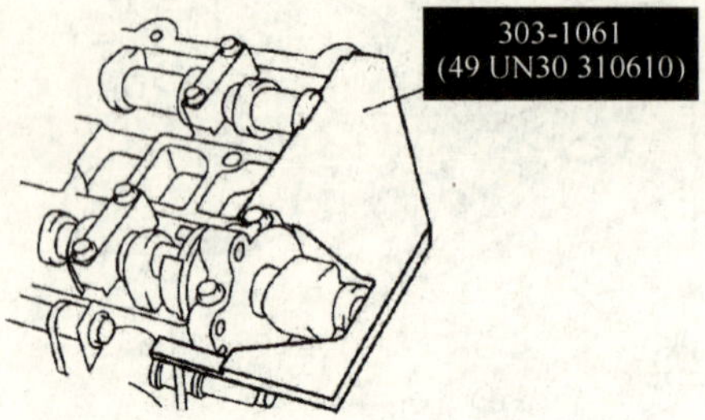

图 7-2-12　在凸轮轴上安装专用工具

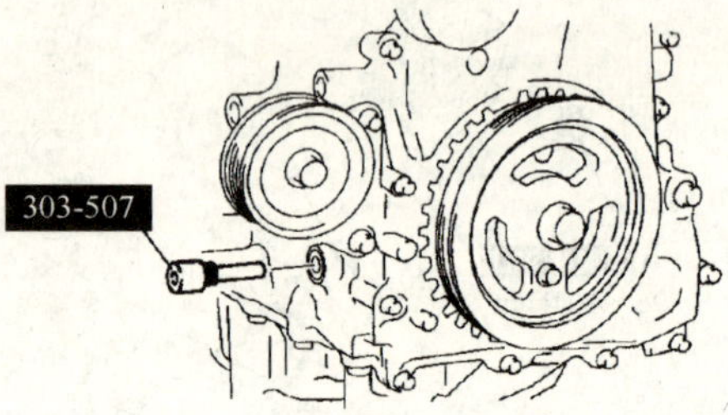

图 7-2-13　拆卸盲塞并安装专用工具

（3）顺时针转动曲轴，使 1 缸活塞到达压缩行程上止点位置（曲轴配重接触到专用工具）。

（4）安装正时链条。

（5）安装好正时链条张紧器后，把插入的限位杆拔出（图 7-2-14）。

5. 凸轮轴链轮固定螺栓安装要点：

（1）按照图 7-2-15 所示，先用扳手把凸轮轴六角部位固定住，使凸轮轴不能转动。

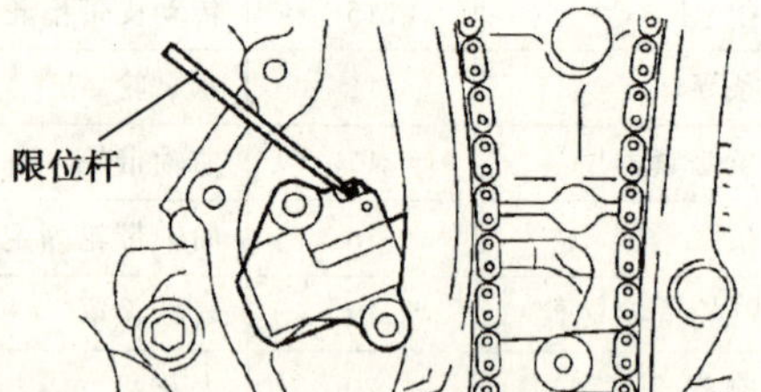

图 7-2-14　拔出限位杆

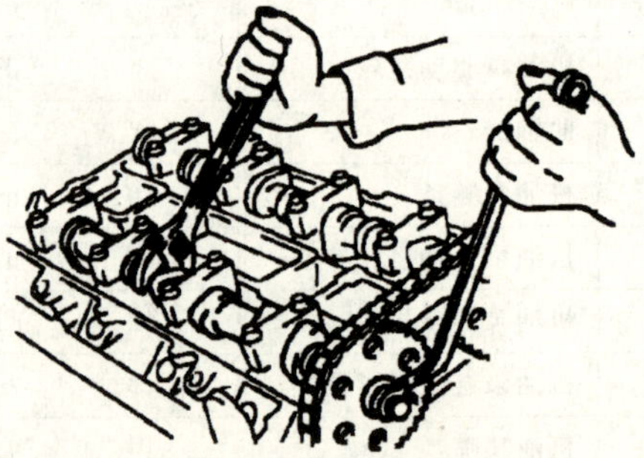

图 7-2-15　固定凸轮轴

（2）将凸轮轴链轮固定螺栓紧固到 69～75N·m（图 7-2-16）。

6. 发动机前盖安装要点：

（1）按照图 7-2-17 所示，在发动机前盖上涂抹硅酮密封剂。

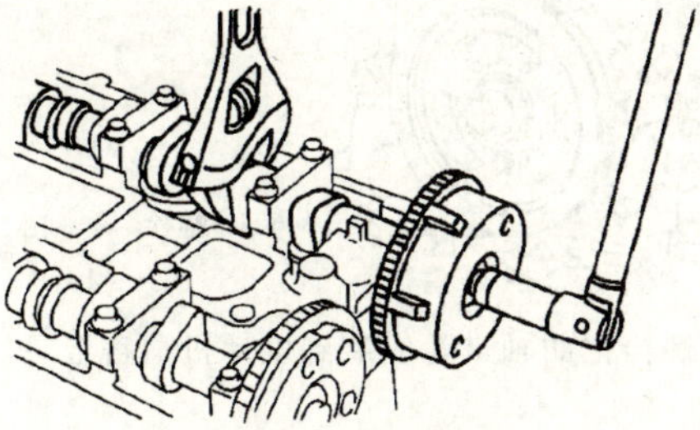

图 7-2-16 紧固螺栓

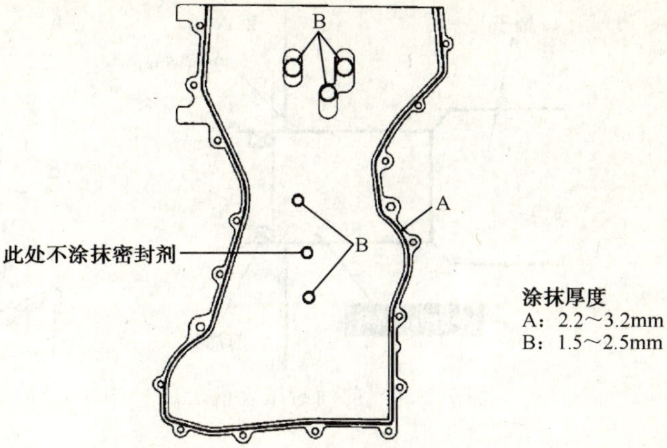

图 7-2-17 涂抹硅酮密封剂

（2）按照图 7-2-18 所示的顺序紧固发动机前盖的固定螺栓。其中 1～18 号螺栓的紧固力矩为 8.0～11.5N·m；19～22 号螺栓的紧固力矩为 40～55N·m。

（3）按照图 7-2-19 和图 7-2-20 所示，用专用工具压入前油封，压入量为 0～0.5mm。

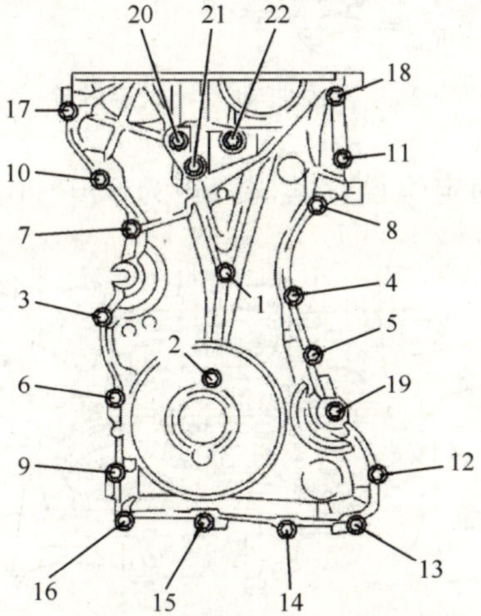

图 7-2-18 发动机前盖固定螺栓紧固顺序

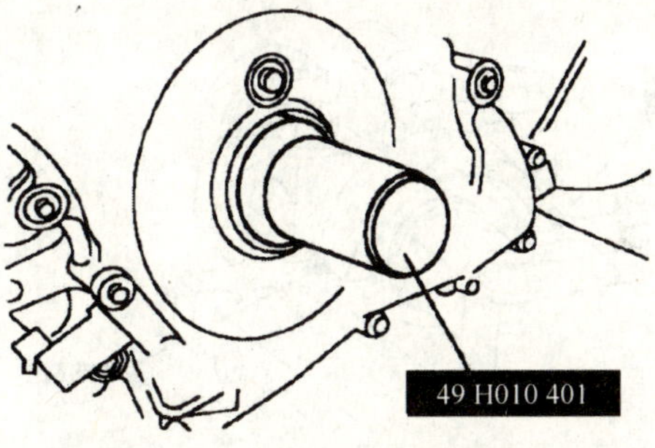

图 7-2-19 专用工具压入前油封

7. 曲轴带轮固定螺栓安装要点：

（1）按照图 7-2-21 所示，用螺栓把曲轴带轮安装到发动机前盖上。

（2）按照图 7-2-22 所示，用专用工具把曲轴固定，使其不能转动。

（3）按照图 7-2-23 所示，紧固曲轴带轮固定螺栓至 96～104N·m，然后再拧 87°～93°。

（4）从凸轮轴上取下专用工具，取下曲轴带轮上的 M6×1.0 螺栓。

（5）从气缸体底部盲塞处取下专用工具，安装盲塞。

8. 气缸盖罩安装要点：

（1）按照图 7-2-24 所示，在图中所示位置涂抹硅酮密封剂。

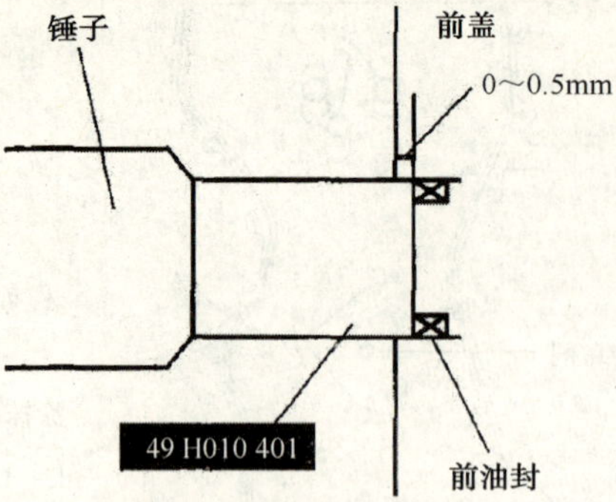

图 7-2-20　前油封压入量

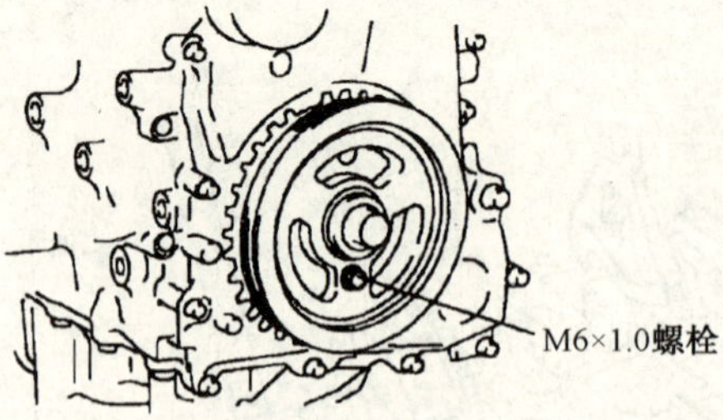

图 7-2-21　用螺栓把曲轴带轮安装到发动机前盖上

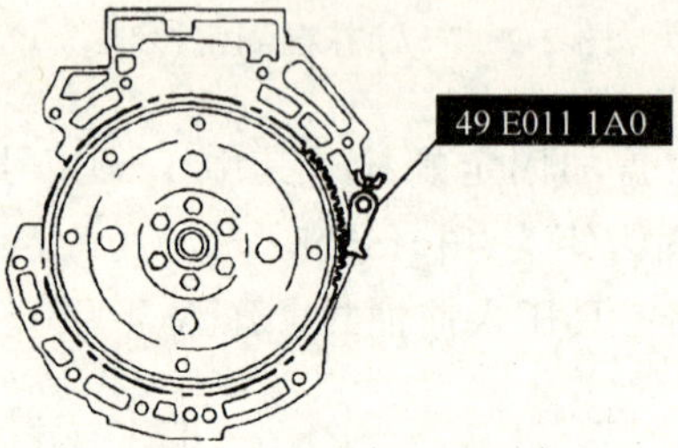

图 7-2-22　用专用工具固定曲轴

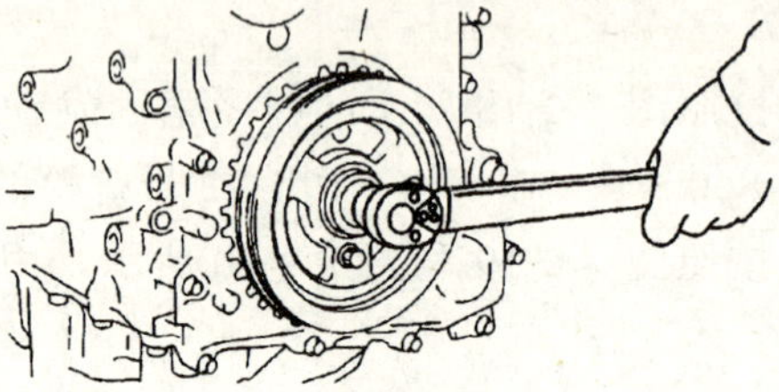

图 7-2-23　紧固曲轴带轮固定螺栓

（2）按照图 7-2-25 所示顺序，紧固气缸盖罩固定螺栓，紧固力矩为 8.0～10.5N·m。

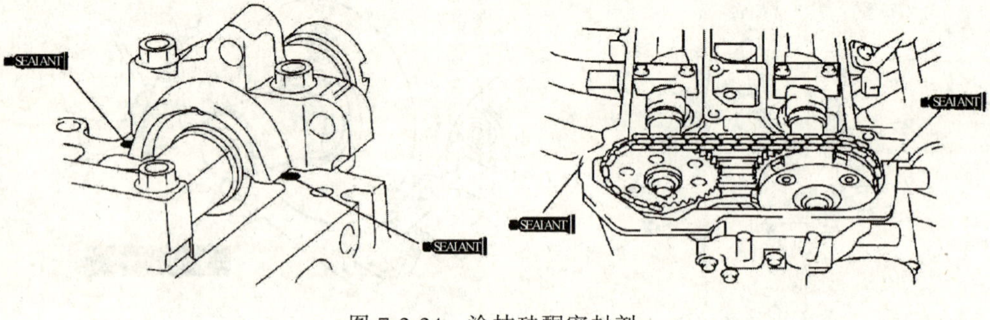

图 7-2-24　涂抹硅酮密封剂

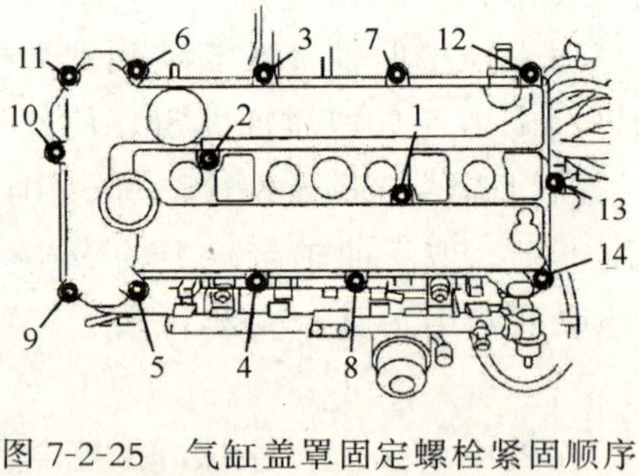

图 7-2-25　气缸盖罩固定螺栓紧固顺序

第三节 MAZDA 5 轿车

一、MAZDA 5 轿车 2. 3L 发动机正时链条拆卸要点

1. MAZDA 5 轿车 2. 3L 发动机正时链条拆卸顺序：按照图 7-3-1 所示的部件编号顺序拆卸正时链条各个组成部件。

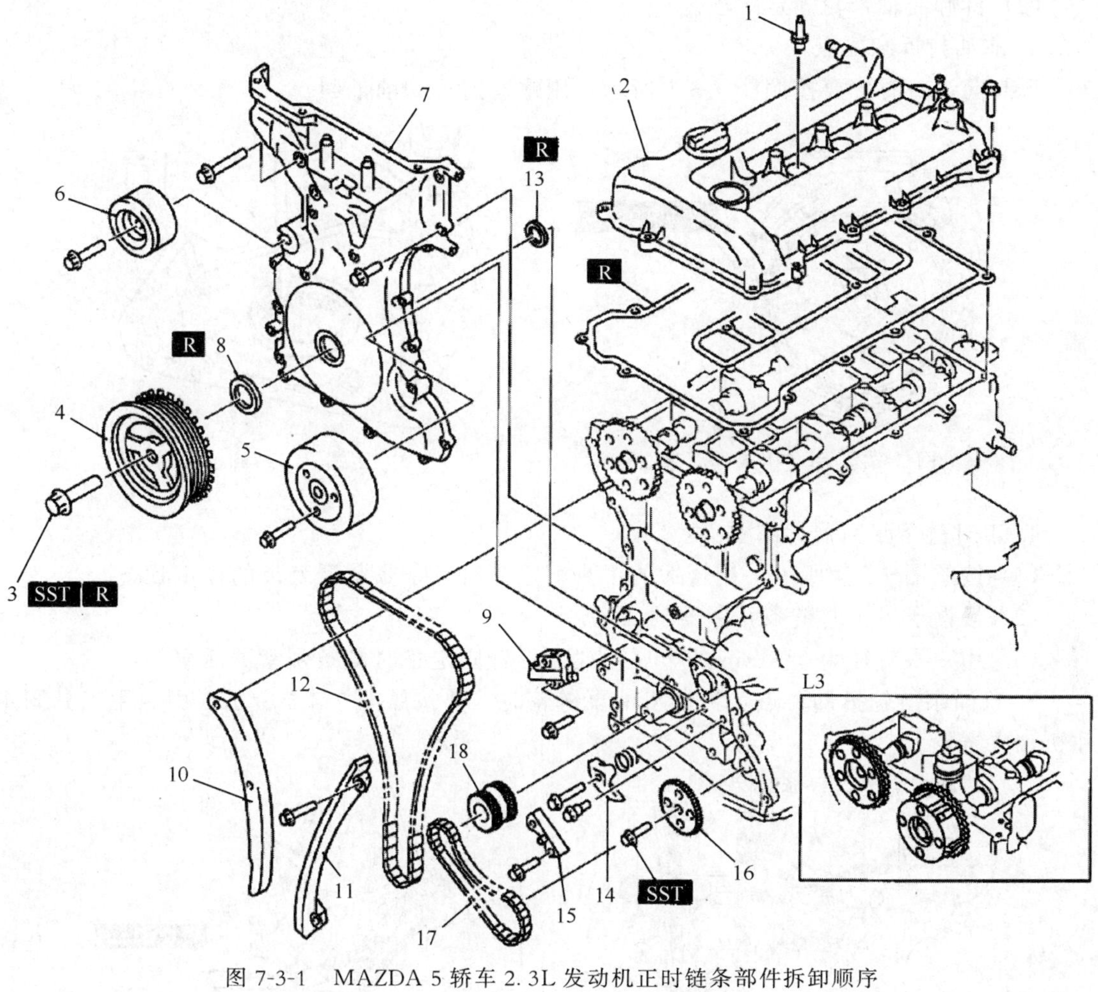

图 7-3-1 MAZDA 5 轿车 2. 3L 发动机正时链条部件拆卸顺序

编号	部件	编号	部件	编号	部件
1	火花塞	7	发动机前盖	13	密封圈
2	气缸盖罩	8	前油封	14	机油泵链条张紧器
3	曲轴带轮固定螺栓	9	正时链条张紧器	15	机油泵链条导轨
4	曲轴带轮	10	正时链条张紧器臂	16	机油泵链轮
5	水泵轮	11	正时链条导轨	17	机油泵链条
6	发动机传动皮带惰轮	12	正时链条	18	曲轴链轮

2. 曲轴带轮固定螺栓拆卸要点：

（1）按照图 7-3-2 所示，用专用工具固定住曲轴，使其不能转动。

（2）拆卸曲轴带轮固定螺栓。

3. 前油封拆卸要点：

拆卸前油封时，要按照图 7-3-3 所示，用螺丝刀拆卸前油封。

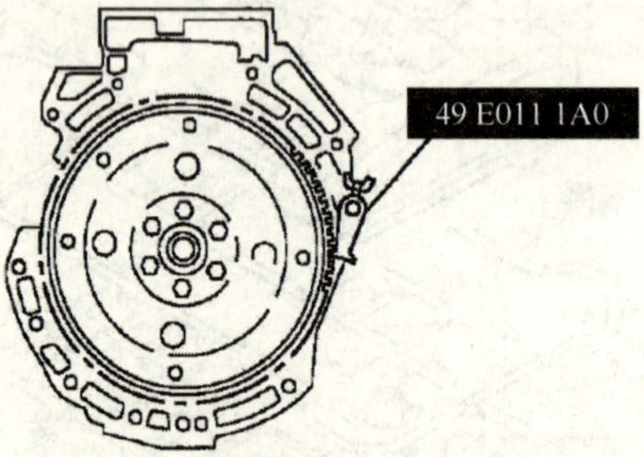

图 7-3-2　用专用工具固定曲轴

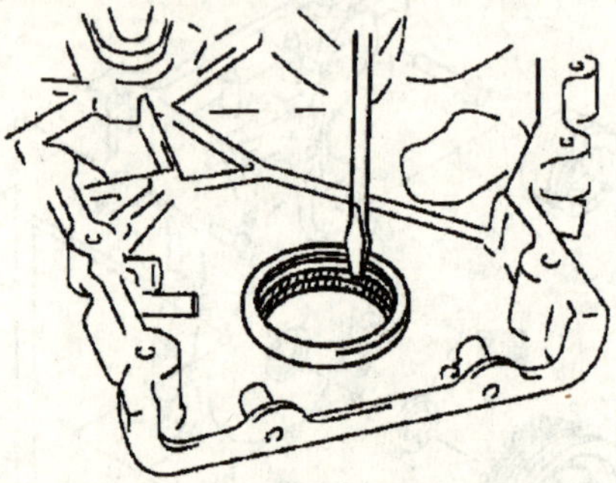

图 7-3-3　用螺丝刀拆卸前油封

4. 正时链条张紧器拆卸要点：

（1）按照图 7-3-4 所示，用合适的工具解除正时链条张紧器棘齿的锁定状态。

（2）慢慢压下正时链条张紧器的活塞。

（3）用一根直径为 1.5mm 的金属丝或回形针固定正时链条张紧器活塞。

5. 机油泵链轮拆卸要点：拆卸机油泵链轮时，要按照图 7-3-5 所示，用专用工具固定住机油泵链轮。

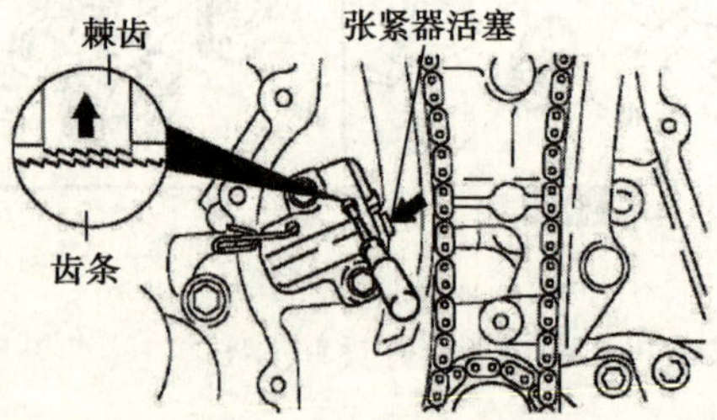

图 7-3-4　解除正时链条张紧器棘齿锁定状态

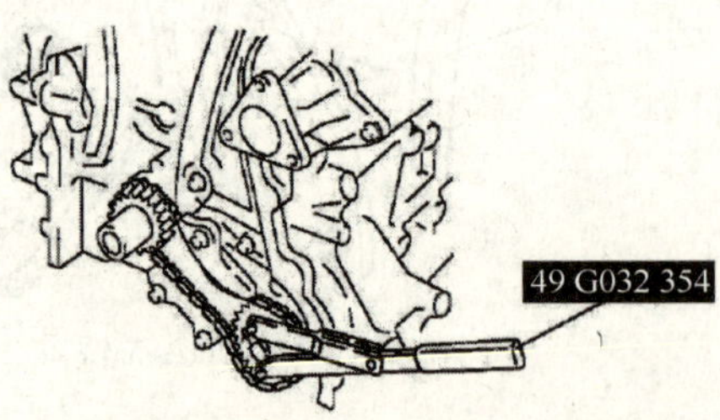

图 7-3-5　用专用工具固定机油泵链轮

二、MAZDA 5 轿车 2. 3L 发动机正时链条安装要点

1. MAZDA 5 轿车 2. 3L 发动机正时链条安装顺序：按照图 7-3-6 所示的部件编号顺序进行安装。

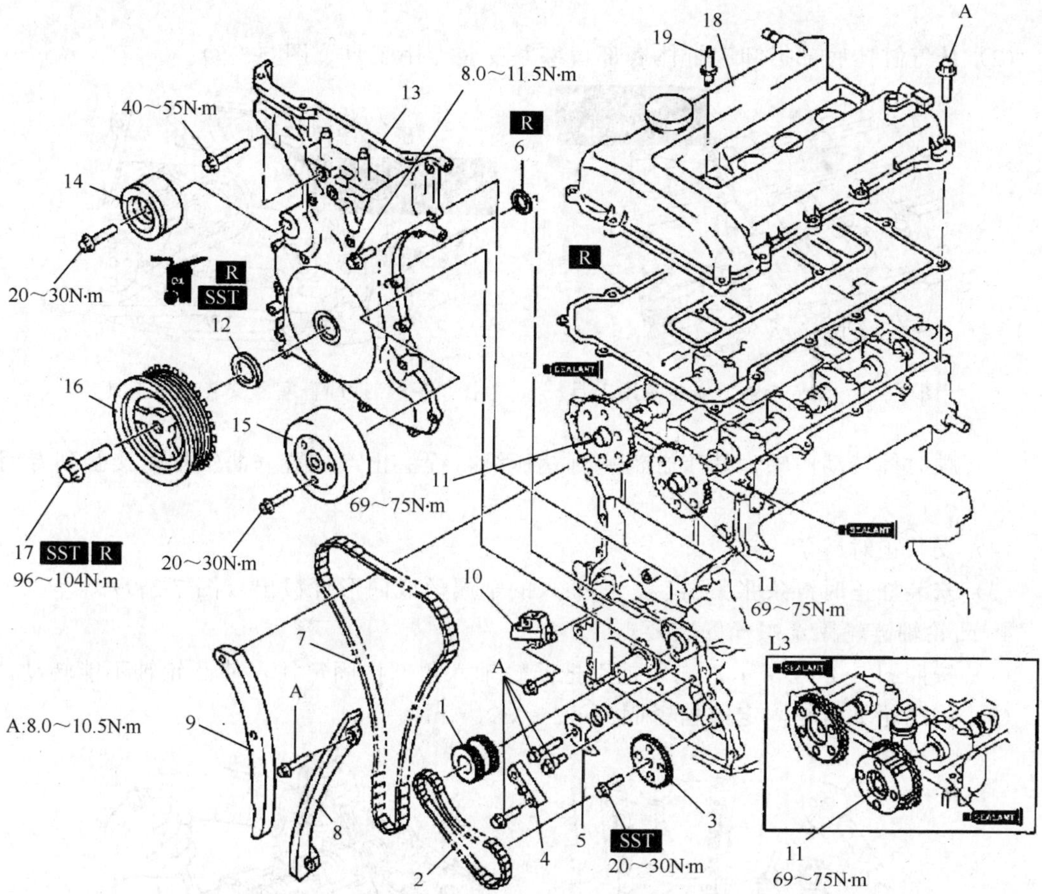

图 7-3-6　MAZDA 5 轿车 2. 3L 发动机正时链条部件安装顺序及螺栓紧固力矩

编号	部件	编号	部件	编号	部件
1	曲轴链轮	8	正时链条导轨	14	传动皮带惰轮
2	机油泵链条	9	正时链条张紧器臂	15	水泵轮
3	机油泵链轮	10	正时链条张紧器	16	曲轴带轮
4	机油泵链条导轨	11	凸轮轴链轮，可变气门正时执行器	17	曲轴带轮固定螺栓
5	机油泵链条张紧器			18	气缸盖罩
6	密封圈	12	前油封	19	火花塞
7	正时链条	13	发动机前盖		

2. 机油泵链轮安装要点：安装机油泵链轮时，要参照图 7-3-5，用专用工具固定机油泵链轮。

3. 正时链条安装要点：

（1）按照图 7-3-7 所示，在凸轮轴上安装专用工具，将 1 号凸轮轴位置与上止点对齐。

（2）从气缸体底部拆卸气缸体底部盲塞并安装专用工具（图 7-3-8）。

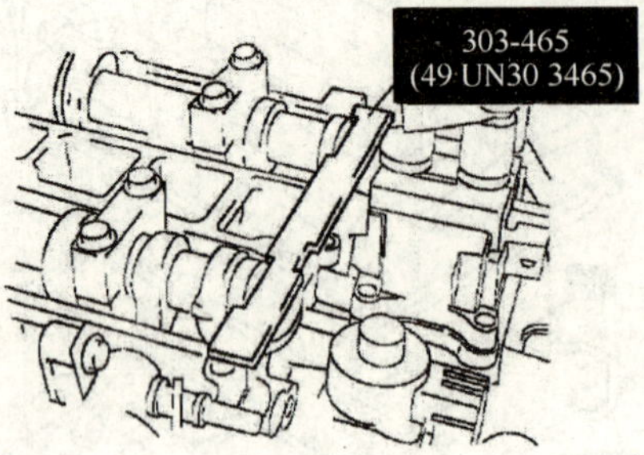

图 7-3-7　在凸轮轴上安装专用工具

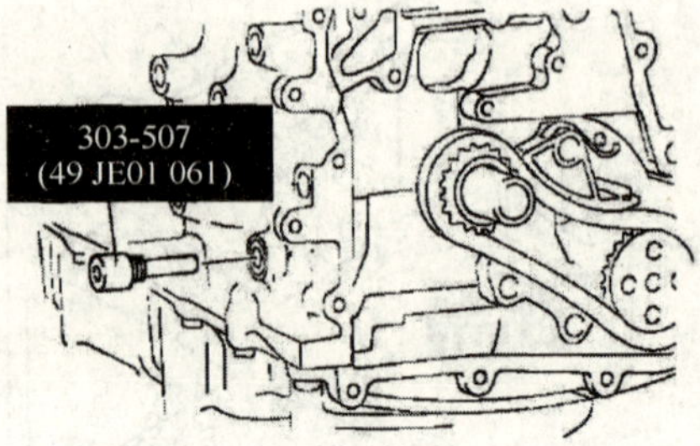

图 7-3-8　拆卸盲塞并安装专用工具

（3）顺时针转动曲轴，使 1 缸活塞到达压缩行程上止点位置（曲轴配重接触到专用工具）。

（4）安装正时链条。

（5）安装好正时链条张紧器后，把插入的金属丝或回形针拔出（图 7-3-9）。

4. 凸轮轴链轮固定螺栓安装要点：

（1）按照图 7-3-10 所示，先用扳手把凸轮轴六角部位固定住，使凸轮轴不能转动。

（2）将凸轮轴链轮固定螺栓紧固到 69～75N·m。

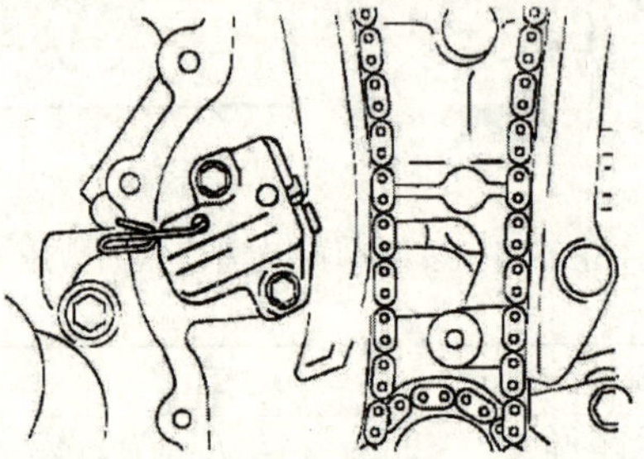

图 7-3-9　拔出金属丝或回形针

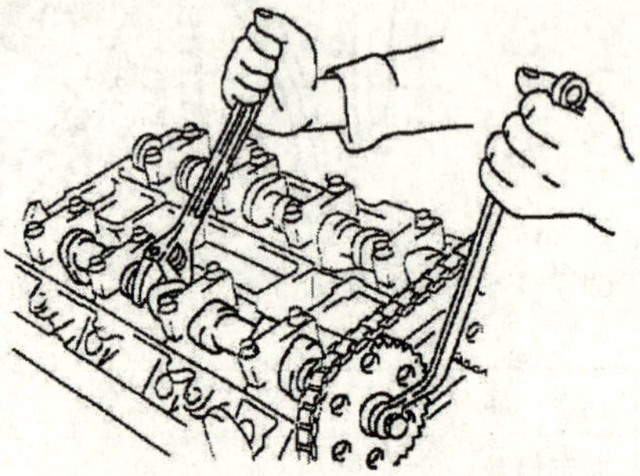

图 7-3-10　固定凸轮轴并紧固螺栓

5. 前油封安装要点：

（1）在油封上涂抹清洁的发动机机油。

（2）用手把油封轻轻推入。

（3）按照图 7-3-11 和图 7-3-12 所示，用专用工具压入前油封，压入量为 0～0.5mm。

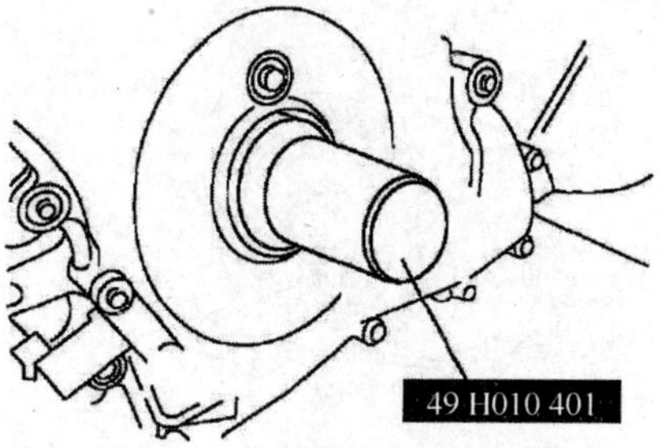

图 7-3-11 专用工具压入前油封

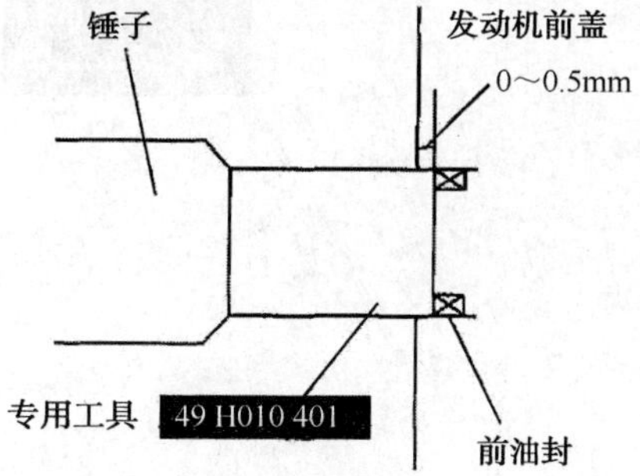

图 7-3-12 前油封压入量

6. 发动机前盖安装要点：

（1）按照图 7-3-13 所示，在发动机前盖上涂抹硅酮密封剂。涂抹密封剂后 10min 内要安装部件。

（2）按照图 7-3-14 所示的顺序紧固发动机前盖的固定螺栓。其中 1～18 号螺栓的紧固力矩为 8.0～11.5N·m；19～22 号螺栓的紧固力矩为 40～55N·m。

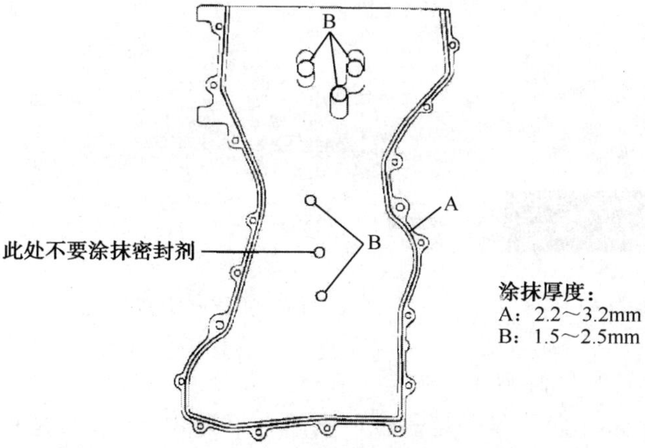

图 7-3-13 涂抹硅酮密封剂

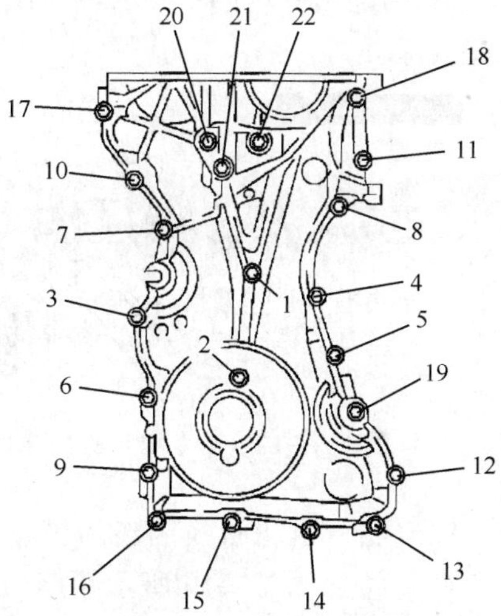

图 7-3-14 发动机前盖固定螺栓紧固顺序

7. 曲轴带轮固定螺栓安装要点：

（1）按照图 7-3-15 所示，把专用工具安装到凸轮轴上。

（2）按照图 7-3-16 所示，安装 M6×1.0 螺栓。

（3）顺时针转动曲轴，使 1 缸到达上止点位置。

（4）按照图 7-3-17 所示，用专用工具固定曲轴带轮。

（5）把曲轴带轮固定螺栓紧固到 96～104N·m，然后再拧紧 87°～93°。

（6）拆卸 M6×1.0 螺栓。

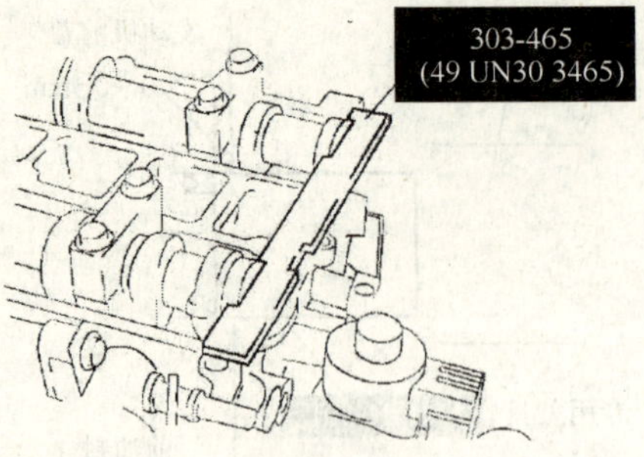

图 7-3-15　在凸轮轴上安装专用工具

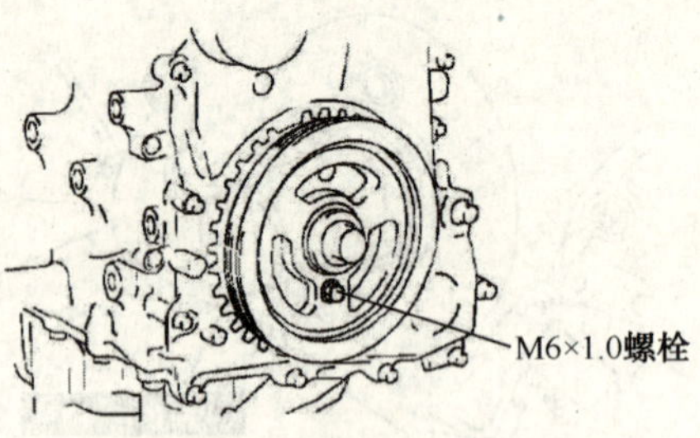

图 7-3-16　安装 M6×1.0 螺栓

（7）从凸轮轴上拆下专用工具。

（8）从气缸体底部盲塞处拆下专用工具。

（9）顺时针转动曲轴 2 周，直至 1 缸位于上止点位置。

（10）安装气缸体底部盲塞。

8. 气缸盖罩安装要点：

（1）按照图 7-3-18 所示，在图中所示位置涂抹硅酮密封剂。涂抹密封剂 10min 内必须安装部件。

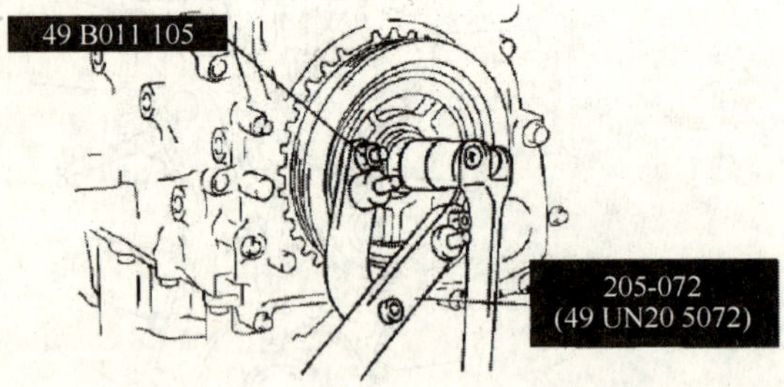

图 7-3-17　用专用工具固定曲轴带轮

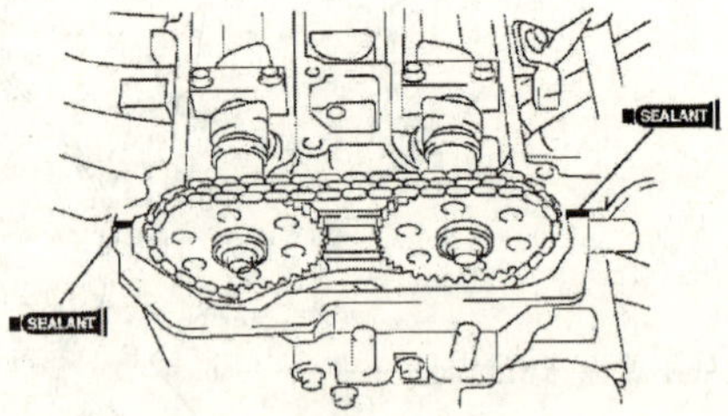

图 7-3-18　涂抹硅酮密封剂

（2）给气缸盖罩换用新的衬垫，安装气缸盖罩。

（3）按照图 7-3-19 所示顺序，紧固气缸盖罩固定螺栓，紧固力矩为 8.0～10.5N·m。

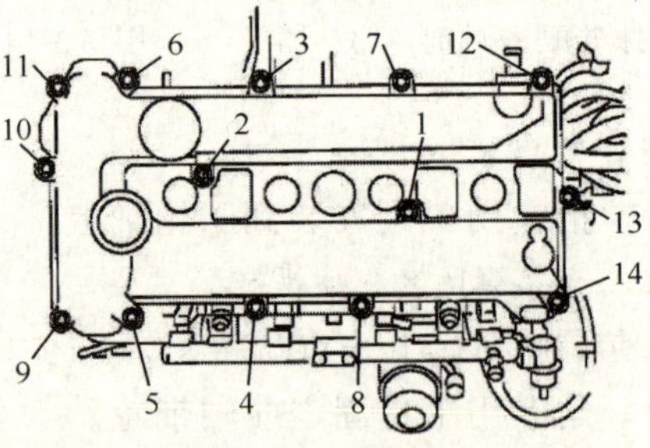

图 7-3-19　气缸盖罩固定螺栓紧固顺序

第四节 CX-9 轿车

一、CX-9 轿车发动机正时链条拆卸步骤

1. 按照图 7-4-1 所示，把曲轴键槽设置到 11 点钟位置，使 1 缸活塞处于上止点位置。

2. 按照图 7-4-2 所示，在正时链条上把与凸轮轴链轮正时标记和曲轴链轮正时标记对齐的链节做好标记（为防止混淆，图中所示的 3 个正时标记应分别用 3 种不同的颜色进行标识），以便重新安装时对照参考。

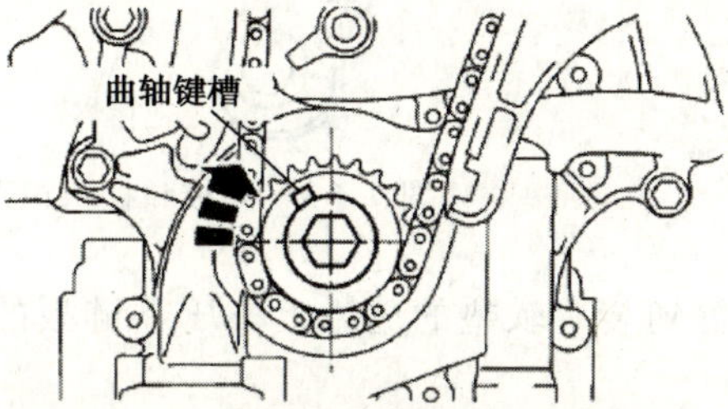

图 7-4-1　曲轴键槽设置到 11 点钟位置

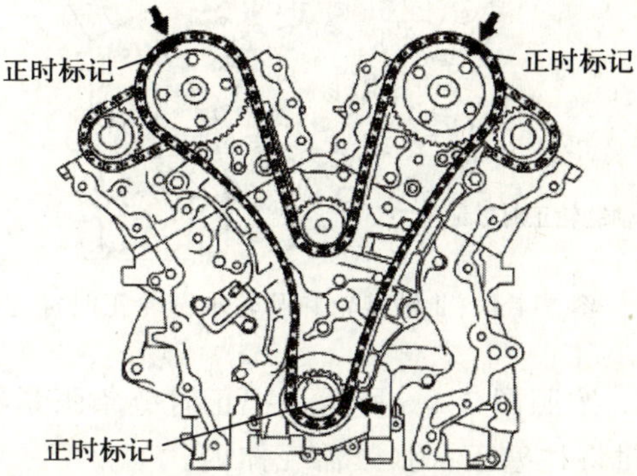

图 7-4-2　做好正时标记

3. 按照正时链条张紧器→正时链条→正时链条张紧器臂→正时链条导轨→曲轴链轮的顺序执行拆卸，如图 7-4-3 所示。

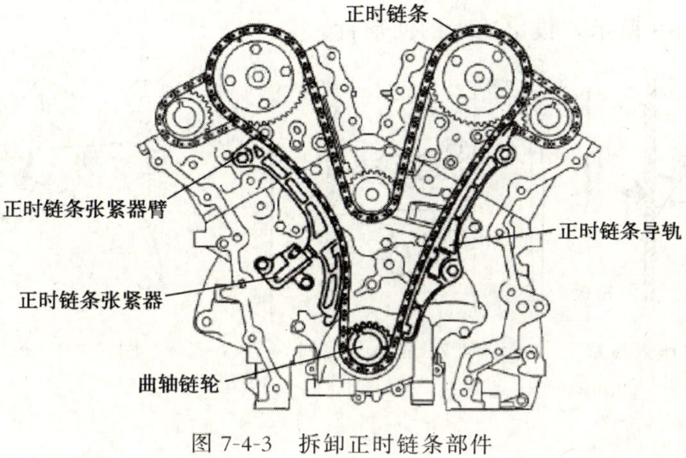

图 7-4-3　拆卸正时链条部件

二、CX-9轿车发动机正时链条安装步骤

1. 按照图7-4-1所示，把曲轴链轮调节到11点钟位置，从而使1缸活塞处于上止点位置。

2. 按照图7-4-4所示，将曲轴链轮正时标记和凸轮轴链轮正时标记识别清楚。

3. 按照图7-4-5所示，沿图中箭头所示方向扳动链板，解除张紧器柱塞的锁止。

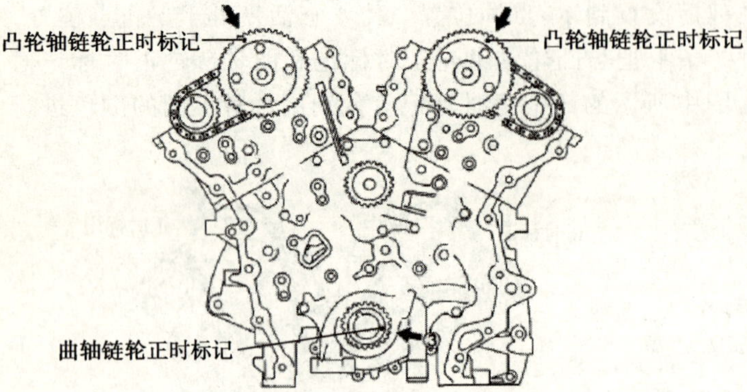

图7-4-4　曲轴链轮和凸轮轴链轮正时标记识别

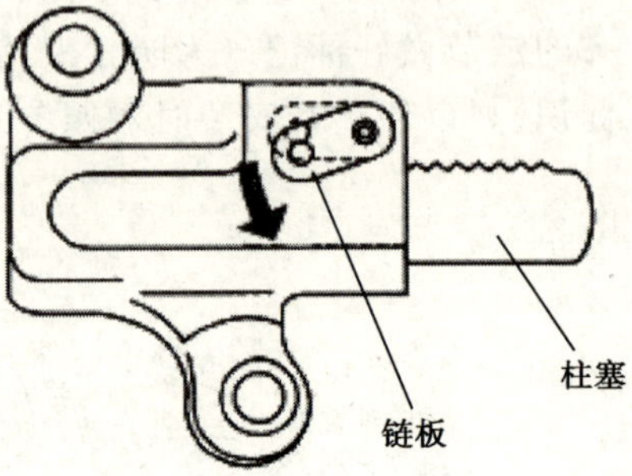

图7-4-5　链板和柱塞识别

4. 按照图7-4-6所示，把正时链条张紧器放置到装有软垫的虎钳上，压下链板的同时用虎钳将柱塞压入张紧器壳体内。

5. 按照图7-4-7所示，用直径约1.5mm的回形针穿过链板孔插入张紧器壳体孔内，固定住链板和张紧器柱塞。

6. 按照曲轴链轮→正时链条导轨→正时链条张紧器臂→正时链条→正时链条张紧器的顺序安装各个部件。

7. 按照图7-4-8所示，拔出插入的回形针。

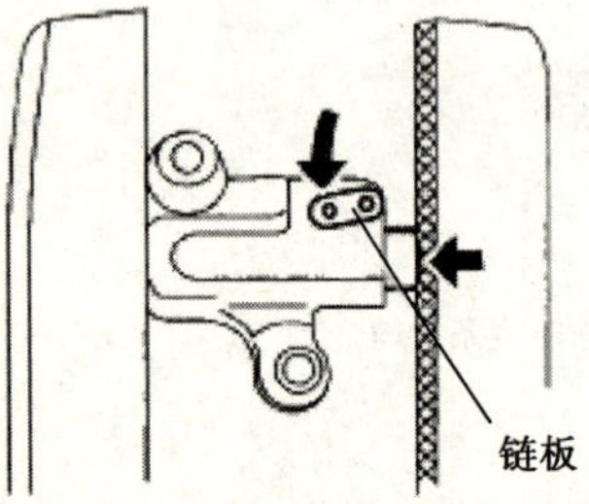

图7-4-6　用虎钳压入柱塞

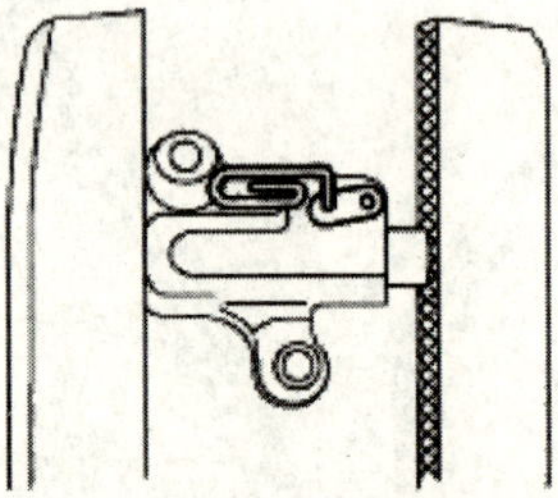

图7-4-7　插入回形针

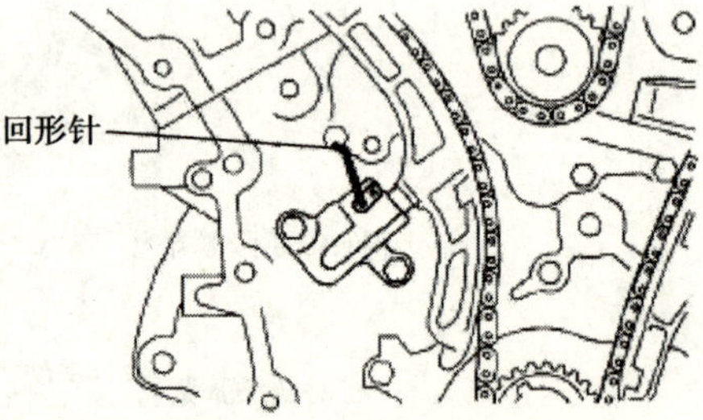

图7-4-8　拔出回形针

第五节　MAZDA 8 轿车

一、MAZDA 8 轿车 L3 发动机（2. 3L）正时链条拆卸步骤（图 7-5-1）

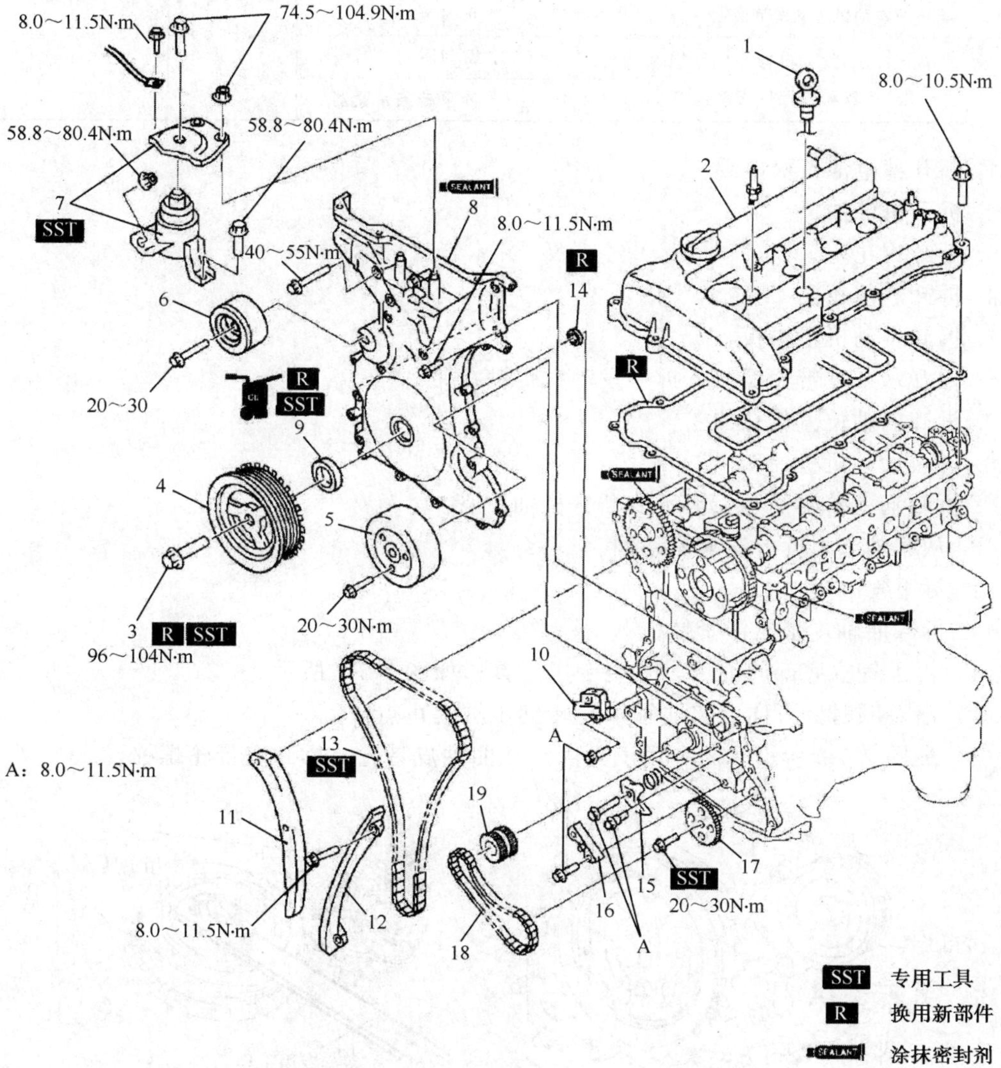

图 7-5-1　L3 发动机正时链条部件识别

编号	部件	编号	部件	编号	部件
1	机油油尺	8	发动机前盖	16	油泵链条导轨
2	气缸盖	9	前油封	17	机油泵链轮
3	曲轴皮带轮锁紧螺栓	10	正时链张紧器	18	机油泵链条
4	曲轴皮带轮	11	正时链张紧器臂	19	曲轴链轮
5	水泵皮带轮	12	正时链导轨		
6	发动机传动皮带惰轮	13	正时链		
7	No. 3 发动机橡胶底座以及 No. 3 发动机连接支架	14	密封圈		
		15	油泵链条张紧器		

1. 断开蓄电池负极电缆。
2. 拆下机油油尺。
3. 拆卸火花塞。
4. 拆卸右前轮。
5. 拆卸发动机下护板。
6. 松开水泵皮带轮螺栓，拆下发动机传动皮带。
7. 拆卸曲轴位置传感器。
8. 排放发动机机油。
9. 拆卸动力转向油泵，但不要断开机油软管。
10. 从联轴节上拆下右前驱动轴。
11. 拆下气缸盖。
12. 拆卸曲轴皮带轮锁紧螺栓：

（1）拆下气缸底部的油堵，安装专用工具，如图 7-5-2 所示。

（2）沿着顺时针方向，将曲轴轴旋转到 1 缸上止点位置。

（3）如图 7-5-3 所示，用专用工具固定住曲轴皮带轮，拆卸皮带轮螺栓。

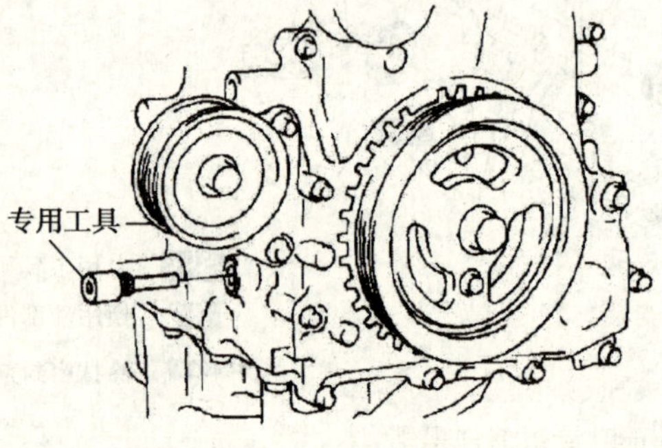

图 7-5-2 安装专用工具

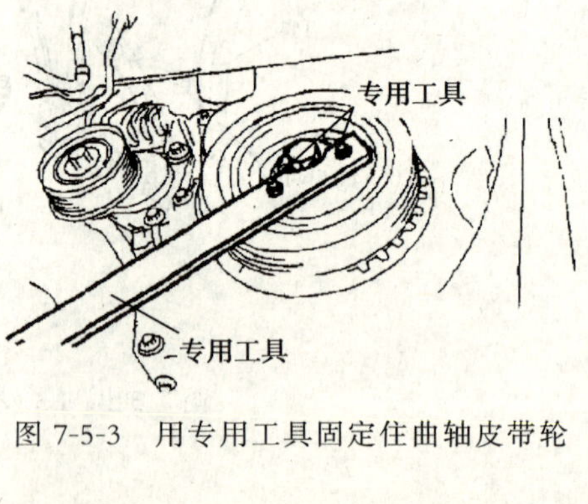

图 7-5-3 用专用工具固定住曲轴皮带轮

13. 拆卸水泵皮带轮。

14. 拆卸发动机传动皮带惰轮。

15. 如图 7-5-4 所示，用专用工具吊起发动机，拆卸 No. 3 发动机橡胶底座以及 No. 3 发动机连接支架。

16. 拆卸发动机前盖。

17. 按照如图 7-5-5 所示的油封螺栓拆卸顺序，拆卸前部油封螺栓。

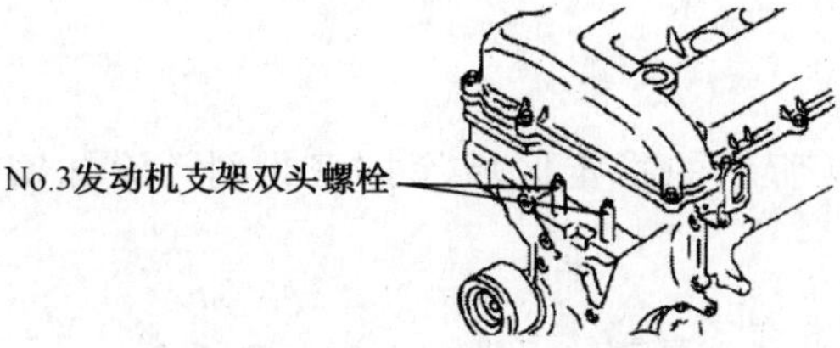

图 7-5-4　用专用工具吊起发动机

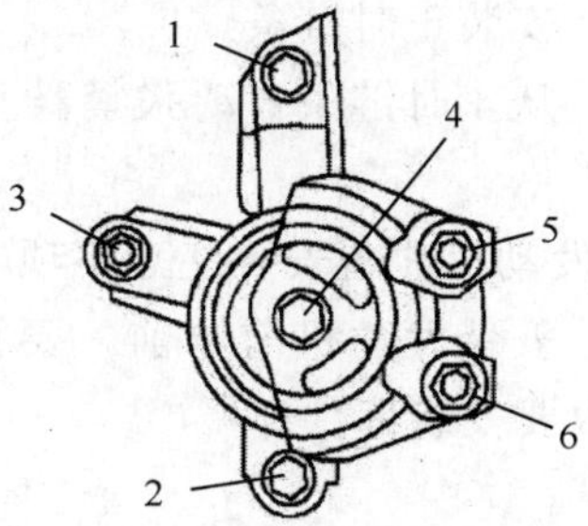

图 7-5-5　拆卸油封螺栓

18. 拆卸正时链条张紧器：

（1）用小螺丝刀把正时链条张紧器棘爪锁止机构从棘爪处移开。

（2）慢慢压下正时链条张紧器柱塞。

（3）用一根直径 1. 5mm 的钢丝或回形针之类的物体固定住正时链条张紧器柱塞，拆下张紧器，如图 7-5-6 所示。

19. 拆卸正时链条张紧器臂。

20. 拆卸正时链条导轨。

21. 拆卸正时链条。

22. 拆卸机油泵链条张紧器。

23. 拆卸机油泵链条导轨。

24. 借助专用工具，拆卸机油泵链轮，如图 7-5-7 所示。

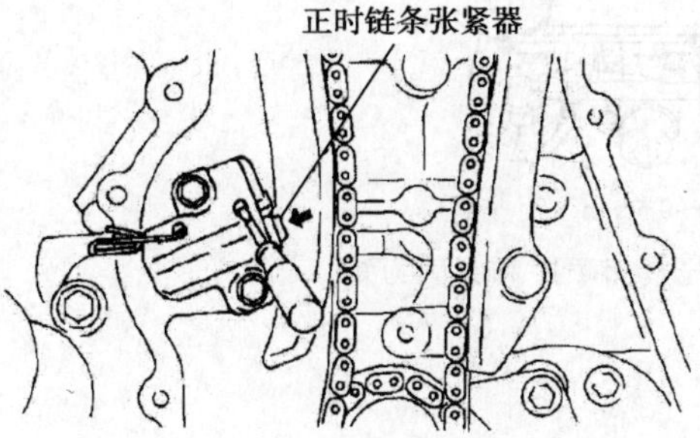

图 7-5-6　拆卸正时链条张紧器

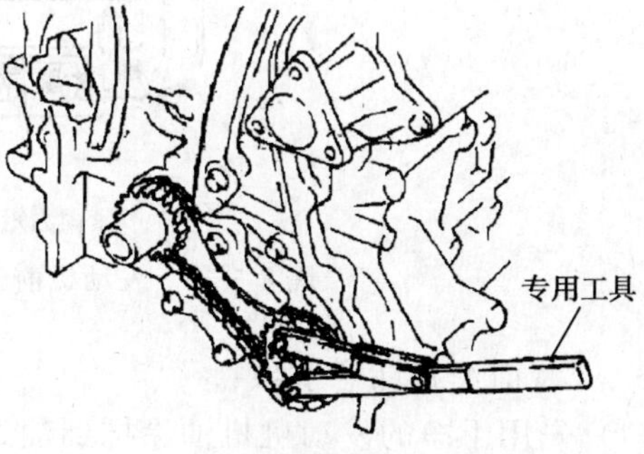

图 7-5-7　用专用工具拆卸机油泵链轮

25. 拆卸机油泵链条。

26. 拆卸曲轴链轮。

二、MAZDA 8 轿车 L3 发动机（2.3L）正时链条安装要点

安装时按照与拆卸相反的步骤操作，但要注意以下几个部件的安装注意事项。

1. 正时链条的安装注意事项：

（1）把专用工具安装到凸轮轴上，如图 7-5-8 所示。

（2）安装正时链条。

（3）从正时链条自动张紧器上拆下固定用的钢丝或回形针，使自动张紧器张紧正时链条。

2. 发动机前盖安装注意事项：

（1）安装发动机前罩前，要在图 7-5-9 所示的指定区域涂抹密封剂，涂抹密封剂后 10min 内要安装部件。

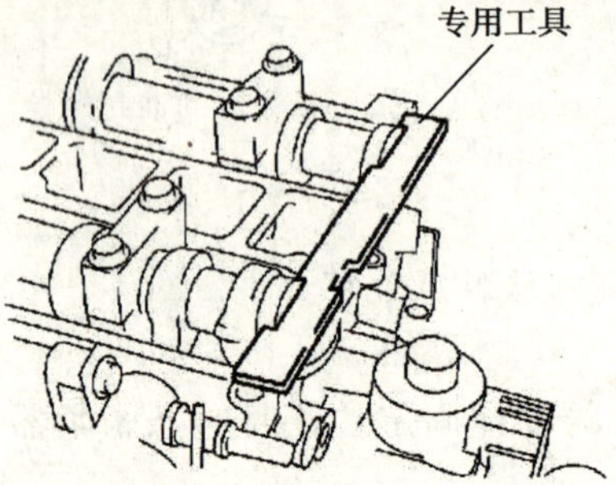

图 7-5-8 在凸轮轴上安装专用工具

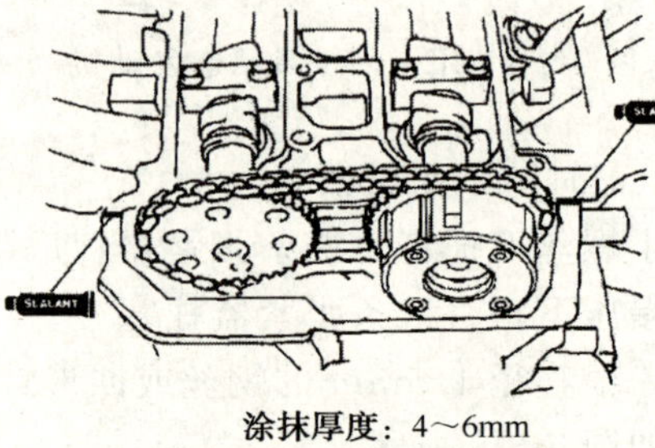

图 7-5-9 涂抹密封剂

（2）按照图 7-5-10 中的螺栓紧固顺序和紧固力矩紧固螺栓。

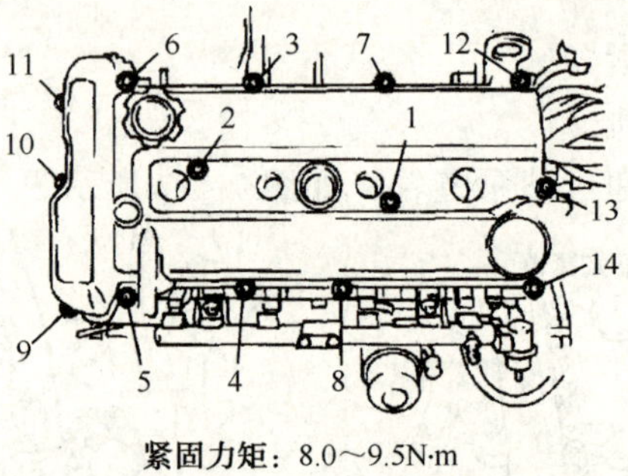

图 7-5-10 发动机前盖螺栓紧固顺序和紧固力矩

3. 安装前油封注意事项：

（1）先用干净的发动机机油涂抹到油封上。

（2）用手把油封轻轻推入。

（3）如图 7-5-11 所示，用专用工具和锤子将油封压入。

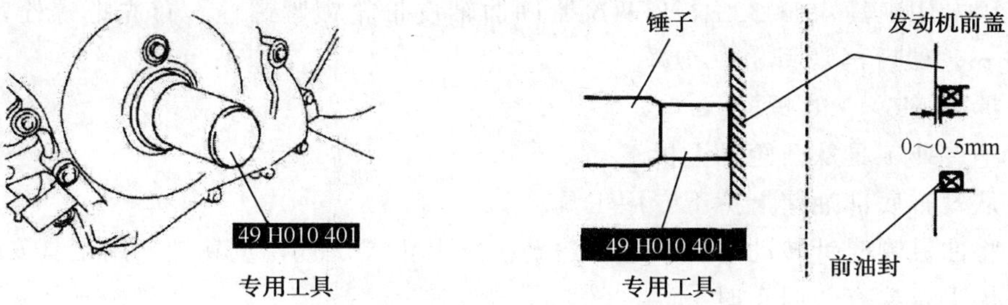

图 7-5-11　用专用工具和锤子安装前油封

4. No. 3 发动机橡胶底座以及 No. 3 发动机连接支架安装注意事项：

（1）紧固 No. 3 发动机连接支架上的双头螺栓（图 7-5-12），紧固力矩为 7. 0～13N · m。

（2）按照图 7-5-13 所示顺序，紧固螺栓和螺母。

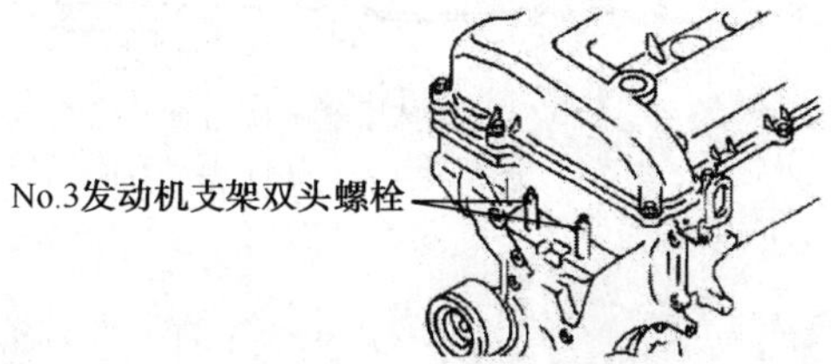

图 7-5-12　紧固双头螺栓

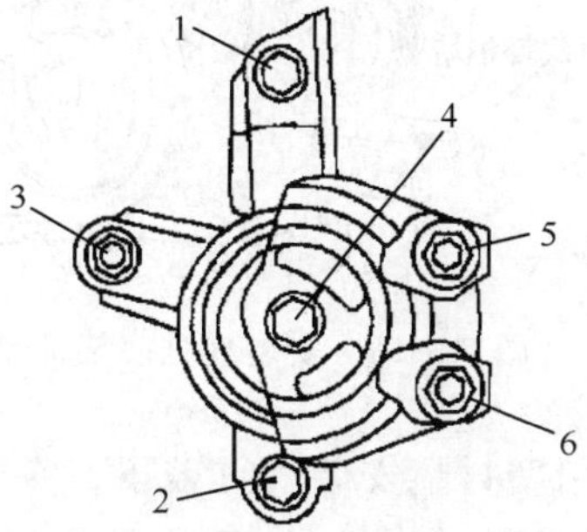

图 7-5-13　螺栓和螺母的紧固顺序

5. 曲轴皮带轮安装注意事项：

（1）按照图 7-5-8 所示，在凸轮轴上安装专用工具。

（2）如图 7-5-14 所示，安装 M6×1. 0 螺栓。

（3）顺时针转动曲轴直至达到 1 缸上止点位置。

（4）如图 7-5-15 所示，用专用工具固定住曲轴皮带轮。

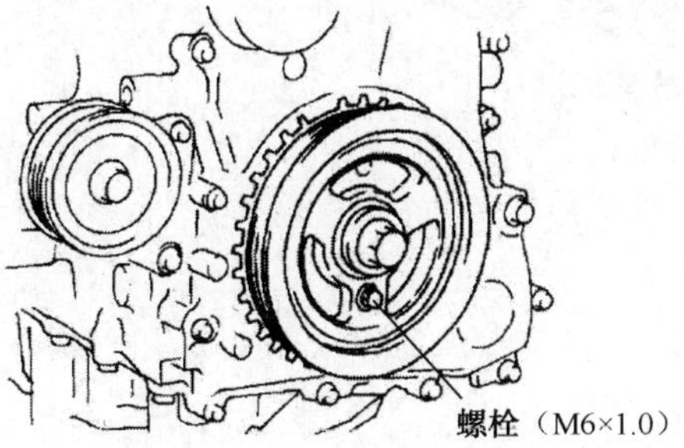

图 7-5-14　安装 M6×1. 0 螺栓

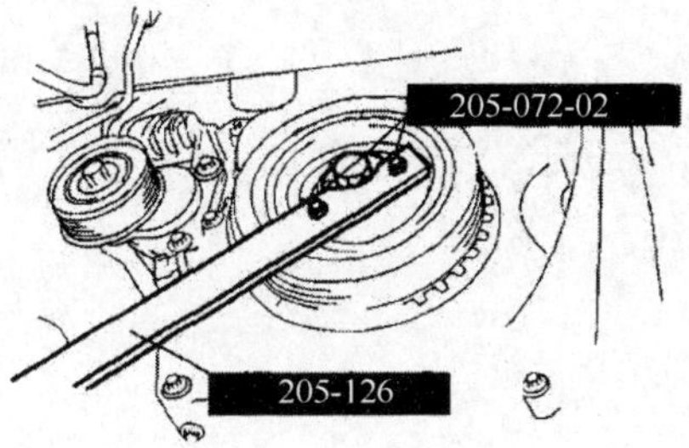

图 7-5-15　用专用工具固定曲轴皮带轮

（5）用专用工具 49D032316 分两次紧固曲轴皮带轮锁紧螺栓：首先把螺栓紧固到 96～104N·m，然后再紧固 87°～93°。

（6）拆下 M6×1.0 螺栓。

（7）把专业工具从凸轮轴上拆下。

（8）从气缸底部油堵上拆下专用工具。

（9）将曲轴顺时针转动 2 周，直至达到 1 缸上止点位置，重新把专用工具安装到凸轮轴和气缸体上，检查气门正时。

（10）如图 7-5-16 所示，安装气缸底部油堵。

6. 气缸盖罩安装注意事项：

（1）按照图 7-5-17 所示，把密封剂涂抹到接合面上。

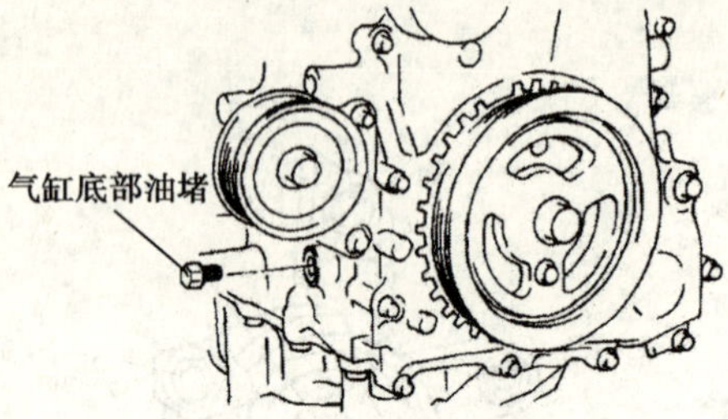

图 7-5-16　安装气缸底部油堵

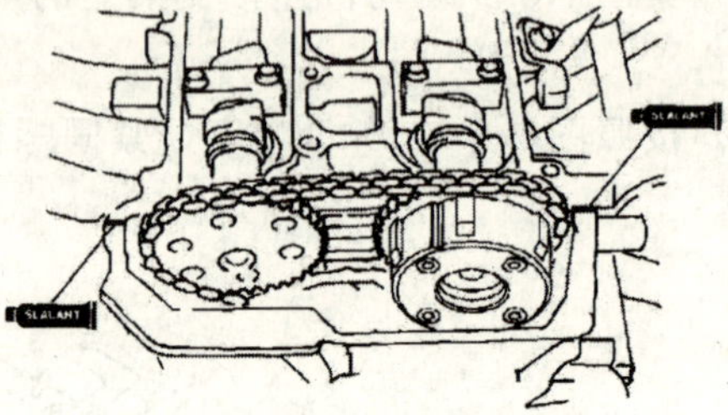

涂抹厚度：4～6mm

图 7-5-17　涂抹密封剂

（2）用新衬垫安装气缸盖罩。

（3）按照图 7-5-18 所示的紧固顺序，紧固螺栓至 8～10.5N·m。

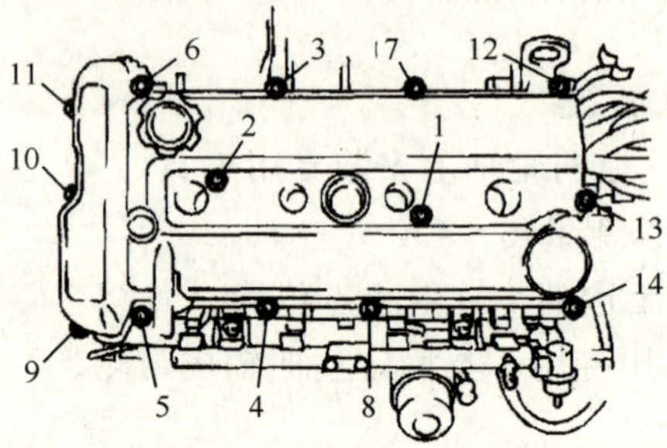

图 7-5-18　螺栓紧固顺序

第八章 MITSUBISHI（三菱）车系

第一节 OUTLANDER（欧蓝德）轿车

一、欧蓝德轿车 2.0L（4B11）和 2.4L（4B12）发动机正时链条部件识别

正时链条系统部件识别如图 8-1-1 所示。

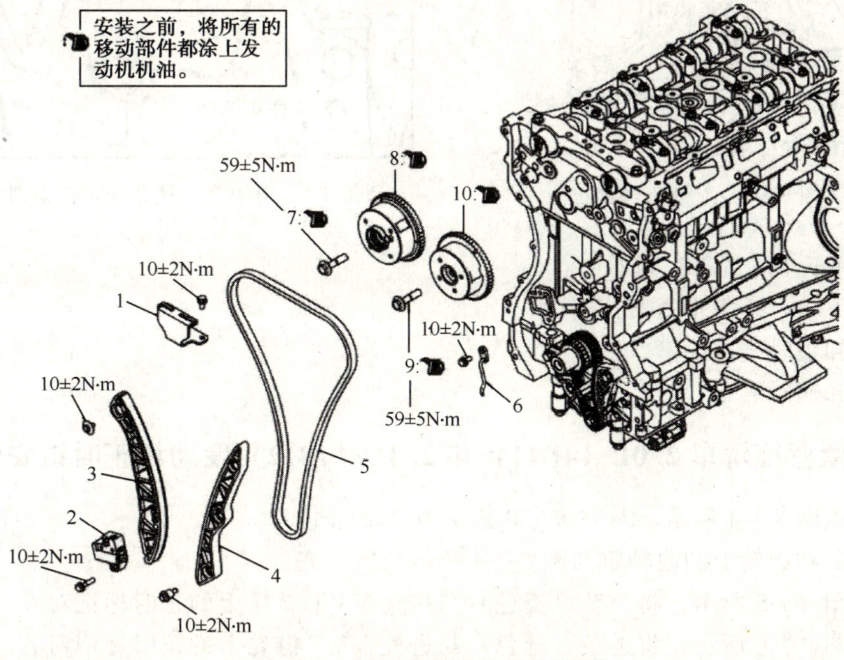

图 8-1-1 正时链条系统部件识别

1-正时链条上部导槽；2-正时链条张紧器；3-张紧器拉杆；4-正时链导槽；5-正时链；6-机油喷嘴；7-排气 VVT 链轮螺栓；8-排气 VVT 链轮总成；9-进气 VVT 链轮螺栓；10-进气 VVT 链轮总成

二、欧蓝德轿车 2.0L（4B11）和 2.4L（4B12）发动机正时链拆卸步骤

1. 拆卸正时链条上部导槽。

2. 拆卸正时链条张紧器：

（1）顺时针转动曲轴，按照图 8-1-2 所示，对齐各个链轮上的正时标记，然后将 1 缸设置到压缩行程上止点。

（2）把平头螺丝刀插入正时链条张紧器的分离孔，分开棘齿。

（3）用手推动正时链条张紧器拉杆，将拉杆在正时链条张紧器柱塞中推到底，然后将直径为 1.5mm 的金属丝或 L 形的六角扳手插入柱塞固定孔中，如图 8-1-3 所示。

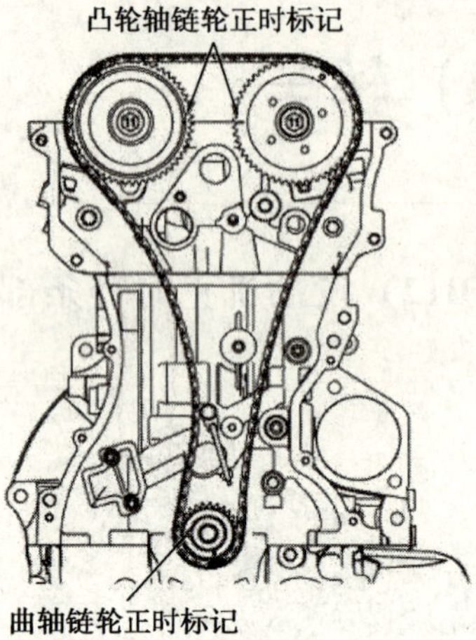

图 8-1-2　对齐正时标记

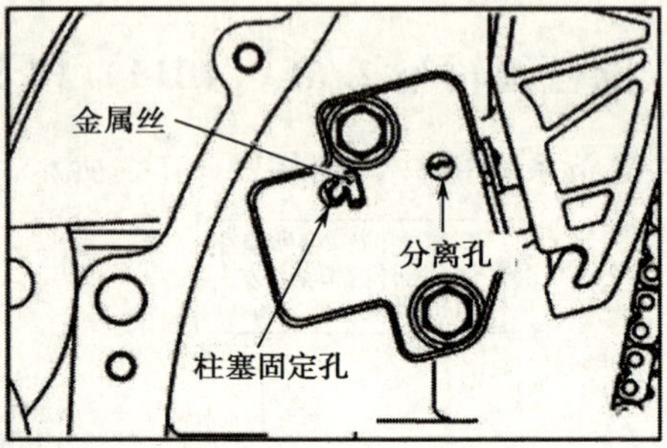

图 8-1-3　分离孔、柱塞固定孔识别

（4）拆下正时链条张紧器。

3. 拆下正时链条张紧器拉杆。

4. 拆卸正时链条导槽。

5. 拆卸正时链条。

三、欧蓝德轿车 2.0L（4B11）和 2.4L（4B12）发动机正时链安装步骤

1. 按照图 8-1-4 所示，对齐 VVT 链轮的正时标记。

2. 将曲轴链轮上的曲轴键与图 8-1-4 所示位置对齐。

3. 如图 8-1-5 所示，将链节（橙色）与排气 VVT 链轮上的正时标记对齐。

4. 如图 8-1-6 所示，将链节（蓝色）与进气 VVT 链轮上的正时标记对齐。

5. 如图 8-1-7 所示，将曲轴链轮上的正时标记与蓝色链节对齐。

6. 如图 8-1-8 所示，确保每个链轮的正时标记均与相应的正时链条链节对准。

7. 安装正时链条导槽和正时链条张紧器拉杆。

8. 把正时链条张紧器安装到气缸体上，将固定螺栓紧固至 8～12N·m。

9. 从正时链条张紧器上把插入的金属丝或 L 形六角扳手拔出，使正时链条张紧器的柱塞推动张紧器拉杆，张紧正时链条。

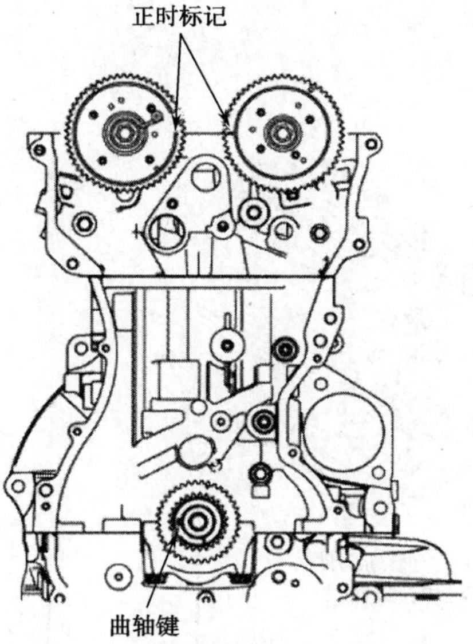

图 8-1-4　VVT 链轮正时标记和曲轴键位置识别

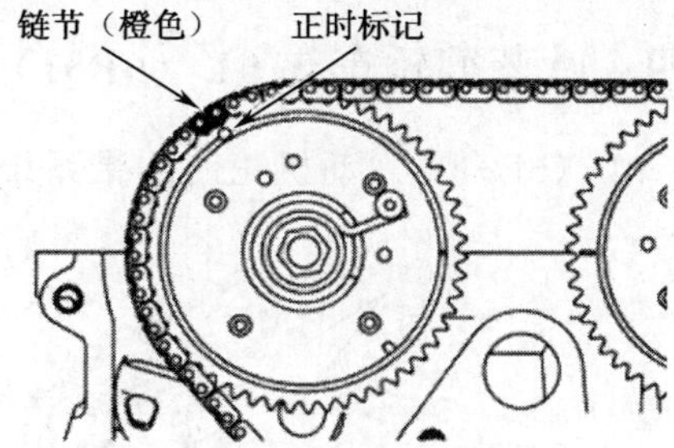

图 8-1-5　橙色链节对准排气 VVT 链轮上的正时标记

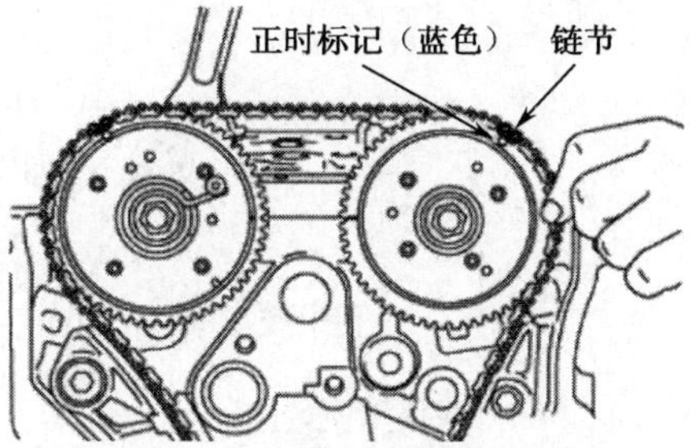

图 8-1-6　蓝色链节对准进气 VVT 链轮上的正时标记

图 8-1-7　曲轴链轮正时标记对齐蓝色链节

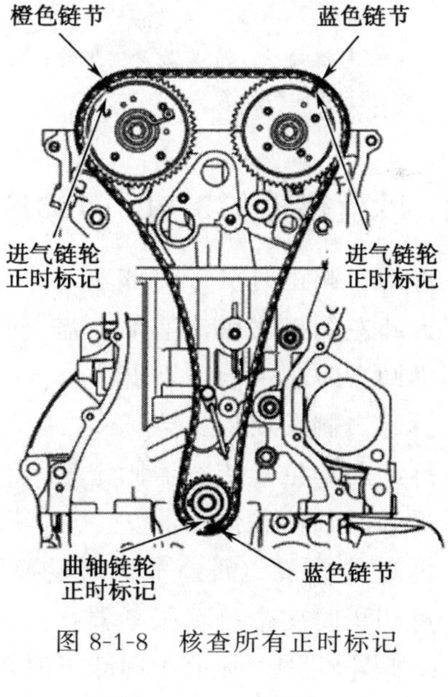

图 8-1-8　核查所有正时标记

四、欧蓝德轿车 3. 0L（6B31）发动机正时皮带部件识别

3. 0L（6B31）发动机正时皮带系统部件识别如图 8-1-9 所示。

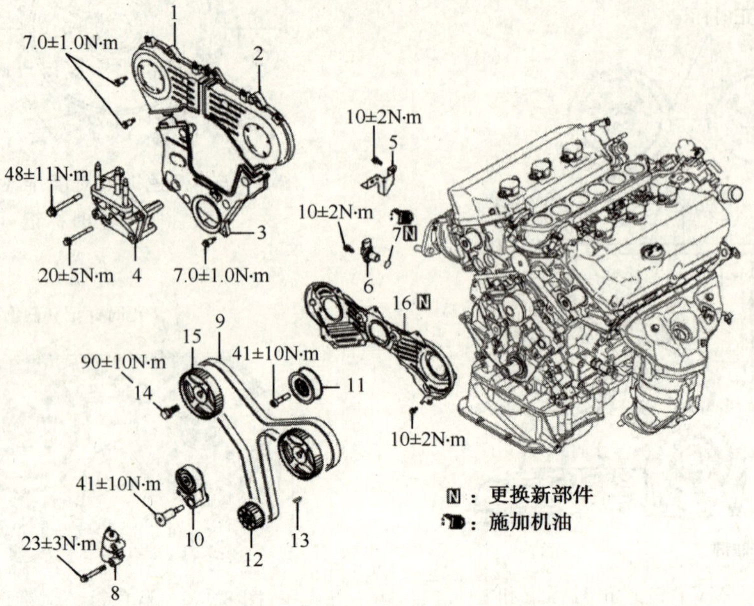

图 8-1-9　正时皮带系统部件识别

1-正时皮带前部上盖，右侧；2-正时皮带前部上盖，左侧；3-正时皮带前盖下部；4-发动机支架，右侧；5-曲轴位置传感器盖；6-曲轴位置传感器；7-O 形圈；8-自动张紧器；9-正时皮带；10-张紧器臂；11-张紧装置皮带轮；12-曲轴带轮；13-键；14-凸轮轴带轮螺栓；15-凸轮轴带轮；16-正时带后盖

五、欧蓝德轿车 3. 0L（6B31）发动机正时皮带拆卸步骤

1. 拆卸右侧正时皮带前部上盖。

2. 拆卸左侧正时皮带前部上盖。

3. 拆卸正时皮带前盖下部。

4. 拆卸右侧发动机支架。

5. 拆卸曲轴位置传感器固定架。

6. 拆卸曲轴位置传感器。

7. 拆卸 O 形圈（重新安装时要换用新的 O 形圈）。

8. 拆卸正时皮带自动张紧器：

（1）如图 8-1-10 所示，拆卸正时皮带自动张紧器的上部紧固螺栓。

（2）慢慢松开正时皮带自动张紧器的下部紧固螺栓，将自动张紧器推杆从张紧器臂上拆下。

（3）拆下正时皮带自动张紧器的下部紧固螺栓。

9. 拆卸正时皮带：

（1）如果要继续使用正时皮带，在拆卸前先标记清楚皮带的转动方向，以免安装时发生错装，如图 8-1-11 所示。

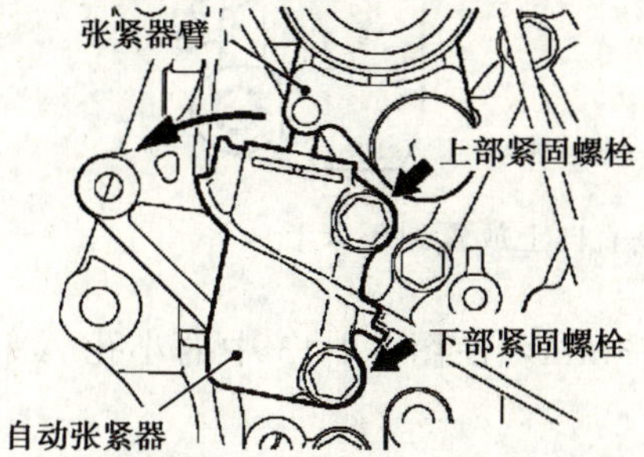

图 8-1-10　自动张紧器上部和下部紧固螺栓识别

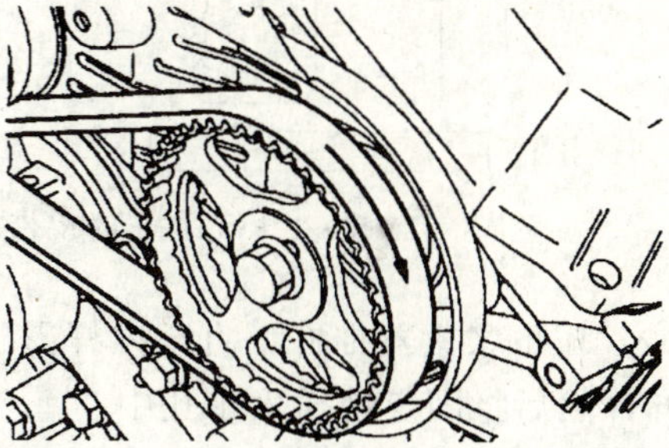

图 8-1-11　标记正时皮带转动方向

（2）如图 8-1-12 所示，顺时针转动曲轴，使正时标记对齐并将 1 缸活塞设置在压缩行程上止点位置。

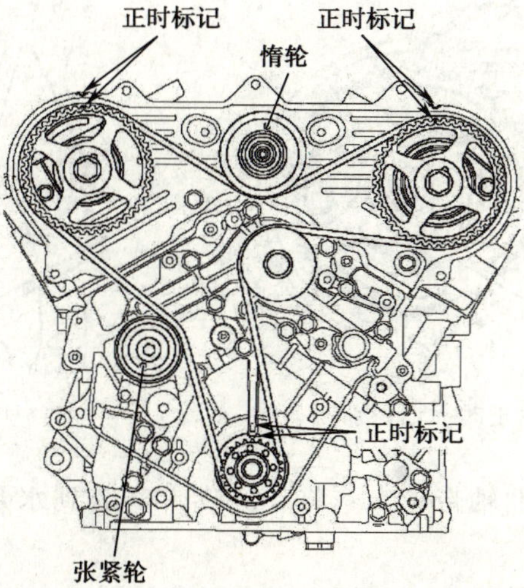

图 8-1-12　对齐正时标记

（3）松开张紧轮中央螺栓，然后拆下正时皮带。

六、欧蓝德轿车 3.0L（6B31）发动机正时皮带安装步骤

1. 在正时皮带自动张紧器中插入固定销：

（1）将正时皮带自动张紧器垂直向上放置到压床上，如图 8-1-13 所示。

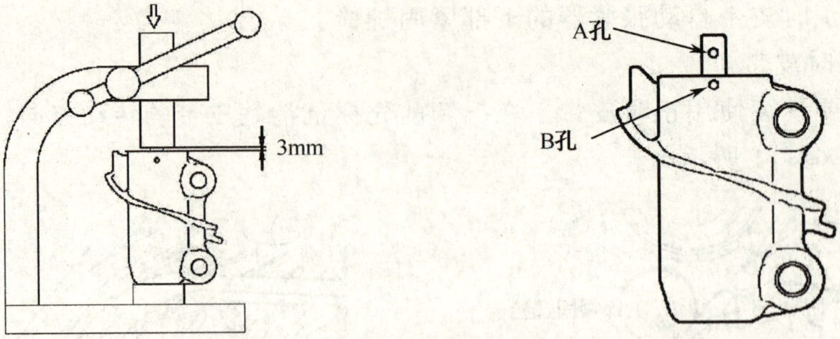

图 8-1-13　将正时皮带自动张紧器垂直向上放置到压床上

（2）压下张紧器推杆，直至推杆露出张紧器体 3mm，使图 8-1-13 中的小孔 A 和小孔 B 对齐，然后将固定销插入小孔中。

（3）安装自动张紧器。

2. 如图 8-1-14 和图 8-1-15 所示，将曲轴带轮正时标记和凸轮轴带轮正时标记对齐，并把 1 缸活塞设置到压缩行程上止点位置。

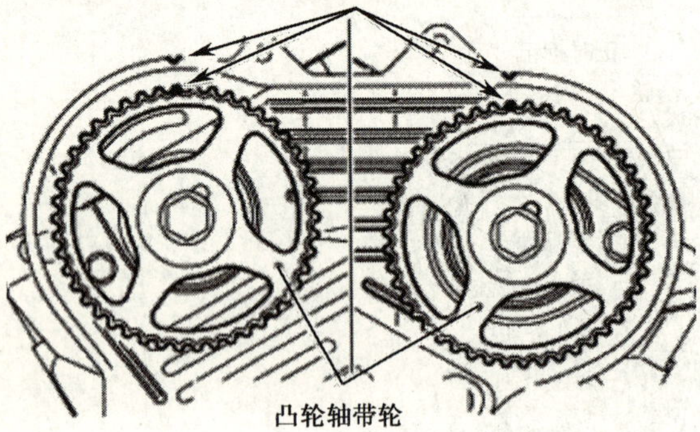

图 8-1-14　凸轮轴带轮正时标记识别

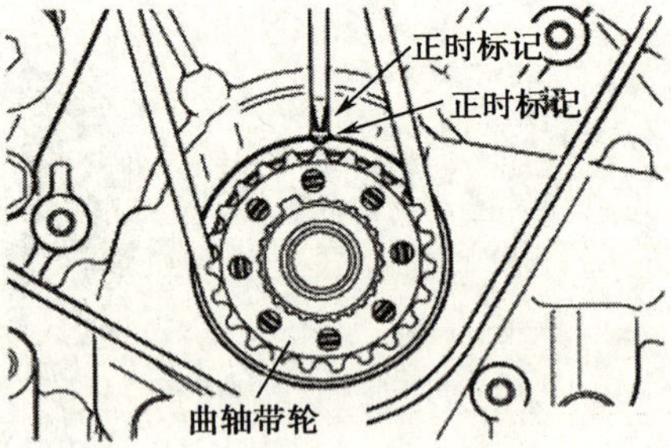

图 8-1-15　曲轴带轮正时标记识别

3. 将正时皮带安装到曲轴带轮上；将正时皮带安装到水泵驱动皮带轮上，将正时皮带拉紧，防止松弛。

4. 将左气缸组凸轮轴带轮的正时标记对齐，参见图 8-1-14。

5. 将正时皮带安装到惰轮上，同时减小皮带的松弛度。

6. 将正时皮带安装到右气缸组的凸轮轴带轮上。

7. 将正时皮带安装到张紧轮上。

8. 如图 8-1-16 所示，查看所有带轮的正时标记是否对齐。

9. 如图 8-1-17 所示，使用专用工具 MD998716（曲轴扳手）沿逆时针方向转动曲轴 1/4 周，然后再沿顺时针方向转回，再次确认各个正时标记是否对齐。

10. 将插入自动张紧器的定位销拉出。

11. 顺时针转动曲轴 2 周，然后等待 5min。

12. 如图 8-1-18 所示，测量张紧器推杆伸出的长度，规范值应在 9. 1～13. 4mm 之间。

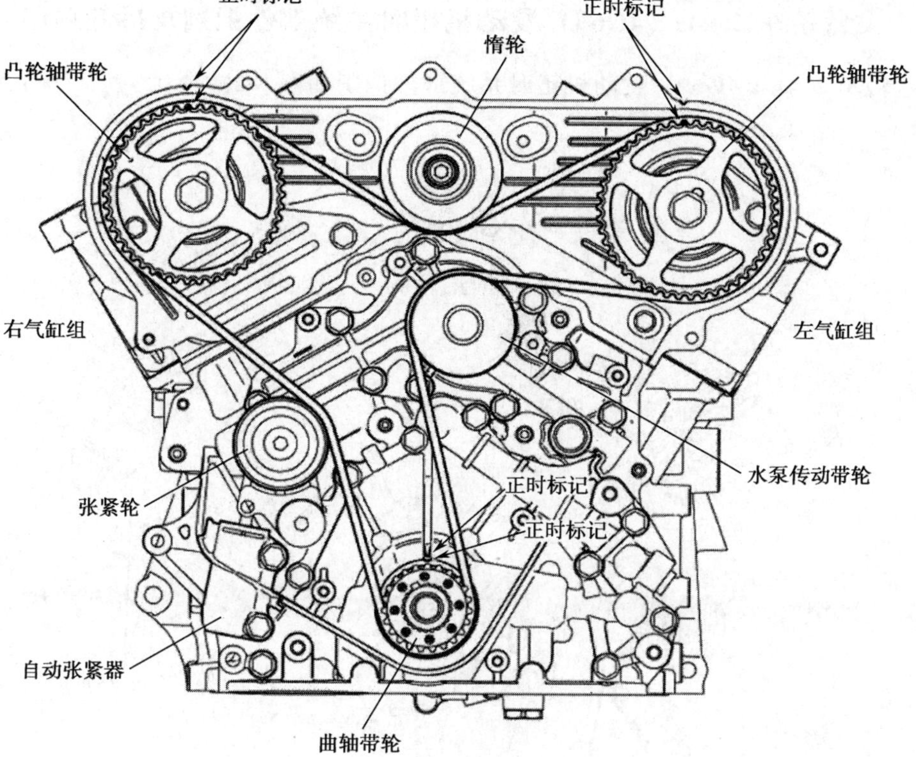

图 8-1-16　查看正时标记

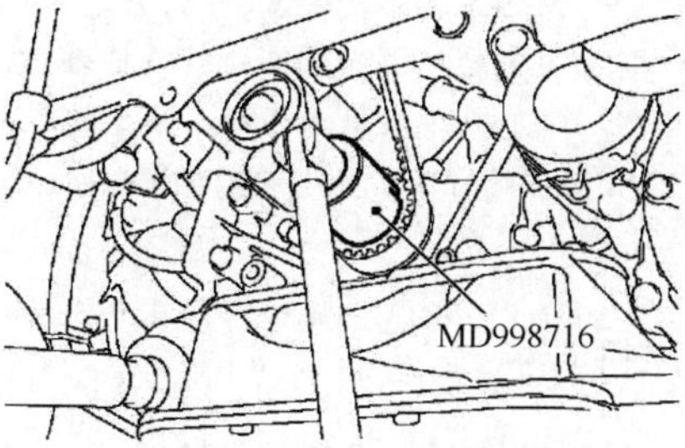

图 8-1-17　使用专用工具转动曲轴

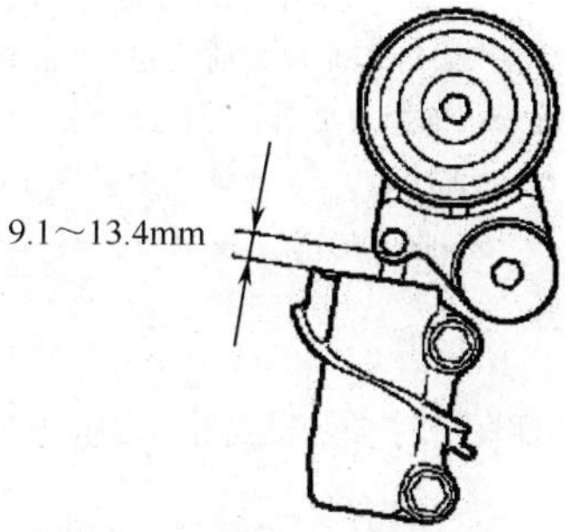

图 8-1-18　测量张紧器杆伸出长度

第二节　GALANT（戈蓝）轿车

一、戈蓝轿车 2.4L（4G69）发动机正时系统部件识别及拆卸顺序

戈蓝轿车 2.4L（4G69）发动机正时系统部件识别如图 8-2-1 所示。

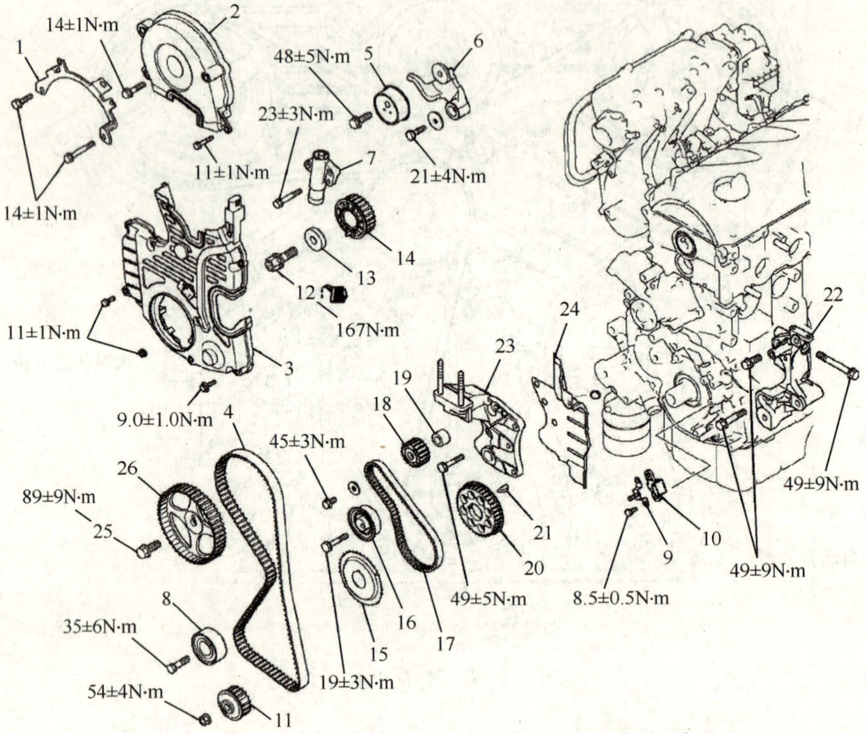

图 8-2-1　戈蓝轿车 2.4L（4G69）发动机正时系统部件识别

1-接头托架；2-正时皮带前上盖；3-正时皮带前下盖；4-正时皮带；5-张力器皮带盘；6-张力器臂；7-自动张力器；8-惰轮皮带盘；9-托架；10-曲轴位置传感器；11-机油泵带轮；12-曲轴螺栓；13-曲轴皮带盘垫圈；14-曲轴带轮；15-曲轴感知板；16-张力器 B；17-正时皮带 B；18-反向平衡轴带轮；19-垫圈；20-曲轴带轮 B；21-曲轴销；22-发电机托架；23-引擎支撑托架；24-正时皮带后盖；25-凸轮轴带轮螺栓；26-凸轮轴带轮

拆卸部件时要按照图 8-2-1 中的部件编号次序进行拆卸。

二、戈蓝轿车 2.4L（4G69）发动机正时系统部件拆卸要点

1. 正时皮带拆卸要点：

（1）如果要继续使用正时皮带，拆卸前要先标记清楚正时皮带的转动方向，如

图 8-2-2所示，以免安装时发生错装。

（2）松开正时皮带张力器皮带盘螺栓，拆下正时皮带。

2. 机油泵带轮拆卸要点：

（1）拆卸气缸体左侧的塞子。

（2）如图 8-2-3 所示，在塞孔中插入直径为 8mm 十字螺丝刀，使左侧平衡轴不能转动。

（3）松开螺母，拆下机油泵带轮。

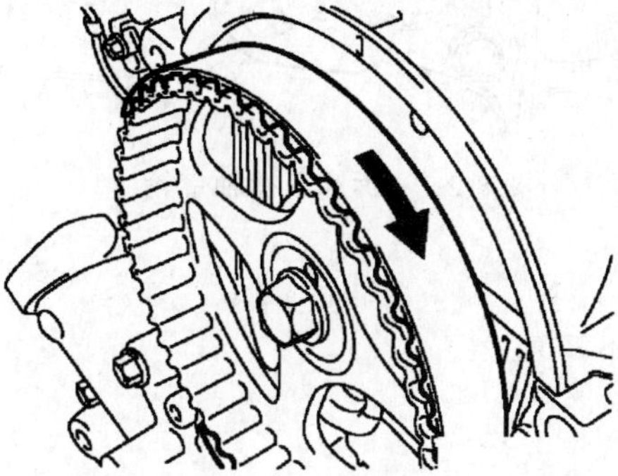

图 8-2-2　标记正时皮带转动方向

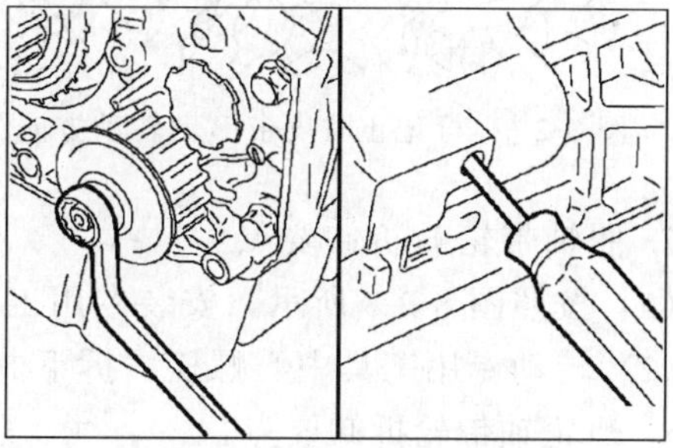

图 8-2-3　拆卸机油泵带轮

3. 曲轴螺栓拆卸要点：

（1）如图 8-2-4 所示，安装专用工具 MD998781，固定驱动盘。

（2）松开并拆卸曲轴螺栓和垫圈。

4. 曲轴带轮拆卸要点：

（1）如图 8-2-5 所示，安装专用工具 MD998778。

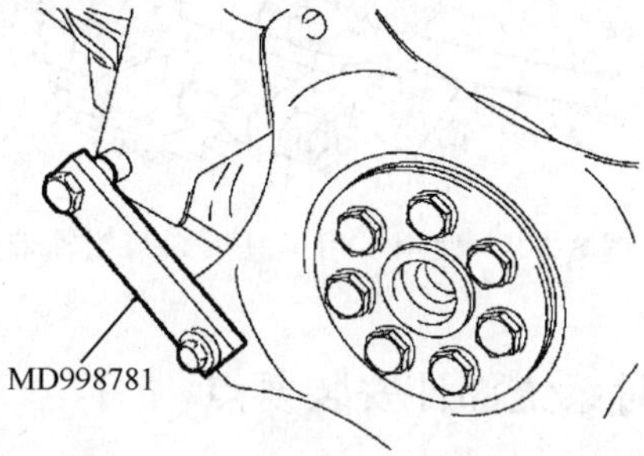

图 8-2-4　安装专用工具固定驱动盘

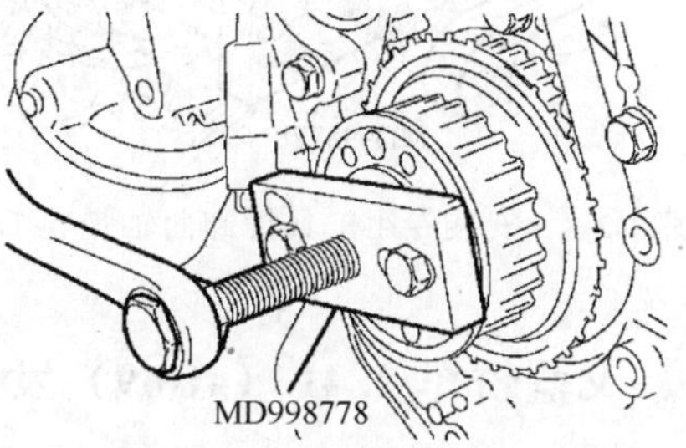

图 8-2-5　用专用工具拆卸曲轴带轮

（2）转动专用工具的中央螺栓，拆下曲轴带轮。

5. 正时皮带 B 拆卸要点：

（1）拆卸前，先将正时皮带 B 的转动方向标记清楚，以免重新安装时发生错装，如图 8-2-6 所示。

（2）松开正时张力器 B 的螺栓，拆下正时皮带 B。

6. 平衡轴带轮拆卸要点：

（1）按照图 8-2-7 所示，安装专用工具 MD998785，使平衡轴带轮不能随同转动。

（2）松开螺栓，拆卸平衡轴带轮。

图 8-2-6　标记正时皮带 B 的转动方向

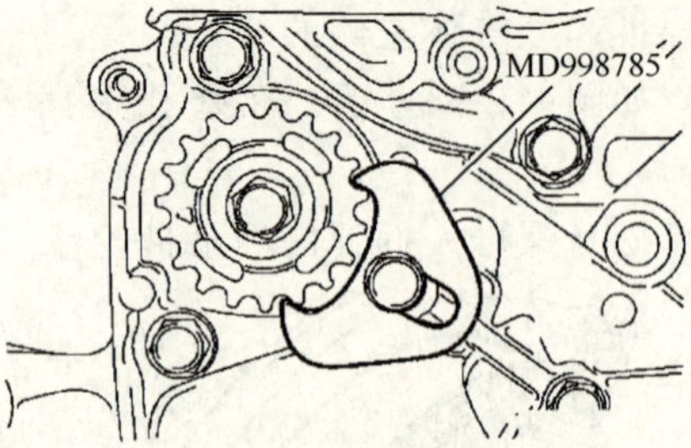

图 8-2-7　拆卸平衡轴带轮

7. 曲轴带轮 B 拆卸要点：

（1）按照图 8-2-8 所示，安装专用工具 MD998778。

（2）转动专用工具中心螺栓，拆下曲轴带轮 B。

8. 凸轮轴带轮拆卸要点：

（1）按照图 8-2-9 所示，用专用工具 MB990767 和 MD998719 固定住凸轮轴带轮，松开凸轮轴带轮螺栓。

（2）拆卸凸轮轴带轮。

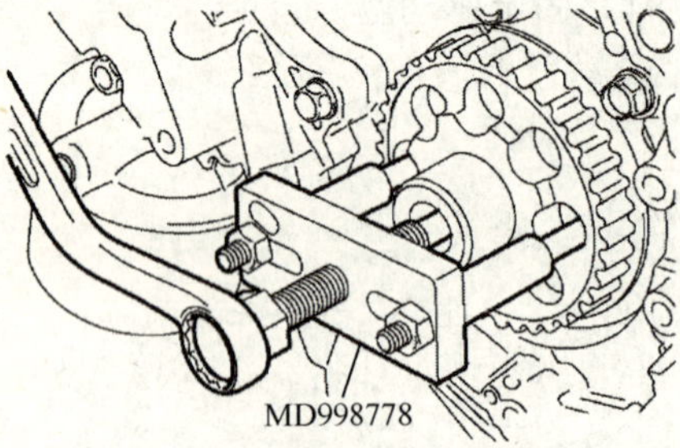

图 8-2-8　安装专用工具拆卸曲轴带轮 B

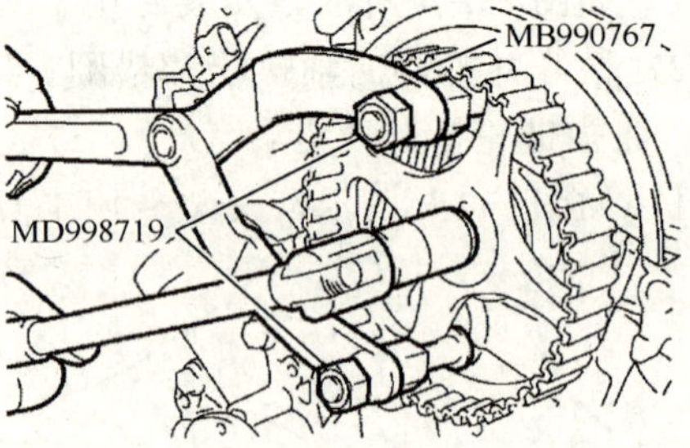

图 8-2-9　使用专用工具拆卸凸轮轴带轮

三、戈蓝轿车 2.4L（4G69）发动机正时系统部件安装要点

1. 凸轮轴带轮安装要点：

（1）将凸轮轴带轮安装到凸轮轴上。

（2）按照图 8-2-10 所示，用专用工具 MB990767 和 MD998719 固定住凸轮轴带轮，拧紧凸轮轴带轮螺栓。螺栓的紧固力矩为 88±10N·m。

2. 发动机支撑架安装要点：

（1）在紧固发动机支撑架密封螺栓前，先用密封剂涂抹在图 8-2-11 所示的密封螺栓螺牙处。

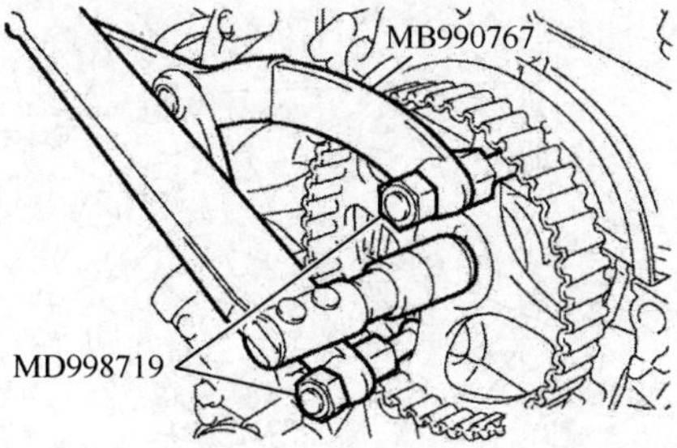

图 8-2-10　使用专用工具安装凸轮轴带轮

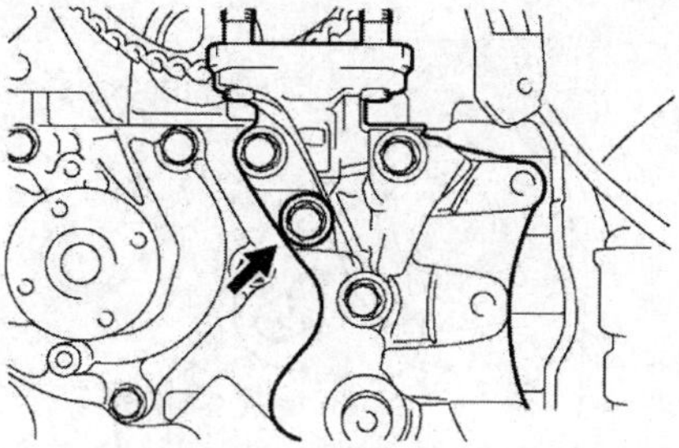

图 8-2-11　密封螺栓识别

（2）将密封螺栓紧固至 49±5N·m。

3. 曲轴带轮 B 安装要点：

按照图 8-2-12 所示，将前壳体前部、曲轴带轮 B 和曲轴表面与带轮 B 接触部位的油脂清除。

4. 垫圈安装要点：

（1）在油封的密封唇处涂抹一层薄薄的发动机机油。

（2）安装垫圈，垫圈的凹槽朝向油封（图 8-2-13）。

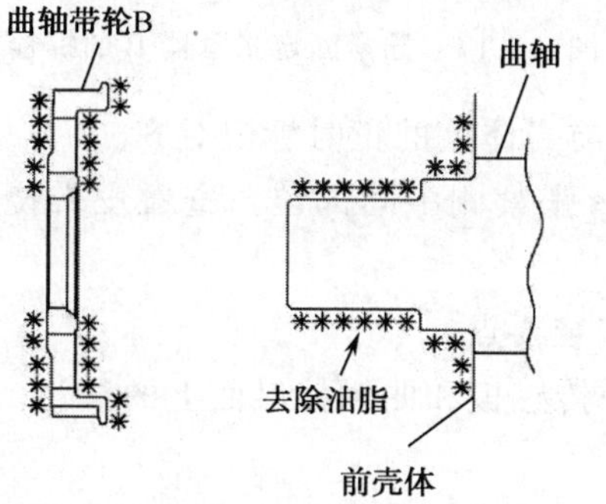

图 8-2-12　油脂清除区域识别

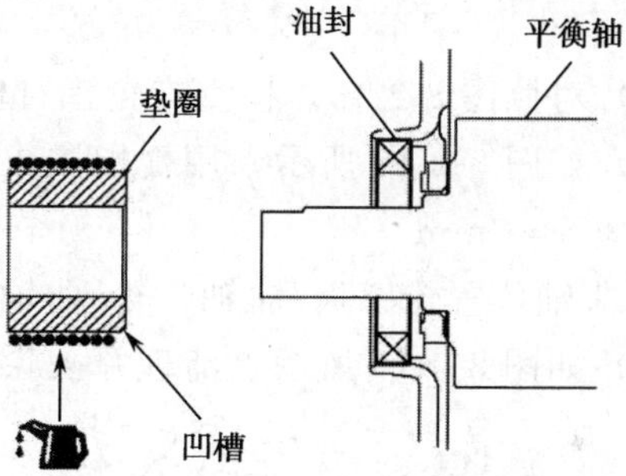

图 8-2-13　安装垫圈

5. 平衡轴带轮安装要点：

（1）安装平衡轴带轮并拧上螺栓。

（2）按照图 8-2-14 所示，安装专用工具 MD998785，固定住平衡轴。

（3）将螺栓紧固至 45±3N·m，然后拆下专用工具。

6. 正时皮带 B 安装要点：

（1）如图 8-2-15 所示，将曲轴带轮 B 和平衡轴带轮上的正时标记与前壳体上的标记对齐。

（2）把正时皮带 B 安装到曲轴带轮和平衡轴带轮上。

（3）确认张力器带轮和螺栓中央设置在图 8-2-16 所示的位置。

（4）用手指提起正时皮带张紧侧，施加足够的张紧力，将正时皮带张紧器 B 向图 8-2-17 中箭头所示方向移动。拧紧固定张紧器 B 的螺栓。紧固力矩为 19±3N·m。

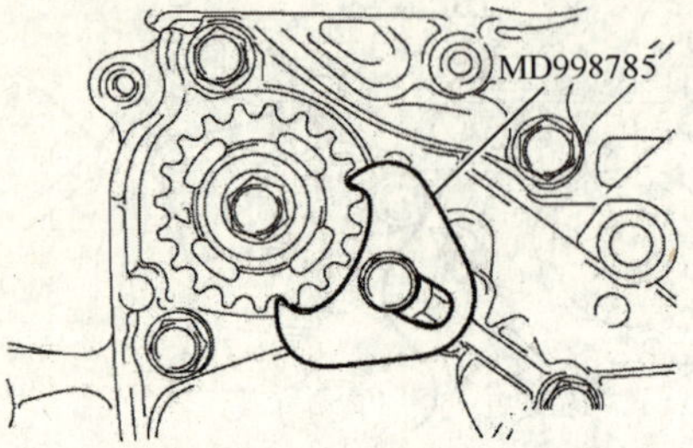

图 8-2-14　使用专用工具安装平衡轴带轮

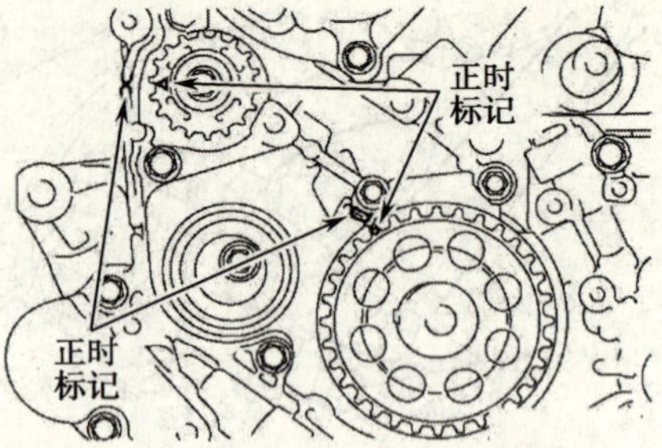

图 8-2-15　带轮正时标记识别

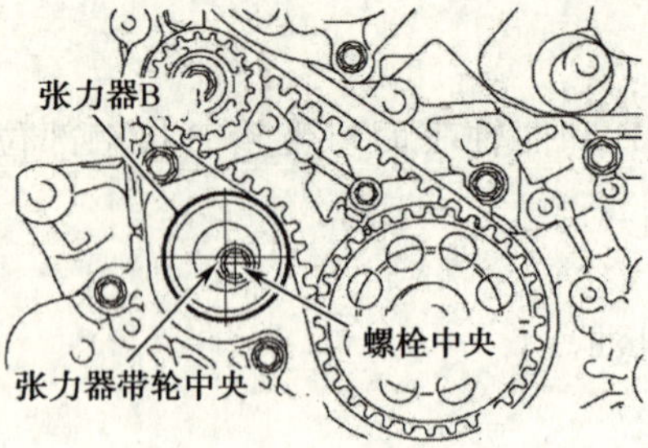

图 8-2-16　位置识别

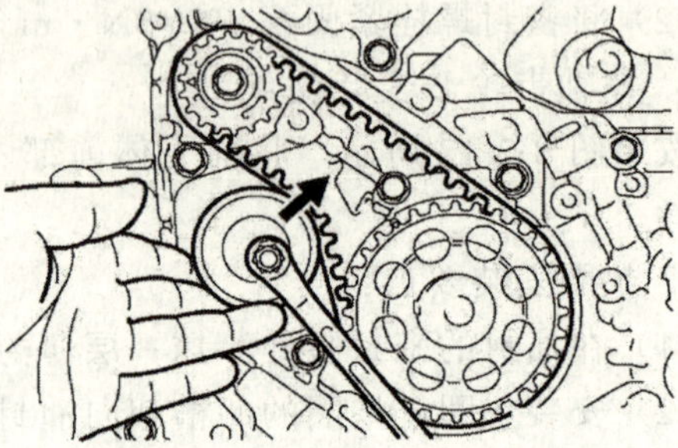

图 8-2-17　拧紧固定张紧器 B 的螺栓

（5）对照图 8-2-15，检查带轮正时标记是否与前壳体上的正时标记对齐。

（6）如图 8-2-18 所示，用食指按压正时皮带 B 张紧侧中间部位，查看皮带挠度，皮带应弯曲 5～7mm。

7. 曲轴位置传感板/曲轴带轮/曲轴带轮垫圈安装要点：

（1）如图 8-2-19 所示，清理并去除曲轴带轮、传感板和曲轴接触面上的油污。

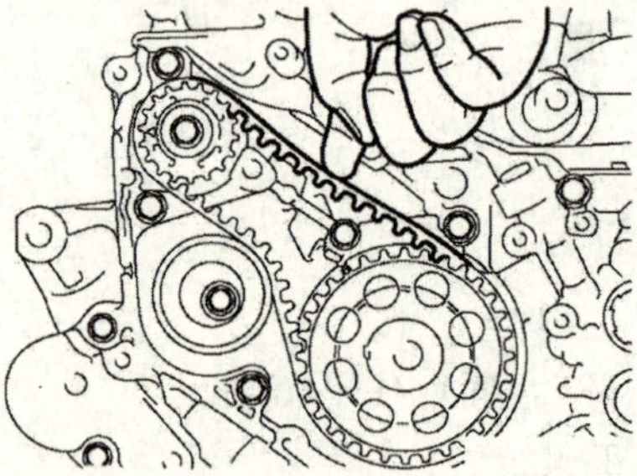

图 8-2-18　按压皮带检查挠度

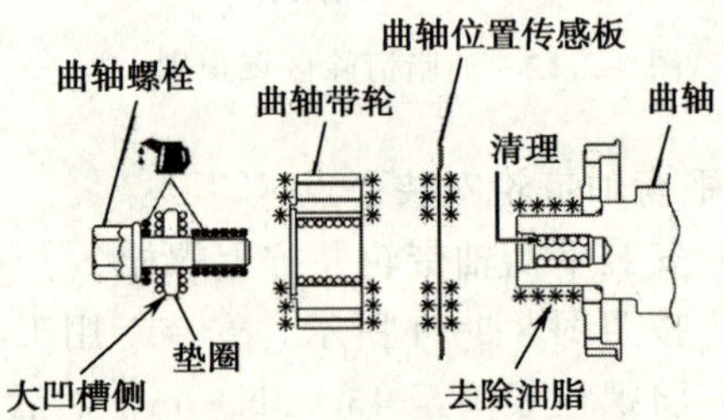

图 8-2-19　清理接触面油污

（2）清理曲轴螺栓孔；清理曲轴带轮与曲轴接触面；清理垫圈。

（3）把曲轴位置传感板和曲轴带轮安装到曲轴上。

（4）在曲轴螺栓接触面上薄薄涂抹一层发动机机油。

（5）把垫圈安装到曲轴带轮上，垫圈的大凹槽侧朝向螺栓头部。

（6）按照图 8-2-20 所示，安装专用工具 MD998781，固定住驱动盘。

(7) 将曲轴螺栓紧固至 167N·m。

8. 机油泵带轮安装要点：

(1) 将直径 8mm 的十字螺丝刀插入气缸体左侧的塞孔中，固定住左侧平衡轴，使其不能转动，如图 8-2-21 所示。

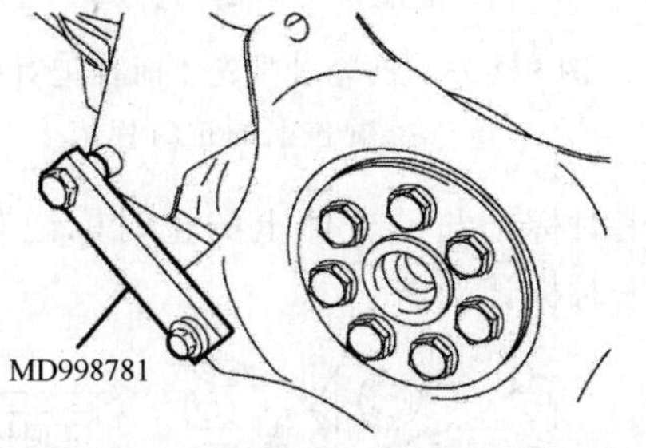

图 8-2-20 用专用工具固定驱动盘

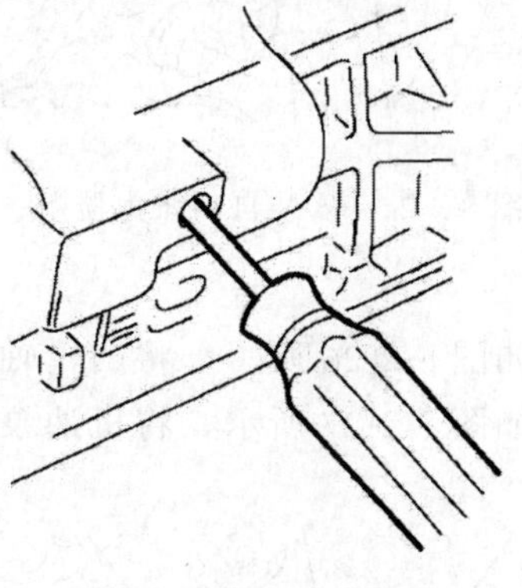

图 8-2-21 插入螺丝刀固定左侧平衡轴

(2) 安装机油泵带轮。

(3) 在螺母接触面薄薄涂抹一层发动机机油。

(4) 把机油泵带轮紧固螺母紧固至 54±5N·m。

9. 正时皮带自动张力器安装要点：

如果正时皮带自动张力器的推杆完全伸展出来，要按照下列步骤执行设置操作。

(1) 用加了软垫的虎钳夹住自动张力器，如图 8-2-22 所示。

(2) 用虎钳慢慢将自动张力器推杆压下，直至图 8-2-23 所示的小孔 A 和小孔 B 对齐。

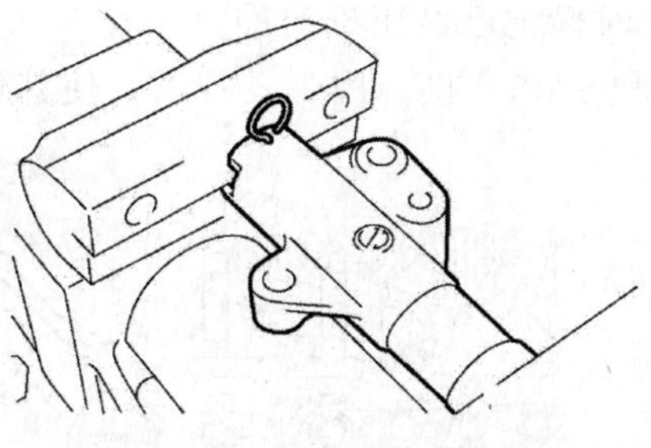

图 8-2-22 用虎钳夹住自动张力器

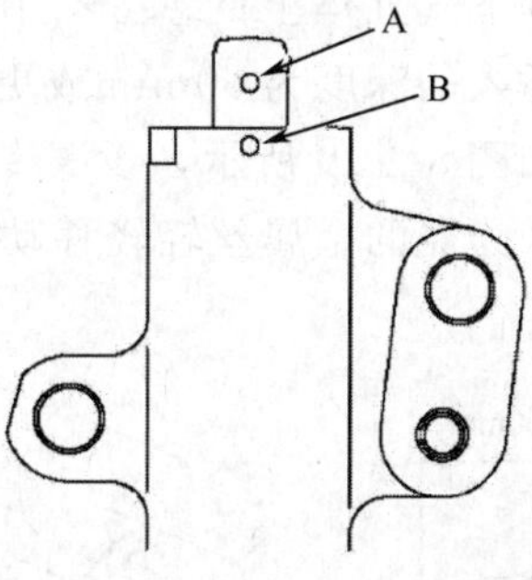

图 8-2-23 小孔 A 和小孔 B 识别

(3) 当小孔 A 和 B 对齐后，插入一根直径为 1.4mm 的金属丝。

(4) 把自动张力器从虎钳上松开。

(5) 把自动张力器安装到前壳体上并紧固至 23±3N·m，如图 8-2-24 所示。

10. 正时皮带安装要点：

(1) 如图 8-2-25 所示，将凸轮轴带轮上的正时标记与气门摇臂盖上的正时标记对齐。

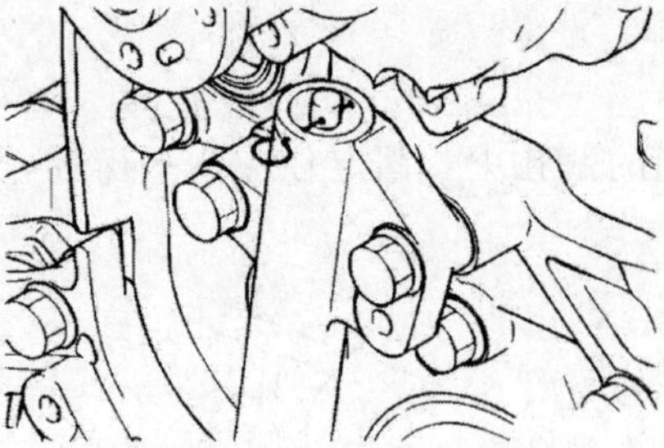

图 8-2-24 安装自动张力器

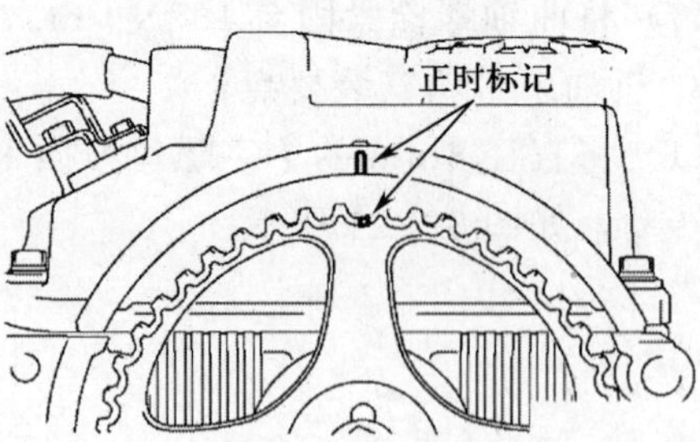

图 8-2-25 凸轮轴带轮正时标记对齐气门摇臂盖上的正时标记

（2）如图 8-2-26 所示，将凸轮轴带轮上的正时标记与前壳体上的正时标记对齐。

（3）如图 8-2-27 所示，将机油泵带轮上的正时标记对齐。

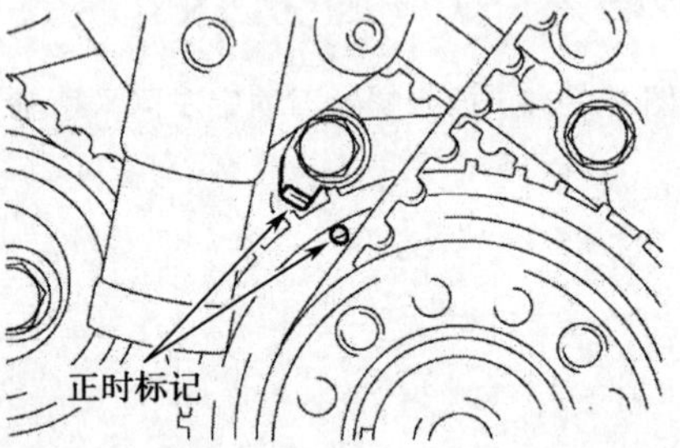

图 8-2-26 凸轮轴带轮上的正时标记与前壳体上的正时标记对齐

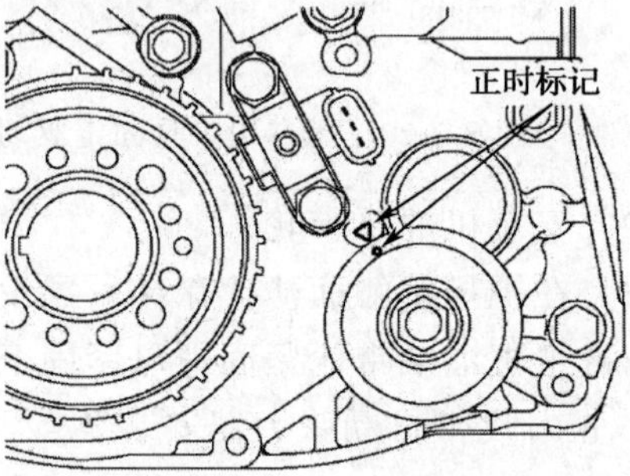

图 8-2-27 对齐机油泵带轮正时标记

（4）拆下气缸体上的塞子，在塞孔中插入直径 8mm 的十字螺丝刀，如图 8-2-28 所示。如果插入的深度为 60mm 或更多，说明正时标记已经正确对准。

（5）如图 8-2-29 所示，设置专用工具 MD998738。将专用工具拧入，使其伸展到能使插入自动张力器的金属丝轻轻移动的位置。

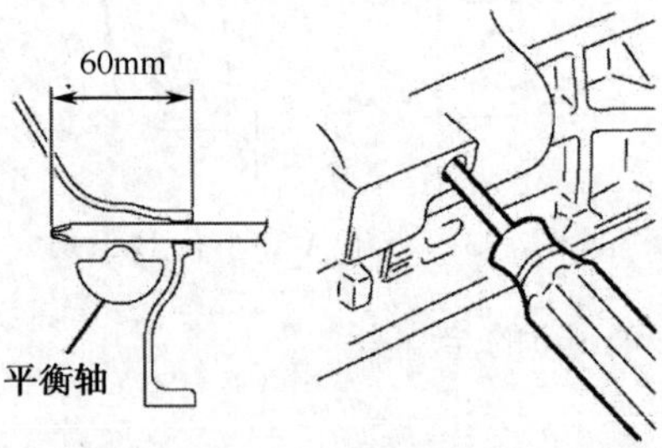

图 8-2-28 插入十字螺丝刀

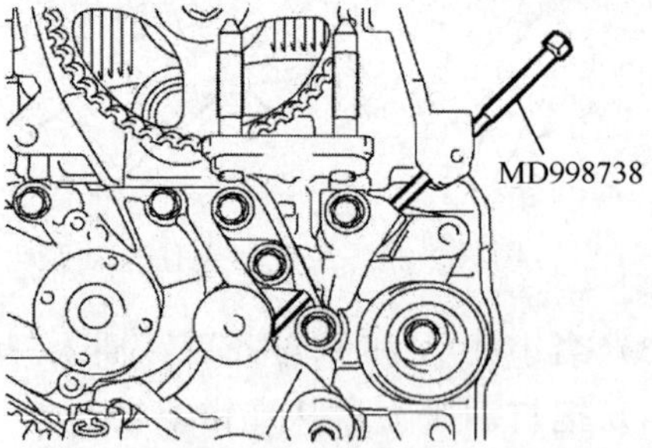

图 8-2-29 设置专用工具 MD998738

（6）按照次序将正时皮带安装到曲轴带轮、机油泵带轮、惰轮、凸轮轴带轮和张力器轮上。

（7）按照图 8-2-30 中箭头所示方向，提起张力器轮并紧固中央螺栓。

（8）确认所有正时标记对齐。

（9）拔出插入气缸体塞孔中的十字螺丝刀。

（10）将曲轴逆时针转动 1/4 周，然后顺时针转动曲轴，直至正时标记再次对齐。

（11）如图 8-2-31 所示，在张力器轮上安装专用工具 MD998767、套筒扳手和扭矩扳手，松开张力器轮中央螺栓。

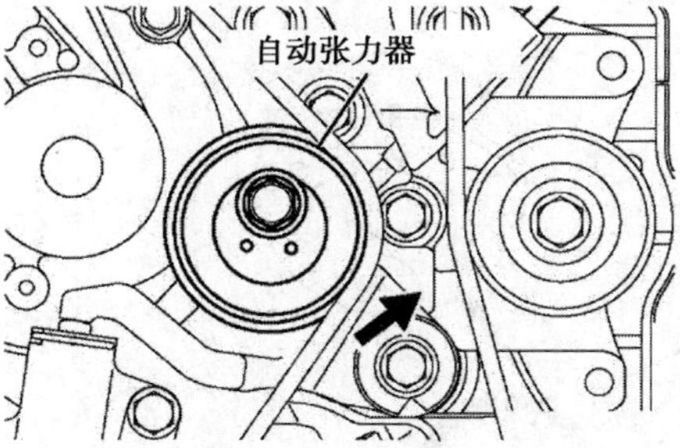

图 8-2-30　提起张力器轮

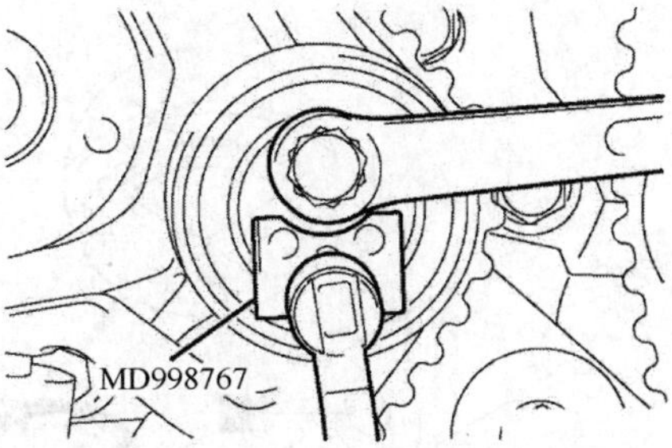

图 8-2-31　松开张力器轮中央螺栓

（12）将扭矩扳手的扭矩设置到 3.5N·m。

（13）用专用工具 MD998767 和扭矩扳手固定住张力器轮，将张力器轮中央螺栓紧固至 48±5N·m。

（14）把自动张力器上插入的金属丝拔出，然后把专用工具 MD998738 拆下。

第三节　GRANDIS（格蓝迪）轿车

GRANDIS 轿车 2.4L（4G69）发动机正时部件拆装方法参见第二节 GALANT（戈蓝）轿车 2.4L（4G69）发动机正时部件拆装方法。

第四节　ASX 劲炫轿车

ASX 劲炫轿车 2.0L（4B11）发动机正时链条拆装步骤可参见第一节欧蓝德 2.0L 轿车发动机正时链条拆装步骤。

第五节　翼神轿车

翼神轿车 2.0L（4B11）发动机正时链条拆装步骤可参见第一节欧蓝德 2.0L（4B11）

轿车发动机正时链条拆装步骤。

第六节 PAJERO（帕杰罗）轿车

一、帕杰罗轿车 3.0L（6G72）发动机正时皮带拆卸步骤（图 8-6-1）

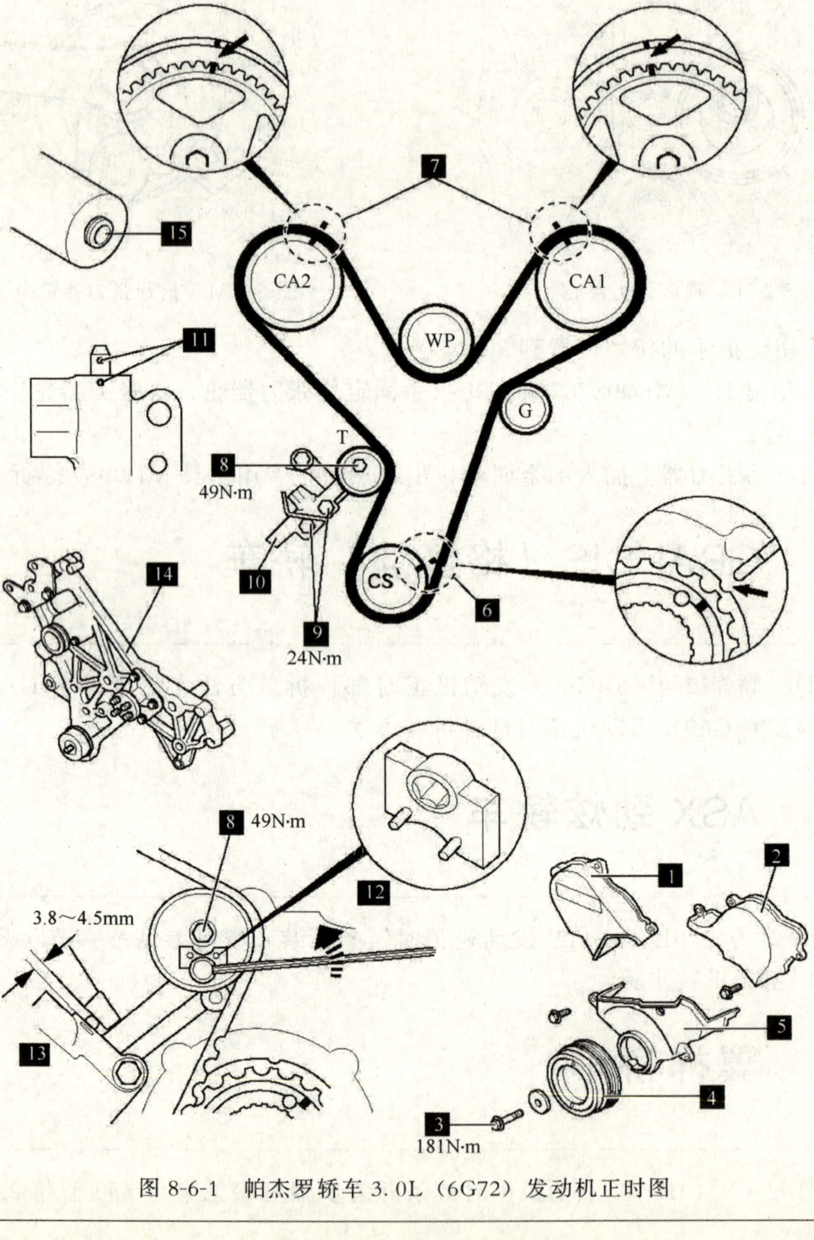

图 8-6-1 帕杰罗轿车 3.0L（6G72）发动机正时图

1. 排放发动机冷却液。

2. 拆卸发动机附件传动皮带。

3. 拆卸发动机附件传动皮带张紧器。

4. 拆卸发动机底部护板。

5. 拆卸发动机散热器顶部软管。

6. 拆卸发动机散热器护罩。

7. 拆卸发动机冷却风扇和风扇皮带轮。

8. 拆卸发动机冷却风扇支架。

9. 拆卸交流发电机。

10. 拆卸正时皮带上盖（图 8-6-1 中的 1 和 2）。

11. 拆卸曲轴皮带轮螺栓（图 8-6-1 中的 3）。

12. 拆卸曲轴皮带轮（图 8-6-1 中的 4）。

13. 拆卸正时皮带下盖（图 8-6-1 中的 5）。

14. 顺时针转动曲轴，使正时标记（图 8-6-1 中的 6 和 7）对齐。

15. 松开正时皮带张紧器皮带轮螺栓（图 8-6-1 中的 8）。

16. 拆卸正时皮带张紧器螺栓（图 8-6-1 中的 9）。

17. 拆卸正时皮带张紧器（图 8-6-1 中的 10）。

18. 拆卸正时皮带。注意，如果要继续使用拆下的正时皮带，则要在拆卸前先用粉笔在皮带上标记好正时皮带的转动方向，以便在重新安装时参照。

二、帕杰罗轿车 3.0L（6G72）发动机正时皮带安装步骤

1. 确认正时皮带张紧器皮带轮转动顺畅。

2. 确认正时皮带张紧器壳体没有发生泄漏或损坏。

3. 把正时皮带张紧器抵在坚硬平面上，施加 100～200N 的力量推压张紧器的推杆，推杆缩进的距离不应超过 1.0mm。

4. 如果推杆缩进的距离超过 1.0mm，则更换正时皮带张紧器。

5. 用台钳或压缩工具之类的设备将正时皮带张紧器的推杆慢慢压入张紧器壳体内，直至推杆上的小孔与张紧器壳体上的小孔对齐（图 8-6-1 中的 11）。注意，如果使用压缩工具压缩时，要用垫圈保护住正时皮带张紧器壳体上的螺杆（图 8-6-1 中的 15）。

6. 用直径为 1.4mm 的销子插入对齐的小孔，使推杆固定。

7. 安装正时皮带张紧器（图 8-6-1 中的 10），将螺栓（图 8-6-1 中的 9）紧固至 24N·m。

8. 确认正时标记（图 8-6-1 中的 6 和 7）对齐。

9. 从曲轴带轮开始，沿逆时针方向安装正时皮带。

10. 用手推动正时皮带张紧器轮，将螺栓轻轻拧紧（图 8-6-1 中的 8）。

11. 沿逆时针方向转动曲轴 1/4 圈。

12. 沿顺时针方向转动曲轴 1/4 圈。

13. 确认正时标记（图 8-6-1 中的 6 和 7）对齐。

14. 松开正时皮带张紧器皮带轮螺栓（图 8-6-1 中的 8）。

15. 沿逆时针方向对正时皮带张紧器皮带轮（图 8-6-1 中的 12）施加 4.4N·m 的力矩。

16. 固定住正时皮带张紧器皮带轮，将正时皮带张紧器皮带轮螺栓（图 8-6-1 中的 8）紧固至 49N·m。

17. 拔出固定推杆的销子。

18. 沿顺时针方向转动曲轴 2 周，确认正时标记（图 8-6-1 中的 6 和 7）对齐。

19. 等待 5min。

20. 检查推杆的突出量，应为 3.8～4.5mm（图 8-6-1 中的 13）。

21. 安装其他部件。

22. 将曲轴皮带轮螺栓紧固至 181N·m。

23. 重新加注发动机冷却液。

第七节 ECLIPSE（伊柯丽斯）轿车

ECLIPSE 轿车 2.4L 发动机正时校对

1. 2.4L 发动机正时系统部件的拆卸：

（1）顺时针转动曲轴，对齐各正时标记，如图 8-7-1 所示，以将 1 号缸调节至其压缩行程的上止点。

（2）拆下正时带底盖橡胶塞，如图 8-7-2 所示，然后装上专用工具 MD998738。

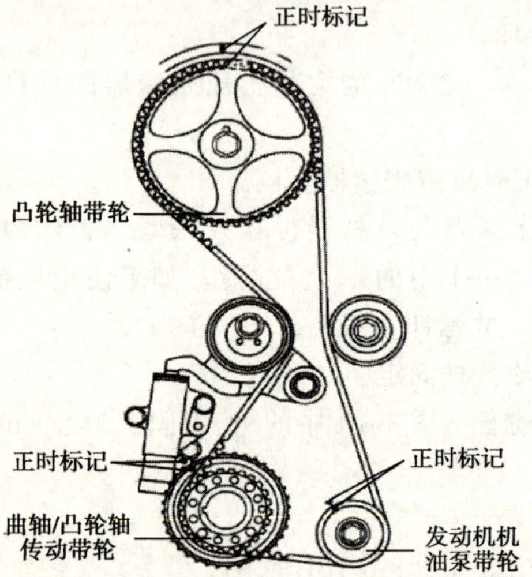

图 8-7-1 对齐各个正时标记

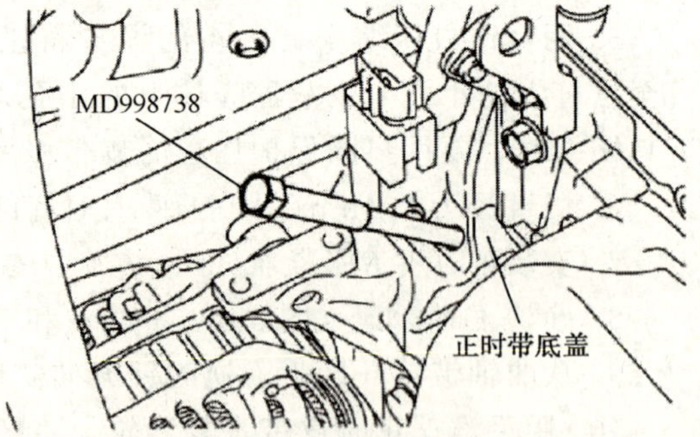

图 8-7-2 安装专用工具

（3）用手拧入专用工具 MD998738，如图 8-7-3 所示，直至其接触到正时带张紧器臂。

注意： 专用工具 MD998738 必须以每秒 30°的速度逐步安装，如果突然将其拧入，则正时带张紧器调节器杆将不容易缩回，可能导致专用工具 MD998738 弯曲。

（4）逐渐拧入专用工具 MD998738，然后将正时带张紧器调节器杆定位孔 A 与正时带张紧器调节器圆柱体的定位孔 B 对齐，如图 8-7-4 所示。

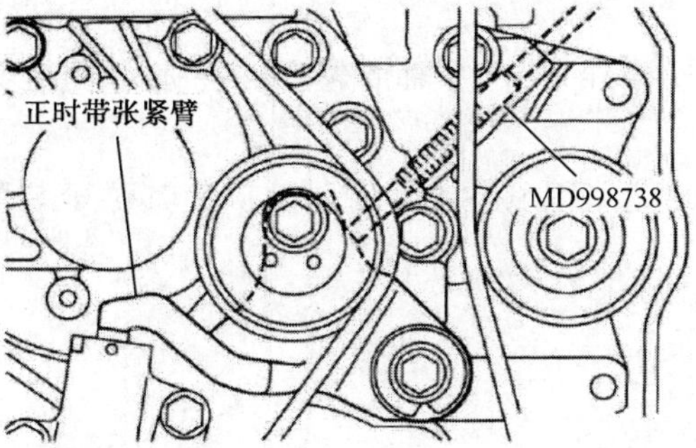

图 8-7-3　拧入专用工具

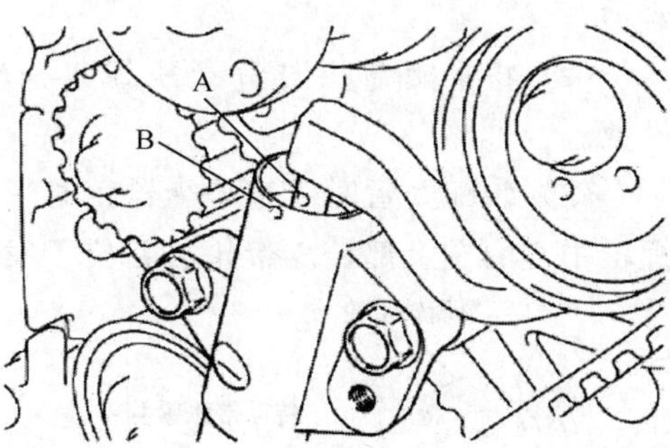

图 8-7-4　对齐定位孔 A 和 B

（5）在对齐的定位孔里插入钢丝或销子，如图 8-7-5 所示。

注意： 如果要重新使用正时皮带，可用粉笔等在皮带的背面画一个指示转动方向（顺时针）的箭头，以便重新安装时作为参考标记使用。

（6）拆下专用工具 MD998738 后，松开正时带张紧轮的固定螺栓，然后拆下正时皮带。

2. 曲轴皮带轮中央螺栓/曲轴皮带轮垫圈/曲轴凸轮轴传动机构带轮的拆卸：

（1）用专用工具 MB991367 和 MB991385 固定曲轴/凸轮轴驱动带轮，如图 8-7-6 所示。

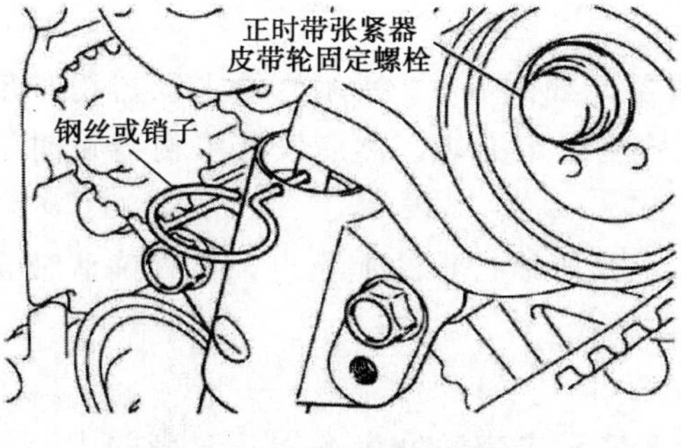

图 8-7-5　插入钢丝或销子

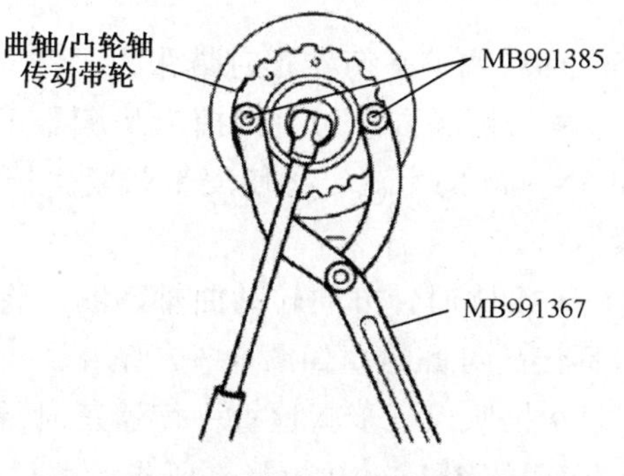

图 8-7-6　固定曲轴/凸轮轴驱动带轮

（2）松开曲轴皮带轮中央螺栓，然后拆下曲轴皮带轮垫圈和曲轴凸轮轴传动机构带轮。

3. 平衡器正时带的拆卸：

拆卸平衡器正时带时要注意，如果要重新使用平衡器正时带，可用粉笔等在皮带的背面画一个指示转动方向（顺时针）的箭头，以便重新安装时作为参考标记使用，以免发生错装。

4. 正时系统的安装。

平衡器正时带/平衡器正时带张紧器的安装：

（1）确保曲轴平衡轴驱动带轮正时标记与平衡轴带轮正时标记对齐，如图 8-7-7 所示。

（2）将平衡器正时带安装到曲轴平衡轴驱动带轮和平衡轴带轮上。在张力侧应无松弛。

（3）装配并暂时固定平衡器正时带张紧轮的中心，如图 8-7-8 所示，以使其位于装配螺栓中心的左上部，皮带轮法兰位于发动机前侧。

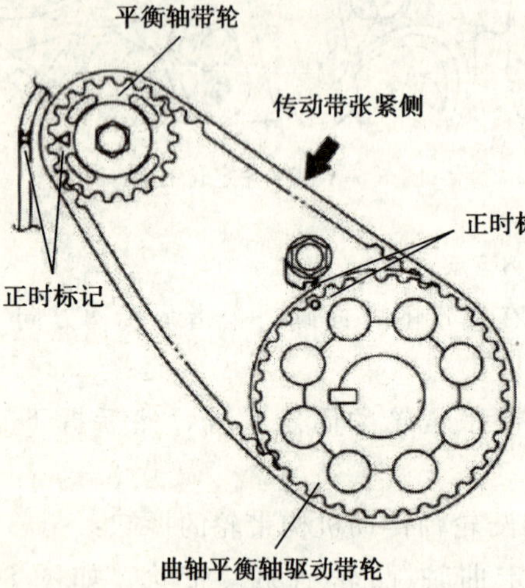

图 8-7-7　对齐带轮正时标记

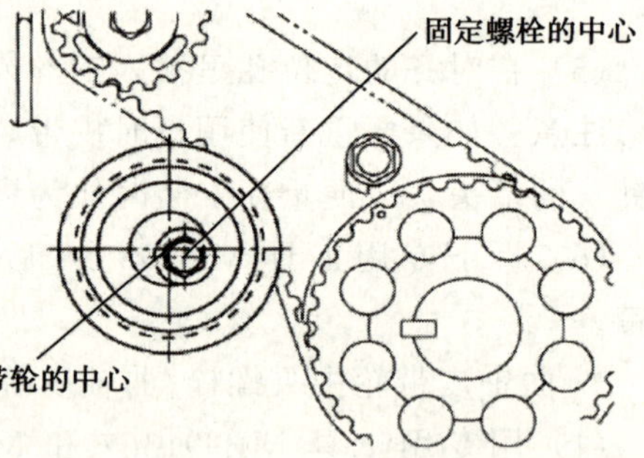

图 8-7-8　装配并暂时固定平衡器正时带张紧轮的中心

（4）调整平衡器正时带张力：

● 按箭头方向用手指抬起平衡器正时带张紧器，如图 8-7-9 所示。给平衡器正时带施加 3N・m 的力矩，以使皮带张紧。拧紧装配螺栓至规定力矩。然后安装平衡器正时带张紧器。

● 沿顺时针方向转动曲轴两圈，将 1 缸调节至其压缩行程的上止点，检查确认带轮正时标记是对齐的，如图 8-7-7 所示。

● 按照以下步骤检查平衡器正时带张力。

① 按图 8-7-10 中箭头所指示的位置用指尖轻轻敲击带轮间平衡器正时带的中心，然后用振动频率测量仪检查皮带振动频率是否处于 70～100Hz 的标准范围内。

② 如图 8-7-11 所示，在带轮间的中心（箭头区域）施加 59N 的压力，然后检查皮带挠度是否处于 8～12mm 的标准值范围内。

5. 曲轴转角感应盘/曲轴/凸轮轴传动带轮/曲轴皮带轮垫圈/曲轴皮带轮中央螺栓的

安装：

（1）如图 8-7-12 所示，对曲轴、曲轴转角感应盘、曲轴/凸轮轴传动机构带轮和曲轴皮带轮垫圈进行清洁或去除油污。

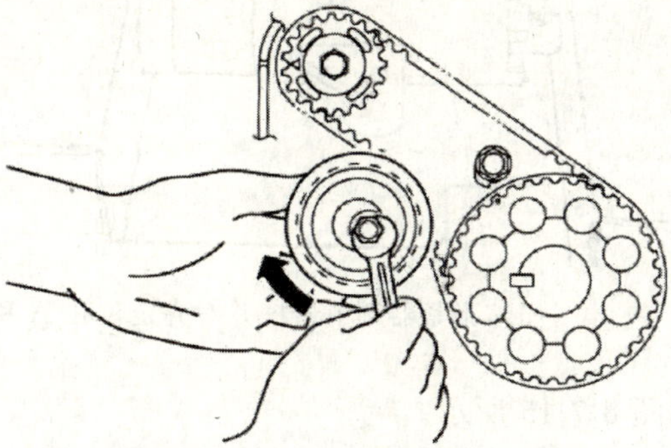

图 8-7-9　抬起平衡器正时带张紧器

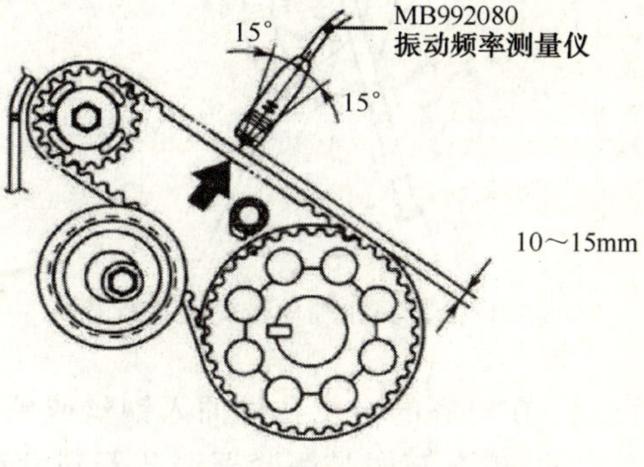

图 8-7-10　检查正时皮带振动频率

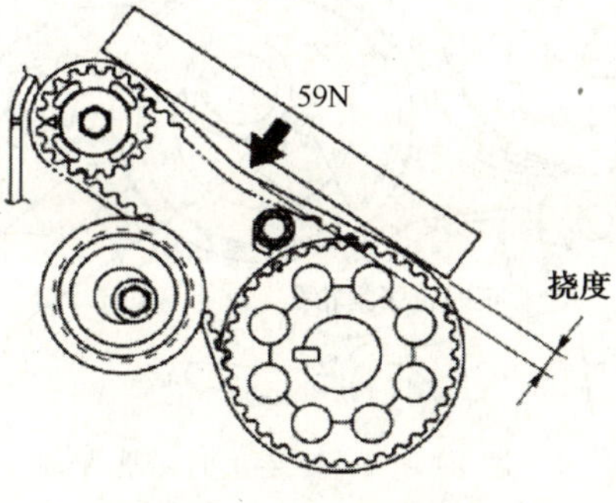

图 8-7-11　检查皮带挠度

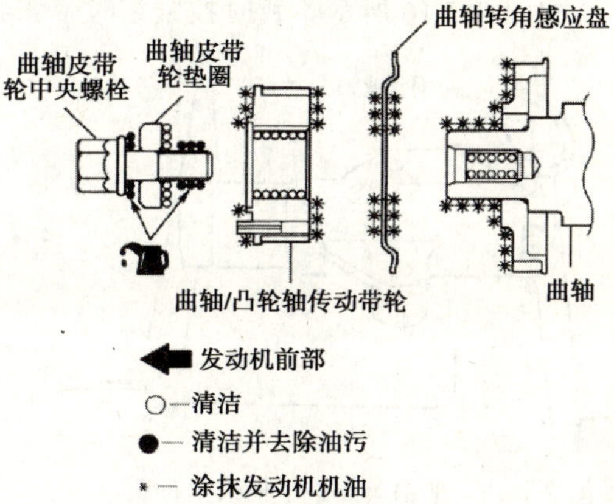

图 8-7-12　清洁并去除部件上的油污

（2）按图 8-7-12 所示方向安装曲轴转角感应盘和曲轴/凸轮轴传动带轮。

（3）沿图示方向安装曲轴皮带轮垫圈，然后装配曲轴皮带轮中央螺栓。

（4）在曲轴皮带轮中央螺栓的支撑表面和螺钉上涂抹少量发动机机油。

（5）按照与拆卸相同的方式，用专用工具 MB991367 和 MB991385 固定曲轴/凸轮轴传动带轮。

（6）将曲轴皮带轮中央螺栓拧紧至规定力矩，如图 8-7-13 所示。

6. 正时带张紧器调节器的安装：

（1）在正时带张紧器调节器杆安全伸出的情况下，根据以下步骤安装。

① 用压力机或虎钳慢慢压缩正时带张紧器调节器杆，如图 8-7-14 所示。然后将杆的定准孔 A 与正时带张紧器调节器圆柱体的定位孔 B 对齐。

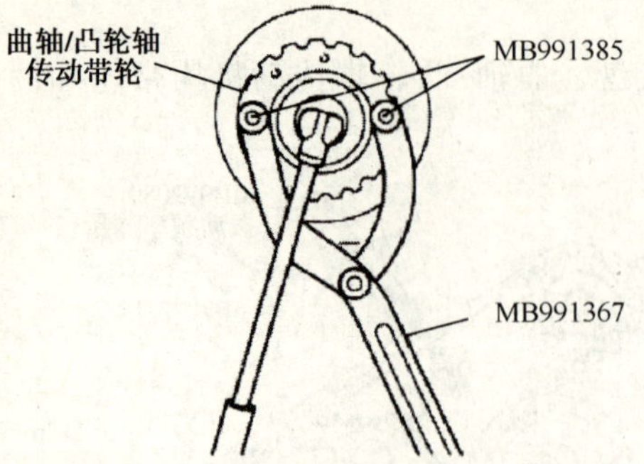

图 8-7-13　紧固曲轴皮带轮中央螺栓

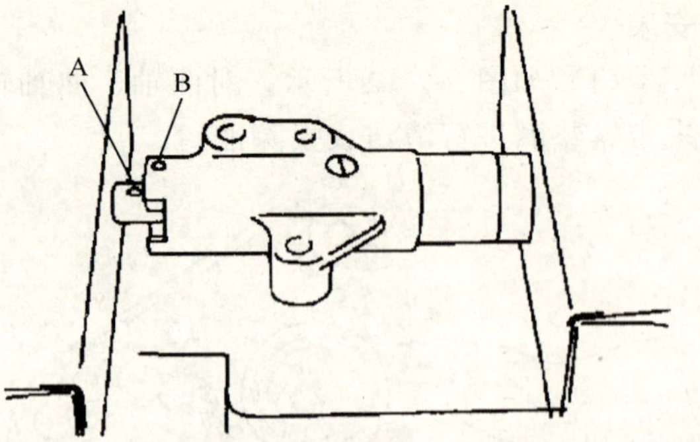

图 8-7-14　压缩张紧器调节器杆并对齐定位孔 A 和 B

② 在对齐的定位孔里插入钢丝或销子，如图 8-7-15 所示。

（2）安装正时带张紧器调节器到发动机上，然后将固定螺栓拧紧至规定力矩。直到气门正时皮带调整好，才可拆下钢丝或销子。

7. 如图 8-7-16 所示，暂时拧紧正时带张紧轮。

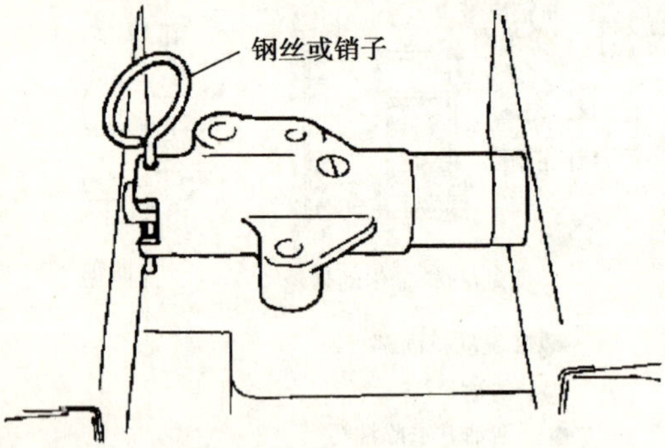

图 8-7-15　把钢丝或销子插入定位孔

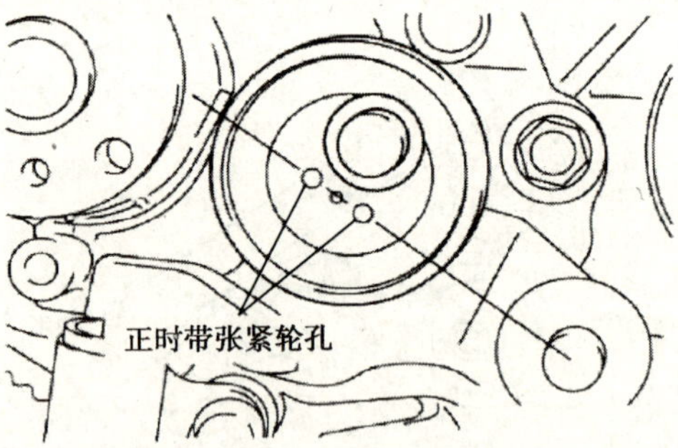

图 8-7-16　安装正时带张紧轮

8. 正时皮带的安装：

（1）对齐凸轮轴带轮、曲轴/凸轮轴机构带轮和机油泵带轮上的正时标记，如图 8-7-17 所示。

（2）调整机油泵带轮的正时标记。拔出气缸体塞，如图 8-7-18 所示。将螺栓（M6，剖面宽度 10mm，标称长度 45mm）插入到塞孔中，如果该螺栓接触到平衡轴，则将机油泵带轮转一圈。重新调整正时标记，然后检查螺栓的配合度。正时皮带装配前不要拆下该螺栓。

（3）按以下方式安装正时皮带，如图 8-7-19 所示，以使皮带的张力不松弛。

① 将正时皮带放在正时带张紧轮和曲轴/凸轮轴传动带轮上，然后用左手支撑，使其不能滑动。

② 将正时皮带放到发动机机油泵带轮上，同时用右手拉动。

③ 将正时皮带放在正时带张紧装置皮带轮上。

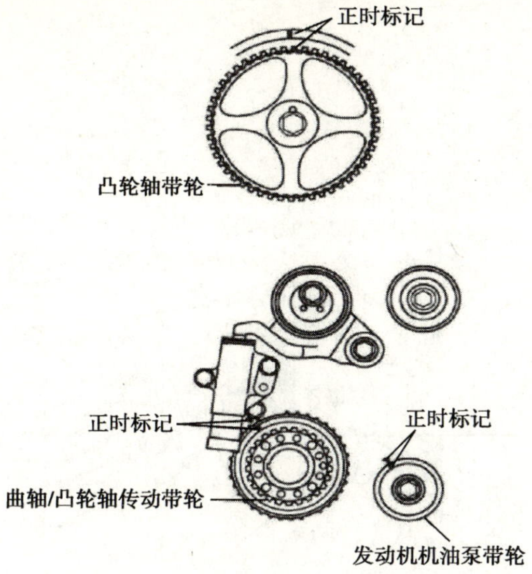

图 8-7-17　对齐正时标记

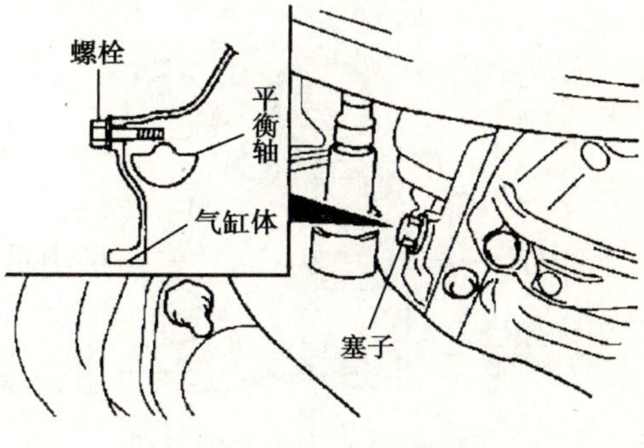

图 8-7-18　拔出气缸体塞

④ 将正时皮带放在凸轮轴带轮上。

（4）沿图 8-7-20 中箭头方向用专用工具 MD998767 转动正时带张紧轮，对正时皮带施加张力，然后暂时拧紧并安装正时带张紧轮固定螺栓。

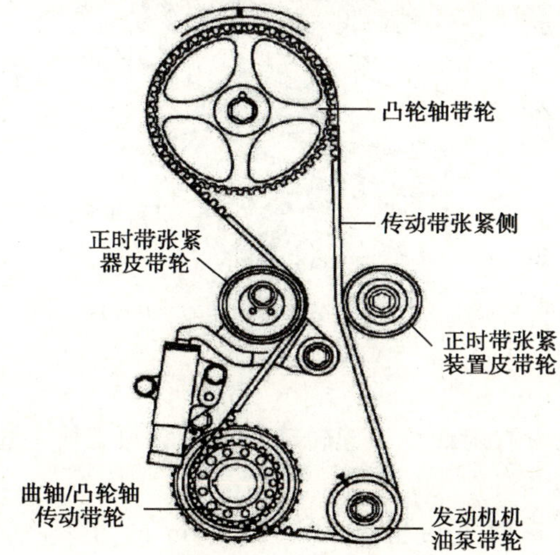

图 8-7-19　安装正时皮带

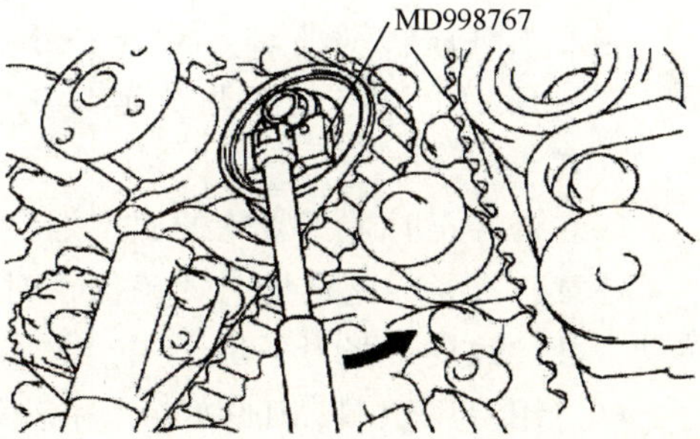

图 8-7-20　用专用工具转动正时带张紧轮

（5）检查确认正时标记对齐，如图 8-7-21 所示。

（6）拆下步骤（2）中插入的螺栓，然后装配气缸体塞。

（7）将气缸体塞拧紧至规定力矩，如图 8-8-22 所示。

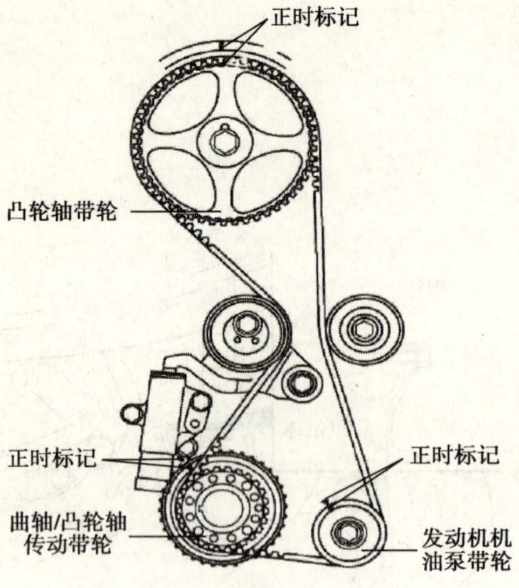

图 8-7-21 正时标记对齐

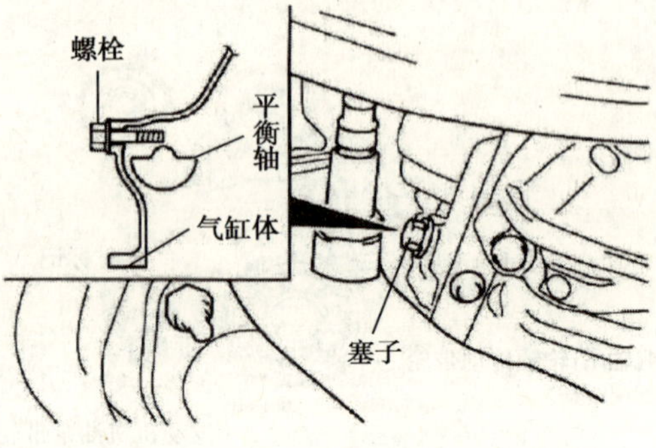

图 8-7-22 拧紧气缸体塞

（8）调整正时皮带张力。

9. 正时皮带张力的调整：

（1）装上拆卸正时皮带时所使用的专用工具 MD998738，如图 8-7-23 所示。

注意： 使用扳手或其他工具可能会损坏插在正时带张紧器调节器中的钢丝或销子，因此一定要用手拧入专用工具 MD998738。

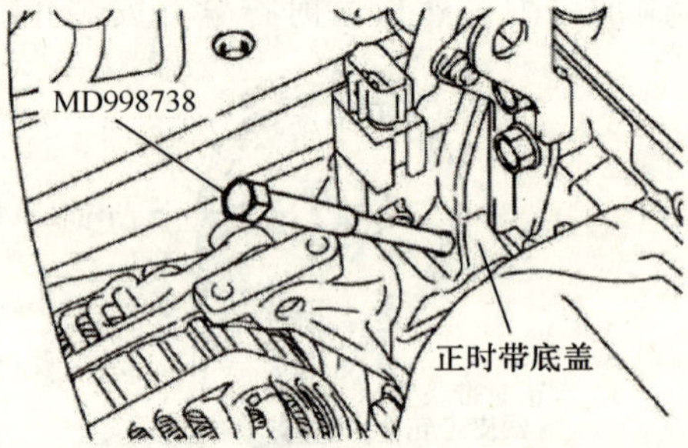

图 8-7-23 安装专用工具 MD998738

（2）逐渐拧入专用工具 MD998738，直至插在正时带张紧器调节器中的钢丝或销子轻微移动。

（3）逆时针转动曲轴 1/4 圈。

（4）顺时针转动曲轴，对齐各正时标记，如图 8-7-21 所示，以将 1 缸调节至其压缩行程的上止点位置。

（5）松开正时带张紧轮的固定螺栓。

注意： 拧紧固定螺栓时，确保正时带张紧轮没有随螺栓一起转动。如果它与螺栓一起转动，会导致皮带张力不足。

（6）用专用工具 MD998767 和转矩扳手在正时皮带上施加 3.5N·m 的力矩，如图 8-7-24所示。然后将正时带张紧轮的固定螺栓拧紧至规定力矩。

（7）拆下插在正时带张紧器调节器中的钢丝或销子，如图 8-7-25 所示。

（8）拆下专用工具 MD998738，如图 8-7-26 所示，安装橡胶塞到正时带底盖上。

（9）顺时针转动曲轴两圈，然后让其处于自由状态 15min。

（10）再次插入步骤（7）中拆下的钢丝或销子，如图 8-7-27 所示，并确保其能轻松拉出。

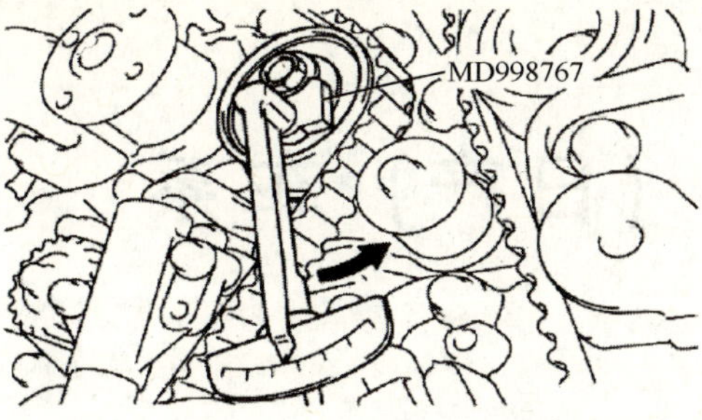

图 8-7-24　用专用工具在正时皮带上施加力矩

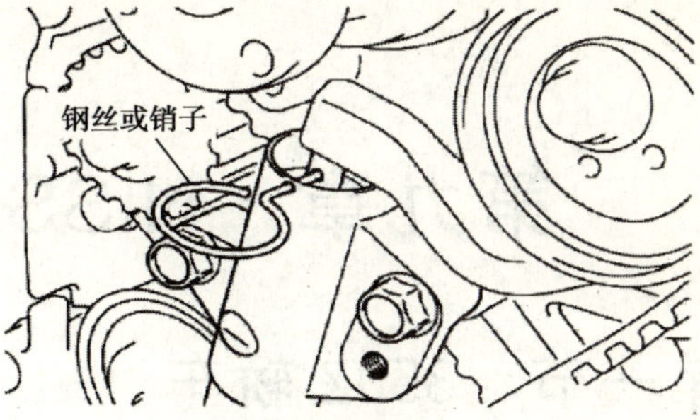

图 8-7-25　拆下钢丝或销子

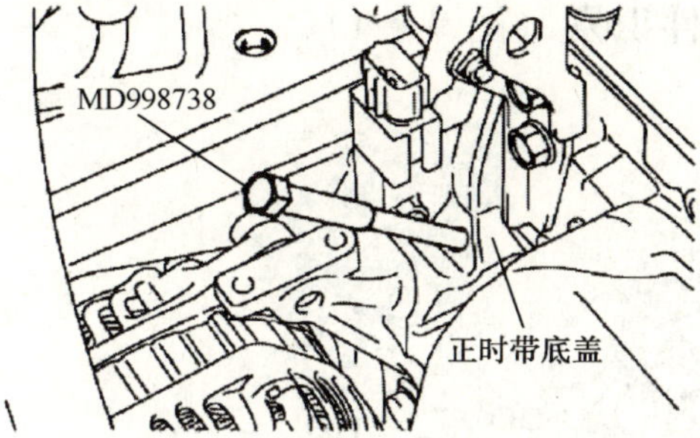

图 8-7-26　安装橡胶塞

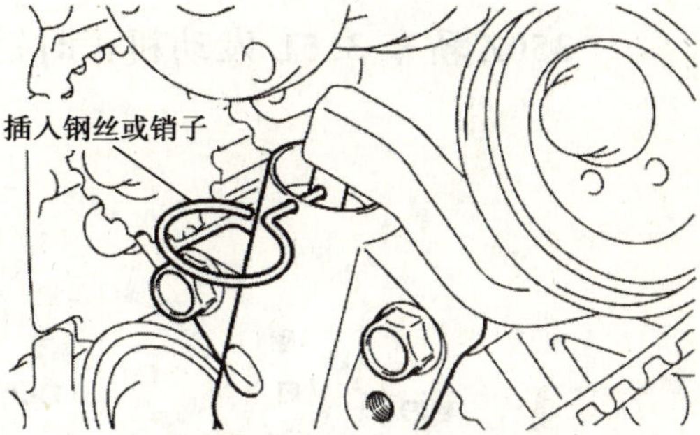

图 8-7-27　插入钢丝或销子

当钢丝或销子能轻松拆下时，正时带上已加载合适的张力。在这种情况下，拆下钢丝或销子。

此外，当正时带张紧器调节器的杆的伸出部分处于标准值（标准值 A：3.8～4.5mm）范围内时，说明施加的张力适当，如图 8-7-28 所示。

（11）如果不能轻松拉出钢丝或销子，则重复步骤（1）～（9），以达到正确的皮带张力。

注意：逆时针转动曲轴皮带轮中央螺栓时，一定要检查曲轴皮带轮中央螺栓的拧紧转矩。如果螺栓松开，则重新拧紧。

（12）再次检查确认带轮上的正时标记对齐，如图 8-7-21 所示。

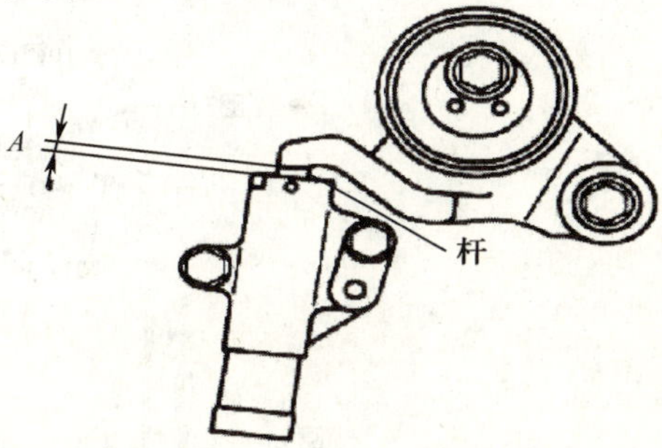

图 8-7-28　检查张紧器杆伸出部分

第九章 NISSAN（日产）车系

第一节 350Z 轿车

一、350Z 轿车 3.5L 发动机正时链条部件识别（图 9-1-1）

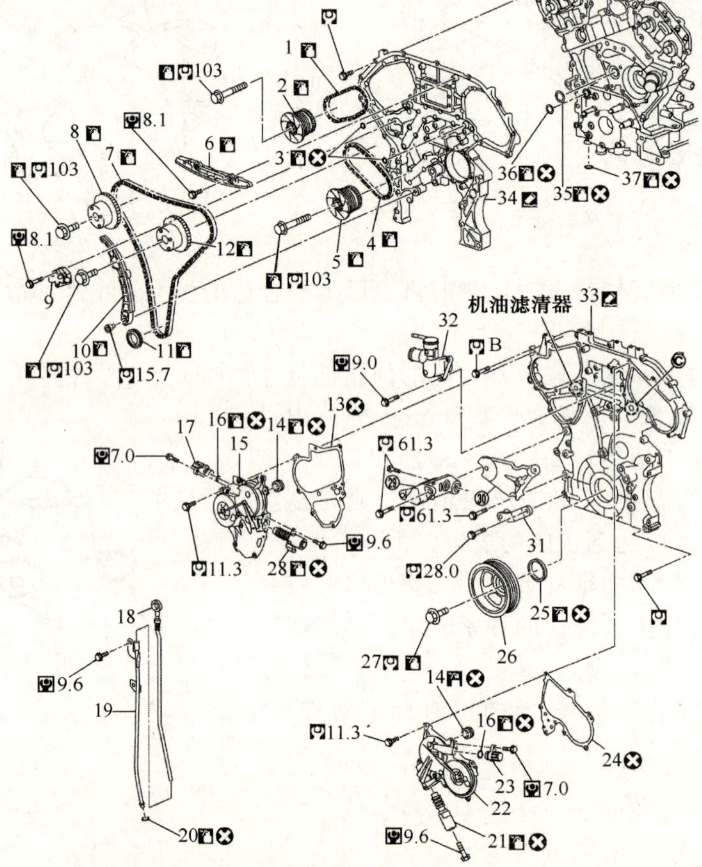

⊗ 每次解体后必须更换　　N·m
用新发动机机油润滑　　密封点
N·m

图 9-1-1　350Z 轿车 3.5L 发动机正时链条部件识别

编　号	部件说明	编　号	部件说明
1	正时链条（副）	20	O形密封圈
2	排气凸轮轴链轮	21	进气门正时控制电磁阀（气缸列2）
3	O形密封圈	22	气门正时控制罩（气缸列2）
4	正时链条（副）	23	排气门正时控制电磁阀（气缸列2）
5	排气凸轮轴链轮	24	气门正时控制罩衬垫（气缸列2）
6	内部链条导轨	25	前油封
7	正时链条（主）	26	曲轴带轮
8	进气凸轮轴链轮	27	曲轴带轮螺栓
9	正时链条张紧器（主）	28	进气门正时控制电磁阀（气缸列1）
10	滑块导轨	29	动力转向油泵支架
11	曲轴链轮	30	惰轮支架
12	进气凸轮轴链轮	31	发电机固定支架
13	气门正时控制罩衬垫（气缸列1）	32	冷却液出口（前）
14	密封圈	33	前部正时链箱
15	气门正时控制罩（气缸列1）	34	后部正时链箱
16	O形密封圈	35	O形密封圈
17	排气门正时控制电磁阀（气缸列1）	36	O形密封圈
18	机油油尺	37	O形密封圈
19	机油油尺导管		

二、350Z轿车3.5L发动机正时链条拆卸步骤

1. 释放燃油压力。
2. 断开蓄电池负极电缆。
3. 拆下发动机罩。
4. 拆卸发动机冷却液储液罐。
5. 拆卸进气管路和空气滤清器总成。
6. 拆卸发动机下部挡板。
7. 从散热器中排出发动机冷却液。
8. 拆卸散热器软管。
9. 排出发动机机油。
10. 拆卸发动机附件传动皮带并记清传动皮带的盘绕路径（图9-1-2）。
11. 拆卸发动机冷却风扇。
12. 从前正时链箱上脱开发动机线束。
13. 拆卸进气管路。

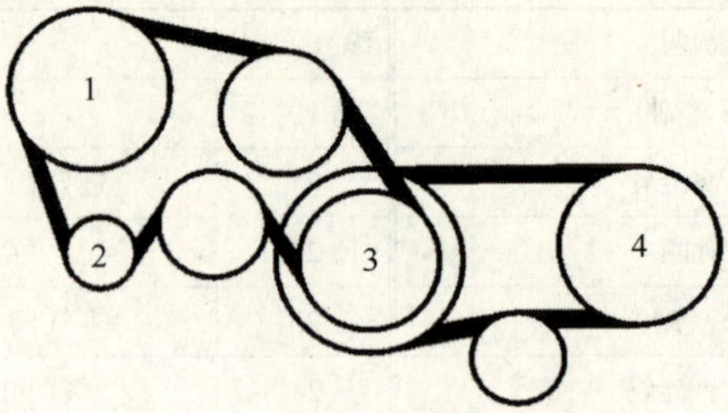

图 9-1-2　发动机传动皮带盘绕路径

1-动力转向泵；2-发电机；3-曲轴；4-空调压缩机

14. 拆卸燃油管路固定螺栓。

15. 拆卸机油油尺和机油油尺导管。

16. 从固定支架上拆下空调压缩机（压缩机管路保持连接状态）。

17. 从固定支架上拆下动力转向油泵（油泵管路保持连接状态）。

18. 拆卸动力转向油泵固定支架。

19. 拆卸惰轮、自动张紧器和固定支架。

20. 拆卸发电机和发电机固定支架。

21. 拆卸冷却液出水口和冷却液管路。

22. 拆卸气门正时控制罩（气缸列 1 和气缸列 2）及衬垫：

（1）断开气门正时控制阀线束接头，按照与图 9-1-3 中相反的顺序，拧松固定螺栓。

（2）按照图 9-1-4 所示，拆下气门正时控制罩，拆卸时注意不要碰伤磁性延迟器。

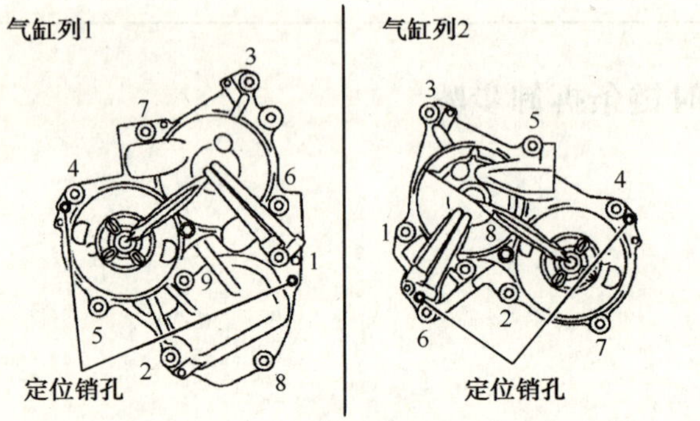

图 9-1-3　固定螺栓识别

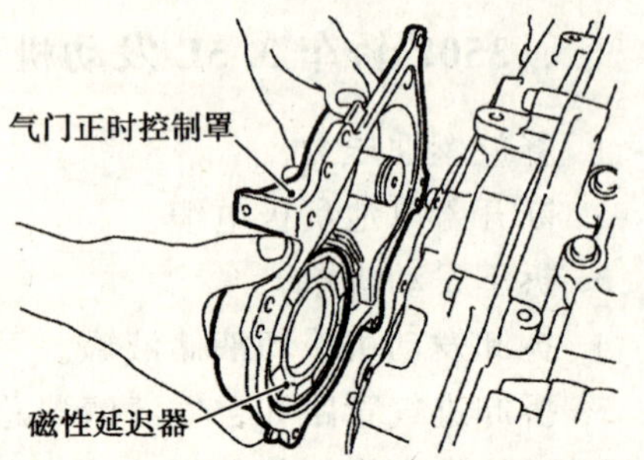

图 9-1-4　气门正时控制罩和磁性延迟器识别

23. 拆卸气门摇臂室盖。

24. 把气缸 1 设置到压缩行程上止点位置：

（1）按照图 9-1-5 所示，顺时针转动曲轴带轮，对齐正时标记。

（2）确认进气凸轮轴和排气凸轮轴的凸轮尖位于图 9-1-6 所示的位置。

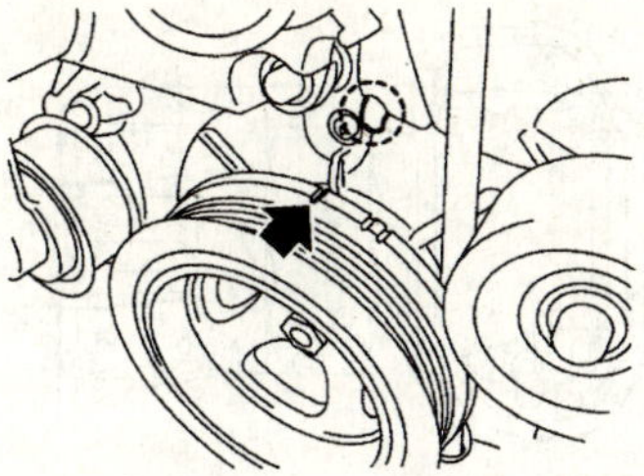

图 9-1-5 顺时针转动曲轴带轮，对齐正时标记

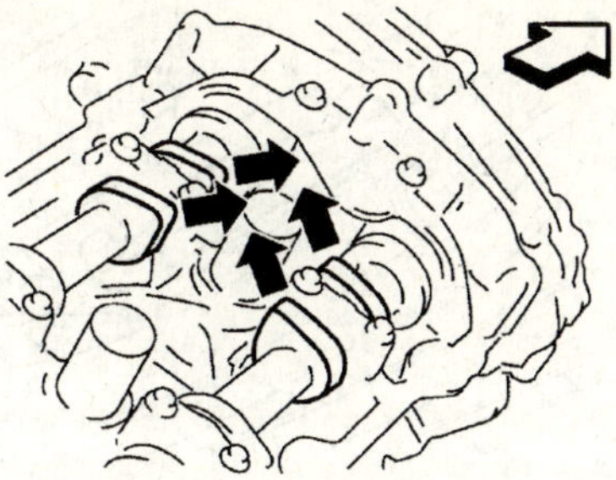

图 9-1-6 凸轮尖位置

25. 拆卸曲轴带轮：

（1）拆卸前横拉杆。

（2）拆卸动力转向管路安装螺栓。

（3）拆卸后部盖板，按照图 9-1-7 所示设置齿圈固定器（专用工具号：KV10118600）。

（4）按照图 9-1-8 所示，松开曲轴带轮螺栓。

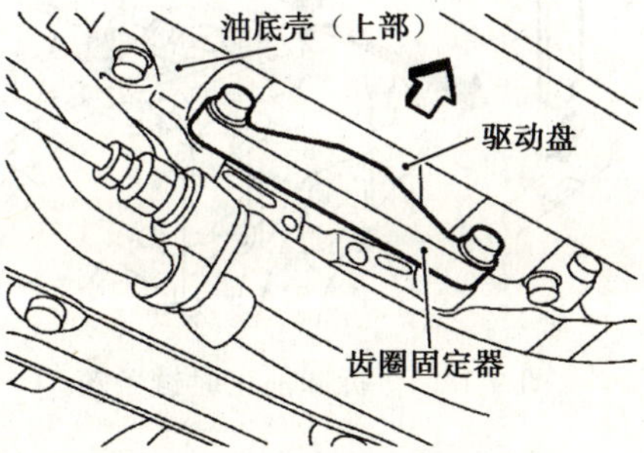

图 9-1-7 设置齿圈固定器

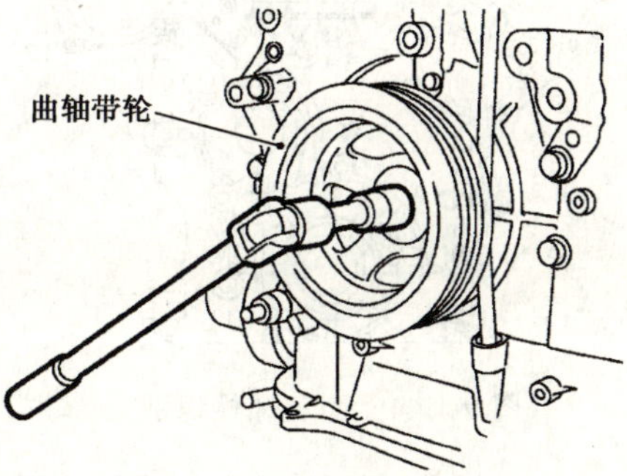

图 9-1-8 松开曲轴带轮螺栓

（5）按照图 9-1-9 所示，用拔拉工具拆卸曲轴带轮。

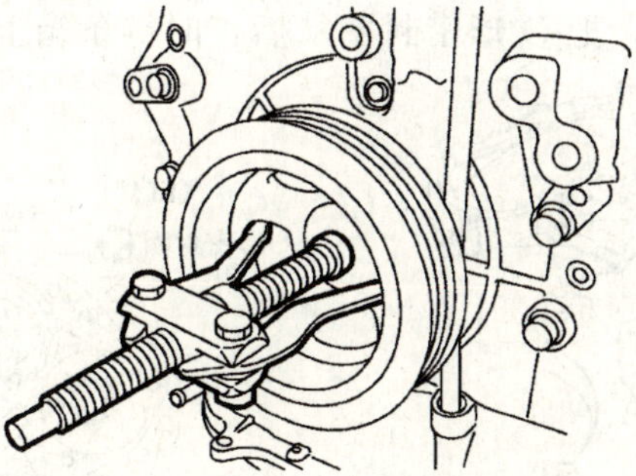

图 9-1-9 拆卸曲轴带轮

26. 拆卸下部油底壳。

27. 按照与图 9-1-10 中相反的顺序松开油底壳（上部）前部的 2 个固定螺栓。

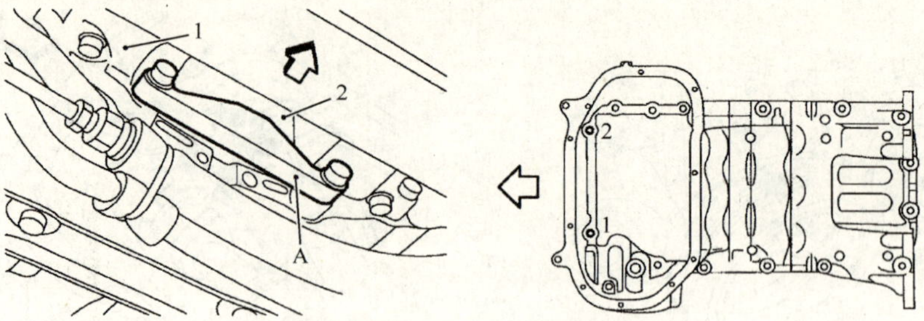

图 9-1-10　油底壳固定螺栓识别

28. 拆卸前正时链条箱：

（1）按照与图 9-1-11 相反的顺序，松开固定螺栓。

（2）按照图 9-1-12 所示，把合适的工具插入前正时链条箱顶部的槽中。

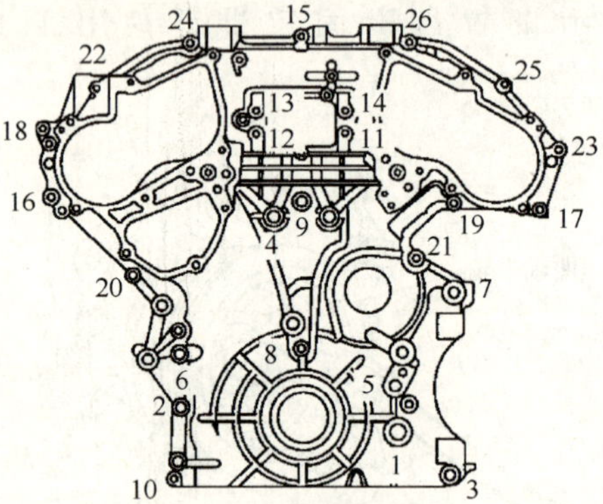

图 9-1-11　固定螺栓识别

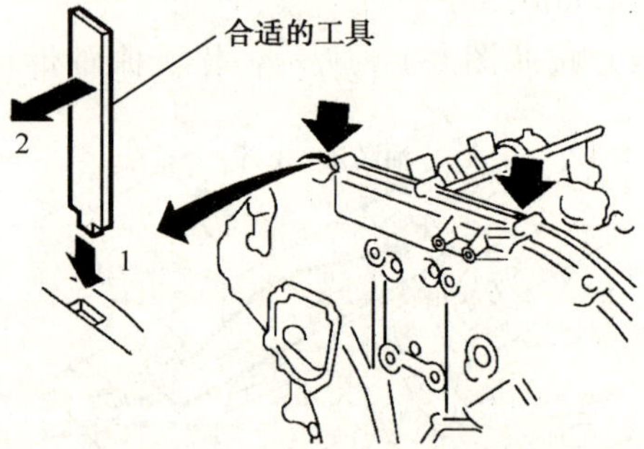

图 9-1-12　拆卸前正时链条箱

（3）如图 9-1-12 所示，用合适的工具撬下前正时链条箱。然后用刮刀把旧的液体密封垫清除干净。

29. 按照图 9-1-13 所示，用合适的工具从前正时链条箱上拆下前部机油油封。

30. 按照图 9-1-14 所示，把 O 形密封圈从后正时链条箱上拆下。

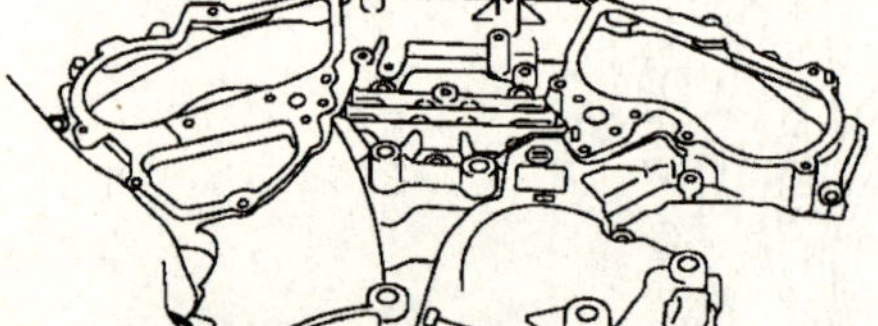

图 9-1-13　从前正时链条箱上拆下前部机油油封

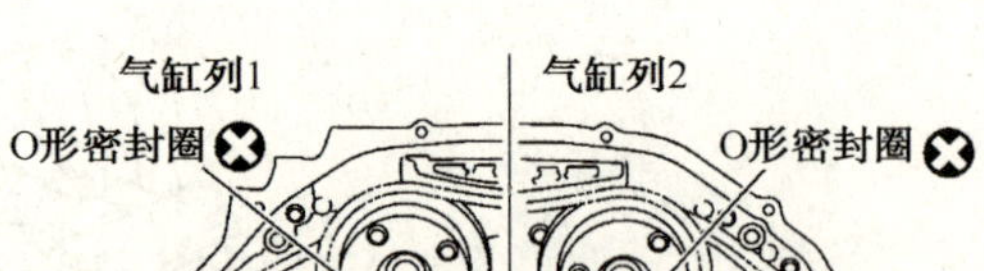

图 9-1-14　把 O 形密封圈从后正时链条箱上拆下

31. 拆卸正时链条张紧器（主）：

（1）按照图 9-1-15 所示，拆卸下部固定螺栓。

（2）按照图 9-1-15 所示，慢慢松开上部固定螺栓，然后转动正时链条张紧器（主），使柱塞完全展开。

（3）拆下上部固定螺栓，然后拆下正时链条张紧器（主）。

32. 按照图 9-1-16 所示，拆卸正时链条内部导轨和滑块导轨。

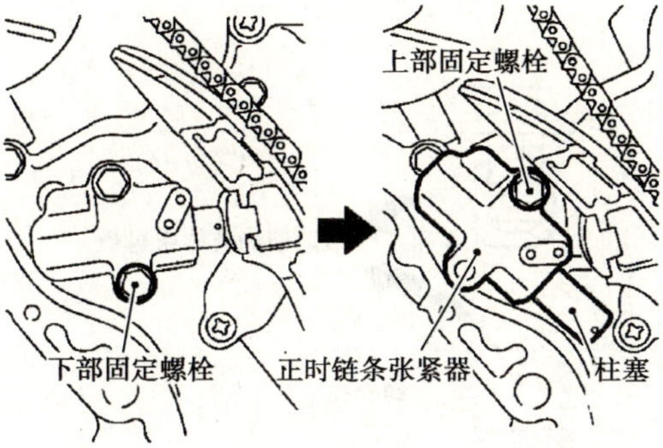

图 9-1-15　拆卸正时链条张紧器（主）

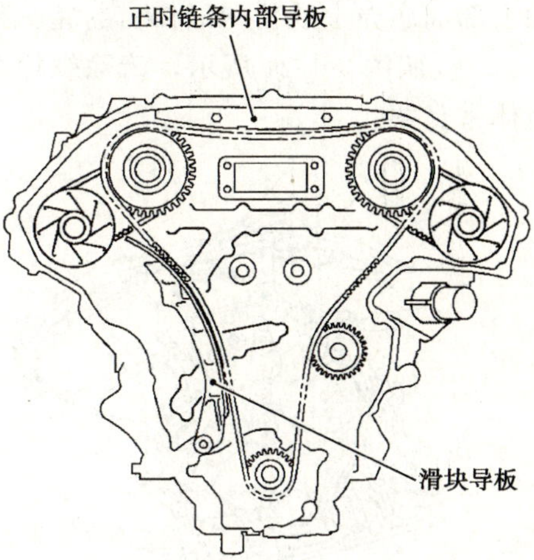

图 9-1-16　拆卸正时链条内部导轨和滑块导轨

33. 拆卸正时链条（主）和曲轴链轮。

34. 拆卸正时链条（副）和凸轮轴链轮：

（1）按照图 9-1-17 所示，把止动销（直径约 0.5mm）插入正时链条张紧器（副）中。

（2）拆卸正时链条张紧器（副）。

（3）按照图 9-1-18 所示，用扳手固定住凸轮轴的六角部分，以便松开固定螺栓。

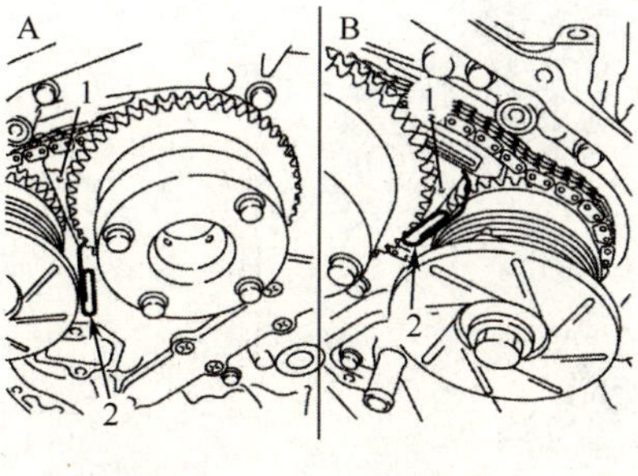

图 9-1-17　插入止动销

A-气缸列 1；B-气缸列 2；

1-正时链条张紧器；2-止动销

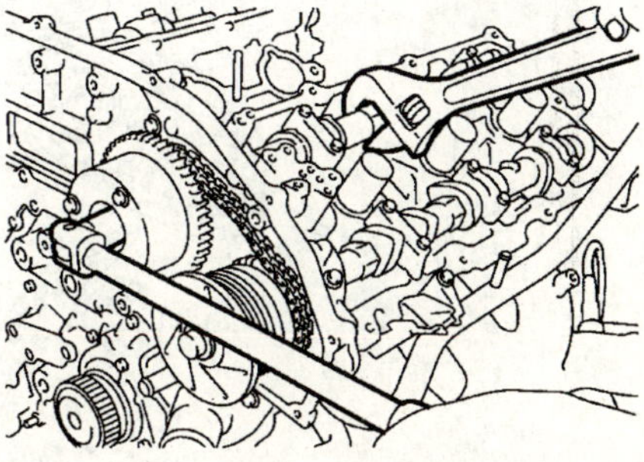

图 9-1-18　用扳手固定凸轮轴六角部分

（4）把凸轮轴链轮和正时链条（副）一起拆下。拆卸后要注意，不要松开图 9-1-19

中所示的螺栓 A 和螺栓 B。

35. 如有必要，从气缸盖上拆下正时链条张紧器（副）：

（1）拆卸 1 号凸轮轴支架。

（2）拆下插入止动销的正时链条张紧器（副）。

36. 按照图 9-1-20 所示，用刮刀把前后正时链条箱和上部油底壳上残留的液体密封垫全部清除干净。

37. 按照图 9-1-21 所示，清除螺栓孔和螺纹上的旧液体密封垫。

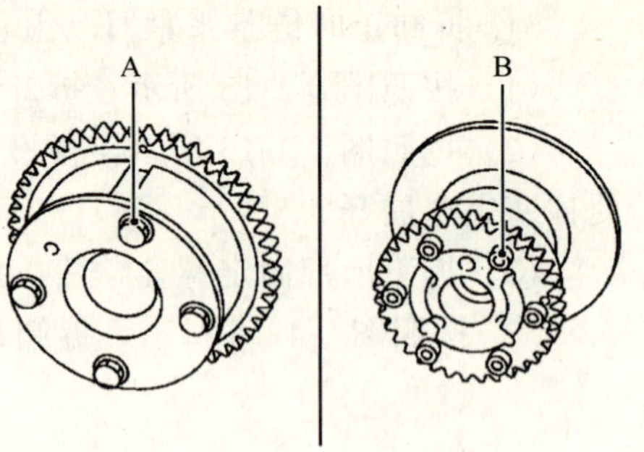

图 9-1-19　螺栓 A 和 B 识别

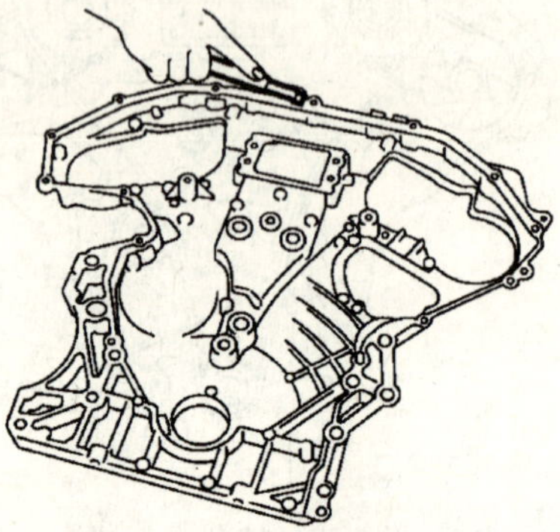
图 9-1-20　清除液体密封垫

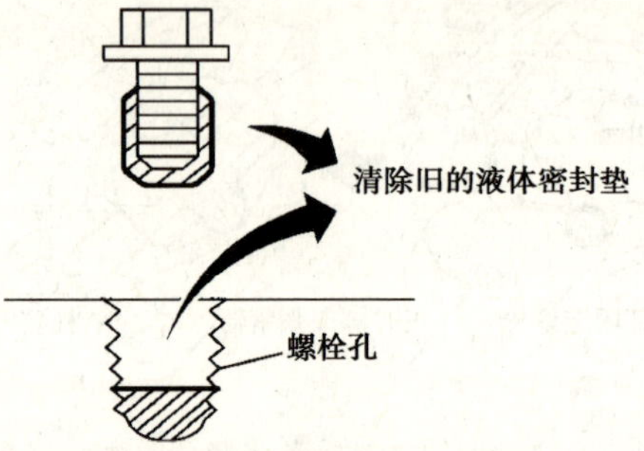

图 9-1-21　清除螺栓孔和螺纹上的旧液体密封垫

三、350Z 轿车 3.5L 发动机正时链条安装步骤（图 9-1-22）

配合标记识别如图 9-1-22 所示。

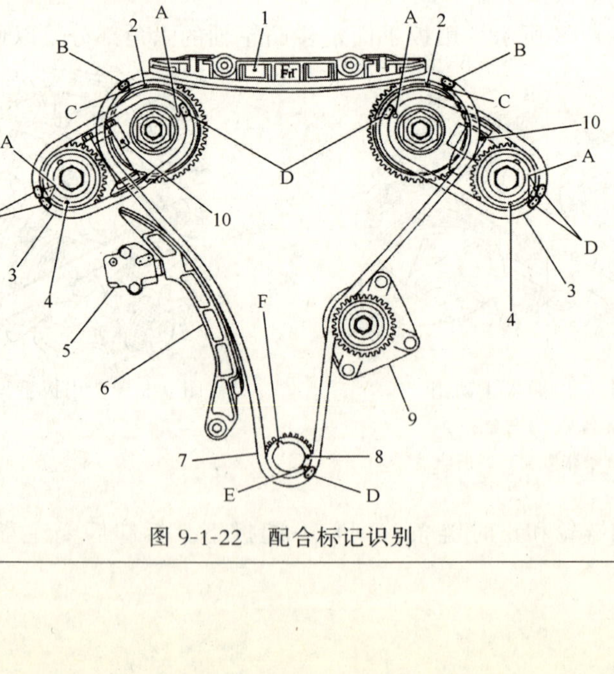

图 9-1-22　配合标记识别

编　号	部　件	编　号	部　件
1	内部正时链条导轨	9	水泵
2	进气凸轮轴链轮	10	正时链条张紧器（副）
3	正时链条（副）	A	配合标记（冲压，背面）
4	排气凸轮轴链轮	B	配合标记（黄色链节）
5	正时链条张紧器（主）	C	配合标记（冲压）
6	滑块导轨	D	配合标记（橙色链节）
7	正时链条（主）	E	配合标记（槽）
8	曲轴链轮	F	曲轴键

1. 把正时链条张紧器（副）安装到气缸盖上。

2. 确认定位销和曲轴键处于图 9-1-23 所示的位置。

3. 安装正时链条（副）和凸轮轴链轮：

（1）推压正时链条张紧器（副）的柱塞，插入止动销（图 9-1-24），使柱塞保持在压缩状态。

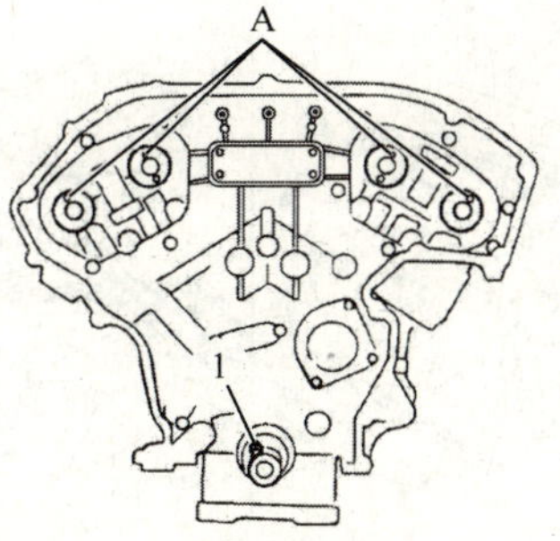

图 9-1-23　定位销和曲轴键的相对位置

A-定位销；1-曲轴键

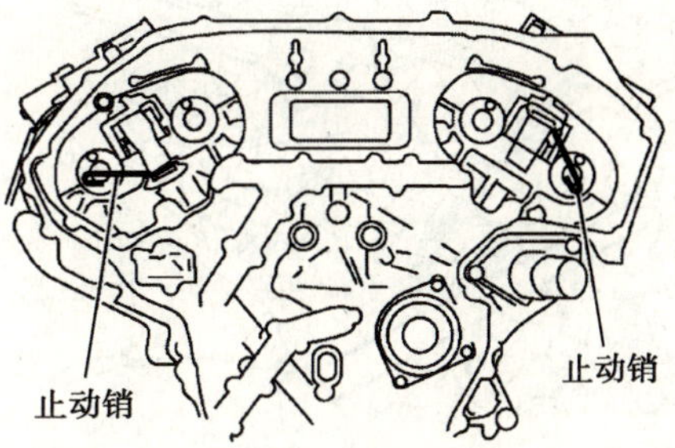

图 9-1-24　插入止动销

（2）按照图 9-1-25 所示，将正时链条（副）上的配合标记与进气凸轮轴链轮和排气凸轮轴链轮上的配合标记对准。然后安装正时链条（副）和凸轮轴链轮。

（3）检查各个凸轮轴链轮上的配合标记（冲压）是否与正时链条（副）上的橙色链节对齐（图 9-1-26）。

（4）对齐配合标记后，按照图 9-1-27 所示，用扳手固定住凸轮轴的六角部分，紧固凸轮轴链轮固定螺栓。

（5）按照图 9-1-28 所示，从正时链条张紧器（副）中拔出止动销。

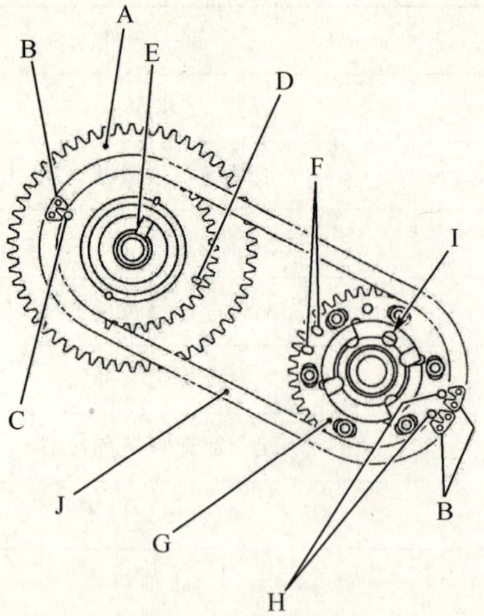

图 9-1-25　安装正时链条（副）和凸轮轴链轮

A-进气凸轮轴链轮背面；B-橙色链节；C-圆形配合标记；D-椭圆形配合标记；E-定位槽；F-椭圆形配合标记；G-排气凸轮轴链轮背面；H-圆形配合标记；I-定位孔；J-正时链条（副）

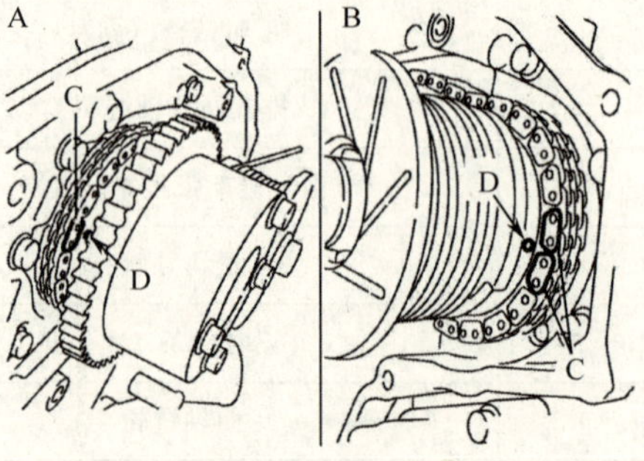

图 9-1-26　对齐配合标记

A-进气侧；B-排气侧；C-配合标记（橙色链节）；D-配合标记（冲压）

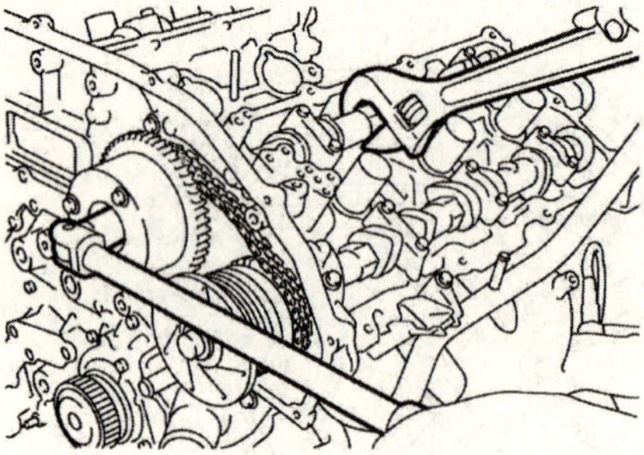

图 9-1-27　固定凸轮轴六角部分，紧固凸轮轴链轮螺栓

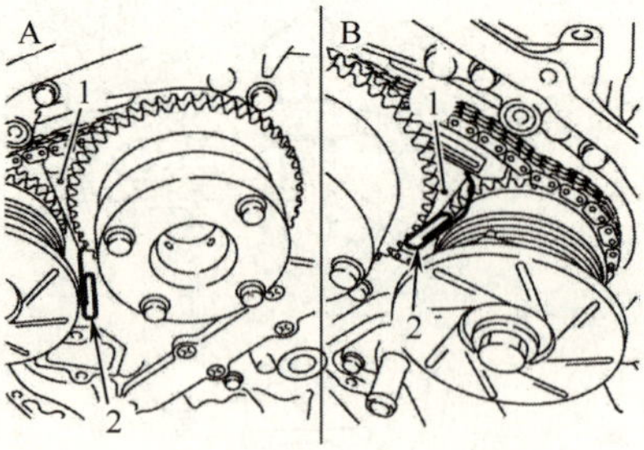

图 9-1-28　拔出止动销

A-气缸列 1；B-气缸列 2；
1-正时链条张紧器；2-止动销

4. 安装曲轴链轮：

（1）如图 9-1-29 所示，曲轴链轮上的配合标记要朝向发动机前部。

（2）按照图 9-1-30 所示，把配合标记 A 与 B 对齐；配合标记 C 与 D 对齐，安装正时链条（主）。

5. 按照图 9-1-31 所示，安装内部正时链条导轨和滑块导轨。紧固滑块导轨固定螺栓时要注意，不要紧固过度，应使螺栓底座下方保持间隙存在，如图 9-1-32 所示。

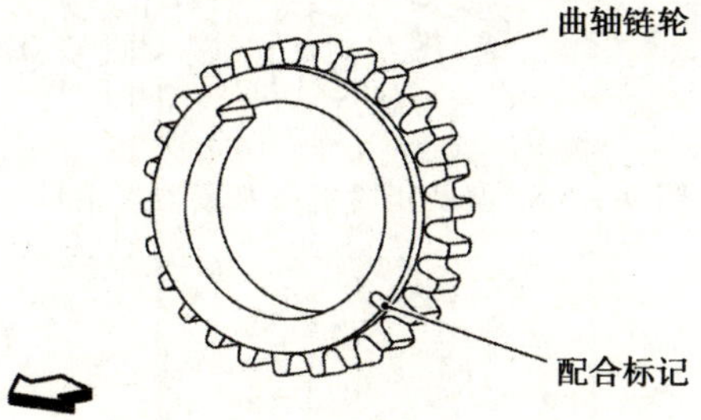

图 9-1-29　曲轴链轮配合标记

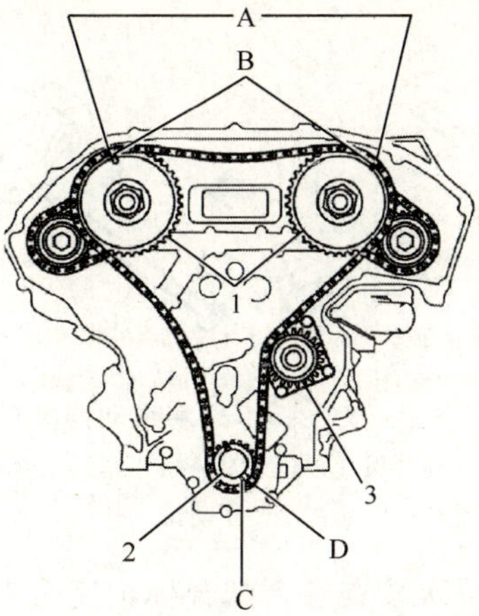

图 9-1-30　对齐配合标记，安装正时链条（主）

A-黄色链节；B-配合标记（冲压）；C-配合标记（冲压）；D-橙色链节；1-进气凸轮轴链轮；2-曲轴链轮；3-水泵

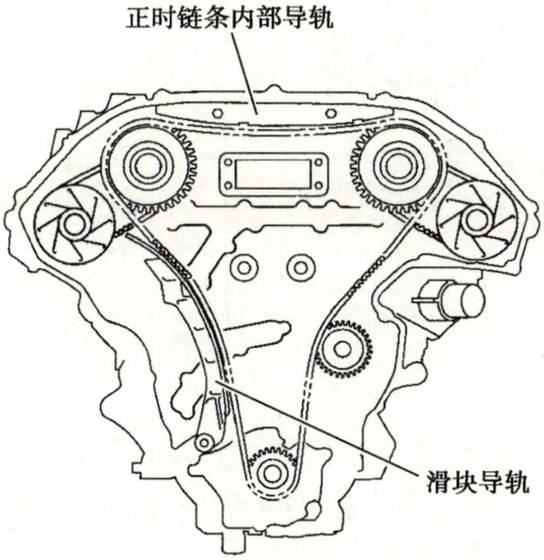

图 9-1-31　安装正时链条内部导轨和滑块导轨

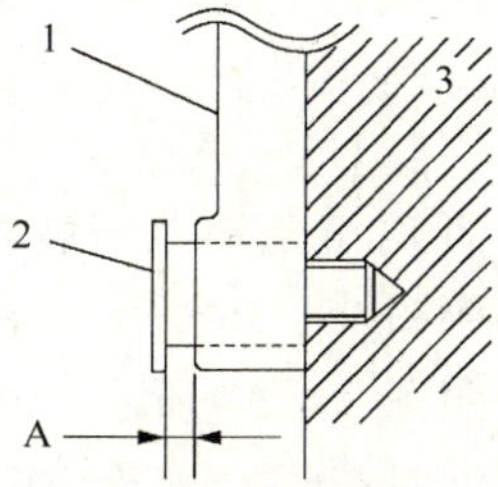

图 9-1-32　正确紧固滑块固定螺栓

1-滑块导轨；2-固定螺栓；3-气缸体；A-间隙

6. 安装正时链条张紧器（主）：

（1）按照图 9-1-33 所示，向上推动柱塞止动器拨片，以便从柱塞的棘轮上拆下柱塞止动器拨片。

（2）把柱塞压入正时链条张紧器壳体内。

（3）用柱塞止动器拨片把柱塞保持在完全压缩位置。

（5）按照图 9-1-33 所示，把止动销（直径约 1.2mm）插入正时链条张紧器壳体孔中。

（6）按照图 9-1-34 所示，安装正时链条张紧器（主），然后拔出止动销，解除柱塞的压缩状态。

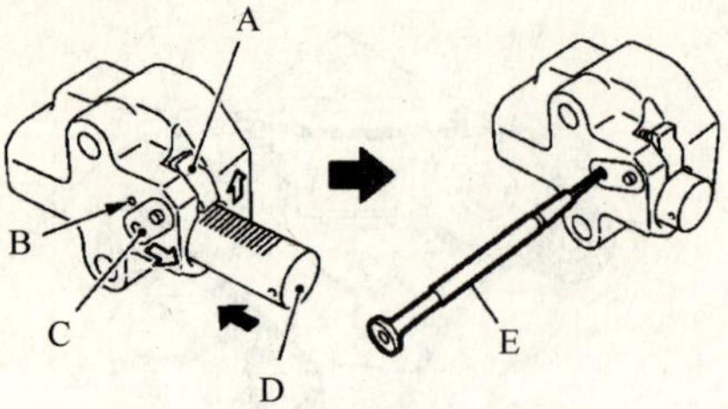

图 9-1-33 拆下柱塞止动器拨片

A-柱塞止动器拨片；B-正时链条张紧器壳体孔；C-柱塞止动器杆；D-柱塞；E-止动销

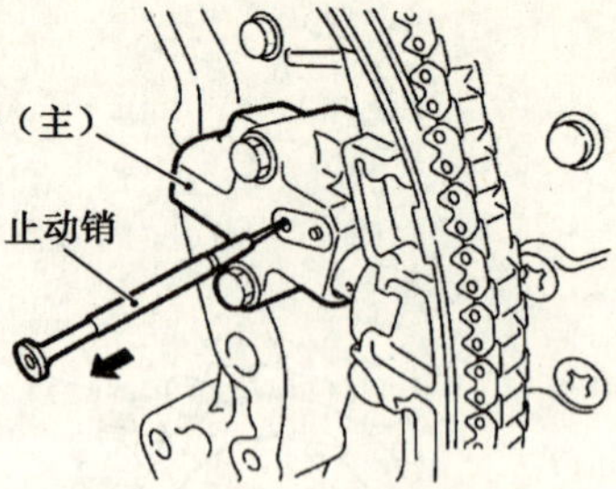

图 9-1-34 安装正时链条张紧器（主）

7. 再次核查各个配合标记完全对齐。

8. 按照图 9-1-35 所示，在后正时链条箱上安装新的 O 形密封圈。

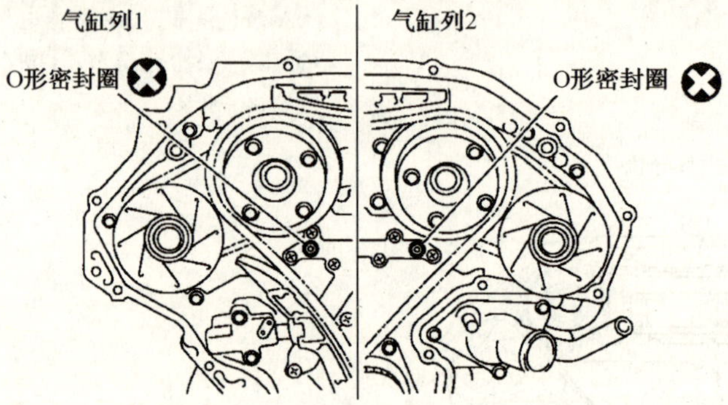

图 9-1-35 安装新的 O 形密封圈

9. 在前正时链条箱上安装新的机油油封：

（1）按照图 9-1-36 所示，在机油密封唇和防尘密封唇处涂抹新的发动机机油。

（2）按照图 9-1-37 所示，用一直径 60mm 的冲头和榔头把机油油封压入正时链条箱中，使机油油封与正时链条箱端面齐平。

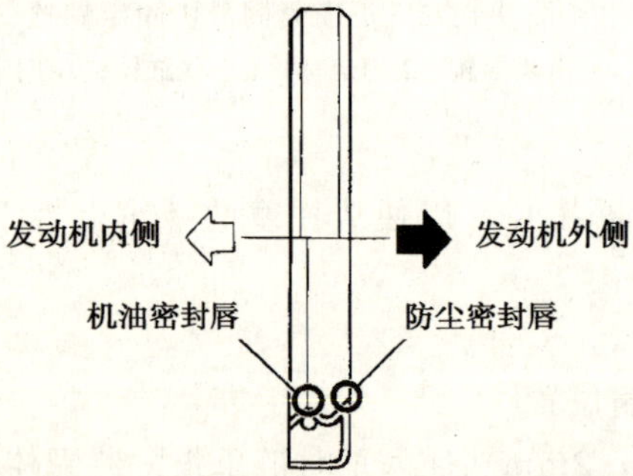

图 9-1-36 机油密封唇和防尘密封唇识别

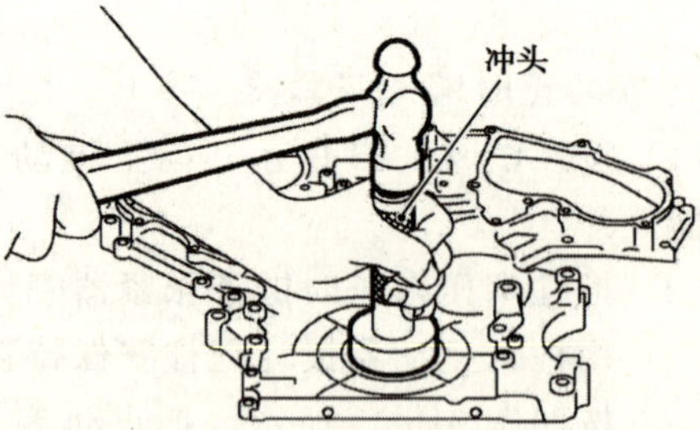

图 9-1-37 安装机油油封

10. 安装前正时链条箱：

（1）按照图 9-1-38 所示，涂抹液体密封剂，使其在前正时链条箱背面形成液体密封垫。

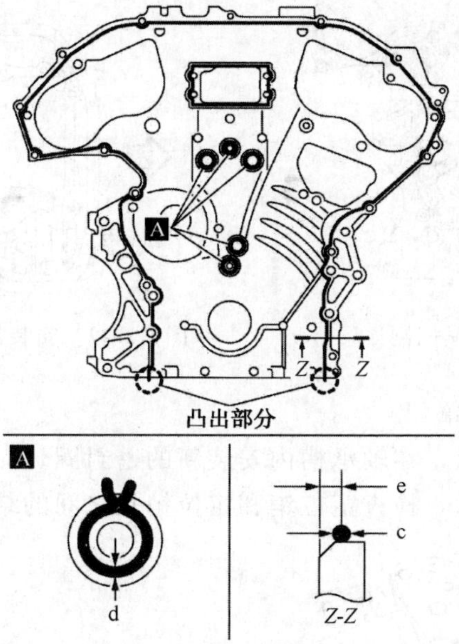

图 9-1-38　涂抹液体密封剂

c-ϕ3.4～ϕ4.4mm；d-ϕ2.6～ϕ3.6mm；e-ϕ4.0～ϕ5.6mm

（2）按照图 9-1-39 所示，在上部油底壳顶面涂抹液体密封剂，使其形成液体密封垫。

（3）按照图 9-1-40 所示，组装前正时链条箱。

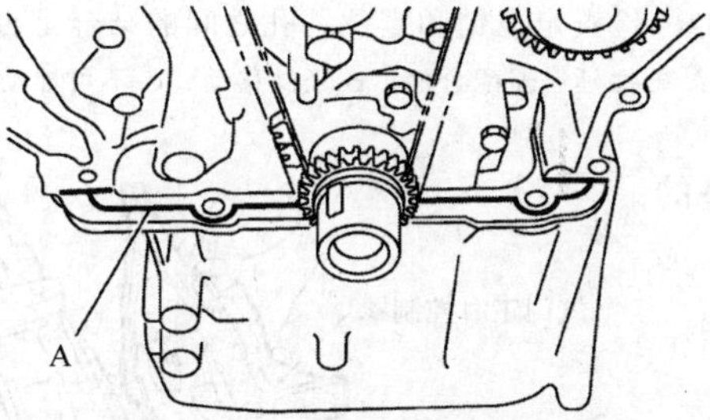

图 9-1-39　在上部油底壳顶面涂抹液体密封剂

A-ϕ4.0～ϕ5.0mm

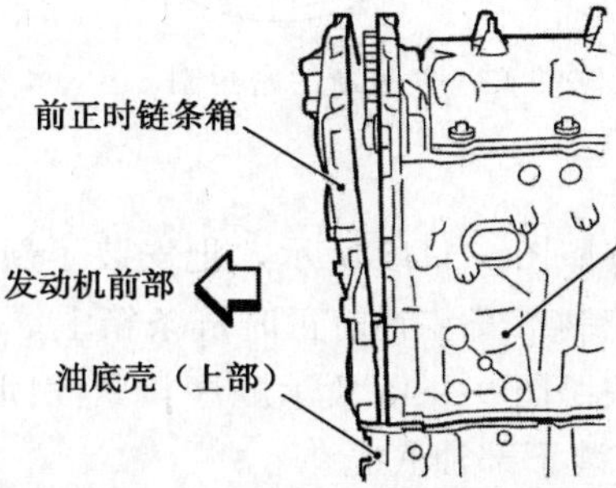

图 9-1-40　组装前正时链条箱

（4）安装前正时链条箱，使后正时链条箱的定位销插入前正时链条箱上的定位销孔中。

（5）按照图 9-1-41 所示顺序，紧固各个螺栓，其中 1～7 号螺栓为 M10 螺栓，紧固力矩为 55N·m；其余的螺栓为 M6 螺栓，紧固力矩为 12.7N·m。

（6）按照图 9-1-42 所示，安装上部油底壳的 2 个固定螺栓（图 9-1-42 中的 1 和 2）。

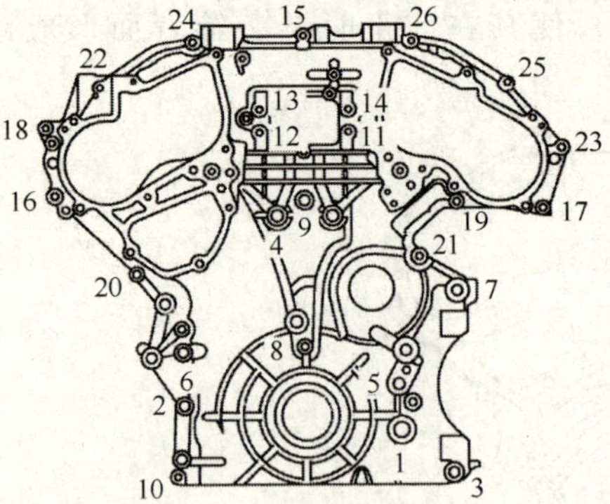

图 9-1-41　螺栓紧固顺序

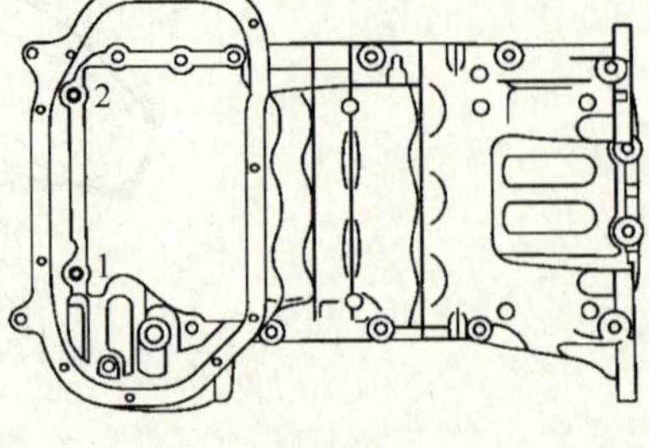

图 9-1-42　安装上部油底壳的 2 个固定螺栓

11. 安装气门正时控制罩：

（1）按照图 9-1-43 所示，在轴承槽内安装新的密封圈。

（2）按照图 9-1-44 所示，检查定位销和定位销孔之间的结合是否有松动。

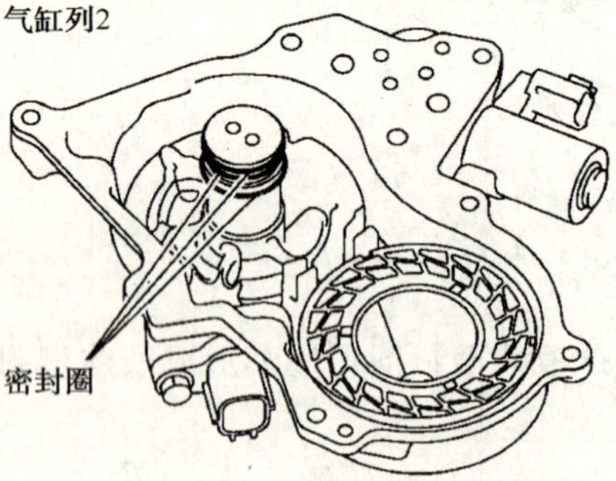

图 9-1-43　安装新的密封圈

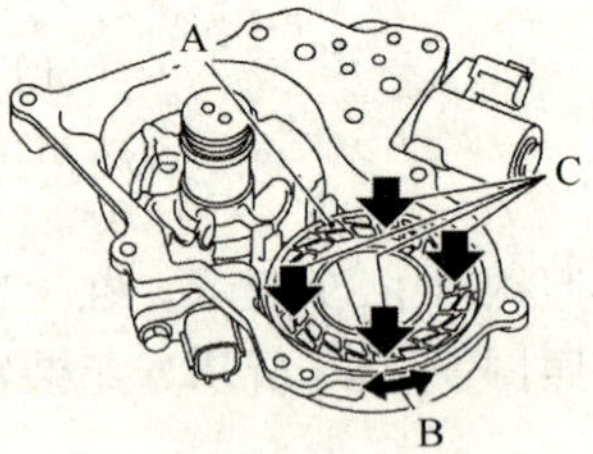

图 9-1-44　检查定位销和定位销孔之间的结合是否有松动

A-磁性延迟器配合面；B-轻微移动；C-不可摇动

（3）按照图 9-1-45 所示，把安装了新的衬垫的气门正时控制罩安装到前正时链条箱上。

（4）按照图 9-1-46 所示顺序，紧固固定螺栓。

12. 安装下部油底壳。

13. 安装气门摇臂室。

14. 安装曲轴带轮：

（1）用齿圈止动器（专用工具号：KV10118600）固定住曲轴。

（2）安装曲轴带轮，注意不要损伤前油封。

（3）将曲轴带轮螺栓紧固至 44. 1N・m。

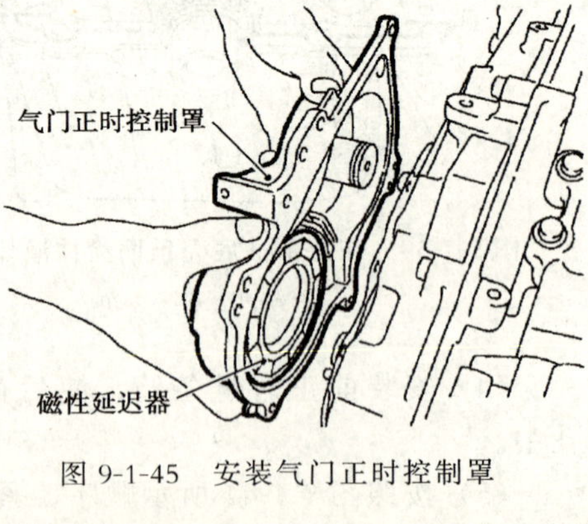

图 9-1-45　安装气门正时控制罩

（4）按照图 9-1-47 所示，把曲轴带轮上的配合标记与曲轴带轮螺栓上的配合标记对齐，然后将螺栓紧固 90°。

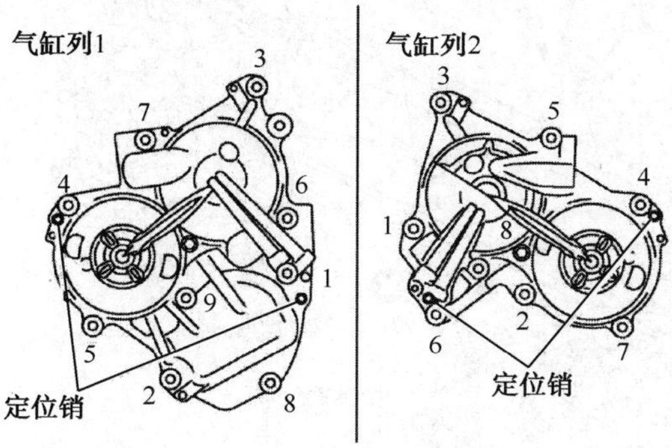

图 9-1-46　固定螺栓紧固顺序

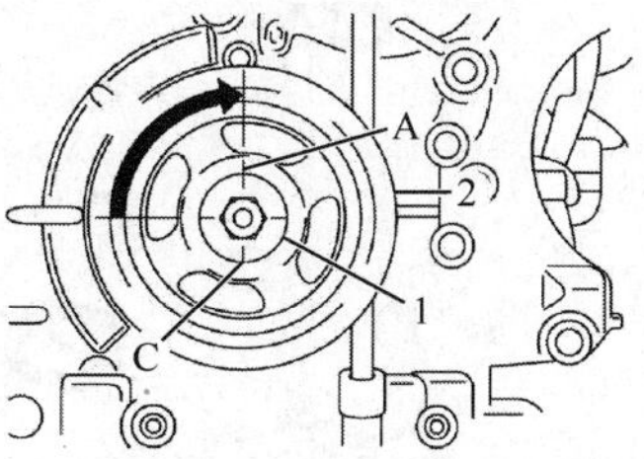

图 9-1-47　对齐配合标记并紧固螺栓

A-配合标记；C-曲轴带轮螺栓上的配合标记；1-曲轴带轮螺栓；2-曲轴带轮

（5）转动曲轴带轮，确认转动顺畅。

15. 对于其他部件，请按照与拆卸相反的顺序执行安装。

第二节　QUEST（贵士）轿车

一、贵士轿车 3. 5L 发动机正时系统部件识别（图 9-2-1）

二、贵士轿车 3. 5L 发动机正时链条拆卸步骤

1. 拆卸前轮胎。
2. 将蓄电池电缆从负极端子上断开。
3. 用动力工具拆下发动机罩盖。
4. 拆卸空气滤清器壳体总成。
5. 用动力工具拆卸前/后发动机下盖板。
6. 释放燃油压力。
7. 发动机冷态时排放散热器中的发动机冷却液，不要让发动机冷却液溅到传动皮带上。
8. 发动机冷态时排放散热器中的发动机机油，不要让发动机机油溅到传动皮带上。
9. 拆卸发动机线束。
10. 拆下进气歧管集滤器（上部和下部）。

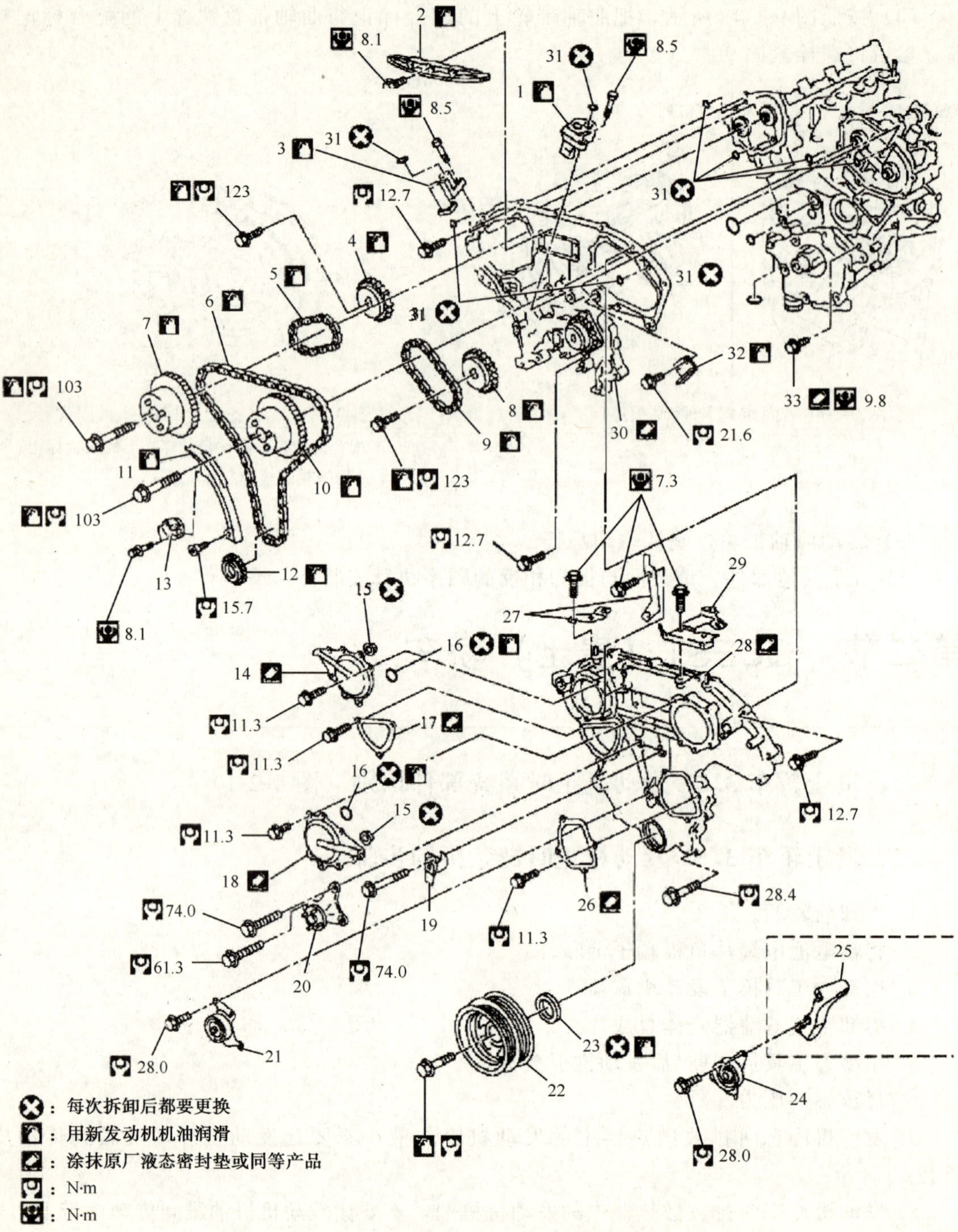

图 9-2-1　贵士轿车 3. 5L 发动机正时系统部件识别

编号	部件	编号	部件	编号	部件
1	正时链张紧器（副）	12	曲轴链轮	23	前油封
2	内部链条导轨	13	正时链张紧器（主）	24	惰轮
3	正时链张紧器（副）	14	进气门正时控制盖	25	空调压缩机支架
4	排气凸轮轴链轮	15	带凸缘的O形圈	26	冷却液泵盖
5	正时链（副）	16	O形圈	27	支架
6	正时链（主）	17	正时链张紧器盖	28	前部正时链条箱
7	进气凸轮轴链轮	18	进气门正时控制盖	29	支架
8	排气凸轮轴链轮	19	冷却液软管卡箍	30	后部正时链条箱
9	正时链（副）	20	惰轮支架	31	O形圈
10	进气凸轮轴链轮	21	惰轮	32	张紧导轨
11	滑块导轨	22	曲轴带轮	33	排水塞（前侧）

11. 拆下散热器冷却风扇总成。

12. 拆下传动皮带。

13. 将空调压缩机从支架上拆除，管路保持连接，并临时将其固定在一旁。

14. 将动力转向泵从支架上拆除，管路保持连接，并临时将其固定在一旁。

15. 拆下动力转向机油泵支架。

16. 拆下发电机。

17. 将冷却液旁通软管、冷却液软管卡子和惰轮支架从前正时链条箱上拆下。

18. 拆下进气门正时控制盖：按照图 9-2-2 中所示的相反顺序松开固定螺栓。使用密封件刮刀切断液态密封垫进行清除。**注意：**轴内部与进气凸轮轴链轮中心孔连接。拆卸时，保持其水平方向直到完全脱开。

19. 将带凸缘的 O 形圈从前正时链条箱（左侧和右侧）上拆下。图 9-2-3 所示为左侧。

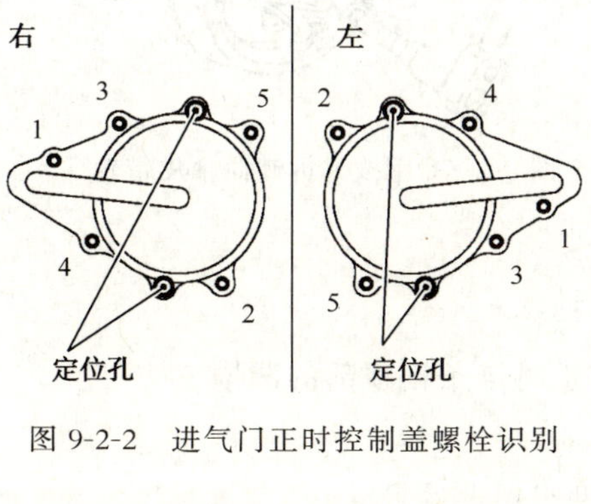

图 9-2-2 进气门正时控制盖螺栓识别

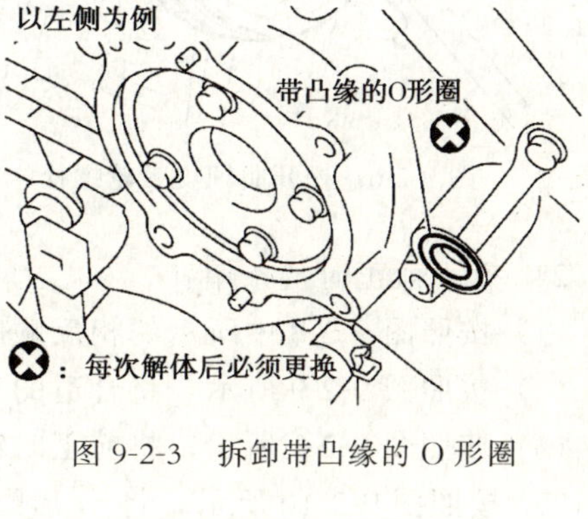

图 9-2-3 拆卸带凸缘的 O 形圈

20. 拆下摇臂室盖（右列和左列）。

21. 拆卸油底壳（下部和上部）。

22. 将 1 缸设置在压缩行程上止点位置：

（1）按照图 9-2-4 所示，顺时针旋转曲轴皮带轮，将正时标记与正时指针对准。

（2）确保 1 号气缸上的进气和排气凸轮尖位于图 9-2-5 所示的位置。

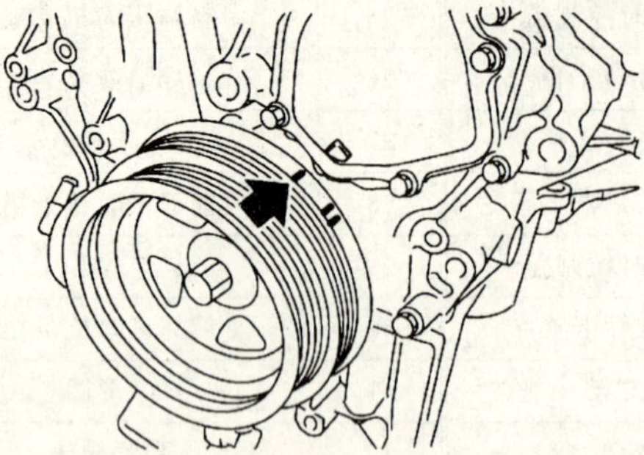

图 9-2-4 将正时标记与正时指针对准

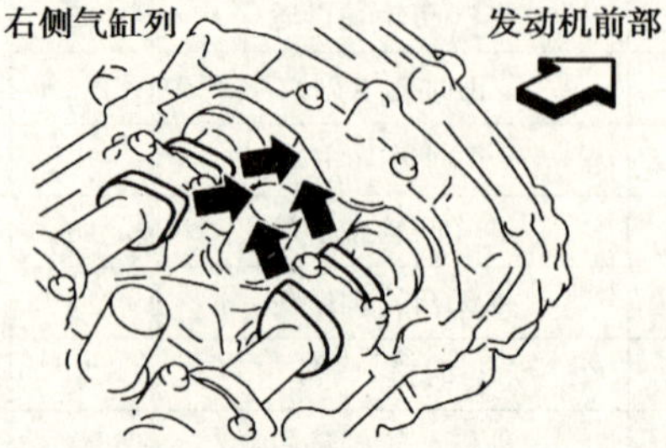

图 9-2-5 1 号气缸上的进气和排气凸轮尖位置

23. 拆卸曲轴皮带轮：

（1）拆下后盖板（2 轮驱动车型）或启动机电机（4 轮驱动车型）并放置齿圈止动块（专用工具）。

（2）按照图 9-2-6 所示，松开曲轴皮带轮螺栓并将螺栓旋出约 10mm。注意：不要拆除曲轴皮带轮螺栓，因为其将作为合适的皮带轮的支撑点。

（3）按照图 9-2-7 所示，将合适的拔具凸耳放在曲轴皮带轮的孔中，将曲轴皮带轮拔起。注意：不要将拔具凸耳放在曲轴皮带轮外围，否则会损坏内部的减振器。

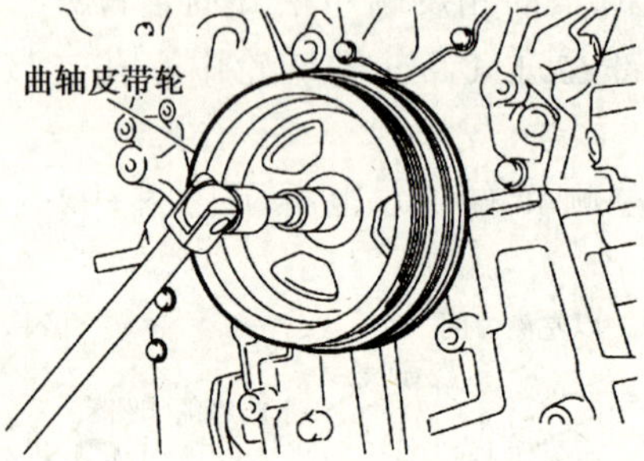

图 9-2-6 松开曲轴皮带轮螺栓

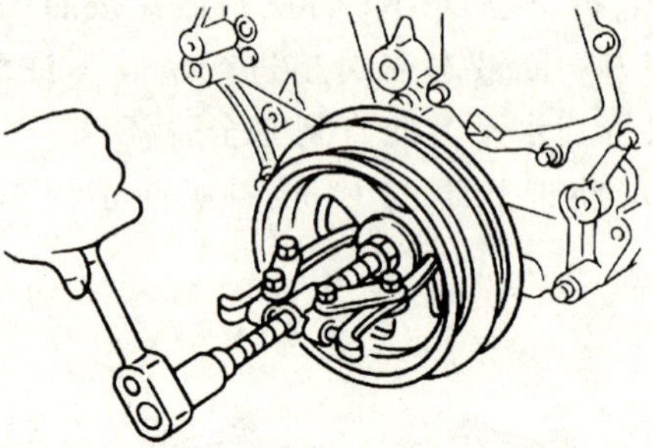

图 9-2-7 用拔具拆卸曲轴皮带轮

24. 拆下前正时链条箱：

（1）按照图 9-2-8 中所示的相反顺序松开固定螺栓。

（2）按照图 9-2-9 所示，将合适的工具插入前正时链条箱顶部的凹槽。

（3）按照图 9-2-9 所示，将前正时链条箱撬开。

25. 按照图 9-2-10 所示，将 O 形圈从后正时链条箱上拆下。

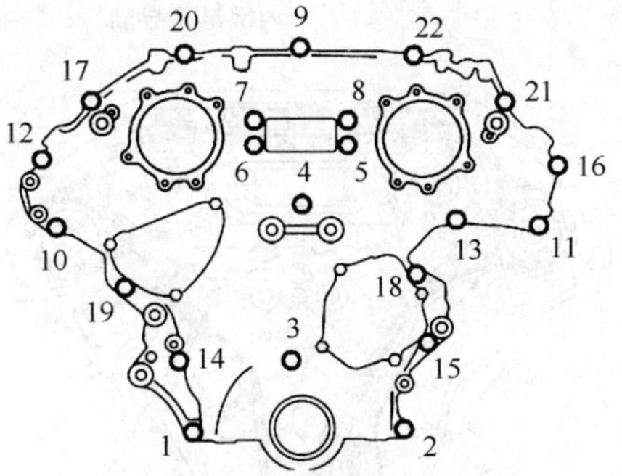

图 9-2-8 固定螺栓识别

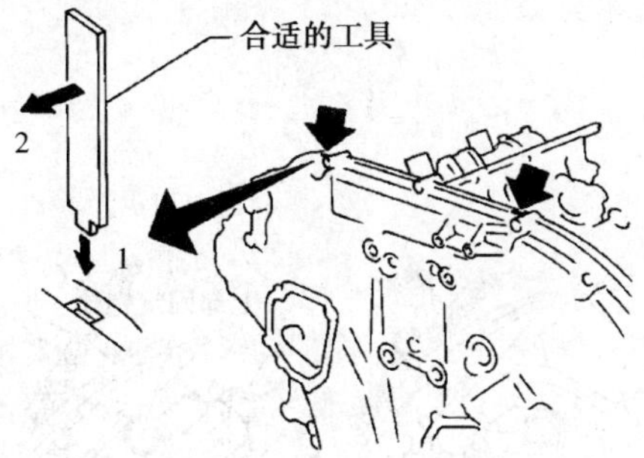

图 9-2-9 插入工具撬开前正时链条箱

26. 如必要，将水泵盖和正时链张紧器盖从前正时链条箱上拆下。

27. 按照图 9-2-11 所示，使用合适工具将前油封从前正时链条箱上拆下。

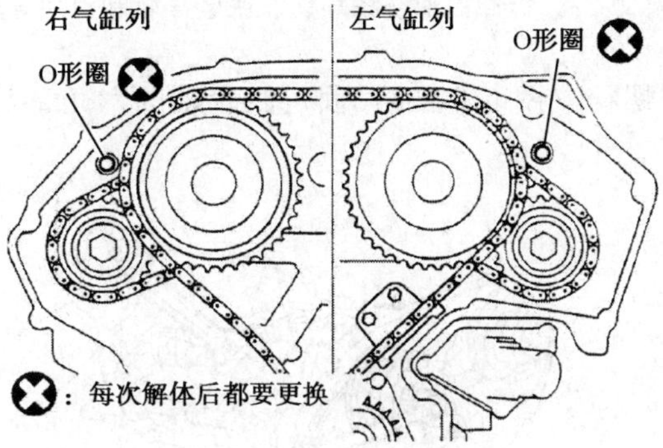

图 9-2-10 拆卸 O 形圈

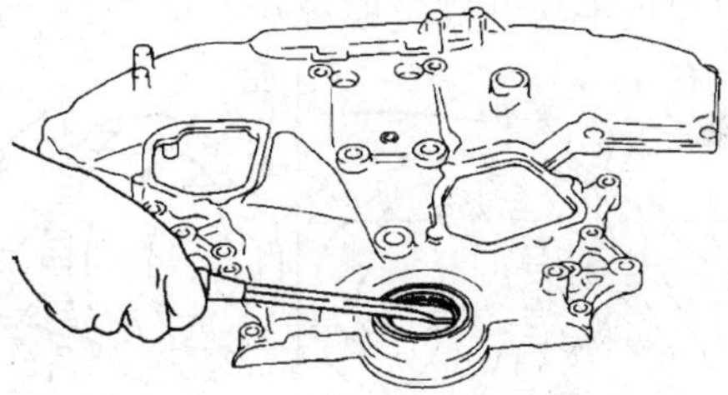

图 9-2-11 拆卸前油封

28. 拆下前正时链张紧器（主）：

（1）按照图 9-2-12 所示，拆下下部固定螺栓。

（2）按照图 9-2-12 所示，缓慢松开上部固定螺栓，然后转动固定螺栓上的正时链张紧器（主）使得柱塞完全展开。

（3）按照图 9-2-12 所示，拆下上部固定螺栓，然后拆下正时链张紧器（主）。

29. 拆下内部链条导轨、张紧导轨和滑块导轨（图 9-2-13）。注意：张紧导轨在拆除正时链（主）后可以被拆下。

30. 拆下正时链（主）和曲轴链轮。注意：拆卸正时链（主）后，不要转动曲轴和凸轮轴，否则气门会撞击活塞头部。

31. 拆下正时链（副）和凸轮轴链轮：

（1）将适当的限位销装在左右正时链张紧器（副）上（图 9-2-14）。注意：使用直径大约为 0.5mm 的硬质金属销作为限位销。

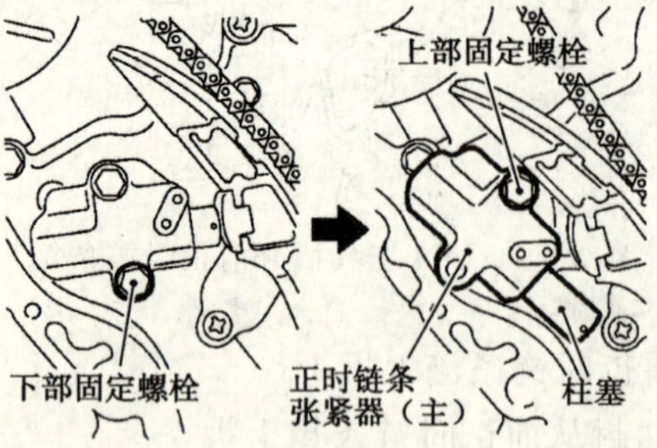

图 9-2-12　拆卸正时链张紧器（主）

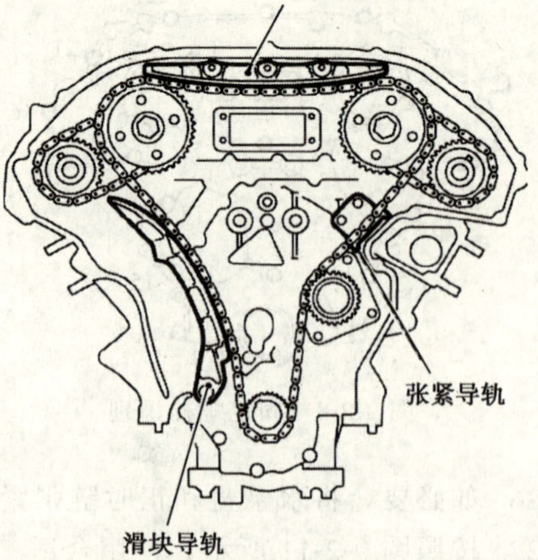

图 9-2-13　拆卸内部链条导轨、张紧导轨和滑块导轨

（2）拆卸凸轮轴链轮（进气和排气）固定螺栓（图 9-2-15）：固定凸轮轴的六角部分，使用扳手松开固定螺栓。

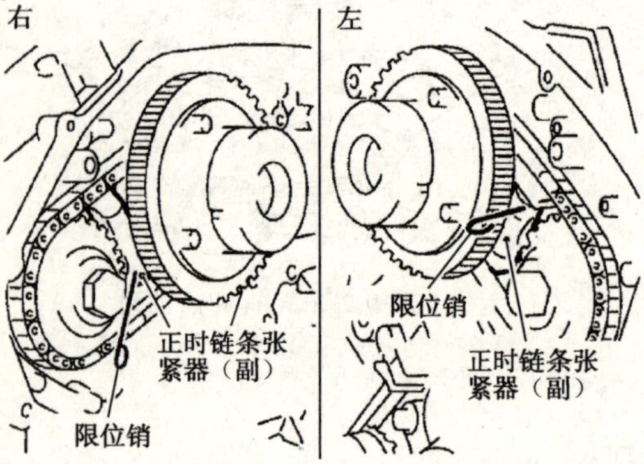

图 9-2-14　安装限位销

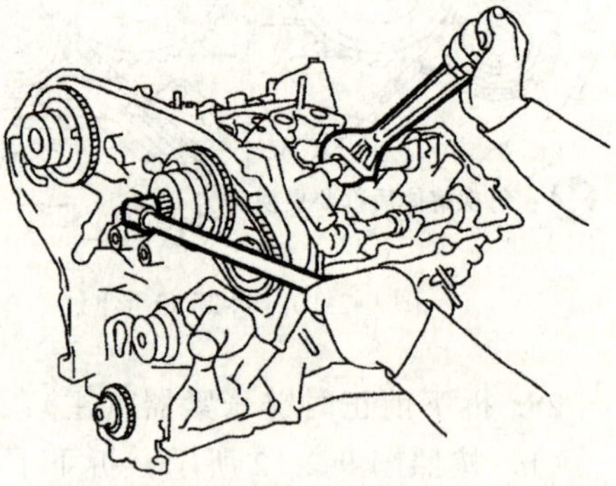

图 9-2-15　拆卸凸轮轴链轮固定螺栓

（3）拆下正时链（副）和凸轮轴链轮（图 9-2-16）：先轻轻转动凸轮轴，使正时链张紧器（副）侧的正时链保持松弛。然后在正时链和正时链张紧器柱塞（导轨）之间插入 0.5mm 厚的金属或树脂挡板。将正时链从导轨槽中松开，将正时链（副）连同凸轮轴链轮一并拆下。

（4）拆卸进气凸轮轴链轮时，不要松开图 9-2-17 所示螺栓 A。

32. 拆下后正时链条箱：

（1）按照图 9-2-18 中所示的相反顺序松开固定螺栓并拆下。

（2）使用密封件刮刀清除液态密封垫并拆下后正时链条箱。注意：不要拆卸油道的金属盖板（图 9-2-19）。

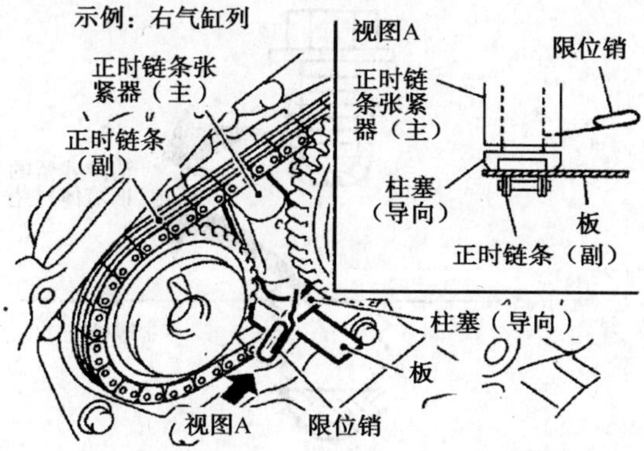

图 9-2-16　拆卸正时链（副）和凸轮轴链轮

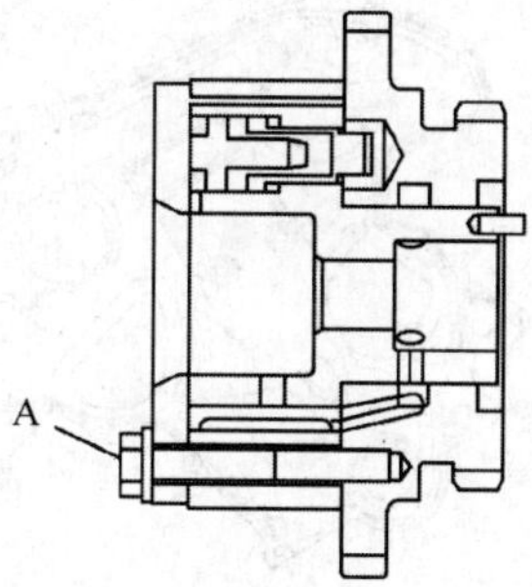

图 9-2-17　螺栓 A 图示

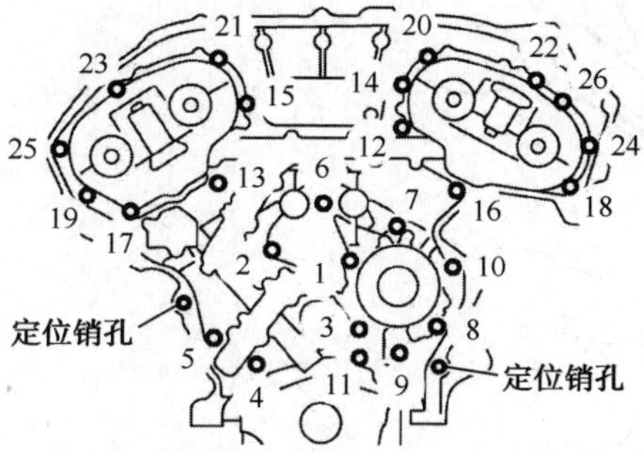

图 9-2-18　固定螺栓识别

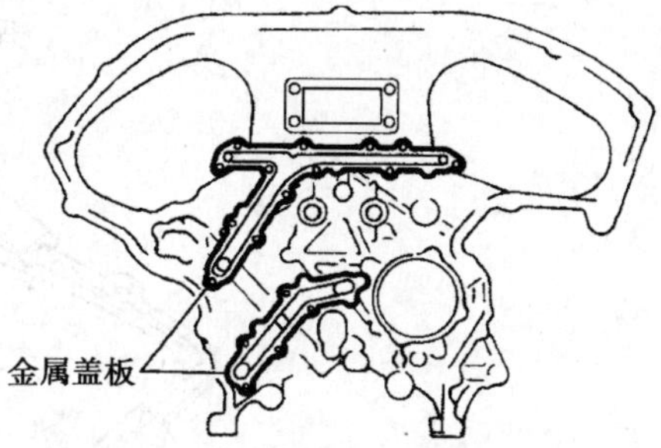

图 9-2-19　油道金属盖板识别

33. 从气缸盖上拆卸 O 形圈（图 9-2-20）。

34. 从气缸体上拆卸 O 形圈（图 9-2-21）。

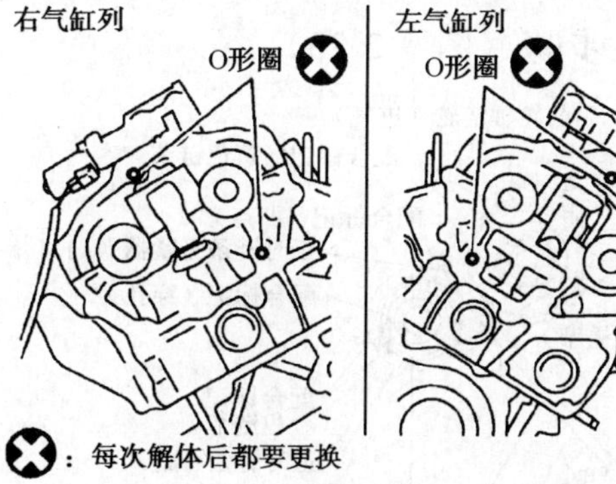

图 9-2-20　拆卸气缸盖 O 形圈

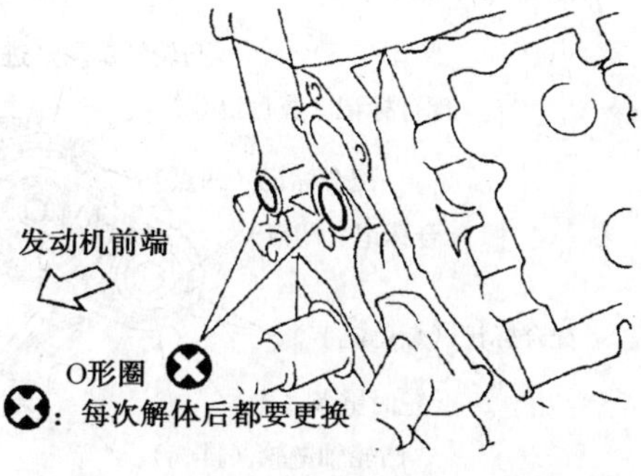

图 9-2-21　拆卸气缸体 O 形圈

35. 使用刮刀将前后正时链条箱和配合面上的液态密封垫清除干净（图 9-2-22）。

36. 清除螺栓孔和螺纹上旧的液态密封垫痕迹（图 9-2-23）。

37. 使用刮刀清除水泵盖、正时链张紧器盖和进气门正时控制盖上的所有液态密封垫痕迹（图 9-2-24）。

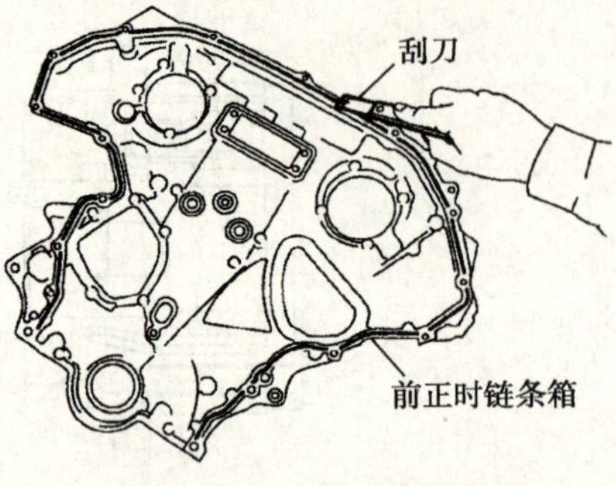

图 9-2-22 清除液态密封垫

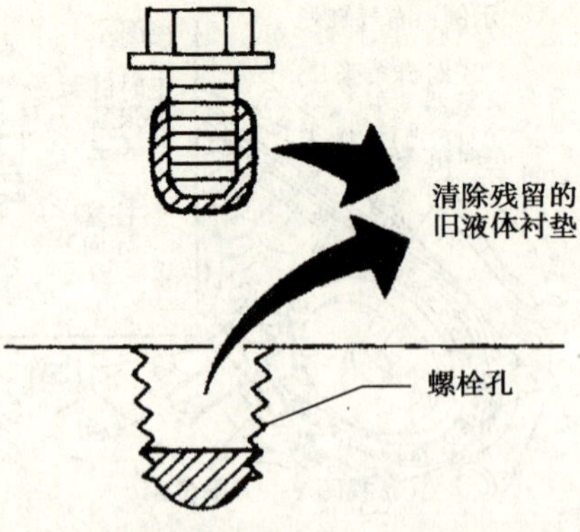

图 9-2-23 清除螺栓孔和螺纹上旧的液态密封垫痕迹

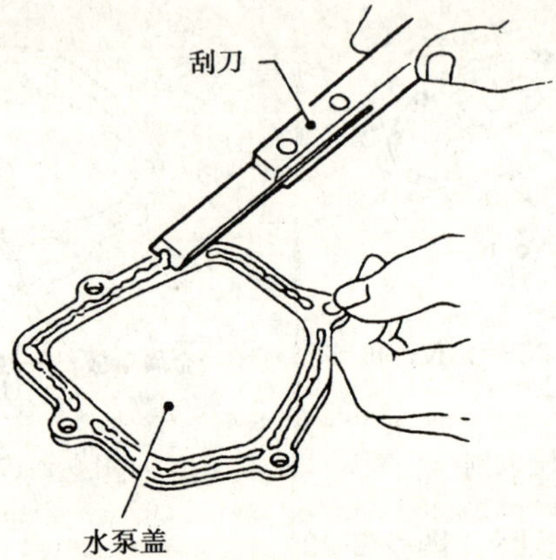

图 9-2-24 使用刮刀清除密封垫

三、贵士轿车 3.5L 发动机正时链条安装步骤（图 9-2-25）

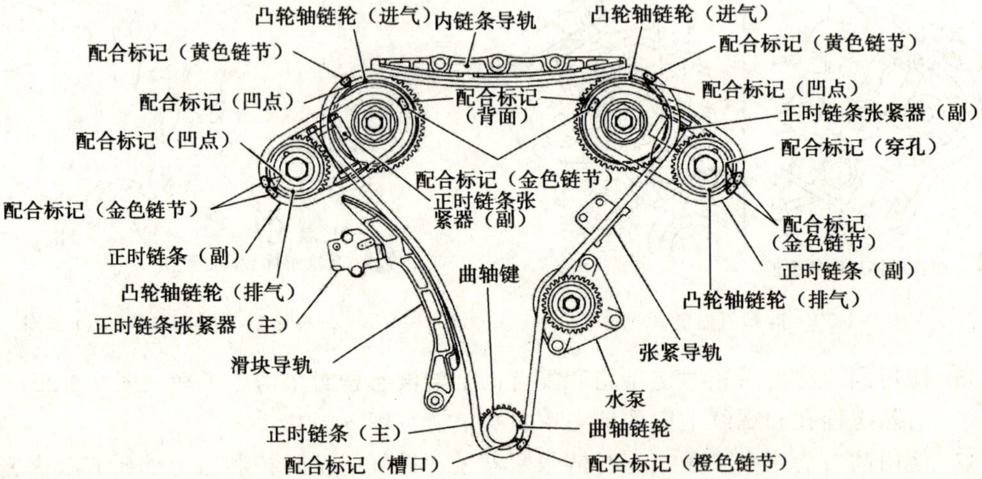

图 9-2-25 VQ35DE 正时链与相关链轮上的配合标记

1. 把正时链条张紧器（副）安装到气缸盖上：

（1）安装插有限位销的正时链条张紧器（副）和新的O形密封圈。

（2）安装凸轮轴支架。

2. 安装后部正时链条箱：

（1）在气缸体上安装新的O形圈（图9-2-26）。

（2）在气缸盖上安装新的O形圈（图9-2-27）。

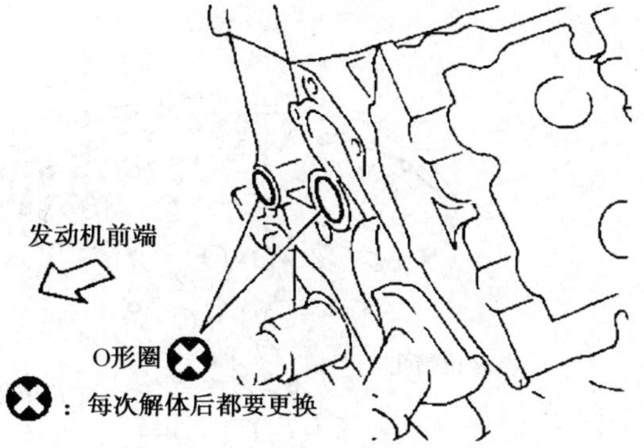

图 9-2-26　在气缸体上安装新的O形圈

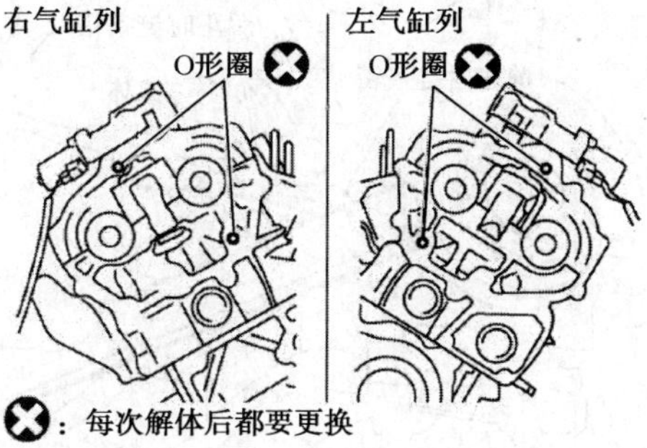

图 9-2-27　在气缸盖上安装新的O形圈

（3）按照图9-2-28所示，将液态密封胶涂抹在后部正时链条箱背面。

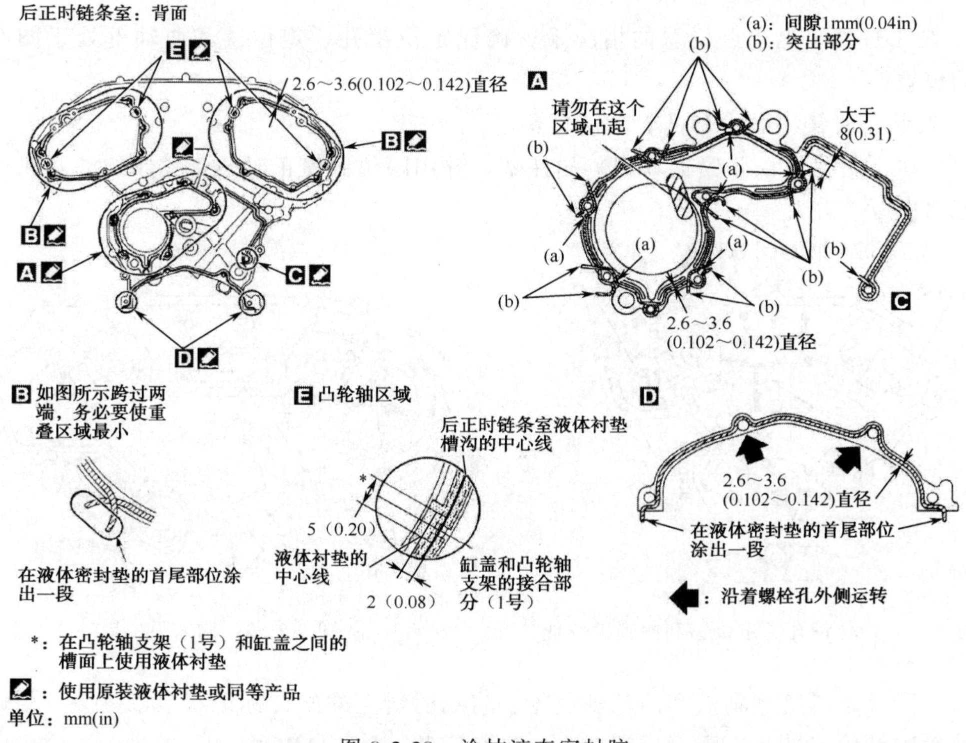

图 9-2-28　涂抹液态密封胶

（4）将后部正时链条箱和气缸体上带有定位销（右列和左列）的水泵总成对齐并安装后部正时链条箱，确保在气缸体和气缸盖的安装过程中将O形圈位置保持正确。

（5）按照图9-2-29所示的编号顺序紧固螺栓。在图中编号为1、2、3、6、7、8、9、10的螺栓长度为20mm，其余编号的螺栓长度为16mm。螺栓的紧固力矩为12.7N·m。

（6）安装后部正时链条箱后，检查油底壳固定表面以下部件之间的表面高度差异，其规范值为－0.24～0.14mm（图9-2-30）。

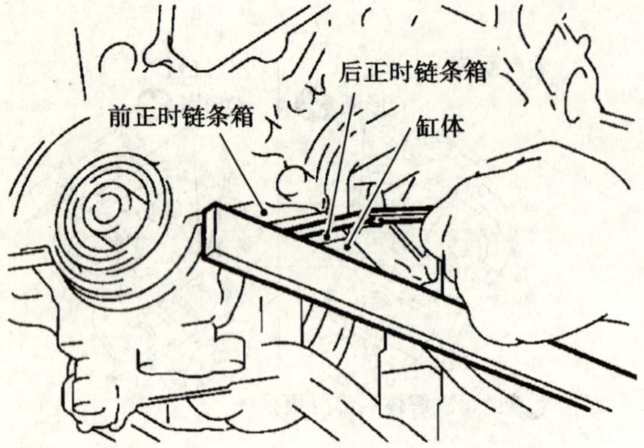

图9-2-29 按照编号紧固螺栓

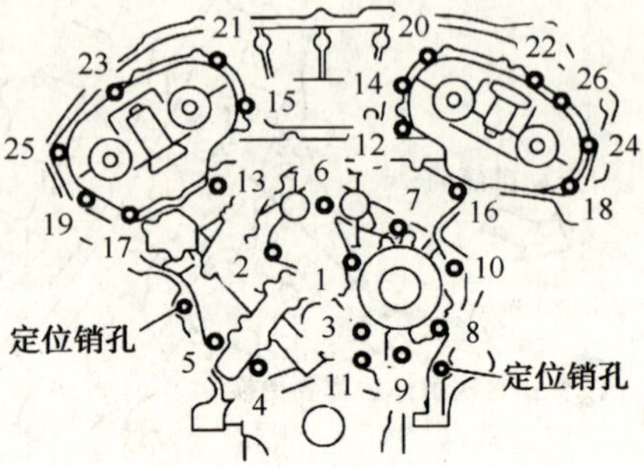

图9-2-30 检查表面高度差

3. 用新的O形圈安装到水泵上。

4. 在1缸处于上止点位置的情况下，确保定位销孔、定位销和曲轴键处于图9-2-31所示的位置。

5. 安装正时链（副）和凸轮轴链轮：

（1）压下正时链条张紧器（副）的柱塞，并用限位销使正时链张紧器的柱塞保持在压缩状态（图9-2-32）。

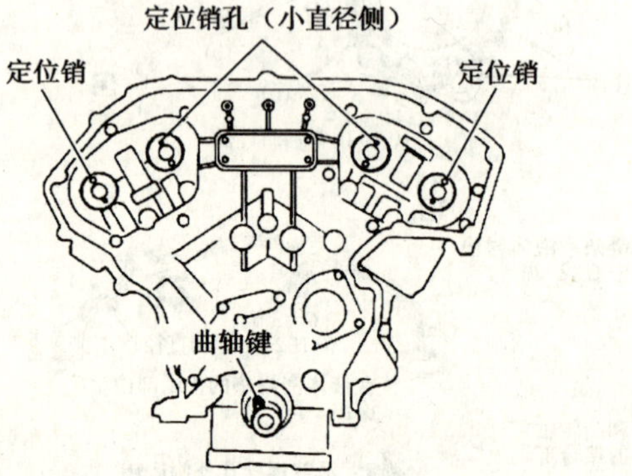

图9-2-31 定位销孔、定位销和曲轴键位置

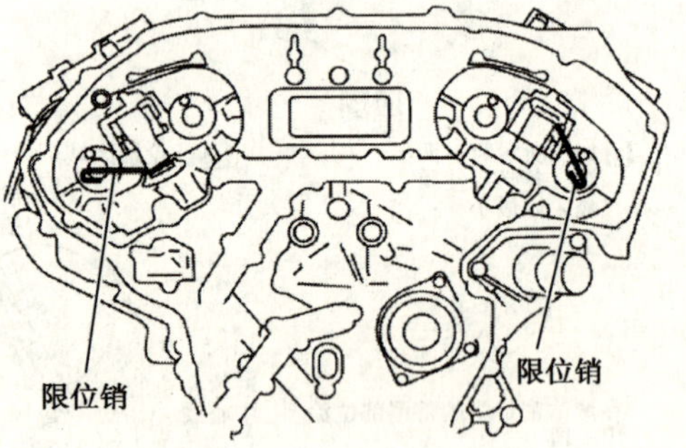

图9-2-32 插入限位销

（2）安装正时链（副）和凸轮轴链轮：将正时链上的配合标记（金色链节）与进气和排气凸轮轴链轮（冲孔）配合标记对准，进行安装（图9-2-33）。

（3）将凸轮轴上的定位销和销孔与链轮上的凹槽和定位销对准，并进行安装。

（4）在安装时，如果难以通过目测检查标记错位，可以预先用油漆在凸轮轴链轮顶部做上匹配标记（图 9-2-34）。

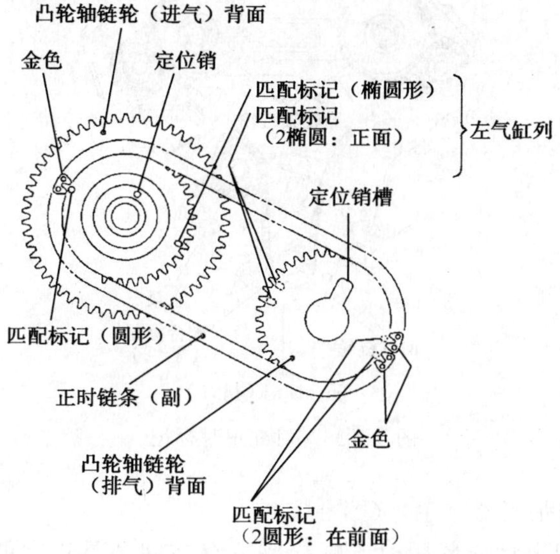

图 9-2-33　配合标记

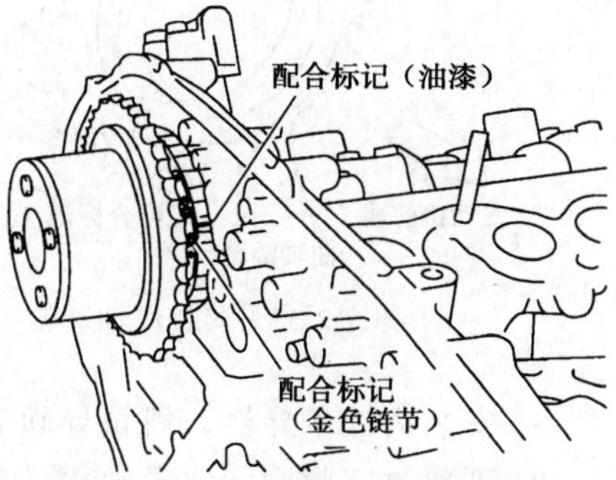

图 9-2-34　用油漆做匹配标记

（5）确认匹配标记对准后，紧固凸轮轴链轮固定螺栓（图 9-2-35）。

（6）将限位销从正时链条张紧器（副）上拔出（图 9-2-36）。

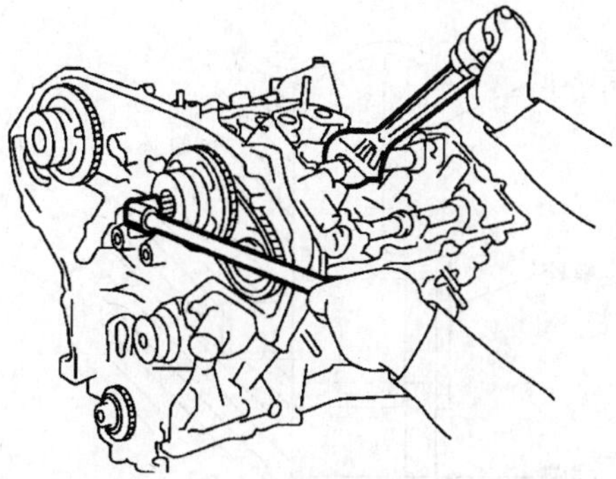

图 9-2-35　紧固凸轮轴链轮固定螺栓

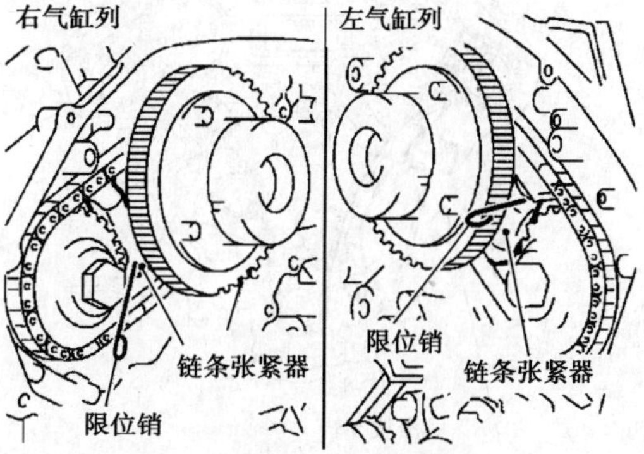

图 9-2-36　拔出限位销

6. 安装张紧导轨。

7. 安装正时链（主）：

（1）安装曲轴链轮并确保曲轴链轮上的匹配标记面对发动机前部（图 9-2-37）。

（2）安装正时链（主）：让凸轮轴链轮上的匹配标记（凹点）对准正时链上的黄色链节，同时曲轴链轮上的匹配标记（槽口）对准正时链上的橙色链节，如图 9-2-38 所示。

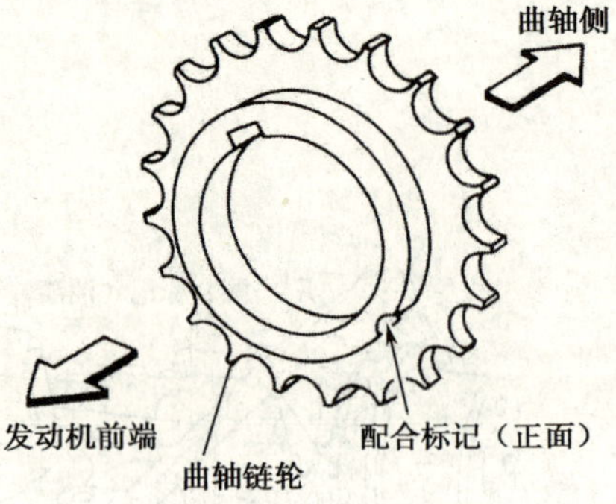

图 9-2-37 安装曲轴链轮

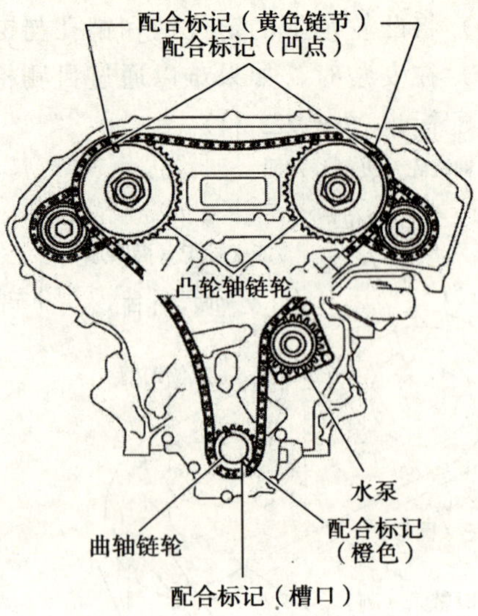

图 9-2-38 对准正时标记

8. 安装内链条导轨、滑块导轨和正时链张紧器（主）（图 9-2-39）。

9. 不要过度紧固滑块导轨固定螺栓。固定螺栓紧固时，螺栓座下存在间隙是正常的（图 9-2-40）。

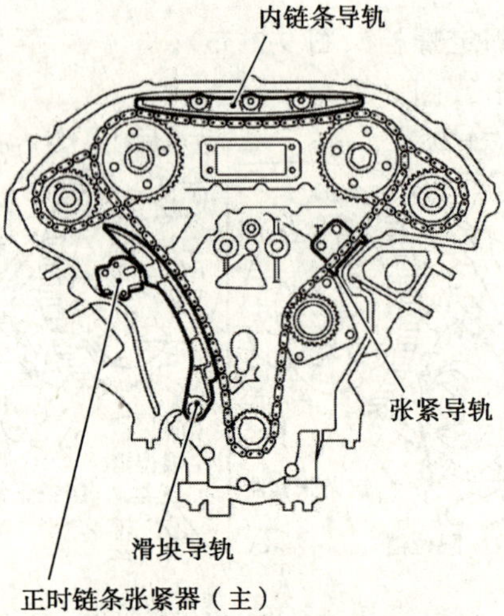

图 9-2-39 安装内链条导轨、滑块导轨和正时链张紧器（主）

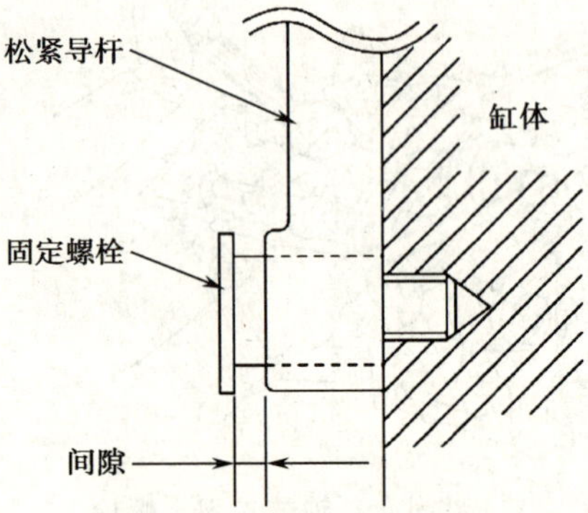

图 9-2-40 螺栓座间隙

10. 按照以下步骤安装正时链张紧器（主）：

（1）拉起柱塞限位块（或者向下转动杆）以便将柱塞止动舌从柱塞棘轮上拆除。**注意：**柱塞限位块和杆是同步的。

（2）将柱塞压入张紧器体内。

(3) 通过柱塞限位块与棘轮端部接合，将柱塞保持在完全压缩位置。

(4) 为了将杆固定，通过杆上的孔将限位销插入张紧器上的孔中（图 9-2-41）。

(5) 装好正时链条张紧器（主），彻底清除张紧器背部和固定面上的灰尘和异物。安装完毕后拔出限位销，松开柱塞（图 9-2-42）。

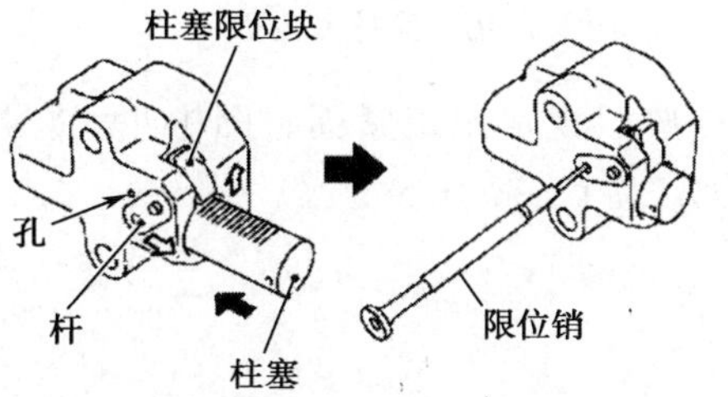

图 9-2-41 柱塞限位块、柱塞和限位销

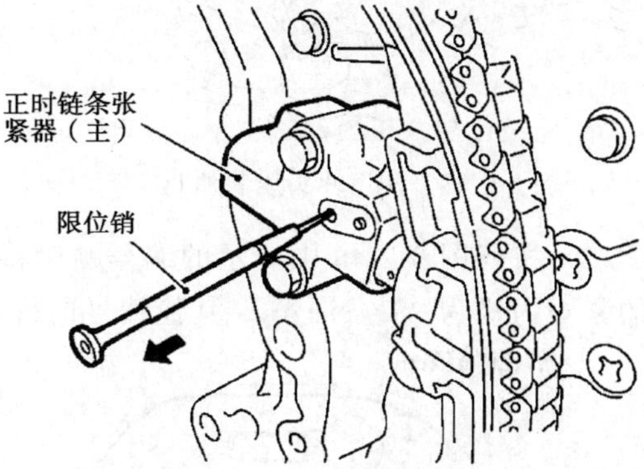

图 9-2-42 安装正时链张紧器

11. 再次确认正时链轮和正时链条上的配合标记均对准。

12. 在后部正时链条箱上安装新的 O 形圈（图 9-2-43）。

13. 在前部正时链条箱上安装新的前油封。将新的发动机机油涂抹在油封唇部和防尘密封件唇部（图 9-2-44）。

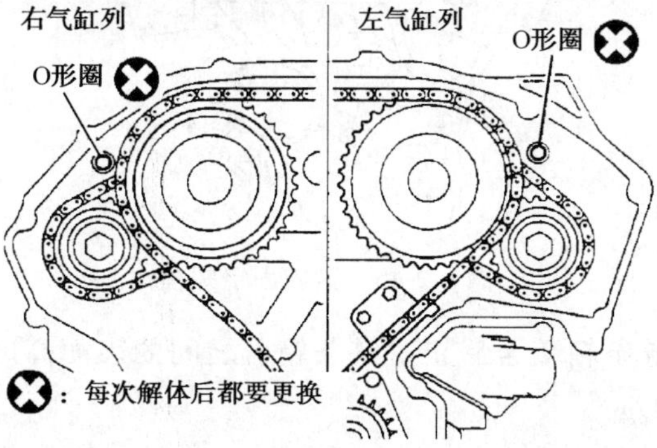

图 9-2-43 安装新 O 形圈

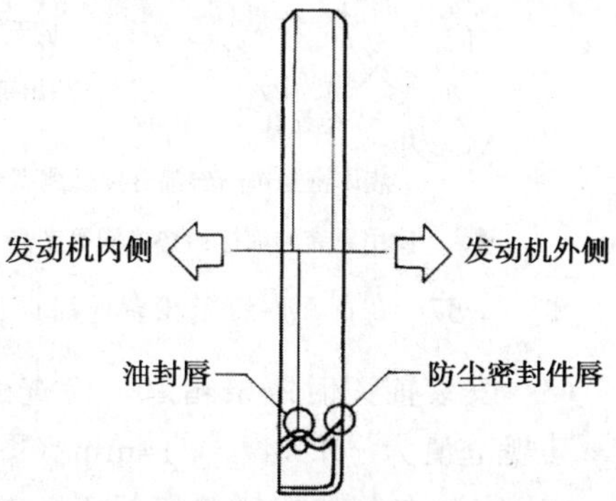

图 9-2-44 将新的发动机机油涂抹在油封唇部和防尘密封件唇部

14. 用适当的冲头（直径 60mm）压装油封直到油封与前正时链条箱底面齐平（图 9-2-45）。

15. 将水泵盖和正时链张紧器盖安装到前正时链条箱上。将液态密封胶涂抹在前正时链条箱上（图 9-2-46）。

16. 安装前正时链条：

(1) 将液态密封胶涂抹在前正时链条箱背面（图 9-2-47）。

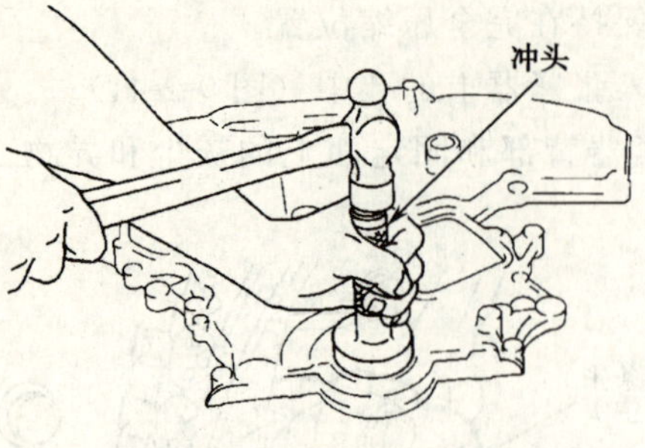

图 9-2-45 使用冲头压装油封

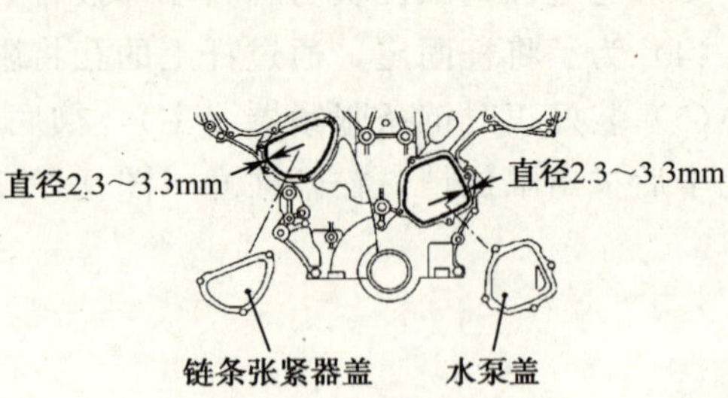

图 9-2-46 涂抹密封胶

（2）按照图 9-2-48 中所示的编号顺序将固定螺栓按照规定扭矩紧固。图中 1、2 号螺栓的紧固力矩为 28.4N·m；其他编号的螺栓紧固力矩为 12.7N·m。

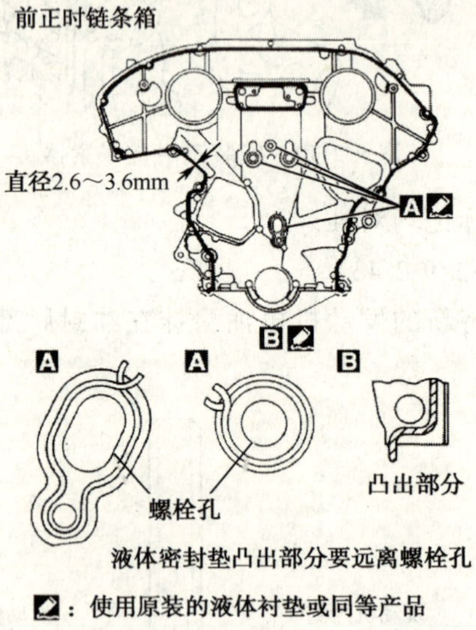

图 9-2-47 在前正时链条箱背面涂抹密封胶

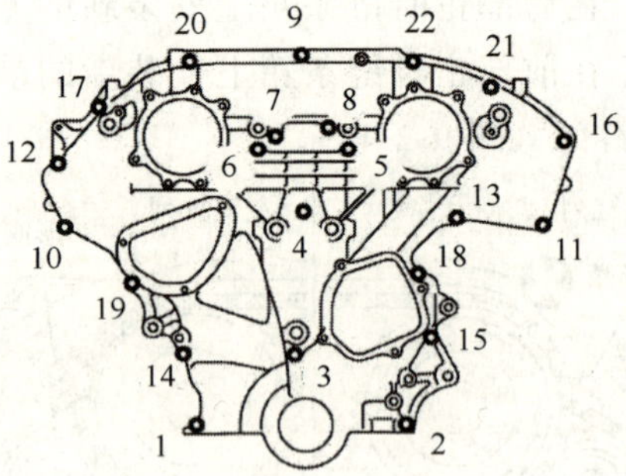

图 9-2-48 紧固固定螺栓

（3）安装前正时链条箱后，检查前正时链条箱盖至后正时链条箱盖之间的表面高度差异，其规范值为 -0.14～0.14mm（图 9-2-49）。

17. 安装左侧和右侧进气门正时控制盖：

（1）在轴槽中安装新的密封圈。

（2）将液态密封垫涂抹在进气门正时控制盖上（图 9-2-50）。

（3）将新的带缘 O 形圈安装在前正时链条箱注油孔中（左侧和右侧）（图 9-2-51）。

（4）小心不要将密封圈离开安装槽，将前正时链条箱上的定位销与孔对准来安装进气门正时控制盖。

（5）按照图 9-2-52 中所示的编号顺序紧固安装螺栓。

18. 安装油底壳。

19. 安装摇臂室盖。

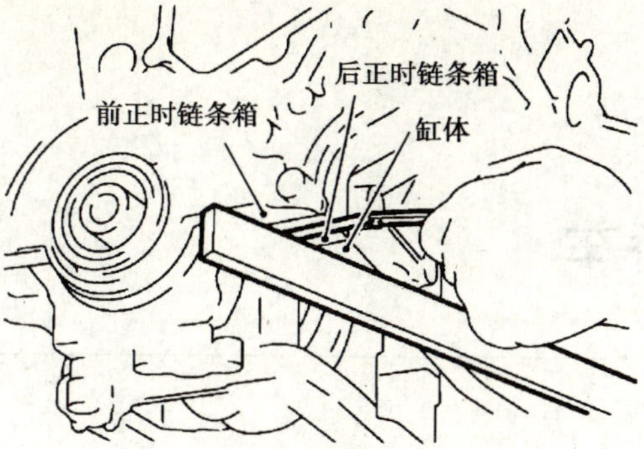

图 9-2-49　检查表面高度差异

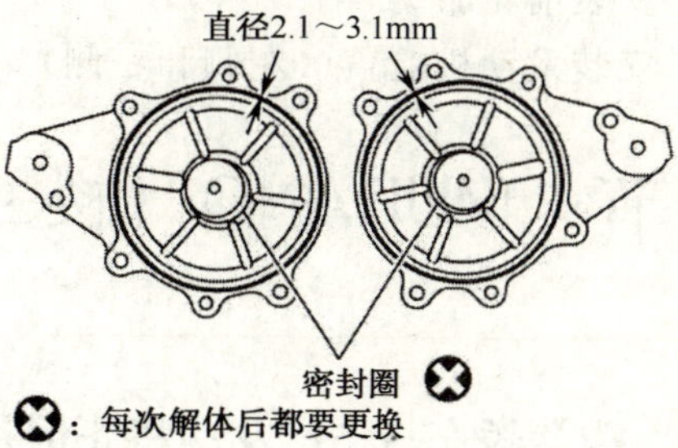

图 9-2-50　在进气门正时控制盖上涂抹液态密封垫

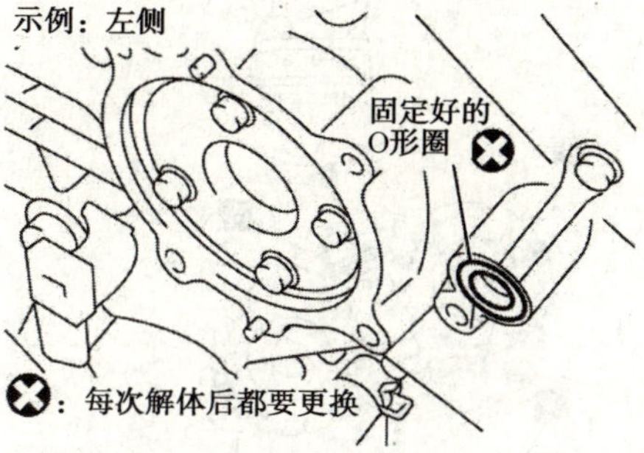

图 9-2-51　安装新的带缘 O 形圈

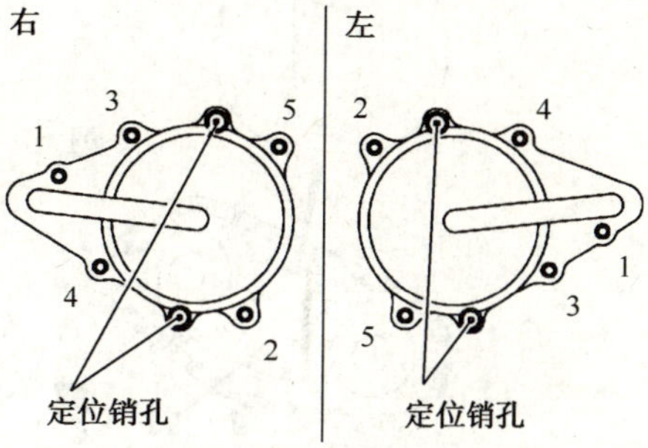

图 9-2-52　安装螺栓紧固顺序编号

20. 安装曲轴皮带轮：

（1）使用齿圈挡块来固定曲轴。

（2）安装曲轴挡块，注意不要损坏前油封。当用塑料锤子压装曲轴时，轻敲其中心部位（而不要敲击四周）。拧紧曲轴皮带轮螺栓。

（3）在曲轴皮带轮上做一个油漆标记，对准曲轴皮带轮上的角度标记。然后，重新拧紧螺栓 60°（紧固角度）（图 9-2-53）。

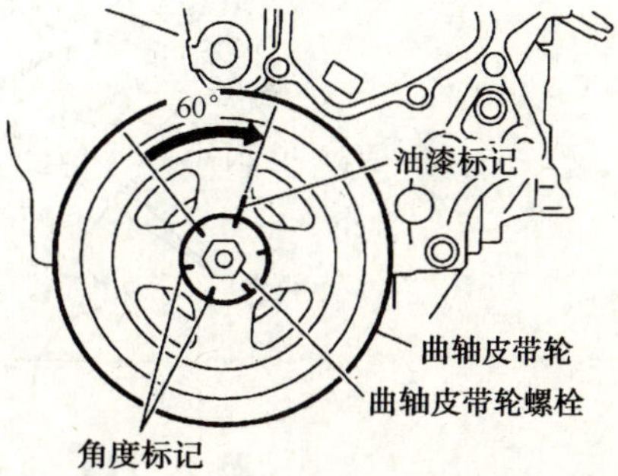

图 9-2-53　重新拧紧螺栓 60°

（4）转动曲轴皮带轮，确认皮带轮转动顺畅。

21. 安装发电机、动力转向泵支架和空调压缩机。

22. 安装传动皮带、散热器冷却风扇总成。

23. 添加发动机机油。重新连接散热器和自动变速器油液冷却器软管。

24. 安装发动机前后盖板。

25. 安装空气管路和空气滤清器总成。

26. 安装发动机罩盖。

27. 重新连接蓄电池负极电缆。

28. 安装前轮胎。

29. 安装发动机舱盖（左侧和右侧）。

第三节 MURANO（楼兰）轿车

一、楼兰轿车 3.5L 发动机正时图（图 9-3-1）

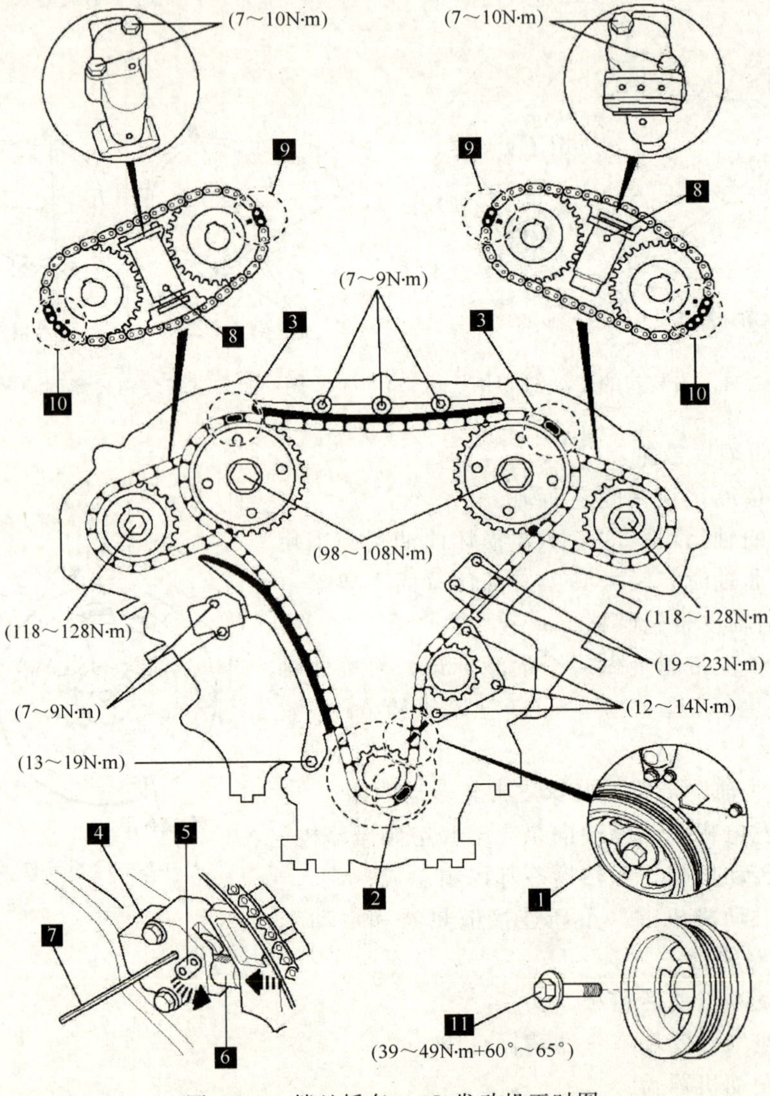

图 9-3-1 楼兰轿车 3.5L 发动机正时图

二、楼兰轿车 3.5L 发动机正时校对操作要点

注意：如果正时链条没有涂色链节，则拆卸正时链条前，先要用油漆标记出与链轮正时标记对准的链节，便于重新安装。

1. 拆卸下部和上部油底壳。

2. 将发动机设置到 1 缸上止点位置（图 9-3-1 中的 1）。

3. 确保 1 缸凸轮轴凸轮朝上，否则应转动曲轴 360°，使 1 缸凸轮轴凸轮朝上。

4. 将正时链条上的涂色链节或用油漆标记的链节与曲轴链轮正时标记和凸轮轴链轮正时标记对齐（图 9-3-1 中的 2 和 3）。

注意：正时链条上可能有 1 个橙色链节和 2 个黄色链节。

5. 拆卸正时链条张紧器（图 9-3-1 中的 4）：

（1）向下方推拨片（图 9-3-1 中的 5）。

（2）沿着箭头方向将柱塞（图 9-3-1 中的 6）压入张紧器壳体中。

（3）用直径 2.5mm 的锁止销（图 9-3-1 中的 7）把柱塞固定到位。

6. 拆卸凸轮轴连接链条时，也要在张紧器壳体内插入锁止销（图 9-3-1 中的 8）。

7. 使凸轮轴定位销位于 12 点钟位置。

8. 使曲轴键槽位于 11 点钟位置。

9. 安装凸轮轴连接链条时，要把连接链条上的涂色链节与进气凸轮轴和排气凸轮轴上的正时标记对齐（图 9-3-1 中的 9 和 10）。

10. 安装正时链条张紧器（图 9-3-1 中的 4），拔出插入的锁止销（图 9-3-1 中的 7）。

11. 把曲轴链轮螺栓和凸轮轴链轮螺栓用机油润滑。

12. 把曲轴皮带轮螺栓紧固至 39～49N·m＋60°～65°。

第四节　PALADIN（帕拉丁）轿车正时校对

一、帕拉丁轿车 2.4L 发动机正时图（图 9-4-1）

二、正时校准操作步骤

1. 拆卸油底壳。

2. 把发动机设置在 1 缸上止点位置（图 9-4-1 中的 1）。

3. 在拆卸正时链前先标记好转子（图 9-4-1 中的 2）的位置。

4. 凸轮轴链轮的键槽（图 9-4-1 中的 3）应调节到 12 点钟位置。

5. 把正时链条上的黄色或银色链节与曲轴链轮上的正时标记对齐（图 9-4-1 中的 4）。

6. 把正时链条上的银色链节与凸轮轴链轮上的正时标记对齐（图 9-4-1 中的 5）。

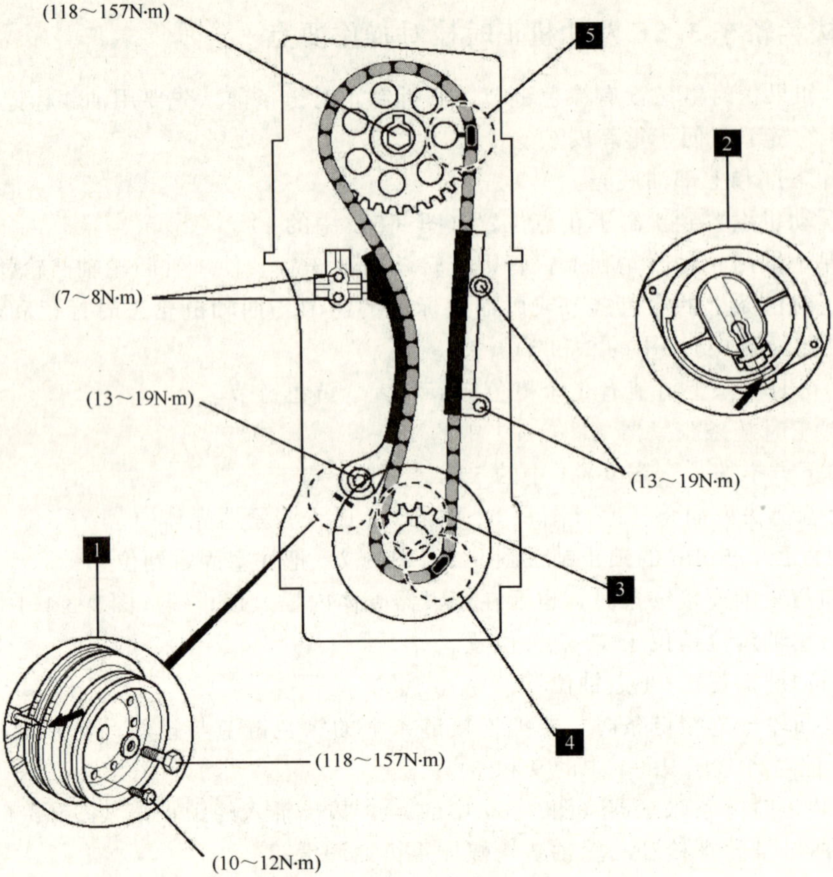

图 9-4-1　2. 4L 发动机正时图

7. 安装正时链条张紧器。

8. 安装正时链条导板。

第五节　370Z 轿车

370Z 轿车 3. 7L 发动机正时校对与第四章第一节 G37 轿车 3. 7L 发动机正时校对方法相同。

第十章 SSANGYONG（双龙）车系

第一节 RODIUS（路帝）轿车

一、RODIUS（路帝）轿车 2.7L（D27DT）发动机正时链条部件识别（图 10-1-1）

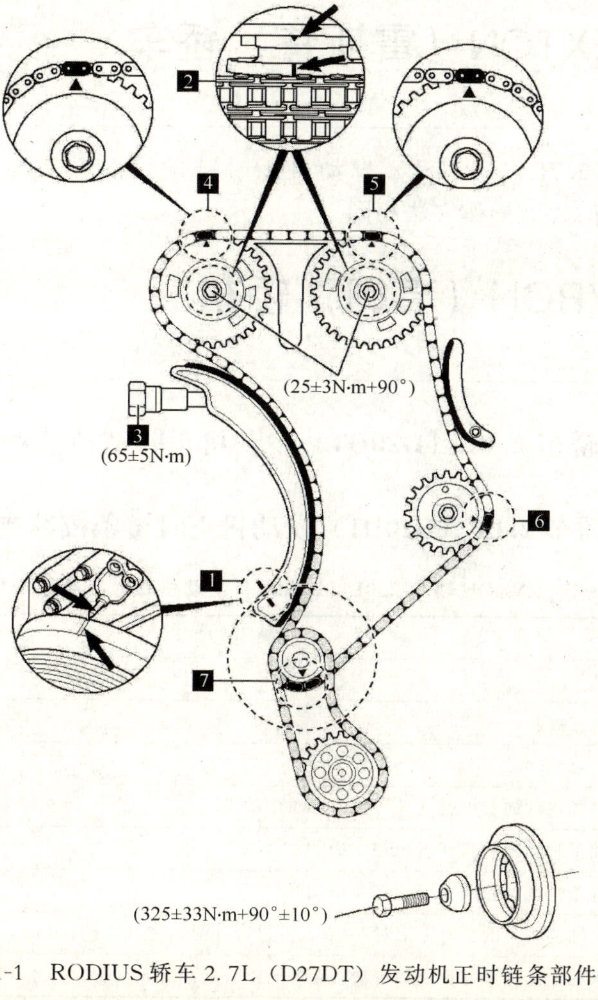

图 10-1-1 RODIUS 轿车 2.7L（D27DT）发动机正时链条部件识别

二、RODIUS 轿车 2.7L（D27DT）发动机正时校准操作要点（表 10-1-1）

表 10-1-1 RODIUS 轿车 2.7L（D27DT）发动机正时校准操作要点

步 骤	操作方法
1	拆卸发动机
2	拆卸发动机气缸盖
3	拆卸油底壳
4	将发动机设置在 1 缸上止点位置（图 10-1-1 中的 1）
5	确保凸轮轴正时标记对齐（图 10-1-1 中的 2）
6	拆下正时链条张紧器总成（图 10-1-1 中的 3）
7	将各个凸轮轴链轮上的正时标记对准 12 点钟位置（图 10-1-1 中的 4 和 5）
8	把正时链条的金色链节与各个凸轮轴链轮上的正时标记对齐（图 10-1-1 中的 4、5、6、7）

第二节 REXTON（雷斯特）轿车

REXTON 轿车 2.7L（D27DT）发动机正时链条校准方法与 RODIUS 轿车 2.7L（D27DT）发动机正时校准操作方法相同。

第三节 KYRON（享御）轿车

一、KYRON 轿车 2.0L（D20DT）发动机正时链条部件识别（图 10-3-1）

二、KYRON 轿车 2.0L（D20DT）发动机正时链条校准操作要点（表 10-3-1）

表 10-3-1 KYRON 轿车 2.0L（D20DT）发动机正时链条校准操作要点

步 骤	操作方法
1	拆卸发动机
2	拆卸发动机气缸盖
3	拆卸油底壳
4	将发动机设置在 1 缸上止点位置（图 30-3-1 中的 1）
5	确保凸轮轴正时标记对齐（图 30-3-1 中的 2）
6	拆下正时链条张紧器总成（图 30-3-1 中的 3）
7	将各个凸轮轴链轮上的正时标记对准 12 点钟位置（图 30-3-1 中的 4 和 5）
8	把正时链条的金色链节与各个凸轮轴链轮上的正时标记对齐（图 30-3-1 中的 4、5、6、7）

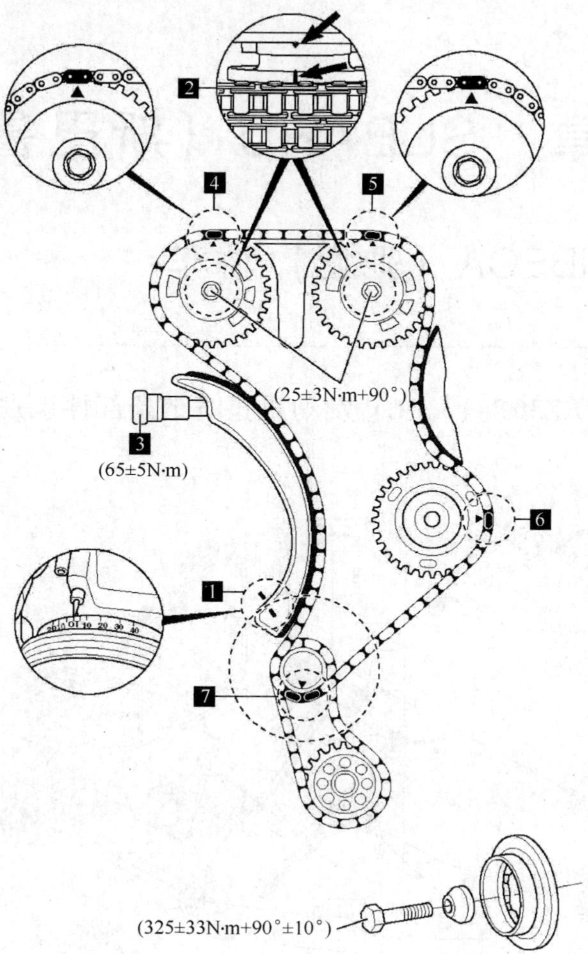

图 10-3-1 KYRON（享御）轿车 2.0L（D20DT）发动机正时链条部件识别

第十一章　SUBARU（斯巴鲁）车系

第一节　TRIBECA（驰鹏）轿车

一、驰鹏轿车 EZ30R（3.0L）发动机正时链条部件识别（图 11-1-1）

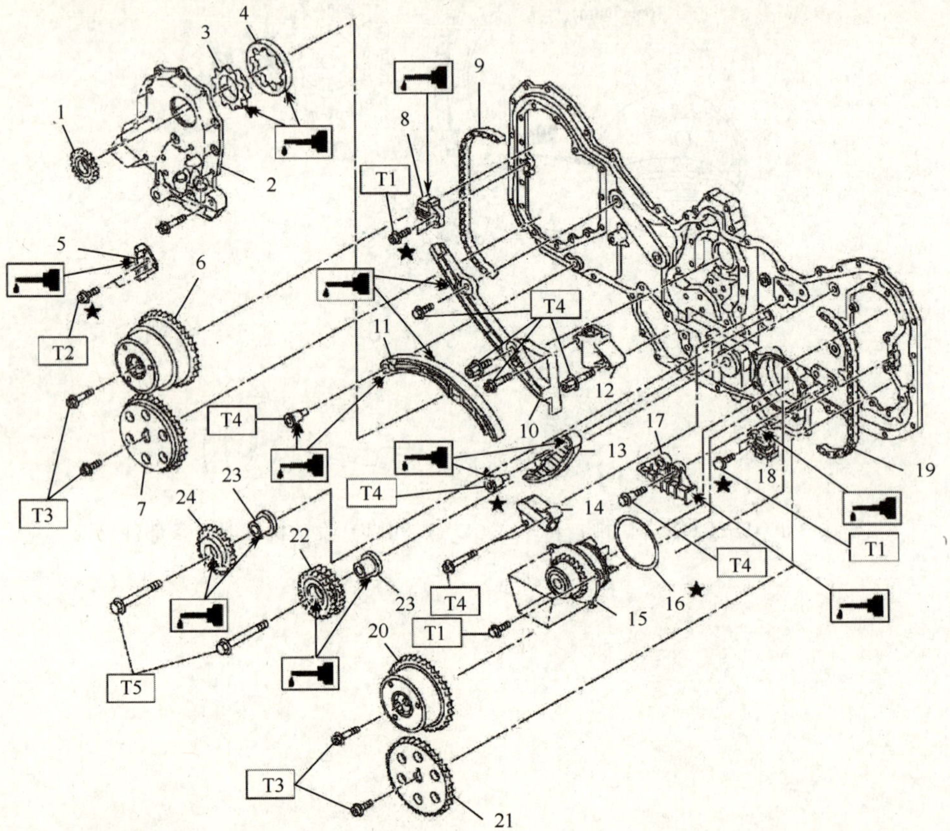

T1：6.4N·m
T2：7.8N·m
T3：先紧固到29.5N·m，然后把进气凸轮轴链轮螺栓再拧紧45°；排气凸轮轴链轮螺栓再拧紧25°
T4：16N·m
T5：69N·m

图 11-1-1　驰鹏轿车 EZ30R（3.0L）发动机正时链条部件识别

编　号	部　件	编　号	部　件
1	曲轴链轮	13	正时链条张紧器臂（左）
2	机油减压箱	14	正时链条张紧器（左）
3	内转子	15	水泵
4	外转子	16	机油密封圈
5	正时链条导轨（中央）	17	正时链条导轨（左）
6	进气凸轮轴链轮（右）	18	正时链条导轨（左：在两个凸轮之间）
7	排气凸轮轴链轮（右）	19	正时链条（左）
8	正时链条导轨（右：在两个凸轮之间）	20	进气凸轮轴链轮（左）
9	正时链条（右）	21	排气凸轮轴链轮（左）
10	正时链条导轨（右）	22	惰轮链轮（下部）
11	正时链条张紧器臂（右）	23	惰轮链轮凸缘
12	正时链条张紧器（右）	24	惰轮链轮（上部）

二、驰鹏轿车 EZ30R（3.0L）发动机正时链条拆卸步骤

1. 拆卸曲轴带轮。
2. 拆卸前正时链条盖。
3. 拆卸正时链条张紧器（右）。**注意：**不要让张紧器柱塞 A 脱出（图 11-1-2）。
4. 拆卸正时链条导轨（右：在两个凸轮之间）（图 11-1-3）。

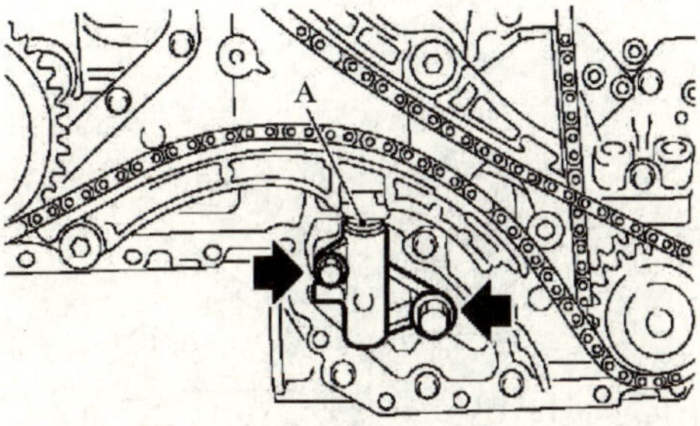

图 11-1-2　正时链条张紧器柱塞 A 识别

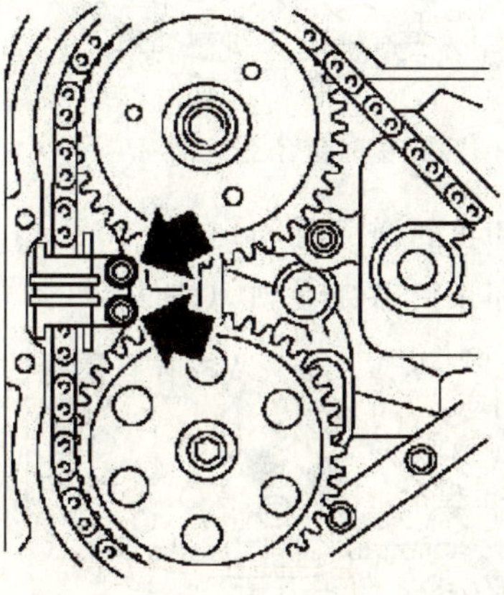

图 11-1-3　拆卸正时链条导轨（右：在两个凸轮之间）

5. 拆卸正时链条导轨（右）（图 11-1-4）。
6. 拆卸正时链条张紧器臂（右）（图 11-1-4）。
7. 拆卸正时链条（右）。
8. 拆卸正时链条张紧器（左）（图 11-1-5）。

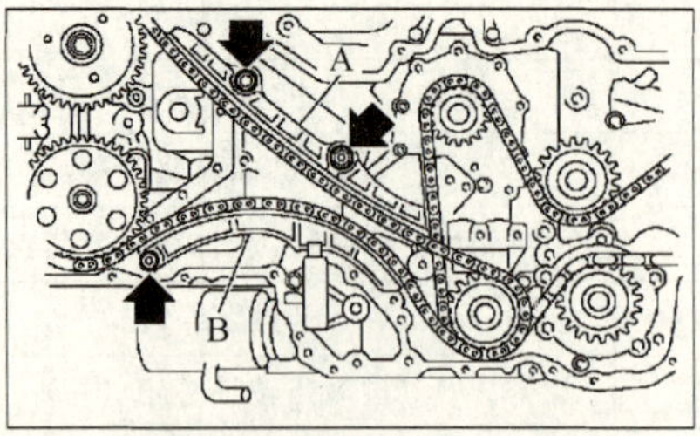

图 11-1-4　拆卸正时链条导轨（右）和正时链条张紧器臂（右）

A-正时链条导轨（右）；B-正时链条张紧器臂（右）

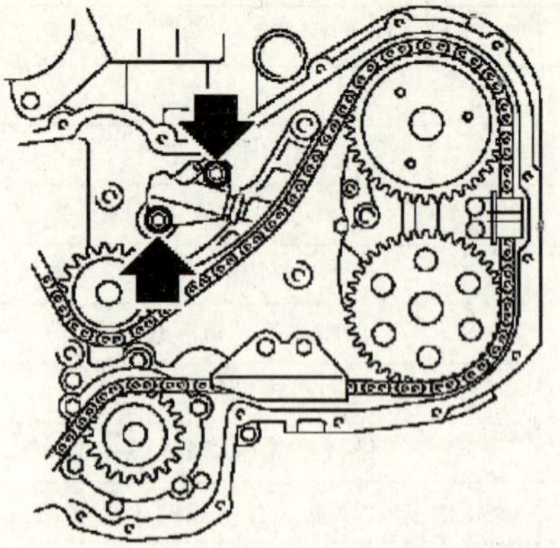

图 11-1-5　拆卸正时链条张紧器（左）

9. 拆卸正时链条张紧器臂（左）（图 11-1-6）。

10. 拆卸正时链条导轨（左：在两个凸轮之间）（图 11-1-7）。

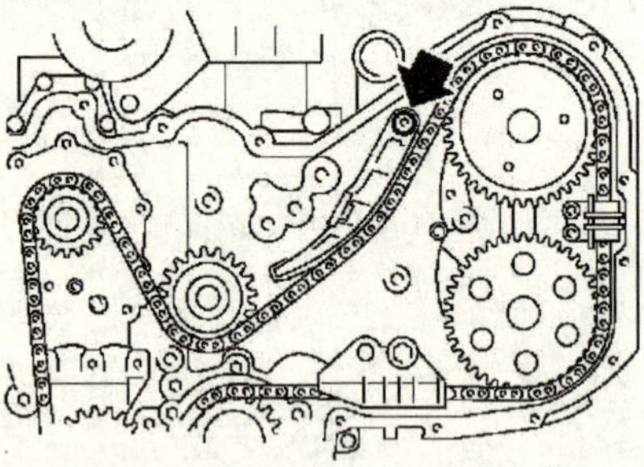

图 11-1-6　拆卸正时链条张紧器臂（左）

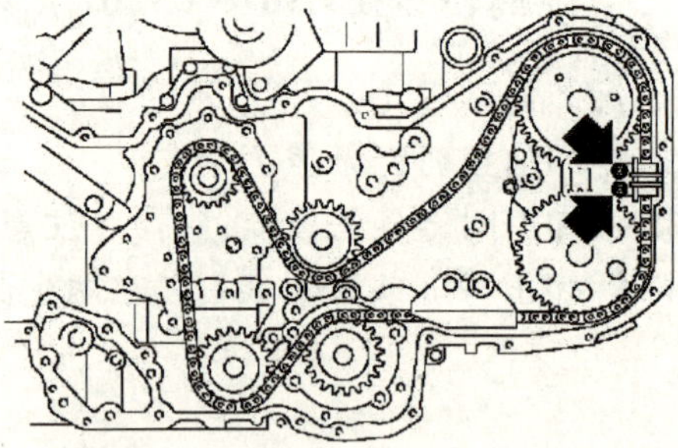

图 11-1-7　拆卸正时链条导轨（左：在两个凸轮之间）

11. 拆卸正时链条导轨（左）（图 11-1-8）。

12. 拆卸正时链条导轨（中央）（图 11-1-9）。

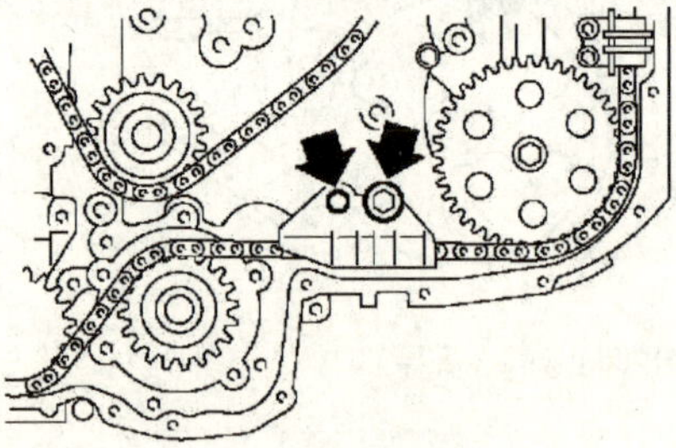

图 11-1-8　拆卸正时链条导轨（左）

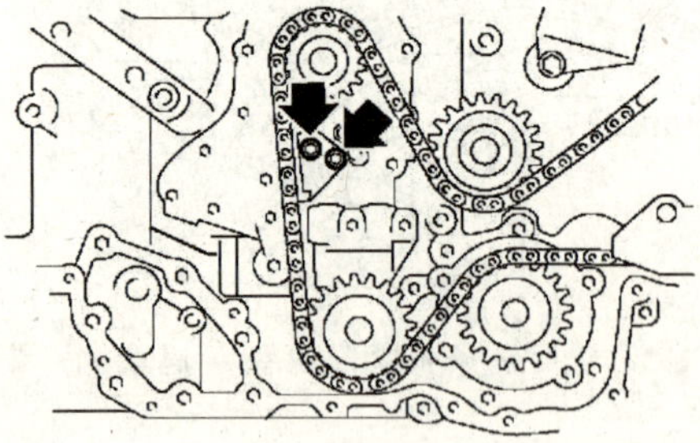

图 11-1-9　拆卸正时链条导轨（中央）

13. 拆卸惰轮链轮（上部）（图 11-1-10）。

14. 拆卸正时链条（左）。

15. 拆卸惰轮链轮（下部）（图 11-1-11）。

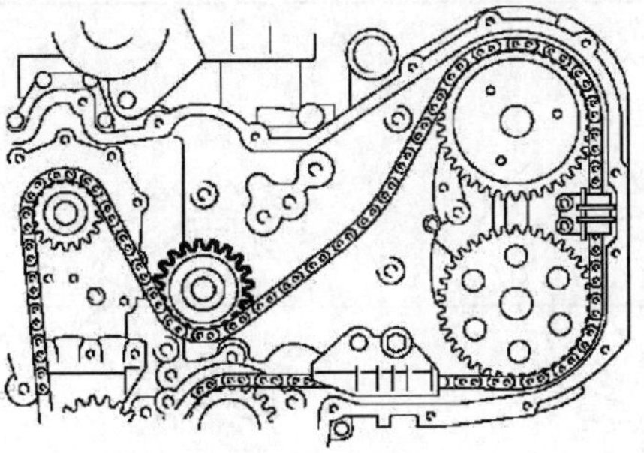

图 11-1-10 拆卸惰轮链轮（上部）

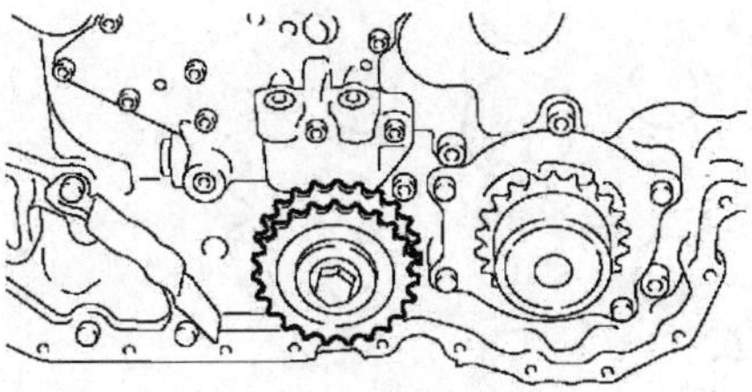

图 11-1-11 拆卸惰轮链轮（下部）

三、驰鹏轿车 EZ30R（3.0L）发动机正时链条安装步骤

1. 把正时链条张紧器抵在橡胶垫上，用力按压，使张紧器柱塞缩进，然后将一根细销插入张紧器柱塞与张紧器壳体之间的孔中（图 11-1-12）。

2. 用专用工具，将曲轴链轮上的顶部标记对齐到图 11-1-13 中的 9 点钟位置。

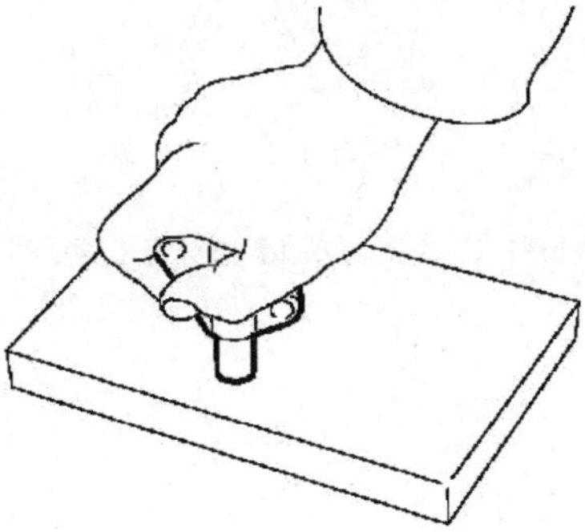

图 11-1-12 按压正时链条张紧器

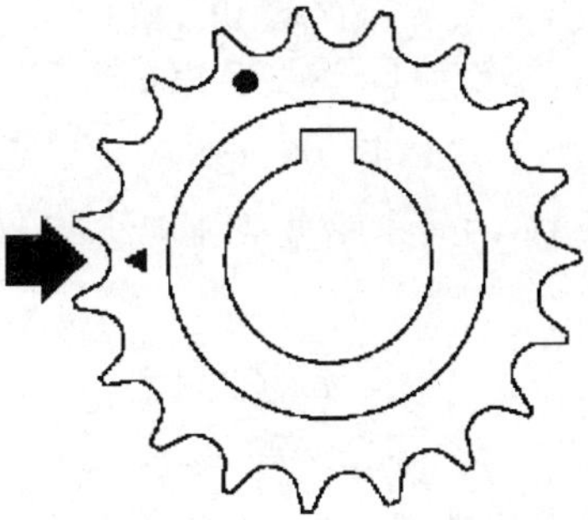

图 11-1-13 顶部标记对准 9 点钟位置

3. 把排气凸轮轴链轮上的键槽对准 12 点钟位置，如图 11-1-14 所示。

4. 把进气凸轮轴链轮按照图 11-1-15 所示对齐。

5. 顺时针转动曲轴链轮，使顶部标记对齐 12 点钟位置（1 缸活塞位于上止点位置）。

6. 安装惰轮链轮（下部）并紧固（图 11-1-16）。

7. 安装正时链条（左）。

（1）按照图 11-1-17 所示，把曲轴链轮上的正时标记 B 与正时链条（左）上的金色链节 A 对齐。

（2）把正时链条（左）依次安装到惰轮链轮（下部）、水泵、排气凸轮轴链轮（左）和进气凸轮轴链轮（左）上。按照图 11-1-18 所示，将正时链条上的蓝色链节 A 与凸轮轴链轮的正时标记 B 对齐。

（3）按照图 11-1-19 所示，安装惰轮链轮（上部）。

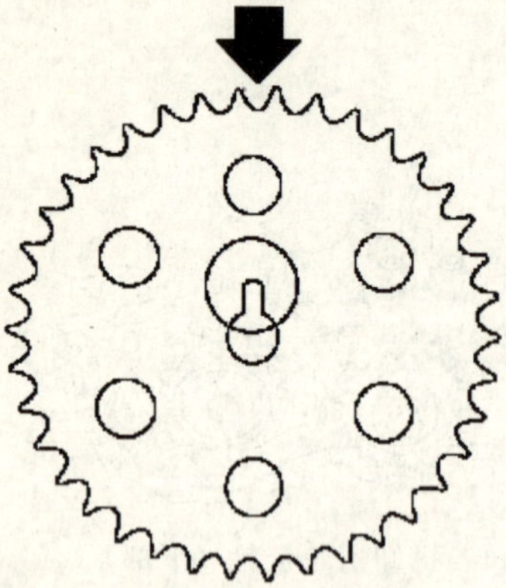

图 11-1-14 排气凸轮轴链轮上的键槽对准 12 点钟位置

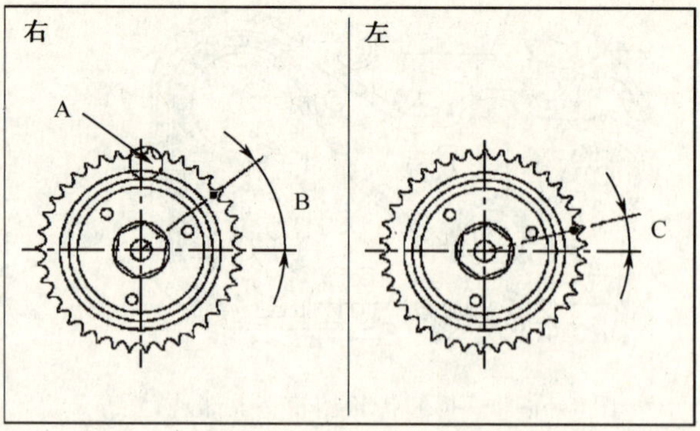

图 11-1-15 对齐进气凸轮轴链轮位置

A-顶部标记；B-40°；C-15°

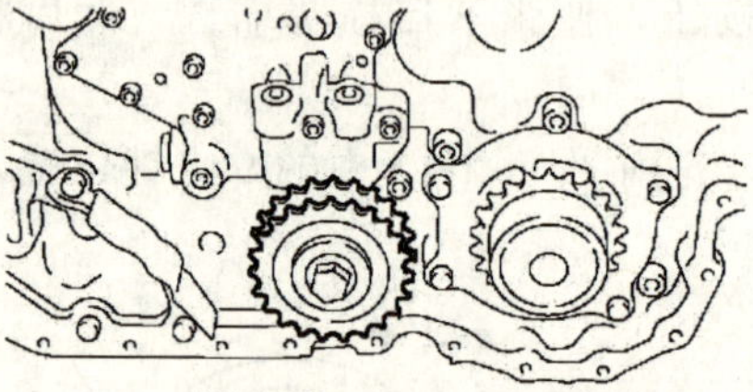

紧固力矩：69N·m

图 11-1-16 安装并紧固惰轮链轮（下部）

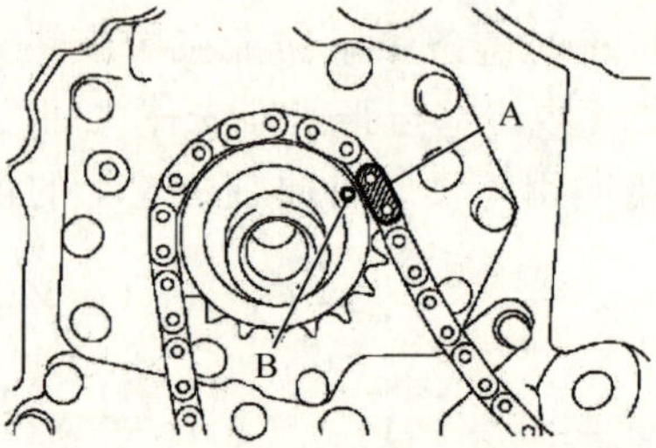

图 11-1-17 正时标记 B 对齐金色链节 A

A-金色链节；B-标记

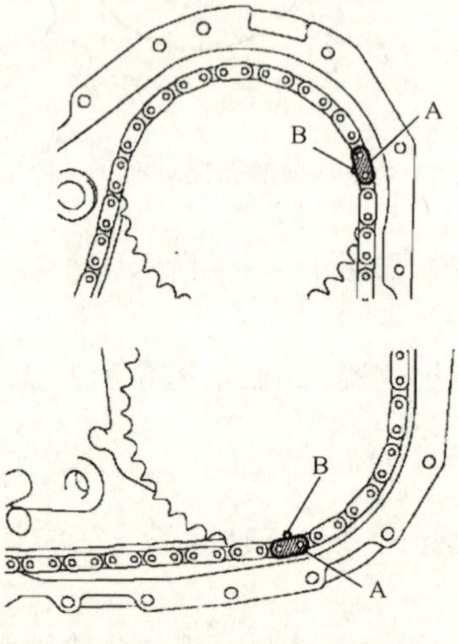

图 11-1-18 蓝色链节 A 与凸轮轴链轮的正时标记 B 对齐

A-蓝色链节；B-正时标记

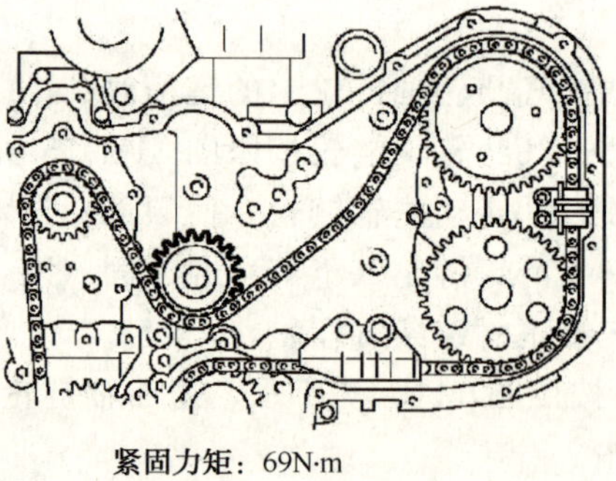

紧固力矩：69N·m

图 11-1-19 安装惰轮链轮（上部）

（4）安装正时链条导轨（左：在两个凸轮中间）（图 11-1-20）.

（5）安装正时链条导轨（左）（图 11-1-21）。

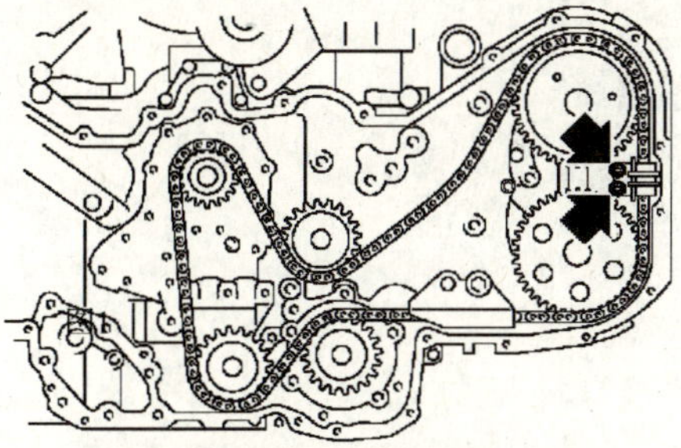

图 11-1-20　安装正时链条导轨（左：在两个凸轮中间）

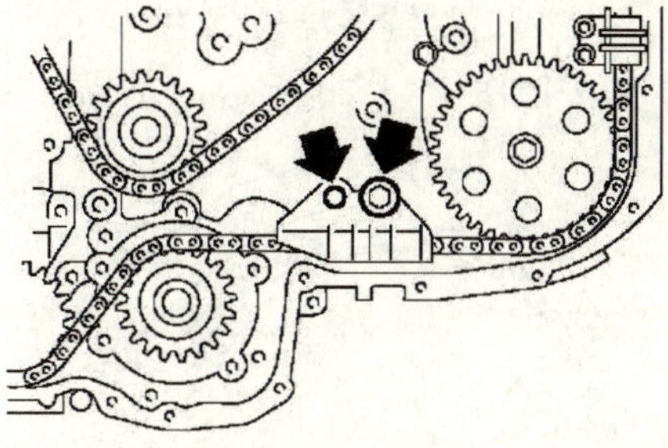

图 11-1-21　安装正时链条导轨（左）

（6）按照图 11-1-22 所示，安装正时链条张紧器臂（左）。

（7）按照图 11-1-23 所示，安装正时链条张紧器（左）。

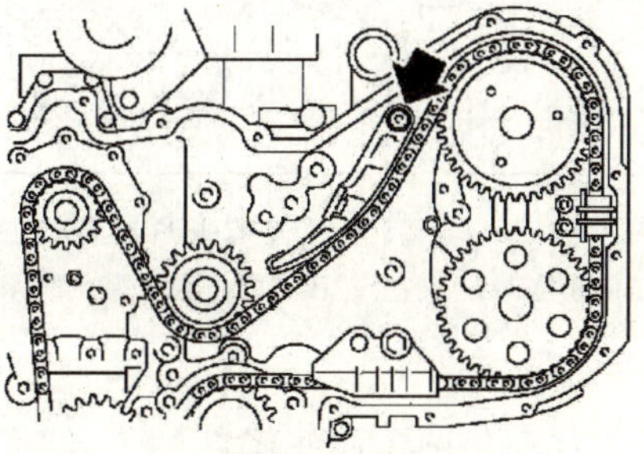

图 11-1-22　安装正时链条张紧器臂（左）

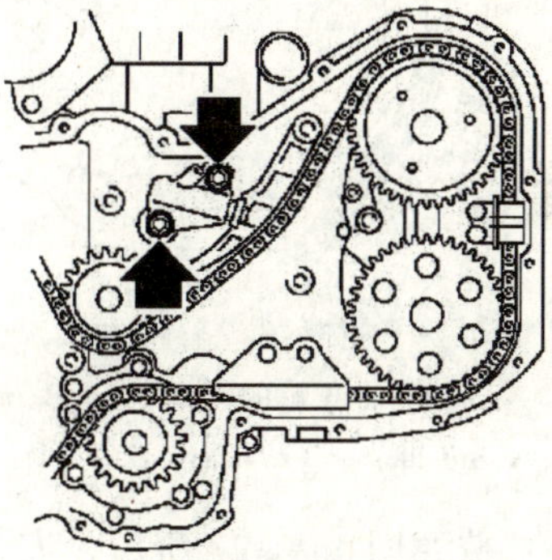

图 11-1-23　安装正时链条张紧器（左）

8. 安装正时链条（右）。

（1）按照图 11-1-24 所示，对齐惰轮链轮（下部）上的左侧和右侧正时链条标记。

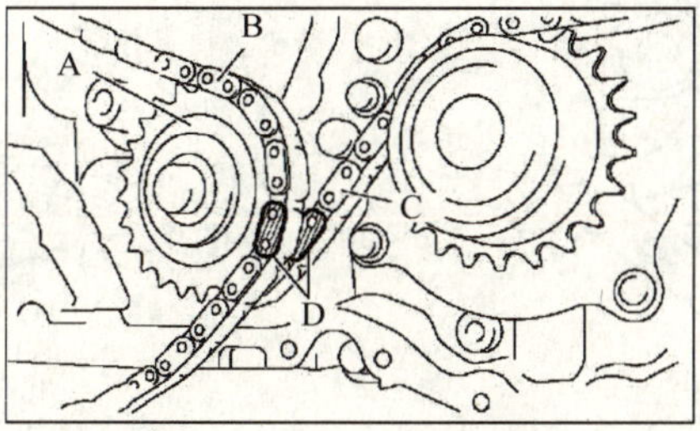

图 11-1-24　对齐正时链条标记

A-惰轮链轮（下部）；B-正时链条（右）；C-正时链条（左）；D-蓝色链节

（2）把正时链条（右）依次安装到进气凸轮轴链轮（右）和排气凸轮轴链轮（右）上。按照图 11-1-25 所示，确认正时链条金色链节 A 对齐凸轮轴链轮的正时标记 B。

（3）安装正时链条导轨（右）。

（4）按照图 11-1-26 所示，安装正时链条张紧器臂（右）。

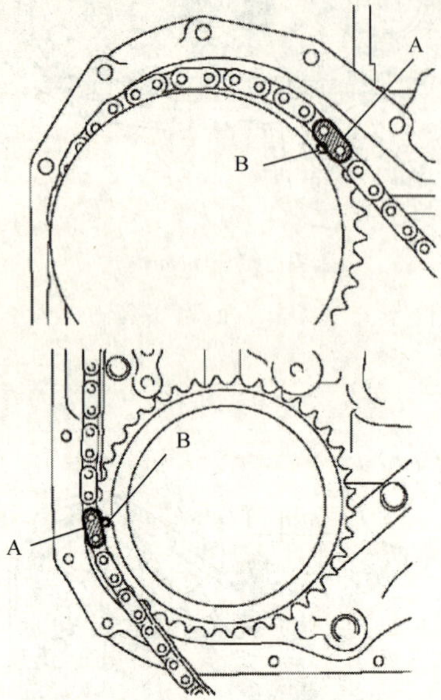

图 11-1-25 正时链条金色链节 A 对齐凸轮轴链轮的正时标记 B

A-金色链节；B-凸轮轴链轮正时标记

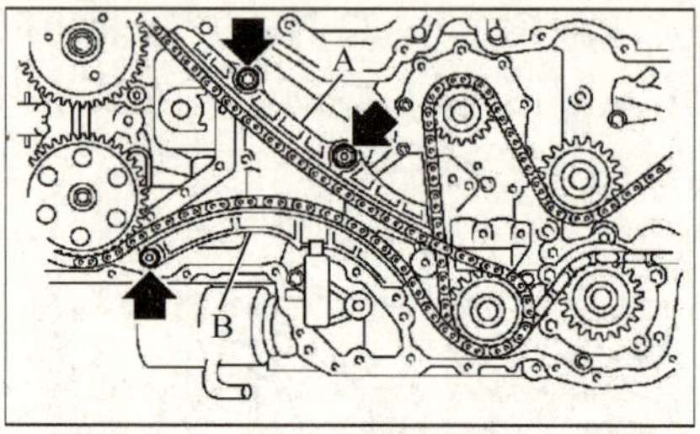

图 11-1-26 安装正时链条张紧器臂（右）

A-正时链条导轨（右）；B-正时链条张紧器臂（右）

螺栓紧固力矩：16N · m

（5）按照图 11-1-27 所示，安装正时链条导轨（右：在两个凸轮之间）。

（6）按照图 11-1-28 所示，安装正时链条张紧器（右）。

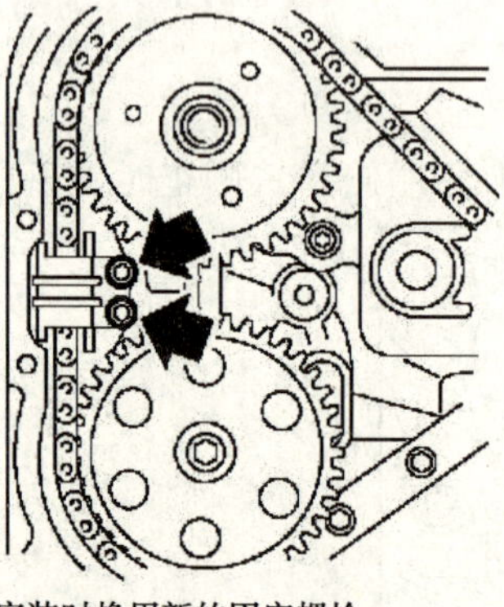

安装时换用新的固定螺栓
并紧固至6.4N·m

图 11-1-27 安装正时链条导轨（右：在两个凸轮之间）

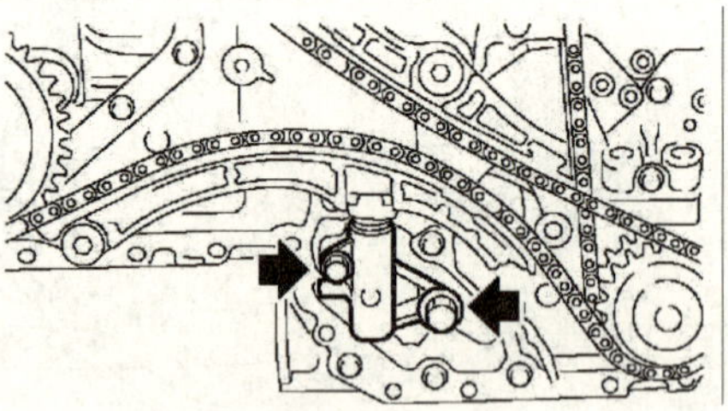

螺栓紧固力矩：16N·m

图 11-1-28 安装正时链条张紧器（右）

（7）把正时链条导轨（右）与正时链条导轨（中央）之间的间隙调节到 8.4～8.6mm 范围内。按照图 11-1-29 所示，安装正时链条导轨（中央）。

（8）从正时链条张紧器上拔出插入的止动销。

9. 安装前正时链条盖。

10. 安装曲轴皮带轮。

11. 安装发动机传动皮带。

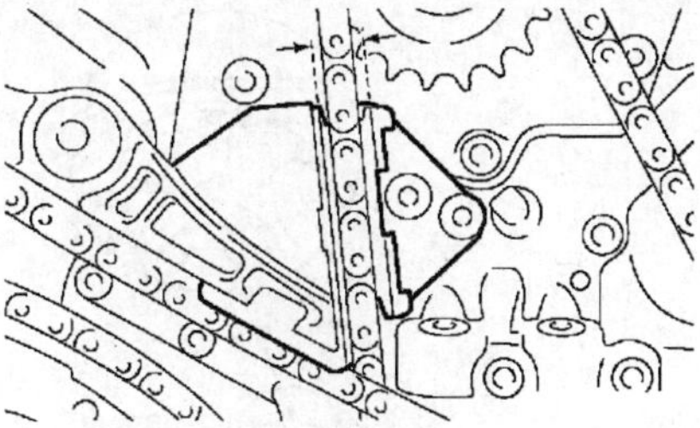

换用新的螺栓并紧固至7.8N·m

图 11-1-29　安装正时链条导轨（中央）

第二节　FORESTER（森林人）轿车

一、森林人轿车 2.0L（EJ20）和 2.5T（EJ25）发动机正时图（图 11-2-1）

二、森林人轿车 2.0L（EJ20）和 2.5T（EJ25）发动机正时皮带拆卸步骤

1. 举升并支撑车辆前部。

2. 拆卸发动机附件传动皮带罩。

3. 拆卸发动机附件传动皮带。

4. 拆卸空调驱动皮带张紧器。

5. 用专用工具固定住曲轴皮带轮。

6. 拆卸曲轴皮带轮螺栓（图 11-2-1 中的 1）。

7. 拆卸曲轴带轮（图 11-2-1 中的 2）。

8. 拆卸正时皮带罩（图 11-2-1 中的 3、4、5）。对于手动变速器车型，拆卸曲轴链轮正时皮带导向装置（图 11-2-1 中的 6）。

9. 对于手动变速器车型，拆卸位于凸轮轴带轮（图 11-2-1 中的 CA1、CA2 和 CA4）处的正时皮带导向装置。

10. 顺时针转动曲轴，使各个正时标记（图 11-2-1 中的 7、8、9、10、11、12、13）对齐。注意：要确保曲轴带轮上的箭头标记（图 11-2-1 中的 14）对准 3 点钟位置。

11. 拆卸导轮（图 11-2-1 中的 G3），使正时皮带松弛。

12. 拆卸正时皮带。注意：如果要继续使用旧的正时皮带，可先用粉笔标记出正时皮带的转动方向，以免重新安装时发生错装。

三、森林人轿车 2.0L（EJ20）和 2.5T（EJ25）发动机正时皮带安装步骤

1. 拆卸正时皮带自动张紧器螺栓（图 11-2-1 中的 15）。

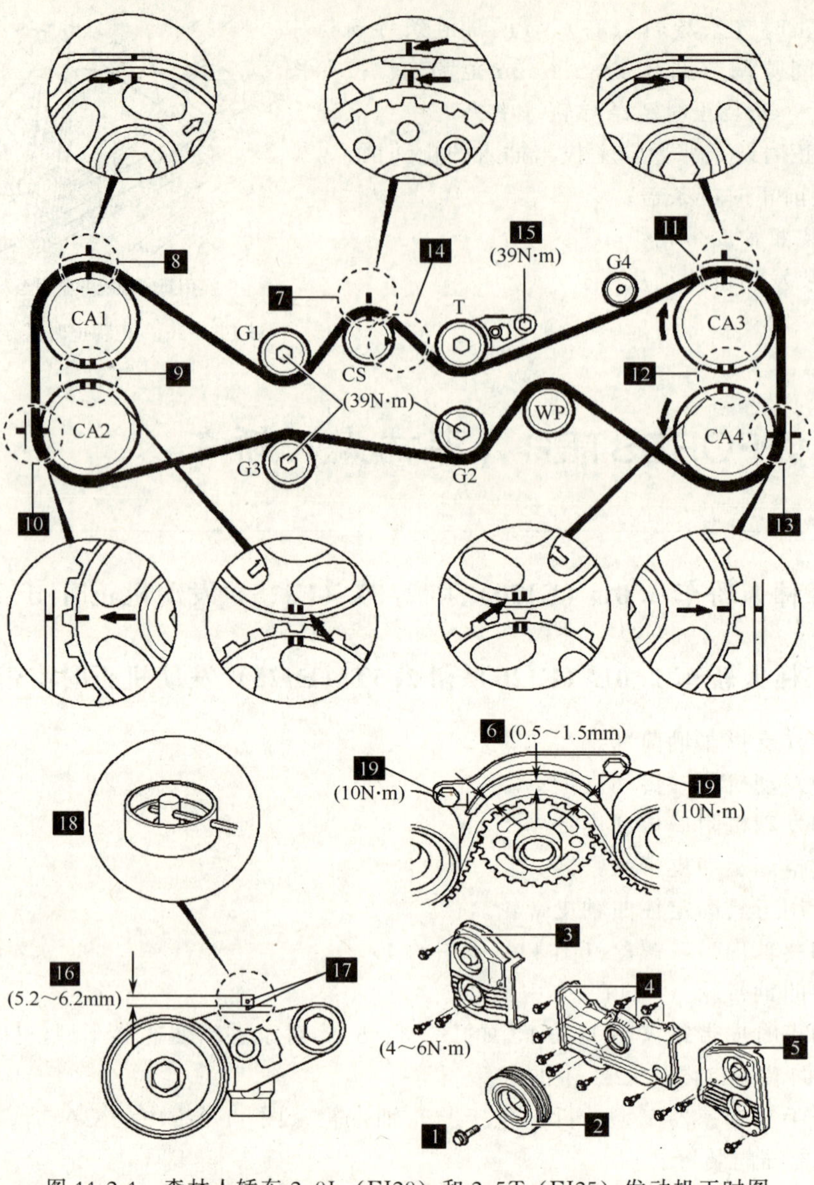

图 11-2-1　森林人轿车 2.0L（EJ20）和 2.5T（EJ25）发动机正时图

2. 检查正时皮带的张紧轮和导轮转动是否平顺，如有必要，则进行更换。

3. 检查正时皮带张紧器壳体是否有泄漏和损坏，如有必要，则进行更换。

4. 检查正时皮带张紧器推杆的伸出长度是否在 5.2～6.2mm 范围内（图 11-2-1 中的 16），如果不符合要求，则更换正时皮带自动张紧器。

5. 对于 2002—2007 年款的森林人轿车：将正时皮带自动张紧器垂直固定，用小于 300N 的力量按压推杆，如果推杆移动，则慢慢压下推杆，使其与正时皮带张紧器壳体上表面齐平，然后松开推杆，重复3次。将正时皮带自动张紧器垂直固定，用300N的力量按压推杆，如果推杆移动，则更换正时皮带自动张紧器。

6. 对于2008—2010年款的森林人轿车：将正时皮带自动张紧器垂直固定，用小于170N的力量按压推杆，如果推杆移动，则慢慢压下推杆，使其与正时皮带张紧器壳体上表面齐平，然后松开推杆，重复3次。将正时皮带自动张紧器垂直固定，用170N的力量按压推杆，如果推杆移动，则更换正时皮带自动张紧器。

7. 将正时皮带自动张紧器垂直固定，用压力机以小于10000N的力量慢慢把推杆压入正时皮带张紧器壳体中，直至小孔对齐（图11-2-1中的17）。然后将一根直径为2mm的销子穿过张紧器壳体上的小孔（图11-2-1中的18），把推杆固定到位。

8. 安装正时皮带自动张紧器。把张紧器的螺栓紧固到39N·m（图11-2-1中的15）。

9. 确认各个正时标记（图11-2-1中的7、8、9、10、11、12、13）对齐。

10. 从曲轴带轮开始，安装正时皮带。

11. 将正时皮带上的标记与各个带轮上的标记对齐（图11-2-1中的7、8、10、11、13）。

12. 安装导轮（图11-2-1中的G3），将螺栓紧固至39N·m。

13. 确认各个正时标记（图11-2-1中的7、8、9、10、11、12、13）对齐。

14. 从正时皮带张紧器壳体上拔出插入的销子（图11-2-1中的18），解除推杆的锁定状态。

15. 对于手动变速器车型，安装曲轴带轮正时皮带导向装置（图11-2-1中的6），将螺栓轻轻拧紧（图11-2-1中的19）。

16. 对于手动变速器车型，把正时皮带导向装置安装到凸轮轴带轮（图11-2-1中的CA1、CA2和CA4）上。将螺栓轻轻紧固。

17. 对于手动变速器车型，将正时皮带背面与正时皮带导向装置之间的间隙调节到0.5～1.5mm（图11-2-1中的6），将螺栓紧固至10N·m（图11-2-1中的19）。

18. 对于手动变速器车型，将正时皮带背面与位于凸轮轴链轮（图11-2-1中的CA1、CA2和CA4）处的正时皮带导向装置之间的间隙调节到0.5～1.5mm，对于2002年款的森林人轿车，将螺栓紧固至10N·m（图11-2-1中的19）；对于2003—2010年款的森林人轿车，将螺栓紧固至6N·m。

19. 按照与拆卸相反的顺序安装其他部件。

20. 用专用工具固定住曲轴皮带轮。

21. 对于2.5T（EJ25发动机）：换装新的曲轴皮带轮螺栓，在螺栓螺纹处涂抹机油并紧固至规范力矩（2002—2007年款森林人轿车为44N·m+65°～75°；2008年款自动变速器型森林人轿车为44N·m+45°～60°；2008年款手动变速器型森林人轿车为44N·m+65°～75°）

22. 对于2.0L（EJ20发动机）：换装新的曲轴皮带轮螺栓，在螺栓螺纹处涂抹机油并紧固至44N·m+45°～60°。

第三节 OUTBACK（傲虎）轿车

一、傲虎轿车 2.5L 发动机正时皮带部件识别（图 11-3-1）

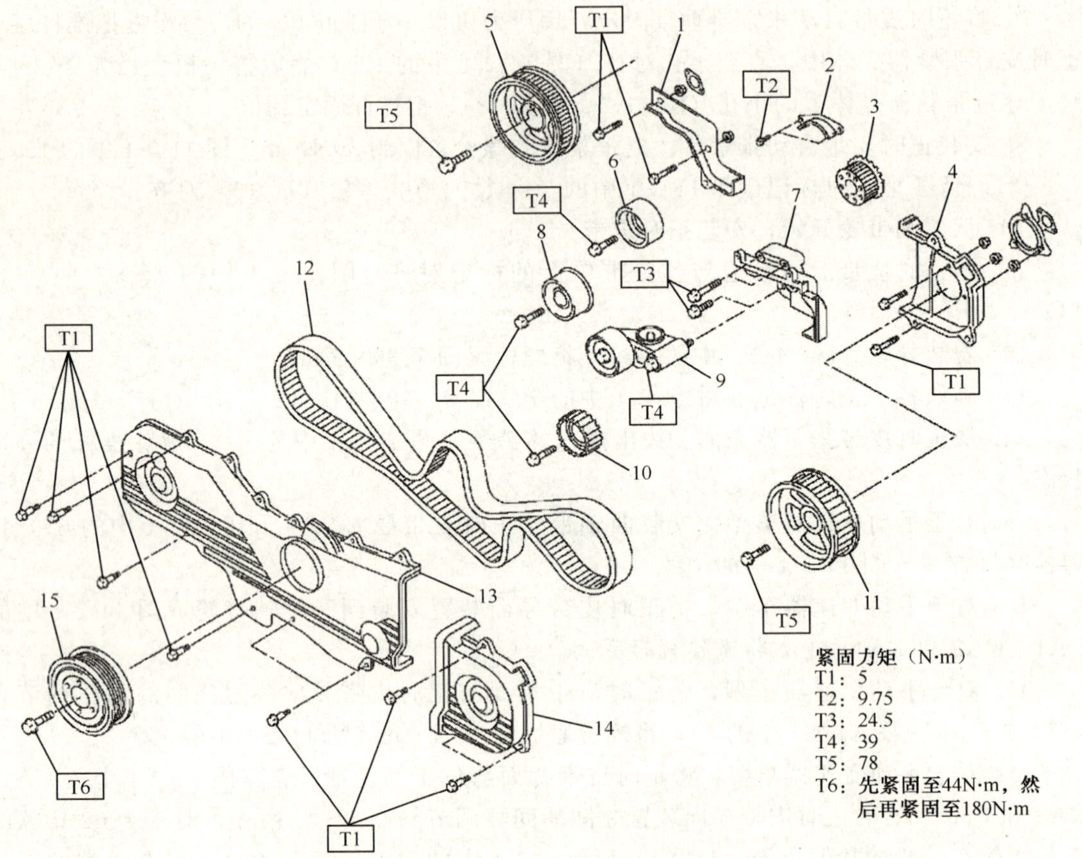

图 11-3-1 傲虎轿车 2.5L 发动机正时皮带部件识别

编号	部件	编号	部件
1	2号正时皮带罩（右）	9	正时皮带张紧器张紧度调节器
2	正时皮带导轨	10	2号正时皮带惰轮
3	曲轴带轮	11	2号凸轮轴带轮
4	2号正时皮带罩（左）	12	正时皮带
5	1号凸轮轴带轮	13	前正时皮带罩
6	1号正时皮带惰轮	14	正时皮带罩（左）
7	正时皮带张紧器支架	15	曲轴皮带轮
8	2号正时皮带惰轮		

二、傲虎轿车 2.5L 发动机正时皮带拆卸步骤

1. 拆卸 V 形皮带。

2. 拆卸曲轴皮带轮。

3. 拆卸正时皮带罩。

4. 拆卸正时皮带导轨（图 11-3-2）。

图 11-3-2 拆卸正时皮带导轨

5. 如果正时皮带上的定位标记或箭头标记（指示转动方向）已经消失，则拆卸正时皮带前先按照如下程序在正时皮带上做上新的记号。

（1）按照图 11-3-3 所示，用专用工具转动曲轴，使带轮上的标记 a 与气缸体上的缺口 b 对齐。然后确保右侧凸轮轴带轮标记 c，凸轮盖和气缸盖配合面 d 或左侧凸轮轴带轮的标记 e 和正时皮带罩上的槽口 f 已经调整好，如图 11-3-4 所示。

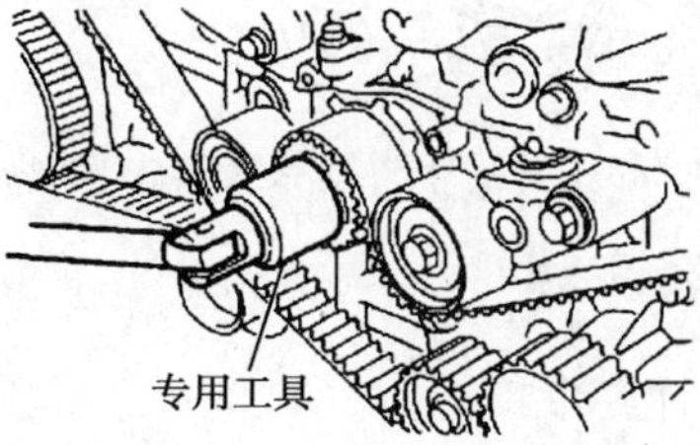

图 11-3-3 用专业工具转动曲轴

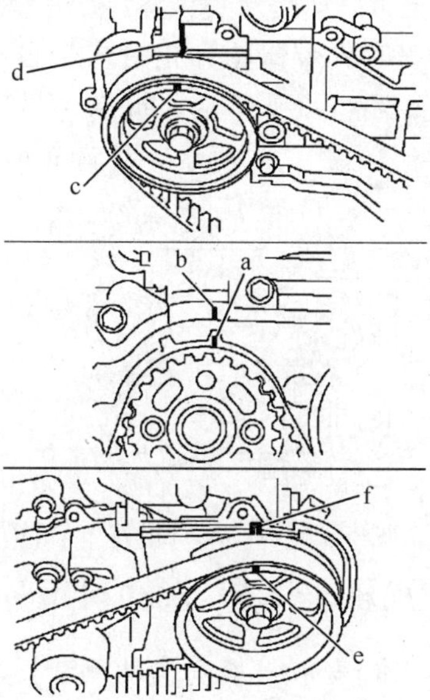

图 11-3-4 对齐标记

（2）根据曲轴带轮和凸轮轴带轮的相对位置，用白色油漆在正时皮带上标出对齐标记

或箭头标记，如图 11-3-5 和图 11-3-6 所示。

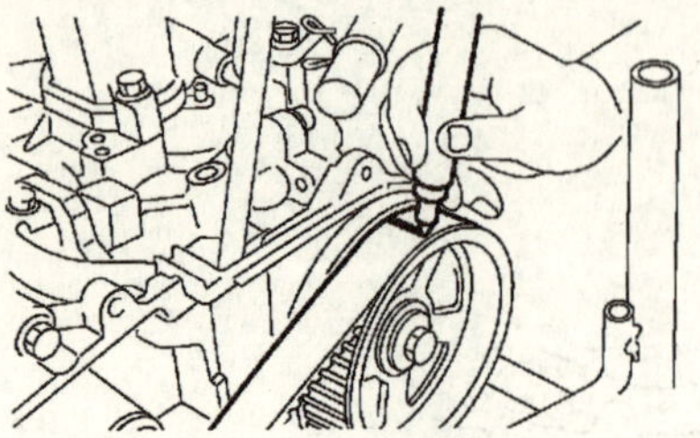

图 11-3-5　做上标记

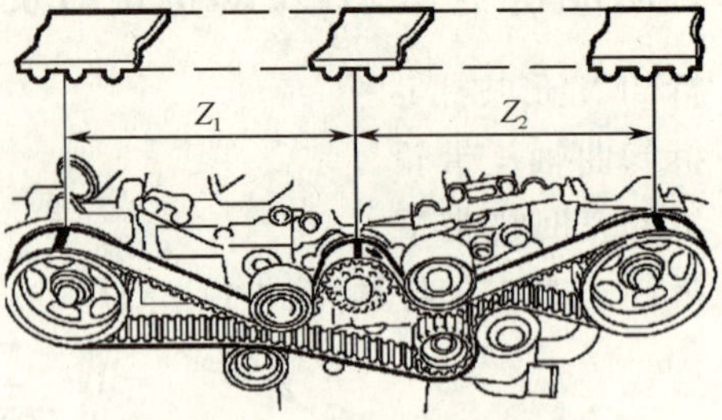

图 11-3-6　识别齿长

Z_1-46.8 个齿长；Z_2-43.7 个齿长

6. 拆下 2 号正时皮带惰轮（图 11-3-7）。

7. 拆卸正时皮带（图 11-3-8）。

图 11-3-7　拆卸 2 号正时皮带惰轮

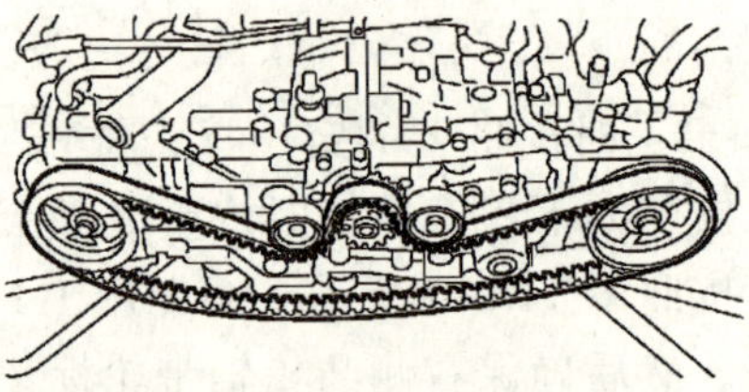

图 11-3-8　拆卸正时皮带

8. 拆卸正时皮带惰轮和正时皮带自动张紧器张紧度调节器总成。

（1）按照图 11-3-9 所示，拆卸 1 号正时皮带惰轮。

（2）按照图 11-3-10 所示，拆卸正时皮带自动张紧器张紧度调节器总成。

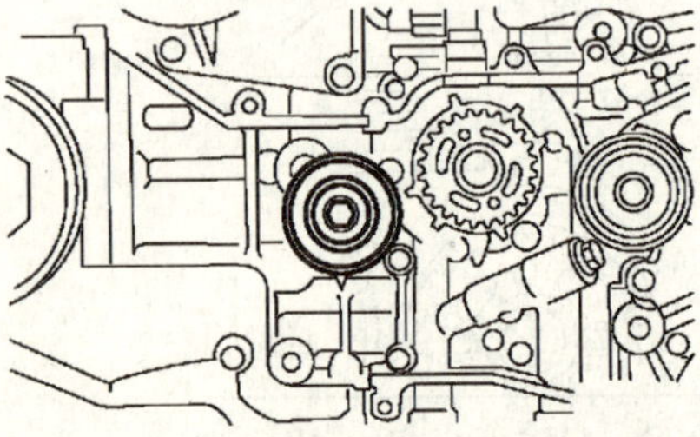

图 11-3-9　拆卸 1 号正时皮带惰轮

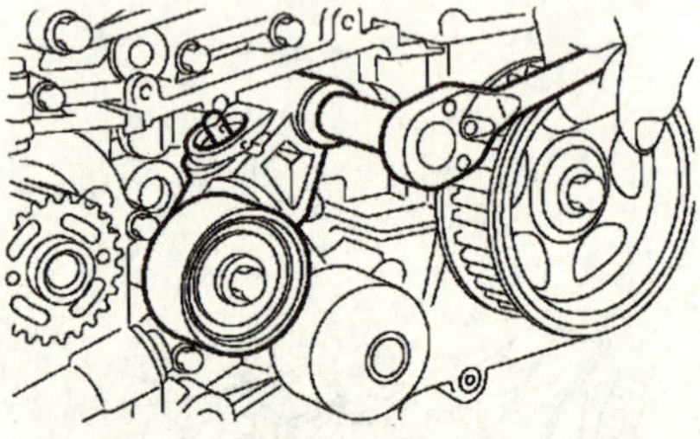

图 11-3-10　拆卸正时皮带自动张紧器张紧度调节器总成

三、傲虎轿车 2.5L 发动机正时皮带安装步骤

1. 拆卸正时皮带张紧度自动调节器总成和正时皮带惰轮。

（1）把正时皮带张紧度自动调节器总成连接到垂直型挤压工具上。

（2）用 294N 或更大的力量慢慢压下调节杆，直至调节杆对准缸体上的限位销孔（图 11-3-11）。

（3）把直径为 2mm 的限位销插入限位销孔内，固定调节杆（图 11-3-12）。

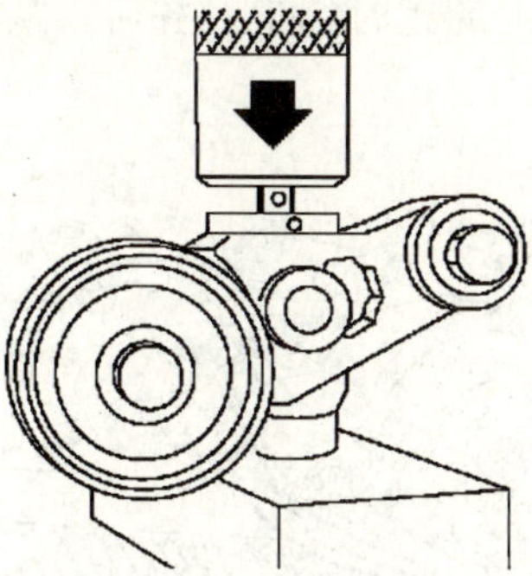

图 11-3-11 按压调节杆

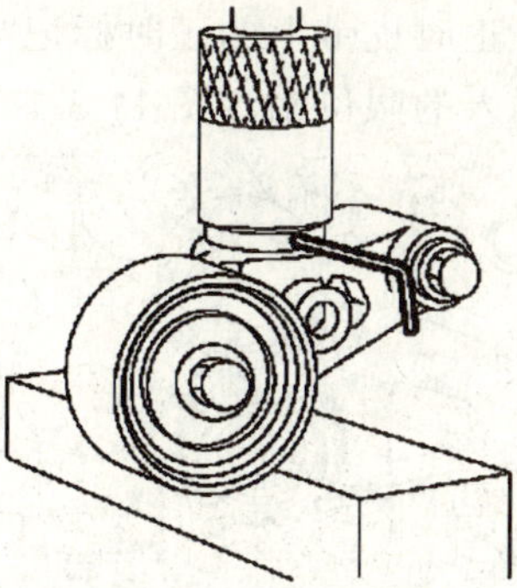

图 11-3-12 插入限位销

（4）安装正时皮带张紧度自动调节器总成（图 11-3-13）。

（5）安装 1 号正时皮带惰轮（图 11-3-14）。

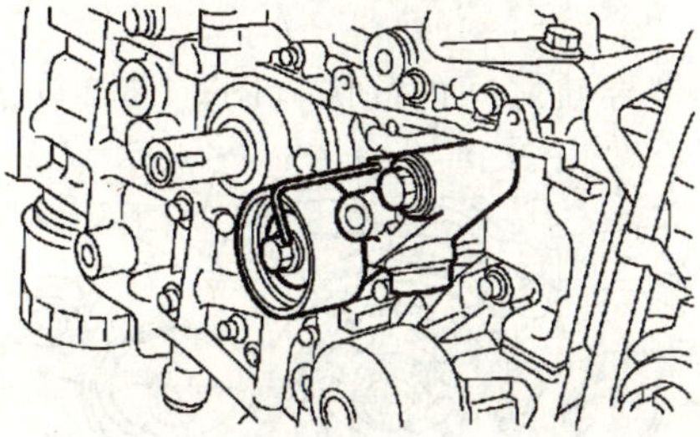

紧固力矩：39N·m

图 11-3-13 安装正时皮带张紧度自动调节器总成

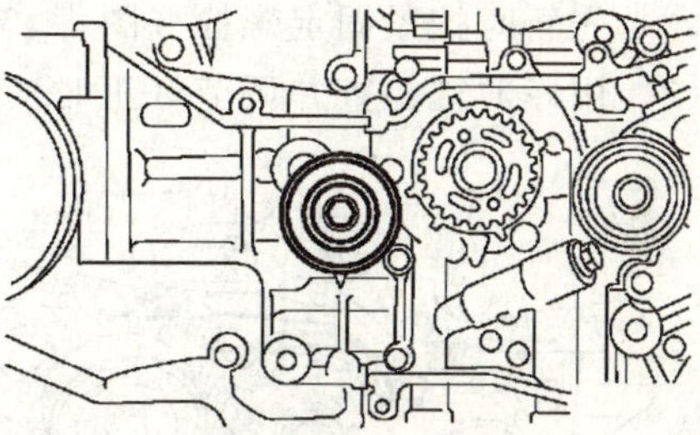

紧固力矩：39N·m

图 11-3-14 安装 1 号正时皮带惰轮

2. 安装正时皮带。

（1）用专用工具转动凸轮轴带轮，使正时标记 A 位于图 11-3-15 所示的位置。

（2）当正时皮带上的正时标记 B 与凸轮轴带轮上的正时标记 A 对齐时，安装好正时皮带（图 11-3-16）。

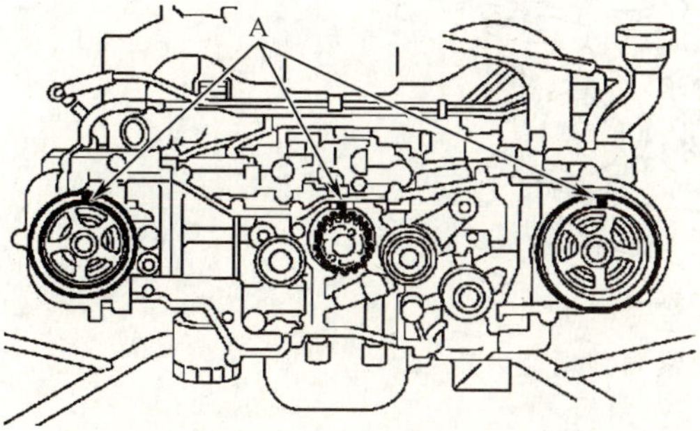

图 11-3-15 凸轮轴带轮正时标记识别

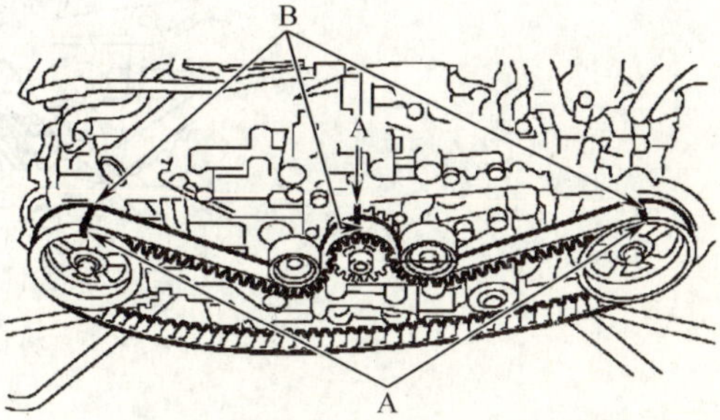

图 11-3-16 正时皮带上的正时标记 B 与凸轮轴带轮上的正时标记 A 对齐

（3）安装 2 号正时皮带惰轮（图 11-3-17）。

（4）确认正时皮带上的正时标记与凸轮轴带轮上的正时标记对齐后，从皮带张紧度调节器上拔出插入的限位销（图 11-3-18）。

紧固力矩：39N·m

图 11-3-17　安装 2 号正时皮带惰轮

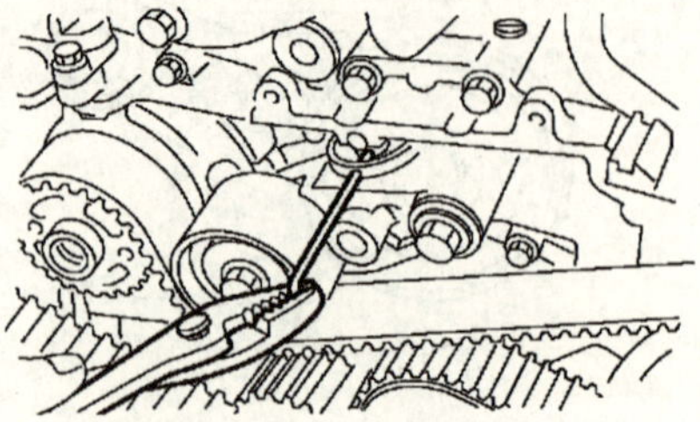

图 11-3-18　拔出限位销

3. 安装正时皮带导轨：

（1）先暂时拧紧固定螺栓（图 11-3-19）。

（2）用厚薄规检查并调节好正时皮带与正时皮带导轨之间的间隙（图 11-3-20）。

图 11-3-19　固定螺栓识别

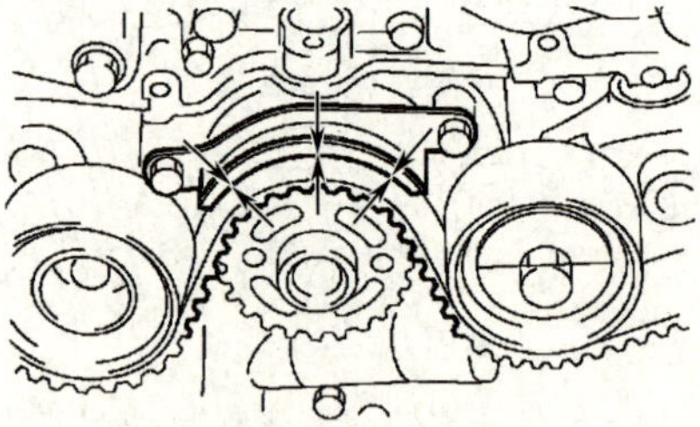

间隙：1.0±0.5mm

图 11-3-20　调节正时皮带与正时皮带导轨之间的间隙

（3）将固定螺栓紧固到规范力矩（图 11-3-21）。

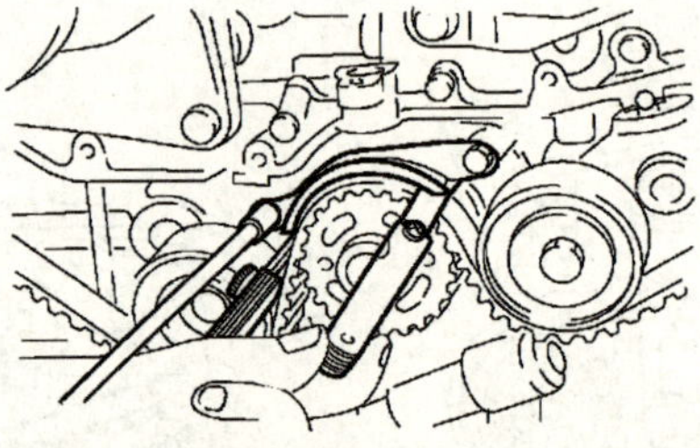

紧固力矩：9.75N·m

图 11-3-21　将固定螺栓紧固到规范力矩

第四节　LEGACY（力狮）轿车

一、力狮轿车 2.5L 发动机正时图（图 11-4-1）

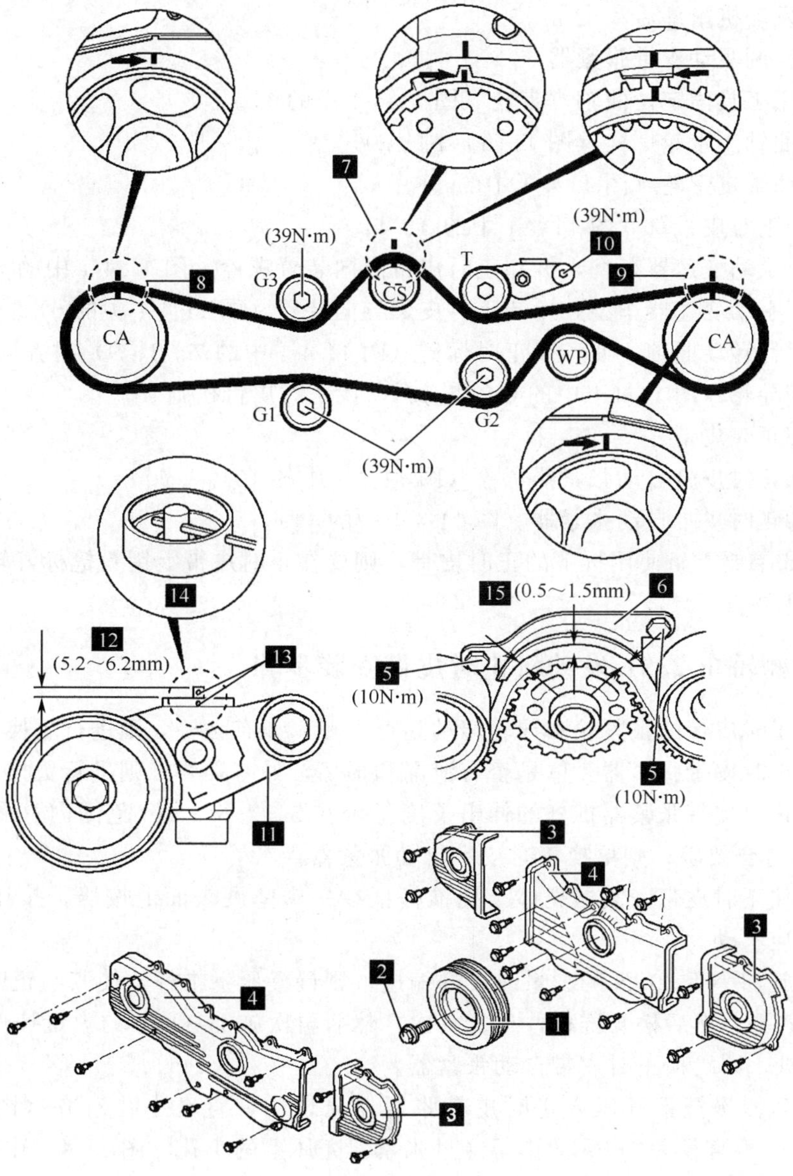

图 11-4-1　力狮轿车 2.5L 发动机正时图

二、力狮轿车 2.5L 发动机正时皮带拆卸步骤

1. 拆卸发动机冷却液膨胀箱。
2. 拆卸发动机冷却风扇。
3. 拆卸空调冷凝器风扇。
4. 拆卸发动机附件传动皮带罩。
5. 拆卸发动机附件传动皮带。
6. 拆卸空调驱动皮带张紧器。
7. 用专用工具固定住曲轴皮带轮（图 11-4-1 中的 1）。
8. 拆卸曲轴皮带轮螺栓（图 11-4-1 中的 2）。
9. 拆卸曲轴皮带轮（图 11-4-1 中的 1）。
10. 拆卸正时皮带罩（图 11-4-1 中的 3、4）。
11. 对于手动变速器车型，拆卸正时皮带导向装置螺栓（图 11-4-1 中的 5）。
12. 对于手动变速器车型，拆卸正时皮带导向装置（图 11-4-1 中的 6）。
13. 顺时针转动曲轴，使各个正时标记（图 11-4-1 中的 7、8、9）对齐。
14. 拆卸导轮（图 11-4-1 中的 G1 和 G2），使正时皮带松弛。
15. 拆卸正时皮带。
16. 拆卸正时皮带自动张紧器螺栓（图 11-4-1 中的 10）。
17. 拆卸正时皮带自动张紧器（图 11-4-1 中的 11）。

注意：如果要重新使用拆下的正时皮带，则要在正时皮带上用粉笔标好转动方向，以免安装时发生错误。

三、力狮轿车 2.5L 发动机正时皮带安装步骤

1. 检查正时皮带的张紧轮和导轮转动是否平顺，如有必要，则进行更换。

2. 检查正时皮带张紧器壳体是否有泄漏和损坏，如有必要，则进行更换。

3. 检查正时皮带张紧器推杆的伸出长度是否在 5.2～6.2mm 范围内（图 11-4-1 中的 12），如果不符合要求，则更换正时皮带自动张紧器。

4. 固定住正时皮带张紧器壳体。把推杆抵在一个坚硬表面上按压，按压力量应小于 300N，推杆应不动。

5. 如果施加小于 300N 的力量时推杆缩进，则慢慢压下推杆，使其与正时皮带张紧器壳体上表面齐平，然后松开推杆，重复 3 次，然后再次施加 300N 的力量按压推杆，如果推杆再次缩进，则更换正时皮带自动张紧器。

6. 用压床慢慢把推杆压入正时皮带张紧器壳体中，直至小孔对齐（图 11-4-1 中的 13）。然后将一根直径为 2mm 的销子穿过张紧器壳体上的小孔（图 11-4-1 中的 14），把推杆固定到位。

7. 安装正时皮带自动张紧器（图 11-4-1 中的 11）。把张紧器的螺栓紧固到 39N·m

（图 11-4-1 中的 10）。

8. 确认各个正时标记（图 11-4-1 中的 7、8、9）全部对齐。

9. 从曲轴带轮开始，沿逆时针方向安装正时皮带。确保正时皮带的非张紧侧是绷紧的。

10. 安装导轮（图 11-4-1 中的 G1 和 G2），将导轮螺栓紧固到 39N·m。

11. 从正时皮带张紧器壳体上拔出插入的销子，解除推杆的锁定状态（图 11-4-1 中的 14）。

12. 顺时针转动曲轴 2 周，确保各个正时标记完全对齐（图 11-4-1 中的 7、8、9）。

13. 安装正时皮带导向装置（图 11-4-1 中的 6），用手拧紧正时皮带导向装置螺栓（图 11-4-1 中的 5）。

14. 把正时皮带背面与正时皮带导向装置之间的间隙调节到 0.5～1.5mm（图 11-4-1 中的 15）。把正时皮带导向装置螺栓紧固到 10N·m。

15. 按照与拆卸相反的顺序安装其他的部件。

16. 用专用工具固定住曲轴皮带轮（图 11-4-1 中的 1）。

17. 换装新的曲轴皮带轮螺栓（图 11-4-1 中的 2），并在螺纹上薄薄涂抹一层发动机机油。

18. 紧固曲轴皮带轮螺栓（图 11-4-1 中的 2），紧固到 44N·m + 65°～75°。

第五节　IMPREZA（翼豹）轿车

一、翼豹轿车 2.5T 发动机正时图（图 11-5-1）

二、翼豹轿车 2.5T 发动机正时皮带拆卸步骤

1. 举升并支撑车辆前部。

2. 拆卸空气泵和发动机附件传动皮带罩。

3. 拆卸发动机附件传动皮带。

4. 拆卸空调驱动皮带张紧器。

5. 用专用工具固定住曲轴皮带轮。

6. 拆卸曲轴皮带轮螺栓（图 11-5-1 中的 1）。

7. 拆卸曲轴皮带轮（图 11-5-1 中的 2）。

8. 拆卸正时皮带罩（图 11-5-1 中的 3、4、5）。对于手动变速器车型，拆卸曲轴带轮正时皮带导向装置（图 11-5-1 中的 6）。

9. 对于手动变速器车型，拆卸位于凸轮轴链轮（图 11-5-1 中的 CA1、CA2 和 CA4）处的正时皮带导向装置。

10. 顺时针转动曲轴，使各个正时标记（图 11-5-1 中的 7、8、9、10、11、12、13）对齐。注意：要确保曲轴带轮上的箭头标记（图 11-5-1 中的 14）对准 3 点钟位置。

11. 拆卸导轮（图 11-5-1 中的 G3），使正时皮带松弛。

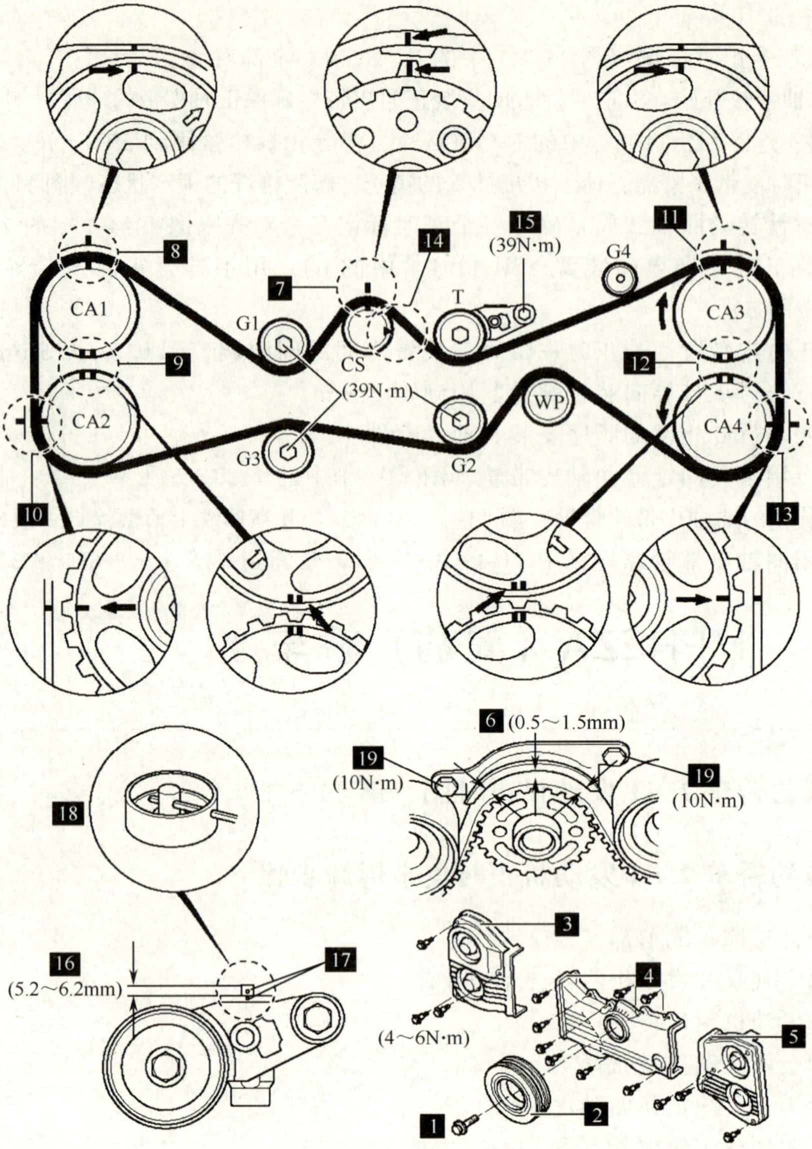

图 11-5-1　翼豹轿车 2.5T 发动机正时图

12. 拆卸正时皮带。**注意：**如果要继续使用旧的正时皮带，可先用粉笔标记出正时皮带的转动方向，以免重新安装时发生错装。

三、翼豹轿车 2.5T 发动机正时皮带安装步骤

1. 拆卸正时皮带自动张紧器螺栓（图 11-5-1 中的 15）和正时皮带自动张紧器。

2. 检查正时皮带的张紧轮和导轮转动是否平顺，如有必要，则进行更换。

3. 检查正时皮带张紧器壳体是否有泄漏和损坏，如有必要，则进行更换。

4. 检查正时皮带张紧器推杆的伸出长度是否在 5.2～6.2mm 范围内（图 11-5-1 中的 16），如果不符合要求，则更换正时皮带自动张紧器。

5. 对于 2007 年以前生产的翼豹轿车，将正时皮带自动张紧器垂直固定，用小于 300N 的力量按压推杆，如果推杆移动，则慢慢压下推杆，使其与正时皮带张紧器壳体上表面齐平，然后松开推杆，重复 3 次。将正时皮带自动张紧器垂直固定，用 300N 的力量按压推杆，如果推杆移动，则更换正时皮带自动张紧器。

6. 对于 2007 年以后生产的翼豹轿车：将正时皮带自动张紧器垂直固定，用小于 170N 的力量按压推杆，如果推杆移动，则慢慢压下推杆，使其与正时皮带张紧器壳体上表面齐平，然后松开推杆，重复 3 次。将正时皮带自动张紧器垂直固定，用 170N 的力量按压推杆，如果推杆移动，则更换正时皮带自动张紧器。

7. 将正时皮带自动张紧器垂直固定，用压床以小于 10000N 的力量慢慢把推杆压入正时皮带张紧器壳体中，直至小孔对齐（图 11-5-1 中的 17）。然后将一根直径为 2mm 的销子穿过张紧器壳体上的小孔（图 11-5-1 中的 18），把推杆固定到位。注意，用压床压入推杆时一定要慢，从开始压推杆到把推杆压入正时皮带张紧器壳体中的时间应该超过 3min。

8. 安装正时皮带自动张紧器。把张紧器的螺栓紧固到 39N·m（图 11-5-1 中的 15）。

9. 确认各个正时标记（图 11-5-1 中的 7、8、9、10、11、12、13）对齐。

10. 从曲轴带轮开始，安装正时皮带。

11. 将正时皮带上的标记与各个带轮上的标记对齐（图 11-5-1 中的 7、8、10、11、13）。

12. 安装导轮（图 11-5-1 中的 G3），将螺栓紧固至 39N·m。

13. 确认各个正时标记（图 11-5-1 中的 7、8、9、10、11、12、13）对齐。

14. 从正时皮带张紧器壳体上拔出插入的销子（图 11-5-1 中的 18），解除推杆的锁定状态。

15. 对于手动变速器车型，安装曲轴带轮正时皮带导向装置（图 11-5-1 中的 6），将螺栓轻轻拧紧（图 11-5-1 中的 19）。

16. 对于手动变速器车型，把正时皮带导向装置安装到凸轮轴带轮（图 11-5-1 中的 CA1、CA2 和 CA4）上。将螺栓轻轻紧固。

17. 对于手动变速器车型，将正时皮带背面与正时皮带导向装置之间的间隙调节到 0.5～1.5mm（图 11-5-1 中的 6），将螺栓紧固至 10N·m（图 11-5-1 中的 19）。

18. 对于手动变速器车型，将正时皮带背面与位于凸轮轴带轮（图 11-5-1 中的 CA1、CA2 和 CA4）处的正时皮带导向装置之间的间隙调节到 0.5～1.5mm，将螺栓紧固至 6N·m。

19. 按照与拆卸相反的顺序安装其他部件。

20. 用专用工具固定住曲轴皮带轮。

21. 换装新的曲轴皮带轮螺栓，在螺栓螺纹处涂抹机油并紧固至 44N·m + 65～75°。

第十二章 SUZUKI（铃木）车系

第一节 JIMNY（吉姆尼）轿车

一、吉姆尼轿车 1.3L 发动机正时链条部件识别（图 12-1-1）

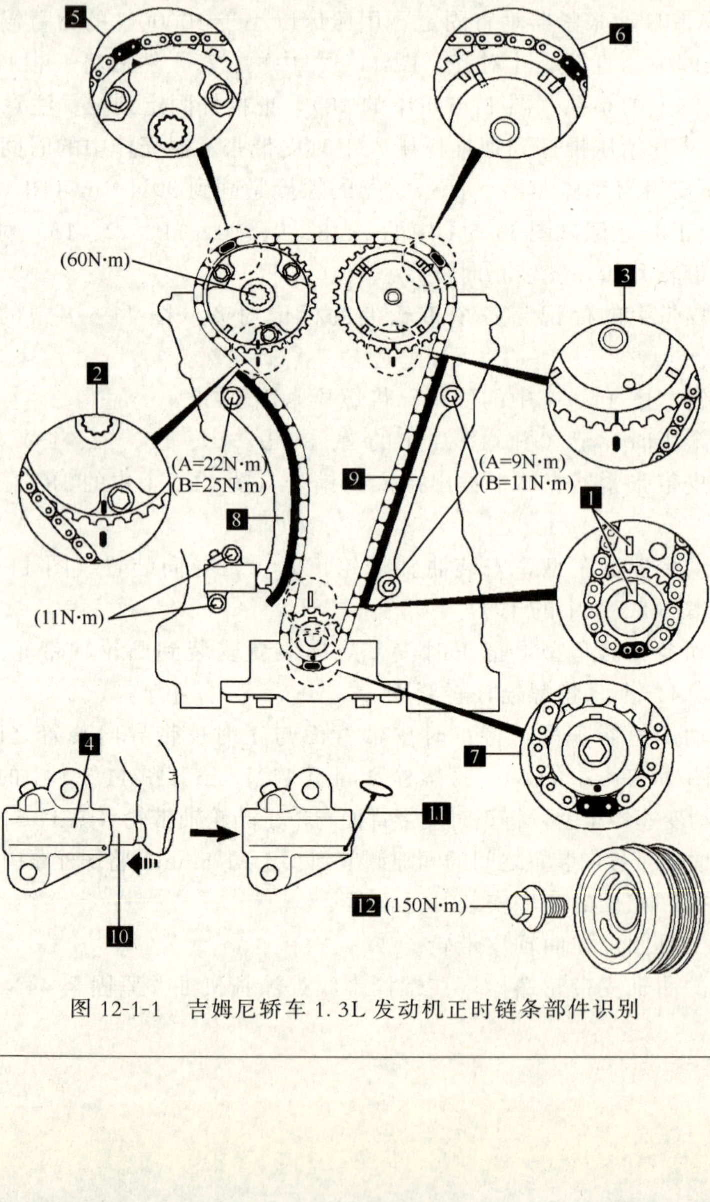

图 12-1-1 吉姆尼轿车 1.3L 发动机正时链条部件识别

二、吉姆尼轿车 1.3L 发动机正时校对操作步骤（表 12-1-1）

表 12-1-1　吉姆尼轿车 1.3L 发动机正时校对操作步骤

步　骤	操作方法
1	拆卸油底壳
2	把曲轴键槽对准 12 点钟位置（图 12-1-1 中的 1）
3	确保凸轮轴的正时标记（图 12-1-1 中的 2 和 3）对齐
4	维修发动机前先要把正时链条张紧器总成（图 12-1-1 中的 4）拆下
5	将正时链条上的深蓝色链节与各个凸轮轴链轮上的正时标记对齐（图 12-1-1 中的 5 和 6）
6	将正时链条上的金黄色链节与曲轴链轮上的正时标记对齐（图 12-1-1 中的 7）
7	安装正时链条张紧器滑轨（图 12-1-1 中的 8）并紧固到 22N·m
8	安装正时链条导向装置（图 12-1-1 中的 9）并紧固到 9N·m
9	重新设置正时链条张紧器： （1）沿图 12-1-1 中的箭头方向转动张紧器柱塞（图 12-1-1 中的 10），然后将柱塞压入张紧器壳体（图 12-1-1 中的 4）内； （2）插入钢丝夹（图 12-1-1 中的 11），使张紧器柱塞固定在压缩位置
10	安装正时链条张紧器总成
11	把固定张紧器柱塞的钢丝夹（图 12-1-1 中的 11）取出
12	把曲轴皮带轮螺栓（图 12-1-1 中的 12）紧固到 150N·m

第二节　GRAND VITARA（超级维特拉）轿车

一、超级维特拉轿车 1.6L 发动机正时校对操作步骤

超级维特拉轿车 1.6L 发动机正时校对操作步骤与吉姆尼轿车 1.3L 发动机正时校对操作步骤相同。

二、超级维特拉轿车 2.0L 发动机正时校对拆装步骤

1. 超级维特拉轿车 2.0L 发动机正时链条部件识别

超级维特拉轿车 2.0L 发动机正时链条部件识别如图 12-2-1 所示。

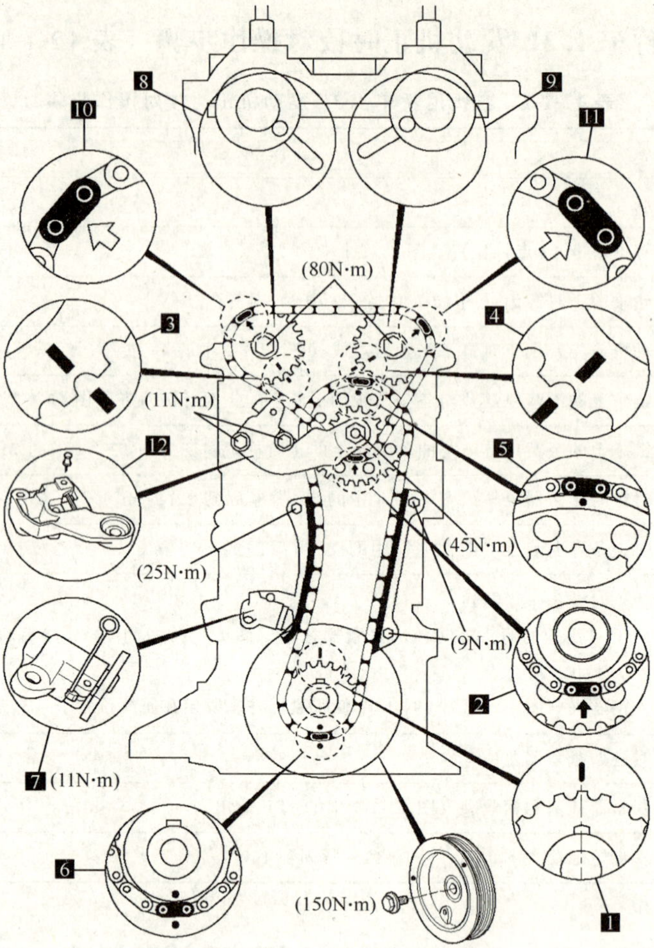

图 12-2-1　超级维特拉轿车 2. 0L 发动机正时链条部件识别

2. 超级维特拉轿车 2. 0L 发动机正时链条拆卸步骤

超级维特拉轿车 2. 0L 发动机正时链条拆卸步骤如表 12-2-1 所示。

表 12-2-1　超级维特拉轿车 2. 0L 发动机正时链条拆卸步骤

步　骤	操 作 方 法
1	拆卸发动机
2	拆卸油底壳
3	把曲轴键槽对准正时标记（图 12-2-1 中的 1）
4	调节惰轮链轮使箭头标记朝向上方（图 12-2-1 中的 2）
5	将各个凸轮轴链轮上的正时标记对齐（图 12-2-1 中的 3 和 4）
6	拆卸上部正时链条和张紧器
7	拆卸下部正时链条和张紧器

3. 超级维特拉轿车 2. 0L 发动机正时链条安装步骤

超级维特拉轿车 2. 0L 发动机正时链条安装步骤参见表 12-2-2。

表 12-2-2 超级维特拉轿车 2. 0L 发动机正时链条安装步骤

步骤	操作方法
1	把曲轴键槽对准正时标记（图 12-2-1 中的 1）
2	安装下部正时链条使正时链条上的带有标记的链节对准惰轮链轮上的蓝色链节（图 12-2 中的 5）和曲轴链轮上的黄色链节（图 12-2-1 中的 6）
3	将下部正时链条张紧器压缩并用销子固定在压缩状态（图 12-2-1 中的 7）
4	安装下部正时链条张紧器并拔出销子
5	将凸轮轴定位销与正时标记对齐（图 12-2-1 中的 8 和 9）
6	安装上部正时链条，正时链条上的带有标记的链节对准惰轮链轮上的黄色链节（图 12-2-1 中的 2）和凸轮轴链轮上的蓝色链节（图 12-2 中的 10 和 11）
7	把各个凸轮轴链轮上的螺栓拧紧
8	将上部正时链条张紧器压缩并用销子固定在压缩状态（图 12-2-1 中的 12）
9	安装上部正时链条张紧器并拔出销子
10	顺时针转动曲轴 2 周，使曲轴键槽对准正时标记（图 12-2-1 中的 1）

第三节 SWIFT（雨燕）轿车

一、雨燕轿车 1. 3L 发动机正时皮带拆卸步骤（图 12-3-1）

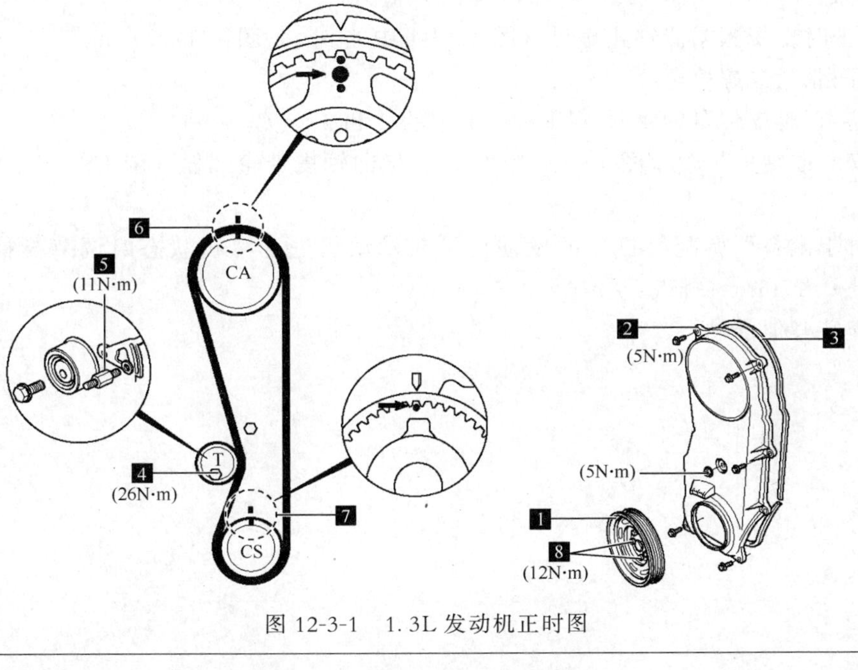

图 12-3-1 1. 3L 发动机正时图

1. 举升并支撑车辆前部。

2. 拆卸右前轮。

3. 拆卸空气滤清器。

4. 如果发动机配备可调配气挺柱，则拆下气缸盖罩。

5. 拆卸发动机附件传动皮带。

6. 拆卸水泵皮带轮。

7. 拆卸曲轴皮带轮（图 12-3-1 中的 1）。

8. 拆卸正时皮带罩和密封（图 12-3-1 中的 2 和 3）。

9. 松开正时皮带张紧器锁止螺母（图 12-3-1 中的 5），松开正时皮带张紧器螺栓（图 12-3-1 中的 4）。

10. 把正时皮带张紧器臂向上移动，轻轻拧上锁止螺母。

11. 拆卸正时皮带。

二、雨燕轿车 1.3L 发动机正时皮带安装步骤

1. 如果发动机配备可调配气挺柱，则要松开所有的配气挺柱调节螺钉，以便使凸轮轴能自由转动。

2. 确保正时标记（图 12-3-1 中的 6 和 7）对齐。

3. 从曲轴带轮处开始，安装正时皮带。

4. 松开正时皮带张紧器锁止螺母（图 12-3-1 中的 5），使张紧器工作。

5. 顺时针转动曲轴 2 周。

6. 确保正时标记（图 12-3-1 中的 6 和 7）对齐。

7. 把正时皮带张紧器锁止螺母（图 12-3-1 中的 5）紧固至 11N·m。

8. 紧固张紧器螺栓至 26N·m。

9. 安装正时皮带罩和密封（图 12-3-1 中的 2 和 3）。

10. 安装曲轴皮带轮（图 12-3-1 中的 1）。把曲轴皮带轮螺栓（图 12-3-1 中的 8）紧固至 12N·m。

11. 对于配备可调配气挺柱的发动机，在发动机处于冷机状态时调节挺柱间隙（进气：0.13～0.17mm；排气：0.16～0.20mm）。

12. 安装其他部件。

第十三章 TOYOTA（丰田）车系

第一节 SEQUOIA（红杉）轿车正时校对

一、红杉 4.7L（2UZ-FE）发动机正时皮带部件识别（图 13-1-1～图 13-1-6）

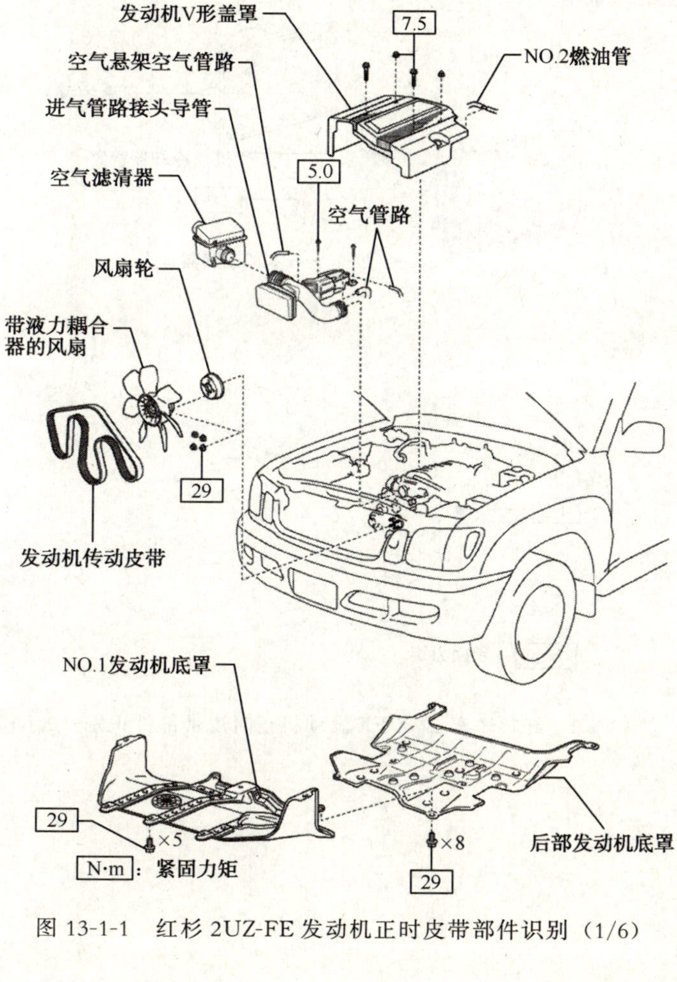

图 13-1-1　红杉 2UZ-FE 发动机正时皮带部件识别（1/6）

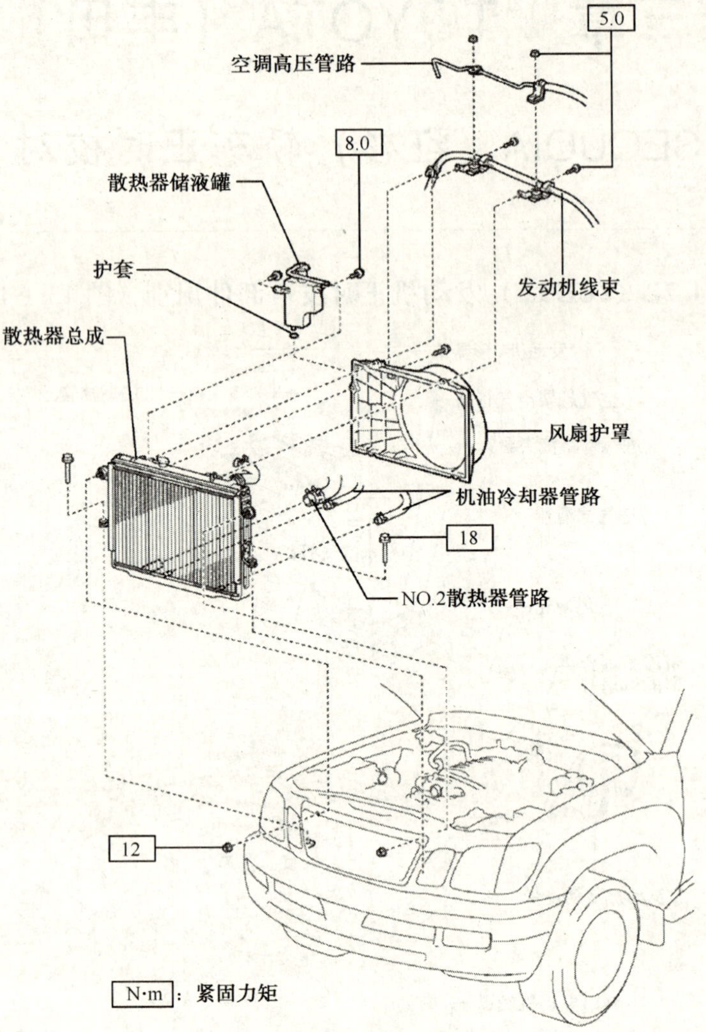

图 13-1-2 红杉轿车 2UZ-FE 发动机正时皮带部件识别（2/6）

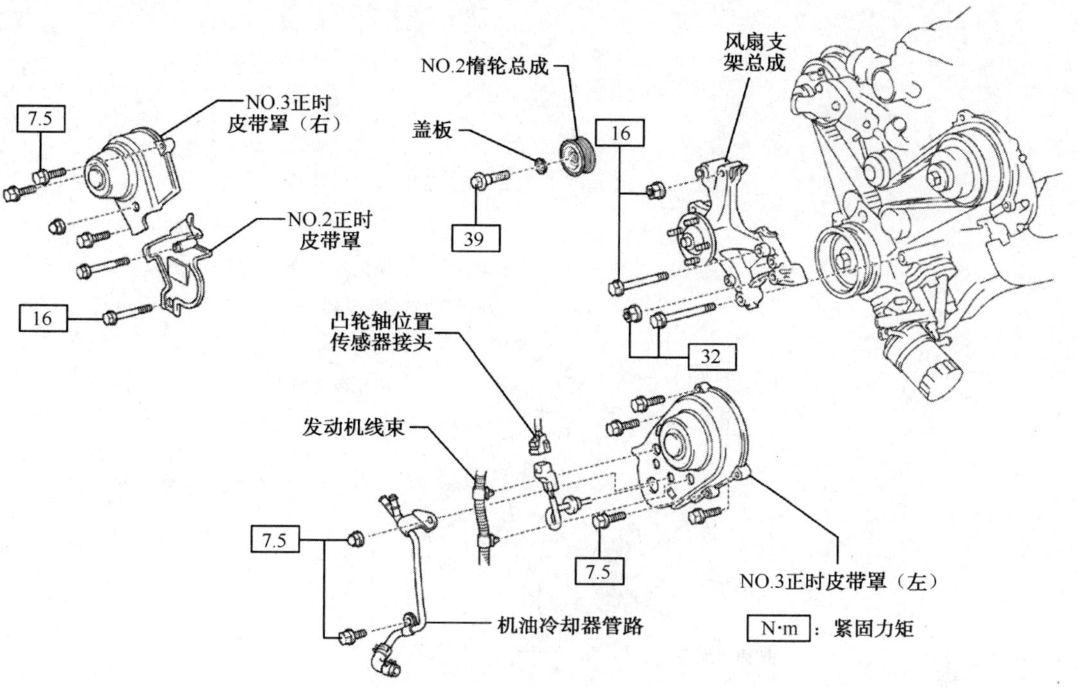

图 13-1-3　红杉轿车 2UZ-FE 发动机正时皮带部件识别（3/6）

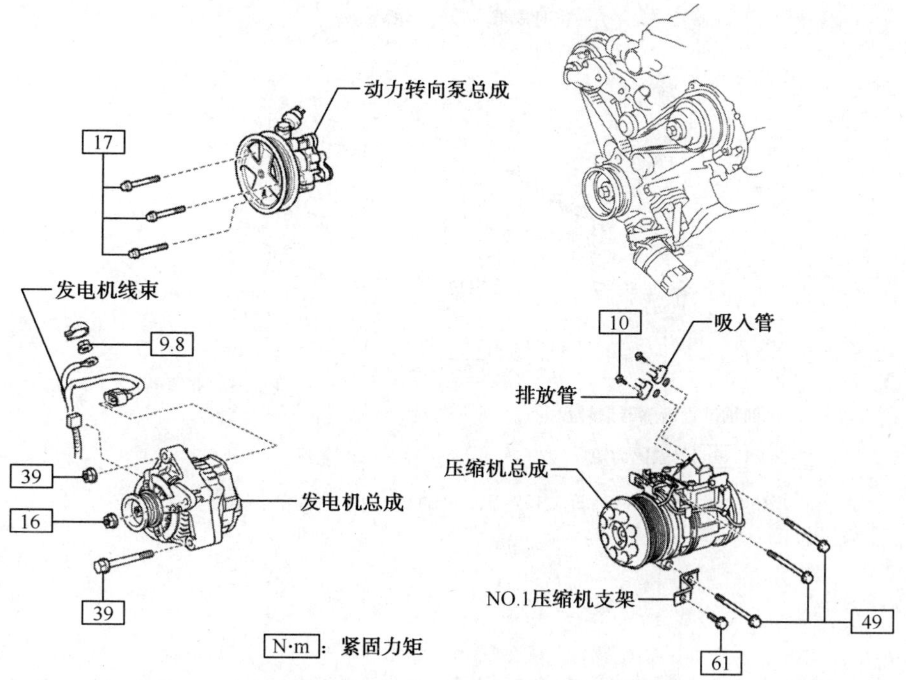

图 13-1-4　红杉轿车 2UZ-FE 发动机正时皮带部件识别（4/6）

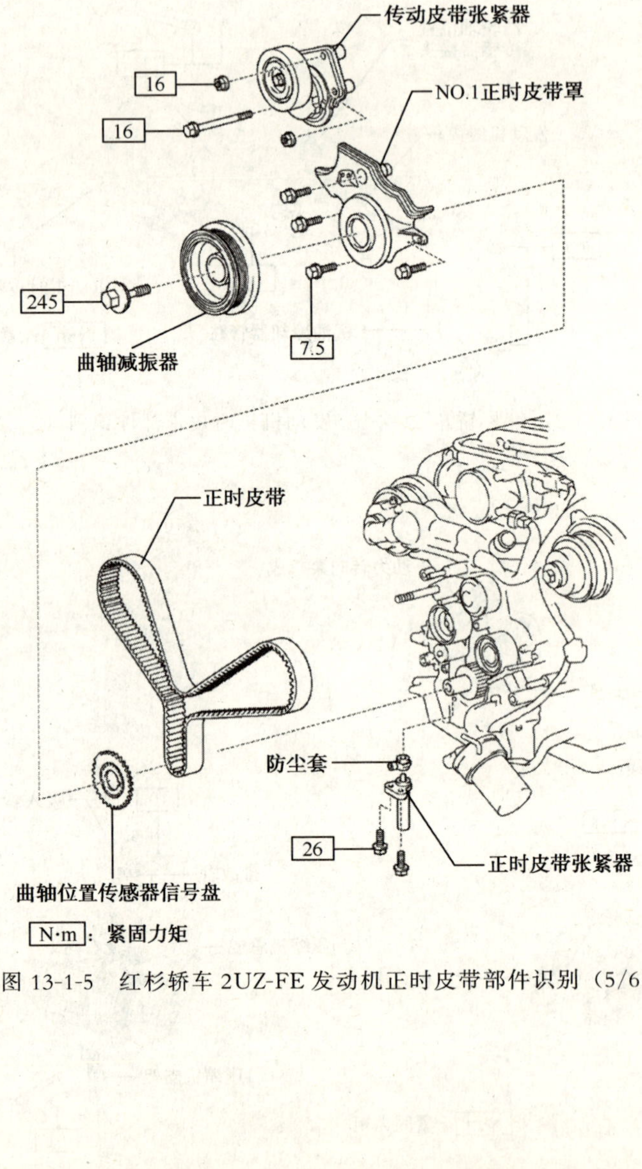

图 13-1-5　红杉轿车 2UZ-FE 发动机正时皮带部件识别（5/6）

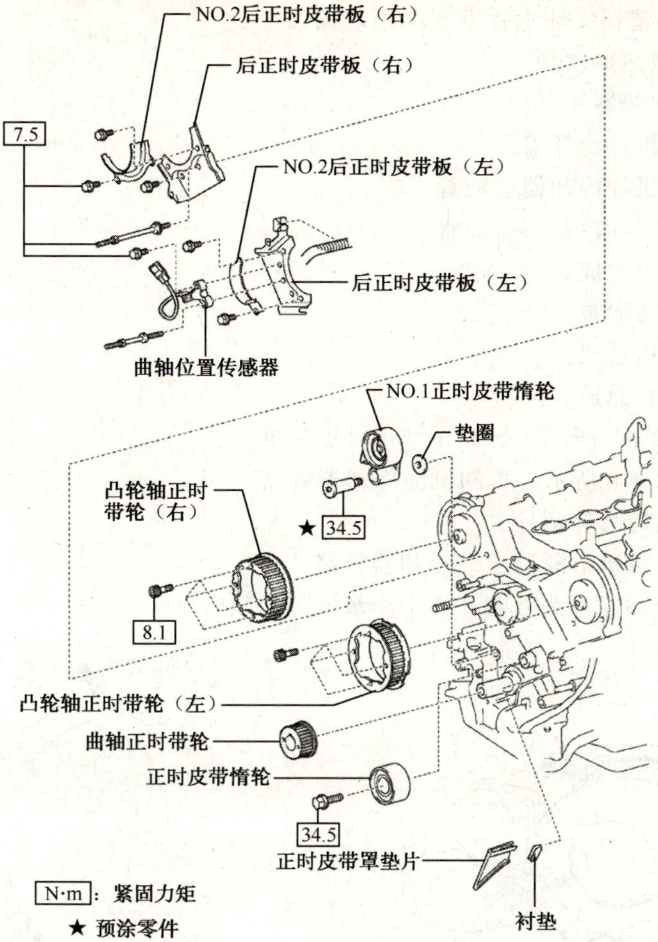

图 13-1-6　红杉轿车 2UZ-FE 发动机正时皮带部件识别（6/6）

二、红杉轿车 2UZ-FE 发动机正时皮带拆卸

1. 断开蓄电池负极电缆。
2. 拆卸发动机后部底盖。
3. 拆卸发动机底盖。
4. 排放发动机冷却液。
5. 拆卸发动机 V 形盖罩。
6. 拆卸空气滤清器管路。
7. 拆卸空气滤清器：
（1）断开空气质量流量传感器接头。
（2）拆卸空气滤清器盖和空气滤清器部件。

（3）从空气滤清器壳体上拆下 3 个固定螺栓。

8. 断开 1 号散热器软管。

9. 断开 2 号散热器软管。

10. 断开 1 号机油冷却器。

11. 断开 1 号机油冷却器进液管。

12. 断开 1 号机油冷却器排液管。

13. 拆卸散热器总成。

14. 断开动力转向泵。

15. 拆卸发电机总成。

16. 断开压缩机总成。

17. 按照图 13-1-7 所示，拆卸 3 号正时皮带罩（右）。

18. 按照图 13-1-8 所示，拆卸机油冷却器管路：

（1）拆卸锁紧螺母和螺栓。

（2）从正时皮带罩上断开机油冷却器管路。

（3）从机油冷却器管路上断开 3 个冷却液旁通软管。

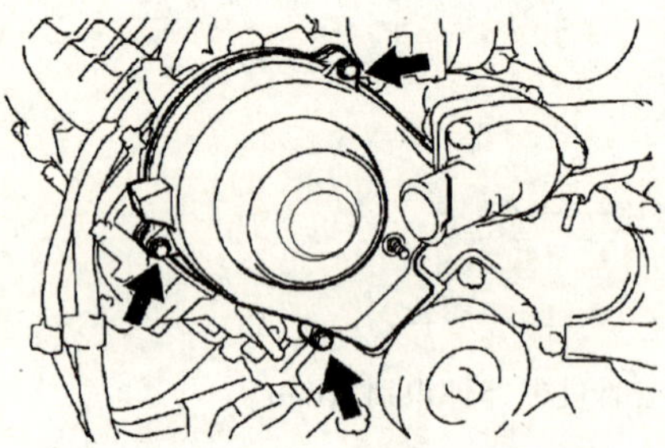

图 13-1-7 拆卸 3 号正时皮带罩

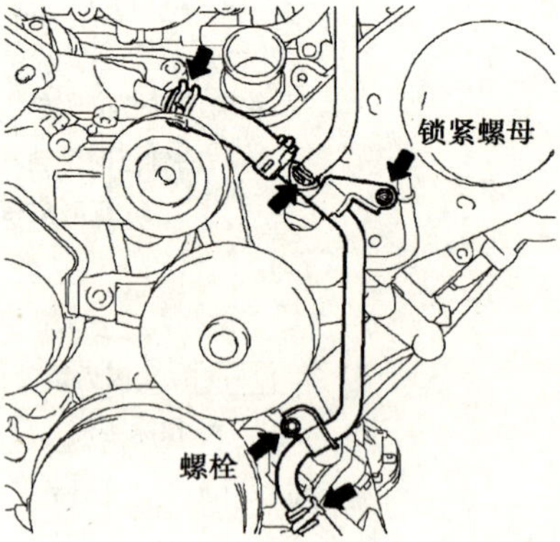

图 13-1-8 拆卸机油冷却器管路

19. 按照图 13-1-9 所示，拆卸 3 号正时皮带罩（左）。

（1）从 2 个线夹上断开发动机线束。

（2）断开凸轮轴位置传感器接头。

（3）从正时皮带罩上的线夹上断开凸轮轴位置传感器线束。

（4）从正时皮带罩上拆下线束护套。

（5）拆下正时皮带罩上的螺栓。

（6）拆卸正时皮带罩。

20. 拆卸 2 号惰轮总成（图 13-1-10）。

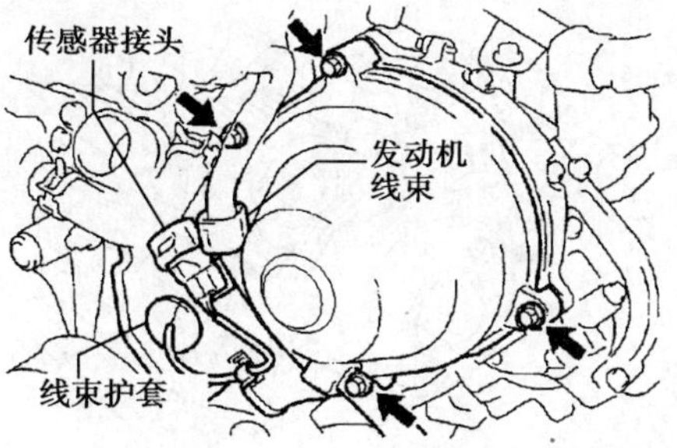

图 13-1-9　拆卸 3 号正时皮带罩

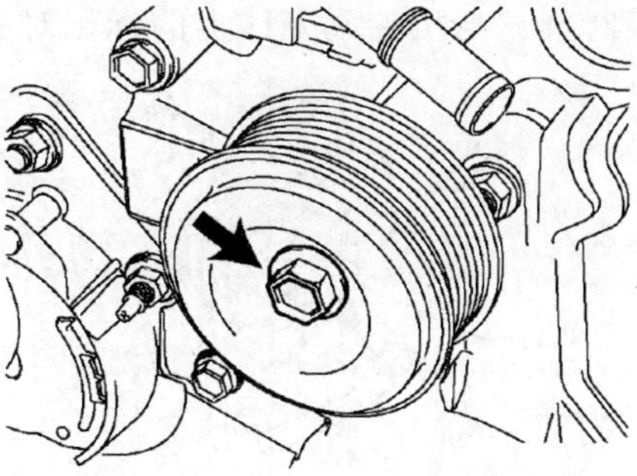

图 13-1-10　拆卸 2 号惰轮螺栓

21. 如图 13-1-11 所示，拆卸 2 号正时皮带罩。
22. 拆卸发动机传动皮带张紧器（图 13-1-12）。

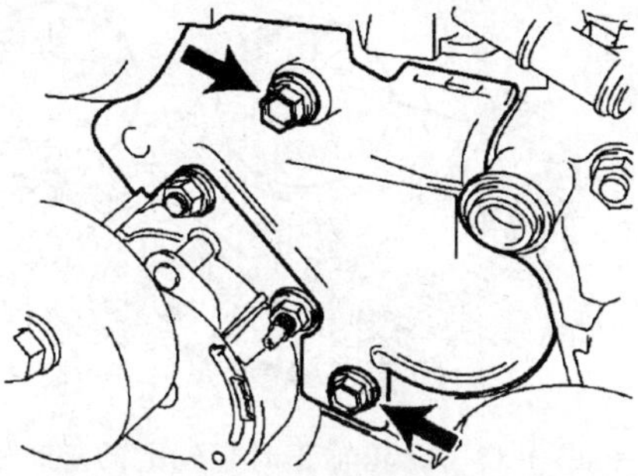

图 13-1-11　拆卸 2 号正时皮带罩

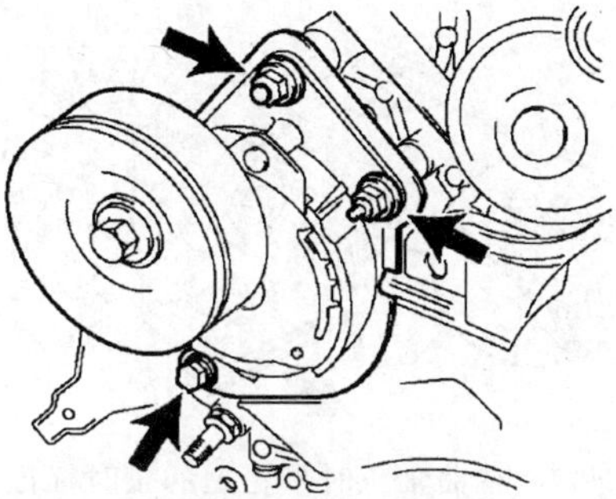

图 13-1-12　拆卸发动机传动皮带张紧器

23. 拆卸惰轮（图 13-1-13）。
24. 如图 13-1-14 和图 13-1-15 所示，用专用工具（SST）拆卸曲轴减振器螺栓。

图 13-1-13　拆卸惰轮

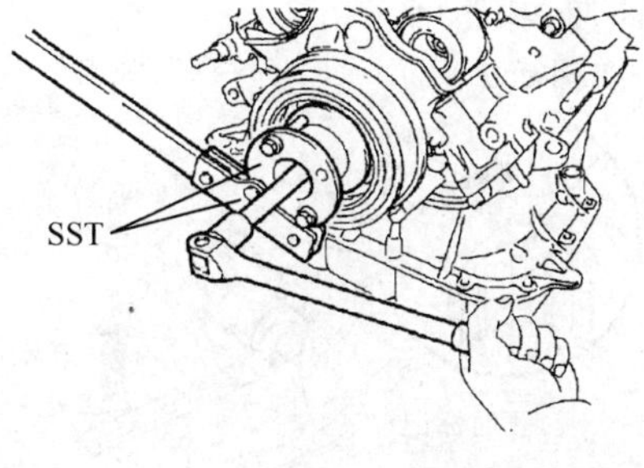

图 13-1-14　拆卸曲轴减振器螺栓

25. 如图 13-1-16 所示，拆卸 1 号正时皮带罩。
26. 拆卸曲轴位置传感器信号盘。
27. 拆卸正时皮带：
（1）按照图 13-1-17 所示，转动曲轴减振器螺栓，使曲轴转动，从而使曲轴正时带轮上的正时标记与机油泵壳体上的标记对齐。

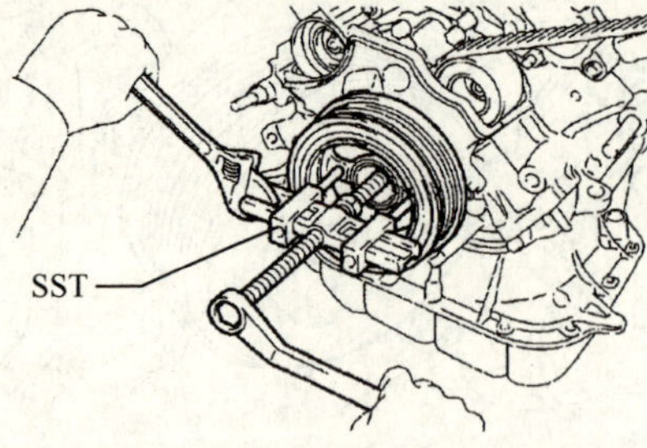

图 13-1-15　拆卸曲轴减振器

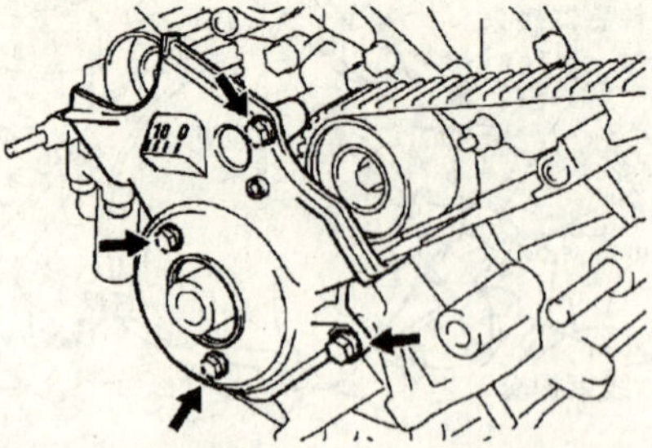

图 13-1-16　拆卸 1 号正时皮带罩螺栓

（2）按照图 13-1-18 所示，检查凸轮轴正时带轮上的正时标记是否与正时皮带导板上的标记对齐。

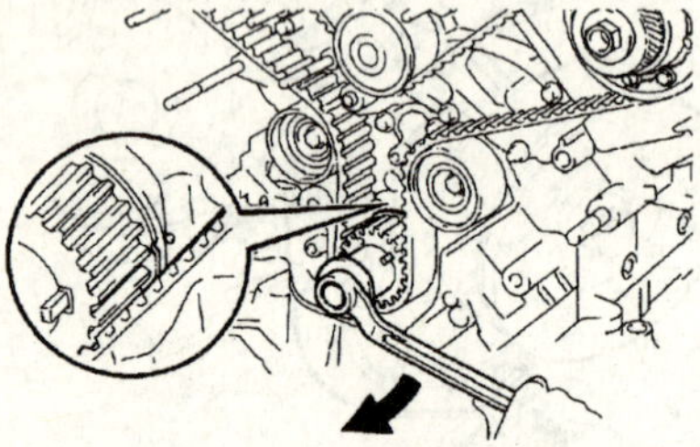

图 13-1-17　使曲轴正时带轮上的正时标记与机油泵壳体上的标记对齐

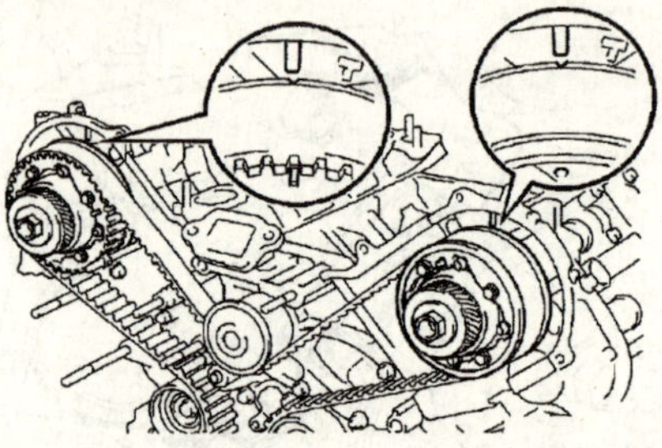

图 13-1-18　凸轮轴正时带轮上的正时标记与正时皮带导板上的标记对齐

（3）如图 13-1-19 所示，转动曲轴减振器螺栓，使曲轴逆时针转动约 45°。

（4）如果想继续使用旧正时皮带，要按照图 13-1-20 所示，通过转动曲轴，检查正时皮带上的 3 个安装标记是否存在。如果标记由于磨损而消失，则要在拆卸正时皮带前先要做好新的安装标记。

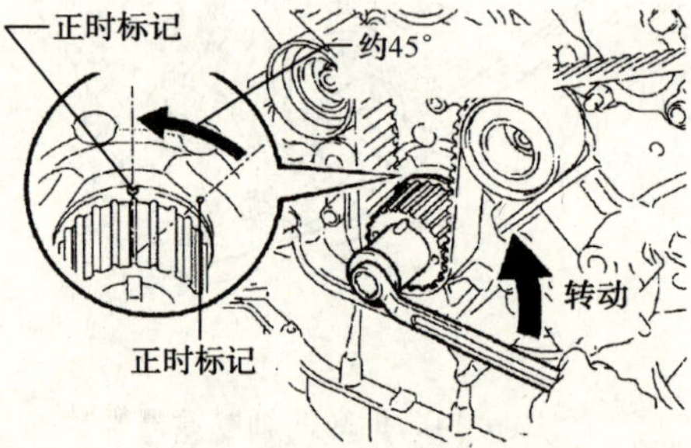

图 13-1-19　转动曲轴减振器螺栓，使曲轴逆时针转动约 45°

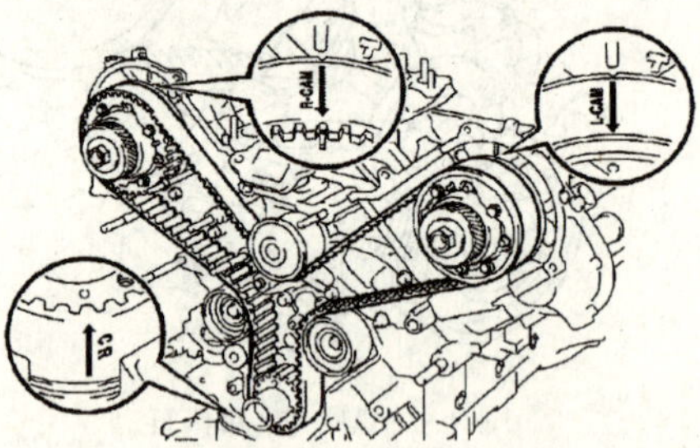

图 13-1-20　正时皮带安装标记

（5）按照图 13-1-21 所示，拆卸正时皮带张紧器的 2 个螺栓、正时皮带张紧器和防尘套。

(6) 按照图 13-1-22 所示，用专用工具（SST）沿逆时针方向轻轻转动右侧凸轮轴正时带轮，松开右侧凸轮轴正时带轮与曲轴正时带轮支架的张力。

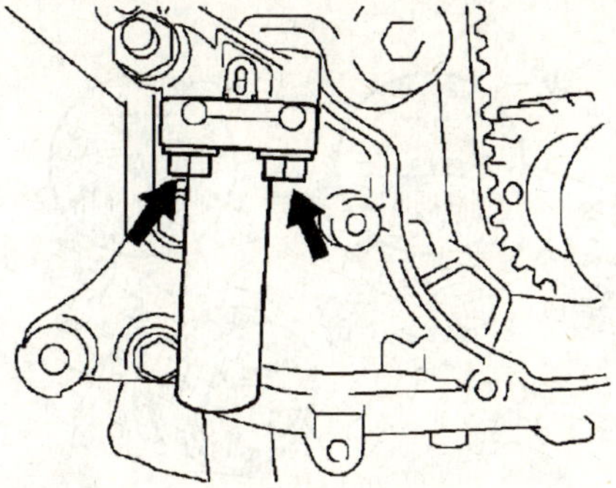

图 13-1-21　拆卸正时皮带张紧器螺栓

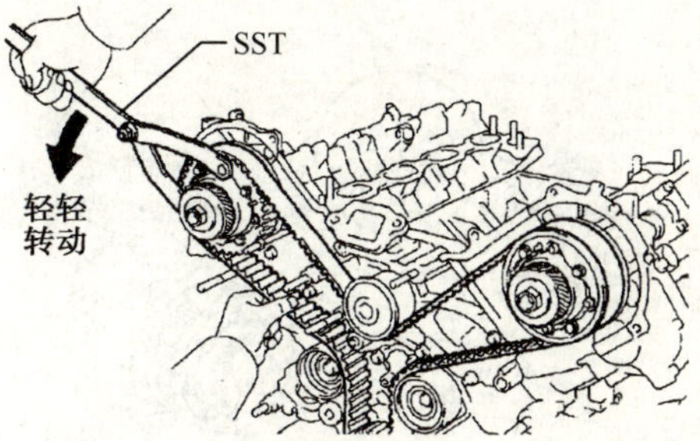

图 13-1-22　转动右侧凸轮轴带轮

(7) 将正时皮带从 1 号正时皮带惰轮上取下，拆下正时皮带。

三、轿车 2UZ-FE 发动机正时皮带安装

1. 安装正时皮带：

(1) 按照图 13-1-23 所示，检查正时皮带 1 号和 2 号惰轮的密封部分，查看是否有漏油迹象，如果发现漏油，则更换惰轮。然后检查惰轮是否能顺畅转动，如果转动不顺畅，也要对惰轮进行更换。

(2) 按照图 13-1-24 所示，检查冷却液泵的气孔和排放孔处是否有冷却液泄漏，如果发现泄漏，则更换冷却液泵。然后转动冷却液泵带轮，检查冷却液泵轴承是否运转顺畅。如果轴承不能顺畅转动，也要更换冷却液泵。

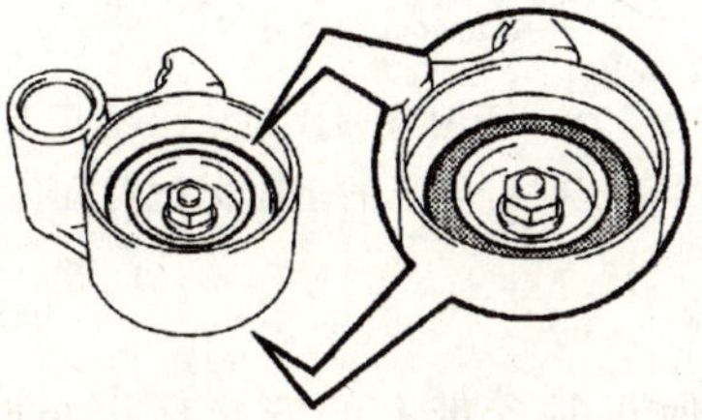

图 13-1-23　检查惰轮密封

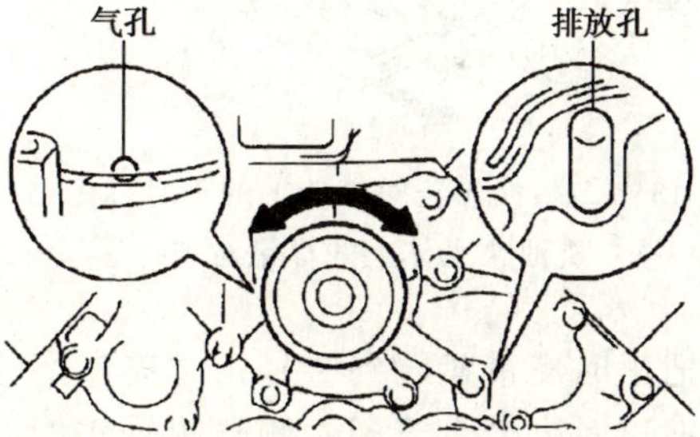

图 13-1-24　检查冷却液泵的气孔和排放孔处是否有冷却液泄漏

(3) 把曲轴带轮、机油泵带轮、冷却液泵带轮和正时皮带惰轮均擦拭干净。

(4) 把气缸 1 设置到压缩行程上止点位置：

① 按照图 13-1-25 所示，转动凸轮轴的六角部分，使凸轮轴正时带轮上的正时标记与正时皮带盘上的正时标记对齐。

提示：按照图 13-1-26 所示，沿顺时针发现转动凸轮轴正时带轮（左侧凸轮轴正时带轮转动幅度为 1 齿，右侧凸轮轴正时带轮转动幅度为 1/2 齿），以便能更方便地安装正时皮带。

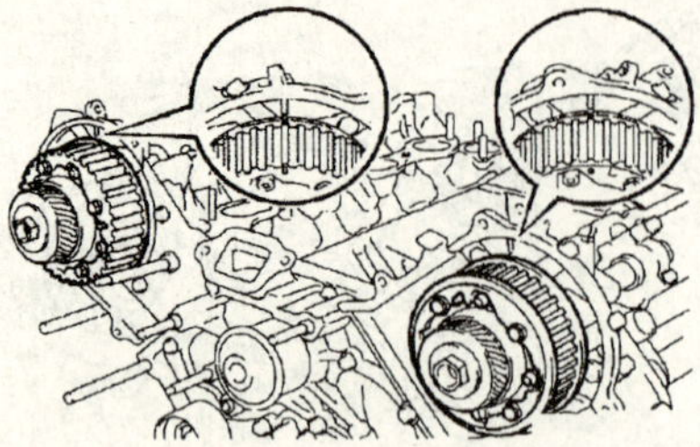

图 13-1-25 使凸轮轴正时带轮上的正时标记与正时皮带盘上的正时标记对齐

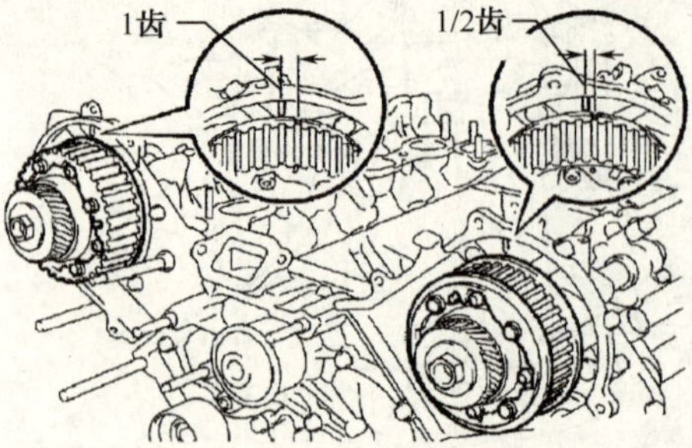

图 13-1-26 转动凸轮轴正时带轮

② 按照图 13-1-27 所示，转动曲轴减振器螺栓，使曲轴转动，从而使曲轴正时带轮上的正时标记与机油泵壳体上的标记对齐。

③ 把正时皮带所盘绕的各个带轮擦拭干净，不得有油污或水存在。

④ 按照图 13-1-28 所示，把正时皮带盘绕到曲轴正时带轮上，使正时皮带上的安装标记与曲轴正时带轮上的正时标记对齐。

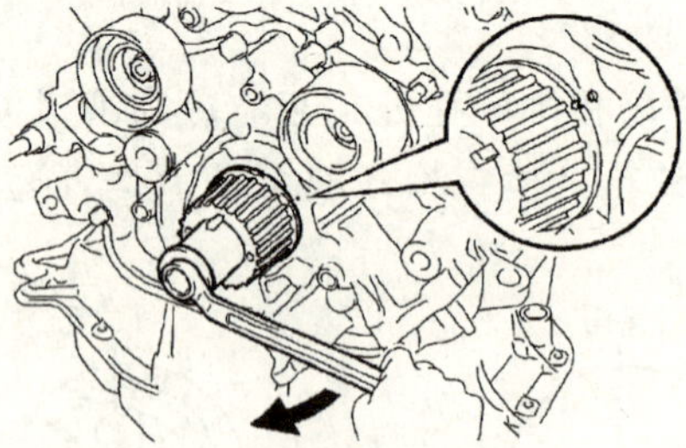

图 13-1-27 曲轴正时带轮上的正时标记与机油泵壳体上的标记对齐

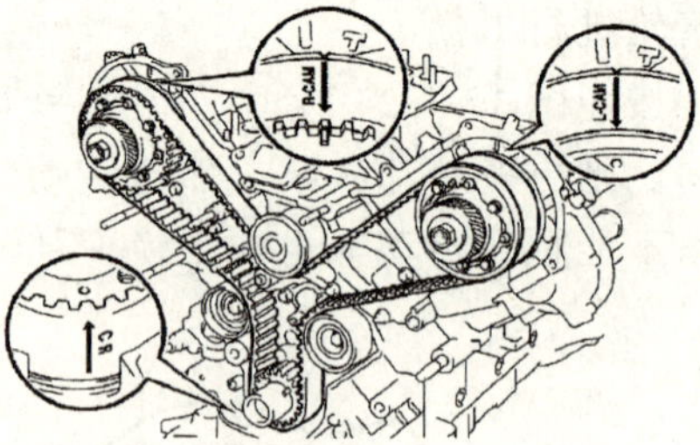

图 13-1-28 正时皮带上的安装标记与曲轴正时带轮上的正时标记对齐

⑤ 把正时皮带盘绕到 2 号正时皮带惰轮上。

⑥ 把正时皮带盘绕到左侧凸轮轴正时带轮上。使正时皮带上的安装标记与凸轮轴正时带轮上的正时标记对齐。

⑦ 把正时皮带盘绕到冷却液泵带轮上。

⑧ 把正时皮带盘绕到右侧凸轮轴正时带轮上。使正时皮带上的安装标记与凸轮轴正时带轮上的正时标记对齐。

⑨ 把正时皮带盘绕到 1 号正时皮带惰轮上。

（5）设置正时皮带张紧器：

① 使用压床，用 981～9807N 的压力慢慢压下推杆。

② 按照图 13-1-29 所示，把推杆上的小孔与壳体上的小孔对齐，然后插入一个直径为 1. 27mm 的六角扳手，使推杆保持在当前设定的位置。

③ 释放压力。

④ 把防尘套安装到正时皮带张紧器上。

（6）安装正时皮带张紧器：

① 先把正时皮带张紧器的 2 个螺栓安装好。

② 将螺栓紧固至 26N · m。

③ 按照图 13-1-30 所示，使用拔具，把正时皮带张紧器上插入的 1. 27mm 六角扳手拔出。

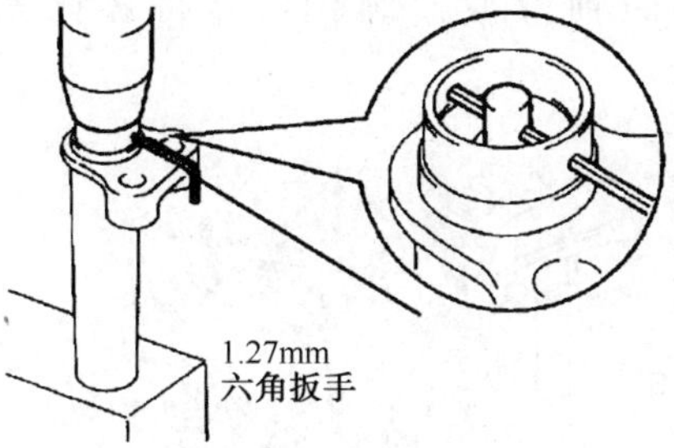

图 13-1-29　插入六角扳手

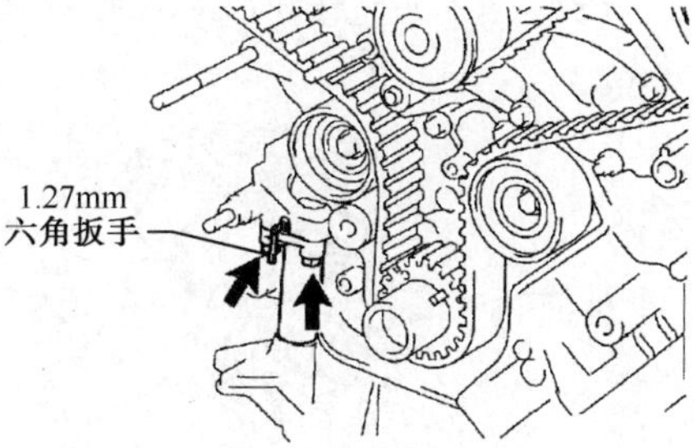

图 13-1-30　安装正时皮带张紧器

（7）检查气门正时：

① 按照图 13-1-31 所示转动曲轴减振器螺栓，使曲轴沿顺时针方向从上止点位置旋转 2 周后再次到达上止点位置。

② 按照图 13-1-32 所示，确认各个凸轮轴正时带轮的正时标记均准确对齐。

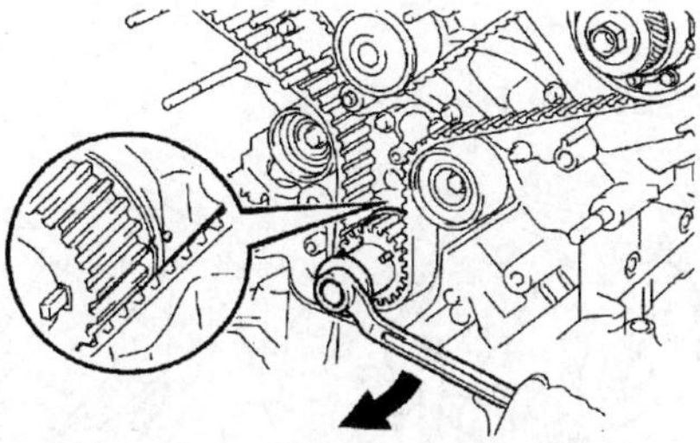

图 13-1-31　转动曲轴 2 周

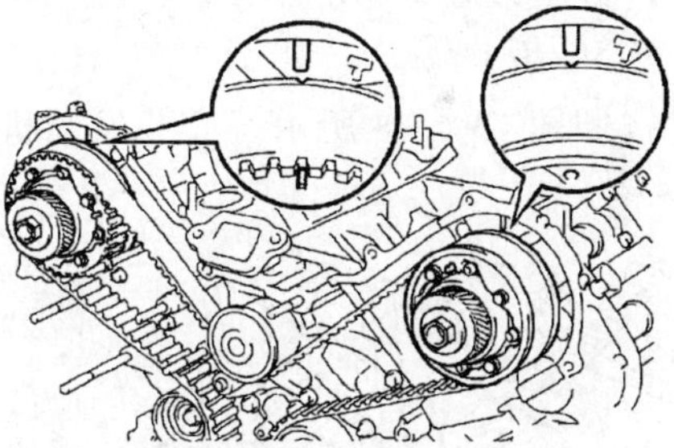

图 13-1-32　对齐凸轮轴正时带轮标记

③ 拆下曲轴减振器螺栓。

2. 按照图 13-1-33 所示，安装曲轴位置传感器信号盘。

3. 按照图 13-1-34 所示，安装 1 号正时皮带罩，并将螺栓紧固至 7. 5N · m。

4. 安装曲轴减振器：

（1）把曲轴减振器上的键槽与减振器键对齐。

（2）按照图 13-1-35 所示，用专用工具和锤子，将曲轴减振器敲入。

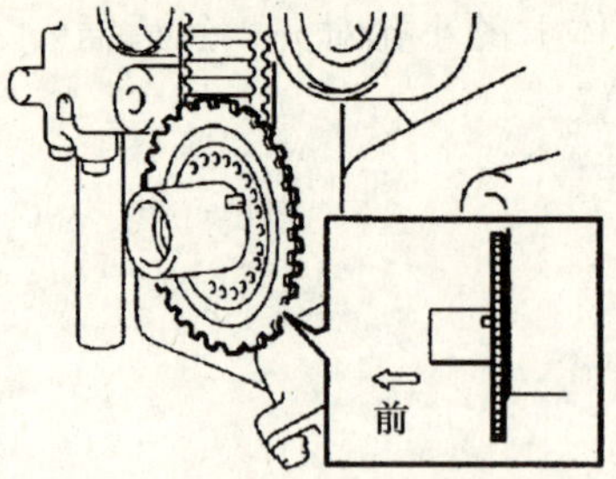

图 13-1-33　安装曲轴位置传感器信号盘

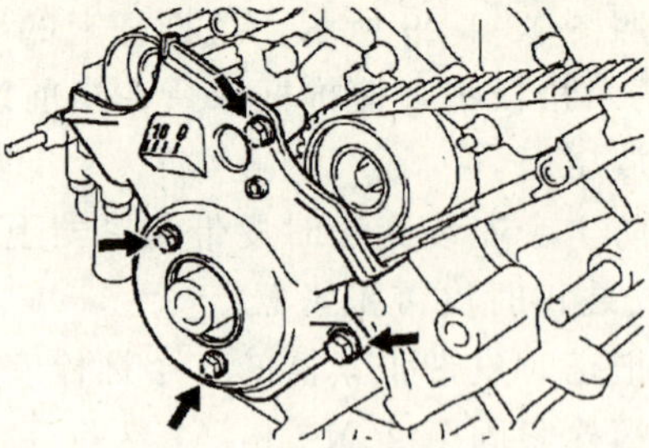

图 13-1-34　安装 1 号正时皮带罩

（3）按照图 13-1-36 所示，用专用工具安装曲轴减振器螺栓，并将螺栓紧固到 245N・m。

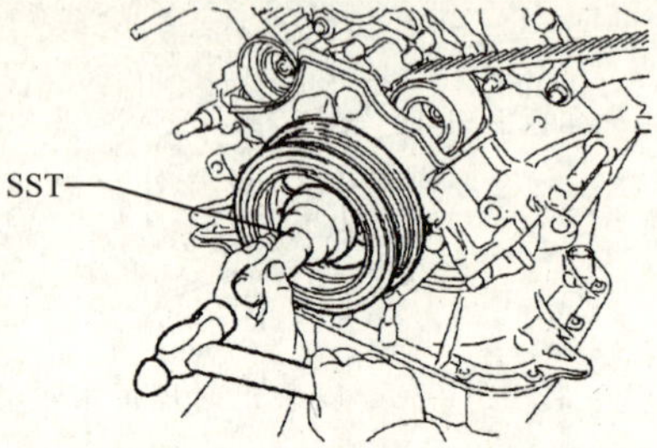

图 13-1-35　用专用工具和锤子，将曲轴减振器敲入

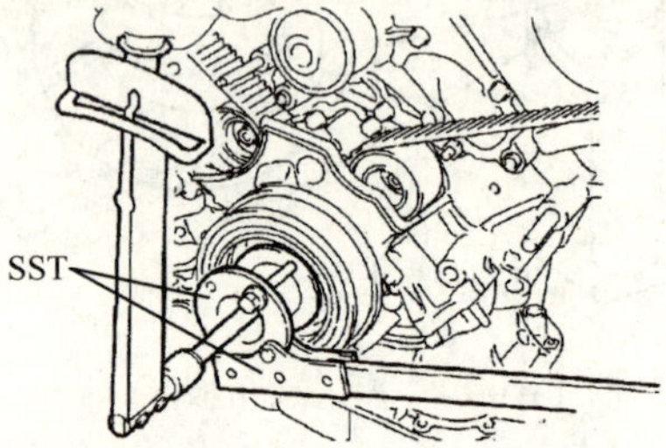

图 13-1-36　安装曲轴减振器螺栓

5. 按照图 13-1-37 所示，安装风扇支架。螺栓 A 规格为螺栓头直径 12mm，长度为 106mm，紧固力矩为 16N・m。螺栓 B 规格为螺栓头直径 14mm，长度为 114mm，紧固力矩为 32N・m。

6. 按照图 13-1-38 所示，安装发动机传动皮带张紧器并紧固螺母。

图 13-1-37　安装风扇支架

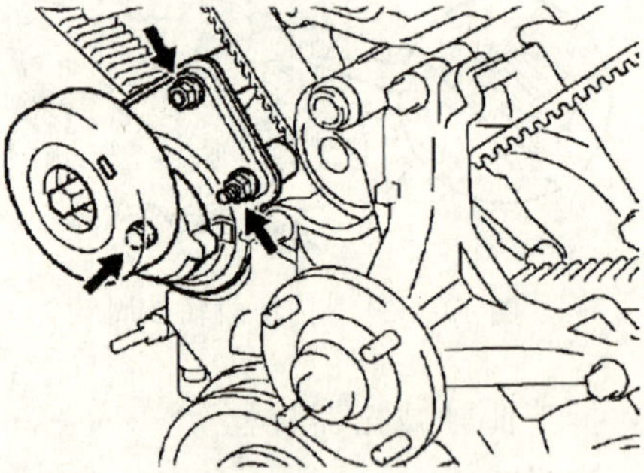

图 13-1-38　安装发动机传动皮带张紧器

7. 按照图 13-1-39 所示，安装 2 号正时皮带罩。

8. 按照图 13-1-40 所示，安装 2 号惰轮。

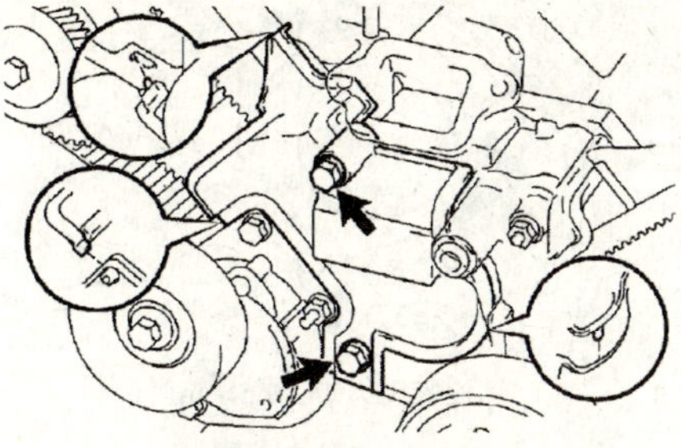

螺栓紧固力矩：16N·m

螺栓长度：106mm

图 13-1-39　安装 2 号正时皮带罩

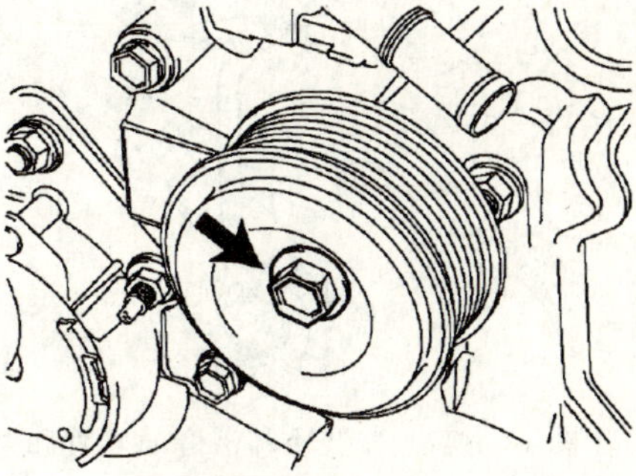

螺栓紧固力矩：39N·m

图 13-1-40　安装 2 号惰轮

9. 按照图 13-1-41 所示，安装左侧 3 号正时皮带罩：

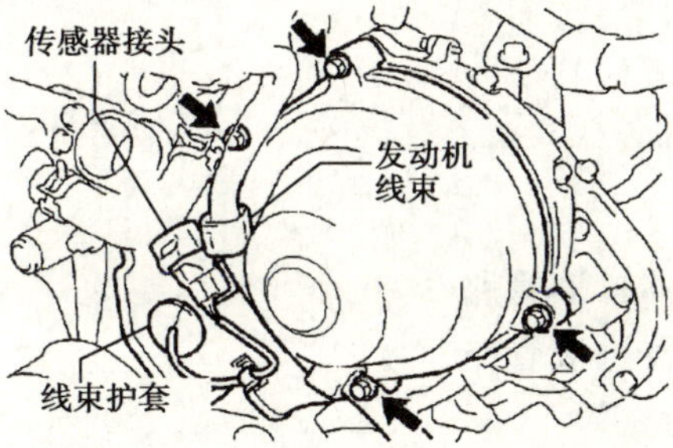

图 13-1-41　安装左侧 3 号正时皮带罩

（1）安装好正时皮带罩的衬垫。

（2）把凸轮轴位置传感器的线束穿过正时皮带罩的小孔。

（3）安装正时皮带罩的螺栓并紧固至 7. 5N・m。

（4）把线束护套安装到 3 号正时皮带罩上。

（5）把传感器接头安装到传感器固定架上。

（6）连接好传感器的接头。

（7）把传感器线束安装到正时皮带罩上的线束夹上。

（8）把发动机线束连接到正时皮带罩上的 2 个线束夹上。

10. 安装机油冷却器管路：

（1）按照图 13-1-42 所示，安装 3 个冷却液旁通软管。

（2）用锁紧螺母和螺栓安装机油冷却液管路。

11. 按照图 13-1-43 所示，安装右侧 3 号正时皮带罩：

（1）把衬垫安装到右侧 3 号正时皮带罩上。

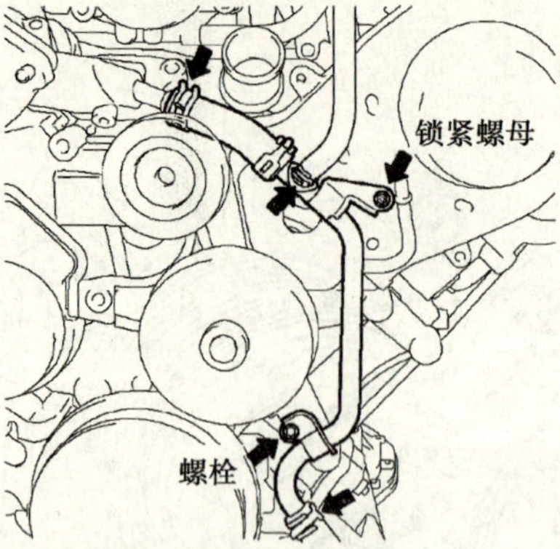

图 13-1-42　安装冷却液旁通软管和机油冷却器管路

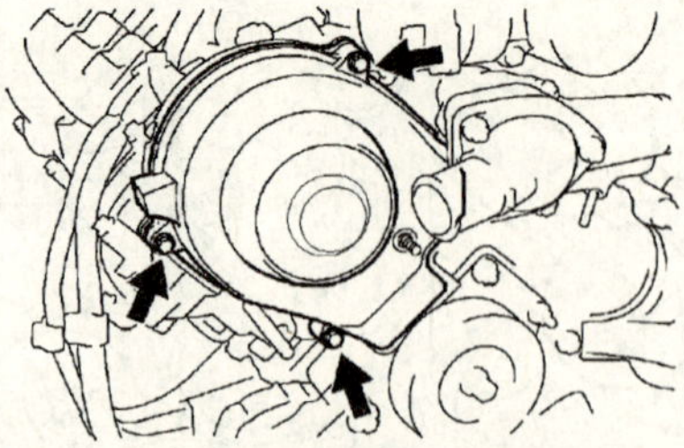

螺栓紧固力矩：7.5N·m

图 13-1-43　安装右侧 3 号正时皮带罩

（2）把右侧 3 号正时皮带罩的螺栓紧固至 7. 5N・m。

12. 连接空调压缩机。

13. 安装发电机。

14. 安装动力转向泵。

15. 安装发动机传动皮带。

16. 安装散热器。

17. 连接 1 号机油冷却器排液管路。

18. 连接 1 号机油冷却器进液管路。

19. 连接 2 号散热器管路。

20. 连接 1 号散热器管路。

21. 安装空气滤清器。

22. 安装空气滤清器管路。

23. 安装发动机 V 形罩。

24. 连接蓄电池负极电缆。

25. 执行初始化程序（蓄电池负极电缆断开后再次连接时，需要对一些系统执行初始化操作）。

26. 添加发动机冷却液。

27. 检查发动机冷却液是否泄漏。

28. 安装发动机底部盖罩。

29. 安装发动机后部底部盖罩。

第二节 PREVIA（普瑞维亚）轿车

一、PREVIA 轿车发动机正时图（图 13-2-1）

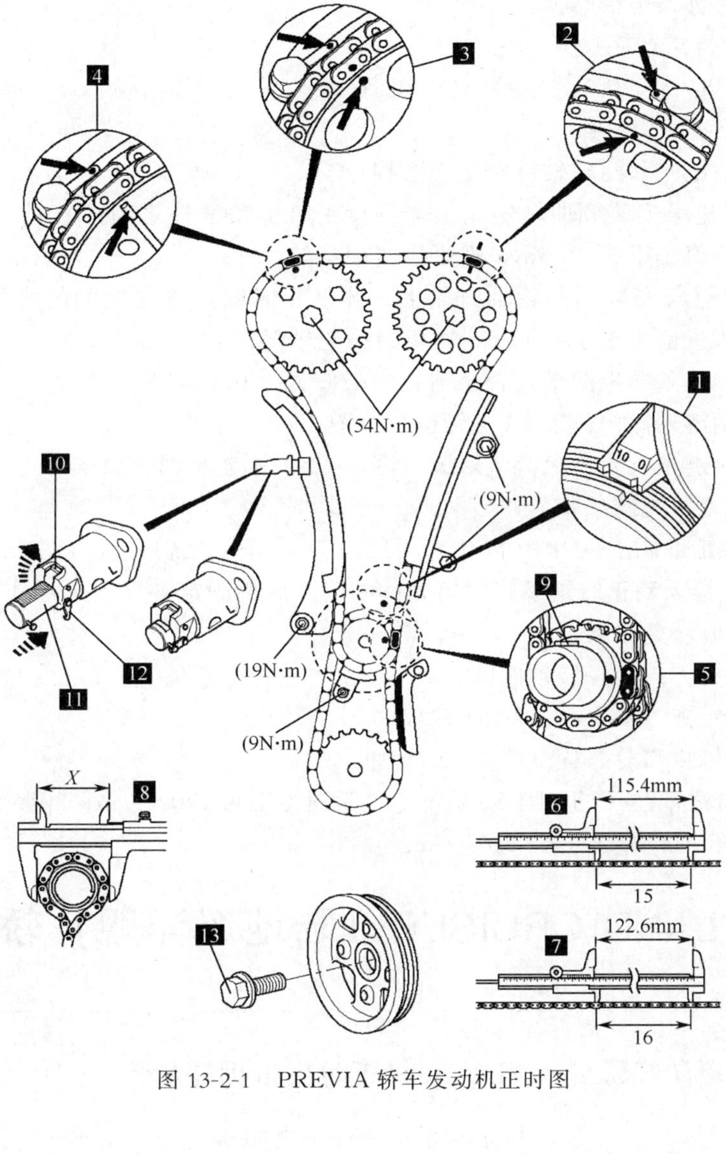

图 13-2-1 PREVIA 轿车发动机正时图

二、PREVIA 轿车发动机正时校对步骤

1. 确保曲轴皮带轮和正时链条盖上的上止点标记对齐（图 13-2-1 中的 1）。

2. 确保各个凸轮轴链轮上的正时标记对齐（图 13-2-1 中的 2、3 或 4）。

3. 确保曲轴链轮正时标记与涂色链节对齐（图 13-2-1 中的 5）。

4. 拆卸正时链条张紧器、张紧器滑轨和正时链条导板。

5. 检查正时链条是否磨损：

（1）将正时链条彻底展开。

（2）测量正时链条 15 个链节之间的距离（图 13-2-1 中的 6），如果测量值超过 115. 4mm，则更换正时链条。

6. 检查曲轴链轮和凸轮轴链轮是否磨损：

（1）把正时链条安装到曲轴链轮上，测量正时链条滚柱之间的直径 *X*（图 13-2-1 中的 8），如果测量值小于 51. 6mm，则更换曲轴链轮。

（2）把正时链条安装到凸轮轴链轮上，测量正时链条滚柱之间的直径 *X*（图 13-2-1 中的 8），如果测量值小于 97. 3mm，则更换凸轮轴链轮。

7. 检查正时链条导板凹槽是否磨损，极限值为 1. 0mm。

8. 确保曲轴链轮键槽位于 12 点钟位置（图 13-2-1 中的 9）。

9. 安装正时链条，使涂色链节对齐（图 13-2-1 中的 2、3 或 4 与 5）。

10. 重新设置正时链条张紧器：

（1）压下棘爪（图 13-2-1 中的 10），释放正时链条张紧器柱塞（图 13-2-1 中的 11）。

（2）把柱塞推入到正时链条张紧器壳体中，然后用固定夹（图 13-2-1 中的 12）固定。

11. 安装正时链条张紧器。

12. 沿逆时针方向轻轻转动曲轴。

13. 松开固定夹（图 13-2-1 中的 12）。

14. 紧固曲轴皮带轮螺栓（图 13-2-1 中的 13）：

2003 年 4 月之前生产的 PREVIA 轿车，紧固力矩为 170N · m；2003 年 4 月之后生产的 PREVIA 轿车，紧固力矩为 180N · m。

第三节　LAND CRUISER（陆地巡洋舰）轿车

一、陆地巡洋舰轿车 4. 7L 发动机正时皮带拆卸步骤

陆地巡洋舰轿车 4. 7L 发动机正时系统部件识别如图 13-3-1 所示。

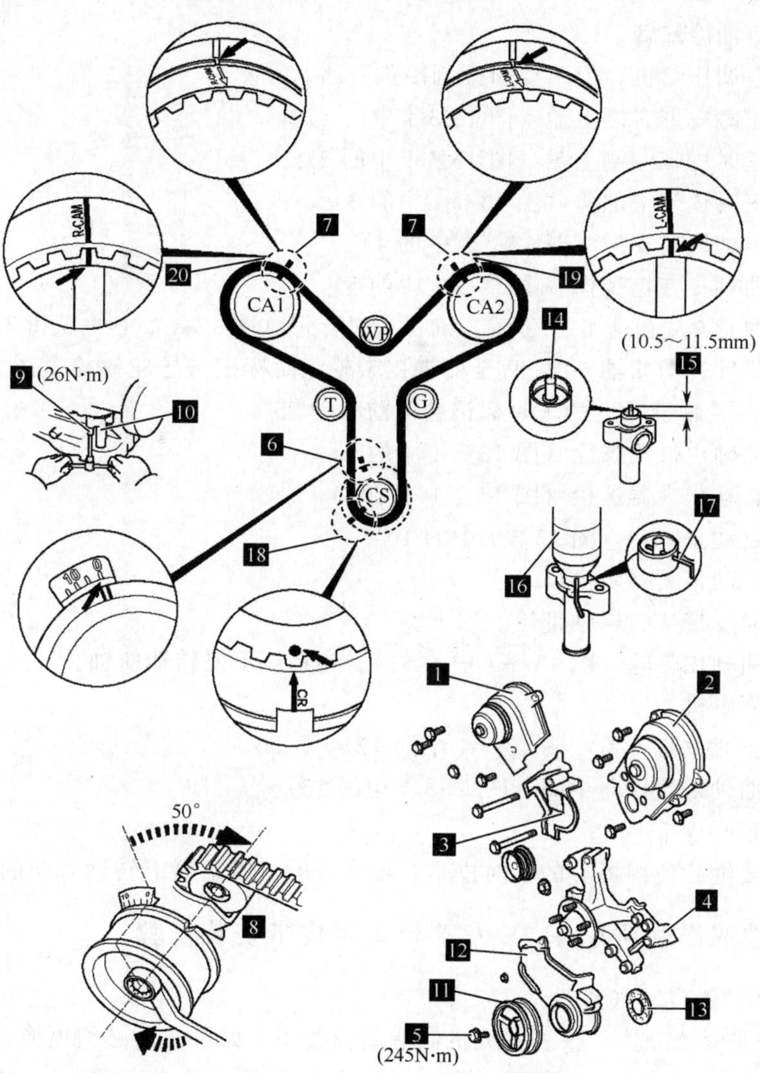

图 13-3-1　4.7L 发动机正时图

1. 排除发动机冷却液。
2. 拆卸发动机下部隔板。
3. 拆卸蓄电池盖。
4. 拆卸进气管路。
5. 拆卸发动机传动皮带。
6. 拆卸冷却风扇和黏性联轴器。
7. 如图 13-3-2 所示，拆卸冷却风扇皮带轮。
8. 拆卸发动机传动皮带张紧器。
9. 拆卸正时皮带左侧和右侧上盖上的配线。

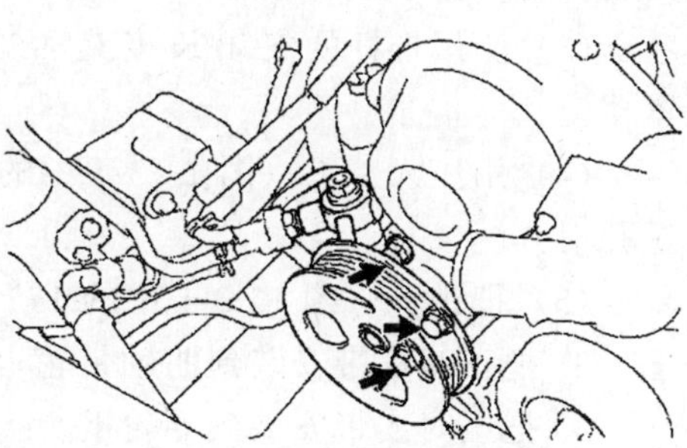

图 13-3-2　拆卸冷却风扇皮带轮

10. 拆卸机油冷却管。

11. 拆卸空调压缩机，但不要断开制冷剂管路。

12. 拆卸正时皮带右侧上盖（图 13-3-1 中的 1）。

13. 拆卸正时皮带左侧上盖（图 13-3-1 中的 2）。

14. 拆卸正时皮带中部盖（图 13-3-1 中的 3）。

15. 拆卸冷却风扇支架（图 13-3-1 中的 4）。

16. 松开曲轴皮带轮螺栓（图 13-3-1 中的 5）。

17. 转动曲轴至 1 缸上止点位置，确保正时标记（图 13-3-1 中的 6 和 7）对齐。

18. 再顺时针转动曲轴 50°，直至曲轴皮带轮正时标记与导轮螺栓（图 13-3-1 中的 8）对齐。**注意：**凸轮轴链轮上的正时标记会向前移动 25°。

19. 拆卸曲轴皮带轮螺栓（图 13-3-1 中的 5）。

20. 拆卸自动张紧器螺栓（图 13-3-1 中的 9）。

21. 拆卸自动张紧器（图 13-3-1 中的 10）。

22. 拆卸自动张紧器防尘罩。

23. 把正时皮带从凸轮轴带轮上取下。

24. 拆卸曲轴皮带轮（图 13-3-1 中的 11）。**注意：**不要转动曲轴。

25. 拆卸发电机。

26. 拆卸正时皮带下盖（图 13-3-1 中的 12）。

27. 拆卸曲轴带轮导向垫圈（图 13-3-1 中的 13）。

28. 拆卸正时皮带。

29. 如果要继续使用拆下的正时皮带，要在正时皮带上做上转动方向的标记。

二、陆地巡洋舰轿车 4.7L 发动机正时皮带安装步骤

1. 检查并设置自动张紧器：

（1）检查张紧器壳体，查看有无机油泄漏或损伤。如果有，必须更换。

（2）把张紧器保持在向上位置，用力按压推杆（图 13-3-1 中的 14），如果推杆移动，则更换自动张紧器。

（3）测量推杆的突出长度是否在 10.5～11.5mm 之间，如果不是，则更换自动张紧器。

（4）用压入工具（图 13-3-1 中的 16）慢慢按压推杆，将推杆压入张紧器壳体内，直至孔对齐。

（5）把销子（图 13-3-1 中的 17）插入孔中。

2. 把正时皮带安装到曲轴带轮上，确保正时标记对齐（图 13-3-1 中的 18）。

3. 把正时皮带安装到导轮上。

4. 把正时皮带安装到张紧器轮上。

5. 安装曲轴带轮导向垫圈（图 13-3-1 中的 13）。

6. 安装正时皮带下盖（图 13-3-1 中的 12）。
7. 安装曲轴皮带轮（图 13-3-1 中的 11）。
8. 确保曲轴皮带轮正时标记与导轮螺栓对齐（图 13-3-1 中的 8）。
9. 安装发电机。
10. 把正时皮带安装到左侧凸轮轴带轮上，确保正时标记对齐（图 13-3-1 中的 19）。
11. 轻轻沿逆时针方向转到左侧凸轮轴带轮，使正时皮带张紧。
12. 把正时皮带安装到水泵皮带轮上。
13. 把正时皮带安装到右侧凸轮轴带轮上，确保正时标记对齐（图 13-3-1 中的 20）。
14. 检查并确认正时皮带张紧。
15. 安装自动张紧器（图 13-3-1 中的 10）。
16. 安装自动张紧器螺栓（图 13-3-1 中的 9）。
17. 顺时针转动曲轴 2 周到达 1 缸上止点位置。
18. 确保正时标记（图 13-3-1 中的 6 和 7）对齐。
19. 固定住曲轴皮带轮（图 13-3-1 中的 11）。将曲轴皮带轮螺栓紧固至 245N・m。
20. 安装剩余部件。
21. 充注发动机冷却液。

第四节 FJ CRUISER（FJ 酷路泽）轿车

一、FJ 酷路泽轿车 1GR-FE 发动机正时链条部件识别（图 13-4-1～图 13-4-5）

二、FJ 酷路泽轿车 1GR-FE 发动机正时链条拆卸步骤

1. 拆卸蓄电池。
2. 排放发动机冷却液。
3. 排放发动机机油。
4. 拆卸动力转向管路。
5. 对于 4 轮驱动车型，拆卸前分动器托架。
6. 拆卸风扇。
7. 拆卸发电机总成。
8. 拆下空调压缩机总成。

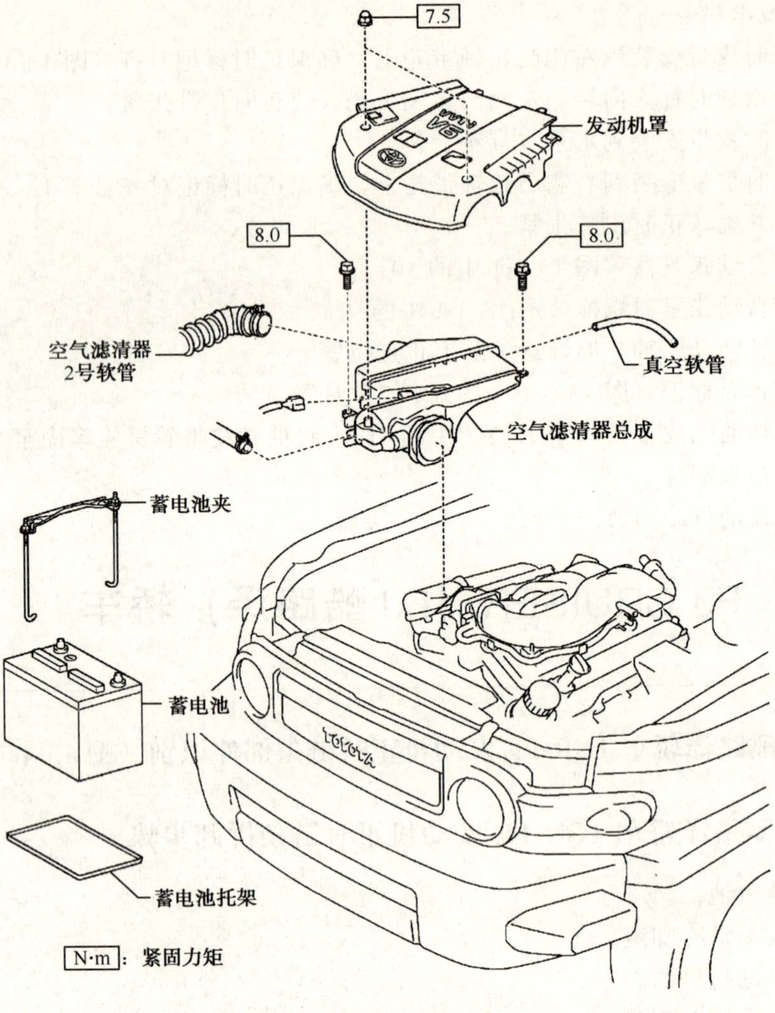

图 13-4-1 正时链条部件识别（1/5）

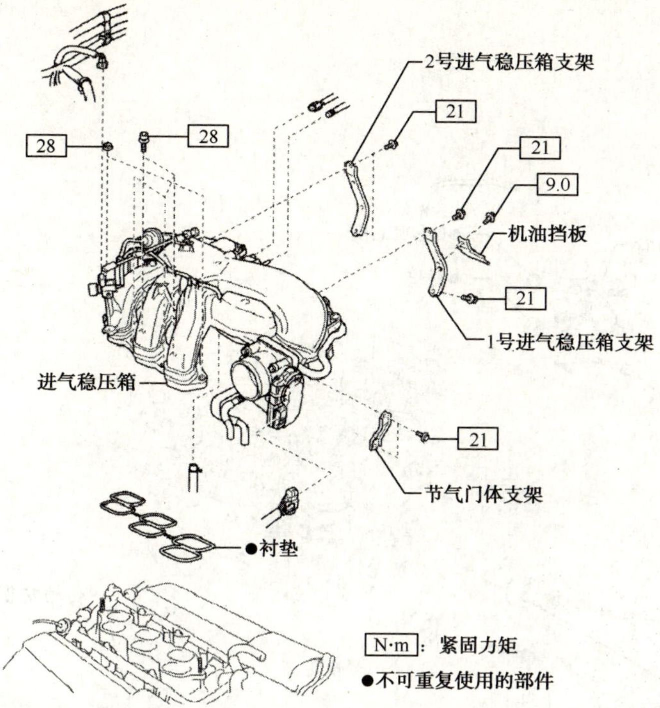

图 13-4-2 正时链条部件识别（2/5）

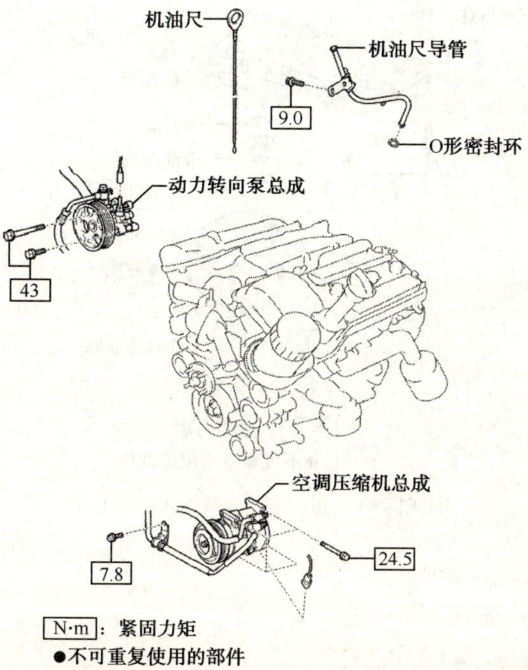

图 13-4-3 正时链条部件识别（3/5）

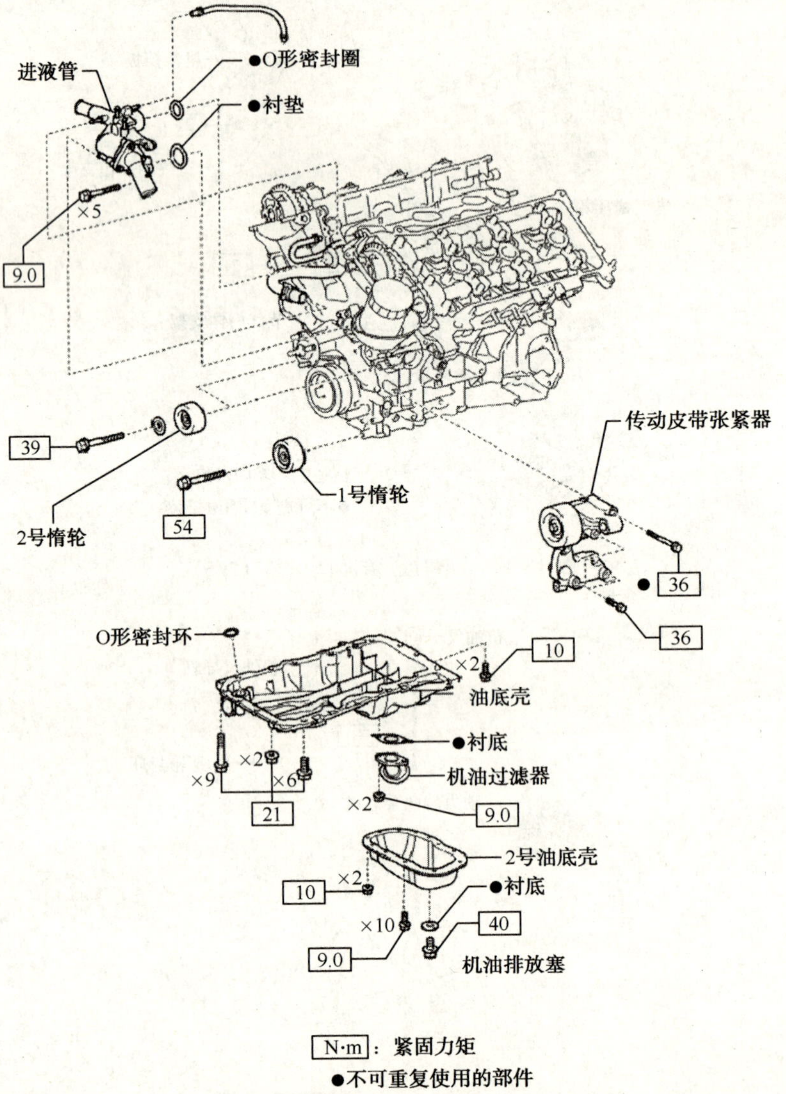

图 13-4-4　正时链条部件识别（4/5）

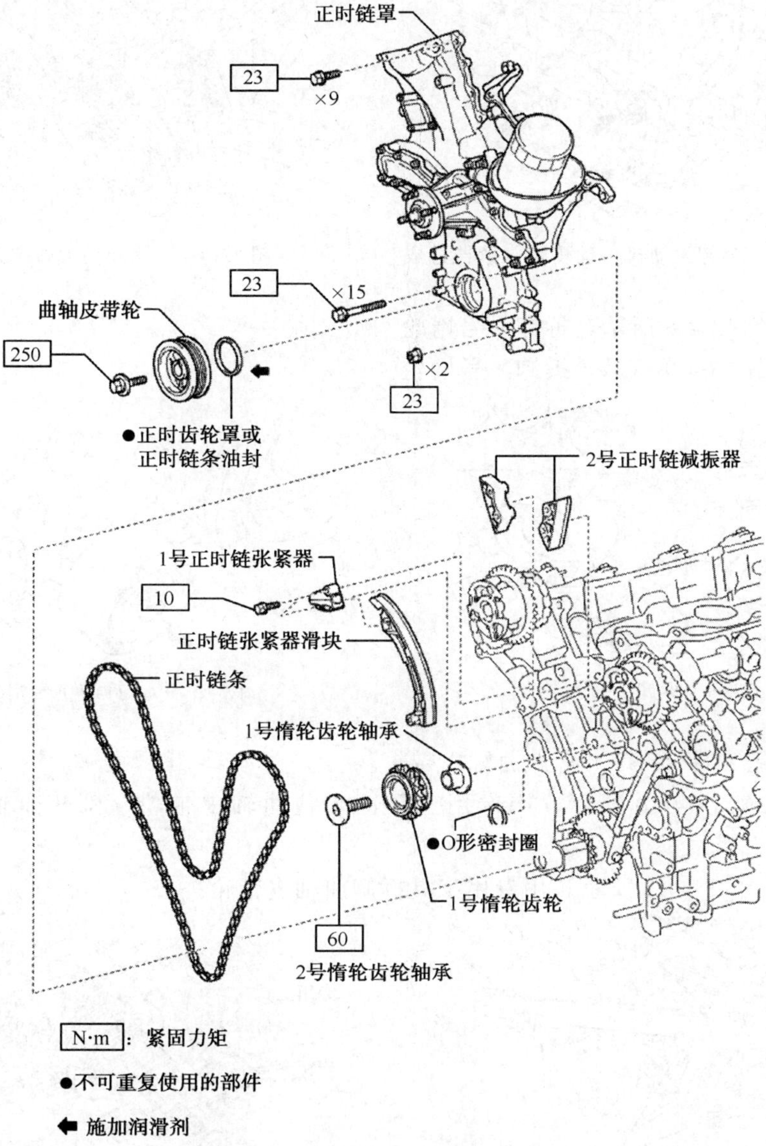

图 13-4-5　正时链条部件识别（5/5）

9. 按照图 13-4-6 所示，拆卸发动机传动皮带张紧器总成。

10. 拆卸机油尺导管。

11. 按照图 13-4-7 所示，拆卸动力转向泵总成：

（1）断开动力转向压力开关接头。

（2）拆卸 2 个螺栓，拆下动力转向泵。

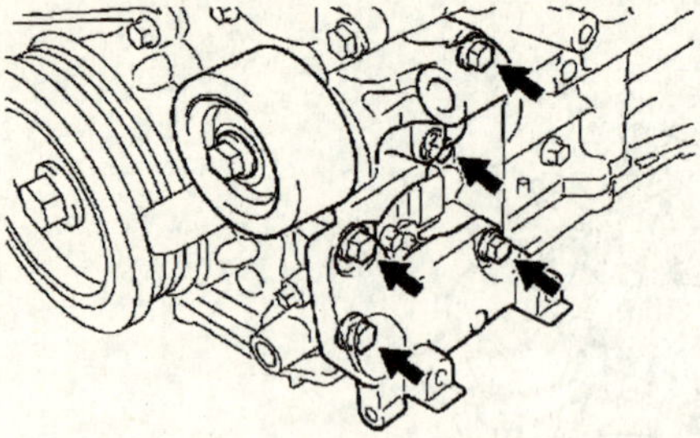

图 13-4-6　拆卸发动机传动皮带张紧器总成

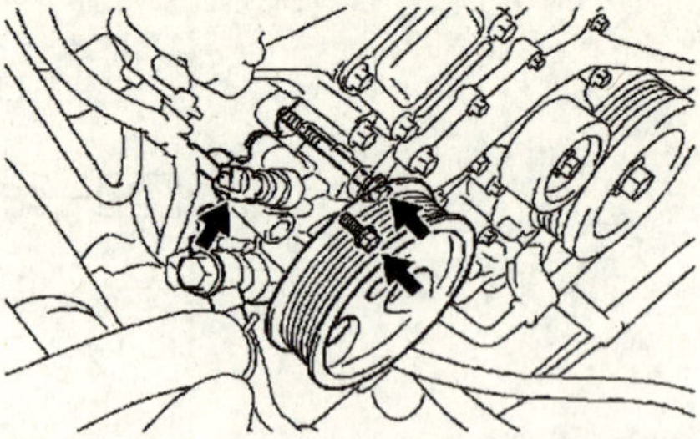

图 13-4-7　拆卸动力转向泵

12. 按照图 13-4-8 所示，拆卸 2 号惰轮。

13. 按照图 13-4-9 所示，拆卸 1 号惰轮。

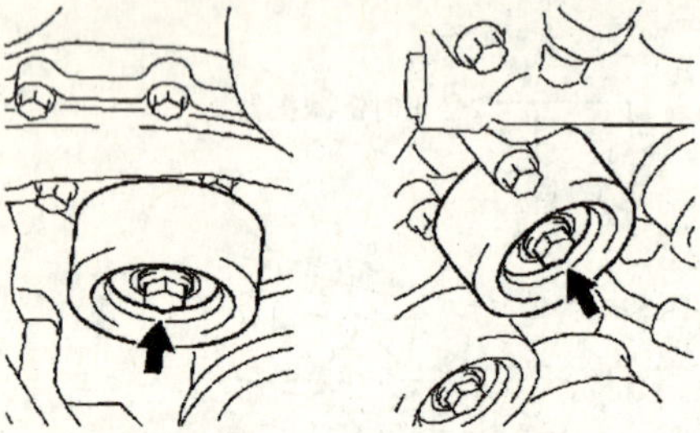

图 13-4-8　拆卸 2 号惰轮

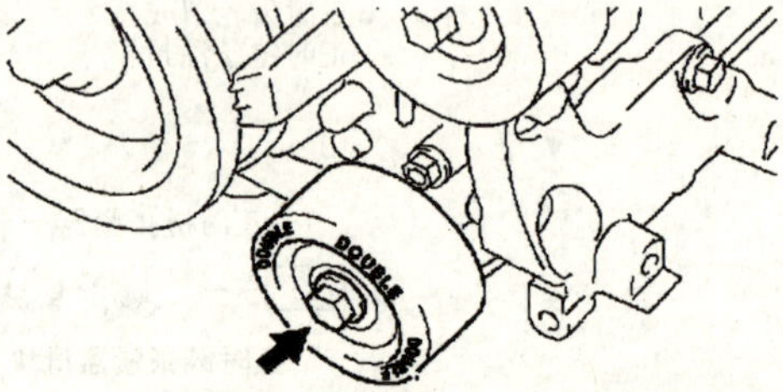

图 13-4-9　拆卸 1 号惰轮

14. 用专用工具（SST）拆卸曲轴皮带轮：

（1）按照图 13-4-10 所示，用专用工具固定住曲轴皮带轮，松开曲轴皮带轮固定螺栓。

（2）按照图 13-4-11 所示，用专用工具拆卸曲轴皮带轮。

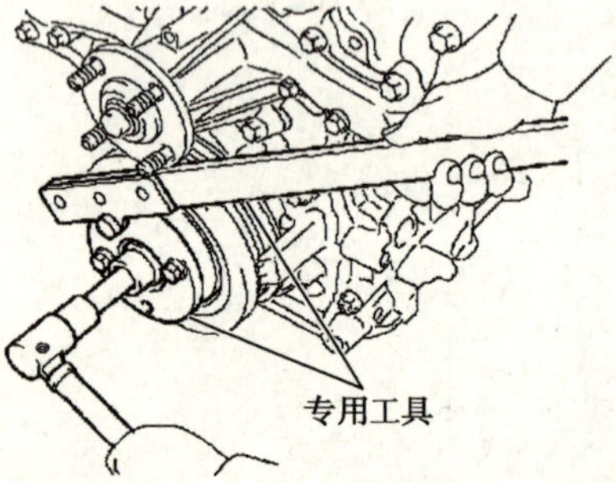

图 13-4-10　用专用工具固定曲轴皮带轮

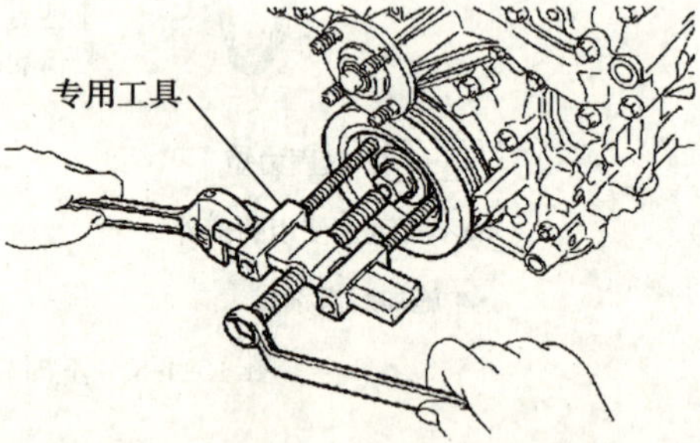

图 13-4-11　用专用工具拆卸曲轴皮带轮

15. 拆卸 2 号油底壳：

（1）如图 13-4-12 所示，拆卸油底壳上的 10 个螺栓和 2 个螺母。

（2）按照图 13-4-13 所示，用专用工具（SST）去除油底壳的油封，拆卸 2 号油底壳。

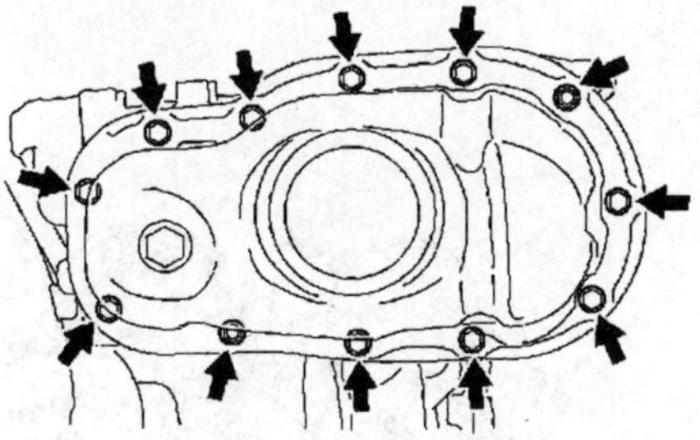

图 13-4-12　拆卸 2 号油底壳上的螺栓和螺母

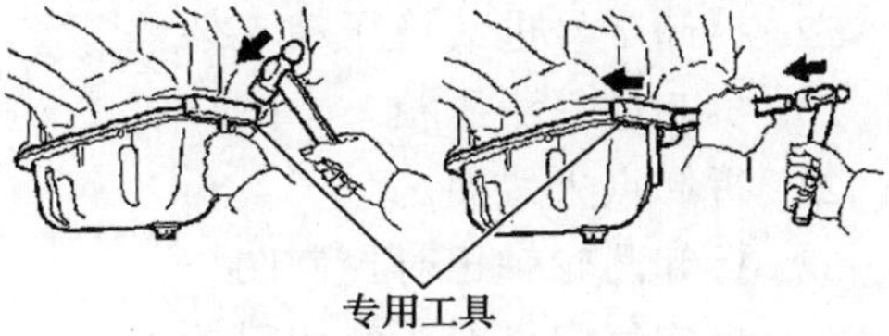

图 13-4-13　用专用工具（SST）去除油底壳的油封

16. 按照图 13-4-14 所示，拆卸机油过滤器。

17. 拆卸油底壳：

（1）拆卸 4 个飞轮壳螺栓。

（2）按照图 13-4-15 所示，拆卸飞轮壳

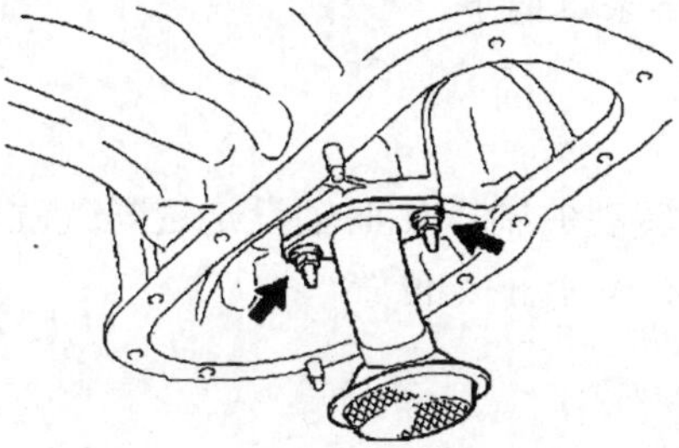

图 13-4-14　拆卸机油过滤器

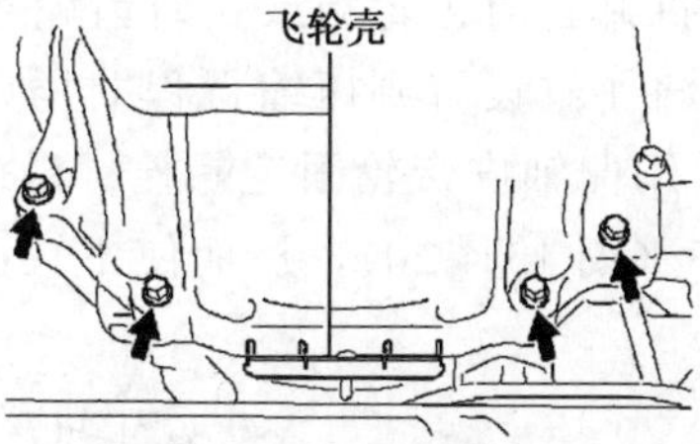

图 13-4-15　拆卸飞轮壳

（3）按照图 13-4-16 所示，拆卸 17 个螺栓和 2 个螺母。

（4）按照图 13-4-17 所示，用一把螺丝刀插入油底壳和发动机缸体支架，把油底壳撬下。

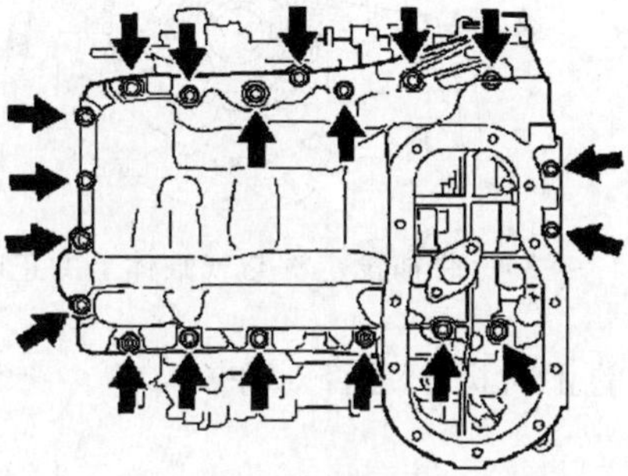

图 13-4-16　拆卸螺栓和螺母

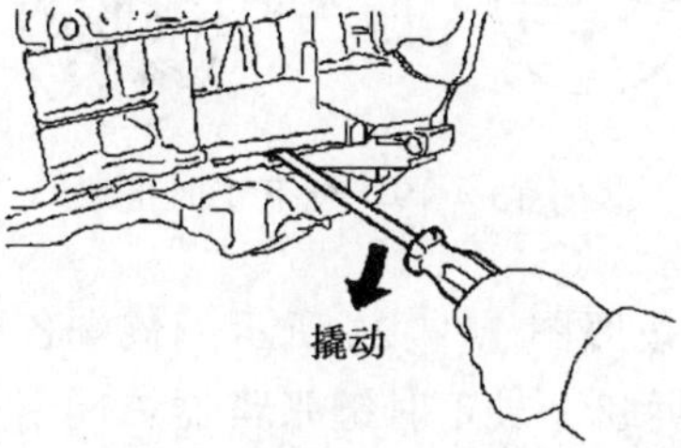

图 13-4-17　用螺丝刀撬下油底壳

（5）从机油泵上拆下 O 形密封环。

18. 拆卸空气滤清器总成。

19. 拆卸节气门体支架。

20. 拆卸机油挡板。

21. 拆卸 1 号进气稳压箱支架。

22. 拆卸 2 号进气稳压箱支架。

23. 拆卸进气稳压箱。

24. 拆卸点火线圈。

25. 拆卸凸轮轴正时控制阀。

26. 拆卸气门可变正时传感器。

27. 拆卸冷却液进液管。

28. 拆卸右侧气缸盖罩。

29. 拆卸左侧气缸盖罩。

30. 拆卸正时链罩：

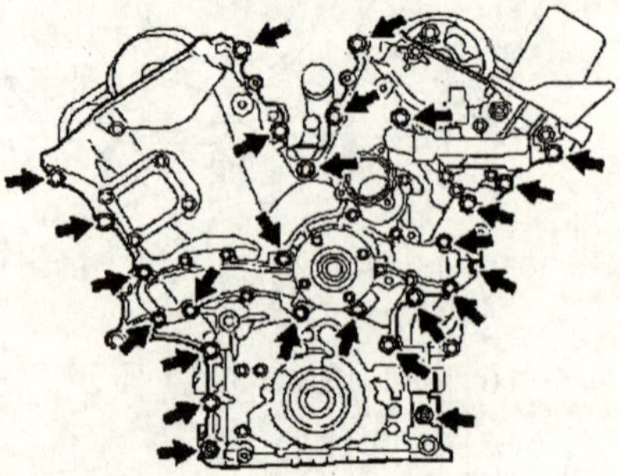

图 13-4-18　拆卸螺栓和螺母

（1）按照图 13-4-18 所示，拆卸螺栓和螺母。

（2）按照图 13-4-19 所示，用螺丝刀把正时链条罩撬下。

31. 拆卸正时齿轮箱或正时齿轮箱油封。

32. 将 1 缸设置到压缩行程上止点位置：

（1）用曲轴皮带轮固定螺栓，沿顺时针方向转动曲轴，使曲轴设定键与气缸体上的正时线对齐（图 13-4-20），从而使 1 缸设置到压缩行程上止点位置。

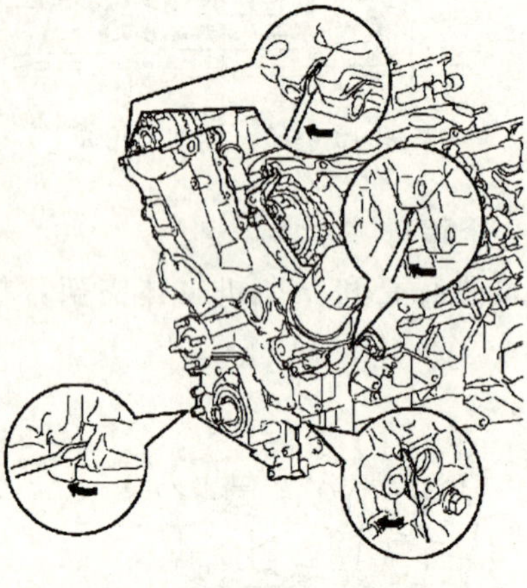

图 13-4-19　撬下正时链罩

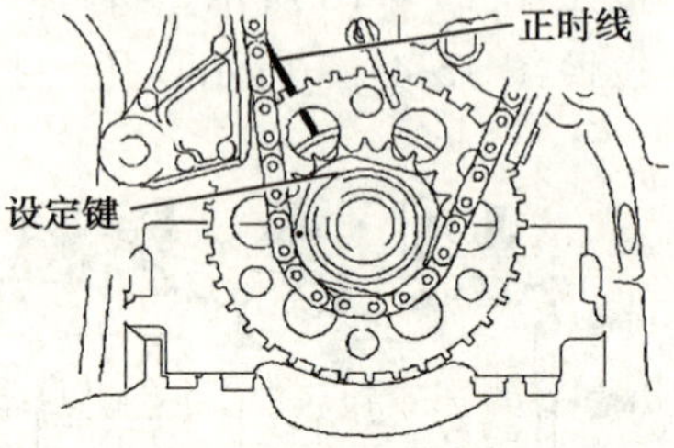

图 13-4-20　曲轴设定键与气缸体上的正时线对齐

（2）按照图 13-4-21 所示，核查各个凸轮轴的正时标记是否对齐。

33. 拆卸 1 号正时链张紧器：

（1）按照图 13-4-22 所示，向上转动止动片并推压张紧器柱塞。

（2）按照图 13-4-22 所示，向下推动止动片，然后把一根直径为 3.5mm 的直杆插入止动片和张紧器上的孔中，将止动片固定到位。

34. 拆卸正时链张紧器滑块。

35. 按照图 13-4-23 所示，拆卸惰轮链轮。

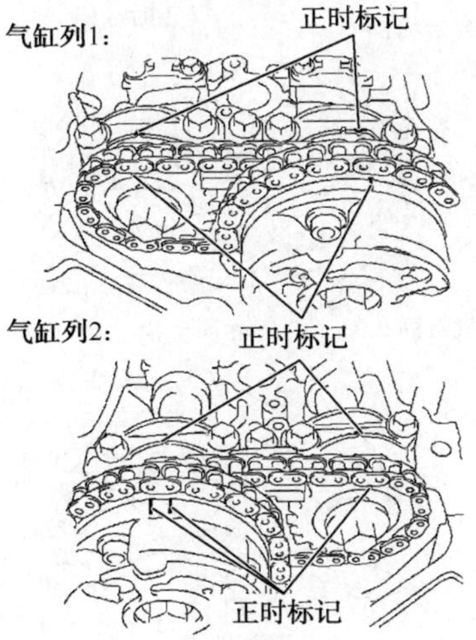

图 13-4-21 凸轮轴正时标记

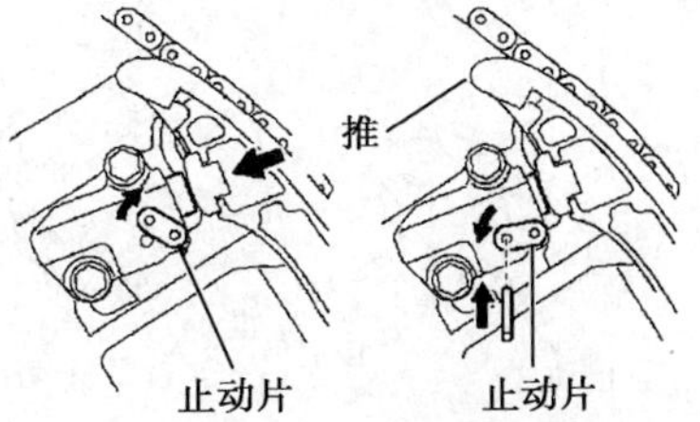

图 13-4-22 向上转动止动片并推压张紧器柱塞

36. 拆卸 2 号正时链减振器。

37. 拆卸正时链条。

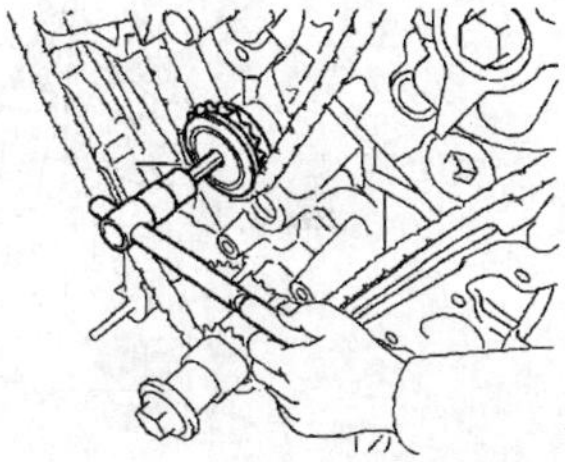

图 13-4-23 拆卸惰轮链轮

三、FJ 酷路泽轿车 1GR-FE 发动机正时链条安装步骤

1. 安装正时链条张紧器滑块。

2. 安装 1 号正时链张紧器总成：

（1）按照图 13-4-24 所示，沿顺时针方向转动止动片，推压张紧器柱塞。

（2）沿逆时针转动止动片，按照图 13-4-24 所示在张紧器和止动片上的孔中插入一根直径 3.5mm 的直杆，将止动片固定到位。

（3）安装正时链张紧器并将螺栓紧固至 10N·m。

3. 安装正时链条：

（1）按照图 13-4-25 所示，对齐凸轮轴各个正时标记。

（2）用曲轴皮带轮固定螺栓，沿顺时针方向转动曲轴，使曲轴设定键与气缸体上的正时线对齐，从而使 1 缸设置到压缩行程上止点位置（图 13-4-26）。

（3）按照图 13-4-27 所示，将正时链条上的黄色标记链节与曲轴正时标记对齐。

（4）按照图 13-4-28 所示，把橙色的正时链节与凸轮轴齿轮上的正时标记对齐。

4. 安装 2 号正时链减振器。

5. 安装惰轮链轮：

（1）在 1 号惰轮齿轮轴承的转动面涂抹一层发动机机油。

（2）安装 1 号和 2 号惰轮齿轮轴承，使 1 号惰轮齿轮轴承上的定位销与气缸体上的定位销槽对齐（图 13-4-29）。

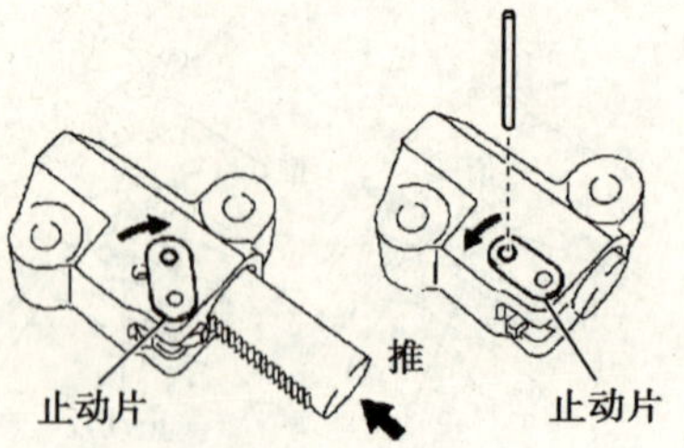

图 13-4-24　推压柱塞，固定止动片

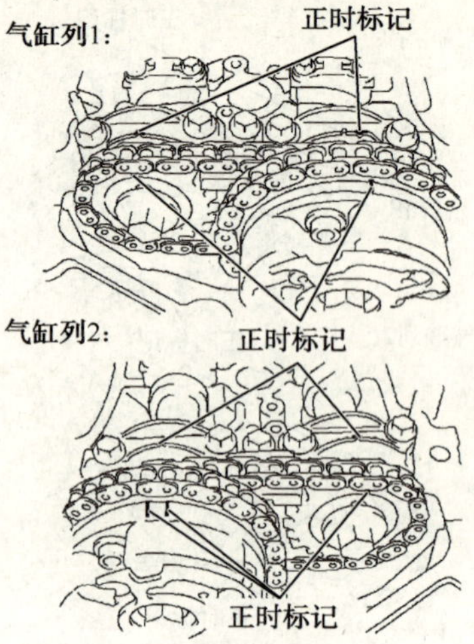

图 13-4-25　对齐凸轮轴正时标记

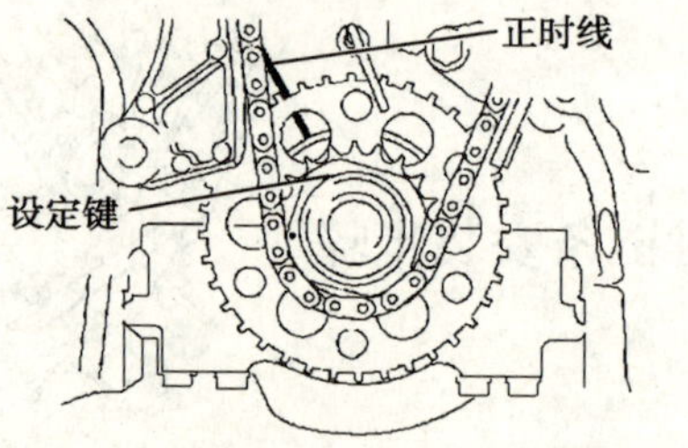

图 13-4-26　曲轴设定键与气缸体上的正时线对齐

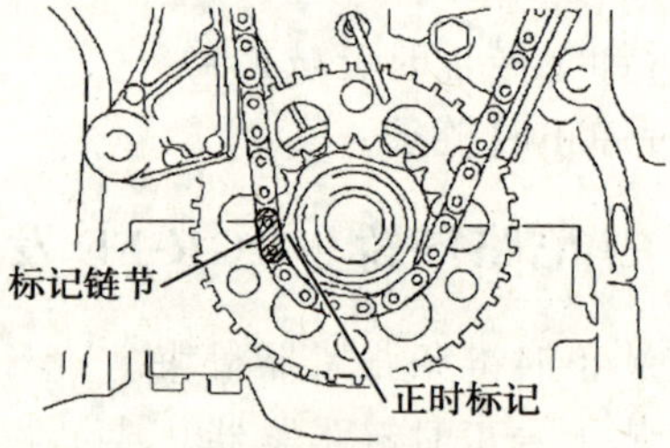

图 13-4-27　黄色标记链节与曲轴正时标记对齐

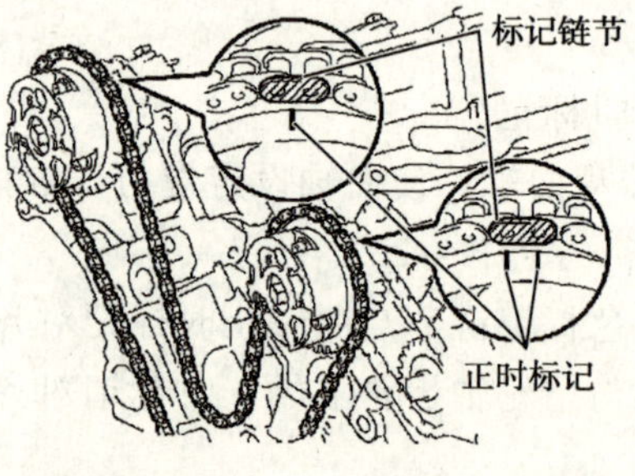

图 13-4-28　橙色的正时链节与凸轮轴齿轮上的正时标记对齐

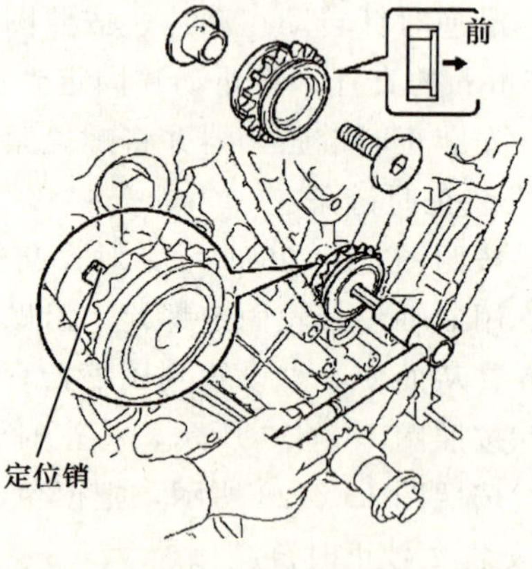

图 13-4-29　定位销与气缸体上的定位销槽对齐

（3）用 10mm 的六角扳手，把 2 号惰轮齿轮轴承紧固到 60N・m。

（4）从正时链张紧器上把插入的直杆拆下。

6. 安装正时齿轮箱或正时链条箱油封。

7. 安装正时链条：

（1）把旧的密封材料清除干净。

（2）按照图 13-4-30 所示，把新的 O 形密封圈安装到气缸列 2 的气缸盖上。

（3）按照图 13-4-31 所示，在图中所示的 4 个位置涂抹密封材料。

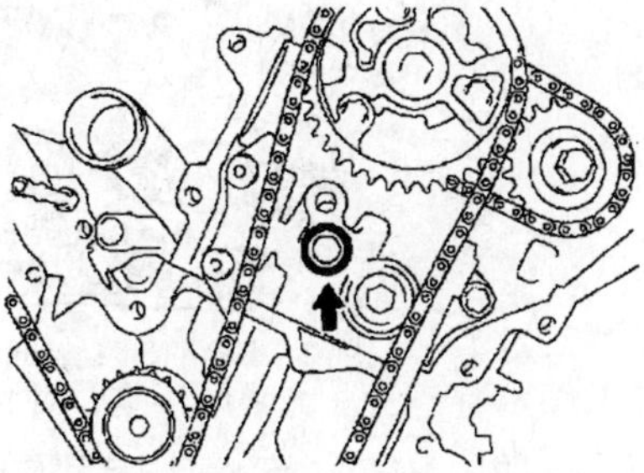

图 13-4-30 安装 O 形圈

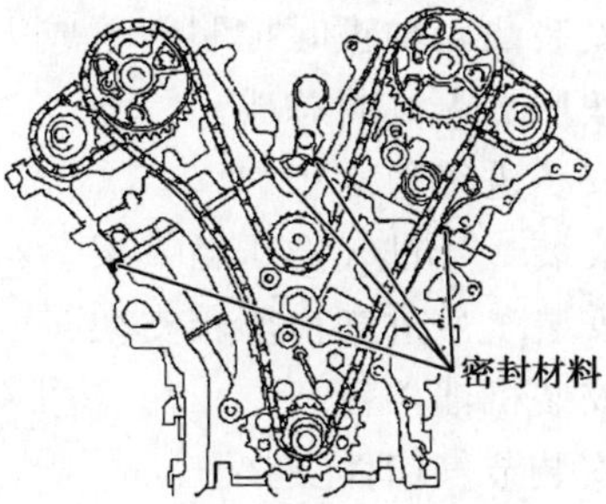

图 13-4-31 密封材料施加位置

（4）如图 13-4-32 所示，把密封材料涂抹到图中所示的位置，图中 A 处不要涂抹密封材料。水泵部件涂抹的密封材料应选用丰田公司 1207B 密封剂；其他部分的密封材料可选用丰田公司 1282B 密封剂。涂抹密封剂后 3min 内要安装上正时链罩，正时链罩的紧固螺栓和螺母也要在 15min 内紧固完毕。

（5）按照图 13-4-33 所示，把机油泵驱动转子上的键槽与曲轴正时齿轮上的矩形部分对齐，将正时链罩安装到位。

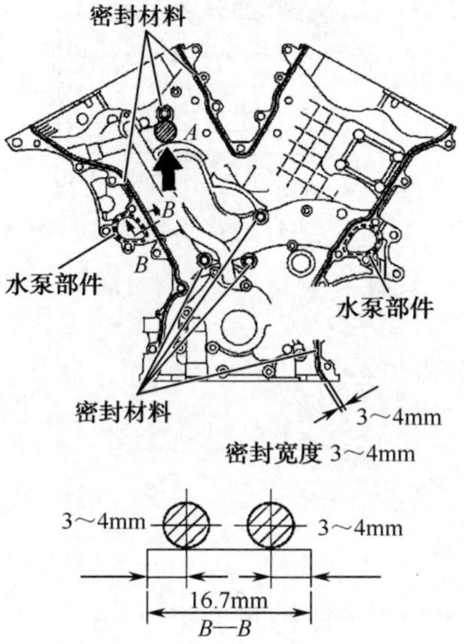

图 13-4-32 密封剂施加位置

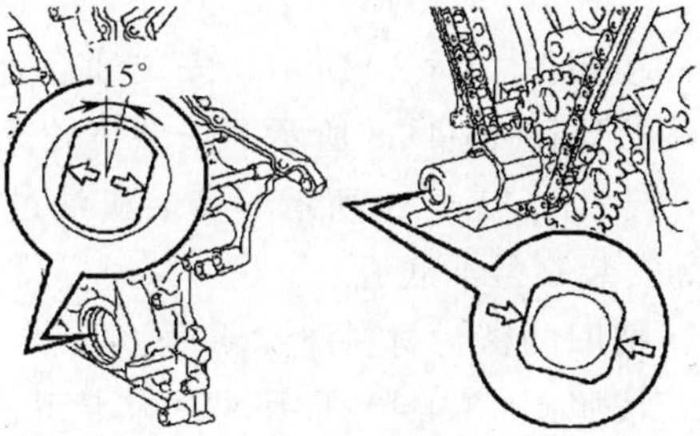

图 13-4-33 机油泵驱动转子上的键槽与曲轴正时齿轮上的矩形部分对齐

（6）按照图 13-4-34，安装正时链罩的 24 个螺栓和 2 个螺母。

8. 安装左侧气缸盖罩。

9. 安装右侧气缸盖罩。

10. 安装冷却液进液管。

11. 安装气门可变正时传感器。

12. 安装凸轮轴正时控制阀总成。

13. 按照点火线圈总成。

14. 安装进气稳压箱。

15. 安装 2 号进气稳压箱支架。

16. 安装 1 号进气稳压箱支架。

17. 安装机油挡板。

18. 安装节气门体支架。

19. 安装空气滤清器总成。

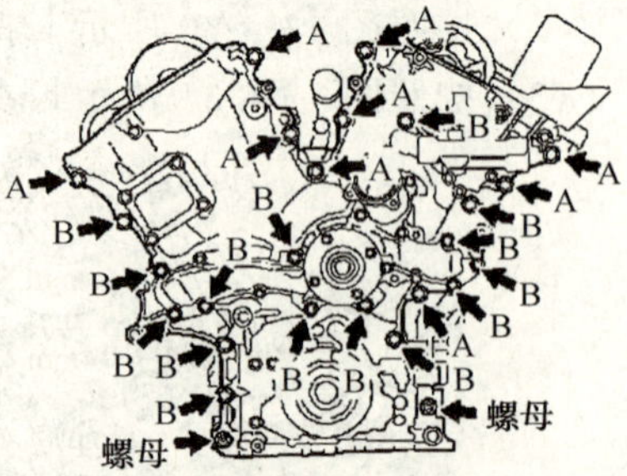

图 13-4-34　安装正时链罩的螺栓和螺母

20. 安装油底壳：

（1）把旧的密封材料清除干净。

（2）按照图 13-4-35 所示，在机油泵上安装新的 O 形密封圈。

（3）按照图 13-4-36 所示，涂抹丰田密封剂 1207B。涂抹密封胶后 3min 内应安装油底壳，15min 内应将油底壳的螺栓紧固完毕。

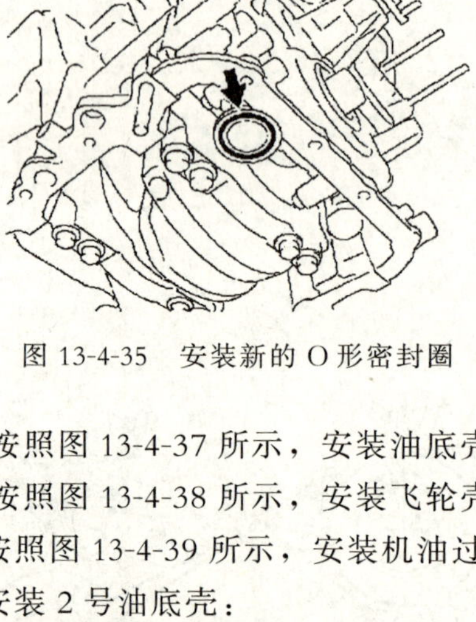

图 13-4-35　安装新的 O 形密封圈

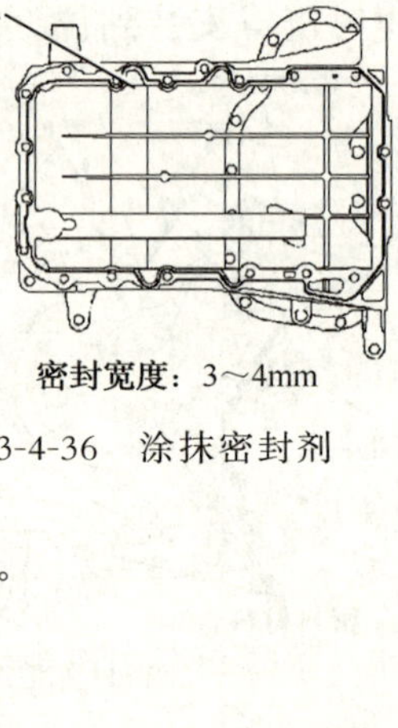

图 13-4-36　涂抹密封剂

（4）按照图 13-4-37 所示，安装油底壳固定螺栓和螺母。

（5）按照图 13-4-38 所示，安装飞轮壳。

21. 按照图 13-4-39 所示，安装机油过滤器。

22. 安装 2 号油底壳：

（1）把旧的密封材料清除干净。

（2）按照图 13-4-40 所示，涂抹丰田密封剂 1207B。涂抹密封胶后 3min 内应安装油底壳，15min 内应将油底壳的螺栓紧固完毕。

（3）按照图 13-4-41 所示，安装 2 号油底壳上的螺栓和螺母，螺栓紧固力矩为 9N・m；螺母紧固力矩为 10N・m。

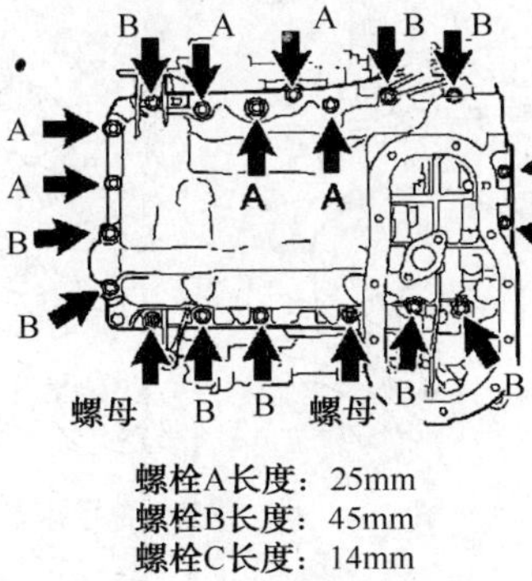

图 13-4-37　安装油底壳固定螺栓和螺母

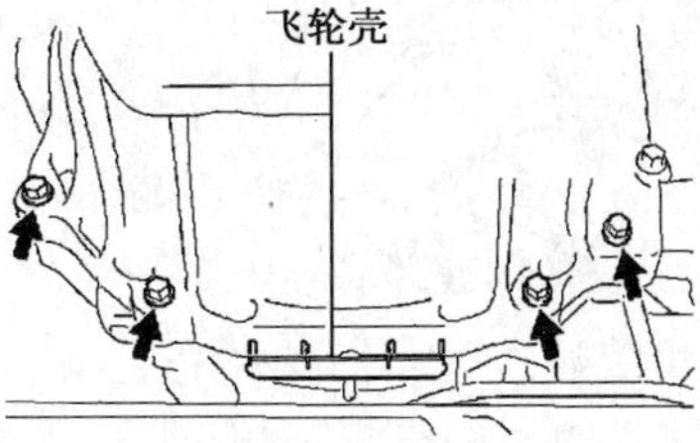

图 13-4-38　安装飞轮壳

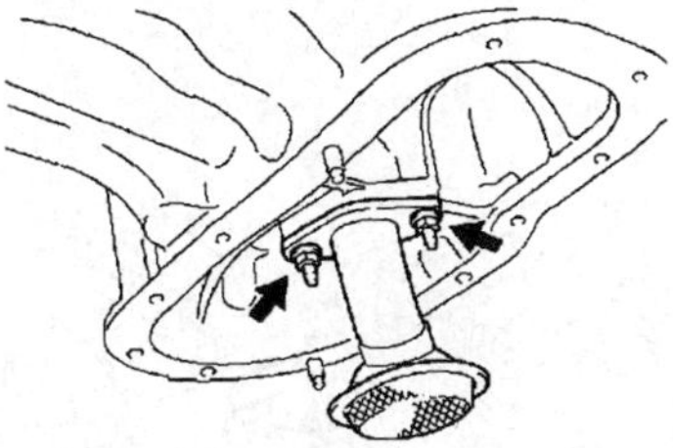

图 13-4-39　安装机油过滤器

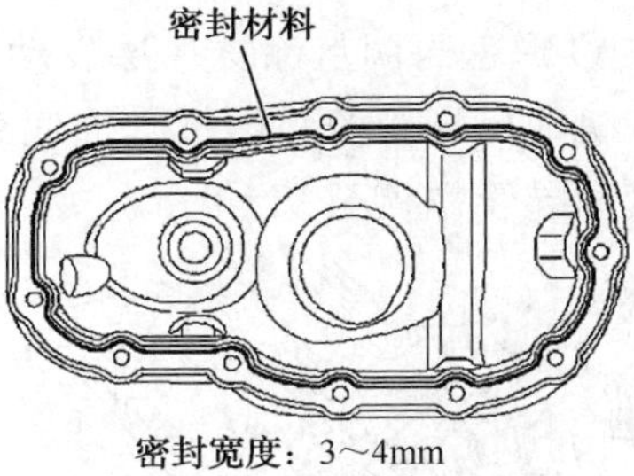

图 13-4-40　涂抹密封剂

23. 按照图 13-4-42 所示，用专用工具（SST）安装曲轴带轮。螺栓紧固力矩为 250N·m。

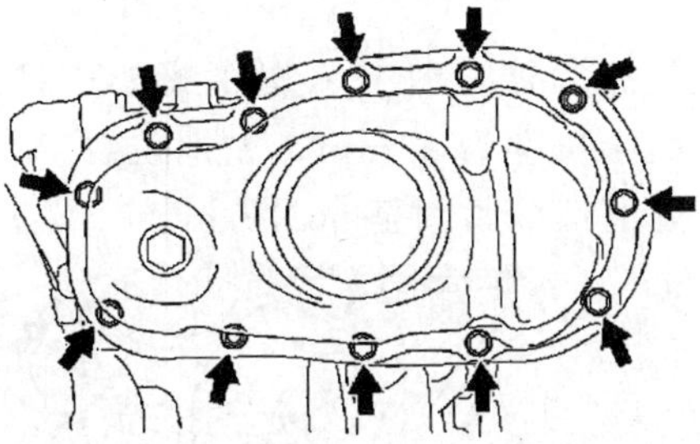

图 13-4-41　安装 2 号油底壳上的螺栓和螺母

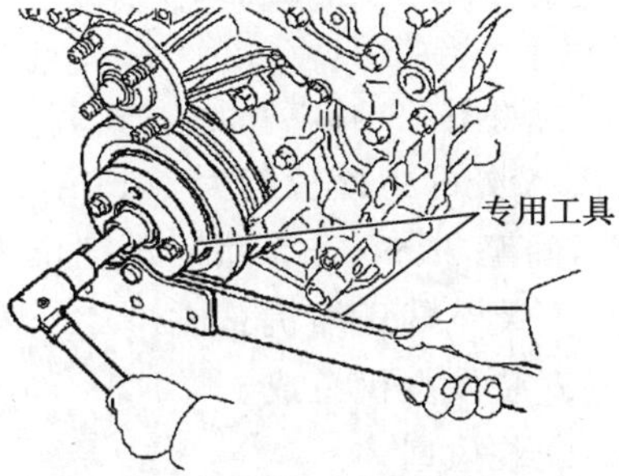

图 13-4-42　用专用工具（SST）安装曲轴带轮

24. 按照图 13-4-43 所示，安装 1 号惰轮（1 号惰轮上标有“DOUBLE”字母）。螺栓紧固力矩为 39N·m。

25. 按照图 13-4-44 所示，安装 2 号惰轮，螺栓紧固力矩为 54N·m。

26. 按照图 13-4-45 所示，安装动力转向泵总成，螺栓紧固力矩为 43N·m。然后连接动力转向压力开关接头。

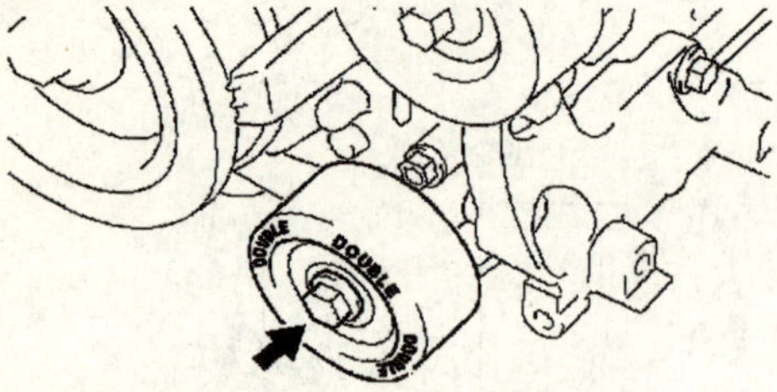

图 13-4-43 安装 1 号惰轮

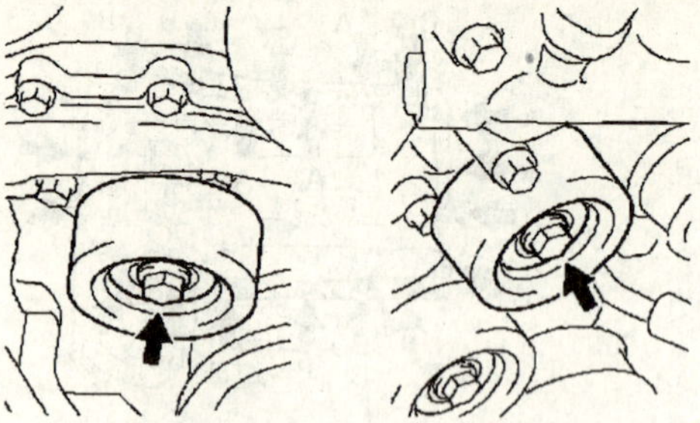

图 13-4-44 安装 2 号惰轮

27. 安装机油尺导管（图 13-4-46）：

（1）在机油尺导管上安装好新的 O 形密封圈。

（2）在 O 形密封圈上涂抹一层发动机机油。

（3）把机油尺导管的一端推入油底壳导管孔内。

（4）紧固导管螺栓至 9N・m。

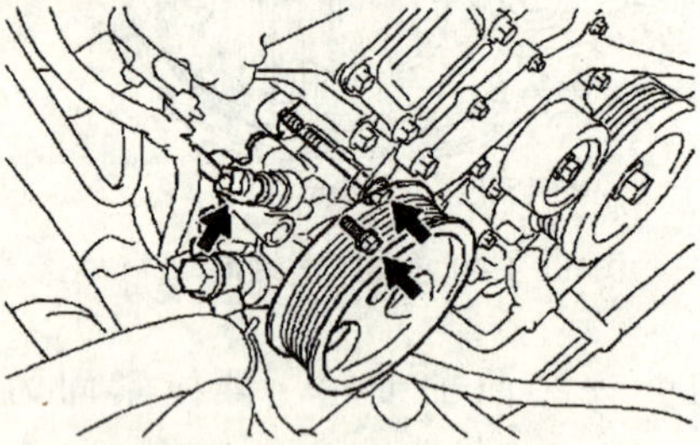

图 13-4-45 安装动力转向泵

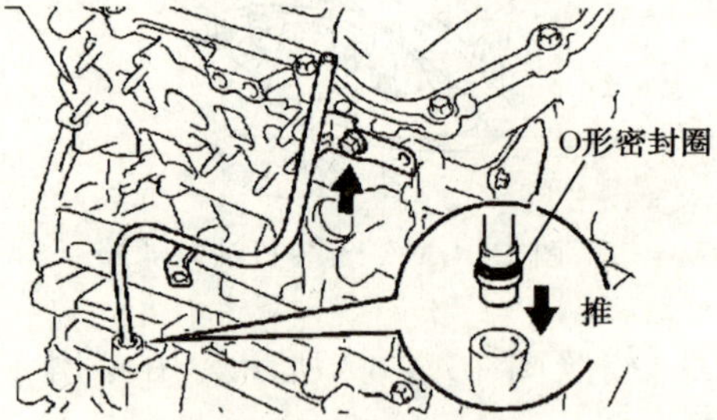

图 13-4-46 安装机油尺导管

28. 按照图 13-4-47 所示，安装发动机传动皮带张紧器。图中 A 处的螺栓应换用新螺栓。位置 A 处的螺栓长度为 70mm，其余位置的螺栓长度为 33mm。先把位置 A 和 E 处的螺栓紧固至 36N・m，然后再把位置 B、C、D 处的螺栓紧固至 36N・m。

29. 安装空气压缩机总成。

30. 安装发电机总成。

31. 安装风扇。

32. 安装前分动器托架总成（4 轮驱动车型）。

33. 安装动力转向油路。

34. 安装蓄电池。

35. 添加发动机冷却液。

36. 添加发动机机油。

37. 添加动力转向油液。

38. 检查各系统是否有油液或冷却液泄漏。

39. 检查前轮定位，必要时予以调节。

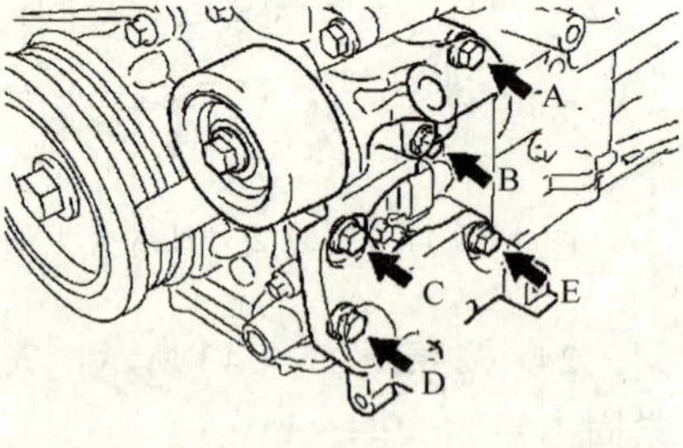

图 13-4-47 安装发动机传动皮带张紧器